Zeichenerklärung:
Städte mit über 1 Million Einwohner
500 000
100 000
Sowjetrussische Westgrenze
Andere Ländergrenzen
Frühere
Haupteisenbahnen
Kanäle
FINNLAND
Alands-Inseln
Helsinki
Wiborg
Ladoga-See
LENINGRAD
Tichwin
Tschudowo
Nowgorod
Ilmen-See
Waldai-Höhen
Rybinsk
Bologoje
Reval
Dagö
Ösel
ESTLAND
Dorpat
Pleskau
Ostrow
Walk
Rigaer Bucht
Gotland
Windau
Libau
Riga
Mitau
LETTLAND
Rositten
Dünaburg
Welikije-Luki
Ostaschkow
Kalinin
Wolga
MOSKAU
Rshew
Wjasma
Memel
LITAUEN
Kowno
Wilna
Tilsit
Königsberg
Insterburg
Elbing
Allenstein
Thorn
Warschau
Witebsk
Orscha
Smolensk
SOWJET-
WEISS-
RUSSLAND
Minsk
Grodno
Bialystok
Baranowicze
Bobruisk
Mohilew
Shlobin
Gomel
Brjansk
Orel
Kaluga
Tula
Serpuchow
Suchinitschi
Rokitno-Sümpfe
Pinsk
Brest-Litowsk
Kowel
Lublin
General-Gouvernement
Tschenstochau
Krakau
Lemberg
Rowno
Dubno
Shitomir
KIEW
Mosyr
Tschernigow
Konotop
Kursk
Sumy
CHARKOW
Poltawa
RUSSLAND
UKRAINE
Berditschew
Winniza
Tarnopol
Stanislau
Kamenez-Podolsk
Czernowitz
Kolomea
Krementschug
Dnjepropetrowsk
Kriwoi-Rog
Kirowo
Saporosje
Umań
Balta
Perwomajsk
Wosnessensk
Cherson
Krim
Simferopol
Jalta
Sewastopol
SCHWARZES MEER
BESSARABIEN
Munkacs
Miskolc
UNGARN
BUDAPEST
Debrecin
Klausenburg
Szegedin
Arad
Karlsburg
Temesvar
Hermannstadt
Belgrad
RUMÄNIEN
Ploesti
BUKAREST
Donau
Dnjepr
Dnjestr
Bug
Pruth
Düna
Memel
Weichsel
100
200 km

Panzermeyer/Grenadiere

PANZERMEYER

GRENADIERE

Das vorliegende Werk ,,Grenadiere" umfaßt 448 Seiten, davon 32 Seiten Bilderdruck mit 60 Fotos und 1 Kriegsgliederung, 9 Übersichtskarten und Gefechtsskizzen in Text und Vorsatz.

Übersetzungen sind in englischer und französischer Sprache erschienen

SCHILD VERLAG

11. unveränderte Auflage 2006

Kasernenstraße 6 - 10, 66482 Zweibrücken

Tel. 0 63 32 - 7 27 10, Fax 0 63 32 - 7 27 30
e-mail: vdm_nickel@t-online.de
Internet: http://www.VDMedien.de
Printed in Germany

Umschlaggestaltung 1957 von Erwin Hegemann, Hagen/Westf.

ISBN 3 - 86619 - 003 - 4

Vor den Gräbern der Gefallenen

verstumme der Haß,

der dem Kriege entsteigt,

und nur der edle Sinn ihres Opfers

gewinne Gewalt über das Leben

INHALTSÜBERSICHT

*

Ein Verzeichnis der Abbildungen befindet sich auf Seite 432.

Zum Geleit!

Als Kommandeur von Panzertruppen habe ich im Kriege nicht selten zusammen mit Einheiten der Waffen-SS gekämpft. Man konnte sich auf sie verlassen.

Die 12. Panzer-Division, von der im 2. Teil dieses Buches die Rede ist, unterstand mir während 5 schwerer Wochen an der Invasionsfront. Ihr Kommandeur war der Verfasser dieses Buches, Generalmajor der Waffen-SS Kurt Meyer. Gegen Ende des Krieges waren wir miteinander mehrere Monate im Lager Enfield in England zusammen.

Im Dezember 1945 wurde ich zur Verhandlung des Canadischen Kriegsgerichts gegen Kurt Meyer nach Aurich geflogen. Als einzigem deutschem Soldaten wurde es mir erlaubt, dort als Zeuge für ihn einzutreten. Man gab einigen seiner Kameraden und mir auch noch Gelegenheit, nach seiner Verurteilung zum Tode mit ihm kurz zusammen zu sein.

Nachdem seine Strafe in lebenslängliche Zuchthaushaft umgewandelt war, trat ich, sobald mir dies möglich war, mit seiner Frau und dann auch wieder mit ihm selber in Verbindung. Wir blieben Freunde bis zu seinem viel zu frühen Tode.

Ich kenne also Generalmajor Kurt Meyer und seine 12. SS-Panzerdivision recht genau. Ich habe sie erlebt in guten und mehr noch in schweren Zeiten.

Das Buch „Grenadiere" berichtet von den Kämpfen von Einheiten der Waffen-SS im zweiten Weltkriege unter Führung von „Panzer-Meyer", wie der Verfasser bei seinen Soldaten hieß, in Polen, in Frankreich, auf dem Balkan, in Rußland und an der Invasionsfront. Dabei stehen die Tapferkeit, Kameradschaft, Ritterlichkeit und die Vaterlandsliebe der hier geschilderten Truppe stellvertretend für das Mannestum, die Opferbereitschaft und die Leistung auch aller anderen Divisionen der Waffen-SS, ja des ganzen deutschen Heeres. Kurt Meyer hat dieses Buch gleich nach seiner Entlassung aus 9jähriger Kerkerhaft geschrieben. Es kam ihm dabei darauf an, für seine noch lebenden Soldaten, die gläubig wie zu einem Vater zu ihm aufgeschaut hatten, einzutreten und den Gefallenen aller Divisionen der Waffen-SS und des Heeres mit seinem Bericht ein Denkmal zu setzen.

Die 12. SS-Panzerdivision, der ein Teil des Buches gewidmet ist, hat bei der Invasion gegen die ganze Wucht geballten Material- und Menscheneinsatzes der Heeresgruppe Montgomery zehn lange Wochen — meist im Schwerpunkt der Angriffe — standgehalten. Sie ist dabei fast aufgerieben worden. Immer leistete sie mehr, als man erwarten konnte. Diese ungewöhnliche Festigkeit wäre nicht möglich gewesen, wenn die Truppe zum Kadavergehorsam gedrillt gewesen wäre. Die jungen Soldaten dieser Division waren dank vorbildlicher Erziehung und Ausbildung, wie sie sich für den Einsichtigen aus den Kriegserfahrungen und der Technik ergaben, auf selbständiges Handeln eingestellt. Dahinter stand die Liebe zur Heimat.

Die Erfolge der 12. SS-Panzerdivision waren oft ganz persönliche Siege ihres 34jährigen Kommandeurs. Gedankenschärfe gepaart mit einem sechsten Sinn für den Ort der Gefahr und richtiges Handeln ließen ihn am rechten Ort zur rechten Zeit persönlich eingreifen. Sein Wille und Beispiel gaben den Soldaten — oft nicht nur seiner Division — die Kraft zum Ausharren wie zum Gegenstoß. Unter dem Sterben seiner Soldaten hat er gelitten, als wären sie seine Söhne.

Über bloßes Kämpfertum ragt weit hinaus die tapfere Haltung von Kurt Meyer vor dem Gericht der Sieger Ende 1945 in Aurich und seine Gelassenheit, als er — unschuldig verurteilt — das Todesurteil anhörte. Hut ab vor dem damals nötigen Mut und der Ritterlichkeit des canadischen Generals, der dieses Urteil nicht unterschrieb, sondern es in lebenslängliche Zuchthausstrafe umwandelte. Hut ab auch vor unserem Kurt Meyer, der in der Todeszelle und im Zuchthaus unter Verbrechern der gleiche deutsche Offizier blieb, wie auf dem Gefechtsfeld.

Eine zusätzliche schwere Belastung war für ihn die Sorge um seine Frau und seine 5 Kinder, die während der 9 Jahre seiner Kerkerhaft vom Staat lediglich Fürsorge-Unterstützung erhielten.

Weder während dieser Zeit, noch nach seiner Freilassung hegte Kurt Meyer Haß in sich. Er baute sich mit Hilfe der alten Kameraden rasch eine neue Existenz auf. Dann aber fühlte er sich trotz Schwächung durch Verwundung, Krankheit und Kerkerhaft verpflichtet, einzutreten für das Ansehen der gefallenen Kameraden und für deren Witwen und Waisen und einzutreten für die Überlebenden. So entstand dieses Buch, und aus dem gleichen Grunde übernahm er die Bürde, erster Sprecher der HIAG zu sein.

In den 36 Divisionen der Waffen-SS kämpften 900 000 Soldaten. Von ihnen sind rund 400 000 gefallen und vermißt. Von den Überlebenden ist jeder zweite einmal oder mehrfach verwundet worden. Diese Zahlen sprechen für sich selbst. Rechnet man die Familien dazu, so handelt es sich bei den ehemaligen Angehörigen der Waffen-SS immerhin um Millionen deutscher Staatsbürger. Keine Demokratie kann auf die Dauer ohne schweren inneren Schaden auf die freudige Mitwirkung so vieler Menschen verzichten, die ihre Opferbereitschaft für ihre Heimat schon so klar bewiesen haben. Aus seiner immer gleichen Vaterlandsliebe und aus der im und nach dem Krieg gewonnenen Einsicht heraus hat Kurt Meyer als erster Sprecher der HIAG seine alten Kameraden durch sein Beispiel und sein Wort zu einer von Herzen kommenden Mitwirkung in unserer Demokratie geführt. Er hat dies getan, obwohl den ehemaligen Soldaten der Waffen-SS und deren Angehörigen in unserem Staat noch nicht in allem die gleiche Behandlung zugebilligt worden ist wie den anderen Kämpfern des 2. Weltkrieges. Die Witwe von Kurt Meyer erhält bis heute weder Pension, noch Kriegerwitwen-Rente.

Nach 1945 hat sich eine Flut von Haß über die Waffen-SS ergossen. Was gegen diesen Teil der ehemaligen deutschen Armee gesagt wird, hält gewissenhafter Nachprüfung im Wesentlichen nicht stand. Nicht nur das Ausland, sondern ebenso ein Teil des eigenen Volkes wirft die Soldaten der Waffen-SS mit den Beamten des SD und den Angehörigen der allgemeinen SS in einen Topf. Auch um hier Wahrheit gegen Verleumdung zu stellen, ist dieses Buch geschrieben worden. Es kann so dazu beitragen, daß Wesen und Leistung dieser Truppe von der Geschichte einmal objektiv gewürdigt werden. Dazuhin zeigt das Buch den Kindern der Waffen-SS-Männer die Taten ihrer Väter unverzerrt; sie ersehen daraus, daß sie stolz sein können auf deren Tapferkeit, Standfestigkeit, Anständigkeit und Vaterlandsliebe. Zugleich aber wissen sie nach dieser Lektüre auch um die Schrecklichkeit des Krieges.

Unser deutsches Soldatentum hat mit Panzer-Meyer einen dank seiner Kühnheit, Ritterlichkeit und seinem Verantwortungsbewußtsein vorbildlichen Panzertruppen-Führer verloren. Die menschliche Größe aber, die er vor seinen Richtern, im Kerker und nach seiner Entlassung bewies, machen ihn zu einem Vorbild für unser Volk, dem sein ganzes Leben gegolten hat.

Heinrich Eberbach
General der Panzertruppe a. D.

Polen

„Achtung! — — Panzer marsch!“ —

Bis zu diesem Augenblick standen wir, wartend, den Blick auf das Zifferblatt gerichtet. Jetzt geht es los wie der Teufel selbst.

Die Motoren der Panzer dröhnen in den beginnenden Tag. Immer schneller werdend jagen wir der Grenze zu. Gespannt horche ich in den dämmrigen Morgen hinein. Jeden Augenblick müssen die ersten Granaten ihren todbringenden Flug antreten und uns den Weg nach Osten bahnen. Und schon ist das Fauchen, Heulen und Kreischen über uns. Es steigert noch den Eindruck unserer eigenen Schnelligkeit, die wir mit jedem Nerv erleben. Im Heranrollen sehen wir flüchtig unsere Stroßtrupps an die Grenzsperren heranspringen und die Hindernisse mit geballten Ladungen in die Luft jagen. MG-Feuer peitscht die Straße entlang und kurze feurige Blitze detonierender Granaten bezeichnen uns das Angriffsziel. Die Panzer rasen mit höchster Geschwindigkeit in die Ortschaft Gola hinein. Die Brücke über die Prosna — schon zur Sprengung vorbereitet — wird durch Stoßtrupps der Infanterie genommen und fällt unbeschädigt in unsere Hand. In wenigen Minuten ist die Ortschaft besetzt. Verdutzt klettern die polnischen Soldaten aus ihren Stellungen und kommen mit erhobenen Händen auf uns zu. Sie können nicht begreifen, daß für sie der Krieg bereits zu Ende ist, kaum zehn Minuten, nachdem er begann. —

Und plötzlich stehe ich vor der Leiche eines polnischen Offiziers. Ein Halsschuß hat ihn getötet. Warmes Blut quillt stoßweise aus der Wunde. Ja, es ist Krieg! Erst der Anblick des Toten hämmert dem Gehirn die grausame Wirklichkeit mit aller Klarheit ein.

Aber weiter, vorbei! Zerfetzte Bäume und qualmende Häuser erschweren das Vorwärtskommen. Wir können kaum sehen. Der Bodennebel hat sich mit dem Qualm der Zerstörung verbunden. —

Mich hält es nicht beim Regimentsstab. Ich pirsche mich an den Ortsrand von Gola heran und jage dann dem Panzerspähtrupp nach. Als Chef der Panzerjägerkompanie habe ich allerdings ganz andere Aufgaben. Aber ein feindlicher Panzerstoß ist kaum zu erwarten und obendrein ist meine Kompanie auf die einzelnen Bataillone verteilt. Diese Art Kriegführung paßt mir ganz und gar nicht, und so folge ich den Panzern heimlich. Seit 1934 habe ich die Entwicklung der Panzerwaffe in Döberitz/Elsgrund und später in Wunstorf/Zossen erlebt, und nun sehe ich mich plötzlich als Panzerjäger aufs tote Gleis gestellt.

Der aufgewirbelte Staub hängt noch in der Luft, als ich dicht hinter Chroscin zwei unserer schweren Panzerspähwagen und einen Kradschützenzug entdecke. Die Spähwagen rollen langsam in den Nebel hinein. Die Sicht beträgt kaum 300 Meter. Plötzlich wird die unheimliche Stille durch den peitschenden Schuß einer polnischen Panzerabwehrkanone zerrissen. Qualmend rollt der erste Panzer aus. Seine Räder stehen noch nicht still, als auch der zweite vernichtet wird. Beide Panzer stehen vielleicht 150 Meter vor der feindlichen Pak. Die Feuerstellung ist gut getarnt und schwer zu erkennen. Granate auf Granate durchbricht den Panzerstahl. MG-Garben fegen über die Straße und zwingen uns an die Erde. Aus den Panzern hören wir das Wimmern der eingeschlossenen Grenadiere. Ohne helfen zu können, müssen wir zusehen. Jedesmal, wenn eine Granate den Weg ins Innere der Panzer gefunden hat, werden die Schreie der tödlich verwundeten Kameraden lauter. Wir versuchen die Panzer zu erreichen, um wenigstens die herausgesprungenen Kameraden aus dem Feuerbereich der Pak zu ziehen. Aber es ist unmöglich, heranzukommen. Die feindlichen Maschinengewehre hämmern auf die Straße. Die ausgebooteten Grenadiere sind durch das MG-Feuer zerfetzt. Das Wimmern in den Panzern wird schwächer und schwächer — ich liege hinter einem Schotterhaufen — gebannt blicke ich auf das Blut, das aus den Ritzen des ersten Panzers tropft. Ich bin wie gelähmt. Noch habe ich keinen kämpfenden Polen gesehen, doch meine Kameraden liegen bereits tot vor mir.

Aus der Nebelwand galoppieren polnische Reiter. Sie kommen direkt auf uns zu und lassen sich auch durch das Feuer meiner Maschinenpistole nicht abhalten. Erst als der Kradschützenzug eingreift und einige Pferde zu Boden zwingt, jagt die wilde Reiterschar in den Nebel zurück. Artillerie beschießt die vor uns liegende Höhe, während ein Bataillon Panzergrenadiere die feindlichen Stellungen angreift. Wie auf dem Übungsplatz gehen die jungen Grenadiere vor. Sie sind weder durch MG-Feuer, noch durch Artilleriebeschuß aufzuhalten. Das Gefechtsfeld macht einen verlassenen Eindruck und doch arbeiten sich unzählige Soldaten an den Feind heran. Staunend erlebe ich, daß der Angriff fast lautlos vor meinen Augen abrollt. Mit automatischer Präzision springen die Grenadiere nach vorn. Ihr Angriffsschwung fegt die Polen aus ihren Stellungen. Der Angriff rollt unaufhaltsam vorwärts, ist nicht durch Feindeinwirkung und nicht durch Geländeschwierigkeiten aufzuhalten. Jeder einzelne dieser prachtvollen Soldaten ist von der Gerechtigkeit des Kampfes überzeugt und hat keine Bedenken, sich für die Lebensrechte seines Volkes bis zur letzten Konsequenz einzusetzen. Aber es hallen keine brausenden Hurras über das Schlachtfeld. Mit ernsten Gesichtern erfüllt eine gläubige Jugend ihre Pflicht und beginnt einen Opfergang ohnegleichen. Für diese Männer ist der Kampf gegen Polen kein Angriffskrieg, sondern die Beseitigung eines himmelschreienden Unrechts. Die Vergewaltigung des deutschen Volkes in Versailles wollen sie beseitigen. Der polnische Korridor ist für sie eine untragbare Belastung, die korrigiert werden muß. Ihre Kraft schöpfen sie aus der Lauterkeit ihres Wollens. Es sind keine Landsknechte oder politische Glücksritter, die ihr Leben für die Zukunft ihres Volkes einsetzen.

Diese Jugend gehört zur Elite der Nation. Aus Tausenden von Freiwilligen wurde sie gewählt und in vier Dienstjahren intensiv ausgebildet. Das Regiment Leibstandarte bestand bei Ausbruch des Krieges aus Männern, die das 19. Lebensjahr soeben erreicht hatten. Die Unteroffiziere waren um die 25 Jahre alt. Diese Jungen hatten also auf das politische Geschehen von 1933 überhaupt keinen Einfluß. Um diese Zeit waren sie noch Schulbuben, die nach Idealen suchten und diesen Idealen voller Hingebung dienen wollten. Wie hat man es sie entgelten lassen! Mit welcher Niedertracht hat man sie gequält! Und wie behandelt man sie heute noch! Doch am 1. September 1939 ahnen die Grenadiere noch nicht, daß sie einmal die Prügelknaben für haßerfüllte Politiker abgeben werden. Sie sind Soldaten und erfüllen ihre Pflicht nach den überlieferten Gesetzen preußischen Soldatentums.

Gegen 10.00 Uhr fällt die Stadt Boleslawez nach schweren Ortskämpfen dem ungestümen Angriffsschwung zum Opfer. Feindliche Artillerie hämmert auf die Stadt und verursacht Verluste unter der Bevölkerung. Gegen Abend stehen wir vor Wieruszow und planen den Angriff für den kommenden Morgen. Das Regiment ist der 17. I.D. unterstellt und muß sich gegen Angriffe einer polnischen Kavalleriebrigade in der rechten Flanke wehren.

Die hereinbrechende Dunkelheit verhüllt die Vernichtung des Tages. Das Elend auf dem Schlachtfeld wird nun durch in der Nähe lodernde Brände sichtbar. Der Horizont ist von brennenden Ortschaften gezeichnet, und dicker Qualm wälzt sich über die geschändete Erde. Schweigsam sitzen wir hinter Mauerresten und versuchen, den Sinn des ersten Kampftages zu verstehen. Ernst blicken wir in die Glut eines gewesenen Gehöftes und hören Teile der historischen Rede des Reichskanzlers. Die Worte: „Ich bin entschlossen, die Frage ‚Danzig' und die Frage des ‚Korridors' zu lösen und dafür zu sorgen, daß im Verhältnis Deutschlands zu Polen eine Wendung eintritt, die ein friedliches Zusammenleben sicherstellt", klingen noch lange in uns nach.

Im Rahmen der 17. I.D. kämpft die Leibstandarte an der Warthe-Stellung und stößt in Richtung Pabianice vor. Am 7. September gegen 10.00 Uhr erreichen wir den Westeingang von Pabianice und haben den Auftrag, in Höhe von Rzgow-Wola—Rakowa—Lodz von Süden abzuriegeln. Pabianice ist von stärkerem Feind mit panzerbrechenden Waffen besetzt. Der Angriff des I./Panzerregiment 23 ist von den polnischen Verteidigern gerade abgeschlagen worden. Abgeschossene Panzer liegen im Gelände. Sie sind durch die polnischen Panzerbüchsen kampfunfähig geschossen worden.

Die Leibstandarte übernimmt nun die Aufgabe der Panzer und tritt sofort zum Angriff an. Der 1. und 2. Kompanie gelingt der Einbruch in die Stadt, und sie reißen die Bataillone nach. Die Polen ziehen sich unter der Wucht des Angriffs bis auf die Stadtmitte zurück. Doch dann setzen starke polnische Gegenangriffe ein, die besonders in die tiefe Flanke des Regiments geführt werden.

Die Protzenstellung der II./Artillerieregiment 46 wehrt sich verzweifelt gegen die hartnäckigen Angriffe polnischer Infanterie. Die Front ist überall. Die aus Westen zurückflutenden polnischen Einheiten greifen ohne Rücksicht auf Verluste an. Der Regimentsgefechtsstand der Leibstandarte ist plötzlich Schwerpunkt des Kampfes geworden. Die letzten Schreiber und Fahrer kämpfen um ihr Leben. Die Polen arbeiten sich durch einen Kartoffelacker gegen den Regimentsstab vor und sind oft nur für Bruchteile von Sekunden erkennbar, weil das Kartoffelkraut eine gute Tarnung bietet. Wir können es nicht verhindern, daß die feindlichen Infanteristen immer mehr Boden gewinnen und sich bereits auf Handgranatenwurfweite herangearbeitet haben.

Ich springe auf und schieße stehend in die Kartoffelreihen hinein. Es ist die einzige Möglichkeit, die Polen zu treffen. Rechts von mir steht ein Grenadier der 13. Kompanie, der wie auf dem Schießstand Schuß auf Schuß in die angreifenden Polen jagt. Aber unser „Scheibenschießen" dauert nicht lange. Plötzlich finde ich mich auf der Grabensohle wieder und erinnere mich an einen harten Schlag gegen meine linke Schulter. Ein Schulterstreifschuß hat mich umgeworfen. Mein Nachbar ist mit einem Halsdurchschuß gefallen. Ich habe nie wieder versucht, einen Angriff stehend freihändig abzuwehren. Der Kampf wird auf beiden Seiten mit aller Entschlossenheit geführt, und erst am Spätnachmittag ist der Schwung der angreifenden Polen gebrochen. Hunderte geben den Kampf auf und treten den Marsch in die Gefangenschaft an. Inzwischen ist das XVI. Armeekorps bis vor die Tore Warschaus vorgestoßen und steht im Kampf mit polnischen Einheiten, die Warschau verteidigen, und den zurückflutenden Teilen, die von West nach Ost eilen. Der Kommandierende des Korps, General Hoepner, begrüßt die Spitze der Leibstandarte in Nadarzyn. Wir werden der 4. Panzerdivision unterstellt.

Die Leibstandarte erhält den Auftrag, die Linie Kaputy—Oltarzew—Domamiew zu gewinnen, um dem aus westlicher Richtung auf Warschau zurückflutenden Gegner den Rückzug zu verlegen.

Aus dem Marsch heraus wird das I. Bataillon nach Norden abgedreht und auf Oltarzew angesetzt. Hinter Kradschützen und Spähwagen folgt die aufgesessene Infanterie. Sie alle werden von der eingebrochenen Dunkelheit verschluckt. —

General Hoepner äußert sich zuversichtlich über die Gesamtkampfhandlung in Polen, für das XVI. Korps sagt er jedoch schwere Kämpfe voraus. Er ist der Ansicht, daß die polnischen Kräfte, die noch westlich Warschau stehen, alles aufbieten werden, um unsere Sperrlinie zu durchbrechen. Nach wenigen Kilometern wird es augenscheinlich, daß die vor uns liegende Nacht schwere Kämpfe bringen wird. Wir müssen uns durch die Vororte von Warschau durcharbeiten, um an die Hauptstraße heranzukommen. Heftiger Kampflärm ist von Oltarzew zu hören. Das I. Bataillon hat die große Rückzugsstraße erreicht und steht mit starken Feindkräften im Kampf. Auf der Straße stehen die Kolonnen ineinander festgefahren und werden in der Nacht vollständig vernichtet. Hunderte von Toten liegen zwischen den Trümmern. Geschütze, Waffen und Munition bedecken die Straße. Der gnadenlose Kampf dauert bis in die Morgenstunden. Erschöpft erwarten beide Seiten den nahenden Tag, um ein klares Bild von der Lage zu gewinnen.

Das erste Licht offenbart eine grausame Vernichtung. Auf der schnurgeraden Straße sind nicht nur polnische Truppenteile vernichtet, sondern auch eingekeilte Flüchtlingskolonnen zusammengeschossen worden. Tote und verwundete Pferde hängen in ihren Sielen und erwarten den Gnadenschuß. Frauen und Kinder sind von der Furie des Krieges zerfetzt worden. Jammernd klammern sich Kinder an ihre toten Mütter oder Mütter an ihre Kinder. Verwundete kriechen aus den Trümmern und flehen um Hilfe. Der Verbandsplatz ist in kurzer Zeit überfüllt. Polen und Deutsche arbeiten gemeinsam, um das Elend zu mildern. Es fällt kein Schuß mehr. Der Kampf wird hier eingestellt. Verbittert erklären die Flüchtlinge, daß sie aus dem Posener Gebiet stammen und zum Schutze der polnischen Truppe in die Marschkolonne eingegliedert worden seien.

Diese Nacht hat uns zum ersten Male das nackte Antlitz des Krieges offenbart. Es gibt keinen Unterschied mehr zwischen Truppe und Zivilisten. Die modernen Waffen verschlingen sie alle. An der „Todesstraße" von Oltarzew sehe ich keinen lachenden deutschen Soldaten. Das Grauen hat sie alle gezeichnet. Erbarmungslos prallt die Septembersonne auf die blutüberströmte Straße und verwandelt die Verwüstung in eine Peststrecke. Über 1000 Gefangene werden mit der Beseitigung der Trümmer beauftragt. 600 Gefangene werden feindwärts geschickt mit der Parole: Warschau ist gefallen!

Ein feindlicher Panzerzug wird durch eine Pak vernichtet. Die Munitionswagen des Zuges fliegen krachend in die Luft und zerreißen den Zug vollständig. In den folgenden zwei Tagen rennen starke feindliche Verbände vergebens gegen die deutsche Sperrlinie an, die von Einheiten des II./Infanterieregiment 33, der II. Abteilung Panzerregiment 35 und der Leibstandarte gebildet wird.

Vergebens bitte ich den Kommandeur um eine andere Verwendung, um mich aktiver in die Kampfhandlungen einschalten zu können. Ich habe es satt, Chef einer Kompanie zu sein, die zugweise auf das ganze Regiment verteilt ist. Bei jeder Gelegenheit erinnere ich den Kommandeur daran, daß ich Panzermann und Kradschütze bin und mich in meiner augenblicklichen Dienststellung höchst überflüssig fühle. Aber es nützt alles nichts — ich bleibe bei der Panzerabwehrwaffe.

In der Nacht vom 12. zum 13. September bricht der Feind mit starken Kräften in die Stellungen der II./Leibstandarte ein und droht einen Durchbruch zu erzwingen. In den frühen Morgenstunden erreicht uns die Meldung, daß die 6. Kompanie überrannt und der Kompanieführer gefallen ist. Mit ihm fühlte ich mich besonders verbunden. Wir gehörten seit 1929 dem gleichen Truppenverband an. Die Meldung über den drohenden Durchbruch erscheint uns unglaubhaft. Wir können es einfach nicht begreifen, daß der Feind unsere Stellungen durchbrochen haben soll.

Ich erhalte den Auftrag, mich von der Richtigkeit der Meldung zu überzeugen. — Mit einem Sprung sitze ich im Sattel einer Beiwagenmaschine und verschwinde in Richtung Blonie. Obersturmführer Pfeifer, der einige Jahre später als Chef einer Pantherkompanie den Soldatentod stirbt, springt in den Beiwagen und begleitet mich. Mit höchster Geschwindigkeit fegen wir über die „Todesstraße“ dahin, um so schnell wie möglich die Peststrecke zu überwinden. Die Pferdekadaver verursachen einen bestialischen Gestank.

Einige hundert Meter vor Swiecice sehe ich zwei polnische Soldaten und einen Angehörigen der 6. Kompanie hinter einer kleinen Brücke hocken. Das Benehmen der drei Soldaten kommt mir so befremdend vor, daß ich stark bremse, von der Maschine springe und auf die im Graben kniende Gruppe zugehe. Erst als ich am Grabenrand stehe, erkenne ich den Grund für das eigenartige Verhalten des deutschen Soldaten. Er ist von den Polen gefangen und sieht mich ganz entgeistert an, als ich so allein auf die Gruppe zugehe. Donnerwetter, habe ich mal wieder Glück gehabt! Lediglich die Maschinenpistole von Pfeifer hat die Polen daran gehindert, mich ins Jenseits zu befördern. Es stimmt schon, die 6. Kompanie ist überrannt worden, und der Kompaniechef liegt einige hundert Meter vor uns im Graben. Pfeifer und ich arbeiten uns in Richtung Swiecice weiter vor und treffen bald auf unseren gefallenen Kameraden. Ein Brustschuß hat sein Leben beendet. Seppel Lange ist als vorbildlicher Soldat gefallen. Wir werden ihn nicht vergessen. —

Die eingebrochenen Feindteile werden im Laufe des Tages vernichtet und die alte Hauptkampflinie wiederhergestellt.

Zusammen mit der 4. Panzerdivision wird die Leibstandarte am Bsura-Abschnitt eingesetzt, um den zurückflutenden Teilen der polnischen Armee das Überschreiten des Flusses zu verwehren. Die Polen greifen mit großer Hartnäckigkeit an und beweisen immer wieder, daß sie zu sterben wissen. Es wäre unwahrhaftig, diesen polnischen Einheiten die Tapferkeit absprechen zu wollen. Die Kämpfe an der Bsura werden mit großer Wildheit und Verzweiflung geführt. Bestes polnisches Blut hat sich mit dem Wasser des Flusses vermischt. Die Verluste der Polen sind grauenhaft. In unserem Abwehrfeuer brechen alle ihre Durchbruchsversuche zusammen.

Am 18. September ist die Kraft der Polen gebrochen, und wir werden zum Angriff auf die Festung Modlin angesetzt. In den Waldstücken südlich Modlin kommt es zu sehr harten Kämpfen. Unser I. Bataillon wird hier von überlegenen Kräften angegriffen und eingeschlossen.

Um 7.00 Uhr des 19. September befiehlt Generalleutnant Reinhardt den Angriff zum Entsatz des I. Bataillons und zum Durchbruch zur Weichsel. Der Angriff wird von der II./Panzerregiment 35 unterstützt.

Die tiefen Sandwege bereiten uns viel Mühe, weil die Räderfahrzeuge nur langsam Boden gewinnen. Der Kampf ist auch hier recht verbissen. Trotz der aussichtslosen Lage denken die Polen nicht an Kapitulation. Sie kämpfen bis zum letzten Schuß.

Während des Angriffs finden wir Obersturmführer Bruchmann und einen Unterführer des I. Bataillons. Beide sind während der Einschließung verwundet in Gefangenschaft geraten und anschließend schwer verstümmelt worden. Obersturmführer Bruchmann war Zugführer meiner Kompanie und hatte erst 14 Tage vor Ausbruch des Krieges geheiratet.

Die Kämpfe um die alte Festung Modlin werden mit schwerer Artilleriebeschießung und Stuka-Angriffen eingeleitet. Erstmalig erleben wir die vernichtende Wirkung unserer Sturzbomber und können nicht verstehen, daß die polnische Besatzung diesem Feuersturm widerstehen kann. Wider Erwarten halten sich die polnischen Einheiten in Modlin lange und trotzen jedem Angriff. Die Festung fällt erst in der letzten Phase des Polenfeldzuges.

Am 25. September besucht Adolf Hitler die Front und begrüßt die 15. Kompanie in Guzow.

Die Panzer- und motorisierten Einheiten der um Modlin stehenden Verbände werden durch Infanteriedivisionen abgelöst. Die schnellen Verbände werden für den Angriff auf Warschau bereitgestellt.

Dem Angriff auf Warschau geht ein Bombenangriff und Wirkungsfeuer auf die Forts und militärischen Stützpunkte voraus. Doch erst am 26. September abends beginnt das eigentliche Bombardement auf die Stadt. Die Polen denken an keine Übergabe. Der Kampf muß bis zum blutigen Ende geführt werden. In Warschau kämpfen noch 120 000 polnische Soldaten.

Erst am 27. September bieten die Polen die Übergabe der Stadt an. In den Nachmittagsstunden wird das Feuer an der gesamten Front eingestellt. Der Kampf um Polen ist beendet. Am 28. September wird die Kapitulation vom Oberbefehlshaber der 8. polnischen Armee und Generaloberst Blaskowitz unterzeichnet. Erstaunt hören wir von den großzügigen Bedingungen. Die Offiziere dürfen ihre Degen behalten und die Unteroffiziere und Mannschaften gehen nur für kurze Zeit in die Kriegsgefangenschaft.

Bereits am 1. Oktober erhält die Leibstandarte den Befehl zur Verlegung nach dem Westen. Wir waren fest überzeugt, daß wir den Marsch bis an den Rhein antreten müßten. Doch unsere Annahme war falsch. Wir erreichen Prag am 4. Oktober und dürfen einige Wochen in der goldenen Stadt bleiben. Der Empfang des Regiments durch die deutsche Bevölkerung in Prag ist einmalig. Tausende von Menschen jubeln uns zu, als wir den Wenzelsplatz erreichen und der greise Reichsprotektor Freiherr von Neurath anerkennende Worte spricht.

Hier in Prag melde ich mich erneut beim Kommandeur und bitte dringend um eine andere Verwendung. Meine Tätigkeit während des Polenfeldzuges hat mich keineswegs befriedigt, und ich habe die größten Sorgen, daß ich auch im weiteren Verlauf des Krieges Chef der Panzerjägerkompanie bleiben werde. Irgendwie muß ich aber dem Kommandeur auf die Nerven gefallen sein. Denn Ende Oktober übernehme ich die Kradschützenkompanie und damit die Spitze der Leibstandarte. Obgleich ich den Wechsel herbeigesehnt habe, trifft mich der Befehl hart. Ich habe die Panzerjägerkompanie 1936 aufgestellt und fühle mich meinen Grenadieren verbunden. Zu meiner größten Freude darf ich einen Zugführer und mehrere Unterführer mit mir nehmen. Auch mein bewährter Fahrer begleitet mich zur 15. Kompanie.

Jetzt bin ich in meinem Element. Tag für Tag wird fleißig geübt und ausgebildet. Die Kradschützen machen eifrig mit und unterstützen mich in jeder Beziehung. Meine Devise: „Der Motor ist unsere beste Waffe“, wird von den Jungen erkannt und auch befolgt. Innerhalb weniger Wochen habe ich das Vertrauen meiner neuen Kompanie gewonnen und weiß, daß ich mich auf jeden einzelnen Grenadier verlassen kann. Mit Spannung erwarten wir die weitere Entwicklung an der Westfront.

Von Prag an die Westfront

Der „Blitzkrieg“ in Polen erweckte in der Truppe den Wunsch und die Hoffnung, daß der unselige Krieg durch politische Mittel beendet und ein Feldzug gegen die Westmächte vermieden werden könnte. Dieser „Friedenstraum“ wurde uns allerdings recht schnell und gründlich zerstört, als wir hörten, daß das Friedensangebot Adolf Hitlers Anfang Oktober von den Westmächten brüsk abgelehnt worden war. Von nun an war es der Truppe klar, daß die Entscheidung nur durch das Schwert fallen konnte. Die Frage des Wie, also der militärischen Niederzwingung der Westmächte, beschäftigte den jüngsten Grenadier wie den erfahrensten Truppenführer. Alle waren sich darüber einig, daß das Verharren in der Defensive keine militärische Entscheidung herbeiführen könnte. Vom Standpunkt des Soldaten aus gesehen konnte also — wenn eine politische Verständigung sich als unmöglich herausstellte — nur eine großzügig geplante Offensive die Entscheidung erzwingen.

Im November wird unsere Truppe in den Raum von Koblenz verlegt und hier General Guderian unterstellt. Die Erfahrungen des Polenfeldzuges werden verwertet und die Truppe für die neue Aufgabe geschult. Planspiele und praktische Truppenübungen wechseln in schneller Folge. Die Begeisterung der mir unterstellten Soldaten erschüttert mich stets von neuem. Weder die harte Ausbildung, noch die eisige Winterkälte vermag ihren Eifer zu dämpfen. Die Ausbildung steht unter dem Motto: „Schweiß spart Blut. Lieber 10 Meter graben als 1 Meter Grab."

Meine Kompanie ist in Bad Ems untergebracht und auf leerstehende Häuser verteilt. Das rauhe Gelände kommt uns für die Ausbildung sehr zustatten. Wir wissen, daß wir mit dem Korps Guderian durch die Ardennen stoßen sollen und deshalb ähnliche Geländeschwierigkeiten überwinden müssen, wie wir sie jetzt im Westerwald vorfinden.

Guderian kümmert sich um die letzte Kompanie. Seine Planspiele sind für uns natürlich besonders interessant und seine Ansichten in jeder Beziehung richtungweisend. Guderian sagt: „Der Motor des Panzers ist ebenso seine Waffe wie die Kanone." Nach diesen Grundsätzen des bewährten Panzerhasen bereiten wir uns auf den nun unvermeidbaren Westeinsatz vor.

Am 24. Dezember 1939 besucht uns Adolf Hitler in Bad Ems. Er spricht zum Regiment von seinem Vertrauen zu uns und läßt durchblicken, daß wir in absehbarer Zeit über die Schlachtfelder marschieren würden, die das Blut unserer Väter tränkte, um einen dauerhaften Frieden und ein starkes Europa zu erkämpfen.

Im Februar 1940 werden wir der Heeresgruppe v. Bock unterstellt und in den Raum von Rheine verlegt. Die plötzliche Umgruppierung trifft uns überraschend — wir wären lieber bei Guderian geblieben.

Mit der Verlegung nach Rheine beginnt eine neue Ausbildungsperiode. Wir sind der 227. I.D. unterstellt und sollen als schneller Verband die Grenzsicherungen an der niederländischen Grenze durchbrechen und die Ijssel-Linie erreichen.

Dieser Kampfauftrag erfordert größte Schnelligkeit der Truppe, damit die vielen Straßenbrücken über die zahlreichen Kanäle und vor allen Dingen über die Ijssel unzerstört in Besitz genommen werden können.

Generalmajor der W.-SS Kurt Meyer
* 23. 12. 1910; † 23. 12. 1961

Vor und nach dem
ersten Angriff in Polen

Die Überwindung von Flußläufen und Kanälen wird ohne Unterbrechung geübt. In kurzer Zeit haben wir alle nur möglichen Gefechtslagen durchgespielt und fühlen uns der gestellten Aufgabe durchaus gewachsen.

Ich liege mit meiner Einheit in Salzbergen und bin im Pfarrhof einquartiert. Hier lerne ich am 1. Mai den bekannten Bischof Graf v. Galen kennen, der einige Jahre später um mein Leben bitten und meine Richter auf die Grundsätze christlicher Rechtsauffassung aufmerksam machen sollte. Graf v. Galen läßt es sich nicht nehmen, meiner Kompanie seinen Segen zu erteilen.

Mit dem Fortschreiten der günstigen Jahreszeit rückte der Tag des Einsatzes unaufhaltsam näher. Seit Tagen warten wir auf das Stichwort „Studiere Anton". Am 9. Mai 1940 wird das Stichwort durchgegeben und damit die Einsatzbereitschaft hergestellt. Um 2.05 Uhr fällt das nächste Stichwort „Danzig" und damit der endgültige Angriffsbefehl auf die niederländischen Grenzbefestigungen.

In tiefer Nacht verlassen wir Salzbergen und fahren schweigend in die Dunkelheit hinein. Die Bevölkerung steht beiderseits der Straße und winkt uns zu. Sie wünscht uns Glück und baldige gesunde Heimkehr.

Um 4.00 Uhr ist die Bereitstellung zum Angriff beendet. Noch einmal versammle ich meine jungen Grenadiere um mich, um sie an unsere Kampfgrundsätze zu erinnern. Im Morgengrauen des beginnenden Tages, des verhängnisvollen 10. Mai, verspreche ich meinen Grenadieren, daß ständig ein Offizier unserer Kampfgruppe die Spitze führen wird und daß wir so die bisher von uns gepredigten Führungsgrundsätze unter Beweis stellen wollen. Angesichts meiner Soldaten reichen sich alle Offiziere die Hände und bekräftigen damit mein Versprechen.

Punkt 5.30 Uhr wird zum Angriff angetreten. Ein Stoßtrupp springt die Feldwache bei De Poppe an und nimmt die überraschten Holländer gefangen. Die Brücke fällt unzerstört in unsere Hände, die Zündleitungen sind vom Stoßtrupp durchschnitten.

Über uns zieht ein unübersehbarer Strom „Ju 52" nach Westen. Kameraden der 22. Luftlandedivision und des Fallschirmjägerregiments 1 fliegen ihren Angriffszielen entgegen. Jäger sausen wie Habichte durch die Luft und stürzen auf erkannte Ziele.

Wir sind wie vom Fieber gepackt. Kaum ist der Schlagbaum hochgerissen und die dicht dahinterliegende Brücke gesichert, fegen wir wie Rennfahrer über die glatte Asphaltstraße. Max Wünsche, Zugführer des ersten Zuges, rast seinem Zug voraus und reißt die Kampfgruppe nach. Ich fahre dem Zug Wünsche nach und wundere mich, daß wir auf keinen Widerstand stoßen. Der Vormarsch auf Oldenzaal und Hengelo wird mit höchster Geschwindigkeit fortgesetzt. Die Beton-, Graben- und Brückensperren sind nicht verteidigt. Einige Brücken sind leicht gesprengt und können umfahren werden.

Bornerbroek wird ohne Schußwechsel erreicht. Die holländische Bevölkerung steht auf der Straße und beobachtet den schnellen Vormarsch unserer Truppe. Kurz hinter Bornerbroek wird die über den Kanal führende Brücke von feindlichen Pionieren gesprengt. Wir sind auf den ersten feindlichen Widerstand gestoßen. Der Kanal ist innerhalb weniger Minuten überwunden. Scheunentore und sonstige Behelfsmittel werden als „Brücke" benutzt. Jetzt ist Schnelligkeit geboten. Sämtliche Solokräder werden zur Verfolgung des feindlichen Pioniersprengtrupps angesetzt, um die nächste Brücke vor der Zerstörung zu bewahren. Obersturmführer Kraas, Zugführer des 2. Zuges, nimmt die Verfolgung der feindlichen Pioniere auf. Inzwischen ist der Behelfsübergang so verstärkt, daß auch Beiwagenmaschinen den Kanal überwinden können. Panzerabwehrkanonen werden hinter Kräder gehängt. Die wilde Jagd geht weiter. Leider müssen die Panzerspähwagen zurückbleiben — sie sichern die mustergültig arbeitenden Pioniere, die dabei sind, ein Schmalspurgerät über den Kanal zu werfen.

Leider gelingt es nicht mehr, den feindlichen Sprengtrupp unschädlich zu machen. Die zur Sprengung vorbereiteten Brücken werden noch gesprengt. Aber diese Zerstörungen vermögen den Vormarsch nicht ernstlich aufzuhalten. Ohne große Verzögerungen stoßen wir in Richtung Zwolle vor.

Gegen 11.30 Uhr steht die Vorausabteilung am Stadtrand von Zwolle und ist damit ca. 80 Kilometer in Feindesland eingedrungen. Die Spitzengruppe (Reuss) pirscht sich an den Eisenbahndamm hart südlich der Stadt heran und zieht es dann vor, hinter einer kleinen Straßenerhöhung abzusitzen und sich infanteristisch vorzuarbeiten. Welche Überraschung bietet die nächste Minute! Die herrlichen Kastanienbäume beiderseits der Straße sind gefällt, um den Stadteingang zu sperren. Aber was nützt die beste Sperre, wenn sie nicht von kampfbereiten Soldaten gesichert wird. Nördlich der Sperre, nur einige hundert Meter von uns entfernt, erkennen wir MG- und Pak-Bunker und — Wunder über Wunder — oben auf den Bunkern sitzen die Besatzungen und nehmen in aller Ruhe ihre Mahlzeit ein. Hemdärmlig genießen sie die Maisonne, die sie sicher verführt hat, ihre grimmigen Gefechtsbunker zu verlassen.

Die Baumsperren hindern uns, die Bunkerkette handstreichartig zu durchbrechen und die ahnungslosen Holländer zu überraschen. Ein Feuerüberfall auf die noch immer oben auf den Bunkern sitzenden Besatzungen schaltet die Befestigungen aus und ermöglicht den angreifenden Grenadieren die Überwindung des deckungslosen Geländes.

Bevor die Holländer überhaupt wissen, was geschieht, haben unsere Grenadiere die Bunker erreicht und die Verteidiger entwaffnet. Die Baumsperre kann nur schwer geräumt werden. Panzerspähwagen ziehen die gefällten Baumriesen zur Seite. Mir dauert das Wegräumen der Sperre zu lange. Der Feind darf nicht zur Besinnung kommen. Die Überraschung muß ausgenützt werden! Kurz entschlossen springe ich in einen holländischen Pkw und jage in Begleitung von Obersturmführer Wünsche und Grenadier Seelenwinter nach Zwolle hinein. Oberscharführer Erich begleitet uns auf einer erbeuteten holländischen Maschine. Ich beabsichtige, den Stadtkommandanten zu überrumpeln und ihn zu veranlassen, den Kampf einzustellen.

Holländische Soldaten stehen starr auf der Straße, als wir sie anschreien und auf die Baumsperre zeigen. Sie werfen ihre Waffen fort und gehen auf die Sperre zu. Je tiefer wir in die Stadt hineinkommen, desto unangenehmer wird mir dieser „Ritt". Am liebsten möchte ich auf der Stelle kehrtmachen. Aber dafür ist es zu spät — der Streich muß zu Ende geführt werden.

Die Schießerei an den Bunkern ist gar nicht bis ins Stadtinnere gedrungen. Männlein und Weiblein genießen den schönen Maientag und spritzen wie aufgescheuchte Hühner auseinander, über denen der Schatten eines Habichts droht. Trotz der ziemlich unangenehmen Lage müssen wir über die Reaktion der Holländer lachen. Ein stattliches Bürgerhaus im Stadtzentrum und die Tatsache, daß dort eine Anzahl Uniformierter ein- und ausgehen, gibt uns Veranlassung, mitten in die Ansammlung der Uniformträger hineinzufahren und unser Glück zu versuchen. Der Wagen scheint sich unter dem Kreischen der Bremsen zu überschlagen. Blitzschnell sind unsere Waffen auf die verdutzten Uniformträger gerichtet. Die Holländer stehen wie erstarrt. Ein würdiger älterer Herr in Zivil stellt sich als „Vertreter der Königin" vor und erklärt sich bereit, dafür zu sorgen, daß die holländischen Truppen in

Zwolle keinen Widerstand mehr leisten. Er löst sein Wort ein. In Zwolle fällt kein Schuß mehr.

Mit mehreren gefangenen Offizieren geht es in Eile zur Baumsperre zurück. Zwolle gehört uns, doch leider ist es uns nicht mehr gelungen, die großen Brücken über die Ijssel vor der Zerstörung zu bewahren. Beide Brücken wurden bereits in den frühen Morgenstunden gesprengt.

Mich trifft beinahe der Schlag, als ich die inzwischen beseitigte Baumsperre erreiche. Unter dem Schutze einer schwachen Sicherung vergnügen sich meine Männer und die holländische Jugend mit einem Karussell.

Inzwischen hatte das III. Bataillon den Übergang über die Ijssel 800 Meter südlich der zerstörten Eisenbahnbrücke in Zutphen erzwungen und befand sich im Angriff gegen Hooen. Unter der Führung des Bataillonskommandeurs, Sturmbannführer Trabandt, wurde das Dorf gegen 14.00 Uhr genommen. Vier Offiziere und 200 Mann des Regiments „Gendarmes" wurden gefangengenommen. Die eigenen Verluste waren gering. Die Aufträge für alle Kampfgruppen des Regiments sind erfüllt. Die Ijssel ist erreicht und teilweise überschritten.

Meine Kampfgruppe hat einen einzigen Verwundeten zu verzeichnen. Grenadier Fleischer erhielt an der Baumsperre einen Wadenschuß.

Im Laufe der Nacht scheidet unser Regiment aus dem Verband der 227. I.D. aus und wird der 18. Armee unterstellt. Der Kommandeur der 227. I.D., Generalmajor Zickwolf, spricht dem Regiment seine Anerkennung für das schnelle und erfolgreiche Vordringen aus.

Obersturmführer Kraas wird von General Zickwolf als erster Offizier mit dem EK I. ausgezeichnet. Kraas ist mit seinem verstärkten Zug ca. 60 Kilometer über die Ijssel vorgestoßen und hat hierbei 7 Offiziere und 120 Mannschaften gefangengenommen.

EINSATZ GEGEN ROTTERDAM

Nach den Kampfhandlungen an der Ijssellinie erhält das Regiment den Auftrag, über Hertogenbusch Gertruidenberg zu erreichen und Verbindung mit der dort eingesetzten 9. Panzerdivision aufzunehmen. Nach Plänkeleien mit holländischer Infanterie wird Gertruidenberg am 13. Mai spät nachmittags erreicht. Die Verbindung mit der 9. Panzerdivision ist hergestellt.

Am nächsten Morgen wird um 4.00 Uhr der Vormarsch über die Maasbrücke bei Moerdijk angetreten. Die Brücke ist durch Fallschirmjäger unversehrt in deutsche Hände gebracht worden.

Links und rechts des Brückendammes liegen Fallschirme zerstreut auf der weiten Wiesenfläche. Vor den vielen Bunkern ist manch tapferer Fallschirmjäger gefallen. Aber auch hier hat das Überraschungsmoment gesiegt. Der Gegner hat keine Gelegenheit bekommen, die so wichtige Brücke zu zerstören. Der Weg in die Festung Holland ist frei.

Die 9. Panzerdivision ist bis zum Hafen von Rotterdam vorgestoßen und hat hier die Verbindung mit der 11./Luftlanderegiment 16 hergestellt. Die Kompanie war mit Flugbooten in der Nähe der Brücken abgesetzt worden und hat sie gegen ununterbrochene Angriffe der Holländer gehalten.

Der Auftrag für unser Regiment lautet:

„Verstärkte LSSAH stößt im Verband der 9. Panzerdivision hinter dieser durch Rotterdam hindurch oder an Rotterdam vorbei, um die im Raum Delft/Rotterdam eingeschlossenen Luftlandetruppen zu entsetzen, um dann auf Gravenhage (den Haag) vorzustoßen."

Das Regiment stellt sich südlich Katendrecht zum Angriff bereit. Die Bereitstellung ist um 13.30 Uhr beendet.

Rotterdam soll nach Artillerievorbereitung und Einsatz von Kampfverbänden (Stukagruppen) der Luftwaffe um 14.40 Uhr angegriffen werden.

Meine Vorausabteilung ist bis an den Hafen von Rotterdam vorgezogen und steht in der Nähe eines großen holländischen Passagierschiffes. Das Schiff brennt seit dem 10. Mai. Es ist mit amerikanischen Automobilen beladen.

Gegen 14.00 Uhr wird bekannt, daß Kapitulationsverhandlungen mit den Holländern geführt werden. Verhandlungspartner sind General Student, Oberstleutnant v. Choltitz von der 22. Luftlandedivision und der holländische Oberst Scharro. General Student erhält während der Verhandlungen einen Kopfschuß und wird schwerverwundet abtransportiert.

Die Annahme der Kapitulationsaufforderung muß noch durch das holländische Oberkommando bestätigt werden.

Um 15.25 Uhr befiehlt das Armeekorps, daß Rotterdam nicht anzugreifen ist. General Winkelmann wird als Bevollmächtigter des holländischen Oberkommandos erwartet. Ich sehe mit einer Gruppe Offiziere von der Brücke aus, wie mehrere Wellen Kampfflugzeuge vom Typ He 111 Rotterdam anfliegen. Die Flugzeuge werden von der holländischen Flak beschossen. Die

Waffenruhe ist durchbrochen. Vergebens bemühen wir uns, durch Abschießen roter Leuchtkugeln die Piloten auf uns aufmerksam zu machen und den Angriff zu verhindern. Wir stehen im Angriffsziel. Bis zur letzten Sekunde glauben wir den Angriff verhindern zu können. Doch wie wir später hören, können die Piloten unsere Leuchtzeichen durch den Dunst nicht erkennen. Der Qualm des brennenden Schiffes hat eine Dunstwand über die Stadt gezogen. Im Pfeifen der fallenden Bomben räumen wir die Brücke und stürzen in nahegelegene Keller. Jetzt ist es aus. Der Angriff kann nicht mehr gestoppt werden. Rotterdam ist ein Flammenmeer. Gegen 15.45 Uhr fällt die letzte Bombe.

Entsetzt blicken wir auf das wütende Feuer. Zum ersten Mal erleben wir die vernichtende Gewalt eines Bombenangriffs. Das Feuer baut eine undurchdringliche Wand vor uns auf. Die Straßenzüge sind kaum zu benutzen. Doch unsere Bedenken, den brennenden Stadtteil zu durchfahren, werden durch den Befehl zum sofortigen Antreten zerstreut. Meine Vorausabteilung soll die Verbindung mit den Truppen der 22. Luftlandedivision bei Overschie herstellen.

Wir stoßen in das Gewirr der blockierten Straßen und suchen uns einen Weg in Richtung Overschie. Mit verhüllten Gesichtern dringen wir immer tiefer in das brennende Rotterdam ein. Fliehende Menschen stürzen ins Hafengebiet, um dem Inferno zu entrinnen.

Meine Kradschützen jagen wie vom Teufel besessen durch die engen Straßen. Schaufensterscheiben fliegen uns um die Ohren. Die brennenden Dekorationen mit den angezogenen Modepuppen bieten ein gespenstisches Bild. Je tiefer wir in die Stadt hineinstoßen, desto leerer werden die Straßen. Bald ist kein Holländer mehr zu sehen — die feurige Glut hat sie vertrieben.

Zwei schwere Spähwagen jagen durch dicke Qualmwolken, und ihre Rückstrahler weisen mir den Weg. Nur jetzt keine Panne — es ist unmöglich, stehen zu bleiben. Die Hitze ist unerträglich. Nachdem wir das Geschäftsviertel durchfahren haben und eine baumbestandene Straße erreichen, lege ich eine kleine Pause ein, um die Kradschützen herankommen zu lassen. Rußverschmiert, mit angesengten Haaren aber lachenden Gesichtern kommt auch die letzte Gruppe durch die brennende Stadt. Hinter uns ist der „Laden dicht“. Das Feuer hat uns endgültig eine Sperre gelegt. Wir können nicht mehr zurück — also vorwärts!

Im Schutze eines Kanaldammes pirschen wir uns an Overschie heran. Infanteriefeuer schlägt uns entgegen. Die Klappbrücke über den Kanal ist hochgezogen und bildet so eine wirksame Sperre. Schnell ist der Mechanismus der Brücke gesprengt. Ein schwerer Panzer drückt die Brücke an, und langsam senkt sie sich herab. Die Straße nach Norden liegt vor uns. Doch wie sieht diese schnurgerade Straße aus? Flugzeug an Fleugzeug steht zerstört, zerschossen oder ausgebrannt auf der breiten Betonstraße. Es sind die Transportmaschinen der 22. Luftlandedivision, die, nachdem sie auf den befohlenen Landeplätzen nicht landen konnten, die Straße als Landebahn benutzt haben. Hier fielen sie der holländischen Artillerie zum Opfer. Die gelandeten Truppen haben sich über drei Tage gegen alle feindlichen Angriffe behauptet. In Overschie wurde besonders hart gekämpft. Wir arbeiten uns beiderseits der Straße vor. MG- und Gewehrfeuer der Holländer vermag uns nicht aufzuhalten. Vergebens suchen wir in Overschie nach Überlebenden der 22. Luftlandedivision. Außer Kampfspuren und toten Kameraden können wir keinen deutschen Soldaten entdecken.

Erst beim weiteren Vorstoß auf Delft kommen etwa zehn Soldaten und ein Leutnant auf uns zugelaufen. Erschöpft fällt mir der junge Offizier um den Hals. Gegen 21.00 Uhr haben wir Delft erreicht und die Verbindung mit den dort eingeschlossenen Teilen der Luftlandedivision hergestellt. Das Regiment hat am 14. Mai 3536 Holländer gefangengenommen.

Die Entwaffnung der holländischen Truppen in Gravenhage und Scheveningen erfolgt am 15. Mai ohne Feindwiderstand. Hier nimmt das Regiment 163 Offiziere und 7080 Mannschaften gefangen.

Mit der Besetzung des Kriegsministeriums ist für uns der Krieg in Holland beendet.

NACH FRANKREICH HINEIN

Über Arnheim, Namur wird das Regiment nach Nordfrankreich geführt und bei Valenciennes erstmalig gegen französische Truppen eingesetzt.

Das Regiment hat die Aufgabe, ein Durchbrechen der Franzosen nach Süden zu verhindern. Alle Durchbruchsversuche des Feindes scheitern am Abwehrfeuer unserer Grenadiere. Die Breite des dem Regiment zugewiesenen Abschnittes beträgt ungefähr 30 Kilometer.

Bei der alten Festung Les Quesnoy macht ein abgeerntetes Feld einen geisterhaften Eindruck auf mich. Hier müssen vor wenigen Stunden Tausende von Franzosen gelagert haben. Jetzt ist nicht ein einziger französischer Soldat mehr zu sehen. Aber ungezählte französische Stahlhelme liegen wie zur letzten Parade auf der großen Fläche ausgerichtet. Diese aufgereihten Stahlhelme drücken — so will mir scheinen — die Ohnmacht und die Müdigkeit der französischen Armee aus. Es ist eine Armee ohne Geist und Schwung. Sie besteht nicht mehr aus „Verdun-Soldaten". Sie kämpft ohne Glauben und Ziel.

Der Kampfverlauf des ersten Weltkrieges beherrscht noch heute die Gehirne der französischen Soldaten. Sie glauben an ihre Maginotlinie und damit an die abstoßende Kraft der gewaltigsten Befestigungslinie der Erde. Aber Frankreich verfügt ja nicht nur über die Maginotlinie, sondern hat auch eine überlegene Panzerwaffe. Die alliierten Streitkräfte verfügen über 4800 Panzer. Diesen Panzermassen standen bei Angriffsbeginn 2200 deutsche Kampf- und Spähwagen gegenüber. Die Ursache des schnellen Zusammenbruchs der französischen Armee muß in erster Linie in veralteten Führungsgrundsätzen gesucht werden.

Am 24. Mai wird die Leibstandarte der Gruppe von Kleist unterstellt und der 1. Panzerdivision zugeteilt. Bereits vor Tagen hat die vorwärtsstürmende Gruppe Kleist die zernarbten Felder der Somme-Schlacht des ersten Weltkrieges erreicht. Über Cambrai, Peronne, Amiens und Abbéville ist die Gruppe auf die Kanalküste gestoßen und steht mit der 2. Panzerdivision vor der endgültigen Einnahme von Boulogne. Die 1. Panzerdivision steht am 24. Mai am Aa-Kanal bei Holque und hat den Auftrag, Dünkirchen anzugreifen. Im Rahmen dieser Angriffsoperation wird unser Regiment auf Watten angesetzt, um dem Angriff der 1. Panzerdivision mehr Nachdruck zu verleihen.

Im Nachtmarsch führe ich die Vorausabteilung an den Kanal und an den Wattenberg heran. Der Wattenberg ist eine Erhöhung von 72 Metern, die in dem flachen Marschland genügt, die Umgebung Wattens zu beherrschen. Der Berg liegt ostwärts des Kanals, die Brücken über den Kanal sind gesprengt und das Ufer wird von englischen und französischen Truppen verteidigt. Unter diesen Umständen ist ein Handstreich auf die Höhe nicht möglich. Die Erhebung kann nur durch einen planmäßigen Angriff genommen werden. Noch in der Nacht wird das III. Bataillon zum Angriff auf die Höhe bereitgestellt.

Kurz vor Angriffsbeginn wird das Überschreiten des Kanals durch Führerbefehl verboten. Dünkirchen soll der Luftwaffe überlassen werden. Alle Angriffsoperationen der Gruppe Kleist werden sofort gestoppt. Wir sind sprachlos über diesen Befehl, denn nun liegen wir wie auf dem Präsentierteller auf der westlichen Seite des Kanals. Erlöst atmen wir auf, als wir hören, daß Sepp Dietrich trotz Führerbefehl beschließt, den Angriff auf den Wattenberg durchzuführen. Nach wirksamer Feuervorbereitung gelingt es der 10. Kompanie, den Kanal zu überwinden und in den ostwärts des Kanals gelegenen Ortsteil Watten einzudringen. Hartnäckiger Widerstand der Engländer und Franzosen erschwert das Vorwärtskommen der übergesetzten Einheiten. Erst der Angriff des III. Bataillons bringt die Höhe in unseren Besitz.

Die Höhe ist durch eine alte Burgruine gekrönt, welche eine ausgezeichnete Beobachtung in ostwärtiger Richtung gestattet. Wir stehen auf der Burgruine, als plötzlich der Kommandierende General des XIV. Armeekorps erscheint und von Sepp Dietrich eine Erklärung für sein selbständiges Vorgehen verlangt. Sepp Dietrich antwortet: „Vom Wattenberg ist das Gelände westlich des Kanals offen einzusehen — die Kerle konnten uns ja direkt in den Magen sehen. Ich habe mich deshalb entschlossen, den Berg zu nehmen." General Guderian bestätigt den Entschluß Sepp Dietrichs. Wenige Sekunden nach dieser Besprechung liegen wir alle im Dreck und kriechen um unser Leben. Feindliches MG-Feuer zwingt uns, volle Deckung zu nehmen. Es ist erstaunlich, mit welcher Behendigkeit die alten Panzerhasen Dietrich und Guderian hinter den Ruinen verschwinden.

Angesichts dieses „Feuerüberfalls" gibt Guderian den Befehl, den Angriff in Richtung auf Wormhoudt-Berques fortzusetzen. Die Leibstandarte wird der 20. I.D. (mot) zum Angriff unterstellt. Rechts von uns greift das Infanterieregiment 76 und links das verstärkte Infanterieregiment Großdeutschland an.

Der befohlene Angriffsbeginn am 27. Mai verzögert sich, da der Übergang über den Kanal nicht rechtzeitig fertiggestellt ist. Um 7.45 Uhr erfolgt aus dem Waldstück zwei Kilometer ostwärts des Wattenberges ein feindlicher Infanterieangriff, der jedoch im Feuer der Artillerie zusammenbricht. Um 8.28 Uhr tritt das Regiment zum Angriff an und gewinnt schnell Boden. Der Regimentsgefechtsstand liegt um 10.00 Uhr unter starkem feindlichem Artilleriefeuer, das bis in den frühen Nachmittag anhält.

Das I. Bataillon stößt in Bollezelle auf starken Widerstand und wird außerdem aus dem Abschnitt des Regiments Großdeutschland heftig unter

Feuer genommen. Das verstärkte Regiment Großdeutschland hängt zurück und kann erst später die Flankenbedrohung des I. Bataillons ausschalten.

Die Kradschützen stehen in Bereitschaft und warten das Ergebnis des Angriffs ab. Es ist geplant, meine Vorausabteilung nach der Einnahme von Bollezelle wie einen Pfeil von der gespannten Sehne auf Wormhoudt abzuschießen und es dem Engländer durch Überraschung zu entreißen.

Ich kann die Zeit nicht erwarten und versuche, mir an Ort und Stelle einen Überblick über die Lage beim I. Bataillon zu verschaffen. Eine Solomaschine scheint mir das richtige „Pferd" für diese Absicht zu sein. Feuerüberfälle auf ein Straßenkreuz verführen mich, mit höchster Geschwindigkeit über die Straße zu fegen. Abgeschossener Telefondraht liegt auf der Straße und macht aus der Rennstrecke eine Hindernisbahn. Plötzlich verspüre ich einen Ruck und kann gerade noch erkennen, daß ich wie eine Rakete an einem Baum vorbeifliege. Dann weiß ich nichts mehr. — — Irgend jemand muß mich aufgelesen und zum Regimentsgefechtsstand gebracht haben. Die nicht gerade freundliche Stimme Sepp Dietrichs ruft mich in die Wirklichkeit zurück. Auf seinen Befehl werde ich dann prompt auf eine Bahre gepackt und bekomme vom Arzt die Anweisung, auf keinen Fall aufzustehen. Der Sturz hat mir eine Gehirnerschütterung eingebracht. Etwas später höre ich im Dämmerzustand, daß meine Einheit anfährt und sehe, wie sich die Kradschützen in Richtung Bollezelle in Bewegung setzen. Das tiefe Brummen der BMW-Maschinen ist Musik in meinen Ohren. Der Sturz gehört der Vergangenheit an — ich muß meine Kradschützen führen. Ohne daß es jemand bemerkt, springe ich von der Tragbahre auf die Straße und klettere auf die Maschine eines Melders. Schnell ist die Spitze der Kompanie erreicht. Fragende Blicke des Spitzenführers (Wünsche) treffen mich, doch er hat keine Gelegenheit, Fragen zu stellen. Ich brause bis zur Spitzengruppe durch und jage in Richtung Bollezelle davon. Meine Kradschützen folgen mir, sie haben ja keine Ahnung, daß ich gerade von der Tragbahre aufgestanden bin.

Vom Ortseingang Bollezelle schlägt uns Gewehr- und MG-Feuer entgegen. Granatwerferfeuer schlägt beiderseits der Straße ein. Ein Halten ist unter diesen Umständen nicht empfehlenswert. Also — — mit Vollgas auf den Ortseingang zu. Die Maschine fliegt nur so über das Pflaster; ich weiß, daß nur Sekunden notwendig sind, die Gefahrenzone zu durchstoßen, und daß meine Kradschützen ohne Zögern folgen. Links neben der Straße erkenne ich eine MG-Stellung. Das MG kann die Spitze nicht mehr unter Feuer nehmen. Eine kleine Hütte begrenzt den Feuerbereich. Mit Vollgas fliegen wir an den ersten Häusern vorbei. Hinter einer leichten Kurve wird gerade eine Straßensperre aus Ackergeräten zusammengeschoben. Ohne einen Schuß abzufeuern, gelingt es der Gruppe Erich, die Franzosen an der Sperre zu entwaffnen. Hinter uns feuern die Kradschützen links in die Gärten hinein und zwingen die überraschten Verteidiger, den Kampf einzustellen und sich auf der Straße zu sammeln. 15 Offiziere und 250 Mannschaften treten den Weg in die Gefangenschaft an. Wir selbst haben zwei Ausfälle zu beklagen. Unterscharführer Peters ist gefallen und Oberscharführer Erich hat auf der Anfahrt einen Oberschenkeldurchschuß erhalten. Der Husarenstreich ist geglückt; aber ich muß meine Vorausabteilung für ein paar Tage an den nächstältesten Offizier abgeben und mich den Anordnungen der Ärzte beugen.

Am 28. Mai tritt das Regiment zusammen mit der 2. Panzerbrigade und der 11. Schützenbrigade zum Angriff auf Wormhoudt an. Um 7.45 Uhr setzen sich die Panzer in Bewegung und reißen die Grenadiere nach vorn. Starkes feindliches Artilleriefeuer versucht, die Panzer aufzuhalten. Der Feind ist uns artilleristisch überlegen. Auch infanteristisch ist er stark. Im Abschnitt des II. Bataillons werden allein zwei feindliche Regimenter festgestellt.

Ich befinde mich auf dem Regimentsgefechtsstand und darf mich nicht ohne Erlaubnis entfernen. Meine Kradschützen warten die Entwicklung bei Wormhoudt ab, um nach der Einnahme der Stadt eingesetzt zu werden. Der Ring um Dünkirchen wird immer enger.

Sepp Dietrich und Max Wünsche fahren zum I. Bataillon, um ein genaues Bild von der Lage zu erhalten. Um 11.50 Uhr kommt ein Melder mit der Hiobsbotschaft zurück, daß Sepp Dietrich und Max Wünsche, die sich auf dem Weg vom I. zum II. Bataillon befinden, am Ostrand von Esquelberg eingeschlossen sind.

Die 2. Kompanie versucht, den Kommandeur aus seiner heiklen Lage zu befreien, wird aber durch starkes MG- und Artilleriefeuer daran gehindert. Auch der Angriff der 15. Kompanie bleibt im Abwehrfeuer der Engländer liegen. Ein verstärkter Zug der 6. Kompanie der 2. Panzerbrigade unter Führung von Ltn. Corder verliert vier Panzer und vermag das freie Gelände nicht zu überwinden. Leutnant Corder und Feldwebel Cramel fallen einige hundert Meter vor Esquelberg. Die Einschließungsstelle von Sepp Dietrich ist genau zu erkennen. Sie liegt 50 Meter vor der feindlichen Stellung; sein Wagen steht an einer Straßensperre. Der Wagen brennt, und auch aus dem

Straßengraben steigen dicke Qualmwolken. Der Betriebsstoff ist in den Graben gelaufen und hat die trockene Grasnarbe entzündet. Dietrich und Wünsche liegen während der ganzen Zeit in einer kleinen Röhre und haben sich von oben bis unten mit Schlamm beschmiert, um sich gegen das Feuer zu schützen. Fünf Panzer IV und ein Zug Kampfwagen II stoßen bis an den Ortsrand von Esquelberg vor. Die links der Straße vorgehenden Panzer stoßen in einen Park vor, aus dem der Engländer sich noch hartnäckig verteidigt. Beim Räumen des Parkes zünden die Engländer auf den Parkwegen ausgegossenes Benzin an, so daß ein weiteres Vorgehen der Panzer unmöglich wird. Der gesamte Abschnitt des Regiments liegt unter schwerem feindlichem Artilleriefeuer. Dem III. Bataillon gelingt es gegen 15.00 Uhr, in den Südwestteil von Wormhoudt einzubrechen.

Einem vom I. Bataillon nochmals angesetzten Stoßtrupp (Oberschelp) unter Führung von Hauptsturmführer Ernst Meyer gelingt es um 16.00 Uhr, den noch immer eingeschlossenen Kommandeur herauszuhauen. Leider ist hierbei der Stoßtruppführer, der tapfere Oberscharführer Oberschelp, gefallen. Oberschelp hat als erster Unteroffizier der Leibstandarte während des Poleneinsatzes das EK I erworben.

Das II. Bataillon dringt unaufhaltsam weiter vor, trotz heftigstem Widerstand des Feindes, der sich zäh verteidigt. Unsere Grenadiere stürmen von Haus zu Haus, und es gelingt ihnen, gegen 17.00 Uhr den Marktplatz von Wormhoudt zu erreichen. Gegenstöße des Feindes werden abgewehrt. Bei einem überraschenden Vorstoß feindlicher Panzer wird der Kommandeur des II. Bataillons, Sturmbannführer Schützek, verwundet. Zwei Panzer wurden in Brand geschossen, 11 Offiziere und 320 Mannschaften vom Regiment gefangen. In Wormhoudt wird eine große Menge Waffen, Kraftfahrzeuge und Munition erbeutet. Das Regiment greift gegen 23.10 Uhr mit Panzerunterstützung weiter an und zwingt die Engländer zum Rückzug. In der Nacht werden noch 6 Offiziere und 430 Mannschaften der Engländer gefangengenommen.

Beim Morgengrauen stößt das Regiment bis zur Straße Ost-Cappel—Rexpoide vor, ohne noch auf ernsten Widerstand zu stoßen. Der Feind ist vor dem Abschnitt des Regiments völlig zersprengt und versucht, unter Zurücklassung seiner gesamten Ausrüstung, nach Norden zu entkommen.

Die Straßen nach Norden sind vollkommen blockiert. Endlose Kolonnen englischer Kraftfahrzeuge, Panzer und Geschütze machen sie für jeden Verkehr unbrauchbar. Das zurückgelassene Material ist unübersehbar. Der

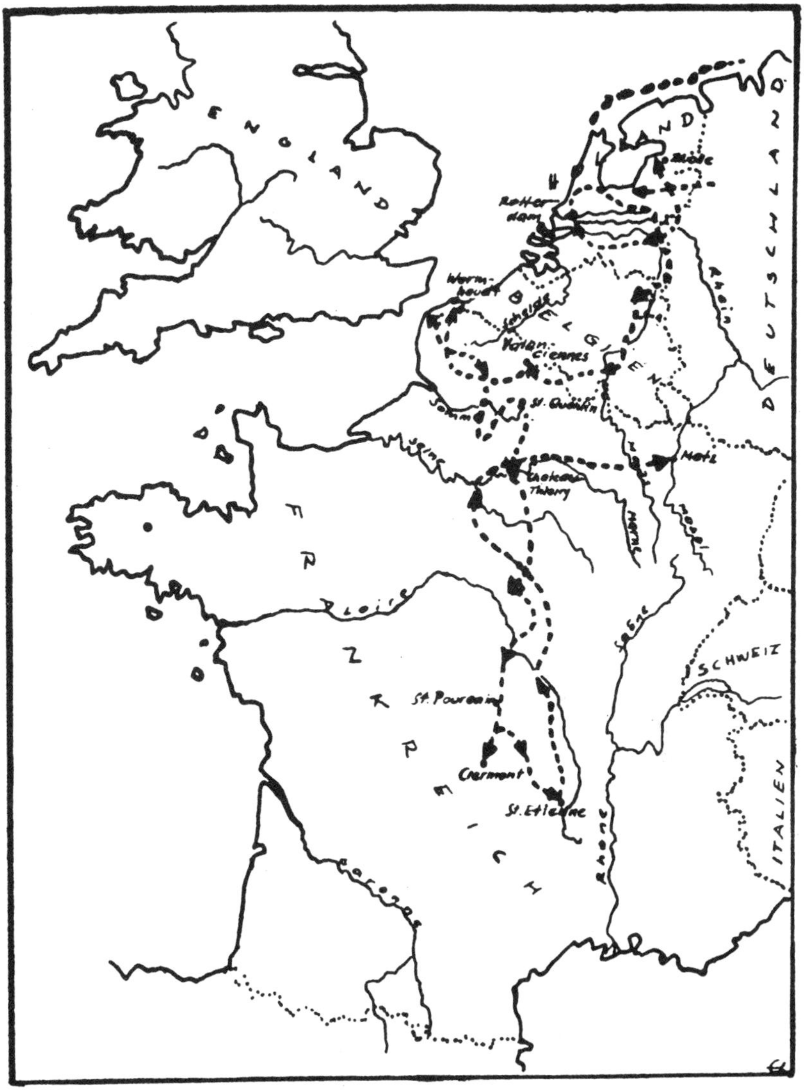

Frankreich
---> Weg der „LAH" im Jahre 1940

Rückzug der Engländer hat den Charakter einer hemmungslosen Flucht angenommen. Um 15.45 Uhr wird auf Befehl des XIV. Armeekorps der Angriff eingestellt und die sofortige Herstellung der Marschbereitschaft befohlen. Die Leibstandarte wird der 9. Panzerdivision unterstellt und soll die Verfolgung des nach Dünkirchen flüchtenden Feindes aufnehmen. Dieser Befehl wird um 18.00 Uhr aus unbekannten Gründen aufgehoben. Wiederum stehen wir den Engländern untätig gegenüber und dürfen die Angriffshandlung nicht fortsetzen. Wir müssen zusehen, wie die Engländer Dünkirchen räumen und sich über den Kanal absetzen. Welchen Verlauf der Krieg möglicherweise genommen hätte, wenn es der Panzergruppe Kleist gestattet worden wäre, ihre geplante Operation gegen Dünkirchen fortzusetzen und die britischen Expeditionskräfte gefangenzunehmen, läßt sich kaum ermessen.

Die Kämpfe gegen die Engländer sind für uns beendet, die Schlußphase von Dünkirchen erleben wir nicht mehr. Das Regiment wird dem Armeeoberkommando 6 unterstellt und steht am 4. Juni im Raum um Cambrai.

Die Sommeschlacht hat ihren Anfang genommen, und die Sommestellung ist in wuchtigen Angriffen bereits an mehreren Stellen durchbrochen worden. Das Regiment hält sich bereit, um über Bapaume auf Amiens oder Peronne vorgeführt zu werden. Der Feind hat neue Kräfte herangeführt. Ihr Auftrag kann sein, den tiefen Einbruch aufzuhalten, um das Abfließen der an der übrigen Front noch weiter nördlich kämpfenden französischen Kräfte zu verhindern und das Bilden einer neuen Abwehrfront hinter der Oise zu ermöglichen. Es kann aber auch damit gerechnet werden, daß der Feind sich im Laufe der Nacht nach Süden absetzen will. Es ist deshalb beabsichtigt, am 8. Juni mit vier Divisionen anzugreifen und in südwestlicher Richtung durchzustoßen. Die Leibstandarte ist der 3. Panzerdivision unterstellt. Der Angriff rollt planmäßig ab. Der Durchbruch wird erzwungen. Am 9. Juni werden wir plötzlich dem XXXXIV. Armeekorps unterstellt und erhalten Befehl, über Soissons, Villerscoterets und dann in südostwärtiger Richtung vorzustoßen. Meine Grenadiere sind hundemüde, während wir die Aisne westlich Soissons überschreiten. Aber zum Schlafen ist keine Zeit vorhanden. Wir sollen noch während der Nacht den Wald von Villerscoterets durchfahren und dann auf la Ferte Milon vorgehen.

Tiefe Nacht umfängt uns, als wir in den dunklen Wald eindringen und uns auf der von Minen und Bombeneinschlägen zerstörten Straße vorwärtstasten. Das Infanterieregiment 124 ist beiderseits der Hauptstraße im Wald von Doxauiale zur Ruhe gegangen. Bald haben wir die letzten Sicherungen passiert und fahren in das Niemandsland hinein. Französische Nachzügler ergeben sich willig. Sie gehören meist der 11. französischen Division an. Das Rauschen der hohen Buchen stört uns. Meinen wir doch jeden Moment auf den Feind zu stoßen und jeden Laut mit seiner Gegenwart erklären zu müssen.

Für Sepp Dietrich muß die Fahrt durch den Wald ein besonderes Erlebnis sein. Hier erlebte er während des ersten Weltkrieges seinen ersten Panzerkampf und vernichtete den ersten feindlichen Panzer.

Gegen 4.00 Uhr erreichen wir Villerscoterets und nehmen eine Anzahl überraschter Franzosen gefangen. Die Lage trägt bereits den Stempel des bevorstehenden Zusammenbruchs. Nur versprengte Teile der französischen 11. Division leisten schwachen Widerstand.

Um 5.00 Uhr stoßen wir in Richtung la Forte Milon weiter vor und nehmen im Wald 4 Kilometer südlich Villerscoterets weitere Angehörige der 11. Division gefangen. Kurz vor la Forte Milon erhält der Spitzenzug feindliches Infanteriefeuer. Die Ortschaft wird darauf in schnellem Zugriff genommen.

Dem I. Bataillon gelingt es, im ersten Anlauf in Chateau-Thierry einzudringen und bis an die zerstörte Eisenbahnbrücke vorzustoßen. Das für Deutschland so schicksalsschwere Chateau-Thierry ist von den Franzosen geräumt, doch schweres Artilleriefeuer liegt in den verlassenen Straßen und macht aus der verschlafenen Stadt einen recht unangenehmen Platz.

Am 11. Juni stößt meine Abteilung über Brumetz, Coulombe auf Montreuil vor und durchbricht mehrere Widerstandslinien des Feindes. Meine Grenadiere sind nicht mehr zu halten. Der Wettlauf zur Marne beginnt. Um 5.30 Uhr am nächsten Tage rasen wir durch Montreuil und überraschen die Franzosen bei ihrer Morgentoilette. Bereitwillig werfen sie ihre Waffen fort und sammeln sich auf der Hauptstraße. Um 9.04 Uhr ist die Marne bei St. Aulge erreicht. Feindliche Kolonnen auf dem Südufer werden durch das Feuer unserer schweren Waffen zersprengt, bevor wir die erreichte Stellung an das II. Bataillon übergeben und uns zur weiteren Verfolgung des geschlagenen Feindes anschicken.

Obwohl mit Erreichen des Nordufers der Marne der Auftrag erfüllt ist, wird zur Bildung eines Brückenkopfes der Übergang durch das II. Bataillon bei St. Aulge erzwungen und zum weiteren Angriff gegen den Bahndamm im Marnebogen angetreten. Um 18.50 Uhr wird Moey genommen, der Bahndamm erreicht und der Angriff fortgesetzt. Durch Bildung dieses Brükkenkopfes werden die weiteren Angriffshandlungen des nächsten Tages wesentlich erleichtert, der Gegner außerdem daran gehindert, sich im Marnebogen nochmals zur Verteidigung einzurichten.

Während der Nacht wird das Regiment abgelöst und erneut der 9. Panzerdivision unterstellt. Um 12.45 Uhr am denkwürdigen 14. Juni hören wir die Sondermeldung: „In Paris marschieren seit heute früh deutsche Truppen ein." Soldaten der 11. Kompanie springen in die Dorfkirche von Etrepilly und bringen die Glocken zum Klingen. Schweigend stehen wir auf der Vormarschstraße und hören dem feierlichen Geläut zu. Niemand jubelt; es wird kein Freudentrunk und kein Siegesfeuer veranstaltet. Ergriffen nehmen wir die Tatsache zur Kenntnis, und unsere Blicke folgen den über die Marne hinwegbrausenden Stukageschwadern, die den Tod nach Süden tragen. Am Abend des gleichen Tages stirbt einer meiner tüchtigsten Unteroffiziere den Soldatentod. Hauptscharführer Schildknecht fällt als Vorbild seines Zuges.

Über Montmirail, Nevers geht es weiter nach Süden, mit dem Auftrag, einen Brückenkopf über die Allier bei Moulins zu bilden. Die Straßenbrücke wird vor unseren Augen von den Franzosen in die Luft gejagt. Die Sprengung erfolgt in dem Augenblick, als ein Leutnant des Schützenregiments 10 versucht, das andere Ufer zu erreichen. Er wird mit der Brücke in die Fluten der Loire gerissen. Im Gegensatz zur Straßenbrücke gelingt es, die in Brand gesetzte Eisenbahnbrücke in Besitz zu nehmen und einen Brückenkopf zu bilden. Der Brand konnte die Eisenkonstruktion der Brücke nicht zerstören. Der Feind leistet nur noch schwachen Widerstand, obwohl dem französischen Oberkommando noch ca. 70 Divisionen zur Verfügung stehen. Aber das französische Feldheer will nicht mehr kämpfen. Nur vereinzelt wird uns ernsthafter Widerstand entgegengesetzt.

Am 19. Juni bekomme ich den Auftrag, von Moulins über St. Pourcain in Richtung Gannat aufzuklären. Mit Sonnenaufgang rollt meine Vorausabteilung in das baumbestandene wellige Gelände hinein und schießt sich die Straße frei. Fliehende französische Einheiten versuchen immer wieder, eine Widerstandslinie zu bilden, um Zeit und Raum für ihre Absetzbewegung zu gewinnen. Wir kümmern uns nicht mehr um diese Versuche. Wir haben nur noch ein Ziel: Boden nach Süden zu gewinnen. Die Flanken sind uninteressant geworden. Wie ein feuerspeiender Lindwurm jagen wir über die Straßen. Anhalten ist verpönt. Der Feuerkampf wird nur noch vom fahrenden Fahrzeug aus geführt. Der Vormarsch hat den Charakter einer wilden Jagd angenommen.

Gegen 10.30 Uhr rollen wir eine kleine Anhöhe hinauf und sehen auf St. Pourcain hinunter. Ich fahre in der Spitzengruppe und erkenne am Ortseingang französische Soldaten, die eifrig bemüht sind, eine Straßensperre zu errichten. Das Gelände links und rechts der Straße ist offen, deckungslos und fällt ungefähr 800 Meter in Richtung Pourcain ab. Die ungünstigen Geländeverhältnisse verbieten einen infanteristischen Angriff auf die Ortschaft. Ich entschließe mich deshalb, die Franzosen zu überraschen und sie durch einen blitzschnellen Angriff auf die Sperre zu überrumpeln. Für den Überraschungsangriff bestimme ich die Spitzengruppe unter der Führung von Obersturmführer Knittel. Der Rest des Spitzenzuges erhält Befehl, in 100 Meter Abstand zu folgen und den Feuerschutz für die Spitze zu übernehmen.

Die Franzosen haben noch keine Ahnung, daß wir bereits vor Pourcain stehen. Mit ruhigen Bewegungen schleppen sie alle möglichen Dinge zusammen, um den Ortseingang zu verbarrikadieren.

Wie ein Blitz fegt jetzt die erste Beiwagenmaschine über die Höhe und schießt während der Fahrt in den Straßenzug hinein. Die übrigen Kräder folgen mit höchster Geschwindigkeit. Zwei Panzerspähwagen schieben sich links und rechts der Straße heran und jagen ihre 2-cm-Geschosse vor den anbrausenden Kradschützen her. Granatwerfer nehmen die Ortschaft unter Feuer. In wenigen Sekunden ist der Teufel los. Ich jage der Spitzengruppe nach und sehe aufgescheuchte Soldaten aus den Häusern wie kopflos über die Straße rennen. Wild gestikulierende Offiziere suchen vergebens, die Franzosen zum Kampf zu zwingen. Die Überraschung ist zu groß und eine wirksame Verteidigung nicht mehr möglich. Nur einzelne Gewehrschüsse pfeifen über unsere Köpfe hinweg. Innerhalb kurzer Zeit ist die Barrikade bezwungen und eine Lücke zur Durchfahrt geschaffen. Ein 7,5-Feldgeschütz steht feuerbereit in der Sperre. Die Geschützbedienung ist nicht mehr zum Feuern gekommen — unsere Spitzengruppe war schneller.

Die erste Überraschung ist vorbei und es ist nicht mehr ratsam, einen aufgesessenen Angriff zu fahren. Infanteristisch gehen wir beiderseits der Straße vor. Während wir in die Hauptstraße einbiegen, schlägt uns lebhaftes MG-Feuer entgegen und läßt uns noch vorsichtiger werden. Doch es darf nicht viel Zeit verloren gehen — der Angriff muß schnellstens weiter vorgetragen werden, um die Zerstörung der Brücke zu verhindern, die im letzten Drittel der Ortschaft liegt.

Sprungweise arbeitet sich der Spitzenzug an die Brücke heran. Gefangene Franzosen laufen nach hinten und versuchen die Gefahrenzone zu verlassen. 50 Meter vor der Brücke erhält der Spitzenführer, Obersturmführer Knittel, einen Oberschenkelschuß und kann sich gerade noch hinter eine dicke Ulme wälzen, als uns die Brücke um die Ohren fliegt. Kaum hat sich die Staubwolke verzogen, schlägt uns lebhaftes Infanteriefeuer entgegen. Das jenseitige Ufer liegt etwas höher und gestattet eine ausgezeichnete Verteidigung. Unter diesen Umständen verbleiben wir in der gewonnenen Linie, und ich bitte das nachfolgende Bataillon, die Ortschaft Pourcain zu umgehen und den Übergang über die Sioule, etwa 12 Kilometer südlich St. Pourcain zu gewinnen.

Inzwischen fühlt sich der Feind hinter der zerstörten Brücke sicher und ahnt nicht, daß seine vollständige Vernichtung eingeleitet ist. Der Chef der Spitzenkompanie des III. Bataillons (Jochen Peiper) meldet um 14.20 Uhr den Übergang über die Sioule sowie die Gefangennahme einer feindlichen Kompanie mit vollständiger Ausrüstung, die sich auf dem Rückzug nach Gannat befand. Schnell ist das Bataillon über den Fluß geworfen und zum Angriff gegen die Franzosen in Pourcain angesetzt. Das III. Bataillon stößt also genau in den Rücken der Franzosen und vermag ohne große Verluste den Kampf zu beenden.

Meine Vorausabteilung löst sich aus St. Pourcain und nimmt die Verfolgung des Feindes in Richtung Gannat auf. Bereits um 16.00 Uhr kann Gannat ohne Kampf genommen und Aufklärung auf Vichy angesetzt werden.

Starke Baumsperren auf der Straße Gannat—Vichy hindern uns, den Auftrag vor Dunkelheit zu erledigen. Kurz vor Vichy überraschen wir eine schwere Artillerieabteilung, die mit uralten Lastwagen an einem Berg hängt und die Steigung einfach nicht überwinden kann. Die Geschütze stammen noch aus dem 1. Weltkrieg und sind sicherlich nicht einsatzfähig. Wahrscheinlich haben sie bis jetzt in irgendeinem Depot ein verträumtes Dasein geführt.

Ohne Verluste gelingt es der Kradschützenkompanie, die Franzosen zu entwaffnen und in Richtung Gannat in Marsch zu setzen. Ein französischer Offizier steht gebrochen auf der Straße und blickt traurig auf die verlassenen Geschütze. Ich sehe, wie ihm die Tränen übers Gesicht laufen; er stammelt: „Schande über Schande — mit Verdun-Soldaten wäre so etwas nicht passiert."

Die Brücke über die Allier wird unzerstört vorgefunden und Verbindung mit deutschen Truppen in Vichy hergestellt. Am 19. 6. werden 17 Offiziere, 933 Unteroffiziere und Mannschaften gefangengenommen. Die Gefangenen machen durchweg einen abgekämpften und gebrochenen Eindruck.

Das II. Bataillon stößt am 20. 6. auf Clermont-Ferrand vor und erbeutet auf dem Flugplatz 242 Flugzeuge verschiedener Typen. 8 Panzer, ungezählte Kraftfahrzeuge und sonstiges Gerät fallen der Truppe in die Hände.

Außerdem nimmt das II. Bataillon einen Generalmajor, 286 Offiziere und 4075 Mannschaften gefangen.

Ein bei Pont du Chateau gefangener Hauptmann, der sich bei Angriffsbeginn freiwillig als Parlamentär nach Clermont zur Verfügung stellte, um die „offene Stadt" zur Übergabe aufzufordern, wird beim Erreichen der französischen Linien trotz der weißen Flagge von französischen Soldaten erschossen.

Am 23. Juni tritt die Vorausabteilung in Richtung auf St. Etienne an und erhält 2 Kilometer nördlich La Fouillouse von einer Straßensperre lebhaftes Feuer. Die Sperre liegt hinter einer kleinen Bergnase und kann deshalb nur schwer unter Feuer genommen werden. Eine 3,7-cm-Pak geht in Feuerstellung und soll später um die Nase herumgeschoben werden, um die Sperre zu beschießen.

Die Spitzengruppe hat sich seitwärts der Straße in die Büsche geschlagen und versucht einen Blick nach jenseits der Barrikade zu tun. Ich gehe mit der 2. Gruppe im Straßengraben vor und habe gerade die Pakstellung passiert, als ein lebhaftes Geschieße beginnt und ein Panzer aus der Sperre herausrollt und feuernd um die Nase kommt. Wie Kaninchen pressen wir uns an die Grabensohle und blicken der immer näherkommenden Stahlmasse entgegen. Gebannt beobachten wir die Ketten, die sich immer mehr an den Grabenrand heranschieben und gleich über die gemauerte Kante in den Graben abrutschen müssen. Schließlich steht der Panzer in unserer Höhe und mitten in der Kurve. Panzer und Pak stehen sich auf 20 Meter gegenüber. Die Pak feuert zuerst, und nach dem hellen Aufprall hören wir ein schrilles Pfeifen der abprallenden Panzergranate. Auch die zweite Granate vermag den Panzerstahl nicht zu durchbrechen. Die Stahlplatten sind für die 3,7-cm-Granaten zu stark. Wir sehen, wie der Panzer direkt auf die Pak zurollt und einen Volltreffer in die Bedienung jagt. Nur wenige Meter vor der Feuerstellung dreht der Panzer ab und rollt hinter die Sperre zurück. Erleichtert stellen wir fest, daß der Turm durch die zweite Granate verklemmt ist und der Richtschütze seine Kanone nicht mehr richten kann. Leider sind von der Pakbedienung drei Kameraden gefallen. Es sind die letzten Toten des Feldzuges in Frankreich 1940.

Vor der Stellung der Spitzengruppe kann ich insgesamt 6 feindliche Panzer hinter der Sperre erkennen. Es sind Veteranen des 1. Weltkrieges, die für die geplante Offensive 1919 gebaut, aber nicht mehr zum Einsatz gekommen sind.

Die Panzer werden eine halbe Stunde später durch unsere 15-cm-Granaten verjagt. Der Weg nach Etienne ist frei. Am nächsten Morgen rückt das I. Bataillon in die Stadt ein und nimmt mehrere hundert Franzosen gefangen.

Um 21.45 Uhr hören wir, daß der Waffenstillstandsvertrag zwischen Italien und Frankreich unterzeichnet ist.

Der Kampf in Frankreich ist beendet; ist der Krieg damit zum Abschluß gebracht?

Mit Unbehagen erfahren wir von der vereinbarten Demarkationslinie und daß wir das erreichte Gebiet bereits am 4. Juli räumen müssen. Unser Regiment wird dem Armeeoberkommando 12 unterstellt und tritt in den frühen Morgenstunden den Marsch nach Paris an. Wir sollen an der geplanten Parade teilnehmen.

Die französische Bevölkerung ist uns trotz der Niederlage, die die französische Armee hinnehmen mußte, durchaus freundlich gesonnen. Kurz bevor wir Paris erreichen, hören wir von der Versenkung der französischen Flotte durch britische Kriegsschiffe im Hafen von Dakar. Dieser Vorgang hat die Franzosen schwer getroffen. Nie vorher und nie hinterher habe ich so viele weinende Menschen gesehen, wie damals in Frankreich. Die Tat Churchills wird nicht als Kriegshandlung, sondern als Verbrechen gewertet.

Paris ist mit starken Absperrungen der Division v. Briesen umgeben. Der Stadtkern darf nur mit Genehmigung und Ausweis der Kommandantur betreten werden. Ich benutze die Gelegenheit, mit meinen Grenadieren die Sehenswürdigkeiten in Paris zu besichtigen. Da die vorgesehene Parade vor dem Führer zuerst verschoben und dann endgültig abgesagt wird, verläßt das Regiment Paris und wird nach Metz in Marsch gesetzt.

Ich bitte Sepp Dietrich um die Erlaubnis, 24 Stunden vorher fahren zu dürfen, um meinen Soldaten das blutgetränkte Schlachtfeld von Verdun zeigen zu können. Die Erlaubnis wird gegeben, und so stehen am 28. Juli 1940 einige hundert Soldaten auf dem Fort Douaumont.

Ich klettere mit ihnen durch die Kasematten, die 25 Jahre vorher Hauptmann v. Brandis und Oberleutnant Haupt mit ihren tapferen brandenburgischen Grenadieren genommen haben. Erschüttert stehen wir vor der großen Kasematte, deren Tor zugemauert ist und in der ungezählte deutsche Soldaten ihren letzten Schlaf halten.

Das zernarbte Gelände um den zerstörten Douaumont spricht eine eindeutige Sprache. Trichter reiht sich an Trichter, das Bild einer Mondlandschaft. Die dünne Grasnarbe vermag das Leid dieser gequälten Erde nicht zu verdecken. Laufgräben durchziehen die Landschaft wie tief eingegrabene Runzeln.

Zwischen dem Douaumont und dem Gebeinhaus entdecken wir das Grab eines gefallenen Kameraden, der erst vor wenigen Wochen sein junges Leben lassen mußte. Mit entblößten Häuptern stehen wir an dieser verlorenen Grabstätte und blicken auf die unzählbaren Gräber, die halblinks vor uns liegen. Tausende von Holzkreuzen stehen ausgerichtet vor dem Gebeinhaus. Hier haben Worte ihre Macht verloren. Die unsichtbaren Regimenter, deren Vorhandensein die Kreuze beweisen, brauchen keinen Dolmetscher — sie sprechen selbst.

Vom Gebeinhaus gehen wir langsam auf den Vauxberg zu und versuchen, uns ein Bild der gewaltigen Leistungen deutscher und französischer Soldaten zu machen, die ihr Leben im Juni 1916 auf dieser Höhe lassen mußten. Wir klettern auf die zerschmetterte Kuppe des Forts und versuchen, den Weg des Leutnants Kiel, der am 2. Juni 1916 mit ungefähr 40 Grenadieren über den östlichen Flankengraben auf den Fortkern vorgedrungen war, zu verfolgen. Aber bald geben wir es auf. In dieser umgewühlten Erde kann nichts mehr gefunden werden. Hier hat die Zerstörungswut der Menschen das Antlitz der Erde verändert. Vor unserem geistigen Auge sehen wir die dunklen Schatten stürmender Grenadiere durch das tobende Trommelfeuer hasten und durch die zerschossene Bresche der äußeren Grabenwand dringen. Wir stellen uns vor, wie die Pioniere Brandröhren in die Schießscharten stecken und die Bedienung im Panzerturm unschädlich machen. Heute liegt die Panzerkuppe zerstört vor unseren Füßen; ihre Macht ist gebrochen.

Während ich meinen Männern die Not der französischen Besatzung im Fort schildere, vermeine ich den rollenden Donner der französischen Artillerie zu hören, die versucht, die deutschen Grenadiere von der Fortkuppe zu verjagen.

In den dunklen Gängen des Forts stoßen wir auf verbrannte Stellen an den Mauern und Decken der Gewölbe und erkennen die Wirkung der deutschen Flammenwerfer wieder. Erschüttert stehen wir an der Zisterne, die zum Untergang der französischen Besatzung beigetragen hat, und ahnen die Qual, die französische Soldaten unter dem unerträglichen Durst gelitten haben. Aber den Deutschen oben auf dem Fort erging es ja nicht besser. An jeder Feldflasche, die durch das Stahlgewitter in das Fort gelangte, klebte der Schweiß und das Blut der Träger.

Die Besichtigung dieser historischen Stätte hat meine Kameraden zu schweigsamen Zuhörern gemacht. Ohne ein Wort zu sprechen, stehen sie um mich herum, da ich ihnen von den heroischen Kämpfen des 8. Juni erzähle.

Damals griffen die Franzosen in sieben Wellen hintereinander an, um das Fort zurückzuerobern. Aber die abgekämpften Deutschen schlugen sich wie die Berserker. Sie waren nicht bereit, das Fort wieder aufzugeben.

In der Dämmerung des sinkenden Tages verfolgen wir den Weg von 21 Männern und zwei deutschen Offizieren, die das rasende französische Sperrfeuer unterlaufen hatten und dann die verlorene Schar der Verteidiger verstärkten. Diese Männer waren der Rest zweier deutscher Kompanien. Alle die anderen waren auf dem Schlachtfeld geblieben. — —

Im Schatten der alles verdeckenden Nacht rattern unsere Fahrzeuge nach Osten. Der Besuch der Schlachtfelder hat uns nachdenklich gestimmt. Verdun hat uns gelehrt, daß wir trotz der zwei hinter uns liegenden Feldzüge die entsetzliche Not unserer Väter noch nicht kennengelernt haben.

AUFSTELLUNG DER AUFKLÄRUNGSABTEILUNG IN METZ

Am 29. Juli beziehen wir das Fort von Alvensleben in Metz. Das Fort liegt westlich der Mosel und schaut weit in das herrliche Moseltal hinein.

Im Fort entdecken wir noch alte Batterien mit Kruppgeschützen aus der Jahrhundertwende. Selbst die dazugehörige Munition steht fein säuberlich ausgerichtet neben den Geschützen. Die Bestandsmeldung stammt von preußischen Artilleristen, die ihre Geschütze 1918 den Franzosen übergeben mußten.

Mit viel Mühe und Arbeit gelingt es uns, das Fort für Unterkunftszwecke herzurichten. Das Fort soll die Ausbildungsstätte der neuaufzustellenden Panzer-Aufklärungsabteilung I werden.

Im August werde ich mit der Aufstellung der Aufklärungsabteilung beauftragt. Als Stammeinheiten stehen meine 15. Kradschützenkompanie, ein Zug Panzerjäger der 14. Kompanie, der Panzerspähzug und ein Pionierzug zur Verfügung. Die noch fehlenden Mannschaften darf ich mir persönlich beim Kradschützen-Ersatzbataillon in Ellwangen aussuchen.

In Ellwangen brauche ich mich nicht lange umzusehen. Die jungen Grenadiere wollen zur Fronttruppe und sind froh, die heimatlichen Kasernen verlassen zu können. Prächtige, gesunde Burschen scharen sich um mich, als ich um freiwillige Meldungen bitte. Es sind Jungen, die das 18. Lebensjahr gerade vollendet haben und seit sechs Wochen Soldaten sind. Innerhalb weniger Tage ist die neue Abteilung in Metz beieinander und beginnt mit einer intensiven Ausbildung. Den jungen Kameraden wird nichts zuviel. Willig, ja begeistert folgen sie den Befehlen ihrer Ausbilder und schweißen sich selbst zu einer eisenharten Gemeinschaft zusammen.

Die alten Schlachtfelder von St. Privat, Gravelotte und Mars la Tour werden Ausbildungsstätten der Kradschützen und Panzeraufklärer.

Da in den Jahren nach dem Zusammenbruch sehr viel Unsinniges über die Zusammensetzung der Waffen-SS geschrieben wurde, halte ich es für richtig, dem Leser an dieser Stelle einen Überblick über die Herkunft und die soziologische Zusammensetzung der Truppe zu geben. Als Beispiel führe ich authentische Angaben der 2. (Krad) Kompanie der Abteilung an. Die Männer haben folgende Berufe ausgeübt:

1. technische Berufe	42,73 %	Väter der Männer	10,90 %
2. Handwerker	21,69 %	„ „ „	36,03 %
3. freie Berufe	14,16 %	„ „ „	26,08 %
4. landwirtschaftliche Berufe	6,41 %	„ „ „	8,76 %
5. ungelernte Berufe	15,01 %	„ „ „	18,23 %

Das Durchschnittsalter der Mannschaften betrug 19,35 Jahre, das der Unteroffiziere 24,76 Jahre und das der gesamten Kompanie 22,5 Jahre. Die Kompanieangehörigen hatten zusammen 452 Geschwister. Es waren sämtliche Landsmannschaften des Deutschen Reiches vertreten. Man kann wohl mit Fug und Recht sagen, daß diese Truppe einen Querschnitt durch das deutsche Volk und weder eine „Bonzen-Truppe" noch einen „Landsknechtshaufen" darstellte.

Von dieser braven Kompanie fielen im Zeitraum eines halben Jahres — vom 10. Juli 1941 bis zum 30. Dezember 1941 — 48 Offiziere, Unteroffiziere und Soldaten. Im gleichen Zeitraum wurden von der gleichen Kompanie 122 Soldaten verwundet. In den schweren Abwehrkämpfen bei Rostow im Dezember 1941 ist die Kompanie auf Zugstärke zusammengeschmolzen.

Wo nehmen heute Männer des öffentlichen Lebens den Mut her, diese gläubige und opferbereite Jugend als „Partei-Soldaten" zu bezeichnen? Diese Jugend hat für Deutschland gekämpft und ist bestimmt nicht für eine Partei gestorben.

*

Im Herbst 1940 werde ich nach Mühlhausen im Elsaß abkommandiert und nehme dort an einem Lehrgang für Stabsoffiziere teil. Lehrgangsleiter ist der vorzügliche Kommandeur der 73. I.D., Generalleutnant Bieler. Während des Lehrganges lerne ich eine Reihe Kameraden kennen, mit denen ich später in Griechenland und Rußland ernste Stunden geteilt habe. Ich denke hier an Oberst Hitzfeld und Major Stiefvater.

In dieser Zeit trifft die Truppe Vorbereitungen für das Unternehmen „Seelöwe" und übt Landeversuche. Die Mosel ist hierbei ein begehrtes Übungsobjekt. Stillschweigend wird die Ausbildung auf Kampfhandlungen im Mittelgebirge verschoben. Wir rasen mit unseren Krädern in halsbrecherischer Fahrt über Steilhänge der Moselberge. Die Umgebung des Forts samt Wällen und Festungsgräben gleicht einem Zirkus. Selbst das Auf- und Abseilen von Krädern und Panzerabwehrkanonen wird geübt. Im Frühjahr glauben wir eine fertig ausgebildete Truppe zu sein. Die Zusammenarbeit mit schweren Waffen klappt wie das Werk einer Präzisionsuhr. Generaloberst Blaskowitz findet für uns Worte höchster Anerkennung. Im gleichen Sinne äußert sich auch General v. Kortzfleisch, der die letzte Besichtigung in Metz abnimmt. Die Truppe ist einsatzbereit und wartet auf Befehle.

Der Balkaneinsatz

Während des 1. Weltkrieges hat das deutsche Volk schlimme Erfahrungen an seiner Südostflanke gemacht. Als wir im Herbst 1916 gleichzeitig im Westen an der Somme, im Osten gegen Brussilow und im Süden am Isonzo schwerste Blutopfer bringen mußten, vollendeten die Ententemächte durch die Mobilisierung Rumäniens die Einkreisung Deutschlands.

Zwei lange Jahre kämpften die verbündeten Soldaten in den rauhen Bergen Mazedoniens gegen die Salonikiarmee der Entente. Erst im Herbst 1918 gelang es dem General Franchet d'Esperey, mit 29 alliierten Divisionen unsere Abwehrfront zu durchbrechen und bis zur Donau vorzustoßen. Das Schicksal unserer Verbündeten war damit besiegelt.

Welche Rolle dem Balkan jetzt zugedacht war, ließ sich im Frühjahr 1941 nur aus Anzeichen schließen. Eines war die Tatsache, daß Winston Churchill, der seinerzeit die Landung auf Gallipoli organisiert und dann das Salonikiunternehmen mitbetrieben hatte, auch heute einen ausschlaggebenden Einfluß auf die britische Kriegführung besaß.

Im Frühjahr 1941 hatte London ein Expeditionskorps für den Balkan im Mittelmeerraum bereitgehalten und in griechischen Häfen gelandet. Mitte Februar weilten Außenminister Eden und der Chef des Empire-Generalstabes, General Sir John Dill, in Athen, um den Einsatz britischer Truppen in Griechenland zu besprechen.

Im Januar waren die ersten deutschen Truppen der Armee List in Rumänien eingerückt. Die Soldaten galten als Lehrtruppe und wurden von der Bevölkerung freudig begrüßt. —

Anfang Februar erreicht auch uns der Abmarschbefehl. Niemand hat eine Ahnung, wohin die Reise führt. Bei Straßburg überqueren wir den Rhein und fahren dann durch das herrliche Süddeutschland nach Böhmen hinein. An Prag vorbei geht es genau nach Süden, und am nächsten Morgen sehen wir die Silhouette von Budapest. Durch die Puszta hindurch nähert sich unser Transportzug der rumänischen Grenze. Im ungarisch-rumänischen Grenzgebiet lernen wir die Siebenbürger Sachsen und ihr schönes Land kennen. Wir werden von ihnen mit einer kaum vorstellbaren Gastfreundschaft und Herzlichkeit empfangen. Kronstadt, Hermannstadt und die vielen stattlichen Siedlungen des deutschen Ritterordens in den Karpaten grüßen uns.

Unsere Truppe bezieht im Raume um Campulung Quartier. Die bisher so geruhsamen kleinen Bahnhöfe bekommen ein ganz anderes Gesicht.

Überall herrscht rege Betriebsamkeit. Gleich während der ersten Stunde des Landmarsches habe ich ein Erlebnis, das seine Schatten weit voraus wirft. Unsere Fahrzeuge haben sich bis an die Achsen im Schlamm festgewühlt und müssen einzeln im Mannschaftszug oder mit Zugmaschinen auf die feste Strecke gezogen werden. Ein rumänischer Oberstleutnant schimpft nicht schlecht über die Straßenverhältnisse und bittet mich, seinen kleinen Wagen aus der Schlammstrecke herauszuholen. Eine Dame sitzt mit schmerzverzerrtem Gesicht im Wagen, als der Oberstleutnant von dannen fährt. Dieser kleine Zwischenfall ist schnell vergessen. Doch 1943 kommt in Döberitz/Krampnitz ein rumänischer Oberst auf mich zu und begrüßt mich besonders herzlich. Immer wieder ruft er seinen Kameraden zu, daß ich der Retter seiner Frau und seines Sohnes sei. Es dauert lange, bis ich seine Worte begreife. Seine Frau befand sich damals auf dem Wege in ein Entbindungsheim, als der Wagen während einer Wehe mitten im Schlamm steckenblieb. In letzter Sekunde hat sie das Entbindungsheim erreicht und ihren Sohn geboren. Das Wiedersehen in Deutschland haben wir natürlich gefeiert.

Nach einigen Wochen Aufenthalt in Campulung treten wir den Marsch nach Bulgarien an. Auf tiefgefurchten, aufgeweichten Straßen geht es nach Süden. Die Panzerketten reißen die Wege immer tiefer auf, aber es geht vorwärts. Die Arbeitskolonnen schaffen ohne Pause.

Rechts und links der Straßen liegen kahle, weite Flächen, kaum ein Hügel, kaum ein Stückchen Wald ist zu sehen. Von Zeit zu Zeit ziehen wir durch arme Dörfer; ein Ziehbrunnen, ein paar Lehmhütten, tief in die Erde gedrückt, ein paar windschiefe Zäune, sonst nichts. Eines Morgens dehnt sich vor uns das erdbraune, weite Band der träge dahinfließenden Donau. Und südlich der Donau, aus Dunst und Nebel ragend, erheben sich die Berge Bulgariens.

Die Sonne brennt unbarmherzig auf uns herab, während wir über die von Pionieren erbaute Brücke nach Bulgarien hineinrollen. Die Bulgaren bereiten uns einen festlichen Empfang. Viele Erinnerungen aus der Zeit des ersten Weltkrieges werden wach, und mit Stolz holen die bulgarischen Bauern ihre deutschen Auszeichnungen hervor. Der Marsch über den berüchtigt-berühmten Schipka-Paß im Balkangebirge ist unvergeßlich. Die gefährlichen Haarnadelkurven werden mit Schwung genommen. Schiebekommandos stehen bereit. Und dort, wo es einmal wirklich nicht mehr weitergehen will, stellen Bulgaren ihre Zugochsen zur Verfügung. Die langen Kolonnen rollen unaufhörlich nach Süden. An Sofia vorbei stoßen wir in das Tal der Struma hinein. Schroffe Berge drohen uns zu erdrücken. Nur mit Mühe können die Fahrer ihre schweren Fahrzeuge über die schmalen Gebirgsstraßen bringen.

Auf den Straßen liegt ein Meer von Staub. Seit Tagen schon hat sich auf diesen Straßen, die mit ihren Schlaglöchern, steilen Abfahrten und Spitzkehren den Fahrzeugen das Letzte abverlangen, ein gewaltiger Verkehr abgewickelt. Als besonders starkes Verkehrshindernis hat sich ein fast 20 Kilometer langer Schlauch im Strumatal erwiesen. Pioniere und Baukolonnen schaffen eine neue Straße. In rastloser Arbeit wird gesprengt, planiert und überbrückt. Schon kurze Zeit später hat der „Schlauch" seine Gefährlichkeit verloren. Die Kolonnen rollen schneller durch das Tal und verschwinden in Nebentälern. Der Unbeteiligte sieht nur wenig von dem riesigen Truppenkontingent, das hier in den zerklüfteten Bergen aufmarschiert. Seitentäler, verborgene Schluchten und gewaltige Bergmassive verschlucken die Truppen. An den Straßen stapeln sich große Mengen an Munition, Betriebsstoff und Nachschubmaterial. Der Aufmarsch der deutschen Truppen ist beendet. Die Sturmkompanien stehen bereit.

Inzwischen haben sich in Belgrad, geschürt durch englische Einflüsse, deutschfeindliche Kreise durchgesetzt. In der Nacht vom 26./27. März ist ein Staatsstreich erfolgt, durch den die Regierung gestürzt und Prinzregent Paul gezwungen wurde, außer Landes zu gehen. Damit hat sich die Gesamtlage auf dem Balkan grundlegend geändert. Hitler faßt deshalb bereits am Abend des Belgrader Staatsstreiches den Entschluß, die jugoslawische Flankenbedrohung zu beseitigen.

Abgesehen von der Panzergruppe 1 des Generaloberst v. Kleist und der 2. Armee (Generaloberst Freiherr von Weichs), die auf Belgrad und Nordjugoslawien angesetzt sind, führt Feldmarschall List die 12. Armee gegen Südjugoslawien (Skoplje) und Griechenland. Der 12. Armee stehen 16 Divisionen, ferner das Regiment Großdeutschland und die Leibstandarte zur Verfügung.

Nachdem die Sowjet-Union und Jugoslawien am 5. April einen Nichtangriffs- und Freundschaftspakt geschlossen haben, gibt Hitler am 6. April den Angriffsbefehl gegen Griechenland und Jugoslawien.

Ein heißer Frühlingstag geht zu Ende. Im Strumatal ist die Hitze beinahe unerträglich. Wir rollen auf Grund der Vorgänge in Jugoslawien nach Norden und sind auf dem Marsch nach Küstendil. Küstendil liegt unmittelbar an der bulgarisch-jugoslawischen Grenze. Die 9. Panzerdivision hat die Grenzstadt bereits erreicht und den Auftrag, in Richtung Skoplje vorzustoßen und nach Möglichkeit diesen wichtigen Knotenpunkt im ersten Anlauf zu nehmen. Wir sollen der 9. Panzerdivision bis kurz vor Skoplje folgen und dann nach Süden abdrehen, um über Prilep die griechische Grenze zu erreichen.

Meine verstärkte Abteilung steht im Karree vor mir. Dunkle Nacht umgibt uns, während ich meinen Kameraden die notwendigen Worte über den bevorstehenden Einsatz sage. Schweigend hören sie zu. Ich erkläre ihnen den Auftrag für unsere Vorausabteilung und deute die zu erwartenden Schwierigkeiten an. Auch halte ich es für richtig, sie an die harten Kämpfe zu erinnern, die unsere Väter während des 1. Weltkrieges in den schwarzen Bergen Mazedoniens und um den Besitz von Monastir geführt haben. Monastir, die Stadt, die so unendlich viel Blut gefordert hat, ist unser erstes Ziel. Wir wollen es durch Schnelligkeit und Überraschung erreichen. — Während meiner Worte empfinde ich erstmalig das grenzenlose Vertrauen, das mich mit meinen Soldaten verbindet. Ich könnte sie in die Hölle führen — sie würden mir folgen.

Die Nacht ist schwül, es wird wenig gesprochen, um so mehr geraucht. Jeder hängt kurz vor dem Einsatz gern seinen Gedanken nach. Die silberne Mondsichel beleuchtet gespenstisch die an ihren Krädern hockenden Männer. Aus der Morgendämmerung erhebt sich ein langgezogener, abgeholzter Berg. Seine steil abfallenden Hänge stehen düster vor uns. In Steilkurven schlängelt sich die weiße Straße empor. Wir wissen, daß auf der Höhe des Berges Bunker und Höckersperren auf uns warten. Im Morgengrauen tritt die Vorausabteilung der 9. Panzerdivision über den natürlichen Grenzwall ihren Weg nach Westen an. In 1200 Meter Höhe stößt sie auf Grenzbefestigungen der Jugoslawen. Die schweren Waffen sprechen ihr erstes Wort. Die 8,8-Flak und die schweren Pak zerschmettern die feindlichen Bunker. In wenigen Minuten sind die Grenzbefestigungen in rauchende Trümmerhaufen verwandelt. Es ist ein gespenstisches Bild. Tief im Osten erhebt sich blutrot die aufgehende Sonne, und in den Tälern braut der Morgendunst mit den dick und schwerfällig aufwärts ziehenden Staubschwaden. Von den Grenzbergen herab blitzen rote Leuchtspurgranaten unserer Geschütze kurze, rasante Striche in die weichende Dämmerung. Maschinengewehre peitschen in die Widerstandsnester und scheppern das Tal hinunter. Plötzlich tauchen feindliche Flugzeuge auf. Dicht über die Berge hinwegbrausend stoßen sie auf die Talstraße hinab und greifen Küstendil an. Die Straßen in der Ortschaft sind mit Kolonnen belegt, während die Bomben in die Stadt fallen. Die Ausfälle

GRIECHENLAND

0 100 200 Km

---> Weg der „LAH" im Jahre 1941

sind Gott sei Dank gering, doch leider ist Obersturmbannführer Mohnke, Kommandeur des II. Bataillons, schwer verwundet. Das Bataillon wird von Hauptsturmführer Baum übernommen.

Immer näher schieben wir uns an die Grenze heran. Am späten Nachmittag ist es endlich soweit. Die 9. Panzerdivision hat die Grenzbefestigungen bezwungen und ist tief nach Jugoslawien hineingestoßen. Kämpfend rollt die Panzerspitze auf Skoplje zu. Unsere Stunde ist gekommen. An den zerstörten Grenzsperren, Straßenbarrikaden und gut angelegten Bunkern vorbei fahren wir von der Paßhöhe nach Jugoslawien hinein. Ungezählte Gefangene kommen uns entgegen, unter ihnen sehr viele Batschka- und Banatdeutsche, die uns mit lauten Rufen begrüßen und immer wieder die Hände schütteln. Tote, in der südlichen Hitze bereits aufgedunsene Pferdeleiber liegen im Straßengraben. Lebende Pferde traben durchs Gelände oder stehen teilnahmslos am Straßenrand. Die rauhe Landschaft nimmt einen anderen Charakter an. Die Berge weichen zurück, ihre schneeigen Silhouetten bleiben hinter uns. Vor Kumanovo stehen abgeschossene eigene Panzer und frische Gräber zeugen vom harten Kampf um die Ortschaft. Die Dunkelheit senkt sich schnell auf das rollende Marschband herab. Bald müssen wir die große Straßenspinne südlich Skoplje erreichen. Von dort aus übernehmen wir die Spitze und stoßen über Prilep nach Süden vor.

Kurz nach Mitternacht haben wir die letzte Sicherung der 9. Panzerdivision erreicht und schicken uns an, ins Niemandsland vorzufahren. Bevor der Spitzenzug unter der Führung von Untersturmführer Wawrzinek antritt, weise ich den Zug noch einmal in die Lage ein und wünsche meinen Kameraden alles Gute. Mit den Worten: „Jungs, den tüchtigen Soldaten gehört die Nacht“, entlasse ich die Spitzengruppe in die Dunkelheit.

Erst langsam, dann immer schneller werdend, jagen die Kräder voran. Das Spiel vom Hollandeinsatz wiederholt sich. Bald stelle ich fest, daß sich Wawrzinek an die Spitze gesetzt hat und ohne viel Federlesens nach Süden abhaut. Aber dies sind keine glatten Asphaltstraßen wie in Holland oder Frankreich. Hier geht der Vormarsch über schmale Gebirgspfade und durch enge Schluchten vor sich. Steil steigt die Straße an. Nach kurzer Zeit pfeifen die ersten Geschosse über uns hinweg. Der Feind hockt irgendwo in den Bergen und versucht, den Vormarsch zu stoppen. Ich fahre jetzt hinter der Spitzengruppe. Ein kurzer Zuruf genügt, um die Spitze wieder anfahren zu lassen. Weiter, immer nur weiter, Boden nach Süden gewinnen und die Verwirrung des Feindes nützen, ist unser Ziel. Unterhalb einer kleinen Höhe vor einem Dorf erhalten wir Feuer. Panzerspähwagen unterstützen die bereits angreifenden Kradschützen und jagen ihre Leuchtspurgeschosse in den Feind hinein. Grenadiere durchkämmen den Ort. Über hundert verstörte Jugoslawen sind das Ergebnis der ersten Kampfhandlung unserer Abteilung. Die feindlichen Offiziere fluchen nicht schlecht auf ihre Gefechtsvorposten in den Bergen. Ungläubig hören sie zu, wie ihnen unser Dolmetscher klarmacht, daß wir uns um das Geschieße der Gefechtsvorposten nicht gekümmert und den Weg nach Süden fortgesetzt haben. Eine halbe Stunde später ist alles vorüber. Die vorwärtsdrängenden Kradschützen sind nicht mehr zu halten. Es geht weiter! In halsbrecherischer Fahrt an Steilhängen und Schluchten vorbei überraschen wir eine feindliche Batterie auf dem Marsch. In wenigen Minuten ist auch dieser Spuk vorbei. Krachend und polternd stürzen die Geschütze in die Schlucht.

Im Morgengrauen erreichen wir Prilep und stellen hier die Verbindung mit der Vorausabteilung der 73. I.D. her. Der Kommandeur der Abteilung ist Major Stiefvater, mit dem ich zusammen einen Lehrgang in Mühlhausen besucht habe. Stiefvater ist genau von Ost nach West vorgestoßen und hat Prilep ohne große Verluste erreicht.

Wir gönnen uns eine kurze Ruhepause, die wir sehr nötig haben. Der heutige Tag kann heiß werden. Wir haben ein weitgestecktes Ziel und stoßen auf den wichtigen Platz Monastir vor. Ein leichter Regen rieselt in der Morgenfrühe herab. Er vertreibt den Staub von der Straße und verwandelt ihn in grauen Kleieschlamm. Gespannt blicken wir in die weichenden Schatten der Nacht. Die Straße führt jetzt in eine Ebene hinein, nur rechts sind noch die Umrisse eines hohen Berges zu erkennen. Hinter der Bergnase sehen wir auf den Zrnafluß hinab und erblicken eine schwere Brückenkonstruktion. Stahlbogen überspannen den Flußlauf. Die Brücke ist noch nicht gesprengt. Einige feindliche Lastwagen und bespannte Fahrzeuge streben dem Übergang zu, um das jenseitige Ufer zu erreichen. Ich sehe nur die Brücke; alles andere interessiert mich nicht mehr. Sie muß unzerstört in unsere Hände fallen. Automatisch schieben sich zwei Spähwagen seitwärts aus dem Marschband heraus und jagen ihre 2-cm-Sprenggranaten auf die jenseitige Brückenauffahrt. Die Spitzengruppe rast wie vom Teufel besessen auf die Brücke zu. Pferde- und Motorfahrzeuge drängen sich zu einem Knäuel zusammen. Jedes will zuerst die Überfahrt erzwingen. Die Spitze ist nur noch 100 Meter entfernt; vereinzelt zwitschern uns Geschosse entgegen. Ich glaube mich schon im Besitz der unzerstörten Brücke — da, kurz vor dem Ziel, zerreißt ein dumpfer

Knall die Flußniederung. Die Brücke hebt sich vor meinen Augen und fällt dann in sich zusammen. Feindliche Soldaten, Pferde und Fahrzeuge wirbeln durch die Luft und verschwinden in dem gurgelnden Wasser der Zrna. Schepperndes Maschinengewehrfeuer fährt hackend in die Trümmer hinein.

Zuerst entsetzt, dann wütend, doch endlich kalt überlegend arbeite ich mich an die Trümmer heran. Der Chef der 2. Kompanie, Hauptsturmführer Kraas ist neben mir. Schnell ist die Lage beurteilt und ein Entschluß gefaßt. Der Feind darf nicht zur Ruhe kommen! Er muß gejagt werden. Wir haben Glück! Die Eisenkonstruktion ragt aus dem Fluß heraus und kann für den Unterbau einer Notbrücke benutzt werden. Grenadiere klettern über die Trümmer hinweg und erkämpfen sich einen kleinen Brückenkopf. Pioniere und alles, was Hände hat, schleppen Balken und sonstiges Baumaterial heran. Solokräder werden übergesetzt und klären in Richtung Monastir weiter auf. Ohne Pause, wie auf dem Übungsplatz gelernt, schaffen die Pioniere einen neuen Übergang. Die Brücke wächst vor unseren Augen, und es dauert nicht lange, da braust der erste schwere Panzerspähwagen über den Fluß. Der Vormarsch geht weiter.

Die 2. Kompanie hat wieder die Spitze übernommen. Links der Vormarschstraße läuft die Eisenbahnlinie nach Monastir. Hinter dem Eisenbahndamm hocken feindliche Schützen, die vergeblich bemüht sind, den schnellen Vormarsch aufzuhalten. Lediglich die Panzerspähwagen fetzen einige Gurte gegen den Feind hinter und auf dem Damm. Alles andere hat die Augen nach vorn gerichtet. Monastir wollen wir im ersten Ansturm nehmen, alles andere ist nur noch von nebensächlicher Bedeutung. Der Eisenbahndamm schiebt sich immer dichter an die Straße heran und überquert sie einige hundert Meter vor uns. Die Spitze hält, und die Grenadiere springen links und rechts der Straße in die Gräben. Sie nehmen den Kampf gegen die Besatzung in einem Bahnwärterhäuschen auf. Ein feindliches MG spuckt die Straße herunter. Das Häuschen wird als Widerstandsnest erkannt. Die 5-cm-Pak geht im Feuer der Gegner in Stellung und jagt ein paar Granaten in das Gemäuer hinein. Krachend birst der Bau auseinander.

Erst jetzt merke ich, daß der Feind auf dem Bahndamm munter geworden ist und durch das Halten der Spitze Mut bekommen hat. MG-Feuer peitscht vom Damm herunter. Hier hilft nun nichts mehr. Der Gegner auf dem Damm muß vernichtet werden. Im Feuerschutz der Spähwagen wird die Angelegenheit schnell bereinigt. Die Überlebenden fliehen in das hinter dem Damm liegende Sumpfgelände.

Nach der Ritterkreuzverleihung an Gerd Pleiss (l.), Sepp Dietrich und Fritz Witt

Über den Klisurapaß

Das letzte Hindernis am Klisurapaß

Unsere Toten am Klidipaß

Ich will gerade auf das Krad des Unterscharführers Weil springen, da zwingt uns erneut das Feuer einiger Jugoslawen zu Boden. Mein Kartenbrett ist nicht mehr zu gebrauchen. Die Fetzen liegen auf der Grabenkante. Die feindlichen Geschosse spritzen in die Grasnarbe hinein und reißen die feuchte Erde um uns herum auf. Ein gurgelndes Geräusch zwingt mich, nach Weil zu blicken. Er windet sich auf der Grabensohle — sein Unterkiefer hängt zerschmettert herab.

Wir dürfen uns hier nicht festbeißen! Der Feind darf uns auf keinen Fall vor den Toren Monastirs festnageln und von den überragenden Höhen beharken. Ich schreie die Spitze an — und die Kradschützen springen Akrobaten gleich auf ihre Kräder und jagen nach vorn. Wie ein Magnet zieht die Spitze die Abteilung nach und rast auf der regennassen Straße dahin. Den ganzen Tag hat es geregnet, doch jetzt bricht die Sonne durch die Nebelfetzen.

Der Widerstand verstärkt sich; Leuchtspurgeschosse zischen giftig zu den deckenden Strohmieten hin und verwandeln sie in riesige Fackeln. Monastir liegt vor uns. Breit hingelagert können wir die Stadt zwischen den Bergen erkennen. Am rechten Berghang entdecke ich eine feindliche Batterie, die gerade in Stellung gehen will. Nur weiter! Nur kein langes Feuergefecht! Wir müssen in die Stadt. Wir wollen den Verteidigern direkt an die Gurgel springen. Ein Geschwindigkeitsrausch packt uns! Rechts und links der Straße hacken unsere MG-Garben in den Feind hinein. Vor uns liegt eine halbfertige Straßensperre. Feuer, berstende Sprenggranaten der Spähwagen, Handgranaten fliegen durch die Luft, und überraschte, vollständig verwirrte Menschen suchen volle Deckung.

Nicht in breiter Front, wie es der Feind erwartet, gehen wir vor, sondern rasend, gleich einer federnden, blitzschnell geführten Degenklinge stößt die hintereinander schnürende Abteilung in die Stadt hinein. Nur die Artillerie ist nicht mit von der Partie. Sie steht in Feuerstellung und jagt ihre Brocken vor uns her.

Ich sehe weder Minaretts noch andere Gebäude; ich sehe nur MG-Stände, verteidigte Häuser und entschlossene Feinde. Immer weiter bohrt sich die Abteilung in die Stadt hinein. Meine Karte und den Stadtplan habe ich eingebüßt. Aber ich weiß, wo die Kaserne liegt. Dort wollen wir hin, denn dort werden wir die Fäden finden, an denen die feindlichen Kräfte gelenkt werden.

Die auf dem Vorplatz angetretene Truppe spritzt auseinander, sowie die Kradschützen um die Ecke gebraust kommen. Aus allen Fenstern, von den Dächern und aus den Büschen schlägt uns feindliches Feuer entgegen. Jetzt bewähren sich die Panzerspähwagen. Ihre Waffen klotzen jede nur verdächtige Ecke ab und zwingen die feindlichen Schützen in Deckung. Unter dem Feuerschutz der Spähwagen gehen zwei schwere Infanteriegeschütze in Stellung. Sie stehen keine 200 Meter von der Kaserne entfernt, in der sie ihre 15-cm-Koffer auspacken. Der Erfolg ist durchschlagend. Innerhalb von 20 Minuten gibt es keine Verteidigung von Monastir mehr. Nur am Bahnhof kämpft ein Pionierstoßtrupp noch eine Stunde später gegen das letzte Widerstandsnest.

Unser Vorstoß hat das bestätigt, was wir in jahrelanger Ausbildung gelernt haben: Der Motor ist eine Waffe.

Im Laufe der nächsten Stunden werden teilnahmslose Gefangene eingebracht und entwaffnet. Eine geschlossene Artillerieabteilung fällt ohne einen Schuß in unsere Hände. Aber der Kampf muß weitergeführt werden, Zeit zum Rasten ist nicht vorhanden.

Serbische Kräfte stehen am Ochridasee und haben den Javat-Paß besetzt. Der Paß liegt 20 Kilometer westlich Monastir. Im Südosten, an der griechischen Grenze, wissen wir starke britische Kräfte, die von Süden kommend bis in die Gegend von Florina vorgestoßen sind. Die Entscheidung über unser weiteres Vorgehen fällt mir nicht leicht. Denn noch stehen wir allein in Monastir und können in den nächsten 24 Stunden kaum mit Hilfe rechnen. Ich muß in beiden Richtungen wirken und Monastir mit dem Stab, der Artillerie und den Troßfahrern halten.

Die Kompanie Kraas bekommt den Auftrag, mit der verstärkten Kompanie den Javat-Paß zu bezwingen und über Ochrida Verbindung mit den Italienern, die westlich Florina in den Bergen sitzen, herzustellen. Die Kompanie Schröder erhält einen Aufklärungsauftrag gegen die Briten und den Befehl, am Feind zu bleiben. Nach Möglichkeit soll den Briten der Austritt aus dem Klidipaß verwehrt werden. Die beiden Kompanieführer sehen mich verdutzt an, während sie ihre Aufträge entgegennehmen. Hugo Kraas schüttelt zweifelnd sein Haupt. Für Schröder ist die Angelegenheit nicht so außergewöhnlich, denn er hat ein weites Feld zum Manövrieren und kann bei den guten Straßen alle Möglichkeiten der Aufklärung voll ausnutzen. Die Kompanien setzen sich in Bewegung. Lachend fahren meine Kradschützen, Panzerjäger, Pioniere und Grenadiere an mir vorbei. Sie fahren in die

Dunkelheit, in die Ungewißheit hinein. Der Stab igelt sich ein und läßt den Funk spielen. Mit den Kompanien stehen wir ständig in Verbindung. Die Meldungen der Panzeraufklärer hören wir direkt ab. Wir sind also über jede Bewegung genauestens orientiert. Kraas stößt bereits nach wenigen Minuten auf eine feuerbereite Batterie, die hart westlich Monastir in einem Obstgarten in Stellung steht und noch immer auf Feuerbefehle wartet. Geschlossen marschiert die Batterie in Gefangenschaft.

Um Mitternacht hat Kraas mehrere Dörfer durchstoßen und steht vor dem Javat-Paß. Aufklärung hat festgestellt, daß der Paß besetzt ist und eine gut ausgebaute Verteidigungsstellung auf dem Kamm verläuft. Feindliche Gefechtsaufklärung wird gefangengenommen. Der Angriff auf den Paß soll im Morgengrauen durchgeführt werden.

Schröder kommt gut voran und meldet sich bald von Florina und Vevi. Zwischen diesen beiden Ortschaften hat die Kompanie ein tolles Erlebnis. In der Dunkelheit sind bekanntlich alle Katzen grau. Und so kommt es, daß mir Schröder am nächsten Morgen folgendes schildern kann:

„Von der Straßenspinne aus hatte ich mehrere Spähtrupps angesetzt und fuhr dem 1. Trupp, der in Richtung Florina aufklären sollte, langsam nach. Es dauerte nicht lange und zwei Spähwagen tauchten aus der Dunkelheit auf. Sie kamen auf uns zu. Ahnungslos fuhr ich weiter. Ich mußte doch annehmen, daß es sich um meine eigenen Wagen handelte. Erst wenige Meter vor dem Zusammentreffen klärte sich der Irrtum auf. Zwei englische Spähwagen standen vor uns und fuhren langsam weiter. Auch sie befanden sich im Irrtum. Sie müssen uns für Serben gehalten haben. Erleichtert zog ich die Kompanie einige hundert Meter weiter und erwartete die Rückkehr der englischen Panzer. Eine knappe halbe Stunde später fielen sie unserer Sperre zum Opfer. Aus den erbeuteten Karten konnten wir die Maßnahmen des Gegners erkennen. Australische Truppen hatten das Höhengelände besetzt und das Tal mit tiefen Minensperren geschlossen."

Schröder hält Fühlung mit den Briten und führt laufend kampfkräftige Aufklärung durch. Infanteriegeschütze und Granatwerfer müssen den Feind über die wahre Stärke getäuscht haben. Er stößt nicht über seine Sperre hinaus.

In aller Frühe beginnt der Angriff Kraas' gegen die Javathöhe. Die Straße führt steil bergan, so daß ein Handstreich ausgeschlossen ist. Haarnadelkurven und Spitzkehren wechseln sich ab. Steilabfallende Wände und wilde Schluchten, überhängende Felsen und kahle, baumlose Flächen runden das

Bild ab. Der Paß ist über 1000 Meter hoch. Es grenzt an Wahnsinn, hier einen Angriff mit einer verstärkten Kompanie zu wagen. Aber wir haben die Überraschung auf unserer Seite. Niemand hat einen solch schnellen Vorstoß geahnt, und keiner konnte überhaupt auf die Idee kommen, daß eine einzige Kompanie den Angriff auf den Paß wagen würde.

Noch vor Tag fahre ich zur Kompanie Kraas. Ich bin unruhig und muß den Angriff an Ort und Stelle erleben.

Gleich nördlich Monastir grüßt uns das Gefallenen-Ehrenmal des 1. Weltkrieges. Dort oben auf der Höhe sind ungezählte deutsche Soldaten in fremde Erde gebettet worden. Die Sonne bricht durch, als wir den ersten Kampflärm hören. Deutlich vermögen wir die Einschläge der schweren Infanteriegeschütze zu erkennen. Die 15-cm-Granaten müssen in den Bergen eine fürchterliche Wirkung haben. Wie Perlenketten klettern die 2-cm-Leuchtspurgranaten den Berg hinan. Im Tal finde ich nur die schweren Waffen und Fahrzeuge vor. Nur die Spähwagen begleiten den Angriff der Kompanie. Die Kradschützen sind Gebirgsjäger geworden. Schon während der Nacht sind sie beiderseits der Straße den Paß hochgeklettert und stehen jetzt vor den Stellungen auf dem Kamm. Mehrere Sperren sind umgangen und werden von hinten aufgerollt. Im ungestümen Angriffsschwung reißt der Kompanieführer seine Kameraden auf den Kamm und rollt die Stellung der Serben auf. Die schweren Waffen haben nicht nur eine tatsächliche, sondern darüber hinaus eine ungeahnte moralische Wirkung ausgeübt. Die schweren Brocken der Infanteriegeschütze verursachen einen Höllenlärm.

Ich habe mich hinter einen Spähwagen gehängt und erlebe den letzten Kampf um die Höhe. Die Gruppe Tkocz erledigt das letzte Widerstandsnest. Hinter einer kleinen Kapelle finde ich Hugo Kraas und gratuliere ihm zu dem Erfolg. Vor uns liegen, stehen und hocken einige hundert Gefangene. Eine ganze Batterie hat die Waffen gestreckt. Der Erfolg ist kaum zu begreifen. In dieser einmaligen Stellung hätte das Bataillon den Angriff von Regimentern abwehren können. Der feindliche Bataillonskommandeur gibt uns eine Erklärung. Er sagt: „Als meine Männer gestern abend hörten, daß deutsche Truppen bereits in Monastir wären und heute nacht vor unserer Stellung auftauchen würden, war der Widerstandswille erheblich angeknackt. Allein die Tatsache, gegen deutsche Soldaten kämpfen zu müssen, versetzte meinem Bataillon einen Schock. Ihre ‚Bombenschmeißer' (s. I. G.) gaben dem Bataillon den Rest."

Von der höchsten Erhebung blicken wir auf den blauschimmernden Ochridasee und auf das hellerleuchtete Florina hinab. Die Stadt muß unser werden, bevor der Feind merkt, daß sein Sperrbataillon auf der Höhe geschlagen ist. Kräder stehen noch nicht zur Verfügung, aber eine Reihe Panzerspähwagen sind bereit, um talwärts zu rollen und den Feind zu überraschen. Während wir uns langsam die Serpentinen hinabtasten, sammelt sich die Kompanie Kraas und wartet auf ihre Fahrzeuge. Ohne Störung erreichen wir die Talsohle und brausen nun der Stadt entgegen. Ich fahre mit dem Wagen Bügelsack. Der Oberscharführer ist mein bester Spähtruppführer und hat eine ausgesprochene „Jagdnase". Fliehende Serben stürzen von der Straße und suchen im Ufergestrüpp volle Deckung. Andere werfen ihre Waffen fort und marschieren dem Paß zu. Jetzt können wir nicht mehr halten; jetzt müssen wir in die Stadt hinein und die Verwirrung ausnützen. MG-Garben fegen die Straße leer. Die Überraschung ist vollständig. In wenigen Minuten stehen wir auf dem Kirchberg und schießen rote Leuchtkugeln in die Luft. Kurz darauf rast die Kompanie Kraas in die Stadt und setzt Spähtrupps gegen die Berge westlich des Ochridasees an, um die Verbindung mit den Italienern herzustellen. Auch diese Aufgabe ist einige Stunden später gelöst. Der erste Auftrag der Aufklärungsabteilung ist schnell, erfolgreich und ohne übermäßige Verluste erfüllt worden. Ich bin stolz auf meine Männer und weiß, daß ich mit ihnen alles wagen kann.

In Monastir melde ich dem Kommandeur der Leibstandarte den letzten Erfolg der Abteilung und fahre mit ihm zur Kompanie Schröder, bei der wir auch den vorausgeeilten Kommandeur des I. Bataillons, Sturmbannführer Witt, antreffen.

Das I. Bataillon erhält den Auftrag, die britische Schlüsselstellung zur Verteidigung des Klidipasses zu erstürmen und damit der Leibstandarte und der 9. Panzerdivision den Durchbruch durch den Paß zu ermöglichen. Neuseeländer und Australier sitzen, tief eingegraben; hoch oben in den Berghängen des Klidipasses. Der Feind hat Zeit gehabt, sich ein hervorragend ausgebautes Stellungssystem zu schaffen. Seine Artilleriebeobachter sehen weit hinaus in die Ebene, aus der unsere Truppen heranrollen. Monastir ist die Schleuse zum Klidipaß, der Klidipaß das Tor Jugoslawiens nach Griechenland. Der Feind hat alle Vorteile für sich. Eine tiefe Minensperre liegt im Paß und macht einen Panzervorstoß unmöglich. Die Höhen müssen durch unsere Infanterie im harten Kampf genommen werden.

Aus dem freundlichen Sommertag wird ein regnerischer, wetterwendischer Hochgebirgsabend und später eine bitterkalte Nacht. Schneeflocken bedecken die Hänge. Die Männer des I. Bataillons stehen einem weit überlegenen Gegner gegenüber, notdürftig in den harten Boden eingegraben, erwarten sie den Angriff.

Im Morgengrauen des 12. April ist es soweit. Die Stille wird durch das Heulen der schweren Granaten durchbrochen. Die schwere Flak beginnt die erkannten Widerstandsnester zu zerschmettern und Sturmgeschütze rollen an. Ich stehe am Scherenfernrohr und beobachte den Angriff der 1. Kompanie unter Führung des Obersturmführers Gerd Pleiß. Noch immer hageln die Granaten auf den Berg nieder. Die ganze Kuppe ist in Rauch gehüllt. Die Luft riecht nach Erde und Schwefel. Ganz plötzlich setzt das Artilleriefeuer aus. Die Infanteristen springen vor und arbeiten sich den Berg hinan. Die schweren Sturmgeschütze schieben sich aus der Talsohle auf die Hänge hinauf. Staunend beobachten wir das Vorgehen der Geschütze. Immer höher klettern sie den Berg hinan und greifen dann in den Kampf ein. Niemand hat den Einsatz der Sturmgeschütze für möglich gehalten. Doch jetzt stehen sie oben und geben der Infanterie eine fühlbare Hilfe. Völlig verstört von dem Eindruck, den das deutsche Feuer auf sie gemacht hat, kommen britische Gefangene den Berg herunter. Es sind große, kräftige Kerle und beachtliche Gegner. Immer tiefer stoßen unsere Infanteristen in das Stellungssystem hinein. Pioniere schieben sich an die Minensperre heran, um den Panzern eine Durchfahrt zu schaffen. Aber auch hier muß die Infanterie erst ganze Arbeit leisten und die Briten aus ihren Stellungen werfen. Erst dann können die Pioniere die Minen räumen. Erschüttert steht Sturmbannführer Witt vor den sterblichen Resten seines Bruders Franz. Der jüngere Bruder ist in die Sperre geraten und von explodierenden Minen zerrissen worden.

Pleiß hat jetzt die Spitze seiner Männer übernommen und kämpft unmittelbar unter dem Gipfel. Hier können die Sturmgeschütze nicht mehr helfen, hier gilt nur noch der Mann. Den Krach der Handgranaten können wir nicht hören, wohl aber die Detonationswolken erkennen. Schützennester werden im Nahkampf genommen und so der Gipfel gestürmt.

Die tapferen Männer der Kompanie Pleiß haben den Gegner bezwungen. Über hundert Gefangene, 20 Maschinengewehre und anderes Material sind erbeutet. Gerd Pleiß selbst ist verwundet, doch er bleibt bei seinen Grenadieren. Das Tor nach Griechenland ist aufgestoßen. Der Kampf geht weiter. In rasendem Tempo greift das I. Bataillon den weichenden Gegner an. Feindliche Panzer werden durch Pak und Sturmgeschütze vernichtet. Feindliche Kampfflugzeuge versuchen unser Vordringen zu stoppen. Doch ihre Bomben haben nicht die gewünschte Wirkung.

Hauptsturmführer Fend, Chef einer 8,8-cm-Batterie, ist in Gefangenschaft geraten und verbringt die Nacht in einer britischen Kolonne. Im Morgengrauen wird er durch unsere Infanteristen befreit. Weitere Neuseeländer treten den Weg in die Gefangenschaft an. Der Südausgang des Passes wird in den Morgenstunden genommen. Hier versuchen starke britische und griechische Kräfte das Blatt zu wenden und die Deutschen in den Paß zurückzudrängen. Den Briten steht eine große Anzahl Panzer zur Verfügung, die unsere Spitze hart bedrängen. Das I. Bataillon hat das offene Gelände bereits erreicht, und unsere Sturmgeschütze hängen noch oben in den Bergen, eine gefährliche Situation. Die ersten Feindpanzer stehen bereits in der Spitzenkompanie des I. Bataillons, da fährt plötzlich Obersturmführer Dr. Naumann mit zwei 8,8-cm-Geschützen in offener Feuerstellung auf und macht dem Spuk ein Ende. Panzer auf Panzer fliegt in die Luft oder bleibt qualmend liegen. Der Panzerangriff wird in Feuer, Tod und Verderben erstickt.

Während nun die 9. Panzerdivision nach Süden vorstößt, jagt meine Aufklärungsabteilung weiter in Richtung auf den Kastoriasee zu. Der Schatten der Nacht umfängt uns schon, da erkennen wir die drohenden, dunklen Berge des Klisurapasses.

Unser Ziel ist Koritza, das Stabsquartier des III. griechischen Korps; aber davor liegt der Klisurapaß, eine Höhe, die allein in technischer Hinsicht ein großes Hindernis darstellt. Fast 1400 Meter hoch türmen sich die Berge, deren Gipfel uns zu erdrücken scheinen. Schnell gewinnen wir Raum. Zwei vorgelagerte Höhen werden in der nächsten halben Stunde genommen.

Breit und massig liegt der Berg vor uns. Die Straße windet sich in engen Kurven hinauf. Ein Zurück gibt es nicht mehr, ein Kehrtmachen ist schon aus technischen Gründen unmöglich. Nach links fällt das Gelände in steile ungangbare Schluchten ab, während sich rechts der Straße senkrechte Felswände türmen. Kleine Gebirgsdörfer liegen wie ausgestorben da. Im letzten Dorf blicken uns die Bewohner ängstlich entgegen. Ihr Gesichtsausdruck ist fragend und erwartungsvoll. Eine unerhörte Spannung erfüllt uns. Schwefelgeruch liegt in der Luft. Felsen schauen wie bespickte Bunker aus dem Bergmassiv heraus. Etagenförmig liegt die nächste Höhe vor uns. Die Straße biegt jetzt etwas nach rechts und muß dann eine enge, aber tiefe Schlucht überwinden. Langsam pirschen wir uns an die Kurve heran. Jeden Moment erwarten wir einen Feuerüberfall oder eine Felssprengung über uns. Wir sitzen wie auf Kohlen. Die Spitze hält. Die Männer springen in Deckung und gehen in Feuerstellung. Was ist los? Noch ist kein Schuß gefallen. Gespannt springe ich nach vorn. Vor uns klafft eine Lücke in der Straße. Die Brücke über die Schlucht ist gesprengt. Die gewaltigen Brückenbogen mit ihren Steinmassen sind in die schmale Schlucht gestürzt und bilden nun einen tiefen Sattel. Erstaunt stellen wir fest, daß die Sprengstelle nicht verteidigt wird und auch keine Anzeichen einer feindlichen Stellung zu erkennen sind. Mißtrauisch arbeiten wir uns an die Sprengstelle heran. Die Schlucht ist vielleicht 15 Meter breit. Infanteristisch kann sie ohne weiteres überwunden werden, aber für Kräder ist sie unüberwindbar. Der Spitzenzug erhält den Auftrag, die andere Brückenseite zu gewinnen und die Sicherung für den beabsichtigten Bau eines Notüberganges zu übernehmen. Kaum befinden sich die ersten Grenadiere auf den Trümmern der Brücke, da zwitschern uns MG-Garben um die Ohren. Ganz oben im Bergmassiv, halbrechts von uns, erkennen wir die feindliche Feuerstellung. Das Mündungsfeuer der Maschinengewehre zeigt uns den Verlauf der feindlichen Stellung an. Durch die Luft kommen Granaten gesaust und krepieren hinter uns in der Schlucht. Granatwerfer versuchen, uns von der Sprengstelle zu vertreiben. Meine Abteilung ist in eine sehr unangenehme Lage geraten: sie kann weder vor noch zurück. Ausweichmöglichkeiten sind nicht gegeben. Wir befinden uns auf der einzigen Straße, die über das Gebirge und in den Rücken des III. griechischen Korps führen soll.

Die Bezwingung eines solchen Bergmassivs ist Aufgabe der Gebirgstruppen, aber nicht die einer Panzer-Aufklärungsabteilung. Doch diese Überlegungen nützen nichts. Gebirgsjäger sind nicht vorhanden. Wir stehen vor der Notwendigkeit, den Berg zu bezwingen, und — der Teufel soll uns holen — wir werden es tun! Ich werde die feindlichen Stellungen im Morgengrauen angreifen und den Angriff mit den beiden Kradschützenkompanien durchführen. Mit den Fahrern, dem Stab und der Panzerspähkompanie will ich auf der Straße weiter vorgehen und hier den Hauptangriff vortäuschen. Die schweren Waffen und auch die Artillerie können erst später eingesetzt werden. Inzwischen ist es dunkel geworden. Nur ab und zu liegt schwaches Störungsfeuer auf der Sprengstelle. Der Pionierzug bohrt Sprenglöcher, um die scharfen Übergänge beiderseits der alten Brückenstelle abzuflachen.

Minuten später rutschen Fels- und Erdmassen in die Schlucht und fallen auf die gesprengte Brücke. Jetzt wird meine schnelle Aufklärungsabteilung ein Arbeitsbataillon. Kräftige Grenadiere schleppen Steinbrocken heran und werfen sie auf den Brückenschlag. Ein lebendes Transportband schafft Stein auf Stein in das schier abgrundtiefe Loch. In kurzer Zeit rollt die erste Pak in den Brückenkopf hinein. Unsere Brücke hält. Erst nach dem Brückenbau beginnen die beiden Kradschützenkompanien mit der Ersteigung des Bergmassivs. Aus Kradschützen sind Gebirgsjäger geworden. Ungefähr 800 Meter Höhenunterschied müssen noch von den Grenadieren überwunden werden, bevor sie die feindlichen Widerstandsnester bekämpfen können. Beide Kompanien gehen in Form von Stoßtrupps vor und sind durch die Schlucht getrennt. Sie sind auf sich allein angewiesen. Sie bewegen sich auf getrennten Wegen, doch sie haben ein Ziel — den Gipfel!

Wir stehen vor dem Feind. Die Müdigkeit der Männer ist wie weggeblasen. Die Nerven sind gespannt, alle abenteuerlichen Instinkte geweckt. Meine Grenadiere sind zuversichtlich. Sie glauben an den Erfolg. Nach alter Taktik passen sie sich, gebückt von Stein zu Stein tastend, dem rauhen Gelände an. Auch die Kompanie Kraas verschwindet rechts aus der Schlucht und klettert in die Berge hinein. Sie hat den weitesten Weg. Die Stoßgruppe, die sich entlang der Straße vorarbeiten soll, übernehme ich selbst. Wir sind vielleicht 30 Mann stark, haben einige Panzerspähwagen, Panzerabwehrkanonen und einen Zug 8,8-cm-Flak bei uns.

Die Straße windet sich in Serpentinen höher und höher. Verbindung mit den Kompanien besteht nicht mehr. Es ist alles ruhig. Nichts stört die nächtliche Stille, kein Schuß. Der Mond ist hinter den Bergen verschwunden, und die Nacht wird dunkler und schwärzer. Der Karte nach stehen wir jetzt in der großen Kurve, die um die äußerste Bergnase herum und in den Rücken des Feindes führen muß. Hoch über uns muß sich die feindliche Stellung befinden. Wir sind also im Begriff, seine Flanke zu umfassen und ihm den Rückzug abzuschneiden. — Die Straße windet sich um die Bergnase, führt 400 Meter in nördlicher Richtung und biegt dann genau nach Westen in eine Gehöftgruppe hinein. Bei den ersten Häusern wird der Kamm des Höhenzuges überschritten und fällt dann zum Kastoriasee ab. Ich wage mich nicht mehr weiter vor. Die Sache wird mir zu unheimlich. Hier muß der Morgen abgewartet werden.

Es wird windig und kalt auf der Höhe. Wir pressen uns dicht an die Felswand heran. Der Zug Naumann bringt ein 8,8-cm-Geschütz im Mannschaftszug so in Stellung, daß es die Gehöftgruppe und die Kammlinie unter Feuer nehmen kann.

Allmählich ist es bitterkalt geworden. Wir merken es besonders stark, weil wir durchgeschwitzt sind und weder Decken noch Mäntel mitgenommen haben. Wir zittern vor Kälte. An Schlaf ist natürlich nicht zu denken. Wenn man wenigstens rauchen dürfte! Ein Funkwagen kommt langsam heran. Ich rauche in seinem Schutz eine Zigarette und studiere die Karte noch einmal. Je länger ich auf die Karte sehe, desto stärker wird mein Zittern. Zuerst führe ich das Zähneklappern auf die erbärmliche Kälte zurück, doch dann stelle ich fest, daß mich die Angst schüttelt. Je mehr die Zeit vorrückt, um so größer wird die Spannung. Ich kann es im Wagen nicht mehr aushalten. Die Funkgeräte mit ihrem tüt, tüt, tüt, tüt . . . fallen mir auf die Nerven. Draußen scheue ich mich, einen Mann anzusprechen; ich befürchte, daß er mein Zähneklappern hören und meine Angst bemerken könnte. Alles hockt schweigsam an der Felswand und starrt in die Dunkelheit hinein. Haben meine jungen Kameraden auch Angst? Ich kann es nicht feststellen. Grenadier John von der 1. Kompanie bringt mir eine Meldung vom Standort seiner Einheit. Sie liegt unmittelbar unterhalb der feindlichen Stellung und wartet den Morgen ab. Der Feind hat die Kompanie noch nicht bemerkt. John hat einen Kopfstreifschuß erhalten. Aber Angst ist bei ihm nicht zu bemerken. Kurz und sachlich macht er seine Meldung und setzt dann die Labeflasche des Sanitäters an.

Es wird heller. Bald können wir die Umrisse des Dorfes erkennen. Der Angriff aller drei Gruppen soll mit dem Feuerüberfall der 8,8-cm-Kanone beginnen. Ich kauere hinter dem Geschütz und versuche, die Dunkelheit mit dem Glas zu durchdringen. Je näher der Augenblick der Feuereröffnung kommt, desto mehr glaube ich an den Erfolg des Angriffs. Der Angriff muß einfach gelingen. Ich rechne damit, daß mein Gegner in der Kriegsakademie gewissenhaft sein Pensum gepaukt hat und ahne daher, welche Maßnahmen er in diesem Falle ergreifen wird. Nach allem, was der griechische Kommandeur gelernt hat, muß ich mit meiner motorisierten Einheit an der Straße entlang vorgehen. — Deshalb greife ich ihn nun über die beiden Bergrücken an und täusche einen Angriff auf der Straße nur vor.

Jetzt sind die Umrisse der Häuser zu erkennen, die Schatten weichen. Eng an den Boden gepreßt gebe ich Naumann das Zeichen zur Feuereröffnung. In wenigen Sekunden befinden wir uns in einem Hexenkessel.

Die 8,8-cm-Geschütze jagen Granate auf Granate in den halbrechts vor uns liegenden Kamm. Granatwerfer und schwere Infanteriegeschütze wirbeln Steinbrocken durch die Luft, die dann auf die Verteidiger niederprasseln. Hoch über uns stürmen die Kradschützen gegen die feindlichen Widerstandsnester an. Ich kann den Verlauf des Angriffs der beiden Kradschützenkompanien nicht verfolgen, jedoch höre ich ihr wütendes MG-Feuer und das dumpfe Krachen der Handgranaten. Der Chef einer schweren Feldhaubitzenbatterie meldet mir, daß er den Angriff nicht unterstützen kann, ohne die stürmenden Kompanien zu gefährden. Die Geschütze stehen hintereinander auf der Gebirgsstraße in Feuerstellung. Jedoch ist die Straße so schmal, daß sie ohne Sporne schießen müssen. Der Chef lehnt jede Verantwortung ab. Diese Schweinerei hat mir gerade noch gefehlt. Wütend befehle ich die Feuereröffnung. Es muß gehen. Gurgelnd sausen die schweren Granaten über den ersten Rücken hinweg und zerschmettern die feindlichen Stellungen links und rechts des kleinen Gebirgsdorfes. Feindliches Maschinengewehrfeuer fährt hackend und spritzend in die Straße und in die Felsen über uns. Steine rollen den Hang herunter und fallen polternd zwischen uns. Jetzt heißt es vorwärts! Sprungweise hetzen wir um die erste Kurve herum und klemmen uns einige Meter weiter dicht an die Felswand. Bis zur nächsten Kurve laufen wir genau unter der feindlichen Stellung entlang, die senkrecht über uns, 100 Meter höher als die Straße, verläuft. Ausgepumpt falle ich hinter einen Felsblock und schnappe nach Luft. Damit wird jede Vorwärtsbewegung gehemmt, denn wir springen von Deckung zu Deckung, um den feindlichen Scharfschützen kein direktes Ziel zu bieten. Über uns hören wir Geschrei und tobenden Kampflärm. Teile der 2. Kompanie sind in die feindlichen Stellungen auf der ersten Höhe eingebrochen. Wir springen weiter. In der letzten großen Kurve stoßen wir mit Männern der 2. Kompanie zusammen, die durch eine Felsspalte von der Kompanie abgetrennt worden sind. Bei den Männern befindet sich Untersturmführer Wawrzinek, der mir einen kurzen Gefechtsbericht über die Kämpfe auf der Höhe gibt. Nach Gefangenenaussagen kämpfen wir gegen den linken Flügel der griechischen Verteidigung, die den Auftrag hat, den Klisurapaß zu halten und den Rückzug des III. griechischen Korps zu sichern. Ein verstärktes Infanterieregiment ist unser unmittelbarer Feind. Das III. Korps zieht sich also schon von der albanischen Front zurück, um seiner Gefangennahme durch deutsche Panzerkräfte zu entgehen und im Süden Griechenlands in Anlehnung an die britischen Kräfte den Kampf fortzusetzen.

Dieser Plan darf den Griechen nicht gelingen. Der Rückzug muß nicht nur verhindert, sondern zu einer Katastrophe werden. Wir müssen über das Gebirge hinweg und das Tal hinter Kastoria sperren.

Weiter geht's die Straße entlang. Plötzlich erhebt sich die Erde vor uns. Ich traue meinen Augen nicht. Dort, wo die Straße war, gähnt ein riesiger Trichter. Die Straße ist in die Schlucht gestürzt. Der Schweiß zieht helle Spuren über unsere Gesichter. Entsetzt blicken wir uns an. Fliegen wir in der nächsten Sekunde in die Luft? Hundert Meter weiter wird der Berg erneut erschüttert. Wieder rollt der dumpfe Donner durch die Berge, und nachdem sich der Staub verzogen hat, offenbart sich abermals eine Lücke in der Straße.

Wir kleben hinter Felsen und wagen uns nicht zu rühren. Ein ekliges Gefühl würgt mir beinahe die Kehle zu. Ich brülle Emil Wawrzinek zu, er soll den Angriff fortsetzen. Doch der gute Emil sieht mich an, als ob er an meinem Geisteszustand zweifle. MG-Feuer klitscht gegen den Felsen vor uns. Unsere Spitzengruppe ist ungefähr zehn Männer stark. Verflucht, wir können hier doch nicht liegen bleiben, weil vor uns Trichter in die Straße gesprengt werden und MG-Feuer auf den Trümmern liegt! Aber ich selbst hocke ja auch in voller Deckung und bange um mein Leben. Wie kann ich den ersten Sprung von Wawrzinek fordern? In meiner Not spüre ich die glatte Rundung einer Eierhandgranate in der Hand. Ich brülle die Gruppe an. Alles sieht mich entgeistert an, als ich die Handgranate zeige, abreiße und genau hinter den letzten Grenadier rollen lasse. Nie wieder habe ich einen so geschlossenen Sprung nach vorne erlebt, wie in dieser Sekunde. Wie von der Tarantel gestochen stürzen wir um die Felsnase herum und in den frischen Trichter hinein. Der Bann ist gebrochen. Die Handgranate hat uns die Lähmung genommen. Grinsend sehen wir uns an und springen der nächsten Deckung entgegen.

Auf dem Kamm dringen die Kompanien immer tiefer in die Stellungen der Griechen ein. Die 8,8-cm-Geschütze sind von Staub- und Explosionswolken krepierender feindlicher Granaten umgeben. Griechische Gebirgsartillerie deckt die Feuerstellung zu. Aber der Zug Naumann schießt unentwegt weiter. Die Flak-Granaten bahnen uns den Weg. Widerstandsnest auf Widerstandsnest wird unter Gesteinstrümmern begraben.

Wir stehen kurz vor dem Scheitelpunkt des Höhenrückens. Der Schweiß brennt in den Augen. Das Kampfgeschehen sehe ich durch einen flimmernden Film von Staub und Dreck. Wie Wahnsinnige stürzen wir auf den Kamm zu. Die Griechen heben uns aus ihren Löchern die Arme entgegen. Sie wehren sich nicht mehr. Ihre Rückzugsstraße liegt bereits im Feuer der 2. Kompanie, die jetzt von der höchsten Erhebung mit ihren Maschinengewehren dazwischenhält. Mit Handgranaten brechen wir den Widerstand einer Gebirgsbatterie. Der Übergang über das Gebirge ist erzwungen. Was niemand für möglich gehalten hätte und was auch heute noch als Wahnsinn angesehen wird, haben meine Grenadiere geschafft. Der Klisurapaß gehört uns! Nur keine Ruhepause eintreten lassen! Erst die Verfolgung kann uns die Früchte des Sieges bringen. Pioniere sprengen oberhalb der Trichter Felsmassen in die klaffenden Löcher. Die schweren Waffen nehmen Stellungswechsel vor und feuern in den fliehenden Feind hinein. Ganze Kolonnen ziehen tief unten in der Ebene nach Westen.

Der Widerstand der Griechen, die stellenweise bis zum letzten Atemzuge tapfer ihre Stellungen behaupteten, ist gebrochen. Über tausend Gefangene, darunter der Regimentskommandeur und drei Bataillonskommandeure, sind eingebracht.

Erst jetzt zeigt sich die unerhörte Bedeutung der Höhe, denn von hier oben sind die Rückzugsstraßen des griechischen Heeres direkt einzusehen, auf die nun das Feuer aller Waffen gelenkt wird.

Ich will in den flüchtenden Feind hineinstoßen. Aber wiederum fliegt uns die steilabfallende Straße um die Ohren. Kostspielige Zeit wird mit dem Füllen der Sprengstollen verbraucht. Die zweite Kompanie tastet sich die Straße hinab und stößt in ein kleines Dörfchen. Es ist vom Gegner geräumt. Hier will ich die Abteilung sammeln und dann auf die Hauptrückzugsstraße der Griechen vorstoßen. Ich warte auf die 1. Kompanie. Nach kurzer Zeit kommen die Jungen der Kompanie an. Ihre Gesichter sagen mir alles. In einer durchbluteten Zeltbahn tragen sie ihren gefallenen Kompanieführer. Rudolf Schröder liegt mit zerrissener Brust vor mir. Er hat eine einmalige soldatische Leistung vollbracht. Als Führer der ersten Stoßgruppe fiel er beim Einbruch in das feindliche Stellungssystem.

Am Spätnachmittag haben wir die Ebene erreicht. Aufklärung in Richtung auf Kastoria ist unterwegs. Ich will Einblick ins Gelände nehmen und brause einem Spähtrupp nach. Vor einer kleinen Brücke verlangsamen wir das Tempo. Im Hintergrund erhebt sich die Höhe 800. Der Berg beherrscht die Anfahrt nach Kastoria und deckt auch die Rückzugsstraße des III. Korps. Wir trauen der Geschichte nicht. An der Brücke ist keine Bewegung zu erkennen, sie ist auch nicht gesprengt. Plötzlich zwitschern uns MG-Garben entgegen. Kriegsberichter Franz Roth schreit auf. Ein Geschoß hat ihm den

Schädel aufgerissen. Mit blutigem Scheitel kehrt er zu seinen Kameraden zurück.

Bei Anbruch der Dunkelheit nimmt die 2. Kompanie die Brücke in Besitz und bildet einen kleinen Brückenkopf. Die Kompanie klärt nördlich des Kastoriasees auf und stößt dort auf starken Widerstand. Im Morgengrauen beginnt der Angriff auf die Höhe 800, südwestlich Kastoria.

Wieder heulen die Granaten über uns hinweg und bohren sich in die Steinmassen hinein. Doch die griechische Artillerie ist stärker. Die Brücke bricht unter Volltreffern zusammen. Hart an die Grabenböschung gepreßt liegen wir stumm im Dreck. Das starke Artilleriefeuer belehrt mich, daß hier keine Überrumpelungstaktik gelingen kann und nur ein planmäßiger Angriff zum Erfolg führt. Gegen Mittag wird der Angriff mit der Unterstützung starker Artillerie und des III. Bataillons der Leibstandarte wiederholt. Das III. Bataillon ist links umfassend angesetzt und muß im Laufe des Nachmittags auf die Hauptrückmarschstraße der Griechen stoßen. Zur Ausschaltung der sehr starken Artillerieverbände und der griechischen Verteidigungsanlagen auf der Höhe 800 ist ein Stuka-Verband auf Zusammenarbeit mit meiner Abteilung angewiesen.

Mit einer Präzision ohnegleichen rollt der Angriffsplan ab. Wie Raubvögel fliegen die Stukas die feindlichen Stellungen an. Im weiten Bogen fliegen sie um die Höhe herum und stürzen dann brüllend in die Tiefe. Mit vollständiger Bombenlast treten sie diese Höllenfahrt an. Es kracht und blitzt auf der Höhe und im Gebirgsmassiv. Riesige Staub- und Trümmerpilze schießen empor, vereinigen sich und ziehen als dunkle Schwaden über den See. Im Schein der sengenden Sonne legt sich ein dichter Schleier über die Höhe, der von der verheerenden Wirkung unserer Bomben und der Granaten unserer Artillerie zeugt. Dort oben ist die Hölle los.

Mit dem Fallen der ersten Bomben sind die Grenadiere aus dem Graben herausgestürmt und rennen mit keuchenden Lungen über die freie Fläche hinweg. Die hervorragend schießenden 8,8-cm-Geschütze vollenden die Arbeit der Stukas und der schweren Feldhaubitzen. Es dauert lange, bis sich die Griechen von dem Stuka-Angriff erholt haben. Doch dann ist es zu spät! Die 2. Kompanie klettert die Höhe empor und hat sich bereits in dem Felsengewirr festgebissen.

Über die notdürftig reparierte Brücke jagt der Rest der Abteilung nach Kastoria hinein. Griechische Kompanien und Batterien, die nichtsahnend aus den Bergen kommen, sind so überrascht, daß sie nicht einen Schuß abgeben und willig den Weg in die Gefangenschaft antreten. Eine feuernde Batterie wird in der Feuerstellung zusammengeschossen. Die Panzerspähwagen brausen an den griechischen Kolonnen vorbei in die Stadtmitte Kastorias. Der Wirrwarr ist vollständig. Auf dem Marktplatz begrüßt mich der Pfarrer der Stadt. Seine brüderliche Umarmung werde ich nie vergessen — stundenlang habe ich nur Knoblauch gerochen.

In der Dämmerung des sinkenden Tages übernehmen meine tapferen Kameraden die Sicherung nach Norden. Von dort kommen immer noch griechische Einheiten, die gegen italienische Truppen gekämpft haben. Es regnet ohne Unterlaß. Ein starkes Gewitter setzt das Donnern der Granaten und Bomben fort. Wir sind am Ende unserer Kraft — wo wir gerade stehen, fallen wir in einen tiefen Schlaf.

Erst am nächsten Morgen wird uns das Ausmaß unseres Erfolges klar. In den letzten 24 Stunden hat die Aufklärungsabteilung 12 000 Gefangene gemacht und 36 Geschütze erbeutet. Für diese Leistung meiner tapferen Grenadiere werde ich mit dem Ritterkreuz ausgezeichnet.

Der Kampf gegen die zusammengedrängte griechische Armee geht weiter. Unter erheblichen Schwierigkeiten überwindet die Leibstandarte den Metsovon-Paß und zwingt sechzehn Divisionen zur Kapitulation. Sie wird am 21. April in Larissa unterzeichnet.

In Joanina erhalte ich am Spätnachmittag des 24. April den Befehl, die Verfolgung der geschlagenen britischen Kräfte aufzunehmen. Meine Kameraden haben die erste ruhige Nacht seit der Eröffnung der Kampfhandlungen auf dem Balkan hinter sich. Jetzt werden sie aus dem traumlosen Schlaf wachgerüttelt. Aus einem griechischen Lager werden Kanister mit Betriebsstoff geholt und die Fahrzeuge bis an den „Kragen" aufgetankt. Niemand denkt daran, die griechischen Maschinengewehre herunterzuholen, die vor der Moschee Ali Paschah oben in der alten Türkenfestung stehen. Keiner beachtet die unzählbaren Berge von Waffen in der Stadt.

Die griechischen Soldaten, die noch immer von den albanischen Bergen herunterkommen, stellen ihre Waffen an die Häuser, lassen sich ihre dunklen Kriegsbärte abnehmen und stürmen den nächsten Bäckerladen. Sie kommen mit ofenheißen Laiben Brot, einem Bund Lauch, und wenn sie Glück haben, mit einigen Fischen, die sie an Knebeln tragen, heraus. Dann ziehen sie nach Süden weiter.

Wir überholen sie. Ja, diese Überholung führt uns noch einmal eindringlich die Tatsache vor Augen, wie anders die Bahn des Siegers und die Wege der

Geschlagenen sind. Wohl zeigen diese Männer — uniformierte Hirten, Fischer, Bauern, Händler, Offiziere — in großer Zahl ein Gebaren, das unsere Achtung verlangt, aber ihre Heimkehr hat jede Ordnung verloren. Sie ergießen sich in tausend Rinnsalen durch die Täler und über die Hänge. Der Krieg endet in einer hoffnungslosen Zerfahrenheit; mag auch ein Oberst noch so aufrecht im Sattel sitzen und den Trompeter an seiner Seite reiten lassen. Dies ist die Auflösung.

Wir rollen und rollen. Irgendwo müssen wir doch auf die Briten stoßen. In jedem Ort werden kurze Fragen gestellt, ohne daß die Abteilung hält. Wer es fertigbringt, schneidet im Fahren eine Scheibe Brot ab und schmiert etwas Fett darauf und hält, bis sie ganz verzehrt ist, seine Hand darüber, damit er nicht einen Belag von Staub und Dreck mit verschluckt. Nur einmal, am Golf von Arta, lege ich ein kurzes Halt ein. Die Orangengärten sind zu verführerisch. Die Männer füllen ihre Stahlhelme mit den duftenden Früchten. Daß wir im Süden sind, wollen wir schmecken! In einer engen Schlucht steht ein elender griechischer Armeegaul, ein Schimmel mit blauen Schatten zwischen den Rippen, abgetrieben und abgeschirrt, am Ende seiner geduldigen Kraft. Er rührt sich nicht. Er steht wie ein Denkmal des Zusammenbruchs. Jeder Wagen und jedes Krad macht einen Bogen um ihn. Er ist ein Kriegsveteran, eine geschundene, erbarmungswürdige Kreatur.

Irgendwo im Süden fahren wir an einem gurgelnden Gebirgsfluß vorbei und sehen die Entwaffneten darin pustend und schreiend das kühle Naß genießen. Aber wir in Schmutz und Schweiß dürfen uns keinen Tropfen gönnen. Wir sehen Tausende im Schatten der Olivenbäume liegen, aber wir müssen auf Benzinstand und Kurven achten, Schlaglöcher umfahren und uns festhalten, wenn es rüttelnd durch tiefe Auswaschungen geht. Wir kennen gewiß die elenden Straßen Polens, aber diese Straße nach Süden ist des Teufels Reibeisen, das uns ganz zerschinden will. So wird es Abend und Nacht und wir sind noch immer nicht am Ziel. Britische Nachzügler und Sprengkommandos rasen vor uns her. Griechische Bauern erzählen uns, daß die Briten paketweise Nägel auf die Wege streuen, um unseren Vormarsch zu verzögern. So ganz unrecht scheinen sie nicht zu haben. Die jungen Fahrer fluchen, die älteren zeigen ihnen Kniffe, wenn wiederum ein „Platter" zu flicken ist. In einem Nest wird eine kurze Rast eingelegt. Die Abteilung muß aufschließen.

Im Morgengrauen geht die Jagd weiter. Die Fahrt führt durch tiefe Schluchten und über Höhen und Tiefen immer weiter nach Süden. Ruinen aus Griechenlands großer Zeit grüßen uns. Jemand spricht von Byron, der hier im Kampf gegen die Türken (1824) gefallen sei. Doch wir haben keine Zeit, Geschichte zu treiben. Vor uns taucht Mesolongion auf. Die Enge von Korinth ist bald erreicht. Jetzt müssen wir die Briten doch endlich erwischen. Vorsichtig pirscht sich die Spitze an die Stadt heran und tastet sich in die engen Straßen hinein. Jubelnd begrüßt uns die griechische Bevölkerung. Die letzten Briten haben die Stadt vor kurzer Zeit verlassen und sind auf der Uferstraße nach Osten, also in Richtung auf die Landenge von Korinth verschwunden.

ÜBERGANG AUF DEN PELOPONNES

Wir haben die 250 Kilometer durch das Gebirge geschafft und stehen nun vor den dunklen Bergen, die drüben auf dem Peloponnes emporsteigen. Funkverbindung mit unserem Regiment, der Leibstandarte, besteht nicht mehr — wir sind allein.

Englische Aufklärer fliegen über uns hinweg und umkreisen den Hafen von Patras auf der gegenüberliegenden Seite des Golfes. Im Hafen können wir Schiffe erkennen und sehen einen britischen Zerstörer nach Süden abdrehen. Wir folgen den Spuren der englischen Sprengkommandos und stoßen auf die Landenge von Korinth zu. Doch die Angelegenheit paßt mir nicht mehr. Diese Art Verfolgung ist für mich uninteressant geworden. Klaffende Straßentrichter verzögern unser Tempo, und so kann ich mir ausrechnen, daß ich wahrscheinlich viel Erfahrungen im Straßenbau gewinnen werde, aber keinen Briten mehr erwische. Immer wieder ziehen mich die dunklen Berge auf der anderen Seite an. Auf der jenseitigen Uferstraße werden jetzt britische Truppen von Korinth nach Patras rollen, um die rettenden Schiffe zu erreichen. Dort muß ich hin! Aber wie ist der Golf zu überwinden?

Ich stehe auf der Mole von Navpaktos, einem kleinen, kümmerlichen Hafen, mit Wehrtürmen aus dem Mittelalter versehen — als ein Sturzbomberverband den Hafen von Patras angreift. Rauch- und Sprengwolken schießen aus dem Schiffsverband in die Höhe. Mein Blick fällt auf ein Telefon. Die Leitung ist nicht gestört, sie funktioniert — Patras meldet sich! Erschrocken knalle ich den Hörer auf den altertümlichen Apparat zurück. Doch ich bin von der Idee fasziniert, den Golf zu überwinden und den Engländern das Konzept zu verderben. Ich rufe einen Dolmetscher heran und fordere ihn auf, ein Gespräch mit dem Kommandanten von Patras zu führen und sich ein Bild von der Lage in Patras geben zu lassen. Der Kommandant steht noch ganz unter dem Eindruck des Stuka-Angriffs und gibt auf alle Fragen bereitwilligst Antwort. Innerhalb weniger Minuten habe ich einen genauen Bericht über die englischen Bewegungen zwischen Korinth und Patras. Ich fordere den Stadtkommandanten auf, sofort ein Verbindungskommando nach Navpaktos zu schicken. Es dauert nicht lange, und wir beobachten ein kleines Motorboot, das Kurs auf Navpaktos nimmt. Jetzt greift der Teufel ein. Ein weiterer Stuka-Verband heult über uns hinweg und wiederholt den Angriff auf die britischen Schiffe im Hafen. Das Unangenehme dabei ist, daß der Stadtkommandant der Ansicht ist, der Angriff sei auf meinen Befehl hin erfolgt. Zum Überfluß greifen die Piloten beim Abfliegen das Boot mit den Verbindungsoffizieren an. Das Boot macht auf der Stelle kehrt, und ein beleidigter griechischer Offizier meldet telefonisch, daß unter diesen Umständen niemand die Fahrt über den Golf antreten wolle.

Der Schweiß tropft auf meine Karte. Die Einzeichnungen sind längst überholt. Wo sind die Engländer? Auf dem linken Flügel müssen unsere Truppen nach der Bezwingung der Thermopylen vor Athen stehen oder schon weiter nach Süden zum Isthmus von Korinth vorgedrungen sein. Also müssen sich die Briten auf dem Peloponnes verteidigen oder den Häfen zustreben. Wahrscheinlich werden deutsche Fallschirmjäger am Isthmus abgesetzt, um die Enge bei Korinth zu sperren.

Haben die Engländer von unserem schnellen Vorstoß erfahren? Haben ihre Aufklärer gut gearbeitet? Stehen Zerstörer bereit, einen Übersetzversuch zu verhindern? Niemand kann mir eine Antwort geben. Erwartungsvoll werde ich von meinen Grenadieren und Offizieren beobachtet. Sie sehen, wie ich an der Mole stehe und immer wieder die Entfernung schätze. Über 15 Kilometer Wasser trennen uns von der britischen Rückzugsstraße. Um die Straße von Korinth wird spätestens morgen erbittert gekämpft, und in diesen Kampf will ich weit ausholend eingreifen. Ich will hinüber.

So ist der Augenblick gekommen, in dem ich nicht mehr nach den alten Kriegsregeln handeln kann, und alle Verantwortung in meine Hände gelegt ist. Ich werde den Golf von Korinth überwinden, mit den Kräften, die ich jetzt zur Verfügung habe, kühn oder tollkühn, das muß sich in den nächsten Stunden zeigen. Meine Kameraden sind begeistert, doch dann hagelt es sachliche Einwände. Die Artillerie kann ein Landemanöver nicht unterstützen, die Entfernung ist zu groß. Pioniere machen auf den hohen Wellengang und auf die armseligen Fischkutter aufmerksam. Die Bedenken häufen sich — doch mein Entschluß ist gefaßt. Der Handstreich muß gelingen.

Zwei kümmerliche Fischkutter finden wir im Hafen vor. Die dazugehörigen Fischer werden herangeholt. Die 2. Kompanie muß die Erkundung wagen. Kräftige Fäuste reißen die schweren BMW-Kräder in die Höhe und wuchten sie in die Boote hinein. Fünf Beiwagenkräder und 15 Mann faßt das erste Boot. Auf den zweiten Kutter setzen wir eine Pak mit einigen Krädern. Der Auftrag an die Männer lautet: „Straße sperren und im Notfall in die Berge schlagen." Dann läuft der Kutter aus dem Hafen. Schweigend nehme ich von Hugo Kraas und Sturmbannführer Grezesch Abschied. Die Grenadiere werden von den Zurückbleibenden „Himmelfahrtskommando" getauft. Ein Witzbold schreit: „Achtung, Backbord voraus eine Treibmine!" — und alles lacht. Ein Junge ruft zurück: „Was heißt hier Treibmine! Der Kahn ist noch nicht mal eine Granate wert!" Der Kutter beginnt erheblich auf und ab zu gehen. Brecher übersprühen die Männer. Am Bug liegen MG-Schützen in Stellung. Die Pak ist schußbereit.

Alle Kähne auf dieser Seite werden nach Navpaktos dirigiert. Der Rest der 2. Kompanie ist bald verladen. Die ersten Kutter sind kaum noch zu erkennen. Zwei winzige Punkte tanzen auf den Wellen.

Ich stehe noch immer auf der Mole und beobachte die dunklen Punkte auf dem Wasser. Eine rote Leuchtkugel soll das Mißlingen des Unternehmens und das Vorhandensein starker feindlicher Kräfte andeuten. So habe ich es mit den Männern verabredet. Meine Augen brennen. Ich kann bald nichts mehr erkennen, aber ich wage das Glas nicht abzusetzen. Als die Boote überhaupt nicht mehr gesehen werden können, habe ich keinen trockenen Faden mehr am Leibe. Seit einer Stunde stehen wir jetzt am Ufer und warten. Die Spannung kann nicht mehr gesteigert werden. Nach 1½ Stunden kommen zwei Punkte in unser Blickfeld. Sind es unsere Boote? Haben wir Erfolg gehabt, oder bringen die Kähne zerfetzte Leiber zurück? Immer näher schieben sich die Boote heran. Bald sind die Umrisse klar zu erkennen und dann auch Bewegungen auszumachen. Um mich herum liegt ein Kranz halbgerauchter Zigaretten, während ich mir die nächste zwischen die Lippen schiebe. Ich werde ruhiger und glaube an den Erfolg des Unternehmens.

Plötzlich hält ein verstaubter Wagen am Ufer und aufgeregte Offiziere springen heraus. Ich erkenne meinen verehrten Kommandeur Sepp Dietrich und erstatte ihm Meldung über meinen Entschluß und den bisherigen Ablauf des Unternehmens. Bereits während meiner Meldung bemerke ich, wie der alte Draufgänger nach Luft schnappt und mich von oben bis unten betrachtet. Dann bricht's über mich herein: „Sind Sie wahnsinnig geworden, solch einen verruchten Entschluß zu fassen? Sie gehören vor ein Kriegsgericht gestellt! Wie kommen Sie dazu, so leichtsinnig mit meinen Soldaten umzugehen?" Gegen diese Flut sicherlich berechtigter Vorwürfe, wage ich nichts zu erwidern. Ich stehe wie ein begossener Pudel an der alten Hafenmauer und wünsche das Ende der Welt herbei. Betretenes Schweigen ringsumher. Nur meine Männer lachen mich heimlich an — gerade als ob sie sagen wollten: „Mensch, kümmere dich nicht um sein Geschrei. Er hat ja vielleicht recht, aber jetzt führe uns über den Golf hinweg, damit wir wieder was zu tun bekommen!"

Inzwischen sind die Kutter näher herangekommen, und mit dem Glas sind Einzelheiten an Bord zu erkennen. Beide Boote sind voll Menschen. Da kommen mehr Männer zurück, als ich hinübergeschickt habe. Ich wage es nicht auszusprechen, aber es stimmt. Beide Boote bringen gefangene englische Soldaten zurück. Sepp Dietrich sieht mich an, dreht sich um und geht. Es fällt kein Wort mehr.

Jetzt gibt es kein Halten mehr für mich. Die beladenen Boote fahren den Zurückkommenden entgegen. Mit Spannung erwarte ich den Bericht von drüben. Was hat sich dort abgespielt? Ein Rottenführer berichtet:

„Nach einer Stunde in den kleinen Pötten stand die Küste des Peloponnes mit den mächtigen Bergen vor dem Mast. Nun kam für uns die letzte Probe. Alle Gläser suchten das Ufer ab. 800 Meter Entfernung, 700 Meter, 600 Meter, 500 Meter — jetzt, jetzt muß drüben ein MG zu zittern beginnen! In den Gläsern und schon mit dem bloßen Auge sieht man einige Gestalten zwischen den Häusern und am Ufer. Wir denken an nichts mehr. Wir liegen flach im Schiff und haben unsere Gewehre und Maschinengewehre im Anschlag und springen im ersten Augenblick auf, als der Kutter das Land berühren will. Wir springen mit einem Satz hoch und rennen auf die Häuser zu. Und während wir springen, gerade in diesem Augenblick, kommt 50 Meter entfernt um eine Straßenkurve ein brauner Panzerspähwagen heran, dreht den Turm und richtet die Läufe seiner Waffen auf den Strand. Wir Gelandeten waren zuerst wie gelähmt, doch dann winkten wir dem Panzer freundlich zu. Wir sahen doch wie die Räuber aus, in Hemdsärmeln und ohne Kopfbedeckung standen wir am Ufer. Der Tommypanzer brummte, drehte wieder den Turm und . . . brauste ab.

Was war da los? Hatte der Bursche uns nicht als Deutsche erkannt? Wir standen in den ersten Häusern und kniffen die Augen und einiges mehr zusammen. Wir starrten zum anderen Griechenland zurück und sahen nichts als Wasser und drüben ein steiles, trostloses Gebirge. Es mußte gehandelt werden. Wir wußten doch, daß Sie warteten. Bis zum Fuß der ersten steilen Bergkette des Peloponnes sind es nur etwas über hundert Meter und nur ein Bahngleis und eine Landstraße laufen zwischen ihr und dem Strand dahin. Wir sprangen die Straße hinauf und sicherten nach Osten, von wo der Engländer kam. Kaum hatten wir die Straße erreicht, war wiederum Motorenlärm zu hören. Der Zugführer befahl volle Deckung. Da waren schon Zivilisten, Winzer und Fischer, aus den Häusern herausgekommen. Als sie sahen, wie die fremden Soldaten plötzlich zwischen Geröll und Büschen verschwanden, da warfen auch sie sich vor Schrecken zu Boden. Vor Erregung hörten wir unser Herz in der Brust trommeln.

Um die Kurve kam ein englischer Kradmelder und hinter ihm ein Lastwagen. Sie fuhren die Straße herunter und ahnten nichts Böses, da ihr Panzerspähwagen schon vorausgefahren war. Wir ließen sie herankommen, bis wir ihr Nummernschild lesen konnten, bis das Wappen mit dem Ritterhelm und Federbusch, das Zeichen der 4. Hussars, über uns war. Dann sprangen wir hoch und brüllten: ‚Hands up!‘ Die Bremsen kreischten. Die Engländer rissen die Köpfe hoch, sprangen vom Wagen herunter. Der Kradmelder suchte mit seinen Füßen den Schotter. Ein Tommy schrie auf, sein Maschinengewehr flog in den Graben. ‚Hands up! Hands up!‘ Sie ließen ihre Waffen fallen und hoben die Arme in die Höhe. Dann ist einer von uns um die Kurve gelaufen und hat gerufen: ‚Es kommt ein neuer Wagen!‘ Im Nu war ein SS-Mann auf dem Lastwagen und stellte ihn quer auf die Straße. Die Gefangenen wurden schnell hinter die Häuser gebracht. Der zweite Wagen kam heran, wieder mit einem Melder voraus. Es wiederholten sich Überraschung und Verblüffung. Ein Tommy rief noch: ‚Germans?‘ (Deutsche?) Allerdings, die Deutschen waren schon da. In wenigen Minuten hatten wir über 40 Gefangene gemacht, darunter [illegible] Offiziere. Sie sagten aus, daß sie auf dem Weg zum Hafen von Patras gewesen seien. Niemand von ihnen ahnte, daß wir den Golf schon überquert hatten. Ihre Einheit kämpft noch bei Korinth.“ —

Kähne her! Jeder kleine Fischerkahn wird herangeholt. In der kommenden Nacht muß die gesamte Abteilung übergesetzt sein.

Mein guter Fahrer Erich Petersilie hat die letzte Flasche Sekt in das Hafenbecken gehängt. Ich klemme sie unter den Arm und suche Sepp Dietrich auf, der sich mit den englischen Offizieren unterhält. Ich lade die Engländer ein, ein Gläschen mit uns zusammen zu trinken. Im Schatten eines Laubbaumes nehmen wir Platz. Bevor ich ein Wort sagen kann, erhebt ein englischer Offizier sein Glas und trinkt ... auf das Wohl seiner Schwester, die angeblich gerade heute Geburtstag hat. Geistreiche Gesichter haben wir bei diesem Soldatenumtrunk sicher nicht gemacht.

Ich melde mich ab und springe in einen dieser verflixten Kähne. Eine halbe Stunde später ist mir hundeübel. Mitunter glaube ich nicht, daß diese Nußschale das andere Ufer erreicht, doch sie bringt uns hinüber. Völlig zerschlagen begrüße ich die Kompanie Kraas. Befehlsgemäß hat die Kompanie Fahrzeuge organisiert und Aufklärung nach Korinth vorgetrieben. Sturmbannführer Grezesch hat Verbindung mit dem Stadtkommandanten von Patras hergestellt und größere Schiffe nach Navpaktos beordert. Die letzten Engländer verlassen das Stadtgebiet von Patras und ziehen sich nach Süden zurück.

Die Luftaufklärung vom Nachmittag meldet ein feindliches Regiment im Anmarsch zwischen Korinth und Patras. Jetzt wird die Geschichte interessant. Mit fliegenden Händen wird ein- und ausgeladen, um die Kähne schnellstens wieder auf die andere Seite zu schicken. An schweren Waffen stehen einige Pak und ein leichter Spähwagen zur Verfügung. Wir bereiten den „Empfang" der Engländer vor. Aber das gemeldete Regiment kommt nicht, vielleicht hat es bereits nach Süden, in die Berge, abgedreht.

Durch den Nachrichtendienst erfahren wir vom Einsatz unserer Fallschirmjäger bei Korinth und daß das Fallschirmjägerregiment 2 unter Führung von Oberst Sturm dort eingesetzt ist. Die Verbindung mit den Fallschirmjägern muß sofort hergestellt werden. Die 2. Kompanie erhält den Auftrag, die Südküste des Golfs von Korinth vom Feind zu säubern und bis zu den Fallschirmjägern vorzustoßen. Die erste Kompanie besetzt Patras und klärt nach Süden auf. Auf erbeuteten und beschlagnahmten Wagen und auf Krädern setzen sich die Kompanien in Marsch. Hinter einer vornehmen Limousine hängt eine Pak, und aus Sportwagen schauen schwere Granatwerfer hervor. Der Pionierzug hockt in einem Bus und macht den Eindruck, als ob ihn der ganze Krieg nichts mehr anginge.

Obgleich die Masse unserer Fahrzeuge noch auf dem Nordufer des Golfs steht, ist die Abteilung motorisiert und rollt auf den Straßen des Peloponnes dahin. Mir paßt das Tempo nicht. Ich überhole die 2. Kompanie und rase in Richtung Korinth davon. Mein Instinkt sagt mir, daß die Briten schon längst nach Süden abgehauen sind. Unsere Limousine macht tolle Sprünge, wenn sie in eine ausgewaschene Strecke der Uferstraße gerät. Die kleinen Fischerdörfer liegen verschlafen und verlassen in der brütenden Hitze. Am Ausgang eines kleinen Dorfes, gerade in einer Kurve, sehe ich einen Personenwagen von der Straße verschwinden und mit Vollgas auf ein Gehöft zurasen. Jetzt sind wir auf gleicher Höhe. Meine Kameraden schreien „Tommys". Ich trete den Gashebel durch, und der Wagen schießt wie eine Rakete vorwärts. Schnell werfe ich noch einen Blick auf die „Tommys" und ... erkenne eine deutsche Maschinenpistole. Der letzte Mann sucht gerade Deckung hinter seinem Wagen, als ich den deutschen Fallschirmjägerhelm ausmachen kann. Auch die Fallschirmjäger erkennen uns nun und lassen ihre Waffen sinken. Sie haben uns für Briten gehalten und im ersten Schreck volle Deckung genommen. Wenige Minuten später ist die 2. Kompanie da und die Verbindung mit dem 2. Fallschirmjägerregiment hergestellt. Oberst Sturm setzt zur Verfolgung nach Süden an.

Sofort machen wir kehrt und rasen nach Patras zurück. Wieder senken sich die Schatten der Nacht herab. Inzwischen hat auch das III. Bataillon der Leibstandarte übergesetzt und bereits die Verfolgung nach Süden aufgenommen. In diesem Bataillon ist ein Lokomotivführer. Er heizt eine Lokomotive im Hafen von Patras an und fährt mit dem Bataillon nach Süden. Auf dem Gefechtsstand finde ich heute einen freundlichen Kommandeur vor. Alles schweigt, während ich ihm von der Verbindungsaufnahme berichte. Grinsend gibt er mir die Hand und sagt in seiner bayrischen Mundart: „Du, Kurt, ich hab' dich gestern für verrückt erklärt, das nehme ich hiermit zurück. Das war prima. Komm, erzähl mir, wie du auf diese blödsinnige Idee gekommen bist."

Im Hintergrund sehe ich meinen Adjutanten bereits neue Einzeichnungen auf unserer Karte machen und immer wieder auf die Uhr blicken. Kaum habe ich Sepp Dietrich in knappen Worten die gewünschte Auskunft gegeben, gibt er mir einen neuen Auftrag. Die Abteilung muß sofort wieder antreten und über Pyrgos, Olympia, Tripolis auf Kalamata aufklären und die Verfolgung fortsetzen.

Meine Kameraden liegen links und rechts der Straße in den Gräben und schlafen wie die Murmeltiere. Weitere Panzer und Fahrzeuge sind inzwischen eingetroffen. Die Abteilung ist wieder voll einsatzbereit. Noch vor

Tagesanbruch beginnt die Fahrt nach Süden. Auf der Strecke liegen ungezählte Fahrzeuge der Briten, die sie wegen Betriebsstoffmangel stehen lassen mußten. Die Beute ist uns sehr angenehm. Selbst die kleinen Bren-Panzer finden wir unzerstört vor. In Pyrgos begrüßt uns die griechische Bevölkerung und schleppt Wein und Südfrüchte heran. In Olympia unterbreche ich die Fahrt und führe meine Soldaten in das Stadion hinein. Der Bürgermeister von Pyrgos führt uns durch die klassische Kampfstätte und vergißt auch nicht, die Gedenkstätte Heinrich Schliemanns zu zeigen. Wir nützen die Gelegenheit. Über eine Stunde wandern wir durch die Trümmer des Feldes und bewundern die herrlichen Mosaikarbeiten und großzügigen Anlagen der geschichtlichen Stätte.

In Tripolis stoßen wir auf Einheiten des Heeres, die die Engländer in den südlichen Häfen zusammendrücken. Untersturmführer Theede, Führer eines Panzerpähtrupps, kehrt von Kalamata zurück und meldet: Der Feind bricht zwischen Feuer und Wasser zusammen. Der Kampf in Griechenland ist beendet.

Über Patras, Korinth führt uns der Weg nach Athen. Hier sollen wir an einer Parade teilnehmen, die Feldmarschall List vor dem Schloß abnehmen wird. Ergriffen von so vielen Eindrücken fahren wir über den tiefeingeschnittenen Kanal von Korinth und stehen am gleichen Abend auf der Akropolis. Viele Kameraden, die noch nie etwas vom klassischen Altertum vernommen haben, staunen über die technischen Leistungen, die vor zweieinhalb Jahrtausenden vollbracht worden sind. Die Humanisten unter uns fühlen sich wieder jung und bekommen vielleicht erst auf der Akropolis und den Propyläen echte Beziehungen zum klassischen Altertum. Für sie ist der Besuch in dem Raum des alten Hellas ein Wiedersehen mit der eigenen Jugend, und es gibt Wiedersehen mit Stätten, die der Fuß noch nicht betreten hatte. Von einer geheimnisvollen Macht umwittert gewinnen wir Kraft aus dem hellenischen Erbe und marschieren weiteren Opfern für unsere Heimat entgegen.

Vor dem Denkmal des Unbekannten Soldaten steht ein griechischer Soldat Posten. Dort werden tapfere Männer geehrt, die im Glauben an ihr Volk das Höchste gegeben haben. Über die Thermopylen, Larissa und durch den Klidipaß, vorbei an ausgebrannten Panzerwracks und frischen Grabhügeln, fahren wir über Monastir, Belgrad und Wien in den Raum ostwärts von Prag. In Gaya kommen wir zur Besinnung und beginnen mit der Überholung von Waffen und Gerät. Wir haben keine Ahnung, was uns jetzt erwartet. Die Truppe fiebert vor Spannung. Neues Gerät rollt an und bessere

Waffen werden verteilt. Erfahrungen des Balkanfeldzuges werden ausgewertet und wieder wird mit intensiver Ausbildung begonnen. Alles, was wir tun, steht unter dem Begriff Schnelligkeit. Wir haben gelernt, daß der schnellste Mann den Sieg davonträgt und nur der wendigste Soldat den Kampf übersteht.

Das kameradschaftliche Verhältnis in meiner Abteilung gleicht dem Zusammenleben einer großen Familie. Eine eiserne Disziplin ist das Rückgrat der Gemeinschaft. Mit diesen Werten gehen wir an die weitere Ausbildung heran und schmieden ein Instrument, auf dem ich alle Symphonien des Kampfes spielen kann. Kompanie- und Zugführer beherrschen die Tastatur mit allen Feinheiten und Kniffen. Und meine jungen Kameraden sind Soldaten geworden, die ich am langen Zügel führe und mit wenigen Worten leite. Es sind keine Uniformträger, die vom elenden Kadavergehorsam zusammengehalten werden. Nein, vor mir stehen junge Persönlichkeiten, die an sich selbst, an ihre eigenen Werte und an ihr eigenes Können glauben.

Im Kampf gegen die Sowjet-Union

Wie ein Blitz trifft uns die Nachricht vom Angriff auf die Sowjet-Union. In Gaya hören wir den Aufruf Adolf Hitlers, in dem er seinen Entschluß begründet, die weltweite Bedrohung durch den Bolschewismus für immer zu beseitigen. In dunkler Ahnung, daß uns ein ähnliches Schicksal wie unsere Väter treffen könnte, die 1914/18 dem Mehrfrontenkrieg erlegen sind, bereiten wir uns auf den grausamsten Kampf vor, den Soldaten je kämpfen mußten.

Am 27. Juni 1941 morgens marschiert die Abteilung über Olmütz, Ratibor, Beuthen unter dem Jubel der Bevölkerung nach Osten. Am 30. Juni überschreiten wir die Weichsel bei Annopol und erreichen die russische Grenze bei Uscilug um 8.00 Uhr morgens.

Inzwischen sind unsere Kräfte schon weit nach Osten vorgestoßen. Die Leibstandarte ist der Heeresgruppe Süd (Feldmarschall v. Rundstedt) zugeteilt. Diese hat den Auftrag, mit schnellen Kräften auf Kiew vorzugehen und die diesseits des Dnjepr stehenden russischen Kräfte noch westlich des Stromes zu vernichten. Für diese Aufgabe stehen der Heeresgruppe 26 Infanteriedivisionen, 4 motorisierte Infanteriedivisionen, 4 Jägerdivisionen und 5 Panzerdivisionen zur Verfügung. Die Luftflotte 4 (Generaloberst Löhr) unterstützt das Vorgehen der Heeresgruppe. Der Heeresgruppe steht ein starker Feind unter der Führung des Marschalls Budjonny gegenüber. Mit 40 Infanteriedivisionen, 14 motorisierten Divisionen, 6 Panzerdivisionen und 21 Kavalleriedivisionen nimmt Budjonny den Kampf gegen Feldmarschall v. Rundstedt auf. Die Russen kämpfen zäh und verbissen um jeden Fußbreit Boden. Erbittert wird an der gesamten Front gefochten, während wir am 1. Juli die Rollbahn Nord bei Luck erreichen und am 2. Juli den Befehl erhalten, über Klewan auf Rowno vorzustoßen und dort die Verbindung mit dem III. Armeekorps (General v. Mackensen) herzustellen. Das III. Armeekorps soll in Rowno eingeschlossen sein. Aus den Pripjet-Sümpfen greifen starke feindliche Verbände die tiefe Flanke unserer Kräfte an.

Dieses Feindbild ist etwas ganz Neues für uns. Etwas verwirrt schaue ich auf meine Karte, um meine Männer über die Lage zu orientieren. Die bisherigen Maßstäbe sind überholt. Wo ist die klare Linie zwischen Freund und Feind? Weit voraus kämpfen ostwärts Rowno die Panzerdivisionen des III. Armeekorps. Einige Kilometer vor uns stehen Infanterieeinheiten im Kampf, und russische Verbände kämpfen nördlich und südlich von uns. Nach vergeblichen Versuchen, meinen Kameraden ein klares Bild der Lage zu zeichnen, umreiße ich die Situation mit dem Satz: „Ab heute steht der Feind überall!“ Und während ich meinen Männern dieses Wort zurufe, ahne ich selbst noch nicht, wie genau es die Lage trifft.

Ein paar Kilometer ostwärts Luck, an einer Eisenbahnlinie, treffen wir auf die letzte Sicherung eines Infanteriebataillons. Qualmwolken zeigen uns die Lage eines abgeschossenen russischen Panzers an. Dunkle Wälder liegen beiderseits der Rollbahn, über die wir jetzt nach Osten rollen. Bis Rowno müssen wir 60 Kilometer überwinden. Ob wir das Ziel frühzeitig genug erreichen und den Kameraden der 25. Division (mot.) eine fühlbare Hilfe geben können? Ruhig gebe ich der Spitzengruppe das Zeichen, die Fahrt in die heraufkommende Nacht zu beginnen. Spitzenführer ist der Kommandeur der Ordensburg Vogelsang, Fritz Montag, dessen Vorgänger, Dietel, als Fallschirmjäger beim Kampf um Kreta gefallen ist. Montag ist Weltkriegsteilnehmer und führt jetzt eine Kradschützengruppe in der 1. Kompanie.

Erst langsam, dann schneller werdend, fährt die Spitze den dunklen Wäldern entgegen. Ich möchte schreien, ich möchte meinen Kameraden zurufen: Halt! Es stimmt nicht, was ich euch gepredigt habe! Der Motor ist nicht euer Freund. Fahrt langsam oder ihr fahrt in den Tod! — Doch meine Lippen öffnen sich nicht. Zusammengepreßt wehren sie den Fahrtwind ab, und mit zusammengekniffenen Augen verfolge ich den Weg der Spitze, die sich immer tiefer in den Wald hineinbohrt.

Vernichtete russische Panzer liegen links und rechts der Straße. Lastwagen und Pferdegespanne stehen verlassen unter den Bäumen. An einer Stelle finden wir zwölf russische T 26 getarnt abgestellt vor. Sie sind ohne Betriebsstoff, verlassen. Kampfbereit rollt die Abteilung an einer großen Heidefläche vorbei, die sich nach Norden hin ausdehnt. Plötzlich sehe ich den vor mir fahrenden Spitzenzug verschwinden und die 2-cm-Kanone der Spähwagen, auf einige Büsche gerichtet, schießen. Vier bis fünf dieser „Büsche" bewegen sich nun auf uns zu und beginnen auf etwa 150 Meter zu feuern. Gut getarnte russische Panzer greifen das Marschband an. Im Nu liegt alles im Graben und beobachtet das Duell zwischen unseren Panzerspähwagen und den feindlichen Panzern. Einige Pak greifen in den Kampf ein und machen dem Spuk ein Ende. Nach wenigen Minuten wird der Marsch fortgesetzt. Die brennenden Panzer leuchten noch lange in die Nacht hinein. Um 19.30 Uhr wechseln wir die ersten Schüsse mit den Sowjets. Um sicherzugehen, schicke ich eine kampfkräftige Aufklärung nach Süden mit dem Auftrag, über Olyka auf Klewan vorzustoßen und die Abteilung in Klewan zu erwarten.

Tiefe Dunkelheit umgibt uns, während wir Stowek erreichen und in finsterer Nacht nach Osten weiterfahren. Kurz nach Mitternacht sehe ich vor mir einen Lastwagen die Straße kreuzen und weitere Wagen in einer Schneise stehen. — — Russen! In wenigen Sekunden prasselt ihnen das Maschinengewehrfeuer der Kradschützen entgegen. Mehrere feindliche Lastwagen brennen wie Fackeln, und hohe Flammen erhellen die Kreuzung. Der Wald übt eine unheimliche Wirkung aus. Die Dunkelheit wirkt erdrückend und erhöht die Spannung ungeheuer. Ich fühle mich unsicher, der Kampf ist mir zu geheimnisvoll, und vor allem habe ich die Sowjets noch nicht richtig erlebt. Stunde um Stunde rollen wir durch die Dunkelheit dahin. Über 30 Kilometer trennen uns noch von Rowno. Einige Kilometer vor Klewan, unmittelbar am Waldesrand, den wir nun Gott sei Dank hinter uns haben, halten wir, und die Abteilung schließt auf. Starker Kampflärm ist aus Richtung Klewan zu hören. Leuchtkugeln steigen in die Höhe und zeigen uns den Ort des Kampfes an. Wie ich gerade Klewan durchstoßen und den Marsch fortsetzen will, gibt es hinter mir ein Mordsgeschrei. Inmitten der

Detonation von Handgranaten, unter den Flüchen der Männer, im Knirschen von Panzerketten, dem Geräusch von brechendem Stahl und Eisen, erkenne ich die Silhouette eines Panzers in der Kolonne. Entsetzt sehe ich, daß der Panzer seinen Weg über die Motorräder nimmt, nach links über die Straße rast und in der Dunkelheit verschwindet. Kaum haben wir diese Überraschung verwunden, wiederholt sich das gleiche Spiel etwas weiter zurück in der Kolonne. Zwei feindliche Panzer haben sich in der Dunkelheit in unser Marschband hineingeschoben und ihren Irrtum erst während des Haltens bemerkt. Wir selbst haben die Schatten mit Zugmaschinen verwechselt und sind so in Begleitung der Russen durch den Wald gefahren. Zur Linken der Straße werden weitere Panzer festgestellt.

Der Spähtrupp, den ich auf Olyka angesetzt habe, ist auf Teile des III. Bataillons gestoßen und wird von starken russischen Kräften bedrängt. Die 12. Kompanie des III. Bataillons bittet um Hilfe, da die Russen die Kompanie eingeschlossen haben. Wir müssen also die bedrohten Teile entsetzen und nach dem Hellwerden den Vorstoß auf Rowno fortsetzen. Schnell ist gewendet und die Verbindung mit dem bedrängten Spähtrupp hergestellt. Die Russen kämpfen um die Straße. Inzwischen ist es hell geworden, und wir können eine lange Kolonne verlassener Lastwagen erkennen. Feindliche Infanteristen liegen vor uns in den hohen Kornfeldern und haben bisher vergebens versucht, die 12. Kompanie, die gerade rechtzeitig durch einen Spähwagen verstärkt werden konnte, zu überrennen.

Ohne Zeit zu verlieren, geht es durch den Wald zurück und auf Klewan zu. Die Ortschaft wird genommen und der Vorstoß auf Rowno fortgesetzt.

Schnurgerade führt die Straße in südostwärtiger Richtung. Von Klewan fällt sie nach einigen Kilometern ab und steigt kurz vor Broniki langsam wieder an. Am Horizont steigen Rauchwolken senkrecht in den Himmel Ich fahre hinter dem Spitzenzug und suche mit dem Glas das Gelände ab. Am Hang glaube ich ein verlassenes Geschütz zu erkennen. Im frischen Grün des jungen Getreides mache ich einige helle Flecke aus. Das Geschütz ist eine deutsche LFH 18, die verlassen in Feuerstellung steht und auf uns einen deprimierenden Eindruck macht. Zum ersten Male finden wir eine deutsche Waffe verlassen auf dem Schlachtfeld vor. Einige Schritte vom Geschütz entfernt steht ein ausgeplünderter Sanitätswagen. Seine Türen sind aufgerissen und blutverschmiert. Schweigend betrachten wir die verwüstete Stelle. Weder lebende noch tote Soldaten sind zu entdecken. Langsam fahren wir die Höhe hinauf.

Die markanten hellen Punkte werden immer deutlicher; ganz klar können wir einen großen und einen kleinen Fleck erkennen. Ich lasse das Glas fallen — reibe meine Augen und setze es erneut an. Mein Gott! Das ist doch wohl nicht möglich? Das stimmt doch wohl nicht, was ich soeben gesehen habe? Schnell sind die letzten paar hundert Meter überwunden. Der Spitzenzug sitzt ab und rennt mit mir auf die hellen Flecken zu. Unsere Schritte werden langsamer. Wir stocken. Wir wagen nicht weiterzugehen. Stahlhelme werden wie zum Gebet gehalten. Kein Wort entweiht die Stätte. Selbst die Vögel schweigen. Vor uns liegen die nackten Leiber einer bestialisch geschlachteten Kompanie deutscher Soldaten. Ihre Hände sind mit Draht gefesselt. Weitaufgerissene Augen blicken uns an. Die Offiziere dieser Kompanie haben vielleicht ein noch grausameres Ende gefunden. Sie liegen einige Meter von ihren Kameraden entfernt. Zerfetzt und zertrampelt finden wir ihre Körper im grünen Klee.

Noch immer ist kein Wort gefallen. Hier spricht die Majestät des Todes. Schweigend defilieren wir an den ermordeten Kameraden vorbei.

Meine Soldaten stehen vor mir. Sie erwarten, daß ich ihnen eine Erklärung oder Richtlinie für ihr weiteres Verhalten in Rußland gebe. Wir blicken uns an. Ich suche das Auge jedes einzelnen Soldaten. Wortlos drehe ich mich um, und wir fahren einem unbekannten Schicksal entgegen.

Bis zum 7. Juli wehren wir immer wieder angreifende Russen nördlich Rowno ab. Der Feind erleidet hierbei empfindliche Verluste, unsere eigenen sind gering.

Um 14.00 Uhr erhalten wir Befehl, die linke Flanke der 11. Panzerdivision zu sichern und von Miropol in nordostwärtiger Richtung aufzuklären. Am Mittag des nächsten Tages stehen wir im Kampf mit starken feindlichen Kräften in den Waldstücken nördlich Romanow. Feindliche Artillerie schießt Störungsfeuer. Durch Spähtrupptätigkeit und feindliche Überläufer wird ein Bataillon (mot.) mit mehreren Panzern und einigen Batterien festgestellt. Gegen Abend verlieren wir durch Volltreffer eine 2-cm-Flak. Die Bedienung kann verwundet geborgen werden.

Auf der Rollbahn Nord hat sich die Lage inzwischen kritisch entwickelt. Die Panzerdivisionen des III. Armeekorps sind weiter in Richtung Shitomir—Kiew vorgestoßen und die 25. Division (mot.), die mit der Sicherung der tiefen Flanke des III. Armeekorps beauftragt ist, wird von starken feindlichen Kräften von Norden her angegriffen. Die Rollbahn Nord, die Lebensader des III. Armeekorps, ist bedroht. Wir erhalten deshalb am

9. Juli den Befehl, den Feind nördlich Romanow anzugreifen, durch die Waldstücke nach Norden zu stoßen und die Verbindung mit dem Kradschützenbataillon 25 bei Sokolow herzustellen.

Ich muß den Angriff nach gründlicher Artillerievorbereitung motorisiert durchführen, um sofort in die Tiefe der russischen Verteidigung stoßen und das Überraschungsmoment nützen zu können. Hinter einer kleinen Höhe stellt sich die 1. Kradschützenkompanie zum Angriff bereit. Die Spitzengruppe wird wiederum von Fritz Montag geführt. Der Kompaniechef, mein bewährter Kamerad Gert Bremer, wiederholt noch einmal seinen Gefechtsauftrag und begibt sich zu seiner Maschine. Ich habe der Kompanie verboten, den Kampf vor dem Waldrand zu eröffnen oder die Geschwindigkeit zu drosseln. Sie soll mit Volldampf in den Feind hineinbrausen und alles Weitere der folgenden Abteilung überlassen. Beiderseits der Straße stehen zwei 8,8-cm-Geschütze in Stellung, die den Auftrag haben, mit dem Anfahren der Kompanie das Feuer zu eröffnen und die Kompanie nach vorn zu schießen.

Punkt 17.30 Uhr brüllen die Geschütze auf und zerschmettern den Wald beiderseits der Straße. Die Motoren der Kräder heulen auf; wie Raubtiere sehen die Beiwagenmaschinen mit den darauf hockenden Männern aus. Flach an die Maschine gedrückt, rasen meine Kameraden von der Höhe hinunter und jagen den Detonationen der Granaten, dem Hämmern der feindlichen Maschinengewehre entgegen. Innerhalb weniger Sekunden hat die Kompanie den Waldrand erreicht und ist dann verschwunden. Jetzt drückt Peter (Petersilie) auf den Gashebel und rast der Kompanie nach. Noch immer liegt das Artilleriefeuer auf dem Waldrand. Kein Schuß schlägt uns entgegen. Kleine struppige Pferde kauen an ihren Trensen. Fliehende Russen laufen beiderseits der Straße nach Norden. Doch was ist das? Die Kompanie hält. Sie schlägt sich mit den fliehenden Russen und mit einzelnen Widerstandsnestern herum. Die Kompanie beginnt infanteristisch vorzugehen und kostbarste Zeit zu vergeuden. Das darf nicht sein! Wir müssen das Straßenkreuz einige Kilometer weiter nördlich erreichen und den Russen einen geordneten Rückzug aus den Wäldern links unseres Vormarschweges versalzen. Wütend fahre ich zur Spitze vor, um den Laden wieder in Bewegung zu bringen. Die Panzerspähwagen und Sturmgeschütze feuern den Kradschützen die Straße frei. In Minuten werden Geschütze, Zugmaschinen und Lastwagen erbeutet. Nur nicht halten, immer weiter und die Verwirrung des Feindes ausnutzen! Erschöpfte Russen kommen uns waffenlos und schreiend entgegen. Zuerst vermag ich ihr Geschrei nicht zu verstehen, doch dann höre ich: „Ukrainsky, Ukrainsky!" Sie freuen sich wie die Kinder und fallen sich immer wieder um den Hals. Für sie ist der Krieg beendet.

Um 18.15 Uhr ist die Kreuzung erreicht. Nach Osten fliehende Kolonnen werden überholt und entwaffnet. Nur vereinzelt setzen sich die Russen zur Wehr. Sie sind durch das blitzartige Vorgehen der Abteilung völlig entnervt. Hunderte von Gefangenen werden auf der Straße gesammelt und zahlreiche Geschütze und sonstiges Gerät erbeutet. Wir haben den Feind in einer für uns günstigen Situation erwischt. Seine Truppen hatten gerade eine Absetzbewegung eingeleitet. Leider haben wir bei diesen Kämpfen einen leichten Spähwagen durch Paktreffer eingebüßt, doch, Gott sei Dank, während der gesamten Aktion nur einen verwundeten Kameraden zu beklagen. Obgleich wir uns nun auf die Kampfweise der Sowjets eingestellt haben und uns absolut überlegen fühlen, halte ich es für ratsam, den Kampf abzubrechen und auf einer abgeholzten Fläche die Nacht zu verbringen. Unser Regiment, die Leibstandarte, ist noch anderweitig eingesetzt und kann uns erst im Morgengrauen erreichen.

Der Wald lebt. Wir hören die russischen Kolonnen nach Osten ziehen. Es sind die letzten Einheiten aus der Stalinlinie, die nun zwischen den Rollbahnen, auf Schneisen und kaum befahrbaren Pfaden, einen Weg nach Osten suchen. Kampfbereit liegen wir an unseren Waffen und erwarten den neuen Morgen. Das Rauschen der hohen Fichten vermischt sich mit dem fernen Donner einiger Geschütze irgendwo im Osten.

Die Sonne meint es gnädig, und der Herrgott schenkt uns einen wunderbaren Sommertag. Nur widerwillig gebe ich den Befehl zum Aufbruch nach Norden. Die 1. Kompanie ist auch heute wieder Spitzenkompanie und steht abfahrbereit an der Straße, als ich Bremer den Befehl für den Durchstoß bis zur Rollbahn gebe. Die Männer winken mir lächelnd zu, während sie meinen Wagen überholen und die letzten Frühstücksreste verstauen. Was bringt uns der heutige Tag?

Ich gebe dem Chef der 2. Kompanie (Kraas) noch schnell einige Anweisungen und folge der 1. Kompanie. Sie hat einen Vorsprung von etwa fünf Minuten. Auf beiden Seiten der Straße dehnen sich dunkle Fichtenwälder, die alle paar hundert Meter von Schneisen durchzogen werden. Schnell gewinnen wir Boden. Außer meinem Befehlswagen (einem umgebauten mittleren Funkwagen) sind noch einige Melder mit von der Partie.

Heinz Drescher, mein vorzüglicher Dolmetscher, und ich sitzen oben auf dem Panzer, während wir eine kleine Anhöhe hinauffahren und die Strecke einige Kilometer überschauen können. In der Ferne sehen wir die letzten Maschinen in einer Kurve verschwinden. Das Gros der Abteilung wird in einigen Minuten folgen, sie wartet das Eingliedern der Artillerie ab. Schweigend blicken wir nach vorn und freuen uns über den herrlichen Sonnentag. Es ist erstaunlich, wie schnell man während des Einsatzes das mörderische Ringen vergißt und selbst wenige ruhige Minuten als ein Gottesgeschenk betrachtet. Die himmlische Ruhe wird durch ein Ereignis beendet, das vielleicht eines der interessantesten Kampferlebnisse meiner Frontjahre ist.

Im Vorbeifahren erkenne ich ganz überraschend eine feindliche Pak in Feuerstellung und dahinter die gespannten Gesichter einiger Russen. Ich will schreien — doch ich unterdrücke den Schrei und lasse den Wagen vielleicht noch 200 Meter weiterrollen, bevor ich ihn anhalte. Schnell sind die Melder über das Geschütz orientiert, und ich führe insgesamt 2 Offiziere und 4 Männer in den Wald hinein, um die „vergessene" Pak von hinten auszuheben. Wie Indianer auf dem Kriegspfad schleichen wir durch hohes Heidekraut und durch Heidelbeeren von Baum zu Baum. Durch die Bäume hindurch beobachte ich das Geschütz. Die Bedienung ist nicht mehr zu erkennen. Sind die russischen Schützen entwichen? Haben sie ihre Kanone aufgegeben? Meine Fäuste halten die Maschinenpistole schußbereit, der Finger liegt am Abzug. Die Augen sind noch immer auf die Feuerstellung gerichtet. Hinter mir höre ich Drescher atmen, ich wage mich nicht umzudrehen. Schritt für Schritt schieben wir uns näher an das Geschütz heran.

„Stoi! Stoi! Rucki werch!" Grinsende Russen blicken mich an. Ich stehe mitten in einer russischen Kompanie und bin während der ganzen Zeit mit meinen Kameraden durch die Lücke zweier russischer Züge geschlichen. Das Blut droht mir in den Adern zu stocken. Ungezählte Gewehre sind auf uns gerichtet. Gebannt blicke ich in die Runde. Hier ist mit Gewalt nichts mehr zu machen. Halblaut rufe ich meinen Kameraden zu: „Nicht schießen!" Die Mündungen senken sich. Zehn Meter vor mir steht ein gutgewachsener, gutaussehender Offizier. Ich gehe auf ihn zu. Auch er klettert über seine Kameraden hinweg und bewegt sich in meine Richtung. Es ist kein Laut zu hören. Die russischen Soldaten und auch meine Kameraden beobachten die Begegnung. Auf zwei Meter Entfernung bleiben wir stehen, nehmen die Waffen in die linke Hand und grüßen nahezu gleichzeitig. Dann machen wir den letzten Schritt und geben uns die Hand.

Bis jetzt empfinde ich nichts. Ich fühle mich weder geschlagen noch siegesbewußt. Während wir uns aus der knappen Verbeugung wieder aufrichten, erklären wir uns gegenseitig für gefangen. Der Russe lacht, als ob ich den besten Witz des Jahres gemacht hätte. Seine großen blauen Augen strahlen mich fröhlich an, während ich in die Tasche greife und ihm eine geöffnete Schachtel Attika entgegenstrecke. Höflich wartet er, bis auch ich mir eine Zigarette zwischen die Lippen gesteckt habe, dann reißt er ein Zündholz an. — — Wir benehmen uns beide, als seien wir allein auf weiter Flur und der Krieg ein längst vergessenes Ereignis. Der Russe spricht nur gebrochen Deutsch und ich spreche kein Russisch. Ich rufe Drescher herbei und kann ihm zuflüstern: „Zeit gewinnen!" Drescher und der russische Offizier beginnen nun ein langes Palaver, welche Partei die Waffen strecken soll.

Während dieser Zeit gehe ich von Russen zu Russen und biete Zigaretten an. Grinsend fingern sich die Burschen die Zigaretten aus der Schachtel und führen sie zuerst an die Nase, bevor sie die Glimmstengel zwischen die Lippen schieben. Genießerisch schnüffeln sie an den Zigaretten herum. Jedem einzelnen schlage ich kameradschaftlich auf die Schulter und deute an, er möge seine jeweilige Waffe auf den Waldboden legen. Aber die Schachtel ist im Handumdrehen leer. Erst jetzt stelle ich fest, daß ich mich doch eine ganze Ecke von Drescher entfernt habe und einsam zwischen all den Russen stehe. Ich bin froh, als ich die Gruppe um Drescher wieder erreicht habe. Allein aus dem Tonfall des russischen Offiziers merke ich, daß seine Geduld bald zu Ende ist. Ganz langsam schiebe ich mich immer weiter an den Waldrand heran, um Drescher und den russischen Offizier zu veranlassen, ihre Verhandlung außerhalb des Waldes fortzusetzen. — — — Ich warte auf die nachfolgende Abteilung, die doch jeden Augenblick erscheinen und diesem Spuk ein Ende bereiten muß.

Wir drei stehen jetzt am Waldrand und ich versuche noch einmal, dem Russen zu erklären, daß seine Einheit eingeschlossen sei und unsere Panzerspitze schon vor Kiew stehe. Jetzt schüttelt er energisch den Kopf und läßt mir durch Drescher sagen, er sei Offizier und kein Dummkopf. In diesem Augenblick kracht's auf der Straße, und ich sehe einen leichten Spähwagen in Flammen stehen. Die russische Pak hat ihn auf ungefähr 20 Meter abgeschossen. Dicke Qualmwolken steigen senkrecht in die Höhe. Da ich weiß, daß meine Wagen immer auf Lücke fahren, um Schußfeld zu haben, muß der nächste Panzer jeden Augenblick kommen. Jeden Moment muß sich der Turm über die Höhe schieben. Der Russe fordert mich energisch auf, meine

Maschinenpistole niederzulegen. Ich bitte Drescher, ihm klarzumachen, daß ich den letzten Satz nicht verstehen könne, und er möchte mir doch zeigen, was er von mir wolle. Der Russe sieht Drescher ungläubig an und legt dann sein herrliches Schnellfeuergewehr mit Zielfernrohr auf die Straße. Das hätte er nicht tun dürfen. Blitzschnell stehe ich auf der Waffe und drücke mich auf Tuchfühlung an den Offizier heran. Jetzt stehen wir beide wie ein Denkmal zwischen den Russen auf der einen Seite und meinen Kameraden auf der anderen Seite der Straße.

Alle meine Jungen haben sich auf unsere Straßenseite gepirscht. Aus der Tiefe des Waldes kommt der anfeuernde Ruf: „Ruski, Ruski!" Eine fanatische Stimme fordert zum Handeln auf. Immer mehr russische Gewehre werden auf mich gerichtet — und immer fester presse ich mich an den Offizier heran. Auch Drescher hat jetzt Deckung im Graben genommen. In diesem Augenblick fährt ein Schatten an mir vorüber. Ich wage nicht hinzublicken, sehe aber doch, daß es der Schwesterpanzer ist. Ich höre die Bremsen knirschen. Langsam schiebt er sich heran. Alles geschieht mit rasender Schnelligkeit. Die Rufe des Kommissars lassen keinen Zweifel aufkommen, daß jeden Moment der Feuerzauber losbrechen muß. Ein letzter Blick in die Augen meines Gegenübers. Er ahnt, was kommt. Ruhig erwidert er meinen Blick. Dann brülle ich: „Feuer!"

Die 2-cm-Sprenggranaten und die Garben des Panzerspähwagens fetzen in den Waldrand hinein. Meine Kameraden werfen Handgranaten über die Straße, und ich sause wie ein Geschoß in den Graben. Der russische Kommandeur liegt auf der Straße. Für ihn ist der Krieg zu Ende.

Handgranaten kommen über die Straße gerollt, während wir versuchen, seitwärts zu verschwinden. Doch es ist nicht möglich, eine kleine Brücke versperrt den Weg. Der Panzerspähwagen muß einige hundert Meter weiterfahren, weil die russische Pak die Schußrichtung geändert hat. Nun wird es ungemütlich. Jeden Moment erwarten wir einen Sprung der Russen über die Straße. Und jetzt geschieht etwas, das ich nie vergessen werde. Unser jüngster Melder, der spätere deutsche Meister im 1500-m-Lauf, Heinz Schlund, springt auf, rast auf seine Beiwagenmaschine zu, springt in den Sattel und verschwindet. Ich beobachte, daß er bis zum Panzer fährt, dem Panzerführer einige Worte zuruft und dann zu uns zurückkehrt. Er winkt mir zu — ich springe auf, lande quer zwischen Sattel und Beiwagen, und wir jagen in Richtung auf die Abteilung davon.

Hugo Kraas hat die 2. Kompanie bereits absitzen lassen und führt sie jetzt zum Angriff vor. Schnell sind die schweren Waffen, Granatwerfer und Infanteriegeschütze eingewiesen. Der Kampf ist hart, die Russen kämpfen um jeden Baum. Doch es nutzt ihnen nichts. In 15 Minuten ist der Kampf beendet.

Ich suche den russischen Kommandeur und finde ihn mit einigen Brustschüssen auf. Gemeinsam mit meinen gefallenen Kameraden wird er in ein Grab gebettet. —

*

Nach Kämpfen in Marschilewsk erreichen wir die Rollbahn Nord. Auf der Bahn rollen Einheiten der 25. Division (mot.) und Nachschubeinheiten der 13. und 14. Panzerdivision. Unter den russischen Gefallenen in Marschilewsk befindet sich ein Kommissar Neumann. Ob es sich wohl um einen Deutschen handelt? Das Kradschützenbataillon 25 steht in hartem Kampf nördlich Sokolow und bittet um Hilfe. Ich stelle einige Sturmgeschütze zur Verfügung, die dem Bataillon bald Entlastung bringen.

Unsere Abteilung übernimmt einen Sicherungsabschnitt ostwärts Sokolow, dessen Breite rund 20 Kilometer beträgt. Der Verkehr auf der Rollbahn ist um 14.55 Uhr unterbrochen. Feindliche Kräfte haben die Bahn westlich Sokolow überschritten und damit den gesamten Nachschub für das III. Armeekorps unterbunden. Im Abschnitt der Abteilung liegt Störungsfeuer. Unser Gefechtsstand befindet sich unter einer herrlichen Eiche, 100 Meter südlich der Rollbahn. MG-Feuer streicht durch das dichte Laub des Baumes, so daß die grünen Blätter zur Erde rieseln. Peter hat mir einen Teller Milchreis organisiert, den ich im Schutze des dicken Eichenstammes mit Genuß verzehre. Erst jetzt, Stunden nach dem Zwischenfall mit dem russischen Kommandeur, habe ich Zeit, über die Begebenheit nachzudenken. Plötzlich schmeckt mir der Reis nicht mehr. Ich bekomme eine regelrechte Gänsehaut und bin zu nichts mehr zu gebrauchen.

Im Morgengrauen liegt schweres Artilleriefeuer auf dem Gefechtsstand. Die Kompanien melden feindliche Bereitstellungen in den Waldstücken nördlich der Rollbahn. Unsere Artillerie und die schweren Infanteriewaffen versuchen, die erkannten Bereitstellungen zu zerschlagen. Doch der Feind läßt sich nicht beirren. Ich bange um meine Kradschützenkompanien, denn die Abschnitte sind ungewöhnlich groß und Reserven stehen nicht zur Verfügung. Die Panzerspähkompanie pendelt auf der Rollbahn hin und her, um die Lücken unter Feuer zu halten. Eine heiße Nacht steht bevor. Vor Anbruch der Dunkelheit fahre ich noch einmal an den rechten Flügel des Abschnitts und besuche die beiden Kradschützenkompanien. Die 1. Kompanie liegt mit dem rechten Flügel an der Tenia-Brücke und ist hier besonders heftigen Angriffen ausgesetzt. Beide Kompanien haben sich gut eingegraben. Zum ersten Male während des Krieges haben sich meine Kradschützen in die Erde gewühlt.

Mein Wagen wird auf der ganzen Strecke mit MG- und Gewehrfeuer bedacht. Die Geschosse hämmern auf die Panzerung und fliegen dann als „singende" Querschläger durch die Gegend. Der Abteilungsstab gräbt sich ein. Koch, Schreiber und der letzte Fahrer liegen in Stellung und warten auf die Nacht.

Um 23.00 Uhr beginnt der erwartete Angriff der Russen. Ein ungeheuerer Stahlhagel prasselt auf unseren Abschnitt nieder. Das widerliche „Urräh-urräh"-Geschrei läßt uns das Blut in den Adern stocken. Auch dieses nervenaufpeitschende Schreien ist etwas Neues für uns. Leuchtkugeln erhellen das Dunkel der Nacht. Leuchtspurmunition zeichnet bunte Bahnen in die Dunkelheit. Die Russen haben sich bis an die Straße herangeschoben und der Angriff bricht erst im Flankenfeuer mehrerer Panzerspähwagen zusammen.

Gegen 24.00 Uhr erfolgt ein weiterer Angriff mit Schwerpunkt auf die 1. Kompanie. Die Russen sind in die Stellung eingebrochen und haben zwei MG-Nester ausgehoben. Im Nahkampf mit Spaten und Bajonett werden die eingebrochenen Russen vernichtet und die alten Stellungen wieder eingenommen. Der feindliche Artilleriekampf lebt wieder auf. Eine schwere Eisenbahnbatterie belegt die Straßengabel südlich Sokolow und den Abteilungsgefechtsstand ostwärts der Gabel.

Die Kradschützenkompanien haben sich verschossen und bitten dringend um Munition. Aber wie sollen wir Munition an den rechten Flügel schaffen? Hinter der Front führt kein Weg an den rechten Flügel, und die Rollbahn ist die Trennungslinie zwischen uns und den Russen. Nur die Straße trennt die kämpfenden Infanteristen voneinander. Wiederum höre ich die Stimme von Hugo Kraas im Kopfhörer und sehe rechts von mir den ungeheueren Feuerzauber im Abschnitt Kraas. Auch die 1. Kompanie und die schweren Granatwerfer schreien nach Munition. Das „Urräh-urräh"-Geschrei kommt jetzt direkt auf uns zu. Die Russen greifen den Gefechtsstand an. Der 2-cm-

Flakzug schießt Sprenggranaten in die vorstürmenden Sowjets und konzentriert das Feuer besonders auf ein paar Buschreihen jenseits der Straße. Der Angriff bricht auch hier blutig zusammen.

Nach der Abwehr des letzten Angriffes wird mein Panzer bis oben hin mit Munition beladen, und Sturmbannführer Grezech saust mit Peter auf der umkämpften Straße los. Peter hat den Tarnbezug vom linken Scheinwerfer entfernt und fährt nun mit vollem Licht auf der Straße entlang. Der Wagen erhält während dieser Fahrt manchen Treffer, aber die Kompanien werden mit Munition versorgt.

Vergebens bitte ich um Verstärkung. Die Bataillone sind frühestens gegen Mittag zu erwarten. Sie lösen sich erst jetzt aus der Bunkerlinie bei Miropol. Wiederum setzt heftiges feindliches Artilleriefeuer auf den rechten Flügel des Abschnittes ein. Die schweren Granaten der 15-cm-Eisenbahngeschütze zerschmettern den Wald im Abschnitt der 1. Kompanie, und um 1.00 Uhr bricht der dritte Sturm der Russen über uns herein. Einige Minuten später ruft die Flügelkompanie um Hilfe. Der Feind ist tief in die Stellung eingebrochen und der Kampf wütet Mann gegen Mann. Jetzt kämpft die von Sinnen gekommene Kreatur um ihr Leben. Da gilt nur noch der Mann.

Ich halte es nicht mehr aus, reiße den Kopfhörer herunter, springe in einen Spähwagen und rase los. Ohne nach links oder rechts zu sehen, jagt der Fahrer durch russische Angriffsgruppen hindurch, die zwischen den großen Lücken unserer Sicherung die Rollbahn überqueren. Wir fahren ohne Licht und sehen deshalb nur Schatten über die Straße springen. Die Bremsen knirschen, während sich der Wagen in eine scharfe Linkskurve legt und dann mit Vollgas hinter einem kleinen Gehöft verschwindet. Die Kradschützen wehren gerade den letzten Angriff der Russen ab, der wiederum in der Tiefe der Verteidigung zusammenbricht. Die Angriffskräfte werden restlos vernichtet.

Das Geschrei der kämpfenden Männer, vermischt mit dem hackenden Lärm der Maschinengewehre und dem dumpfen Knall der Handgranaten, macht jede Verständigung unmöglich. Kraas und ich hocken vielleicht 20 Meter südlich der Straße hinter einigen Mauerresten und versuchen, den Dunst des beginnenden Tages zu durchdringen. Schweres russisches Granatwerferfeuer liegt auf dem gesamten Abschnitt. Mehrere Grenadiere schleppen einen schwerverwundeten Kameraden in Deckung und reißen seinen Uniformrock auf, um erste Hilfe zu leisten. Ich springe hinzu und sehe meinen alten

Kameraden W. Grezech tödlich verwundet vor mir. Seine Augen sind geschlossen, und kaum bemerkbar hebt sich seine Brust unter schwachen Atemzügen. Ich schreie ihn an, rufe seinen Namen — will ihn in die Gegenwart zurückrufen — aber es ist vergebens. Hier hat der Tod seine Herrschaft bereits angetreten. Die Lippen zucken, als ob sie mir den letzten Gruß an Frau und Kinder auftragen wollen. Die Augenlider heben sich etwas, so daß die Augen sichtbar werden, doch sie sehen nichts mehr. Langsam fällt der Kopf zur Seite. Ein Herzschuß hat sein Leben beendet.

Hauptscharführer v. Berg, mein bewährter „Spieß" in der 14. und später in der 15. Kompanie, jetzt Zugführer in der 1. Kradschützenkompanie, liegt im ersten Schützenloch. Ein Brustschuß hat ihn aus unserer Mitte gerissen. Jupp Hansen, ein langjähriger Freund v. Bergs, schreit um Hilfe. Seine Schreie werden von Blut erstickt. Ein schwerer Lungenschuß hat ihn erwischt Auf einer Zeltbahn liegend wird er in Deckung gezogen. Jupp erkennt mich, er will sprechen, doch es geht nicht mehr. Er stirbt einige Stunden später. Der neue Tag beleuchtet eine makabere Landschaft. Brandstellen und Trichter, entwurzelte Bäume, zertrümmertes Kriegsgerät und die schwarzen Ruinen eines Bauernhofes sind stille Zeugen der wahnsinnigen Nacht. Vor mir steht eine 1-t-Zugmaschine. Während der Nacht war sie ein glühender Richtpunkt, jetzt ist sie ein qualmendes Wrack. Dünner Rauch zieht über den Straßengraben hinweg. Der Fahrer sitzt aufrecht hinter dem Steuerrad. Seine Uniform ist ihm am Leibe verbrannt, nur schwarze Asche verdeckt hier und da die verkohlte Brust. Der schwarzgebrannte Schädel mit den leeren Augenhöhlen ist noch immer in Fahrtrichtung gewendet. Ich möchte schreien, den ganzen Wahnsinn des Krieges verfluchen, doch ich stürze in das nächste Loch und erwidere den Schuß eines Russen, der keine 50 Meter jenseits der Straße in einem Busch liegt. Beim Anblick der um mich liegenden ineinander verkrallten Menschen tauchen in meinen Gedanken die Blutfelder von Verdun vor mir auf. Meine Kameraden und russische Soldaten liegen tot in den Schützenlöchern — sie haben sich gegenseitig umgebracht. Die Überlebenden werfen die Toten hinaus, sie wollen leben und suchen Deckung.

Es ist hell geworden. Kein lebender Russe ist mehr zu sehen; das Schlachtfeld ist leer. Vor uns liegen blühende Wiesen und heranreifende Getreidefelder. Kein Schuß zerreist die Morgenstille. Erst vorsichtig, dann selbstverständlich richten sich meine Kameraden auf. Der erste steht aufrecht, zündet sich eine Zigarette an und beobachtet in Feindrichtung. Alles blickt gebannt auf den stehenden Grenadier. Es geschieht nichts. Ermunterungen und Zurufe fliegen von Loch zu Loch. Das Leben hat uns wieder. Es fordert sein Recht.

Ich drücke Hugo Kraas die Hand. Er war in dieser Nacht das Rückgrat der Verteidigung. Seine Augen blicken nervös. Die Hand zittert, und seine Worte klingen bitter. Wir beiden haben in den letzten zwei Tagen mehr Kameraden verloren, als in allen bisherigen Feldzügen zusammen.

Der Funk meldet mir die Ablösung durch das III. Bataillon, die noch vor Mittag durchgeführt werden soll. Gerade als wir zum Gefechtsstand fahren wollen, bittet mich Untersturmführer Baumhardt, den etwa 150 Meter nördlich der Straße stehenden Busch zu untersuchen. Dort hätte er noch vor kurzer Zeit Bewegungen erkannt. Peter steuert den Busch sofort an und will ihn mit Abstand umfahren. Der Zirkel um den Busch wird immer enger, doch ich kann keinen Feind erkennen. Peter fährt jetzt ganz dicht heran. Ich stehe im Turm. Wie aus dem Nichts heraus springt ein russischer Offizier in die Höhe. Mit einem Satz steht er auf der schrägen Schnauze unseres Panzers und schießt. Vollständig überrascht von dieser unheimlichen Schnelligkeit knalle ich meine Pistole los und sause nach unten weg. Der Wagen steht, er rührt sich nicht. Ich brülle Peter an. Es knallt, der Wagen hebt sich hin und her und zuckelt langsam los. Peter hat eine Eierhandgranate in den Busch werfen wollen, die prompt unter unsere Kiste gerollt ist. Peter hat seine Nahkampftaktik nie wiederholt.

Beim I. Bataillon geraten wir in einen Feuerüberfall, der das Bataillon aber nicht erschüttern kann. Die Grenadiere unter der Führung von Fritz Witt wanken nicht. Auch diese Einheit bildet in sich eine feste Kampfgemeinschaft, die durch nichts gebrochen werden kann. Im Straßengraben erkenne ich einen alten Kameraden, den ich 1934 in Jüterbog ausgebildet habe. Quasowsky, ein Bursche von über 1,90 Metern, hat eine schwere Beinverwundung erhalten. Ein Granatsplitter hat seinen Fuß zerschmettert. Mit seinem Taschenmesser hat der Ostpreuße den letzten Schnitt vollzogen und den Fuß vom Körper getrennt.

Die Ablösung erfolgt ohne Störung. Hauptsturmführer Hempel fällt kurze Zeit später — er war ein Freund W. Grezechs. Unter dem Donner russischer Artillerie betten wir unsere Toten zur letzten Ruhe. Im Lärm brummender Motoren gehen die Abschiedsworte unter. Die Rollbahn ist wieder frei. Die Kolonnen rollen gen Osten.

Über Shitomir marschieren wir bis Kopylowo und kämpfen in Verbindung mit der 13. und 14. Panzerdivision vor den Toren Kiews. Unsere Abteilung wird durch die Aufklärungsabteilung einer Infanteriedivision abgelöst und für neue Aufgaben bereitgestellt.

Während die Panzergruppe Kleist über Shitomir auf Kiew vorgestoßen ist, greifen Teile der 6. Armee über Winniza die russischen Kräfte bei Uman an. Die 17. Armee überschreitet in breiter Front den Bug und ist im weiteren Vorgehen nach Osten. Jetzt werden die gegen Kiew eingesetzten Divisionen des III. Armeekorps durch Einheiten der 6. Armee abgelöst und nach Südosten abgedreht. Am 30. Juli, morgens 3.00 Uhr, stehen wir am Südrand von Zibermanowka und sichern die rechte Flanke unseres Regiments, der angreifenden Leibstandarte. Bereits um 5.00 erreichen wir Leschtschinowka, das von starken Feindkräften gehalten wird. Die 2. Kompanie bleibt vor der Ortschaft liegen und wird durch schweres Artilleriefeuer festgenagelt. Auch die 1. Kompanie ist in schweres Feuer geraten. Gegen Mittag versuchen russische Kräfte nach Osten durchzubrechen. Feindliche Panzer rasen durch die Infanterie und versuchen die Panzerabwehrwaffen zu rammen oder zu überwalzen. Ein Herauslösen der Kradschützenkompanie erweist sich wegen des Artilleriefeuers als unmöglich.

Bei den äußerst erbitterten Kämpfen fällt Untersturmführer Baumhardt, Zugführer in der 2. Kompanie, und der Chef der Kompanie, Hauptsturmführer Kraas, wird verwundet. Obersturmführer Spaeth übernimmt die Kompanie. Einem unserer jüngsten Kameraden, dem Grenadier Husmann, wird durch Granatsplitter der Unterkiefer abgerissen. Seine Kameraden bergen ihn unter Einsatz ihres Lebens.

Im Handstreich nehmen einige Panzerspähwagen eine russische Kompanie gefangen. Die Kompanie hatte Befehl, die Brücke bei Laschtschewoje offenzuhalten.

Am 31. Juli wird die Abteilung dem XXXXVIII. Armeekorps unterstellt und erhält den Auftrag, Nowo Archangelsk zu erreichen und hier den Kessel von Uman zu schließen. Nowo Archangelsk wird ohne Kampfhandlungen Punkt 12.00 Uhr erreicht. Es liegt beiderseits eines kleinen Flusses, der die Ortschaft von Norden nach Süden durchschneidet und wegen seiner Steilufer von Panzern nicht durchwatet werden kann.

Bei den ersten Häusern erhalten wir lebhaftes Artilleriefeuer aus westlicher Richtung. Nordwestlich der Ortschaft beobachte ich eine deutsche Batterie, einige Spähwagen und Kradschützen, die in nordostwärtiger Richtung verschwinden. Diese deutschen Kräfte müssen uns für Russen gehalten haben. Vergebens versuchen wir, die deutsche Einheit durch Leuchtsignale zu verständigen. Sie sind nicht zu halten und verschwinden. Wie wir später feststellen, handelt es sich um die Aufklärungsabteilung 16. Sie hat sich irrtümlich vom Feinde gelöst und uns dadurch erhebliche Mehrarbeit verursacht.

In der Ortschaft erhalten wir Gewehrfeuer und müssen uns an die Brücke herankämpfen. Hier finden wir einen verlassenen leichten Spähwagen der Aufklärungsabteilung 16 vor. Die Brücke ist durch Minen beschädigt. Hinter uns erreicht das I. Bataillon Nowo Archangelsk und säubert den Südostteil der Stadt. Jetzt fühle ich mich bedeutend wohler, auf Fritz Witt können wir uns verlassen. Das I. Bataillon und die Aufklärungsabteilung haben eine „Ehe" geschlossen — die Zusammenarbeit klappt immer. Gegen 18.00 Uhr haben wir die Ortschaft fest in der Hand, allerdings stehen außer meinen Spähwagen keine Reserven zur Verfügung. Bei Anbruch der Dunkelheit greift der Russe mit starken Infanteriekräften und acht Panzern die Stellung der Abteilung am Nordwestrand der Ortschaft an. Unsere 3,7-cm-Pak eröffnet das Feuer auf nächste Entfernung. Doch was ist das? Die Panzer lassen sich nicht stören, sie setzen ihre Fahrt fort und stoßen in die Kradschützen hinein. Die Granaten fliegen als Abpraller durch die Gegend. Diese Schweinerei hat uns gerade noch gefehlt! Gott sei Dank befinden sich die Kradschützen in der Ortschaft und können so den Panzern ausweichen. Russische Infanterie dringt ebenfalls ein und drückt unsere Kompanie zurück. Die Panzer machen auf meine Grenadiere starken Eindruck. Hoffentlich wird es keine panikartige Flucht! Ob unser Sicherungsgeschütz an der Brücke mehr Glück hat? Ich springe auf ein Sturmgeschütz und jage auf die Brücke zu. Hier treffe ich den Zug Montag, der diesseits des Flusses Stellung beziehen will. Ich traue meinen Augen nicht. Die Kradschützenkompanien kommen auf die Brücke gestürzt und wollen das diesseitige Ufer gewinnen. Ein paar Worte genügen, um die Situation in Ordnung zu bringen. Die Kompanien machen kehrt und werfen die bereits eingedrungenen Russen wieder hinaus. Vier russische Panzer fallen dem Sturmgeschütz und einer 4,7-cm-Pak zum Opfer. Um 3.30 Uhr erfolgt ein heftiger Infanterieangriff, der aber im Feuer der Kradschützen zusammenbricht. Ein russischer Stoßtrupp ist am Bach entlang von Süden in den Ort eingedrungen. Die durch unsere Pioniere gesicherte Brücke ist jedoch keinen Augenblick gefährdet. Im Morgengrauen wird der eingedrungene Feind vernichtet oder gefangen. Alle weiteren Angriffe werden blutig abgewiesen.

Die eingeschlossenen russischen Kräfte im Kessel werden immer enger zusammengedrückt. Der Druck auf unsere Stellungen wird immer stärker. Am 2. August wird uns eine Nebelwerferabteilung und eine 21-cm-Mörserbatterie unterstellt.

Von einer kleinen Höhe beobachte ich starke Feindbewegungen in ostwärtiger Richtung. Mehrere Kolonnen gemischter Waffen verschwinden in einem Waldstück 5 Kilometer vor den Stellungen der 1. Kompanie. Offensichtlich wollen die Russen bei Anbruch der Dunkelheit einen weiteren Durchbruch nach Osten wagen. Artillerie-Störungsfeuer liegt auf dem gesamten Abschnitt der Abteilung. Immer mehr Kolonnen verschwinden in dem Wäldchen. Tausende von Menschen werden von den schlanken Bäumen angezogen. Infanterie, Kavallerie und Artillerie suchen im Schatten des Waldes Schutz gegen Sicht. Ahnen sie nicht, daß wir jede Bewegung verfolgen können? Die russischen Offiziere führen ihre Soldaten und sich selbst in den Tod. Diese angesammelte Kraft darf nicht zum Angriff kommen — sie muß vorher zerschlagen werden. Diesen Massen wären wir in der Dunkelheit nicht gewachsen — sie würden uns überrennen und wie gestautes Wasser durchs Schleusentor stürzen. Der Kessel von Uman hätte ein Loch.

Sämtliche schweren Waffen der Abteilung, die Nebelwerfer-Abteilung und die 21-cm-Mörserbatterie erhalten den Auftrag, Vernichtungsfeuer auf das Waldstückchen zu legen. Die Feuereröffnung behalte ich mir vor. Bis jetzt ist uns der Nebelwerfer unbekannt. Wir haben keine Ahnung, wie die Waffe wirkt. Der Uhrzeiger rückt immer weiter vor. Ich warte geduldig auf einen günstigen Zeitpunkt. Der Strom russischer Soldaten ist noch nicht versiegt. Aus dem Innern des Kessels drängt es nach außen. Jetzt ist der Zeitpunkt gekommen, die Nacht kündigt ihr Kommen an. Die Umrisse des Waldes sind nur noch undeutlich zu erkennen. Alles wartet gespannt auf den Feuerbefehl. Jetzt, jetzt öffnet die Hölle ihren Schlund. Über uns ist ein entsetzliches Gejaule. Dicke Rauchbahnen wölben sich über uns hinweg und verschwinden zwischen den dunklen Bäumen. Ununterbrochen zischen feurige Raketen gegen den Feind und krepieren mit Feuer und Vernichtung. Die schweren Koffer der Mörser rollen wie Güterzüge durch die Luft und vervollständigen das Fauchen der Raketen. Der Wald birst wie ein Ameisenhaufen unter dem Tritt eines Urtieres auseinander. Mensch und Tier kämpfen um ihr Leben und laufen doch in den Tod. Galoppierende Pferde, wild davonjagende Gespanne und Geschütze brechen im Feuer der Maschinenwaffen der Panzerspähwagen zusammen. Die scheidende Sonne gleitet über ein Totenfeld hinweg. Menschen hauchen ihr Leben aus oder werden für immer verkrüppelt. Tiere warten auf den Gnadenschuß. Tausende marschieren in Gefangenschaft.

Ich will nichts mehr sehen noch hören. Die Metzelei ekelt mich an. Russische und deutsche Ärzte bemühen sich um gequälte Menschen. Erstmalig sehen wir russische Frauen in Uniform. Ich bewundere ihre Haltung, sie benehmen sich besser als ihre männlichen Mitgefangenen. Die Frauen arbeiten die ganze Nacht, um die Not zu lindern.

Nach Mitternacht ist der Teufel los! Der Ruf: „Fallschirmjäger!" geht durch die Stellung. Wahrhaftig sehe ich große viermotorige Transportflugzeuge über uns und höre das Rauschen von Fallschirmen. Die Schirme fallen rings um uns herum zur Erde. Jetzt ist Holland in Not! Reserven sind nicht vorhanden. Mit der schußbereiten Knarre erwarten wir die abgesprungenen Jäger. Doch es rührt sich nichts. Nach einigen Minuten kommt die erste Meldung, und auch die ersten Schirme werden gebracht. Der Feind hat Munition, Verpflegung und Betriebsstoff für seine eingeschlossenen Truppen abgeworfen.

Am Nachmittag wird unser Abschnitt von der 297. I. D. übernommen. Die Abteilung wird in die Ortsmitte zurückgezogen. In der folgenden Nacht rasen plötzlich Troßfahrzeuge und Protzen über die Brücke zurück, weil feindliche Infanterie in die Protzenstellung eingebrochen ist. Die Abteilung führt sofort einen Gegenangriff durch und nimmt mehrere hundert Russen gefangen.

Die Schlacht um Uman ist geschlagen. Große Teile der russischen 6. und 12. Armee sind vernichtend getroffen. Beide Armeeführer, 317 Panzer und 858 Geschütze sind in deutsche Hand gefallen.

Die Panzergruppe 1 ist frei und wird nach Südosten angesetzt, um den vor der 11. Armee fliehenden Russen den Weg nach Osten abzuschneiden.

Am 9. August erhält die Abteilung Befehl, in Richtung Bobry aufzuklären. Stundenlang fahren wir durch tiefen Staub und Lehm in südostwärtiger Richtung. Russische Kavallerie begleitet unseren Vormarsch in respektvoller Distanz, ohne daß wir Gelegenheit bekommen, diese wachsame Begleitung abzuschütteln. Im Morgengrauen des 10. August sehe ich rechts von unserer Vormarschstraße eine Explosionswolke am Horizont. Ein Spähwagen der Aufklärungsabteilung 16 ist auf eine Mine gefahren.

Es dauert nicht lange, und wir erwischen ein russisches Minenlegekommando. Das Kommando muß unter Sträuben und Gejammer die soeben gelegten Minen wieder herausbuddeln. Die Gefangenen gehören zur 12. russischen Kavalleriedivision, die sich kämpfend nach Osten absetzt. Durch hohe Getreide- und Maisfelder führe ich die Abteilung genau nach Osten, biege dann nach Süden ab und stehe plötzlich im Rücken der feindlichen Nachhut. Mehrere Panzerspähwagen, Lastwagen und Pak werden von unseren Kradschützen vernichtet. Die russischen Spähwagen brennen wie Zunder. Die üblichen dunklen Qualmwolken steigen senkrecht in die Höhe. Bei der Verfolgung der fliehenden Russen stößt der Spitzenzug auf starke Feldbefestigungen, die hervorragend angelegt sind und erst im letzten Augenblick erkannt werden. Bei den Kämpfen um eine kleine Erhebung fällt einer unserer besten Unterführer. Der immer lustige „Bubi" Burose stirbt an der Spitze seiner Gruppe. Der Zugführer, Untersturmführer Wawrzinek, wird verwundet.

Das Angriffsziel der 16. Panzerdivision ist der Hafen Nikolajew. Wir erhalten den Auftrag, die linke Flanke der Division gegen Angriffe aus ostwärtiger Richtung zu sichern. General Hube führt seine Division über den Ingul und stößt dann ostwärts des Flusses nach Süden vor und schneidet dadurch vielen russischen Einheiten den Weg nach Osten ab.

Mit Erreichen der Brücke bei Kirjanowka erhält unsere Abteilung lebhaftes Artilleriefeuer aus südwestlicher Richtung. Der Feind steht also hinter uns und versucht, den Übergang über den Ingul durch Artilleriefeuer zu verhindern. Aber das Feuer soll uns nicht hindern, unseren Auftrag zu erfüllen. Einzeln jagt jedes Fahrzeug über die Brücke hinweg und sucht Anschluß nach vorn. Wir verlieren weder einen Mann noch ein Fahrzeug.

Die 16. Panzerdivision ist wie ein Pfeil durch die zurückgehenden Russen geschossen und steht nun mit der Spitze vor Nikolajew. In rastloser Fahrt zerschneiden auch wir die feindlichen Rückzugsbewegungen und erreichen über Nowo Poltawka das langgestreckte Dorf Sasselje. Der fünftägige Vorstoß hat uns durch manche heikle Lage und viele Plänkeleien mit den ausweichenden Teilen der russischen Armee geführt. Den Feind haben wir nicht fürchten gelernt, aber wir beginnen den unendlichen Raum zu respektieren.

VON SASSELJE NACH CHERSON

Die langgestreckte Ortschaft ist gegen Westen von zwei Seen abgeschlossen und kann deshalb an dieser Seite leicht verteidigt werden. Die letzten russischen Kräfte haben Sasselje gegen Mittag in ostwärtiger Richtung verlassen. Sie gehörten der 162. I.D. und der 5. Kavalleriedivision an. Die Kirche wird als Getreideschuppen und Kino benutzt. Der Treppenaufgang im Turm ist wahrscheinlich durch die Schornsteine der Dorfgewaltigen gejagt worden. Rote Spruchbänder hängen von der Decke herab. Ein gebrechlicher, zahnloser Mann stellt sich als Pope vor und bittet um die Erlaubnis, Gottesdienst abhalten zu dürfen. Tränen laufen über sein zerfurchtes Gesicht, während die Dorfbewohner den kahlen Raum betreten und er mit zittriger Stimme seine erste Predigt seit langen Jahren hält. Andächtig lauschen die Älteren seinen Worten. Die Jugend steht neugierig und ein wenig verlegen auf dem Vorplatz.

Während der Nacht herrscht starker Kampflärm aus westlicher Richtung. Dort kämpft die 16. Panzerdivision gegen Nikolajew.

Im Morgengrauen stehe ich auf dem Kirchturm und schaue weit in die typische Landschaft des Südens. Riesige Felder dehnen sich nach allen Himmelsrichtungen aus, und tiefe Staubwege laufen wie ein Spinnennetz auf die Ortschaft zu. Auf allen Wegen sind Staubfahnen zu erkennen und in der Nachbarortschaft, in Nowo Petrowka, starten und landen feindliche Flugzeuge. Wie vorausgesehen, ist die Abteilung von allen Seiten von Russen umgeben. Was geschieht, wenn Nikolajew längere Zeit gehalten wird und feindliche Kräfte versuchen sollten, in die tiefe Flanke der 16. Panzerdivision zu stoßen, braucht uns niemand mehr zu sagen. Die starken Staubfahnen in West und Ost sagen uns genug. Heiße Tage stehen bevor.

Die Kradschützenkompanien haben am Ostrand von Sasselje Stellung bezogen und sind eifrig bei der Morgentoilette, als im Osten starke feindliche Kräfte erkannt werden. Gleichzeitig rollt aus westlicher Richtung eine feindliche Kolonne auf Sasselje zu. Die Russen haben keine Ahnung, daß Sasselje seit gestern besetzt ist und fahren deshalb prompt in die Falle des Pionierzuges und einiger Spähwagen. Ein Damm, der die beiden Seen voneinander trennt, wird den Russen zum Verhängnis. Ohne Widerstand, ohne auch nur einen Schuß abzugeben, werden unzählige Russen gefangen.

Der Turm wird mein Gefechtsstand. Von hier kann ich die Feindbewegungen beobachten und zeitgerechte Gegenmaßnahmen ergreifen.

Aus Richtung Schuwanka tauchen immer mehr Russen auf, die in den riesigen Maisfeldern verschwinden. Die Maisstauden stehen mannshoch und bieten eine ausgezeichnete Deckung und eine noch bessere Annäherungsmöglichkeit. Kompanie auf Kompanie verschwindet im wogenden Mais und entfaltet sich für den beabsichtigten Angriff auf Sasselje. Ich beobachte diese

Entwicklung ruhig, weil nur ein schmales „Handtuch“ von Maisfeld bis an die Ortschaft heranreicht. Davon abgesehen, haben wir freies Schußfeld bis auf mindestens 400 Meter. Auf dieser Strecke muß jeder Angriff im Blut ersticken.

Am Horizont gehen feindliche Batterien in Stellung. Meldereiter sprengen über die schwarze Erde dahin. Vor uns liegen zahlreiche Ziele für die eigene Artillerie, aber wir müssen Munition sparen. Der Nachschubweg ist unendlich lang. Munition ist kostbar geworden. Wir warten den Augenblick ab, in dem jede Granate ihre blutige Aufgabe mit Erfolg erfüllen kann. Kleine schwarze Punkte bewegen sich durch die reifenden Felder auf uns zu. Von Zeit zu Zeit trifft ein Sonnenstrahl blankes Metall, das dann helle Blitze durch die flimmernde Luft zucken läßt. Immer näher kommen die Punkte heran. Jetzt sind sie nicht mehr mit Ameisen zu vergleichen, sondern klar als russische Infanteristen zu erkennen. Ihre Gefechtsordnung ist gut Weit aufgelockert gehen sie vor. Panzerabwehrkanonen folgen im Mannschaftszug — Pferde bleiben zurück. Ich wäge die Lage wie ein Schachspieler ab und stelle die für den Gegner tödlichen Waffen bereit.

Aufrecht, wenn auch mißtrauisch, gehen die Russen vor. Am Ostrand von Sasselje ist kein deutscher Soldat zu erkennen. Die Ortschaft muß den vorgehenden Russen unbesetzt erscheinen. Nur die schweren Züge der Kradschützenkompanien stehen in Stellung. Alle anderen Einheiten warten im Süden und Norden des Dorfes auf den Angriffsbefehl. Ich will den Angriff nicht nur abwehren, sondern die russische Einheit vernichten! Um 11.00 Uhr ist der Augenblick gekommen. Aus allen Rohren schlägt den Sowjets Feuer entgegen und reißt entsetzliche Lücken in ihre Reihen. Granatwerfer und Infanteriegeschütze versuchen durch wohlgezieltes Feuer die feindlichen Kanonen auszuschalten. Wie hingemäht liegen die Angriffswellen am Boden. Sie springen auf und rennen in den Tod. Kommissare und Offiziere versuchen den Angriff wieder in Fluß zu bringen. Aber nur vereinzelt sehe ich noch russische Soldaten nach vorn springen. Die Masse bleibt wie festgenagelt am Boden liegen.

Jetzt ist der Augenblick für die auf den Flügeln wartenden Kradschützen und Spähwagen gekommen. Sie stoßen in ostwärtiger Richtung vor, biegen dann nach innen ein und drücken nun die russischen Einheiten gegen unsere Stellung. Bis Mittag werden 650 Gefangene eingebracht und über 200 Gefallene gezählt. Nach Gefangenenaussagen hat sich der Kommandeur des Schützenregiments 962 nach Erschießung einiger Offiziere selbst erschossen.

Da das Regiment nur noch 900 Gewehre gezählt haben soll, ist es nach diesen Verlusten restlos vernichtet. In den nächsten Stunden werden wir mehrere Male von der Roten Luftwaffe angegriffen.

Am Nachmittag liegt heftiges feindliches Artilleriefeuer auf der Ortschaft. Das Feuer kommt aus westlicher Richtung. Wenn wir den Angriff von zwei Seiten auch vorausgesehen haben, so trifft uns die Wirklichkeit doch sehr überraschend. Blitzschnell wird Frontwechsel vorgenommen und die vorbereitete Stellung westlich der Ortschaft besetzt.

Im Gegensatz zum ersten Angriff erfolgt dieser mit motorisierten Kräften. Einige Schwimmpanzer und Spähwagen bilden die Angriffsspitze der Russen. Ein Volltreffer sitzt in der eigenen Batteriestellung und jagt einen Munitionswagen in die Luft. Wiederum lassen wir die Russen dicht herankommen und in unser Feuer rennen. Die Schwimmpanzer fliegen als erste Opfer in die Luft. Die bekannten Qualmwolken legen sich über das Gefechtsfeld, während unsere Panzerspähwagen und schnellen Panzerjäger antreten und die wild durcheinanderjagende Kolonne zusammenschießen. Ein Panzerjäger bleibt qualmend stehen. Rote Flammen schießen aus dem Innern des Panzers, bevor der Fahrer sich retten kann. Die Überlebenden springen in die Glut — sie zerren ihren Kameraden aus der brennenden Hölle und ersticken die Flammen an seinem Körper. Die Schreie des schwer verbrannten Fahrers gellen in meinen Ohren. Ich reiße mich von der Gruppe um den brennenden Panzer los und richte das Glas in südwestlicher Richtung. Dichte Staubwolken künden den Anmarsch weiterer Kolonnen an, die den Weg nach Osten erzwingen wollen. Wie Panther springen unsere Panzerspähwagen und Panzerjäger die Kolonnen an und schießen die Fahrzeuge in Brand. Sie suchen in alle Richtungen zu entkommen. Doch nur wenigen gelingt die Flucht. Die Masse der Angreifer muß den Weg in die Gefangenschaft antreten.

Während der Lagebesprechung höre ich das Gewimmer der Verwundeten und das erschütternde Wehklagen des verbrannten Kameraden. Er liegt auf der Tragbahre und bittet mich flehentlich um einen Gnadenschuß. Seine Hände liegen verkrüppelt auf dem verbrannten Leib. Der kahle Kopf, die aufgedunsenen Lippen und der schwarze Oberkörper sind eine einzige Wunde. Der Unterkörper war während des Brandes durch die Hose geschützt und deshalb nicht so stark in Mitleidenschaft gezogen worden. Ich schäme mich Trostworte zu sprechen. Hier ist Trost nackte Lüge. Die übrigen Kameraden beobachten mich scharf. Immer wieder bittet mich der Junge um Erlösung. Der Doktor hat keine Hoffnung — er weiß kaum, wo er die schmerzlindernde Spritze ansetzen soll. Eine hilflose Gebärde ist alles, was der Doktor geben kann.

Ein markerschütternder Schrei jagt mich vom Verbandsplatz. Ich vermag keinen Abschied zu nehmen. Ich kann noch nicht einmal die Hand auf seine Stirn legen. Ein letzter Blick und ich stürze davon. Mit dem Scheiden des Tages hat auch unser Kamerad seinen letzten Kampf gekämpft.

Bis zum 17. August halten wir Sasselje gegen alle Angriffe der Russen und klären tief nach Süden und bis Snigirewka auf. Um 19.00 Uhr wird der Bahnhof von Snigirewka feindfrei gemeldet. Die Ortschaft selbst ist stark feindbesetzt. Der Spähwagen von Untersturmführer Thede erhält einen Paktreffer. Thede wird vermißt, während die übrige Besatzung den Anschluß an die Kradschützen findet. Thede hat erst vor Stunden die Geburt seines ersten Sohnes erfahren.

Der 16. Panzerdivision gelingt es, den Hafen Nikolajew zu erobern und die Russen auf Cherson zu drücken. Im Hafen von Nikolajew finden die erstaunten Grenadiere ein 36 000-t-Schlachtschiff, das noch nicht vom Stapel gelaufen ist.

Am 18. August erhält unsere Abteilung den Auftrag, in Richtung auf Cherson aufzuklären. Cherson liegt ungefähr 60 Kilometer von Sasselje am Unterlauf des Dnjepr und hat sich seit 1918 zu einer beachtlichen Industriestadt entwickelt. Auf unseren Karten ist jedoch nur eine kümmerliche Kleinstadt vermerkt.

Noch lange vor Sonnenaufgang beginnen wir den Marsch nach Süden. Glutrot schiebt sich Stunden später die Sonnenscheibe über den Dnjepr und durchwärmt die klammen Glieder. In schneller Fahrt geht es den Staubwolken nach. Vorn fährt eine Kradschützengruppe, die von zwei Spähwagen gesichert wird. Hinter beiden Wagen folgt der Rest des 1. Zuges und mein Befehlspanzer. Spitzenzugführer ist Hauptscharführer Erich, auf den ich mich fest verlassen kann.

Nach kurzer Fahrt kommt uns eine russische Kolonne entgegen, die eine Übersetzmöglichkeit über den Fluß sucht. Sie wird entwaffnet und in Richtung Sasselje in Marsch gesetzt. Russische Lastwagen werden erbeutet und in das eigene Marschband eingegliedert. Die Gefangenen sind froh, daß für sie der Krieg zu Ende ist. Willig folgen sie den Befehlen. Beiderseits der Vormarschstraße entdecken wir riesige Tomaten-, Gurken- und Weinfelder, die alle einen gepflegten Eindruck machen. Es dauert nicht lange und die gesamte Abteilung futtert Tomaten. Obstplantagen bedecken die Westhänge des Dnjepr-Ufers. Die Früchte sind aber noch nicht genießbar. Unaufhaltsam geht es weiter nach Süden. Meine Männer grinsen mich an, wenn ich sie überhole oder wenn sie mir Funksprüche bringen. Als alte Hasen haben sie natürlich schon längst gemerkt, daß wir nicht aufklären, sondern einer „wilden Geschichte" entgegenfahren.

Im Wehrmachtsbericht wird eine solche Tat mit dem Wort „Handstreich" bezeichnet. Doch dieser sogenannte Handstreich ist kein Kind des Augenblicks. Auch ist er nicht der Einfall eines hemmungslosen Kommandeurs. Nein! Der sogenannte Handstreich ist in den meisten Fällen eine weit voraus geplante Aktion eines verantwortungsbewußten Kommandeurs, der ständig in der Lage lebt und vom Ehrgeiz gepackt ist, große Erfolge durch kühles Planen, kühnes Wagen und schnelles Handeln zu erringen. Voraussetzungen für diese Kampfweise sind neben seinem militärischen Können hervorragende menschliche Qualitäten. Er muß das absolute Vertrauen der ihm untergebenen Soldaten besitzen und im wahrsten Sinne des Wortes der erste Soldat seiner Einheit sein. Der „Handstreich" kann nicht befohlen werden! Dafür fehlt der höheren Kommandostelle die sachliche und moralische Berechtigung. Die Voraussetzung zu einem Handstreich liegt einzig und allein in der Persönlichkeit des Truppenführers begründet. Oft scheint der schnelle Zugriff nur leichtsinniges Handeln eines vom Glück besonders begünstigten Kommandeurs zu sein. Aber die Wirklichkeit sieht anders aus. Ein solcher Kommandeur lebt förmlich in der Lage seines Gegenübers. Er empfindet die Schicksalsschläge und die Niederlagen mit, die den Feind treffen. Er kennt die körperliche und seelische Belastung seines Gegners; seine Stärken und Schwächen sind ihm gut bekannt. Er verläßt sich nicht auf die Feindnachrichten höherer Stäbe. Sie bilden nur den Rahmen für die sich anbahnende Kampfhandlung, aber auch nicht einen Deut mehr. Die Unterlagen für den Entschluß erarbeitet er sich selbst. Aus tausend kleinen Begebenheiten setzt er das Bild seines Gegners zusammen. Die Vormarschstraße versteht er wie ein Buch zu lesen. Längst verschüttete Instinkte werden geweckt. Er sieht und riecht den Feind. Die Gesichter der Gefangenen offenbaren ihm mehr als seitenlange Vernehmungen des Dolmetschers. Er ist kein Vorgesetzter, sondern Vorkämpfer! Sein Wille ist der Wille der Truppe. Seine Kraft empfängt er von seinen Grenadieren, die an ihn glauben und ihm selbst in die Hölle folgen würden. —

Am Horizont ist die Silhouette von Cherson zu erkennen. Getreidesilos ragen am Dnjepr empor. Im Westen der Stadt steht Schornstein neben Schornstein. Vor uns locken hohe, schattenspendende Bäume. Die Sonne hat uns ausgedörrt. In der Stadt erwarten wir Wasser und Schatten.

Einige Kilometer vor Cherson stehe ich auf einem Spähwagen und beobachte lange Zeit die vor uns liegende Stadt. Auf dem Fluß bewegt sich reger Verkehr in West-Ost-Richtung. Kanonenboote flitzen hin und her. Größere Fährschiffe dampfen gemächlich auf die andere Seite, laden dort ihre Fracht aus und kehren nach Cherson zurück. Die Stadt liegt zum Greifen nahe. Sie lockt, sie preist sich an und scheint mein Zögern zu verhöhnen. Die Kompanieführer beobachten mich. Dem Artilleristen kann ich ansehen, daß er bereits Feuerstellungen sucht, um das, was seiner Meinung nach geschehen wird, wirksam zu unterstützen. Meine Kameraden sitzen in dieser Zeit schon wieder in den Tomatenfeldern und lassen sich die herrlichen Früchte schmecken. Ich beneide sie um ihre Unbekümmertheit.

Die nächste Zigarette brennt, unbewußt paffe ich den Rauch in die flimmernde Luft. Ich fühle mich absolut sicher und habe keine Befürchtungen, daß uns die riesige Stadt verschlucken könne. Mein Entschluß steht fest. Die Stadt muß durch einen Überraschungsstoß fallen. Die Russen erwarten den Angriff aus Richtung Nikolajew. Dort haben sie sich zur Verteidigung eingerichtet, und dort stellt sich auch die Leibstandarte zum Angriff bereit, ein Grund mehr, die befohlene Aufklärung als erledigt zu betrachten und durch die „Hintertür" in Cherson einzudringen. Dicht am Dnjepr entlang jagen wir auf einem Feldweg auf die Stadt zu. In den Vorgärten überrennen wir eine russische Kompanie beim Straßensperrenbau. Die Sowjets vergessen vor lauter Schreck, die Spaten mit ihren Waffen zu vertauschen. Vor uns ragen moderne Hochhäuser auf. Feindliches Maschinengewehrfeuer reißt die Erde um uns auf. Der Kampf um Cherson beginnt.

Hauptscharführer Erich tippt mit dem Zeigefinger kurz an seinen Stahlhelmrand, schreit der Spitzengruppe unser „Auf geht's!" zu, dann rast er mit Vollgas über den weiten Platz hinweg und verschwindet in der breiten Straße, die in das Zentrum Chersons führt. Der Zug folgt seinem Führer. Panzerspähwagen streichen mit 2-cm-Kanonen die Häuserfronten ab. Der dumpfe Knall von Handgranaten deutet Nahkämpfe an. Ich folge dem Spitzenzug und lande plötzlich wieder am Dnjepr. Die Straße windet sich wie eine Schlange durch uraltes Festungsgelände. Vom Ostufer des Flusses schlägt lebhaftes Artilleriefeuer in den Straßenzug. Sowjetische Matrosen kämpfen mit der Gewandtheit von Wildkatzen. Das Feuer zwingt uns, die Fahrzeuge zu verlassen und den Kampf infanteristisch zu führen. Eine Häuserzeile schützt gegen Sicht vom Ostufer des Flusses. Beiderseits der Straße, dicht an die Häuser gepreßt, wird um jedes Haus gekämpft. Erich kämpft wie ein Löwe. Brüllend springt der blonde Schleswig-Holsteiner von Tür zu Tür und gibt so das Angriffstempo an. MG-Feuer schlägt Funken auf dem Pflaster. Der Angriff stockt. Das Feuer liegt wie eine unüberwindliche Barriere vor der Spitze. — Aber für Erich gibt es kein Stocken. Er weiß, daß wir das Hafengebiet schnellstens erreichen müssen, um einen planmäßigen Kampf der Sowjets zu verhindern. Er liegt hinter einer Treppe. Die Beine dicht an den Leib gezogen, hält den Griff der Maschinenpistole fest in seinen starken Händen. Entschlossen schiebt er den Stahlhelm ins Genick und schreit: „Erste Gruppe springt geschlossen über die Straße. Achtung! Los!" Ich sehe die Jungen springen, sehe, wie sie die Straße überwinden und wie hingeschossen aufs Pflaster fliegen. Ihr geschlossener Sprung hat den feindlichen MG-Schützen überlistet, kurze Zeit später feuert er nicht mehr.

Wir erreichen einen kleinen Platz. Matrosen liegen zwischen den Zierbüschen und versuchen, unser Vordringen aufzuhalten. Im Sprung sehe ich Erich plötzlich auf das Pflaster stürzen. Die Maschinenpistole klappert blechern über die rauhen Steine. Erich krümmt sich, seine Hände suchen einen Halt und verkrallen sich im Straßenschmutz. Grenadiere ziehen ihren Zugführer an die Hauswand heran und schreien nach dem Sanitäter. Ein Kopfschuß hat ihm den Schädel aufgerissen. Ich möchte ein paar Worte sagen und ihm die Hand drücken. Doch er hört nichts mehr. Es war sein letzter Kampf. Einige Tage später schließt er die Augen für immer, nachdem er an seine Frau einen Brief diktiert hat. Mit Erich hat die Kompanie einen ihrer besten Unterführer, habe ich einen meiner treuesten Kameraden verloren. —

Der Kampf nimmt an Heftigkeit zu. Russische Geschütze feuern die Straße herab. Benzinlager brennen. Dichter Qualm und Explosionswolken schießen in die Höhe. Eine Toreinfahrt bietet Deckung. Mit voller Wucht werfe ich meinen Körper gegen das Tor, aber es gibt nicht nach, es ist fest verriegelt. Schüsse hämmern auf das Pflaster und schwirren als Querschläger davon. Für mein Leben gebe ich keinen Pfifferling mehr. Gehetzt vom Feuer der Matrosen renne ich über die Straße. Ein kleiner Verkaufskiosk bietet etwas Deckung. Schüsse zersplittern die schwachen Bretterwände. Der Pavillon wird von den MG-Garben in Stücke zersägt — eine Motorsäge könnte es nicht besser machen. Flach an den Boden gepreßt, erwarte ich den Ausgang des Feuerkampfes zwischen den Sowjets und den Männern des 1. Zuges. Ich liege mal wieder zwischen den Linien. In wenigen Minuten ist die Situation bereinigt und der Vorstoß zum Hafen geht weiter.

Die Sowjets ziehen sich ins Hafengebiet zurück. Zwei große Fährschiffe liegen an der Mole und nehmen flüchtende Menschen auf. Immer dichter arbeiten wir uns an den Hafen heran. Pfeifende Granaten versuchen unser Tempo zu stoppen oder den Stoß zum Hafen zu verhindern. Aber wir sind nicht aufzuhalten. Haus für Haus fällt — Straße für Straße wird genommen und genagelte Stiefel hämmern auf das Pflaster der wichtigen Stadt am Dnjepr.

Unsere Maschinengewehre feuern auf die Schiffe am Kai. Es sind nur leichte Gewehre, aber ihre Wirkung ist vernichtend. Ohne Rücksicht auf die noch immer auf die Schiffe strömenden Menschen setzen sich die Pötte in Bewegung und stampfen mit voller Kraft zum ostwärtigen Ufer. Menschen hängen wie Trauben an den Bordwänden, schwer und unbeholfen entfernen sich die Schiffe vom Kai. Eine 5-cm-Pak schießt sich mit einem Motorboot herum. Brennend treibt das Boot nach Süden. Schiffe aller möglichen Typen versuchen, das rettende Ufer zu erreichen. Russische Artillerie deckt die Absetzbewegung der Schiffe. Ohne Rücksicht auf die noch am Kai verbliebenen Nachzügler feuert die sowjetische Artillerie in den Hafen. Petroleum- und Benzintanks fliegen in die Luft. Brennende Menschen springen in den Tod und verschwinden im Sog des mächtigen Stromes.

Aus diesem Inferno kommen uns gehetzte Russen entgegengestürzt, andere suchen ihr Heil in den Fluten des Dnjepr. Durch den Qualm der brennenden Tanks jagt eine Zugmaschine mit einer 8,8-cm-Flak in eine günstige Schußposition. Kaum ist die Kanone abgeprotzt, da jagt die erste Granate aus dem Rohr und birst im Leib eines der großen Fährschiffe. Die Kanone steht im Feuerhagel der feindlichen Artillerie. Wie auf einem Präsentierteller steht sie den russichen Geschützen gegenüber. Zurückgebliebene Munition, Fahrzeuge und Betriebsstoff brennen, explodieren und wirbeln um das allein auf dem Kai stehende Geschütz herum. Pferde suchen einen Fluchtweg und versinken gurgelnd in den braunen Fluten.

Ein großer Kahn treibt steuerlos dem Ufer zu und wird auf Grund gesetzt. Die russischen Soldaten versuchen, das rettende Ufer schwimmend zu erreichen. Nur wenigen gelingt die Flucht. Die Masse treibt dem Meer entgegen.

Ich höre Obersturmführer Dr. Naumann schreien, der gerade das zweite Geschütz seines Zuges in eine Feuerstellung weist. Er brüllt durch das Toben des Kampfes und stürzt auf das erste Geschütz zu. Mein Gott! Jetzt erkenne ich die Gefahr. Die Grenadiere am Geschütz merken es scheinbar nicht. Sie sind mit dem Feuerkampf beschäftigt. Langsam rollt das Geschütz über den Kai und stürzt in den Dnjepr. Wie durch ein Wunder gelingt es, alle Kameraden zu retten. Aber unser Geschütz ist verschwunden, und das ist ein bitterer Verlust.

Die Schießerei im Hafen läßt nach, nur einzelne Granaten heulen über uns hinweg und krepieren irgendwo in der weiten Stadt. Gegen 16.00 Uhr ist die Verbindung mit der von Nordwesten angreifenden Leibstandarte hergestellt. Der Kampf um Cherson ist beendet. Mit dem Erlöschen der Flammen im Hafen beginnt bereits die ordnende Hand des Wiederaufbaues und des Erhaltens. Trümmer werden beseitigt; die Zivilisten kommen aus ihren Verstecken, und die ersten Kinder suchen Kontakt mit deutschen Soldaten. Am 22. August wird unsere Abteilung durch das Regiment Hitzfeld abgelöst. Die 73. I. D. hat den Dnjepr erreicht und trifft Vorbereitungen, den Strom nördlich Cherson zu überschreiten.

VOM DNJEPR BIS ZUM DON

Der Ablauf der bisherigen Kampfhandlungen hat unerhörte Anforderungen an die Truppe gestellt und ernste Verluste gefordert. Die Ausfälle geben ein erschütterndes Bild der Ruhebedürftigkeit zur Wiederauffrischung der Truppe. Soldaten und Offiziere haben ihr Letztes hergegeben, um das ihnen gesteckte Ziel zu erreichen. Die Truppe zehrt bereits von ihrer Substanz und muß dringend überholt werden. Vor allem fehlt der so bitter benötigte Ersatz an Menschen und Material. Die Leibstandarte wird aus der Front herausgezogen und soll innerhalb einer Woche aufgefrischt werden. Wir freuen uns über diese Ruhepause. Wie ein Gottesgeschenk empfinden wir die wenigen sonnigen Ruhetage. Alle die kleinen Wünsche werden erfüllt. Wir schlafen bis spät in den Tag hinein und genießen die Ruhe in vollen Zügen.

Aber der Katzenjammer stellt sich schnell ein. Bald werden wir gewahr, daß von Auffrischung keine Rede sein kann. Gewiß versuchen die Werkstätten, Waffen und Gerät zu überholen und die Kraftfahrzeuge wieder instandzusetzen. Aber diese Bemühungen bedeuten nur einen Tropfen auf den heißen Stein. Es fehlt an Ersatzteilen. Die Truppe rüstet sich mit Beutefahrzeugen aus. Auch der Ersatz an Menschen läßt auf sich warten. Tag um Tag vergeht, ohne daß der so heiß ersehnte Ersatz aus der Heimat eintrifft. Das Ergebnis dieser „Auffrischung" ist, daß ernste Fragen im Kameradenkreis besprochen werden. Bisher hatten wir das greifbare Ziel des Dnjepr vor Augen. Wir waren im Vollbesitz unserer Kräfte, als wir gegen dieses Ziel antraten und hatten mit ganzer Hingabe für seine Erreichung gekämpft.

Heute sind wir eine nicht mehr voll einsatzfähige Truppe. Die Einheiten verfügen nur noch über einen Bruchteil ihrer früheren Stärke, und wir können uns ausrechnen, wann unsere stolze Abteilung aufhört, ein Kampfverband zu sein.

Was geschieht, wenn wir mit dieser angeschlagenen Truppe den Dnjepr überschreiten und den Weg nach Osten fortsetzen? Wo liegt das Ziel? Und erreichen wir dieses Ziel noch vor Einbruch des Winters? Wir sprechen vom Don, von der Wolga und vom Kaukasus. Die unendliche Weite des russischen Raumes bedrückt uns. Wir beginnen russisch zu denken: Nitschewo!

Am 8. September führe ich meine Vorausabteilung wieder an den Dnjepr heran und überschreite den Strom am 9. September um 16.30 Uhr. Der Brückenkopf wurde von der 73. I.D. unter Führung von General Bieler erkämpft. Auf schwankender Pontonbrücke fahren wir langsam über den breiten, lehmigen Strom. Sturmgeschütze und Panzer werden mit Fähren einzeln übergesetzt.

Der Brückenoffizier drückt mir einen Befehl des LIV. Armeekorps in die Hand und teilt mir gleichzeitig mit, daß ich mit dem Uferwechsel der 73. I.D. unterstellt bin. Der Kommandeur der 73. I.D. erwartet mich südostwärts von Berislaw.

Langsam fahre ich mit einigen Meldern zu seinem Gefechtsstand. Am Weg liegen frische Gräber gefallener deutscher und russischer Soldaten. Die Spuren des Kampfes sind auch hier in das Antlitz der Erde gegraben. — Im Hinblick auf den zu erwartenden Nachteinsatz lasse ich meine Kameraden an das Ufer des Stromes führen und ein erquickendes Bad nehmen.

In einem Obstgarten finde ich den Stab der 73. I.D. und erhalte den Auftrag, den Brückenkopf nach Süden zu durchstoßen, über Britany auf Nowaja Majatschka vorzugehen und für die Nacht einen Igel zu bilden. Linker Nachbar ist das Regiment von Oberst Hitzfeld.

Gleich nach den ersten Worten des Generals gebe ich einem meiner Melder das Zeichen zum Fertigmachen. Er rast zur Abteilung zurück, um die Marschbereitschaft herzustellen. Im Verlauf des Befehlsempfanges gebe ich einem anderen das Zeichen zum Nachführen der Truppe. Auch er jagt los und überbringt den Marschbefehl. Einige Minuten später sehe ich meine Kompanieführer bereits auf mich warten — sie unterhalten sich mit Major Stiefvater. Nach einer eingehenden Einweisung bietet General Bieler mir eine Tasse Kaffee an und fragt: „Wann können Sie antreten?" Erstaunt folgt er meinem Blick, als ich auf die wartenden Kompanieführer und eine ankommende Staubwolke zeigte und antwortete: „Herr General, die Abteilung rollt bereits." Seine überraschten Augen werde ich nie vergessen.

Ein tiefer Sandweg verlangsamt unser Tempo. Bald haben wir die letzte Sicherung der 73. I.D. hinter uns gelassen und fahren in die Dunkelheit hinein. Bremer fährt Spitze. Langsam, vorsichtig tastend, mit gedrosselten Motoren, rollen wir in die Nacht. Tiefschwarze Dunkelheit verschluckt uns. Gegen 21.00 Uhr haben wir 4 Kilometer nördlich Nowaja Majatschka Feindberührung. Eine russische Sicherung wird ohne Kampf überrascht. Die Sowjets machen einen total erschöpften Eindruck und geben bereitwillig Auskunft. Nach ihren Aussagen ist Nowaja Majatschka stark feindbesetzt.

Nach der achttägigen Ruhe fühle ich mich unsicher. Ich habe keine Fühlung mit meinem Gegenüber. Wir sind in eine Lage hineingeführt worden, in der wir uns fremd fühlen und deshalb zögernd vorgehen. Ich warte auf den neuen Tag. Der helle Morgen wird uns die erforderliche Sicherheit geben. Ein enger Igel bildet unsere „Burg". Ich sitze im Funkwagen und unterhalte mich mit einem russischen Offizier über die wahrscheinlichen Maßnahmen seiner Kommandeure. Immer wieder taucht in der Unterhaltung die Ortschaft Perekop und der Tatarengraben auf. Der Gefangene ist überzeugt, daß der Tatarengraben von den Sowjets verteidigt und gehalten wird.

Die Nacht ist ruhig, kein Schuß fällt. Diese Ruhe wirkt unheimlich. Ein paar Schüsse würden die Fronten klären, aber so glauben wir rings von Sowjets umgeben zu sein. Feuchter Tau liegt auf den dürren Grashalmen, während der erste dämmrige Schein den neuen Tag ankündigt. Angespannt versuche ich die Dämmerung zu durchdringen und einen Blick auf Nowaja Majatschka zu werfen. Langsam schälen sich die Umrisse der Ortschaft aus der Dunkelheit heraus. Meine Grenadiere hocken an ihren Fahrzeugen und warten auf den Angriffsbefehl.

Gegen 4.00 Uhr greift das Regiment Hitzfeld Nowaja Majatschka von Norden her an. Die Ruhe ist dahin, Kampflärm erfüllt die Luft und treibt uns die Müdigkeit aus den Knochen. In der noch dämmrigen Morgenstimmung gehen die Infanteristen der 73. I.D. vor. Einschlagende Granaten können die Männer nicht aufhalten, stetig arbeiten sie sich an die Ortschaft heran. Im weichenden Morgennebel erkennen wir ein feindliches Stellungssystem, das sich westlich der Ortschaft dem Gelände anpaßt und wie immer von den Russen hervorragend angelegt ist. Die Sowjets sind Meister im Bau von Feldbefestigungen.

Der Angriff der 73. I.D. gewinnt Boden und so ist die Zeit gekommen, auch das Stellungssystem westlich von Nowaja Majatschka anzugreifen. Sollten die Sowjets unserem Angriff ausweichen, so rennen sie dem Regiment Hitzfeld in die Arme.

Hinter einer dichten Hecke stellen wir uns zum Angriff bereit. Die Sowjets haben uns noch nicht entdeckt und ihre Artillerie ist verzweifelt bemüht, den Angriff der 73. I.D. zum Scheitern zu bringen. Bis zu den feindlichen Stellungen müssen wir zwei Kilometer überwinden. Das Gelände gewährt keinerlei Deckung.

Außer unserer Windschutzhecke ist weit und breit kein Baum zu sehen. Flach wie ein Brett, nur mit Steppengras bewachsen, hart und rissig, liegt die braune Nogaische Steppe vor uns.

Mit dem Chef der 1. Kompanie beobachte ich die Bewegungen in der russischen Front und erkenne, daß ein sofortiger Angriff meiner Abteilung die Sowjets restlos zerschmettern muß. Unser Angriff muß außerdem das Vorgehen der 73. I.D. erheblich erleichtern. Ich suche eine Angriffsform, um das Vorfeld ohne Verluste und mit größtmöglicher Geschwindigkeit überwinden zu können.

Die flimmernde Weite der Steppe verführt mich, an eine Kavallerieattacke vergangener Zeiten zu denken. Jetzt reitet mich der Teufel! Warum soll eine Attacke meiner Kradschützenkompanien nicht zum Erfolg führen? Ich wage meine Gedanken noch nicht auszusprechen — halte eine solche Attacke noch selbst für wahnsinnig. Doch während Vernunft und Instinkt noch um den Entschluß ringen, sehe ich in Gedanken meine Kradschützen bereits wie die Teufel über die Steppe jagen und in die feindliche Stellung einbrechen. — Meine Kameraden beobachten mich schweigend, während mein Blick immer wieder über die Steppe gleitet und die Entfernung schätzt. Ich lasse mein Glas sinken und suche die Augen Bremers. Wie wird er nach Beurteilung der Lage reagieren, wenn ich seinen Kradschützen eine Attacke befehle? Ahnt er bereits, daß etwas Außerordentliches kommt? Sein Blick ist offen, sein Gesicht verrät keine Überraschung, während ich meine Absicht ausspreche, den Feind mit Kradschützen und Panzerspähwagen zu attackieren. Kühl und sachlich nehmen meine „Windhunde" den Befehl entgegen.

Artillerie und schwere Infanteriewaffen gehen in Stellung. Kradschützen ziehen sich im Schutze der Hecke weit auseinander. Panzerspähwagen schieben sich in die befohlenen Lücken, um später ungehindert Feuerschutz geben zu können. Von einer fiebernden Unruhe gepackt klettere ich in unseren Wagen und stoße meinen Arm senkrecht in die Höhe. Jetzt ist es zu spät! Jetzt gibt es kein Halten mehr! Der Bann ist gebrochen, die Unsicherheit ist verschwunden. Langsam rollt unser Wagen aus der Deckung heraus. Jetzt stehen wir im Blickfeld der Russen. Jetzt müssen die ersten feindlichen Granaten einschlagen. Geduckt hocke ich im Wagen und blicke nach vorn. Mein guter Erich schaltet, die Fahrt wird schneller und eine Staubwolke wirbelt in die Luft. Wir fahren zwischen den beiden Kradschützenkompanien. Die Grenadiere hocken wie die Affen an ihren Maschinen. Nach hundert Metern Fahrt vermag ich nichts mehr zu erkennen. Jagende Schatten rasen nach vorn. Der Angriff wird ein Wettrennen. Wird er ein Rennen in den Tod?

Über uns heulen russische Granaten hinweg. Sie krepieren dort, wo wir vor ein paar Sekunden noch waren. Das Artilleriefeuer treibt uns noch stärker an, die Geschwindigkeit wird noch mehr gesteigert. Wir müssen die russische Feuerleitung an Wendigkeit übertreffen und wie der Leibhaftige zwischen den Sowjets einbrechen.

Vom Rausch der Geschwindigkeit gepackt, vom Heulen der Motoren bis ins Innerste aufgewühlt, suchen wir mit zusammengekniffenen Augen den Feind. Dort, wo unsere Artillerie ihre tödliche Aufgabe erfüllt, wo bereits das Blut russischer Soldaten die Erde tränkt, liegt unser Ziel. Die Stätten der Zerstörung ziehen uns an. Wie von Sinnen jagen wir dem Tod entgegen. Unser Wagen ist mit vier Soldaten besetzt, doch nur einer ist im Wagen zu erkennen. Er sitzt am Steuer und fährt mit sicherer Hand. Wir übrigen hängen wie Kosaken seitwärts, um in der nächsten Sekunde den Feuerkampf zu beginnen oder im Schützenloch zu verschwinden. Erich ist durch nichts zu erschüttern. Ostpreußische Ruhe triumphiert über Tod und Verderben. Ob er wohl weiß, daß er seit Minuten unsere stolze Abteilung führt und die Truppe nach vorn reißt? Seine Geschwindigkeit bestimmt das Tempo des Angriffs — und er rast wie ein Rennfahrer dem Ziel entgegen.

Die ersten Russen tauchen auf. Entsetzte Gesichter blicken uns an. Verstört werfen sie die Waffen fort und laufen nach Westen. Vorbei an Schützenlöchern, vorbei an zerschmetterten Soldaten und hilflosen Verwundeten, stoßen wir durch die Verteidigungszone hindurch. Ungezählte Sowjets rennen fluchtartig in westlicher Richtung davon und werden von unseren Pionieren gesammelt.

Irgendwo muß doch die russische Artillerie in Feuerstellung stehen! Die rasende Jagd nicht unterbrechen! Feindliche Lastwagen versuchen zu entwischen — sie brennen im Feuer der 2-cm-Kanonen unserer Spähwagen. Aufgeprotzte Geschütze überholen wir und stoßen an Nowaja Majatschka vorbei, in Richtung Staraja Majatschka vor.

Langsam läßt die Spannung nach. Vor uns ist kein Lebewesen mehr zu erkennen — die Steppe liegt wie tot. Hinter uns dagegen gleicht das Gelände einem Ameisenhaufen. Freund und Feind geben ihren Verwundeten die erste Hilfe.

Ein Händedruck mit Oberst Hitzfeld, eine kurze Orientierung über die Lage bei der 73. I.D., und der Stoß nach Osten wird fortgesetzt.

Bei der Attacke wurden 534 Sowjets gefangengenommen. Wir selbst haben zwei Kameraden durch Tod und einen Unterführer und zwei Grenadiere durch Verwundung verloren. Der Angriff war also ein voller Erfolg, aber trotzdem habe ich nie wieder eine motorisierte Attacke befohlen.

In der Dunkelheit stehen wir vor Kalantschak und greifen die Ortschaft überraschend und mit Erfolg an. Ein feindlicher Spähwagen geht in Flammen auf und 221 Russen treten den Weg in die Gefangenschaft an. Spähtrupps melden das Gelände bis 10 Kilometer ostwärts Kalantschak feindfrei.

Um Mitternacht erhalte ich von der 73. I.D. den Befehl, die Landenge von Perekop handstreichartig zu durchstoßen und südlich der Enge von Ischun weitere Befehle abzuwarten.

Nun, im Laufe der verschiedenen Feldzüge habe ich oft Befehle und Aufträge erhalten, die mit den Grundsätzen der klassischen Truppenführung nichts mehr gemein hatten. Aber dieser Befehl überbietet alles. Sind die verantwortlichen Herren wirklich der Ansicht, daß ein Handstreich auf die Enge das Tor zur Krim öffnen könne? Meine Kompanieführer sehen mich reichlich verdattert an, während ich ihnen den Befehl eröffne und sie mit der Lage vertraut mache.

Die Krim ist vom Festland durch das „Faule Meer" getrennt. Dieses sogenannte Meer ist einige hundert Meter breit und gewöhnlich unpassierbar. Selbst für Sturmboote ist es wegen des geringen Wasserstandes ein unüberwindliches Hindernis. Drei Zugänge führen auf die Krim. Im Westen die Landenge von Perekop, in der Mitte der Eisenbahnübergang bei Saljkoff und im Osten der schmale Zugang bei Genitschesk.

Die Enge von Perekop ist einige Kilometer breit und in ihrer ganzen Breite von dem bis zu 15 Meter tiefen „Tatarengraben" durchschnitten. Das Gelände ist deckungslos, flach wie ein Teller und von einigen trockenen Flußläufen durchzogen. Diese steilen und oft tiefen Einschnitte werden Balkas genannt. Sie bieten der Truppe die einzige Deckung. Hart nördlich des Tatarengrabens liegt die alte, befestigte Stadt Perekop. Eine Eisenbahnlinie führt über Perekop nach Süden.

Angesichts dieser günstigen Verteidigungsmöglichkeit und der Tatsache, daß wir in den letzten Tagen Gefangene von drei feindlichen Divisionen gemacht haben, glaubt niemand daran, daß die Enge leicht zu überwinden sei.

Am 12. September gegen 4.30 Uhr tritt meine Abteilung den Marsch in Richtung Perekop an. Um 4.55 Uhr stehen wir mit der Vorausabteilung der 73. I.D., Major Stiefvater, in Verbindung. Stiefvater schließt sich meiner Abteilung an. Langsam schiebt sich der weite Horizont aus der Dämmerung heraus. Die Steppe erglüht in den herrlichsten Farben. Kein menschliches Wesen ist zu erkennen. Nur meine Kameraden tasten sich sprungweise vor. Untersturmführer Montag führt den Spitzenzug, Unterscharführer Westphal die Spitzengruppe. Ich folge hinter dem Spitzenzug und suche nervös den Horizont nach Bewegungen ab. Weder Tier noch Mensch sind zu sehen. Nur das Farbenspiel der Sonne gibt der weiten Ebene ein wundervolles Aussehen. Südlich Nowo Alexandrowka setze ich den Zug v. Büttner entlang der Küste zur Aufklärung auf Adamanij an. Von dort muß das Gelände nördlich und südlich des Tatarengrabens einzusehen sein.

Am Horizont erkenne ich plötzlich einige Reiter, die auf der Stelle kehrtmachen und im Galopp in Richtung Preobraschenko verschwinden. Aber ihr flüchtiges Erscheinen elektrisiert uns. Preobraschenko liegt hinter einer kleinen Erhöhung, nur einzelne Häuser sind zu erkennen. Hellwach suchen wir den Horizont ab. Aufgelockert, mit mehreren Fahrzeuglängen Abstand, fahren wir in die Stille hinein. Wir ahnen, daß die Ruhe jeden

Moment durch heulende Granaten zerrissen werden wird. Diese günstige Verteidigungsmöglichkeit müssen die Sowjets nutzen.

Die unheimliche Ruhe verheißt Kampf. Kein fliehender Russe, kein jagendes Gespann und kein rasendes Kraftfahrzeug deuten Rückzug oder gar Flucht an. Die Steppe ist leer, weit und breit ist kein Mensch zu sehen, und allein diese Tatsache deutet auf eine straffe Organisation der feindlichen Führung hin.

Wiederum hängen meine Kameraden seitwärts an den Fahrzeugen. Selbst die Fahrer des Spitzenzuges sitzen seitwärts auf ihren Maschinen. Ich stehe auf dem Trittbrett unseres Wagens. Mein Panzer folgt in der Kolonne.

Die Uhr zeigt 6.05, als die Gruppe Westphal langsam an die Häuser von Preobraschenko heranfährt.

Eine riesige Schafherde versperrt die Ortseinfahrt und bricht dann seitwärts in die Steppe aus. Ein Knall zerreißt die Stille. Schafe wirbeln durch die Luft. Die Tiere rennen wie irrsinnig um ihr Leben. Sie klettern übereinander hinweg und sprengen sich selbst in die Luft. Die ausbrechende Schafherde ist in ein Minenfeld geraten. Das Schreien der gequälten Tiere, vermischt mit dem dumpfen Knall berstender Minen, erfüllt die Luft. Geduckt, sprungbereit und vor Erregung zitternd erwarten wir die zuckenden Blitze aus sowjetischen Waffen. Wir laufen neben den Fahrzeugen her. Wir wollen in die Ortschaft hinein und uns dort festkrallen. Noch ist kein Schuß gefallen. Nur die Minen vollenden ihr tödliches Werk. Ein zuckender, blutiger Haufen, ein paar mühselig sich hinschleppende Tiere sind alles, was von der großen Herde übriggeblieben ist.

Jetzt, jetzt, kommt die so lang erwartete Stimme der Front! Granaten zischen über uns hinweg und krepieren im Marschband Stiefvaters. Erst vereinzelt, dann im Rudel heulen sie nach hinten. Ich stürze nach vorn, will in das erste Gebäude, um von dort einen Blick in Richtung Perekop zu werfen. Nach einigen Sprüngen fliege ich im Hagel berstender Granaten in den Staub. Ein dunkles Ungetüm schiebt sich um die kleine Erhöhung herum und schießt in unsere Reihen. Nur wenige hundert Meter vor uns bleibt der feuerspeiende Wurm stehen und sät Tod und Verderben in unsere Reihen. Ein waffenstarrender Panzerzug steht quer vor der Spitze der Abteilung.

Ich gebe das Zeichen zum Rückzug. Die Kradschützen machen auf der Stelle kehrt und rasen in breiter Front zurück. Panzerspähwagen feuern auf den Zug und ziehen sich unter Einsatz von Nebelkerzen zurück.

Eine 3,7-cm-Pak jagt ihre Geschosse gegen den Panzerzug und fliegt nach wenigen Sekunden selbst in die Luft. Der zerschmetterte Stahl der Lafette erstickt die Schreie meiner Kameraden. Das Feuer von fünf schweren und zwei leichten Batterien deckt uns ein. Hinter uns sind nur noch Staubwolken zu sehen. Erleichtert atme ich auf. Brennende Panzer und Fahrzeuge sind nicht zu sehen. Ich krieche einige Schritte weiter und kann nun eine tiefausgebaute Feldbefestigung mit Gräben und Stacheldrahtverhauen erkennen. Der Panzerzug dampft langsam in Richtung Perekop davon. Nur fünfzig Meter von uns entfernt sehe ich russische Infanteristen in ihren Löchern, die ihre Maschinengewehre tacken lassen und uns noch dichter an den Boden zwingen. Wir müssen verschwinden oder den Weg in die Gefangenschaft antreten. Jetzt fauchen unsere Granaten über uns hinweg und drücken die Russen in Deckung. Aber auch wir pressen uns in jede Geländefalte. Rings um mich herum liegen verwundete Kameraden. Unterscharführer Westphal hat einen Arm verloren. Rottenführer Stoll liegt einige Meter vor mir und stöhnt vor Schmerzen. Helmut Belke ist unverwundet. Die Beiwagenmaschine von Stoll ist noch zu gebrauchen. Der Motor brummt in das Geknatter der Maschinengewehre hinein. Belke schreit Stoll etwas zu, deutet auf die Maschine und arbeitet sich an Stoll heran. Ich kümmere mich um Untersturmführer Rehrl. Hier ist jede Hilfe umsonst. Ein Granatsplitter hat ihm den Rücken aufgerissen. Beim Röcheln sehe ich das Heben und Senken der Lungen. Der aufheulende Motor einer Maschine kündigt die Rettung Stolls an. Belke bringt den verwundeten Kameraden in Sicherheit. Helmut Belke fordert die Russen heraus. Dreimal macht er den Weg und setzt sein Leben für seine Kameraden ein. Dreimal fährt er mit einer stöhnenden Last zurück. Nur noch ein einziger Kamerad liegt verwundet im Steppengras. Wie wir, so liegt auch er im toten Winkel vor der kleinen Erhebung. Kamerad G. ist Reservist, verheiratet und glücklicher Vater zweier Buben.

Er hockt in einer kleinen Vertiefung. Sein blonder Schopf ist blutverschmiert. Stöhnend kommt es über seine Lippen: „Haut ab, es hat keinen Zweck mehr. Ich bin erledigt!“ Vergebens suche ich den Kameraden zu trösten. Mehrere Maschinen kommen herangebraust, um den Rest der Spitze zu holen. Meine Augen können sich nicht von G. trennen. Seine Faust umklammert den Pistolengriff — langsam hebt er die Waffe und drückt ab. Der Körper fällt nach vorn und bleibt ruhig liegen. Er wird von den entsetzten Grenadieren auf eine der inzwischen herangekommenen Maschinen geworfen. Trotz des Artillerie- und Infanteriefeuers erreichen wir alle die Stellung der Abteilung. Erschüttert schildere ich unserem Doktor Gatternig das Erlebnis. Erst dann höre ich, daß Kamerad G. sein Mannestum eingebüßt hat. Rehrl stirbt unter den Händen des Arztes; auch hier reicht die menschliche Macht nicht mehr aus.

Zusammen mit der Abteilung Stiefvater beziehen wir eine Stellung vier Kilometer westlich Preobraschenko und warten das Herankommen der Infanteriedivisionen ab.

Zug Büttner meldet um 6.50 Uhr Adamanij feindfrei. Von dort ist das Gelände südlich Perekop einschließlich Tatarengraben gut einzusehen. Starke Feldbefestigungen, Drahthindernisse, eingebaute Geschütze und Panzer werden vom Zug v. B. gemeldet. Eine halbe Stunde später überzeuge ich mich selbst von der Richtigkeit der Meldung. Ein Durchbruch durch die Enge kann nur mit mehreren Divisionen und starken Artillerieverbänden erreicht werden.

Durch Funk melde ich der 73. I.D., daß ein Handstreich auf die Enge unmöglich ist. Außerdem überbringt ein Ordonnanzoffizier einen genauen Gefechtsbericht und eine gründliche Beurteilung der Lage. —

Ich falle deshalb aus allen Wolken, da ich gegen Mittag den Befehl erhalte, den „Handstreich“ gegen die Enge zu wiederholen. Ich weigere mich, meine Kameraden in den sicheren Tod zu führen. Ärgerlich verweise ich auf meine erste Meldung und auf die äußerst starke Befestigung der Enge. Die Division befiehlt meine persönliche Meldung beim Divisionskommandeur.

Nach stundenlanger Fahrt erreiche ich den Kommandeur in einem kleinen Nest nordostwärts Kalantschak. Auf Grund meiner Befehlsverweigerung erwarte ich ein ausgedehntes Donnerwetter und bin deshalb nicht wenig überrascht, daß mich General Bieler äußerst kameradschaftlich begrüßt und meiner Beurteilung zustimmt.

In den Abendstunden weise ich Oberst Hitzfeld in den Abschnitt unserer Abteilung ein und führe die Abteilung nach Tschaplinka, wo uns neue Befehle erwarten. Feindliche Tiefflieger und schwere Artillerie begleiten uns beim Herauslösen aus der Front.

In Tschaplinka erhalte ich von Sepp Dietrich den Befehl, sofort gegen die mittlere Landenge bei Saljkoff vorzustoßen und sie wenn möglich überraschend zu gewinnen.

Es ist inzwischen schon wieder 16.00 Uhr geworden, und wir müssen in die nahende Nacht hineinoperieren. Meine Jungen hocken schon auf den Maschinen, wie ich die Abteilung erreiche, und fünf Minuten später fahren wir in die flimmernde Steppe. Um 17.50 Uhr durchfahren wir Kol. Wladimirowka und erhalten hier Feuer von der Halbinsel „Nashorn". Eine 12,2-cm-Kanonenbatterie versucht, unseren Vormarsch aufzuhalten. Ohne Verluste brausen wir nach Osten. Ich will das Tageslicht ausnutzen und noch möglichst viele Kilometer vor Anbruch der Dunkelheit zurücklegen. Die Nacht verbringen wir ohne Feindberührung in Gromowka.

Um 4.30 Uhr, am 15. September, steht die 2. Kompanie als Spitzenkompanie abfahrbereit. Heißer Kaffee dampft in den Händen meiner Kameraden, während ich mit Obersturmführer Späth die Lage beurteile und die letzten Ergebnisse der Aufklärung und Gefangenenaussagen auswerte. Luft- und Erdaufklärung melden gut ausgebaute Feldbefestigungen, die sich im Halbkreis um den Bahnhof Saljkoff abzeichnen. Ein Durchbrechen der Befestigung erscheint unmöglich. Wir verfügen weder über die erforderliche Stärke noch über die geeignete Bewaffnung. Außerdem zeigt das Luftbild einbetonierte Geschütze südlich von Saljkoff, die den schmalen Übergang absolut beherrschen.

Dicker Nebel liegt über der Steppe. Die Sichtweite beträgt keine 20 Meter. Dieser Umstand gibt mir die Idee ein, den Nebel zu nutzen und unmittelbar unter den Rohren der feindlichen Batterien, die südlich des Überganges stehen, in den Verteidigungsring um Saljkoff einzubrechen. Ich bin überzeugt, daß die Befestigungen in Wassernähe nicht so stark sind und auch niemand auf die Idee kommt, daß eine motorisierte Truppe so wahnsinnig sein kann, 200 bis 300 Meter vor den Mündungen eingebauter Batterien in eine befestigte Zone zu stürmen.

Der Nebel wird sich höchstens noch eine Stunde halten. Spätestens um 7.00 Uhr wird der letzte Fetzen verschwunden sein. Bis dahin muß der Übergang fallen.

Schnell erkläre ich der Spitzenkompanie unser Vorhaben und drücke Obersturmführer Späth die Hand. Späth fährt mit dem Spitzenzug. Hinter der Spitzenkompanie sind die 8,8-cm-Geschütze von Obersturmführer Dr. Naumann eingegliedert. Übrigens hat er sein Geschütz aus dem Dnjepr bergen können. Er soll die Bunker südlich des Übergangs unter Feuer nehmen.

Langsam rollen die Kräder, Panzerspähwagen, Zugmaschinen und Geschütze in die undurchdringliche Nebelwand hinein. In wenigen Sekunden hat sie das graue Nichts verschluckt.

Peter schimpft vor sich hin, während er unseren Wagen anrollen läßt und in die feuchte, schwebende Wand hineinstößt. Mein Adjutant, der kleine aber drahtige Obersturmführer Weiser, springt nach rechts heraus, um das Ufer des Siwasch zu suchen. Wir müssen dicht am „Faulen Meer" entlangfahren. Obgleich wir höchstens 50 Meter vom Ufer entfernt sind, können wir die Ufergrenze nicht erkennen.

Nach 20 Minuten Fahrt stoßen wir auf eine ausgefahrene Wegespinne, von der eine Menge Spuren in alle Richtungen führt. Aus dem Nebel kommt ein Soldat auf uns zu. Wir nehmen an, daß Späth einen Einweiser zurückgelassen hat, um der nachfolgenden Abteilung die Orientierung zu erleichtern. Ich rufe die Gestalt an und frage: „Na, wo geht's denn nun lang?" Der Kerl fällt fast hintenüber, wie er meine Stimme hört. Wir wissen noch nicht einmal, in welche Richtung er gelaufen ist. Im Bruchteil einer Sekunde ist er wie vom Erdboden verschwunden. — — Erst später stellen wir fest, daß wir 150 Meter südlich an einer russischen Feldwache vorbeigefahren sind.

Immer dichter schieben wir uns an den Übergang heran. Es dauert nicht mehr lange, und wir können den Damm erkennen. Der Nebel wird lichter. Jetzt kommt es drauf an! Ist uns das Kriegsglück hold, oder müssen wir für unsere Frechheit einen hohen Zoll entrichten? Schweigend blicken wir in die Nebelwand hinein. Rechts plätschert das Wasser gegen das seichte Ufer. Ein paar hundert Meter südlich von uns, jenseits des flachen Siwasch, hebt sich die dunkle Küste der Krim aus dem Nebel heraus. Aber was ist nördlich von uns? Wo ist der Feind? Schrittweise geht es weiter nach Osten. Die Laufketten der Zugmaschinen knirschen im Sand, die Motoren sind kaum zu hören. Alles ist aufs höchste gespannt. Ich zeige nach Süden und mache die Kanoniere der 8,8-cm-Geschütze auf die gemeldeten Bunkerstellungen aufmerksam. Noch ist alles ruhig. Fahren wir wie hier in den Tod? Wiederholt sich der „Handstreich" von Preobraschenko?

Ein dumpfes Grollen unterbricht die morgendliche Stille. Sollte das wieder ein Panzerzug sein? Plötzlich ist der Bann gebrochen. Am Abschuß erkennen wir den scharfen Knall unserer 3,7-cm-Pak. Gleichzeitig hören wir das Bellen unserer 2-cm-Kanonen und das wütende Scheppern deutscher Maschinengewehre. Die 2. Kompanie hat die Enge von Saljkoff erreicht und einen Materialzug mit Waffen und Gerät gestoppt. Die 3,7 hat die Lokomotive abgeschossen. Besser als wir es gedacht haben sind wir in den Kern der Befestigungsanlage eingedrungen und können nun die Stellungen von hinten aufrollen. Um 8.55 Uhr ist der Bahnhof fest in unserer Hand. Mit dieser Eroberung haben wir den Gefechtsstand der russischen Verteidiger zerschlagen und die Nachrichtenverbindung zerstört. Der Wirrwarr bei den Sowjets ist unbeschreiblich. Sie können sich unser Erscheinen einfach nicht vorstellen. Die russische Artillerie aus den Bunkerstellungen südlich der Enge eröffnet erst ihr Feuer, nachdem sie von unserer 8,8 beschossen wird.

Der Nebel ist verschwunden und schützt weder Freund noch Feind. Bremer stößt nach Norden vor und dringt in die Ortschaft Nowo Alexjewka ein.

Obersturmführer Dr. Naumann prescht mit einer 8,8 so in Feuerstellung, daß das Geschütz einige feindliche Kanonen vernichten kann. Dank des schneidigen Vorgehens der Geschützbedienung wird das Ziel erreicht — die sowjetischen Geschütze schweigen. Leider wird hierbei Dr. Naumann selbst schwer verwundet. Mit Hilfe eines Panzerspähwagens wird er in Sicherheit gebracht. Den Verteidigungsring nördlich der Enge haben wir restlos zerschlagen, jedoch ist es unmöglich, die Enge zu überwinden. Ausgebaute Stellungen mit tiefen Drahthindernissen und Minenfeldern erfordern den Einsatz starker Artillerie- und Infanterieverbände.

Der Abteilung gelingt es, mehrere hundert Gefangene zu machen, die den Schützenregimentern 871 und 876 angehören. Die Enge wird von der 276. Schützendivision verteidigt.

Vom Materialzug erbeuten wir 86 neue Ford-Lastwagen, 26 Raupenschlepper, 2 Pak 4,7 cm und mehrere Wagen Munition mit 12,2-cm-Granaten. Der Zug kam aus Melitopol mit dem Auftrag, Sewastopol zu erreichen.

Unsere Freude über den erbeuteten Zug ist groß. Es dauert nicht lange, und wir sind mit russischen Fordwagen ausgerüstet. Die eigene Fahrzeugausrüstung ist arg zusammengeschmolzen, besonders stark macht sich der Mangel an Krädern bemerkbar.

Mit Erleichterung höre ich einige Stunden später, daß wir bei der Aktion nur einen Kameraden verloren haben. Ein Artillerie-Splitter hat seinem Leben ein Ende gemacht. Die unorthodoxe Kampfführung hat uns den Erfolg ermöglicht.

Während der Dunkelheit löst uns das II. Bataillon der Leibstandarte ab. In aller Eile werden die Fahrzeuge aufgetankt und für den nächsten Einsatz klargemacht. Der neue Auftrag lautet: Genitschesk ist zu nehmen und die dritte Enge zu sperren.

Um 5.00 Uhr sitzen wir wieder auf unseren rollenden Maschinen und fahren der Sonne entgegen. Kurze Zeit später erblicken wir zum erstenmal das Asowsche Meer. Spiegelblank liegt die Fläche vor uns. Ein größeres und fünf kleinere Schiffe stampfen nach Osten und sind bald hinter dem Horizont verschwunden.

Gegen 6.30 Uhr ist Genitschesk erreicht. Ruhig liegt der Stadtrand vor uns — kein Mensch ist zu sehen. Gehört die Ruhe zur Taktik des russischen Verteidigers, oder wird die Hafenstadt tatsächlich nicht verteidigt? Eine Kradschützengruppe pirscht sich langsam an die Häuser heran und findet wider Erwarten keinen Widerstand. Jetzt rauschen wir mit Volldampf in den ostwärtigen Stadtteil und in das Hafengebiet hinein. Hier sieht die Geschichte anders aus. Eine Lastwagenkolonne versucht in Richtung Melitopol zu entkommen. Feindliche Infanteristen rennen kopflos in die nächsten Häuser und treten etwas später den Weg in die Gefangenschaft an. Eine Explosion im Hafen kündet die Sprengung der Brücke an, die das Festland mit der Enge von G. verbindet. Durch den schnellen Zugriff der 2. Kompanie gelingt es, einen Laufsteg über den Kanal vor der Zerstörung zu bewahren. Obersturmführer Späth, Kompanieführer der 2. Kompanie, fällt bei dem Sturm auf den Steg durch Kopfschuß. Der Ausfall an Offizieren hat ein gefährliches Ausmaß angenommen. Die Kompanie- und Zugführer sind nahezu alle verwundet oder gefallen. Die 2. Kompanie bekommt jetzt schon ihren dritten Kompanieführer, Obersturmführer Böttcher.

Vom Steilufer bei Genitschesk können wir weit nach Süden auf die Landzunge sehen und jede Bewegung genauestens verfolgen. Ich bin deshalb nicht wenig erstaunt, als die Sowjets plötzlich von Süden nach Norden angreifen und sich wie auf dem Schachbrett präsentieren. Kompanie auf Kompanie schiebt sich langsam aber stetig an unsere Steilküste heran und läuft in den sicheren Tod oder in die Gefangenschaft. Es ist mir ein Rätsel, weshalb der sowjetische Kommandeur diesen Angriff durchführt. Wir lassen die feindlichen Infanteristen bis auf ungefähr 200 Meter herankommen, bevor unsere Maschinenwaffen eine blutige Ernte halten. Der Abwehrerfolg ist grausig. Ungezählte braune Punkte bedecken in wenigen Minuten die spärliche Grasfläche, und andere wanken mit erhobenen Händen auf unsere Stellungen zu. Die russischen Granatwerferstellungen werden durch die vorzüglich schießende 8,8-cm-Flak vernichtet. Um 9.00 Uhr ist der Angriff abgeschlagen. Die 1. Kompanie setzt über den Laufsteg und klärt nach Süden auf. Ich habe die Absicht, einen Brückenkopf zu bilden und soweit wie nur möglich auf der schmalen Enge vorzustoßen. Leider nimmt dieser Vorstoß bereits nach drei Kilometern ein Ende. Einbetonierte Küstenbatterien und Feldbefestigungen bilden ein unüberwindliches Hindernis. Das Feuer der schweren Küstenbatterien sowie einige Bombenangriffe während der Nacht verursachen Verluste.

Am 17. September gegen 21.00 Uhr wird die Abteilung vom III. Bataillon der Leibstandarte abgelöst und erhält den Auftrag, nach Norden aufzuklären und Verbindung mit der Vorausabteilung v. Boddin (XXX. Armeekorps) zu suchen. Während der Nacht werden der Abteilung sechs Offiziere und 95 Mannschaften als Ersatz zugeführt.

Der erste Ersatz in Rußland macht einen vorzüglichen Eindruck und paßt sich schnell der Lage an. In wenigen Tagen sind die jungen Kameraden „alte" Krieger geworden.

Mit dem letzten Nachtbomber „vom Dienst" verlassen wir Genitschesk und rollen in Richtung Melitopol. Über tiefe Sandwege und dichten Buschwald tasten wir uns nach Norden vor. Die Verbindung mit der Abteilung Boddin ist bald hergestellt, sie steht südlich von Akimowka. Die Ortschaft ist von starken russischen Kräften besetzt.

Boddin und ich haben viele gemeinsame Bekannte aus dem schönen Mecklenburg, wo wir beide unvergeßliche Jahre erlebt haben. Der typische Kavallerist Boddin wechselte Anfang der dreißiger Jahre die Uniform und arbeitete mit General v. Seeckt in China, bis er vor kurzer Zeit zurückgerufen wurde. Er war ein schneidiger, geradezu tollkühner Offizier, der geborene Kommandeur einer Vorausabteilung: schnell im Entschluß, kühn im Wagen und rücksichtslos im Einsatz.

Im Januar 1942 fiel er bei den Kämpfen in Eupatoria auf der Krim. Er wurde hinterlistig von Partisanen ermordet.

Bis zum 21. September kämpfen die beiden Vorausabteilungen südlich Melitopol und warten das Eintreffen der 72. I.D. ab. Ein weiterer Vorstoß auf Melitopol, auch nördlich der Stadt, kann mangels Infanterie nicht durchgeführt werden. Wir sind dem XXX. Armeekorps um 200 Kilometer vorausgeeilt.

Am 21. September bekomme ich den Befehl, mich vom Feinde zu lösen und die Abteilung nach Kalantschak zurückzuführen. Ungefähr 200 Kilometer legt die Truppe in 12 Stunden zurück und steht am 22. September für den Einsatz auf der Krim-Halbinsel bereit.

Während der langen Fahrt durch die Nogaische Steppe empfinde ich zum ersten Mal die entsetzliche Leere des Raumes. Stundenlang fahren wir nach Westen zurück, ohne auch nur einen einzigen deutschen Soldaten zu treffen. Wohl haben die schnellen Vorausabteilungen den Raum durchstoßen und sind weit nach Osten vorgeprellt, doch die deutschen Truppen beherrschen dieses Gebiet nicht. Die gähnende Leere der Steppe macht einen deprimierenden Eindruck auf uns. Mit welchen Kräften sollen wir in ostwärtiger Richtung operieren, und welche Verbände sollen gegen die Krimtruppen eingesetzt werden?

Wir beginnen, über den Rahmen der unmittelbaren Kampfhandlungen hinaus das Ganze zu sehen und ein Ziel für die Operationen des Ostheeres zu suchen. Niemand glaubt, daß die vorhandenen Truppenteile genügen, die Front während der Wintermonate zu halten. Die Verbände sind stark angeschlagen und einer Wiederauffrischung dringend bedürftig.

Wir werden dem 54. Armeekorps unterstellt und sollen, nachdem es der tapferen 73. I.D. am 26. September gelungen ist, Perekop im Sturm zu nehmen und den Tatarengraben zu überwinden, im schnellen Vorstoß die Landenge überwinden und tief in den weichenden Feind hineinstoßen. Am späten Nachmittag steht die Abteilung 4 Kilometer nordwestlich der Perekopskij-Bucht zum Einsatz bereit.

Die Kämpfe werden von beiden Seiten mit äußerster Heftigkeit und Erbitterung geführt, und erst am 27. September gegen 16.15 Uhr dringt das Infanterieregiment 72 mit einem Bataillon in Armjansk ein. Auch die Kämpfe am 28. September schaffen keine Voraussetzungen für den Einsatz motorisierter Abteilungen.

Die Sowjets greifen immer wieder mit starken Kräften und reichlicher Panzerunterstützung an. Um 4.30 Uhr wird die Abteilung der 46. I.D. unterstellt und bis auf 3 Kilometer nordwestlich Perekop vorgezogen. Die spätere Bereitstellung nördlich des Tatarengrabens wird um 9.05 Uhr aufgegeben. Auch im Abschnitt der 46. Division bietet sich keine Einsatzmöglichkeit, und die Abteilung wird um 11.00 Uhr wieder in die Leibstandarte eingegliedert.

Die sowjetische Verteidigung auf der Enge südlich Perekop bricht erst nach zehn Tagen verbissener Kämpfe zusammen. Erst am 28. September ist die Landenge durchstoßen und der Weg auf die Krim gebahnt. Am 29. September beginnt die Verfolgung der geschlagenen Sowjets, die mit dem heldenmütigen Sturm auf die Festung Sewastopol am 1. Juli 1942 ihr Ende findet.

Während das 54. Armeekorps verbissen um jeden Meter Boden südlich Perekop kämpft und das Armee-Oberkommando plant, die Leibstandarte nach gelungenem Durchbruch zur Verfolgung anzusetzen, geschehen an der Ostfront zwischen dem Asowschen Meer, Melitopol und dem Dnjepr Dinge, die ein sofortiges Herumwerfen der Standarte erfordern.

Der Russe hat in der genannten Linie Front gemacht und ist nach Heranführung von zwei neuen Armeen, der 18. und der 9., mit insgesamt 12 Divisionen zum Angriff gegen das 30. Armeekorps und die 3. rumänische Armee angetreten. Die Angriffe gegen unser 30. Armeekorps zerschellen am Widerstandswillen deutscher Grenadiere, doch weiter nördlich, im Abschnitt der 3. rumänischen Armee, wird die 4. rumänische Gebirgsbrigade überrannt und eine erhebliche Lücke in die Front der deutschen Armee gerissen.

Auf Grund der neuen Lage werden wir am 29. September nach Norden geworfen und haben den Auftrag, mit der Vorausabteilung der 4. deutschen Gebirgsdivision den durchgebrochenen Feind bei Balki anzugreifen und zu vernichten. In Zusammenarbeit mit den Einheiten des deutschen Gebirgskorps wird die Einbruchstelle bei den Rumänen restlos bereinigt, den Sowjets werden schwere Verluste zugefügt.

Das plötzliche Auftauchen der beiden neuen Armeen bei Melitopol hat der deutschen Führung ohne Zweifel aufregende Stunden bereitet, doch haben die Russen durch ihre Kampfführung der Heeresgruppe Süd eine einmalige Chance gegeben. Infolge der massierten und verlustreichen Angriffe der Sowjets fehlen ihnen jetzt die Kräfte, um ein Ausbrechen der Panzergruppe v. Kleist aus den Dnjepr-Brückenköpfen zu verhindern. Am 1. Oktober greift die Panzergruppe in südostwärtiger Richtung an und droht die beiden russischen Armeen von ihren Verbindungen abzuschneiden und gemeinsam mit dem 30. Armeekorps und der 3. rumänischen Armee zu vernichten. Die Verfolgungsschlacht am Asowschen Meer beginnt.

Vom 2. 10. bis 4. 10. kämpfen die Vorausabteilungen Boddien, die Panzerjäger-Abteilung der 72. Division und unsere Abteilung gemeinsam gegen starke feindliche Kräfte im Raum um Jelissawetowka. Bei diesen Kämpfen erleiden die Sowjets hohe Ausfälle, weil sie immer wieder ohne Rücksicht auf Verluste gegen unsere überlegenen Waffen und wendig operierenden Abteilungen anrennen. Die Steppe bietet für die Vorausabteilungen natürlich ganz immense Vorteile und kann deshalb selbst weit überlegene Infanteriekräfte in unangenehme Situationen bringen.

Am 5. Oktober greifen unsere Infanteriedivisionen die stark ausgebauten Stellungen zwischen Melitopol und dem Dnjepr an. Ein tiefer Panzergraben zieht sich an der gesamten Angriffsbreite entlang und wird hartnäckig von den Sowjets verteidigt. Minen und Drahthindernisse erschweren das Vorwärtskommen.

Unsere Abteilung hat den Auftrag, den Übergang über den Molotschnaja-Fluß zu gewinnen und die Brücke für die nachfolgende Infanterie offenzuhalten.

Wiederum stehen wir hinter den angreifenden Infanteriebataillonen und warten auf das Zeichen zum Einsatz. Unsere brave Infanterie muß sich buchstäblich durch die vielen Minenfelder hindurchwinden. Die Minen sind aus Holz gefertigt und können deshalb mit dem Suchgerät nicht entdeckt werden. Gegen Mittag hat die Infanterie den Panzergraben überschritten und damit den Hauptwiderstand des Feindes gebrochen. Schnell ist ein Übergang für meine Abteilung geschaffen.

Fiebernd vor Unruhe steht die 1. Kompanie mit Bremer an der Spitze hinter meinem Wagen. Die Sowjets ziehen sich zurück. Im Hintergrund können wir selbst einzelne Batterien beim Stellungswechsel beobachten. Jetzt ist unsere Zeit gekommen. Wir müssen durch den weichenden Feind stoßen und die Brücke über den Molotschnaja zu einer unüberwindlichen Sperre machen.

Die Jagd beginnt! Von allen guten Wünschen begleitet schießt der Spitzenzug wie ein von der Leine befreiter Jagdhund davon. Bremer und ich folgen dem aufgewirbelten Staub. Nur vereinzelte Granateinschläge versuchen unser Tempo zu verlangsamen. Doch es bleibt beim Versuch. Die Abteilung schiebt sich in die ausweichenden Russen hinein und durchfährt um 12.30 Uhr Federowka, wo sie die ersten aufgeprotzten feindlichen Batterien überholt und mehrere hundert Gefangene macht.

Soweit wir sehen können, beobachten wir Absetzbewegungen der Russen. Die ganze Front ist in Bewegung geraten. Aus einem Maisfeld erhalten wir Pakfeuer und verlieren unseren Spitzenpanzer durch Volltreffer. Die feindliche Pak wird durch Kradschützen vernichtet. Die Zugmaschine unserer

Spitzenpak fällt einer Mine zum Opfer. Immer schneller wird die Jagd! Wir sitzen wie auf Eiern — glauben wir doch, daß die fliehenden Sowjets reichlichen Gebrauch von ihren wirksamen Minen gemacht haben.

Vor uns liegt die Ortschaft Terpenje, die von dem Fluß in Nord-Südrichtung durchschnitten wird. Das Gelände fällt nach Osten hin ab. Tausende Sowjets jagen wild auf ihre Gespanne einschlagend neben uns her und versuchen, den Übergang vor uns zu gewinnen. In breiter Front rennen die Sowjets auf den Fluß zu. Die ersten Häuser von Terpenje sind erreicht — steil fällt die Straße ab und fordert uns direkt zur Raserei auf. Verstörte Sowjets springen in die Häuser und suchen volle Deckung. In einer Kurve liegen Geschütze, Kraftfahrzeuge und wild um sich schlagende Pferde in wirrem Knäuel durcheinander. Maschinengewehrfeuer schlägt uns entgegen. Ich erkenne die Brücke. Mehrere Kolonnen fliehender Russen stauen sich am Ufergang und versuchen, das rettende Ufer durch den Fluß zu gewinnen. In dieses Chaos pfeifen die 2-cm-Geschosse der Spähwagen und färben das Wasser des Flusses rot. Wie ein Peitschenschlag sind wir zwischen die Sowjets gefahren. Nach beiden Seiten feuernd nähert sich die Spitze der Brücke. Der Wirrwarr kann nicht mehr gesteigert werden. Ein dicker Strom flüchtender Menschen wälzt sich über die Brücke hinweg. Links und rechts des Überganges kämpfen Menschen und Pferde um ihr Leben. Nur noch 50 Meter trennen uns von dem Übergang — — — das Drängen, Heben, Schieben und Stürzen nimmt ein grausames Ende. Gerade als die Spitzengruppe die Brückenauffahrt ansteuert und die 2-cm-Kanonen einen blutigen Sichelschnitt in die lebende Masse auf der Brücke schlagen, sehe ich Menschen, Pferde und Fahrzeuge hoch in die Luft fliegen, einen Augenblick mit Balken und Gestänge im Rauchpilz der Explosion verharren und dann im Schlamm des Flusses verschwinden. Der Feind hat die Brücke ohne Rücksicht auf eigene Verluste gesprengt.

Mit bitterem Schwefelgeschmack auf der Zunge stehe ich an der Sprengstelle und suche verzweifelt einen Übergang über den Fluß, um ein Festsetzen der fliehenden Sowjets zu verhindern. Unser Feuer beherrscht zwar das Gelände jenseits des Flusses, aber in 3 Kilometer Entfernung entdecken wir einen kleinen Höhenzug mit schanzenden Russen. Wir müssen hinüber, die in Bewegung geratene Front darf nicht wieder stabil und starr werden.

Einige Meter rechts der Brücke wird eine Furt entdeckt. Die Kradschützen der 1. Kompanie haben das jenseitige Ufer bereits erreicht und einen kleinen

Brückenkopf gebildet. Eine Detonation hüllt einen Spähwagen in Qualm und Rauch. Er ist auf der Anfahrt zur Furt auf eine Mine gelaufen. Erst jetzt merken wir, daß die Russen das Ufergelände vermint haben und eine Anzahl Sowjets Opfer der Minen geworden sind. Ich mache Bremer auf die Minen aufmerksam und fordere deren Beseitigung, bevor weitere Kräfte den Fluß überqueren. Bremer steht einige Meter vor mir, plötzlich gestikuliert er wild, zeigt auf meine Füße und schreit: „Da, da da stehst du drauf!" Wahrhaftig, er hat richtig gesehen. Ich stehe auf solch einem Höllenpflaster und kann die Explosion jeden Augenblick durch eine geringe Gewichtsverlagerung auslösen. — Diese ungastliche Gegend haben wir schleunigst geräumt. Um 15.00 Uhr gelingt es, die gesamte Abteilung über eine Notbrücke auf das jenseitige Ufer zu führen und mit dem Bataillon Witt einen 3 Kilometer tiefen Brückenkopf zu bilden. Die Verfolgung soll in den frühen Morgenstunden fortgesetzt werden.

Erleichtert höre ich, daß wir nur vier Kameraden verloren haben und nur ein Verletzter seinen Verwundungen erlegen ist. Die Sowjets haben ungeheure Verluste an Menschen und Material. Die Gefangenen können von den Fronttruppen kaum gezählt werden. Während der Nacht liegt Störungsfeuer im Abschnitt der Abteilung. Die Art des Feuers deutet ein weiteres Lösen der Sowjets an.

Aus Gefangenenaussagen, bisherigen Kampfhandlungen und Ergebnissen der Gefechtsaufklärung während der Nacht wittere ich einen kopflosen Rückzug der Sowjets. Wahrscheinlich macht sich der Druck der Panzergruppe v. Kleist, die aus den Dnjepr-Brückenköpfen angetreten ist und nun in südostwärtiger Richtung vorgeht, bei der russischen Führung bemerkbar.

Noch in der Nacht ziehe ich die Sicherungen ein und bereite die Abteilung auf den kommenden Tag vor. Meine Jungen wissen nun, daß wir wie ein Florettstich tief in die feindliche Rückzugsbewegung hineinstoßen wollen und vielleicht tagelang auf unsere eigenen Kräfte angewiesen sind. Stoß und Parade werden sich abwechseln — aber vielleicht müssen auch brutale „Dolchstöße" mit rücksichtsloser Gewalt geführt werden. Wir wollen die Sowjets verwirren, ihren Plan zerstören und sie vernichtend treffen.

Im ersten Schein des beginnenden Tages blicke ich noch einmal auf meine schlafenden Kameraden, die neben ihren Maschinen, Geschützen und Panzern hocken und ihre Leiber mit Zeltbahnen gegen die Nachtkühle schützen. Es wird kalt in Rußland, und wir haben keine Winterausrüstung.

Wie immer, wenn ich vor einer Entscheidung stehe und den Befehl über Leben und Tod meiner Kameraden in Händen halte, zittere ich am ganzen Körper und paffe viele Zigaretten in die Luft. Die Zeit vor dem ersten Schuß, vor der Feindberührung ist für mich die größte Belastung. Doch dieser lähmende Druck ist wie weggeblasen, wenn die Kräfte aufeinanderprallen und ich mitten im Kampfgeschehen stehe.

Unsere Pioniere schieben sich nach vorn. Schwere Sprengladungen hängen in ihren Händen und ziehen die kräftigen Gestalten vornüber. Einige hundert Meter vor uns ist der Übergang über den Panzergraben während der Nacht gesprengt worden. Jetzt müssen wir die Grabenwände in den Graben hineinsprengen, um die scharfen Kanten abzuflachen und die gelösten Erdmassen als Übergang zu benutzen. Kradschützen stehen zum Sprung über den Graben bereit. Die schweren Infanteriewaffen und die Artillerie haben sich eingeschossen.

Der Uhrzeiger rückt unaufhaltsam weiter und ebenso schnell weicht die Nacht vor dem Licht des Tages. Büsche und Bäume zeichnen sich aus der Dunkelheit ab. Einzelne russische Granaten fallen in den Brückenkopf hinein. Von der Kolchose Akkermen kräht der Hahn seinen Morgengruß. Der Tag ist erwacht. Mit steifen Schritten gehe ich zum Panzer und klettere auf das Heck. Von hier aus vermag ich über ein paar Büsche hinweg weit über den Panzergraben zu sehen und das Vorgehen der Pioniere zu beobachten. Einige feindliche MG werden durch Panzerspähwagen ausgeschaltet, die schwache Nachhut des Feindes überwunden und der Übergang über den Graben hergestellt. Wie erwartet hat sich der Russe während der Nacht abgesetzt. Wir werden also wahrscheinlich erst in zwei bis drei Stunden mit stärkeren Kräften zu tun bekommen.

Heute ist die 2. Kompanie als Spitzenkompanie eingesetzt. Ich habe einige Bedenken, weil die Kompanie einen neuen Chef bekommen hat, der bis jetzt Taktiklehrer an der Junkerschule in B. war und meiner unorthodoxen Kampfführung mißtrauisch gegenübersteht. Ich nehme Hauptsturmführer L. noch einmal ins Gebet und verbiete ihm jedes Anhalten ohne meinen Befehl. Er soll mit größtmöglicher Geschwindigkeit in der von mir befohlenen Richtung vorstoßen. Ich fahre mit der Spitzenkompanie. Nach kurzem Kampf wird die feindliche Nachhut bei Schiroki geworfen und um 8.45 Uhr erreichen wir Astrachanka. Die bisher gemachten Gefangenen gehören den Regimentern 35, 71 und 256 an, die sich im eiligen Rückzug in südostwärtiger

Richtung befinden. Wir stoßen in den Kampfraum der 30. russischen Division hinein.

Ein interessantes, ja imponierendes Bild breitet sich vor uns aus. Soweit wir blicken können, laufen, reiten und galoppieren russische Einheiten nach Osten. Berittene Artillerie braust mit ihren hin- und herhüpfenden Geschützen einen Hang hinab und versucht, eine Feuerstellung zu beziehen, um uns gebührend zu empfangen und unser weiteres Vordringen zu versalzen. Granatwerferfeuer liegt bereits in bedenklicher Nähe unseres Marschbandes. Aber der Rückzug der Russen artet in wilde Flucht aus und entgleitet den Kommandeuren. Es wäre sinnlos, jetzt den Feuerkampf mit der russischen Nachhut zu beginnen und wertvolle Zeit zu verlieren. Ich gebe Hauptsturmführer L. Befehl, den Vormarsch mit unverminderter Geschwindigkeit fortzusetzen und sich um die Flankenbedrohung keine Sorgen zu machen. Mein Befehl und die begleitenden Zeichen an meine jungen Kameraden wirken wie Öl auf lodernde Flammen. Die Kradschützen rasen wie ein Ungewitter in die Sowjets hinein und peitschen mit ihren Maschinengewehren die flüchtenden Massen auseinander. Schwere Panzerspähwagen feuern im überschlagenden Einsatz an den Flanken der Kradschützen vorbei. Sturmgeschütze jagen ihre Granaten in entferntere Ziele. Feindliche Munitionswagen fliegen krachend in die Luft, und Batterien bilden mit Geschützen und Bespannungen wirre Knäuel. Im Hintergrund fliegen zwei alte sowjetische Flugzeuge wie verbrannte Motten über die weite Steppe. Sie wagen sich nicht in den Bereich unserer 2-cm-Kanonen.

In wenigen Sekunden ist Bremer bei mir. Ich deute auf die in Stellung gehende feindliche Artillerie und auf die in Staubwolken verschwindende Spitze der Abteilung. Worte sind nicht erforderlich. Was wir in langer mühseliger Arbeit auf den Übungsplätzen und am Sandkasten geübt haben, das läuft jetzt in höchster Vollendung ab. In breiter Front jagt die Kompanie auf die feuernden Geschütze zu. Die Flügel der Kompanie stürzen wie Wolfsrudel in die Feuerstellung und bringen vier Kanonen 12,2 cm und zwei Geschütze 7,62 cm zum Schweigen. Die Obersturmführer Heß und Wolf werden im Nahkampf schwer verwundet. Unzählige Russen laufen mit erhobenen Händen westwärts.

Soweit das Auge reicht, stürzen die Sowjets in wilder Flucht davon. Bremer wütet wie ein losgelassener Jagdhund und führt seine Kompanie dem dicksten Knäuel entgegen. Wieder bewahrheitet sich das Wort Guderians:

„Der Motor ist eine Waffe!" Unsere Schnelligkeit hat die Sowjets buchstäblich entnervt. Ich fahre der Spitzenkompanie nach und brause mit meinen Meldern durch entgegenkommende Russen hindurch. Die Masse der Abteilung folgt mit fünf Minuten Abstand. Vor uns liegt eine Kolchose. Obstplantagen und hohe Laubbäume betten die Wirtschaftsgebäude ein. Bereits bei der Anfahrt auf diese kleine Häusergruppe kommen mir Zweifel, weil ich überhaupt keine Bewegung feststellen kann. Weder sowjetische Soldaten noch Zivilisten sind zu sehen. Aber die 2. Kompanie ist ja eben erst durch die Siedlung gefahren, der Staub hängt noch in der Luft. Also, was kann da schon passieren? Peter drückt auf den Gashebel und kümmert sich nicht um meine Bedenken. Nach den ersten Häusern schreie ich selbst: „Gas, Gas! Mensch, fahr' schneller!" Links und rechts in den Gebäuden wimmelt es von Russen. In einem Gehöft erkenne ich eine russische Funkstation, die ihre Antenne noch ausgefahren hat. Augenscheinlich sind wir in einen russischen Stab geraten, der keine Fluchtmöglichkeit mehr gefunden hat, und dessen Vernichtung die 2. Kompanie der nachfolgenden Abteilung überlassen will. Die 2. Kompanie ist eingedenk meiner Worte mit Vollgas durch den Kolchos gebraust. In Erinnerung an die unangenehme Erfahrung an der Rollbahn Nord versuche ich, schleunigst Anschluß an die 2. Kompanie zu bekommen. Das Gros der Abteilung wird den russischen Stab schon ausräuchern. Wir sind froh, sobald unser Wagen die offene Steppe erreicht hat. Das Gelände hat übrigens welligen Charakter angenommen. Rechts von uns, also in südostwärtiger Richtung, geht die Flucht der Russen weiter. Halbrechts hinter uns hören wir den Kampflärm der Kompanie Bremer. Nur von der Spitzenkompanie ist noch immer nichts zu sehen. Der neue Kompanieführer hat sich unserer Kampfführung doch sehr schnell angepaßt — die Kradschützen müssen vom Geschwindigkeitsrausch besessen sein.

In einer kleinen Mulde liegt das Dorf Inriewka. Eine lange Dorfstraße nimmt uns auf. Auch hier ist das Dorf wie ausgestorben, nur an der Wegegabel finden wir eine 2-cm-Flak, die eine kleine Panne gehabt hat und sich in Bewegung setzt. Der Geschützführer will den Weg nach Osten befahren, während der Weg nach Süden doch der richtige ist. Nur mit Mühe gelingt es mir, das Geschütz auf den richtigen Weg zu dirigieren. Die braven Jungen wollen mir noch etwas sagen und deuten in ostwärtiger Richtung. Wütend über die Verzögerung deute ich in südlicher Richtung und befehle durch Zeichen, schleunigst auf dem befohlenen Weg zu verschwinden. Der Geschützführer zieht resigniert seine Schultern hoch und folgt meinem Wagen.

Der Weg läuft parallel mit einer Windschutzhecke, die vielleicht fünf Meter breit ist und aus Büschen und einzelnen Bäumen besteht. Kleine Wellen unterbrechen die Eintönigkeit des Geländes.

In einer Mulde stoßen wir auf eine Gruppe bewaffneter Sowjets, die nach Süden marschieren und plötzlich wie festgenagelt stehen bleiben. Ärgerlich bedeute ich den Sowjets, in nördlicher Richtung zu verschwinden und die Waffen wegzuwerfen. Gleichzeitig mache ich meinem Adjutanten Vorwürfe, weil die 2. Kompanie die Russen noch nicht einmal entwaffnet hat. Kaum haben wir die Mulde überwunden, sehe ich weitere Russen vergnügt nach Süden stolpern und ihre Gewehre mit sich schleppen. Einige Offiziere tragen sogar ihre Kartentaschen noch bei sich. Jetzt haut's mich bald um, und ich kündige dem Chef der Spitzenkompanie ein nicht gelindes „Donnerwetter" an. Gewiß wollen wir schnell sein, doch soviel Zeit, daß die Gefangenen entwaffnet werden können, muß natürlich vorhanden sein. Es genügt ja, wenn die letzte Gruppe diese Aufgabe erledigt.

Halbrechts vor uns wälzen sich Tausende von sowjetischen Infanteristen und ungezählte Batterien über die Hänge und Rücken hinweg. Wir sind jetzt etwa 30 Kilometer in den fliehenden Strom der Russen eingedrungen. Es wird bald Zeit, die Abteilung aufschließen zu lassen und dann den letzten Stoß auf die Brücke bei Staniza Nowospasskoje zu wagen. Vor dieser Brücke müssen sich die Massen stauen — dort wollen wir die Früchte unseres Einsatzes ernten. Hermann Weiser, mein getreuer Adjutant, nickt mit dem Kopf Zustimmung, während ich ihn meinen Entschluß wissen lasse.

Einige hundert Meter vor uns liegt Kol. Romanowka. Die Windschutzhecke hört auf und links steigt das Gelände vielleicht vier bis fünf Meter an. An Stelle der Windschutzhecke fließt ein kleiner Bach nach Süden und bildet unmittelbar vor dem Dorf einen kleinen Sumpf. Ich kann den linken Dorfteil nicht einsehen und rechts nur eine Zeile Häuser erkennen, die in südlicher Richtung verläuft. Die Dorfstraße ist mindestens 20 Meter breit. Westlich der Ortschaft, oben auf dem Rücken eines kleinen Höhenzuges, geht die Flucht der Sowjets weiter. Eine solche Massenflucht habe ich noch nie vorher gesehen.

Noch fünfzig Meter und wir haben die ersten Häuser von Romanowka erreicht. Es ist inzwischen 14.45 Uhr geworden und die Sonne prallt unbarmherzig auf uns herab. Gewitterstimmung liegt über der blühenden Landschaft und den vom Wahnsinn gepeitschten Menschen.

Auf der langen Dorfstraße flimmert die Hitze zwischen den Häusern. Auch hier ist wie in den anderen Dörfern kein Lebewesen zu entdecken. Der Fluchtweg führt um die Ortschaft herum.

Ein schriller Schrei Weisers wirkt auf mich wie ein Peitschenschlag. Peter stoppt. Ein Schatten fliegt über die Mauer links vor uns. Ich erkenne Weiser, wie er mit der Pistole in die Ecke der Mauer feuert und mit der anderen Hand eine Eierhandgranate in die Ecke pfeffert. Verflucht! Jetzt erst erkenne ich eine russische Pak in Feuerstellung und eine Reihe Rotarmisten in der Ecke liegend. Ich sause nach rechts heraus, springe über die Straße, stürze auf einen Misthaufen und blicke in die entsetzten Augen zweier Russen, die hinter einem MG in Stellung liegen und offensichtlich gerade erst aufgewacht sind. Wir liegen uns gegenüber und warten die erste Bewegung der anderen Seite ab. Ich wage nicht, auf die Straße zu blicken. Ein Volltreffer hat die Bedienung der 2-cm-Flak auseinandergerissen. Die Schreie eines Kameraden gehen in Stöhnen über. Peter schreit meinen Namen und sucht mich. Er muß halblinks hinter mir sein. Ich höre das Knirschen von Panzerketten jenseits der Dorfstraße. Eine zweite Granate zerfetzt die 2-cm-Flak. — — Ich muß schnell handeln, wenn ich diesen Misthaufen lebend verlassen will. Die beiden Russen blicken mich noch immer gebannt an. Sie müssen ja glauben, daß wir in Massen das Dorf angreifen und ihre letzte Stunde gekommen ist. Wie ein paar Kaninchen verschwinden sie deshalb, als ich ihnen ein Zeichen zum Abhauen gebe. In einem Satz, fast gleichzeitig mit den beiden Rotarmisten, springe ich an dem zerschmetterten Geschütz vorbei und presse mich an den kleinen Hang, wo ich die Melder Drescher und Peter vorfinde. Weiser ist verschwunden. Drescher behauptet, daß Weiser in das links stehende Haus gesprungen ist.

Erst jetzt wird mir klar, weshalb wir unterwegs auf bewaffnete Russen gestoßen sind. Die Spitzenkompanie hat sich in Inriewka verfahren, und ich habe dann prompt die Spitze übernommen und bin so in diese heikle Lage geraten. Wenn nur das Gros der Abteilung bald kommt! Mit Sehnsucht erwarte ich Hauptsturmführer Fenn mit seinen 8,8-cm-Geschützen. Hoffentlich machen die Russen keinen Gegenstoß, dann gehen wir allesamt zum Teufel!

Beinahe hätte ich eben Hermann Weiser ins Jenseits befördert. Wie kommt der Bursche nur auf den Dachboden? Aufgeregt deutet er immer nach links hinüber. Will er uns auf den Panzer aufmerksam machen? Was haben wir nur für ein Glück, daß der Hang dem Panzer das Schußfeld nimmt. Ich klettere etwas höher und kann so am Ende des Dorfes ein kleines Flugzeug erkennen. Die Kiste steht auf dem Dorfanger. Sollten wir schon wieder in einen Stab hineingefahren sein?

Die Minuten werden zu Stunden. Rechts von uns jagen die flüchtigen Russen noch immer über die Höhe hinweg. Wir pressen uns dichter in die Grasnarbe hinein. Der Panzer wechselt seinen Standort. Das Kettengeräusch kommt näher und bleibt dann wieder weg. Eine Limousine schießt plötzlich mit höchster Fahrt aus dem ersten Gehöft heraus. Sie legt sich so scharf in die Kurve, daß sie nur noch auf zwei Rädern hängt. Zuerst sind wir sprachlos über das plötzliche Erscheinen des Wagens, doch dann schießen wir mit allen Waffen hinterher. Eine große Staubwolke ist alles, was zurückbleibt.

Endlich hören wir Kettengeräusche hinter uns. Ein Zug 8,8-cm-Flak kommt herangebraust. Unsere Lage, die zusammengeschossene Flak ist für die Grenadiere Befehl genug. Mit einem eleganten Schwung reißt der Fahrer seine Zugmaschine so herum, daß das Geschütz sofort in Stellung steht und das Feuer eröffnen kann. Wenige Sekunden später heulen Sprenggranaten die Straße entlang. Hauptsturmführer Fenn versucht, das Flugzeug auf dem Dorfanger zu vernichten, aber so einfach ist das nun auch nicht. Die Kanoniere können das Ziel nicht erkennen, und die 8,8 ist für diese Aufgabe schlecht geeignet. Die Limousine erreicht das Flugzeug, und wenig später fliegt der müde Vogel davon. In einer weiten Kurve umfliegt er die Ortschaft und verschwindet am Horizont.

Die 8,8 hat Wunder gewirkt: Die Lebensgeister kehren zurück und schütteln die Lähmung der letzten halben Stunde ab. Wie herrlich zischen die Granaten an uns vorbei! Welch beruhigende Musik für Soldaten, die sich bereits als ausgelöscht betrachten konnten! Der schwere Panzer bricht durch die Hintergärten aus. Wir können ihn nicht bekämpfen, der Hang nimmt uns die Sicht. Infanteriegeschütze gehen in Stellung, eine Pak wird herausgeschoben und feuert mit den 8,8-cm-Geschützen in die fliehenden Kolonnen hinein. Endlich habe ich einen Zug Pioniere zur Verfügung, um wenigstens einen kleinen Vorstoß in das Dorf zu unternehmen. Ich will wissen, was hier los ist!

Kampflos dringen wir in das erste Haus ein. Weiser kommt uns aufgeregt entgegen und führt eine Gruppe Pioniere vor einen Kellereingang. Staunend sehe ich, daß russische Offiziere der dunklen Öffnung entsteigen. Weiser führt mich in das Gebäude und berichtet: „Plötzlich erkannte ich links von uns einen russischen Panzer, dessen Besatzung mit dem Mittagessen beschäftigt war. Bevor ich meine Entdeckung überhaupt nur andeuten konnte, standen wir dann vor der Pak. Ich wußte nicht mehr, was ich tun sollte. Noch im Sprung feuerte ich in die Bedienung hinein und warf eine Eierhandgranate hinterher. Was aus den Russen geworden ist, weiß ich nicht, ich hatte nur das Bestreben, schnellstens zu verschwinden, um erst einmal einen freien Rücken zu bekommen. Ich riß die Haustür auf und — — — stand vor einer Anzahl hoher russischer Offiziere, die vor einem Kartentisch diskutierten. Mein Erscheinen hatte eine fürchterliche Wirkung. Im Hechtsprung sausten die Russen durch die geöffneten Fenster, und ich sprang vor lauter Schreck die Treppe hinauf und beobachtete Sie hinter dem Misthaufen. Auf der anderen Seite des Hauses liefen ungezählte russische Soldaten und Offiziere davon. Einige hohe Dienstgrade kletterten auf einen schweren Panzer und machten sich davon. Wir haben bestimmt einen hohen Stab gesprengt!"

Bevor ich die Beute besichtige, nehme ich mir den inzwischen erschienenen Chef der 2. Kompanie vor. Sein schuldbewußtes Gesicht erspart ihm ein Donnerwetter. Eifrig geht er an die Ausführung neuer Befehle.

Weisers Freudengeheul ruft mich ins Gebäude. Peter hat bereits die Litewka eines russischen Generals an. Ungezählte Karten liegen auf den Tischen. Im Nachbarraum steht eine komplette Funkstelle. Wir sind in das Stabsquartier der 9. russischen Armee gestürmt. Leider ist der Armeeführer mit dem Fliegerkorpsgeneral im Flugzeug entwichen. Die Limousine hat sie beide gerettet. Unter den Gefangenen befinden sich einige Stabsoffiziere und die Sekretärin des Fliegerkorpsgenerals. Sie benehmen sich alle korrekt und soldatisch. Erst bei der Vernehmung stellen wir fest, daß wir den Stab der 30. russischen Infanteriedivision im Kolchos X überrannt haben. Die 9. Armee rast in panikartiger Flucht in Richtung Rostow.

Stolz über den seltenen Erfolg gebe ich eine entsprechende Meldung an die Division. Ich falle aus allen Wolken, als mir der Funker die Antwort der Division bringt. Sie lautet: „Was soll diese Angabe?"

Ein Kübel mit Eiswasser hätte keine durchschlagendere Wirkung erzielen können. Ziemlich ernüchtert schicke ich einen Stabsoffizier und die Sekretärin zur Division.

Kurze Zeit später senden meine Funker russische Befehle in den Äther. Wir suchen die Sowjets zur intensiven Verteidigung zu verleiten. Wir wollen dem Korps Mackensen Gelegenheit geben, einen vollen Kessel zu schließen.

Doch die Sowjets sind nicht zu halten. Noch immer dauert die wilde Flucht an.

Die Kompanie Bremer bittet um Hilfe. Sie hat sich in der Verfolgung festgebissen. Wir müssen den neuen Tag und die nachfolgende Infanterie erwarten.

Zum ersten Male vermögen wir die Beute noch nicht einmal zu schätzen. Überall stehen verlassene Geschütze, Zugmaschinen und Pferdegespanne im Gelände. Unzählige Gefangene bewegen sich nach Westen, und viele Russen sind im Feuer gefallen. Wir selbst haben 3 Gefallene, 27 Verwundete und einen vermißten Kameraden zu beklagen.

Noch vor Anbruch der Dunkelheit trifft das Bataillon Witt ein und säubert das Dorf vollständig. Bremer erreicht die Abteilung um Mitternacht.

Mit dem I. Bataillon im Rücken stoßen wir am 7. Oktober weiter vor und haben den Befehl, die Hafenstadt Berdjansk zu nehmen.

Im kalten Herbstnebel rollt die 1. Kompanie als Spitzenkompanie über die letzten Sicherungen hinaus. Russische Geschütze, Panzer und Fahrzeuge markieren die Rückzugsstraße. In Neu-Stuttgart stoßen wir auf schwachen Feind, der sich eiligst nach Osten absetzt. Auf der Hauptstraße in Neu-Stuttgart finden wir nicht zu zählende russische Zivilisten erschossen vor. Einige dieser Opfer kriechen uns mit schweren Schußverletzungen entgegen und flehen um Hilfe. Warum die Sowjets die Zivilisten ermordet haben, konnte ich leider nicht in Erfahrung bringen.

Nach kurzem aber heftigem Kampf wird Kol. Andrejewka genommen und die Verfolgung mit größter Geschwindigkeit fortgesetzt. Vor uns und in der rechten Flanke jagen wieder starke feindliche Artilleriekolonnen über die flachen Höhen hinweg. Zwei Kanonenbatterien werden von der 1. Kompanie so schnell unterfahren, daß die Sowjets noch nicht einmal Zeit haben, sich infanteristisch zur Wehr zu setzen. Gegen 10.00 Uhr können Gefangene und Beute nicht mehr übersehen werden. Der Tag gleicht dem gestrigen aufs Haar. Das Tempo kann nicht mehr gesteigert werden.

Wir bewegen uns jetzt in stark welligem Gelände, das von einem kleinen Fluß durchschnitten wird, der nach Süden fließt und bei Berdjansk ins Asowsche Meer mündet. Der Fluß liegt einige Kilometer vor uns.

Wenn die Sowjets ihren Rückzug einigermaßen organisiert durchführen wollen, müssen sie den Flußabschnitt halten und die deutschen Kräfte so zum Kampf zwingen, daß die flüchtenden Truppen geordnet bis an den Mius oder gar an den Don geführt werden können. Sie müssen um Zeit und Raum

Der während meiner Verhandlung mit dem russischen Kommandeur südlich der Rollbahn abgeschossene Panzer

Brennende russische Fahrzeuge auf der Rollbahn

Der zusammenbrechende Stoßtruppführer Bergemann nach der Vernichtung eines T 34

Beim Kampf um den Kessel von Uman mit dem Einsatz der ersten Nebelwerfer

kämpfen. Beides dürfen wir ihnen nicht gewähren. Die stark angeschlagenen Truppen müssen noch während der Bewegung vernichtet werden. Die Schnelligkeit der deutschen Verbände muß den Sieg erkämpfen, auf langwierige Kampfhandlungen dürfen sie sich nicht mehr einlassen. Nach der herkömmlichen Meinung sind sie schon längst nicht mehr einsatzfähig. Sämtliche Einheiten sind abgekämpft und verfügen nur noch über einen Bruchteil ihrer ursprünglichen Kampfkraft.

Selbst der letzte Grenadier weiß, daß wir den Übergang in Nowospasskoje in rasender Geschwindigkeit überwinden und vor allen Dingen seine Zerstörung verhindern müssen. Wieder einmal geht es um Minuten.

Der Spitzenzug der 1. Kompanie jagt um einen kleinen Hügel und sieht dann auf Staniza Nowospasskoje hinab. Die Ortschaft liegt in einer Senke. Das Flußbett ist ausgewaschen und hat an beiden Seiten fast senkrechte Steilufer. Eine moderne Betonbrücke überspannt den Fluß.

Infanteristen, motorisierte Fahrzeuge, Artillerie und einige Panzer wälzen sich über die Brücke. Pferde durchwaten das Wasser und versuchen, das jenseitige Ufer zu erklettern. Die ganze Senke ist eine wimmelnde Masse. Aber auch halbrechts auf der Höhe rennen aufgelöste Einheiten nach Osten und stürzen sich dann auf den Übergang oder versuchen den Fluß so zu bezwingen, um die Brücke zu entlasten. Die 1. Kompanie soll die größte Verwirrung ausnutzen und erst dann die Brücke im Handstreich nehmen.

Aus der Tiefe des Marsches brausen die Kradschützen, Panzerspähwagen und die Panzerabwehr in breiter Front auf den flachansteigenden Hang und mitten in die Russen hinein. Die flüchtenden Sowjets denken nicht an Gegenwehr. In wilder Panik stürzen sie den Hang hinunter und in das Flußbett hinein. Bespannte Batterien, Troßfahrzeuge und Infanteristen bilden ein wirres Knäuel. Pferde stehen geduldig im Wasser. Sie können das jenseitige Ufer nicht erklimmen. Immer mehr Menschen durchqueren den Fluß, um der sicheren Gefangennahme zu entgehen. Doch sie stürzen in den Tod! Aus ungezählten Rohren und Läufen peitschen todbringende Schüsse in die flüchtende Masse. Die Panik wird immer größer. Jede Führung ist bei den Sowjets unmöglich geworden — Menschen rennen, treten und stampfen um ihr Leben.

In dieses Durcheinander stößt nun die 1. Kompanie und rast, aus allen Rohren schießend, auf die Brücke zu. Mehrere Panzerspähwagen schießen von der Höhe aus die Brücke frei. Nur tote und sterbende Menschen bleiben zurück.

Plötzlich sehe ich, wie die 1. Gruppe wie von der Tarantel gestochen nach vorn jagt, von den noch rollenden Maschinen durch eine Hecke springt und die Bedienung einer schweren russischen Pak vernichtet. Das Geschütz ging gerade in Stellung. Ein paar Sekunden später — und der Brückenübergang wäre auch für uns eine blutige Angelegenheit geworden.

Mit der Feuerunterstützung der 2. Kompanie und der auf der Höhe stehenden Spähwagen greift die 1. Kompanie zügig an und steht bald am Ostrand der Ortschaft. Ich gehe mit der Kompanie auf der Hauptstraße vor und ringe mit dem Entschluß, den Vorstoß auf Mariupol fortzusetzen. Die Lage fordert eindeutig, daß wir auf Grund der schnellen Rückzugsbewegung weiter auf Mariupol vorgehen und versuchen, größere russische Verbände an die Küste des Asowschen Meeres zu pressen. Die Rückzugsbewegung vollzieht sich in südostwärtiger Richtung, also in Richtung Mariupol. Weshalb sollen wir darum wertvolle Zeit mit der Einnahme von Berdjansk verlieren? Die Stadt muß automatisch mit dem weiter ostwärts gelegenen Mariupol fallen.

In das Studium der Karte vertieft stehe ich mit mehreren Kameraden hinter den letzten Häusern des Dorfes und will mit Franz Roth (Kriegsberichterstatter) an die Windschutzhecke treten, die uns an der Beobachtung des Vorgeländes hindert, da schreit Franz wie gestochen auf und zerrt mich ziemlich unsanft hinter die Hecke. Roth vermag kein Wort zu sagen — er überschlägt sich förmlich, um mit seiner Filmkamera zum „Schuß" zu kommen. Keine zwanzig Schritte links vor uns steht ein Ungetüm von Panzer, das jede Sekunde anfahren oder feuern muß. Im Handumdrehen ist die Straße leer. Unterscharführer Bergemann greift eine geballte Ladung und arbeitet sich unter Feuerschutz durch einen kleinen Obstgarten vor, um den Panzer zu vernichten. Atemlos verfolgen wir den Weg dieses Mannes. Der Panzer steht ruhig da. Auch der Motor schweigt. Sollte das Ungetüm eine Panne haben?

Bergemann zieht das Sprungbein an, holt tief Luft und schnellt auf den Panzer los. Gleich wird die Ladung auf das Heck fliegen und in der nächsten Sekunde auf den Motor wirken und ihn zerstören. Jetzt, jetzt muß es — — Ein Schuß zerreißt die Spannung. Ich sehe Bergemann fallen und die Ladung einige Meter vom Panzer in den Sand rollen. Ein Pistolenschuß aus dem Panzer hat unseren Kameraden tödlich getroffen. Nach der Explosion steht der russische Panzer unversehrt da. — — Ein Sturmgeschütz fährt in Stellung und jagt aus kaum 25 Meter Entfernung Granate auf Granate gegen das stählerne Ungeheuer. Es geschieht nichts, die Granaten dringen nicht durch. Der Russe scheint unverletzlich zu sein. Der Geschützführer Iseke schüttelt resigniert seinen Kopf und flucht nicht schlecht. Seine Waffe hat einen beachtlichen Gegner gefunden. Schließlich gelingt es, den ersten T 34, mit dem Bekanntschaft zu machen wir die Ehre hatten, durch brennendes Benzin zu vernichten.

Während der Schießerei mit dem T 34 stehe ich mit einigen Kameraden im Garten des Häuschens und klettere auf eine Erhebung, um besser sehen zu können. Der Hügel ist scheinbar eine Kartoffelmiete oder ein improvisierter Gemüsekeller der russischen Hausfrau. Ein Loch im Stroh führt ins Innere der Miete. Wir stehen schon eine ganze Weile auf dem Hügel, als plötzlich mein treuer Pat wütend in das Loch hineinfährt und an einem Russenmantel zerrt. Der Hund hat über ein Dutzend Russen in der Miete entdeckt. Wir blicken uns ziemlich verdutzt an, als die Russen mit Handgranaten, Maschienenpistolen und anderen Waffen aus ihrem Versteck krabbeln. Wieder einmal stellen wir fest: Soldaten brauchen ungemein viel Glück, um den vielen Zufällen des Krieges nicht zu erliegen.

Meine Absicht, die Verfolgung auf Mariupol fortzusetzen, kann vorläufig nicht ausgeführt werden, weil ein neuer Funkspruch die Einnahme von Berdjansk befiehlt. Wieder übernimmt die 1. Kompanie die Spitze und rollt über die Höhen dem Asowschen Meer zu. Mehrere Batterien werden von ihr überrascht und ohne einen Schuß entwaffnet. Kalter Wind pfeift uns um die Ohren, während ein Nahaufklärer das Marschband umfliegt und eine Rauchmeldung vor den Wagen wirft. Er meldet: „Nur schwache Kräfte in der Stadt. Eine feindliche Kolonne 10 Kilometer westlich Berdjansk. Ostwärts der Stadt mehrere Kolonnen nebeneinander in Richtung Mariupol.“ Die Meldung erhalte ich 8 Kilometer nördlich Berdjansk. Kälte, Hunger und Müdigkeit sind vergessen. — Der Feind muß noch westlich von Berdjansk vernichtet werden. Auf keinen Fall darf er die Stadt vor uns erreichen!

Ein paar Worte an Peter genügen, um unseren leichten Panzer wie einen Rennwagen an der Kompanie vorbeizutreiben. Staubwolken hängen hinter uns, doch vorn erkennen wir bereits die glitzernde Fläche des Meeres. Gerd Bremer und die Spitze erhalten das Zeichen: Folgen!

Die Ortschaft ist von Norden her nicht zu erkennen. Sie liegt unterhalb der Steilküste, unmittelbar am Strand. Peter wird etwas langsamer, sobald wir einen Flugplatz erkennen, von dem das letzte Flugzeug soeben startet und dann nach Osten verschwindet.

Vorsichtig tasten wir uns an die ersten Häuser heran. Eine Kradschützengruppe holpert vor uns her. Die Straße ist wie ausgestorben; nicht eine Menschenseele ist zu sehen. Schlaglöcher und ein sehr grobes Pflaster zwingen die Kradschützen langsam zu fahren. Ich gebe das Zeichen zum Überholen, um so schnell wie nur möglich die Stadt zu durchqueren. Jetzt sind wir erstes Fahrzeug in der Spitze und haben bald über 100 Meter Vorsprung. Wir fahren bereits wieder nach Westen, der russischen Nachhut auf den Fersen. Immer tiefer rollen wir in die „ausgestorbene" Stadt hinein. Kreuzungen ziehen uns wie Magnete an. Erst schiebt sich die Wagennase vorsichtig um eine Straßenecke herum und „riecht" in die Straße hinein, dann macht der Kasten einen schnellen Satz und stoppt an der nächsten Ecke wieder ab. So fahren wir von Straße zu Straße und machen den Schrittmacher für die Kradschützen.

Ich hocke hinter dem Turm und halte meinen Karabiner krampfhaft fest, während Peter sich anschickt, um die nächste Ecke zu pirschen. Kein Laut ist zu hören, kein Fenster ist geöffnet und keine Bewegung zu sehen. Bevor der Wagen um die Ecke verschwindet, blicke ich nach hinten und kontrolliere, ob die Kradschützen auch noch folgen. Plötzlich steht der Panzer mit einem Ruck, und ich liege seitwärts auf dem Pflaster. Schüsse knallen mir um die Ohren, Pferde bäumen sich auf und stürzen auf die Straße. Wild um sich schießende Kosaken springen auf und stürzen in die nächsten Häuser. Ein Offizier reißt seine schwere „Nagan" hoch und feuert. Im gleichen Augenblick höre ich hinter mir die Stimme Peters: „Sturmbannführer, ich hab' ihm schon eine verpaßt!" Peter hat recht. Die Nagan fliegt aufs Pflaster. Reiterlose Pferde galoppieren nach Westen, und verwundete Kosaken drücken sich an die Hauswände.

Unser unbestückter Befehlspanzer ist mit einer russischen Schwadron zusammengestoßen. Jetzt ist noch größere Eile geboten, wenn wir die Kolonne westlich der Stadt überraschend vernichten wollen. Wie der Blitz jagt Bremer bis an den Stadtrand vor und wartet dort auf weitere Befehle. Die Kolonne kommt ahnungslos näher und näher. Wir können bereits jedes Fahrzeug und jeden Mann erkennen. Es muß sich um die Reste eines verstärkten Infanterieregiments handeln, das an der Seenge südlich Melitopol eingesetzt war und nun versucht, wieder Anschluß an die Truppe zu gewinnen.

Die Abteilung hat sich inzwischen beiderseits der Straße bereitgestellt und wartet auf meinen Angriffsbefehl. Jetzt habe ich Zeit. Ich warte, bis die

Kolonne in der Senke verschwunden ist und sich dann anschickt, den Hang zu erklimmen. Minuten vergehen in Erwartung der kommenden Dinge. Die Grenadiere hocken auf ihren Maschinen und genießen die letzten Züge der glimmenden Zigaretten.

Die feindliche Spitze ist jetzt noch 300 Meter von uns entfernt und marschiert ohne Bedenken weiter. Irgendwie tut mir die russische Truppe leid. Sie hat den Rückzug ihrer Kameraden gedeckt und steht nun ohne Hilfe da. Bevor die abgekämpfte russische Einheit weiß, was geschieht, sind die Kradschützenkompanien mit den Panzerspähwagen an den Seiten der Kolonne vorbeigerast und haben sie ohne größere Kampfhandlung eingeschlossen. Über 2000 Sowjets mit Waffen und Geräten werden gefangengenommen. Zwei Batterien werden erbeutet. Wir selbst haben während der Kampfhandlungen am 7. Oktober einen gefallenen Kameraden zu beklagen. Es ist der tapfere Unterscharführer Bergemann, der sein Leben bei der Bekämpfung des Panzers einbüßte.

Nach der Gefangennahme der feindlichen Kolonne wird die Verbindung mit der Vorausabteilung Boddien hergestellt. Ich fahre der Abteilung selbst entgegen und gratuliere Boddien zur Verleihung des Ritterkreuzes. Seine Abteilung übernimmt Berdjansk, während wir nach Staniza-Nowopasskoje zurückfahren und Vorbereitungen für die weitere Verfolgung in Richtung Mariupol treffen. Nach langer Zeit haben wir die Vergünstigung, unter dem Schutz der Infanterie ausruhen zu dürfen. Das III. Bataillon sichert nach Osten. Um Mitternacht gibt es Post aus der Heimat, die unser tüchtiger I b, Sturmbannführer Walter Ewert, mit nach vorn gebracht hat. Ewert sucht jede Möglichkeit zu nutzen, der kämpfenden Truppe zu helfen und sich einen Überblick über ihre Bedürfnisse zu verschaffen. Wir haben ihm vieles zu verdanken.

Nur allzuschnell wird es wieder Tag. Ich höre das Anlassen der Motoren und das Klappern der Kochgeschirre, doch finde ich nicht die Kraft, mich vom Lager zu erheben. Aber Peter läßt nicht eher nach, bis ich mitten im Raum stehe und einen heißen Becher „Muckefuck" an die Lippen setze.

Das tiefe Brummen der Sturmgeschütze und das hellere der Kräder lockt mich auf die Dorfstraße. Der Motorenlärm ist in meinen Ohren Musik. Um eine gute Durchschnittsleistung zu erzielen, wählen wir heute ein sprungweises Vorgehen der Spitze. Der Spitzenzug, verstärkt durch Panzerspähwagen und Pak, jagt mit Höchstgeschwindigkeit vor dem Gros der Abteilung her und wartet an markanten Punkten das Herannahen der Abteilung ab. Die Abteilung fährt mit gleichbleibender Geschwindigkeit der Spitze nach.

Das Gelände ist stark wellig und baumlos, lediglich in den Siedlungen sind neuangelegte Obstplantagen zu sehen. In den ersten 20 Minuten fahren wir ungestört auf der breiten Lehmstraße dahin. Weder weggeworfenes Gerät noch zurückgebliebene Russen deuten auf eine militärische Rückzugsstraße hin.

Seit 5.00 Uhr rollen wir schon wieder in den neuen Tag hinein und warten jede Minute auf das Abwehrfeuer. Doch erst gegen 7.45 Uhr stoßen wir bei Mangusch auf Feindwiderstand. Die 1. Kompanie greift sofort aus der Bewegung heraus an und stößt durch die Ortschaft hindurch. Mangusch ist unübersichtlich. Weitläufig liegt die Stadt in einer Geländefalte beiderseits der Vormarschstraße. Beim Hindurchstoßen erkenne ich feindliche Infanteristen zwischen den Häusern und in den Gärten. Doch wir haben keine Zeit, die Stadt restlos zu säubern. Wir wollen nach Mariupol. Das größere Ziel zieht uns an. Die Vernichtung der zurückgebliebenen Feindteile muß die nachfolgende Infanterie durchführen. Ohne Halt rollt die Abteilung weiter. Der Feuerkampf wird vom Fahrzeug aus geführt.

Zwei Kilometer ostwärts Mangusch stößt die Spitze auf eine gut ausgebaute Feldbefestigung der Sowjets. Es handelt sich um den äußeren Verteidigungsring von Mariupol, der aber wegen des schnellen Vorstoßes der deutschen Kräfte nicht mehr voll besetzt werden konnte und nun einer starken Nachhut Gelegenheit bietet, sich hartnäckig zu verteidigen.

Die Stellung verläuft auf einer Höhe beiderseits der Vormarschstraße und beherrscht das Vorgelände voll und ganz. Wiederum wählen wir eine sonst nicht übliche Angriffsmethode. Wir jagen unter dem Feuer der Artillerie und aller schweren Infanteriewaffen auf die Höhe zu. Die Spitzenkompanie hat Befehl, erst 500 Meter hinter der Stellung mit dem Feuerkampf zu beginnen und von rückwärts auf die sowjetische Verteidigung zu wirken. Die nachfolgenden Einheiten sollen die feindlichen Stellungen mit Hilfe der Sturmgeschütze von der Seite her aufrollen.

Der Befehl wird durch Zurufe und Melder übermittelt. Ich befinde mich bei Bremer, während er mit seinen Kradschützen zum Sprung über die Höhe ansetzt und mit meinen alten Kampfgefährten ins Ungewisse hineinstößt. Hinter der Kompanie rumpeln die Sturmgeschütze vorwärts; Granaten schlagen in die Reihen der Verteidiger und zwingen sie nieder. In wenigen Sekunden ist die Höhenstellung erreicht, wird von der Spitze durchstoßen und von den folgenden Einheiten nach beiden Seiten hin aufgerollt. Der Führer des Spitzenzuges, Untersturmführer Schulz, wird beim Durchstoß verwundet. Die Sowjets erholen sich ziemlich schnell von ihrer Überraschung. Besonders auf der rechten Straßenseite wird erbittert gekämpft. Hier feuert ein junger, schneidiger Kommissar seine Truppe immer wieder an. Nicht nur sein Geschrei wirkt anfeuernd auf die Männer, sondern auch sein tapferes Vorbild reißt sie immer wieder hoch. Das letzte Bild dieses Mannes werde ich nicht vergessen: Hochaufgerichtet wirft er seine letzten Handgranaten der Gruppe Mahl entgegen. Doch die allerletzte läßt er feierlich vor sich auf den Boden fallen und deckt sie mit seinem Leib zu. Ein kurzes Anheben und Schütteln des Körpers, ein Niederfallen des zerfetzten Leichnams, das ist das Ende des fanatischen Mannes.

In Mangusch werden zwei Batterien genommen, die beim Durchstoß der Spitze geschwiegen haben. Leider fällt dabei der jüngere Bruder unseres gefallenen Kameraden Erich, den ich zum Troß versetzt hatte, um ihn zu schonen. In der gewonnenen Stellung werden über 300 Gefangene eingebracht und mehrere Batterien erbeutet. Die Gefangenen sagen aus, daß sie Befehl gehabt hätten, sich auf Rostow zurückzuziehen. Also weiter — nur keine Zeit verlieren! Die Sowjets müssen während der Marschbewegung geschlagen werden.

Um 9.30 Uhr stehe ich auf der höchsten Erhebung rechts der Straße und sehe auf Mariupol, das einige Kilometer vor uns liegt. Schnurgerade läuft die Straße auf die Stadt zu. Kein Mensch ist zu erkennen. Nur am Stadtrand beobachten wir Sperrenbau und das Hin- und Herfahren einiger Panzer. — Doch, was ist das? Eine lange Kolonne marschiert aus nordostwärtiger Richtung in die Stadt hinein. Das sowjetische Marschband ist mehrere Kilometer lang. Feindliche Artillerie schert aus der Kolonne aus und geht gegen uns in Stelllung. Auch westlich der Stadt erkennen wir ein sowjetisches Marschband. Russische Truppen ziehen sich auf der Straße Berdjansk—Mariupol zurück. Nach der Karte müssen beide Kolonnen eine Brücke in Mariupol benutzen, wenn sie ihren Rückzug in ostwärtiger Richtung fortsetzen wollen.

Einige Minuten schaue ich unverwandt auf die schlangengleich sich bewegenden Kolonnen, ohne einen Entschluß fassen zu können. Die riesige Stadt mit ihren gewaltigen Stahlwerken und Werften, mit Flugplätzen und sowjetischen Soldaten, die unaufhörlich von der Stadt aufgenommen werden, verfehlt ihren Eindruck auf mich nicht. Die linke sowjetische Kolonne erstreckt sich bis an den Horizont halblinks hinter uns. Ohne Hast, in gleichbleibendem Tempo, wälzt sich das dunkle Band der Stadt entgegen. Grenzt es nicht an Vermessenheit, eine derartige Masse mit noch nicht einmal 1000 Soldaten angreifen zu wollen?

Flugzeuge starten und fliegen noch Osten. Ist das nicht eine direkte Aufforderung an uns, den Angriff trotz aller Bedenken zu wagen? Bedeutet der Abflug nicht die Aufgabe der Stadt? Wie immer in solchen Minuten der Entscheidung gehe ich zur Spitzengruppe und höre auf die Stimmen meiner jungen Kameraden. Ist eine Sache „faul“, sieht sie nicht erfolgversprechend aus, so blicken mich meine „Spitzenreiter“ teilnahmslos an oder fummeln an ihren Waffen herum. Doch bei der geringsten Erfolgsaussicht spüre ich den Angriffswillen und empfinde ihr unaussprechliches Vertrauen, das mich dann zwingt, den Angriffsbefehl zu erteilen. Spitzenführer ist heute Sepp Mahl, ein Kampfgefährte meiner alten 15. Kompanie. Sepp hat den Zug seines verwundeten Zugführers übernommen. Er nickt mir zu, macht eine wegwerfende Handbewegung und zieht nervös an seiner Zigarette. Der Chef der Kompanie, Gerd Bremer, blickt mich ruhig an. In seinen Augen kann ich immer nur erkennen, daß er mir bis ans Ende der Welt folgen würde. Nirgends sehe ich Zweifel oder gar Unmut. Meine Kameraden erwarten den Befehl zur weiteren Verfolgung. Ihr Instinkt und die in vielen Kämpfen gewonnene Erfahrung gibt ihnen den Glauben an den Erfolg. Ihre Zuversicht, ihr brüderliches Vertrauen in meine Führung und der Glaube an ihre eigene Kraft treibt mich vorwärts. Die Angst vor der eigenen Feigheit jagt mich nach vorn!

Die Uhr zeigt 9.45, da kommen die ersten russischen Granateinschläge in bedenkliche Nähe, und die Spitze beginnt ihre Fahrt. Artillerie und eine Batterie 8,8-cm-Flak bekämpfen die sowjetischen Batterien und stören den Flugverkehr auf dem Flugplatz.

Beiderseits der Straße, unmittelbar am Stadtrand von Mariupol, erkenne ich während der Fahrt Feldbefestigungen. MG-Garben zwitschern über uns hinweg und Granatwerfereinschläge plumpsen weit hinter uns in die schwarze Erde. Die Fahrt ist nicht aufzuhalten. Auf beiden Seiten der breiten Straße rasen die Kradschützen auf die Stadt zu. Eine Straßensperre ist unvollendet — die Verteidiger fallen im Feuer der Sturmgeschütze. Links der Straße, nur einige hundert Meter von uns entfernt, starten feindliche Flugzeuge und verschwinden dicht über die Dächer fliegend nach Osten.

Keines der Flugzeuge greift uns an — sollten die Sowjets keine Zeit zum Munitionieren gehabt haben?

Im Gegensatz zu anderen sowjetischen Städten stehen in Mariupol hohe mehrstöckige Gebäude am Stadtrand. Wenn man bis dahin nicht einmal einen Baum oder eine kleine Hütte zur Seite gehabt hat, wirkt dieser plötzliche Übergang verblüffend, ja direkt beklemmend. Hinter den ersten Häusern bleibt die Spitze stehen und schickt sich an, infanteristisch vorzugehen. Auch ich möchte am liebsten aus dem Wagen springen und volle Deckung nehmen. Die hohen Wände drohen uns zu erdrücken. Doch dann reißt es mich nach vorn. Peter jagt auf einen runden Platz zu. Hauptscharführer Fritz Bügelsack ist plötzlich links neben uns. Fahrende Straßenbahnen kommen uns entgegen. Lastwagen, Zugmaschinen, Pferdegespanne und Tausende von Menschen beleben den großen runden Platz. Unser Panzer steht plötzlich vor einem querstehenden Leiterwagen eines Feuerlöschzuges, der sich im Wirrwarr festgefahren hat. Die Sprenggranaten von Bügelsacks Panzer zerfetzen die Fahrzeuge. Das Maschinengewehrfeuer der Kradschützen hallt schaurig über den Platz. Brennende Soldaten springen von den Leiterwagen und rennen wie Fackeln über das weite Rund. Ein Faß mit Betriebsstoff ist durch Beschuß explodiert und hat Dutzende von Menschen in Brand gesetzt. Eine wildgewordene Masse Mensch stürmt in die Seitenstraßen und wälzt alles Hemmende nieder.

Atemlos, dann schreiend und brüllend stoßen wir weiter vor und riegeln die Straßen ab. Jetzt heulen in den überfüllten Straßen die Granaten der Sturmgeschütze. Die in die Stadt hineindrängenden Kolonnen werden auseinandergerissen. Jede Ordnung der sowjetischen Kolonnen ist dahin. Wie Heuschrecken durchfluten sie die Stadt und versuchen die Straße nach Rostow zu gewinnen.

Der Platz ist mit rauchenden Trümmern übersät. Nur jammernde oder tote Menschen sind noch zu sehen — die Masse der Sowjets ist verschwunden. Ein Eckgebäude wird Gefechtsstand, von dem der Kampf weitergeführt wird. Bremer drückt in Richtung Taganrog vor. Um 13.10 Uhr steht die 1. Kompanie in Ssartana, zwei Kilometer ostwärts Mariupol. Eine starke feindliche Kolonne flieht auf der Hauptstraße nach Osten.

Die Meldung an die Division, daß Mariupol gefallen sei, wird wie folgt beantwortet: „Muß ein Irrtum sein, kann sich nur um Mangusch handeln." Doch es war kein Irrtum. Die Stadt ist dem verwegenen Sturm einer Handvoll deutscher Grenadiere erlegen. Die Schnelligkeit hat auch hier über

Trägheit und Unentschlossenheit gesiegt. Der Erfolg des Tages mußte mit einem verwundeten Führer, einem Unterführer und vier Männern bezahlt werden. Vier Kameraden gingen für immer von uns.

Die nachfolgende Infanterie übernimmt die restliche Säuberung der Stadt und treibt die Sicherungen weit nach Osten hinaus. — Staunend besichtigen wir das riesige Asow-Werk, das sich mehrere Kilometer am Ufer des Meeres ausdehnt und über moderne Fertigungsanlagen verfügt. Das Werk ist unzerstört in unsere Hände gefallen.

Mit dem Fall von Mariupol ist die „Schlacht am Asowschen Meer" beendet. Über 100 000 Sowjets wurden gefangengenommen, 212 Panzer und 672 Geschütze erbeutet.

Vom 10. bis 12. September kämpft die Abteilung zwischen Mariupol und dem Miusabschnitt, einige Kilometer westlich von Taganrog.

Am 12. Oktober 4.30 Uhr versucht die Abteilung einen Brückenkopf über den Mius zu bilden und die bestehende Brücke durch einen Handstreich in Besitz zu nehmen. Wir schieben uns von Süden in den russischen Brückenkopf hinein und werden von der feindlichen Artillerie, die vom Ostufer des Mius schießt, ganz gehörig unter Feuer genommen. 700 Meter vor der Brücke wird die 1. Kompanie zu Boden gezwungen und muß bis zur Dunkelheit im Feuer des Feindes aushalten. Der Masse der Abteilung gelingt es, sich ohne Verluste vom Mius zu lösen. Doch die Spitze wird von den Sowjets böse zugerichtet.

Über 20 Männer und 5 Offiziere werden verwundet. Unter den Verwundeten befinden sich allein zwei Ärzte der Abteilung. Meinen treuen „Peter", Unterscharführer Erich Petersilie, fahre ich in der Dämmerung zurück. Peter ist einem Granatsplitter erlegen. Er ist der erste Fahrer, der an meiner Seite gefallen ist — in dieser Stunde ahne ich noch nicht, daß im Laufe des Krieges sieben weitere an meiner Seite werden sterben müssen.

Im Morgengrauen des nächsten Tages stehen wir vor dem Grab unserer gefallenen Kameraden. Vier in Zeltbahnen gehüllte Körper senken wir in fremde Erde. Schweigende Männer stehen um die Grabstelle und nehmen Abschied. Von Taganrog her dröhnen die Abschüsse schwerer sowjetischer Geschütze, deren Granaten über uns hinwegheulen und die eigene Artillerie suchen.

Die Meldestaffel, die engsten Kameraden Peters, Weiser und der Rest des Stabes, warten auf meine Abschiedsworte. Die Kehle ist mir wie zugeschnürt. Ich vermag kein Wort zu sagen. Die Tränen laufen mir übers

Gesicht — ein paar Feldblumen fallen in das dunkle Grab — ich grüße Peter, dann drehe ich mich um. Anschließend schreibe ich an seine Mutter.

Bis zum 16. Oktober säubert die Abteilung das westliche Ufer des Mius und folgt dem Bataillon Witt, das bei Koselkin einen Brückenkopf gebildet hat. Am 17. stößt die Abteilung im Zuge des Angriffs auf Taganrog nach Süden vor und pirscht sich dann ohne größere Kampfhandlungen bis in den Hafen hinein. Links neben uns greift das Bataillon Witt an, während weiter nördlich das Bataillon Frey gegen die Stadt stürmt. Mit unerhörtem Schwung greifen die Infanteristen den Nordrand von Taganrog an und dringen auch hier in die Stadt ein.

Leider gerät das Bataillon Frey in das Feuer zweier sowjetischer Panzerzüge, die in das stürmende Bataillon hineinfahren und hier grauenhafte Lücken reißen, bis sie durch 8,8-cm-Geschütze vernichtet werden. Über 80 Kameraden sterben im Feuer der waffenstarrenden Züge.

Beim Sturm auf Taganrog können wir zum erstenmal die planmäßige Zerstörung einer Stadt durch die Sowjets beobachten. Die Fabriken und öffentlichen Gebäude fliegen nacheinander in die Luft. Dicke Rauchwolken künden den Rückzug der Sowjets an. Bisher haben wir nur riesige Getreidehaufen brennen sehen, doch jetzt wird uns der Begriff „verbrannte Erde“ praktisch vorgeführt.

Im Hafen werden fliehende Schiffe versenkt. Kein Russe denkt daran, seine Landsleute vor dem Ertrinken zu retten. Erst auf energische Aufforderung von Drescher fahren Russen hinaus und bringen Schiffbrüchige an Land. Ein Denkmal Peters des Großen steht auf der Steilküste und schaut auf die sinkenden Schiffe hinab.

Es ist kalt. Eisige Winde fegen übers Meer und künden den Winter an. Halbrechts erkennen wir die eisgekrönten Berge des Kaukasus. Majestätisch, unberührt vom Toben der Menschheit, leuchten die Riesen ins Land. Wir frieren — die Uniformen hängen in Fetzen herab. Winterbekleidung ist nicht vorhanden.

Der Angriffsgeist der Truppe ist noch nicht gebrochen, doch wir suchen ein Ziel unseres Vorstoßes. Hinter uns liegt das riesige Land ohne Besatzung und ohne Verkehrsnetz. Die vorhandenen Eisenbahnlinien verlaufen in Nord-Süd-Richtung. Wir denken erstmalig an Verteidigung.

Am 20. Oktober rollen wir im kalten Regen und auf zerwühlten Wegen in Richtung Rostow. Die Vormarschstraße ist durch die 14. Panzerdivision belegt, die mit der 13. Panzerdivision, der 60. motorisierten Division und der Leibstandarte zum Korps Mackensen gehört.

Teilnahmslos blicke ich auf die Reste einer ehemaligen russischen Abteilung, die zerstört am Hinterhang von Ssambek steht und in Schlamm und Regen versinkt.

Ich vermag die Karte nicht mehr zu lesen. Die Buchstaben schwimmen vor meinen Augen. Schwächeanfälle und Übelsein peinigen mich derart, daß ich den Gefechtsstand der Division nur noch schattenhaft erkenne und den Kommandeur um meine Ablösung bitten muß. Vier Monate Kampf in Rußland haben genügt, mich aufs Lager zu werfen. Ich bin nicht mehr einsatzfähig. Hauptsturmführer Kraas übernimmt unsere Abteilung und führt sie härtesten Kämpfen entgegen.

In der Dunkelheit bin ich wieder in Taganrog und werde mit Gelbsucht und einer ekligen Ruhr in das Kriegslazarett eingeliefert. In diesen Tagen und Wochen wütet die Ruhr wie eine Seuche und schwächt die Front in gefährlicher Weise. Es gibt keine deutschen Regimenter und Divisionen mehr. Die Ostfront wird nur von den schwachen Resten einst starker Kampfeinheiten gehalten. Ausgeblutet und unvorbereitet geht der deutsche Grenadier in den härtesten Kampf seines Daseins hinein. Mit wachen Augen sieht er das Unheil auf sich zukommen — aber er wankt keine Sekunde in der Pflichterfüllung. Er glaubt an die Notwendigkeit seines Opfers. —

Ziemlich klapprig auf den Beinen verlasse ich einige Wochen später das Kriegslazarett und melde mich bei der Truppe zurück. Ohne viel Federlesens werde ich vom Kommandeur zur Führerreserve versetzt und muß beim Divisionsstab verbleiben.

Die Leibstandarte hat westlich Rostow eine Abwehrstellung bezogen und in enger Zusammenarbeit mit der 13. Panzerdivision und der 14. Panzerdivision jeden Vorstoß der Sowjets abgewehrt. Eine weite, trostlose Landschaft ohne Baum und Strauch ist das Kampfgebiet des III. Armeekorps. Eisige Winde fegen über die kahlen Felder, und grimmige Kälte hat den Boden steinhart gefrieren lassen. Es ist unmöglich, ein Schützenloch oder gar eine annehmbare Stellung zu graben. Das Wetter ist unser grimmigster Feind geworden.

Meine Abteilung ist in die Verteidigungsfront mit eingegliedert und kämpft gegen die 253. russische I.D., die unter dem Befehl von Oberst Ochatzky erst im August im Kaukasus neu aufgestellt wurde. Sie rekrutiert sich aus Kuban-Kosaken, die nicht sowjetfreundlich sind.

Die Abteilung ist während meiner Abwesenheit noch schwächer geworden. Der Mangel an Offizieren macht sich besonders bemerkbar. Die 2. Kompanie wird jetzt von Obersturmführer Olboeter geführt, der aber selbst verwundet ist, sich jedoch weigert, seine Kompanie zu verlassen. Bei der 3. Kompanie treten starke Diphterieerkrankungen auf, die die Kampfkraft der Abteilung noch weiter schwächen.

Obersturmführer v. Büttner wird am 1. November bei Alexandrowskij verwundet.

Am 2. November besuche ich in Begleitung des Divisionskommandeurs meine alten Kameraden bei Alexandrowskij und werde Zeuge der Ritterkreuzverleihung an Gerd Bremer. Mit Genugtuung beobachte ich die uneingeschränkte Freude unserer Grenadiere über die Auszeichnung Bremers. Die Kompanie hat diese Anerkennung verdient.

Der Frost wird von Regen abgelöst. Wasser steht in den Schützenlöchern, in den ausgefahrenen Spuren der Wege und dringt unaufhörlich in die Uniformen ein. Kraftfahrzeuge, Geschütze und Panzer versinken im Schlamm. Knietief waten die Grenadiere durch den Dreck. Die Versorgung ist nahezu unmöglich geworden und wird nur noch durch bespannte Fahrzeuge durchgeführt. Die Kraftfahrzeuge bewegen sich im Schneckentempo — der Verbrauch an Betriebsstoff und Gerät steht in keinem Verhältnis zum praktischen Erfolg. Eine Armee versinkt im Schlamm. Die Krankheitsausfälle steigen unaufhörlich. Mitte November beginnt eine beißende Frostperiode. Wir müssen die eingefrorenen Fahrzeuge einzeln aus dem Boden heraushauen und die Motoren durch Hilfsmittel warmhalten. Wir sind eine verkrüppelte Armee.

In diesen Tagen bin ich auf dem Gefechtsstand Lachanoff Zeuge einer folgenschweren Besprechung zwischen Generaloberst v. Kleist, General v. Mackensen, Sepp Dietrich und einigen Ölexperten, die einen interessanten Vortrag über die Macht des Öles halten. Die Herren sind überzeugt, daß für die Weiterführung des Krieges die russischen Ölfelder von Baku gewonnen werden müssen und die Einnahme von Rostow eine dringende Notwendigkeit und Voraussetzung dafür sei.

Die anwesenden Soldaten hören schweigend zu, während die Produktions- und Verbrauchswerte genannt werden und auf die kriegsentscheidende Ölförderung hingewiesen wird. Auf diesem Gebiet fehlen uns die erforderlichen Unterlagen und Erfahrungen, um ein brauchbares Urteil fällen zu können.

Auf dem militärischen Gebiet sieht die Sache jedoch anders aus. Alle warnen vor dem Angriff auf Rostow und weisen hierbei auf die hohen Ausfälle der Einheiten hin und darauf, daß die Truppe einfach nicht einsatzbereit ist. Die Divisionen sind ausgeblutet, mangelhaft ausgerüstet und für den Winterfeldzug geradezu unverantwortlich mangelhaft mit Bekleidung versehen. Mit Mühe und Not sind aus Mariupol russische Fellmäntel und Pelzmützen beschafft worden. Auf 100 Meter Entfernung ist die deutsche Truppe nicht von einer russischen Einheit zu unterscheiden. Der Gesundheitszustand der Truppe ist miserabel. Die Truppenführer beurteilen die Lage absolut richtig, wenn sie sagen: Wir werden angreifen, wir werden Rostow nehmen und die Sowjets über den Don jagen — aber niemals können wir das eroberte Rostow erfolgreich verteidigen.

Mitte November werden in Taganrog 11 Soldaten des II. Bataillons der Leibstandarte im Schlamm der Dunggrube des GPU.-Hauses gefunden. Sie waren im September in russische Hände geraten und nach Aussagen der Zivilbevölkerung lebend in die Grube geworfen worden.

Am 14. November wird der Angriff auf Rostow mit dem Schwerpunkt bei der Leibstandarte befohlen und der Angriffsbeginn auf den 16. November festgesetzt. Der Angriff muß jedoch verschoben werden, da infolge des harten Frostes nicht genügend Panzer einsatzbereit sind.

Meine Abteilung greift an der Straße Ssultan Ssaly an und gerät sofort in schwerstes Abwehrfeuer und stark vermintes und befestigtes Gelände. Bei —30° C wird mit einer Härte ohne Beispiel um jeden Fußbreit Boden gerungen und der Weg nach Rostow ertrotzt.

Erstmalig greifen meine Kameraden ohne mich an und gehen vielleicht ihrer härtesten Zeit entgegen. Auf der gesamten Front um Rostow tobt der Kampf mit großer Heftigkeit. Das stark ausgebaute und verminte Gelände fordert bittere Opfer von den angreifenden Divisionen. Gerd Pleiß, der tapfere Führer der 1. Kompanie, hat beide Beine verloren und stirbt auf dem Transport zum Feldlazarett. Fritz Witt kämpft mit seinen Grenadieren in vorderster Front. Generaloberst v. Mackensen gibt ein leuchtendes Vorbild echten preußischen Soldatentums. Aufrecht stampft er durch die hohen Schneewehen und begleitet den Angriff der Leibstandarte. Auf den eisigen Feldern vor Rostow stürmen Grenadiere und Generale Schulter an Schulter. Angreifende T 34 überrollen die leichten Panzerabwehrkanonen in der 60. motorisierten Division und drohen einen Durchbruch zu erzwingen, bleiben aber dann brennend im Feuer der 8,8-cm-Flak liegen. Den Schützen der leichten Pak laufen die Tränen der Wut übers Gesicht — sie sind gegen die Stahlkolosse machtlos. Die deutsche Panzerabwehr ist museumsreif geworden — das Kaliber reicht nicht mehr aus, um die schweren feindlichen Panzer zu vernichten.

Unaufhörlich, mit bewunderungswürdiger Härte, greifen die Grenadiere und Panzerschützen weiter an und stürmen am 21. November in das zähverteidigte Rostow. Der 1. Kompanie der Leibstandarte gelingt es, eine Donbrücke unbeschädigt in Besitz zu nehmen und einen kleinen Brückenkopf zu bilden. Heinz Springer, der Chef dieser Kompanie, wird hierbei zum sechsten Mal verwundet. Die Kompanie zählt kein Dutzend Gewehre mehr.

Der Abschluß der Schlacht um Rostow wird durch folgenden Befehl bekanntgegeben:

Der Kommandierende General des III. Panzerkorps — Korpsgefechtsstand, den 21. 11. 41

Korps-Tagesbefehl!

Soldaten des III. Panzerkorps!

Die Schlacht um Rostow ist gewonnen.

Am 17. 11. vormittags war das Korps zum Angriff angetreten mit dem Befehl, Rostow und eine Donbrücke in Besitz zu nehmen. Am 20. 11. schon war der Auftrag in seinem ganzen Umfang erfüllt.

Unsere Beute beträgt schon weit mehr als 10 000 Gefangene, dazu bisher 159 Geschütze, 56 Panzer, 2 Panzerzüge und zahlreiches andere Kriegsgerät.

Soldaten meines Korps! Wir alle können stolz sein auf diese neue, große und erfolgreiche Gemeinschaftsleistung, von der jeder einzelne Soldat sich seinen wohlgemesssenen Anteil buchen kann.

Nicht eisiger Wind und schneidender Frost, nicht mangelhafte Winterbekleidung und -ausrüstung, nicht dunkelste, mondlose Nächte, weder Panzer, noch Raketengeschütze, nicht Tausende von Minen und seit Wochen ausgebaute Feldbefestigungen, deren riesiges Ausmaß wir alle gesehen haben, am wenigsten aber die Rotarmisten selbst, konnten Euren Siegeszug aufhalten.

Durch den überraschenden, sorgfältig und geschickt vorbereiteten tiefen Stoß der durch die braven Panzer der 13. Panzerdivision verstärkten einsatzfreudigen Leibstandarte nach Osten — bald begleitet von der aufs neue hochbewährten 14. Panzerdivision — in seiner Nordfront aus den Angeln gehoben, gelang es dem Feind trotz wütender Gegenangriffe, besonders gegen die 14. Panzerdivision, nicht mehr, den beiden tapferen Verbänden den Einbruch in den Nordrand der Riesenstadt Rostow und den Durchstoß bis zum Don und seinen Brücken zu verwehren.

In voller Flucht suchten sich seine Trümmer über den Don zu retten. Dem draufgängerisch geführten I. Bataillon der sieggewohnten Leibstandarte gelang sogar ein Sturm über die unversehrte Rostower Eisenbahnbrücke hinweg.

Die 60. I.D. (mot.) deckte indes in schneidigem, weit nach Osten und Südosten vorgetragenem Angriff erfolgreich die tiefe offene Korpsflanke und eroberte Aksajskaja, während Teile der 13. Panzerdivision in schnellem Entschluß dem weichenden Gegner von Westen her nachstießen.

Auch alle Korpstruppen sowie die Verbände der Luftwaffe, insonderheit unsere braven nie versagenden Aufklärungsflieger, haben wesentlichen Anteil an unserem entscheidenden Erfolg! Wir haben die einzig leistungsfähige Verbindung zum Kaukasus den Russen endgültig zerschnitten.

Nun heißt es das Gewonnene halten, um von hier aus das Tor zu neuen Siegen öffnen zu können, sobald der Führer befiehlt.

Ihm gilt auch heute unser Sieg-Heil!

gez. v. Mackensen,
General der Kavallerie.

Der Sieg wurde errungen, doch die Katastrophe zeichnet sich bereits ab. Das Korps ist restlos überfordert und für eine längere Verteidigung der gewonnenen Objekte viel zu schwach. Ausgeblutete und bis auf die Substanz dezimierte Truppen werden von überlegenen Kräften der Sowjets ununterbrochen angegriffen.

Meine Abteilung kämpft unter der Führung von Hauptsturmführer Kraas am Donez, der sich in Rostow vom Don trennt und den nördlichsten Wasserlauf im Don-Delta bildet. Der Sicherungsabschnitt der Abteilung ist acht Kilometer breit und muß von nicht ganz 300 Grenadieren verteidigt werden. In dieser Zahl sind sämtliche Fahrer, Funker, Angehörige des Stabes und Offiziere mit einbegriffen. Es gibt keine Trosse mehr, alles was kämpfen kann, steht in der Front.

Während die Sowjets nordostwärts Rostow immer stärker gegen die deutsche Front anrennen und einen Durchbruch erzielen wollen, werfen sie in ungestümer Folge neuaufgestellte Divisionen über die Eisdecke des Don und versuchen, die schwachen deutschen Kräfte zu überrennen.

Was in diesen harten Kämpfen von deutschen Soldaten geleistet wird, erreicht die Grenze der menschlichen Leistungsfähigkeit. Weit auseinandergerissen liegen die Gruppen auf dem vereisten Steilufer des mittleren Donez und blicken über die gefrorene Ebene und den erstarrten Don nach Süden. Nur mit Mühe, unter Zuhilfenahme von Sprengladungen, sind flache Deckungslöcher in die harte Erde zu reißen. Von gefallenen Kameraden und selbst von Sowjetsoldaten wird schützende Bekleidung genommen, um sich gegen den tödlichen Frost zu wehren.

Seit drei Tagen fühlen die Sowjets gegen die schwache Sicherungsfront vor und deuten damit auf ein größeres Vorhaben hin. Meine Kameraden sehen den Dingen ohne Furcht und ohne Aufregung entgegen, beinahe fatalistisch erfüllen sie ihre Pflicht. Die wenigen Offiziere umkreisen ihre Abschnitte wie Schäferhunde und sorgen sich um das Wohl der ihnen anvertrauten Kameraden. Hugo Kraas und Hermann Weiser treffe ich in einer kleinen Hütte bei der Auswertung der Aussagen eines Überläufers der 65. Kavalleriedivision und bei der Vorbereitung der Truppe auf schwere Abwehrkämpfe.

Am 25. November, morgens 5.20 Uhr, wird die schwachbesetzte, aber von harten Soldaten verteidigte Stellung der Aufklärungsabteilung angegriffen und mit allen Kalibern der russischen Artillerie eingedeckt. Die Verluste durch diesen Beschuß sind gleich Null — wo nichts steht, kann auch nichts vernichtet werden. Doch dann droht meinen Kameraden das Blut in den Adern zu stocken! Aus der Dämmerung schieben sich Massen russischer Infanterie, die singend und brüllend gegen die Stellung anrennen. Die vordersten Reihen der Sowjets haben sich untergehakt und bilden so eine geschlossene Kette, die im Takt wilder Gesänge über die Eisfläche stampft. Eingebaute Minen reißen Löcher in die Eisdecke und zwingen die Sowjets ihre Kette zu lösen, aber die Minen vermögen die aufgeputschte Masse nicht zu stoppen, maschinengleich rennt sie gegen meine Kameraden an. Auf der Mitte des Stromes werden die Sowjets vom Feuer der Waffen erfaßt und wie reifes Korn, das unter dem sicheren Schwung des Schnitters gemäht wird, auf die Eisfläche gelegt.

Meine Kameraden verzweifeln an Gott und den Menschen, da über die gefallenen Rotarmisten hinweg die nachfolgenden russischen Einheiten klettern und den Sturm fortsetzen. Der Angriff wird von der 343. russischen I.D., der 31. I.D. und der 70. Kavalleriedivision durchgeführt. Drei neuaufgestellte Divisionen im Angriff gegen ein paar hundert halberfrorene Männer, die auf 8000 Meter verteilt sind und praktisch allein, jeder auf sich gestellt, mit dieser Masse fertig werden müssen!

Im Abschnitt der 2. Kompanie ist das russische Schützenregiment 1151 mit 2 Bataillonen in die Stellung eingebrochen und droht die gesamte Front aufzureißen. Die Schützenregimenter 177 und 248 greifen in der Mitte des Abteilungsabschnitts an und stehen auch hier kurz vor dem Einbruch.

Es müßte sofort ein Gegenstoß im Abschnitt der 2. Kompanie durchgeführt werden, aber vorläufig steht für diese dringende Aufgabe kein Mann zur Verfügung. Mit unverminderter Härte greifen die Sowjets auf der gesamten Front an und drohen die Handvoll Männer hinter ihren Maschinengewehren zu entnerven. Der Sturm der Russen mutet wie eine Sturzflut an, die vom Kaukasus her gegen das Steilufer bei Rostow brandet und hier ihre ungestüme Kraft verliert. Die ersten Sonnenstrahlen, die sich durch die tiefen Wolken wagen, beleuchten ein grausiges Bild. Soweit das Auge reicht, ist der Don mit seinen Nebenarmen mit dunklen Punkten übersät, von denen sich einige mühsam bewegen und andere langsam vom Schnee bedeckt werden. Der Angriff ist in seiner ganzen Breite verlustreich abgeschlagen. Tausende von Sowjets liegen im Vorgelände und warten auf die Nacht. Reiterlose Pferde galoppieren nach Süden; ihr schrilles Wiehern klingt wie der Ruf des Todes.

Beim sofortigen Gegenstoß im Abschnitt der 2. Kompanie wird der eingebrochene Feind vollkommen vernichtet. 6 Offiziere und 393 Rotarmisten werden gefangengenommen. Allein im Abschnitt dieser Kompanie werden 310 tote russische Soldaten gezählt. Nach Gefangenenaussagen bezweckte der Angriff die Abschnürung Rostows von Westen her.

Die Angriffe werden am 26. und 27. November pausenlos und ohne Rücksicht auf die ungeheuren Verluste fortgeführt. Es ist uns ein Rätsel, wie sich Menschen so bereitwillig auf die Schlachtbank führen lassen können. Trotz der Massen von Toten, die erstarrt und zerschmettert auf dem Eis liegen, greifen neue Einheiten in den Kampf ein und rennen in ihr Verderben. Der russische Angriff am 27. November beginnt um 0.00 Uhr mit einer Feuervorbereitung aus allen Kalibern, insbesondere aus Raketengeschützen, und der letzte Angriff wird um 19.50 Uhr im Abschnitt der 1. Kompanie abgewehrt. Schwache Teile des Feindes sind in die Stellungen der 1. Kompanie eingedrungen und werden abgeriegelt. Der Gegenangriff wird für den 28. November angesetzt.

Die Verluste der Abteilung sind bitter, weil sie das Mark der Truppe kosten und die letzten Unteroffiziere und Offiziere treffen. Die 2. Kompanie übernimmt der Abteilungsadjutant, Obersturmf. H. Weiser. Obersturmf. Olboeter ist schon wieder einmal verwundet. Der letzte Angriff auf die 2. Kompanie traf besonders den linken Flügel und wurde auch hier unter fürchterlichen Verlusten für die Russen abgewehrt. Die eingesetzte russische Einheit war im Juni in Krasnodar als 128. I.D. aufgestellt und erstmalig eingesetzt. Das gegen den linken Flügel kämpfende Bataillon verfügte bei Angriffsbeginn über 450 Mann. Von dieser Einheit fielen beim Angriff über den Don 135 sowjetische Soldaten und über 100 Verwundete wurden als Gefangene geborgen. Weitere 37 Gefangene fielen unverwundet in unsere Hände.

Die ungeheuere Leistung der Truppe kann nur derjenige ermessen, der die lähmende Wirkung des beißenden Frostes und die seelische Belastung durch die tagelangen Kämpfe am eigenen Leibe verspürt hat. Ich habe Grenadiere hinter den Maschinengewehren liegen sehen, denen die Tränen der Verzweiflung übers Gesicht liefen. Mit fliegenden Händen jagten sie die gefüllten Gurte in die anstürmenden Massen. Im Gegenstoß führte der Kompanieführer (Olboeter) seine Grenadiere ohne Stiefel an. Sie waren ihm kurz vorher von den Füßen geschnitten worden. Beide Füße waren ihm hochgradig erfroren.

In diesen Kämpfen hat der Einzelkämpfer gesiegt. Vollständig auf sich allein gestellt, höchstens mit einem zweiten Kameraden am Maschinengewehr, kämpfte er ohne Aufsicht, ohne Befehl und ohne Vorbild den härtesten Kampf seines Lebens.

Verwundete werden in bitterer Kälte notdürftig verbunden und auf Lastwagen nach Taganrog transportiert. Die gellenden Schmerzensschreie der verwundeten Kameraden sind schwerer zu ertragen als der gefährlichste Angriff. Wir können uns ausrechnen, wann die Front in sich zusammenbrechen muß. Die täglichen Verluste gestatten keine lange Verteidigung.

Die Kämpfe dauern auch in den Nachtstunden fort. Die Einbruchsstelle bei der 1. Kompanie im Abschnitt der Aufklärungsabteilung wird mit Hilfe einiger Sturmgeschütze bereinigt und gilt gegen 9.00 Uhr als beseitigt. Über 300 Tote bleiben in den Stellungen zurück, Gefangene schleppen ihre verwundeten Kameraden mit sich. — Auch nach diesen verlustreichen Kämpfen setzen die Sowjets ihre Angriffe fort. Erst gegen 14.00 Uhr setzt der Feind sich endgültig auf 2 bis 3 Kilometer ab und verstärkt den Einsatz seiner Artillerie ständig.

An den übrigen Fronten hat sich der Kampf unter ähnlichen Verhältnissen abgespielt und die Verteidigung erheblich geschwächt. Die Gefahr eines Durchbruchs an irgendeiner Stelle der Front um Rostow ist nicht von der Hand zu weisen und wird von den eingeweihten Kommandostellen bereits seit Tagen erwartet.

Wir alle sind uns darüber einig, daß die Front verkürzt werden muß, wenn eine Katastrophe verhindert werden soll, die unter Umständen die ganze Südfront zum Einsturz bringen kann. Hinter uns stehen keine Reserven. Die Steppe ist leer. Nur hohe Schneewehen und Telegraphenmasten unterbrechen die eintönige Schneewüste. Die beste Verteidigungsmöglichkeit bietet sich in dem hinter uns liegenden Mius-Abschnitt. Nur dort können wir hoffen, die weit überlegenen russischen Kräfte zu stoppen und einen Durchbruch zu verhindern. Seit Tagen sind deshalb Kommandos unterwegs, um eine Aufnahmestellung am Mius festzulegen. Dort muß ein möglicher Rückzug aufhören und die Stellung bis zum letzten Schuß verteidigt werden. Ein weiterer Rückzug durch die schneeverwehte Steppe würde unvorstellbare Verluste an Menschen und Gerät fordern.

In der Zeit, in der die harten Kämpfe am Don etwas abflauen und unter blutigen Verlusten für die Sowjets abgewiesen werden, greifen sowjetische Verbände im Abschnitt der 60. I.D. (mot.) erneut mit überlegenen Kräften an und erzielen nördlich Rostow einen Durchbruch durch die schwache deutsche Front. Auch zwischen der 1. Panzerarmee und der 17. Armee ist der Russe auf breiter Front durchgebrochen. Die 17. Armee zieht sich hinter den Donez zurück. Die Front wankt! Bis hinauf nach Leningrad werden harte, erbitterte Kämpfe geführt. Aber gegen die gewaltige Übermacht ist das deutsche Ostheer nicht mehr gerüstet. Die eisige Kälte, die absolut unzureichende Bekleidung und die fürchterlichen Verluste sowie der mangelnde Ersatz an Menschen und Material machen eine erfolgreiche Kampfführung einfach unmöglich. Wir kämpfen um das nackte Leben!

In den Mittagsstunden befiehlt das III. Panzerkorps die Aufgabe Rostows und den etappenweisen Rückzug auf die festgelegte Verteidigungslinie am Mius. In äußerst erbitterten Kämpfen gelingt es der Leibstandarte, Rostow ohne große Verluste zu räumen und mit Hilfe der 13. Panzerdivision die vorgesehene Widerstandslinie zu besetzen. Die Rückzugsbewegung erlebe ich beim Divisionsstab. Wir sind froh, daß der Befehl für die Aufgabe und damit für eine Verkürzung der Front gegeben worden ist. Dieser Entschluß hat eine Katastrophe großen Ausmaßes verhindert. Wie ein Keulenschlag trifft uns deshalb der Gegenbefehl aus dem Führerhauptquartier, Rostow auf keinen Fall zu räumen und die einmal gewonnene Stellung bis zum letzten Schuß zu verteidigen. Die Durchführung dieses Befehls ist vollkommen unmöglich. Er zeigt in erschütternder Weise, daß der bittere Ernst der Lage an der Front überhaupt nicht bekannt ist. Die Truppe stolpert in diesem Augenblick durch die dunkle Nacht und kann sich vor Kälte kaum auf den Beinen halten. Hohe Schneewehen, bissiger Ostwind und das Gefühl einer grenzenlosen Verlassenheit machen das Leben zur Qual. — Wir stehen vor einem Rätsel. Wie konnte ein solcher Befehl gegeben werden? In einmütiger Geschlossenheit wird der Befehl mißachtet und der Rückzug auf den Mius-Abschnitt fortgesetzt. Feldmarschall v. Rundstedt, General v. Mackensen und anderen gebührt der Dank der Truppe. Sie haben durch ihren Entschluß unzähligen Soldaten das Leben erhalten und den Zusammenbruch der Südfront verhindert. Die Gerechtigkeit fordert auch die Erwähnung der Tatsache, daß Sepp Dietrich den Durchhaltebefehl in schärfster Weise verurteilte und den Entschluß des III. Panzerkorps als den einzig möglichen verteidigte. Ich glaube nicht fehl zu gehen, wenn ich behaupte, daß er sich in diesen ernsten Stunden eindeutig auf die Seite des Feldmarschalls v. Rundstedt gestellt hat. Auf Grund dieser Vorgänge wurde dann Feldmarschall v. Rundstedt durch Feldmarschall v. Reichenau ersetzt.

Die russischen Divisionen rennen indessen mit unverminderter Kraft gegen unsere Verteidigung an. Durchbrüche sind an der Tagesordnung und können nur mit äußerster Anstrengung beseitigt werden.

Meine Abteilung liegt am linken Flügel der Leibstandarte und hat Anschluß an die 60. I.D. (mot.). In enger Kampfgemeinschaft gelingt es den Einheiten, die Stellung zu halten und die Stützpunkte mit Hilfe freiwilliger Russen auszubauen. Die Truppenstärke ist derart gesunken, daß die Kommandeure dazu übergegangen sind, russische Anti-Bolschewisten in der Fronttruppe zu verwenden. Es überrascht mich deshalb nicht, daß ich beim Besuch meiner Kameraden fast mehr Russen als Deutsche in der Stellung antreffe. Die Freiwilligen stammen entweder aus dem Kaukasus oder aus der Ukraine. Ihre Einsatzfreudigkeit kennt keine Grenzen; sie werden deshalb von unseren Soldaten voll und ganz anerkannt.

Im Dezember verliere ich einen meiner besten Kameraden durch einen Feuerüberfall. Unser tüchtiger Dolmetscher, mein tapferer Begleiter Heinz Drescher, war einer der fähigsten Offiziere der Abteilung. Er hat immer als Vorbild gelebt und gekämpft. Seine letzte Ruhe findet er an der Seite von Gerd Pleiß am Bahndamm in Taganrog.

Kurz vor Weihnachten habe ich das unfaßbare Glück, in die Heimat fliegen zu dürfen. Mit einigen Kameraden klettere ich in eine Ju 52, fliege von Taganrog über Uman nach Lemberg und steige dort in die Eisenbahn um. Innerhalb von 18 Stunden stehe ich abgerissen auf dem Bahnhof Friedrichstraße und führe das erste Telefongespräch mit meinen Lieben. Leider verfliegt die glückliche Zeit viel zu schnell, und der Zeitpunkt des Abschiednehmens nähert sich mit Riesenschritten.

Am 30. Dezember erhalte ich Befehl, mich am 1. Januar bei Adolf Hitler zu melden. Von der Reichskanzlei werden mir die Fahrtausweise überbracht. In Deutschland herrscht bittere Kälte. Ich verabschiede mich von meiner Frau auf dem Bahnhof Zoo in Berlin und klettere in den eiskalten Zug. Mein Nachbar ist der japanische Botschafter, der auch nach Ostpreußen will und sich auf Grund früherer Erfahrungen aus dem Sonderzug mit Kognak versorgt hat. Es dauert gar nicht lange, und wir versuchen die Kälte mit Feuerwasser zu lindern.

In Korschen werde ich von Kameraden empfangen und durch tiefe ostpreußische Wälder ins Führerhauptquartier gebracht. Wir werden an mehreren Sperren kontrolliert und telefonisch bei der letzten Sperre angemeldet. Den Sicherungsdienst versehen Männer der Panzerdivision „Großdeutschland". Das Hauptquartier besteht aus einer Anzahl von Wohnbunkern und aus den üblichen Holzbaracken, die alle hervorragend getarnt unter den hohen Bäumen verschwinden. Unterkunft und Verpflegung sind der Lage angepaßt. Zweifellos standen Zweckmäßigkeit und Einfachheit bei der Planung des Lagers Pate.

Hauptsturmführer Pfeifer empfängt mich und teilt mir den Grund meines Hierseins mit. Aus den Worten Pfeifers entnehme ich, daß sich Adolf Hitler große Sorgen um die Lage an der Front macht und deshalb frontnahe Berichte haben will.

Adolf Hitler macht einen einfachen und frischen Eindruck. Erstaunt stelle ich fest, daß er ausgezeichnete Waffenkenntnisse besitzt und auch über die Vor- und Nachteile der verschiedenen Panzertypen genauestens orientiert ist. Vollständig überrascht bin ich jedoch vor allem darüber, daß ihm selbst die Kampfhandlungen meiner Abteilung bekannt sind und er Fragen über die angewandte Taktik beantwortet haben will. Auf Grund der bekannten Erfolge der Abteilung wird sie um eine leichte gepanzerte Grenadierkompanie und einen schweren Infanterie-Geschützzug verstärkt.

Was die Vorgänge um Rostow betrifft, nehme ich kein Blatt vor den Mund und berichte von den übermenschlichen Anforderungen, die an die Truppe gestellt werden. Ich weise hierbei besonders auf die unzureichende Zuführung von Ersatz hin. Generaloberst Jodl unterstreicht meine Ausführungen und weist auf die Berichte anderer Truppenteile hin. Aus der Unterhaltung gewinne ich den Eindruck, daß Adolf Hitler das Los des Ostheeres sehr bedrückt und er bemüht ist, mit helfender Hand einzugreifen.

Am 3. Januar fliege ich mit Oberst Zeitzler in einer He 111 nach Mariupol zurück. In Mariupol steige ich in einen „Storch" um, der mich nach Taganrog bringen soll. Unterwegs überfliegen wir die rauchenden Trümmer einer abgeschossenen Ju 52. Um mir die Fahrt zum Divisionsgefechtsstand zu ersparen, landet der Pilot in dessen Nähe und ich klettere in einen gerade vorbeikommenden Panjeschlitten. Durchgefroren lande ich nach 16tägiger Abwesenheit wieder bei der Truppe.

In der gleichen Nacht löse ich Hugo Kraas in der Führung der Abteilung ab und stolpere im Morgengrauen zum ersten Male durch die Stellung. Ich bin wieder zu Hause. Meine Abteilung hat seit Beginn des Kampfes in Rußland bis zum 15. Dezember 1941 folgende Verluste zu verzeichnen:

Es sind gefallen:	Verwundet wurden:
6 Führer	20 Führer
9 Unterführer	33 Unterführer
79 Mannschaften	308 Mannschaften.

Vermißte:	An Ersatz trafen bei der Truppe ein:
1 Führer	11 Führer
2 Unterführer	1 Unterführer
7 Mannschaften.	186 Männer.

Während des gleichen Zeitabschnittes wurden von der Aufklärungsabteilung 112 russische Offiziere und 10 142 Mannschaften als Gefangene eingebracht.

Die Stellung führt quer durch das Dorf Sambek und liegt am Vorderhang eines langen Rückens. Vor uns dehnen sich überschwemmte Wiesen, deren Eisflächen nur von einigen Weidenbüschen unterbrochen werden. Die Russen liegen uns an einigen Stellen nur in einer Entfernung von 100 Metern gegenüber. Die Front ist ruhig geworden. Außer Spähtrupp- und Artillerietätigkeit finden keine Kampfhandlungen statt. Ich selbst halte auf Grund der klaren Verhältnisse den Einsatz von Spähtrupps für überflüssig und habe infolgedessen wochenlang keine Verluste. Mit Hochdruck wird allerdings am Ausbau der Stellungen gearbeitet, insbesondere werden tiefe Minensperren angelegt. Die Erdarbeiten werden auch hier mit Hilfe der Bevölkerung ausgeführt, die ganz und gar von der Truppe verpflegt und ärztlich betreut wird. Ich lehne es ab, Zivilisten aus ihren Wohnungen zu vertreiben und in die Schneewüste zu jagen. Unausbleibliche Verluste wären die Folge. Die Rücksichtnahme hat ohne Frage zu dem guten Verhältnis zwischen Truppe und Bevölkerung beigetragen. So ist es dann auch kein Wunder, daß die Abteilung in kürzester Frist den bestausgebauten Stellungsabschnitt hat und von den Offizieren der Nachbareinheiten besichtigt wird. Es ist beinahe wohnlich in unseren Bunkern.

Im Frühjahr lerne ich etwas dazu, das ich dem Leser nicht vorenthalten möchte. Eines Tages setzt mir mein Fahrer Max Bornhöft einen Teller mit kleinen Fleischstückchen vor und erklärt mir, daß es sich um Taubenschenkel handle, die er durch gute „Beziehungen" in Taganrog organisiert hätte. Zweifelnd mache ich mich über den Leckerbissen her und bestätige Max, daß das Zeug ausgezeichnet geschmeckt hat, aber nie im Leben als Taubenschenkel durch die Luft geflogen ist. Nun, Max läßt mich nicht lange raten. Ganz trocken sagt er: „Nein, geflogen ist das Zeug nicht — aber dafür sind die Biester gesprungen! Sie haben Froschschenkel gegessen!" —

Nach dem Verschwinden des Frostes setzt eine Schlammperiode ein, die eine Versorgung der Truppe nahezu unmöglich macht und jede Angriffshandlung verbietet. Wie soll der Krieg weitergeführt werden? Diese Frage interessiert uns brennend. An eine defensive Lösung ist nicht zu denken — und für eine großzügige Offensive fehlt dem Ostheer die Kraft. Die Angriffsdivisionen stehen noch immer in ihren Stellungen und haben nur Stämme für die Neuaufstellung und Auffrischung abgestellt. Wir befürchten, daß wir eines Tages aus den Stellungen herausgerissen werden und mit improvisierten Einheiten zum Angriff antreten müssen.

Nachdem die 1. Panzerarmee und Teile der 17. Armee die tiefeingebrochenen russischen Einheiten südlich Charkow vernichtend geschlagen haben, werden wir Ende Mai aus der Winterstellung herausgezogen und in den Raum Stalino verlegt. Hier werden uns auch die während des Winters aufgestellten Einheiten zugeführt, und der Mannschaftsersatz wird mit den alten „Kriegern" verschmolzen. Übungen im scharfen Schuß bringen meine Abteilung schnell wieder in Höchstform. Sie ist jetzt besser ausgerüstet als 1941 und durch die Erfahrungen der vorangegangenen Kämpfe ein beachtlicher Gegner geworden. Der Geist der Truppe ist gut. Die Soldaten aller Dienstgrade haben durch die übermenschlichen Leistungen, durch Angriff und Verteidigung sowie durch den Kampf gegen die dauernde Übermacht ein unerschütterliches Vertrauen zu ihrer eigenen Kraft und zu ihren Offizieren gewonnen.

Anfang Juni wird die Leibstandarte überraschend aus den Angriffsverbänden entlassen und nach Frankreich verlegt, um eventuelle Landeunternehmen der Alliierten abzuwarten. Meine Abteilung wird in den Raum um Caen verlegt und der Stab in Bretteville-sur-Laize untergebracht. Es dauert nicht lange, und die Normandie ist uns kein Geheimnis mehr. Alle nur denkbaren Lagen werden mit und ohne Truppe geübt und so ein Ausbildungsstand erreicht, der sich getrost mit dem der besten Friedenstruppe messen kann.

Im Herbst werden wir für den Einsatz in Nordafrika vorbereitet. Doch das Schicksal entscheidet anders. Die Tragödie der 6. Armee in Stalingrad ruft uns nach Rußland zurück. Nur ein glücklicher Umstand hat uns vor dem Untergang in Stalingrad bewahrt. Unsere Nachbardivisionen aus den Kämpfen 1941/42 kämpfen ihren letzten Kampf. Andere erwarten unsere Hilfe. Mit größter Eile verlassen wir Frankreich und rollen wieder gen Osten. Unser Ziel ist die Front ostwärts Charkow.

DIE WINTERKÄMPFE 1942/43

Im November 1942 begann im großen Donbogen die gewaltigste Offensive, die die sowjetische Führung bisher durchgeführt hat.

Kennzeichnend für diesen Großangriff waren von Anfang an folgende Eindrücke:

Der Feind hatte ein Aufgebot an Menschen und Material, vor allem an Panzern, bereitgestellt, wie nie zuvor. Die Offensive war großzügig und nach deutschen Führungsgrundsätzen geplant. Die folgenden, zeitlich genau bezeichneten, uhrwerksmäßig aufeinanderfolgenden Takte der sowjetischen Offensive können unterschieden werden:

Durchbruch am Don bei Sserafimowitsch. Gleichzeitig Durchbruch bei Krasnoarmeisk südlich Stalingrad. Dadurch wurden zwei rumänische Armeen zerschlagen; die deutsche 6. Armee in Stalingrad war innerhalb kurzer Zeit durch völlige Einschließung vernichtet. Angriff der westlich und nordwestlich Stalingrad versammelten zwei Heeresgruppen nach Westen. Antreten der sowjetischen Heeresgruppe „Südfront" beiderseits des Don mit Angriffsrichtung Rostow und südliches Donezgebiet. Dabei ergab sich von selbst das Abtrennen der deutschen Kaukasusarmee von ihren über Rostow führenden Verbindungen.

Antreten der Heeresgruppe „Südwestfront" im Raum zwischen Bahnlinie Stalingrad—Morosowsk und Linie Kantemirowska—Starobelsk mit Ziel nördlicher Donez. Die nordwestlich der ersten Durchbruchstelle am Don liegende italienische und ungarische Armee wurden durch diese Angriffsgruppe in Flanke und Rücken bedroht. Beide Armeen verließen angesichts dieser Bedrohungen ihre festen Stellungen, ohne noch nennenswerten Widerstand zu leisten. Ihr Ausweichen glich zuletzt einer Flucht. Heeresgruppe „Südwestfront" überschritt den Don nordwestlich Stalingrad.

Nach Erreichen des unteren Donez durch Heeresgruppe „Südfront" und des Oskol durch Heeresgruppe „Südwestfront" schloß sich zunächst der Südflügel der Heeresgruppe „Woronesch-Front" dem Angriff nach Westen an.

Der nach dem Ausweichen der südlich anschließenden ungarischen Armee weit nach Osten vorspringende Frontabschnitt des deutschen VII. und XIII. Armeekorps wurde zangenartig in der Süd- und Nordflanke gepackt. Nach der Vereinigung der beiden angesetzten Angriffsgruppen bei Kastornoje waren die beiden deutschen Armeekorps eingeschlossen.

Danach trat die gesamte Heeresgruppe „Woronesch-Front" nach Westen an. Es erfolgte der Durchbruch durch die vom deutschen Armeeoberkommando 2 eiligst errichtete Timstellung. Im Verlauf des weiteren Angriffs nach Westen wurden Kursk und Rylsk genommen.

Der Südflügel trat aus dem Raum Liwny gegen den im Absetzen begriffenen rechten Flügel des deutschen Panzer-Armeeoberkommandos 2 an. Der Nordflügel trat aus dem Raum nordostwärts Orel gegen Orel an.

Das operative Ziel und der Rhythmus der russischen Winteroffensive sind deutlich erkennbar.

Das Antreten der einzelnen Heeresgruppen folgte zeitlich so aufeinander, daß durch jede Heeresgruppe ein Teilstück der in allgemein nordwestlicher Richtung verlaufenden deutschen Abwehrfront aufgerollt und herausgebrochen wurde.

Von Stalingrad bis in die Höhe von Orel verlief die Operation planmäßig. Die erwarteten Erfolge traten, wenigstens bei der italienischen 8. Armee und der ungarischen 2. Armee, fast automatisch ein. Zwischen Slawjansk und dem Raum nördlich Kursk war die deutsche Front bis auf eine Breite von über 500 Kilometern aufgerissen. Die Armeen zweier sowjetischer Heeresgruppen marschierten unaufhaltsam nach Westen.

Das operative Ziel, der Einsturz der deutschen Ostfront, schien im Südabschnitt erreicht zu sein.

Die russische Führung nannte als neues Angriffsziel den Dnjepr. Sie nahm keine Rücksicht auf die ermüdete Truppe, auf wachsende Nachschubschwierigkeiten und auf die im Verlaufe des Angriffs eingetretenen Verluste und Ausfälle. Es bekümmerte sie wenig, daß bei dem raschen Vormarsch nur Teile der Artillerie mitkamen und daß nahezu sämtliche Schützenverbände mit Zivilisten aufgefüllt waren. Artillerie wurde kaum noch gebraucht, und den Bestand der Masse erhielt man sich durch unausgebildete und mangelhaft ausgerüstete Zivilisten.

Durch den Ausfall von fünf deutschen und verbündeten Armeen war eine starke zahlenmäßige Überlegenheit der Roten Armee entstanden. Im weiteren Verlauf der Operationen sollte die Masse über den nunmehr weit unterlegenen Verteidiger triumphieren.

Entscheidend aber wurde, daß die sowjetische Führung den Kulminationspunkt ihrer Offensive nicht erkannte. Dieser war am Donez erreicht. Über größere Entfernungen mußten Nachschub und Bodenorganisation der Luftwaffe bei den unvermeidlichen Schwierigkeiten eines Winterfeldzuges versagen, die Stoßkraft, nach den Angriffskämpfen über mehrere hundert Kilometer, erlahmen.

Die Überlegenheit der deutschen Führung, sowie der Truppe, konnte infolgedessen trotz großer zahlenmäßiger Unterlegenheit die Entscheidung für die eigenen Waffen herbeiführen. An dieser Wende hatte das SS-Panzerkorps mit den Divisionen Leibstandarte, „Das Reich“ und „Totenkopf“ entscheidenden Anteil.

DAS RINGEN UM CHARKOW

Ende Januar 1943 hat der Russe die Linie Donez bei Woroschilowgrad—Starobelsk—Waluiki—oberer Oskol erreicht und schließt mit seinen Verbänden zum weiteren Vorstoß nach Westen auf. Von eigenen Verbänden steht die 320. I.D. bei Sswatowo, in Kupjansk sammelt sich die in Rückzugskämpfen stark angeschlagene 298. I.D., westlich Waluiki sichern Teile der Division „Großdeutschland", und im Raum um Korotscha rafft das Korps z. b. V. Cramer Teile der angeschlagenen deutschen und ungarischen Verbände, welche vom oberen Don kommen, zusammen.

Zwischen den Verbänden klaffen große Lücken. Den Befehl in diesem Raum hat der deutsche General beim italienischen Armeeoberkommando 8. Das SS-Panzerkorps ist um diese Zeit mit Generalkommando, der Masse der Division „Das Reich" und starken Teilen der Leibstandarte im Raum um Charkow eingetroffen. Die Leibstandarte richtet sich beiderseits Tschugujew zur Verteidigung am Donez ein.

Die Absicht des Oberkommandos des Heeres, das SS-Panzerkorps nach Versammlung zu einem geschlossenen Gegenangriff einzusetzen, wird durch das rasche Vordringen der Sowjets vereitelt. Ein Hineinstoßen in die Versammlung des Korps muß verhindert werden. Teile der Division „Das Reich" werden zur Sicherung in den Raum westlich Waluiki vorgeschoben.

Hoher Schnee und starker Frost hemmen das Vorwärtskommen der Einheiten. Wir sind ostwärts Charkow ausgeladen worden, und die Abteilung hat Befehl, einen Brückenkopf bei Tschugujew zu bilden und Verbindung mit der 298. I.D. aufzunehmen. — Im Laufe der Jahre haben wir es uns abgewöhnt, über unmöglich erscheinende Befehle zu debattieren oder gar auf die überwältigende Überlegenheit des Feindes aufmerksam zu machen. Es gibt für uns keine normalen Maßstäbe mehr in der Kriegführung. Von den deutschen Grenadieren wird eine Leistung erwartet, die einfach märchenhaft ist. Es überrascht uns deshalb nicht, daß die Division Leibstandarte eine Front von 90 Kilometern (!) verteidigen und den Ansturm der 6. russischen Armee (!) brechen soll.

Die dicken Bohlen knirschen unter dem Gewicht der Panzer, die vorsichtig über die lange Holzbrücke über den Donez bei Tschugujew rollen. Ich führe meine Abteilung in alte russische Stellungen der Winterkämpfe 1941/42, die sich am Donez hinziehen und den Grenadieren den Stellungsbau in der gefrorenen Erde ersparen. Geschlagene italienische Truppen kommen gruppenweise durch die Schneewüste daher. Einzelne deutsche Troßfahrzeuge mit verwundeten deutschen Soldaten und halbverhungerten Pferden kommen aus Richtung Kupjansk. Schweigend schleppen sich die Rückzügler über die Brücke. Für Kampfhandlungen sind sie nicht mehr zu gebrauchen.

Die Abteilung muß eine Front von ungefähr 10 Kilometern übernehmen und außerdem mit zwei Kompanien das Absetzen der 298. I.D. bei Kupjansk unterstützen.

Ostwärts Kupjansk kämpft die 298. I.D. einen verzweifelten Kampf gegen die überlegenen russischen Massen und zieht sich auf die Ortschaft zurück. Die 2. Kompanie unter Führung von Obersturmführer Weiser kämpft nördlich Kupjansk in Dwuretschnaja und schlägt sich im letzten Augenblick in Richtung Kupjansk durch. Es existiert keine deutsche Front mehr. Die Entwicklung der Dinge rollt unerbittlich. Die festen Stützpunkte werden beiderseits umgangen, von der rückwärtigen Verbindung abgeschnitten und dann von der Übermacht erdrückt. In dem stark durchschnittenen Gelände liegen hohe Schneehindernisse, die ein Operieren im Gelände einfach unmöglich machen und die Truppe auf die einzig brauchbare Straße zwingen. An ihren Steigungen hängt die Artillerie fest. Sie kann weder durch Zugmaschinen noch durch Pferde bewegt werden. Die Straße ist ein eisglatter Spiegel.

Ein Blick auf die Lagekarte bei der 298. I.D. und eine persönliche Orientierung bei der Kampftruppe sagen mir, daß die Stellung der Division unhaltbar geworden ist und in spätestens 24 Stunden zusammenbrechen muß. In wenigen Tagen wird der Russe gegen meine Abteilung anrennen und versuchen, den Übergang bei Tschugujew zu gewinnen. Die Kompanie Knittel verbleibt bei der 298. I.D. und soll sich mit ihren gepanzerten Fahrzeugen entlang der Straße zurückkämpfen, bis sie von der Abteilung ostwärts des Donez aufgenommen werden kann.

In der Dämmerung des sinkenden Tages kehre ich zur Abteilung zurück und treffe hierbei auf zahlreiche versprengte deutsche Soldaten, die sich bei der Abteilung melden und froh sind, Anschluß an eine deutsche Truppe gefunden zu haben.

Die Lage wird immer bedrohlicher. Sowjetische Kräfte drängen gegen den Donez vor und drohen, die ostwärts des Flusses kämpfenden Einheiten von ihren rückwärtigen Verbindungen abzuschneiden. Ich sorge mich um die Kompanie Knittel, die noch bei der 298. I.D. eingesetzt ist.

Inzwischen haben wir die Stellung mit allen nur erreichbaren Mitteln ausgebaut und sie für eine Rundumverteidigung hergerichtet. Auch unsere Waffenausrüstung erfährt durch Zufall eine merkliche Verbesserung. Ein abgestellter Eisenbahnzug rüstet uns mit einem Dutzend 7,5-Pak und mit sechs schweren Infanteriegeschützen aus. Der fehlende Mannschaftsbestand wird durch versprengte Soldaten gestellt.

Der 3. Kompanie gelingt es, sich auf der Straße Kupjansk—Tschugujew von den Sowjets zu lösen und ohne ernste Verluste die Abteilung zu erreichen. Die 298. I.D. kämpft sich unter Verlust der gesamten Artillerie auf ungebahnten Wegen durch hohe Schneewehen und eisige Winde südlich der Straße nach Westen. Im Augenblick ist jede Verbindung mit der Division abgerissen.

Ich fahre mit zwei Begleitpanzern in Richtung Kupjansk vor, um mir selbst ein Feindbild zu verschaffen. Ein bissiger Schneesturm peitscht uns entgegen, da entdecke ich einige Kilometer vor uns einen mit Ochsen bespannten Schlitten. Langsam fahren wir dem Gefährt entgegen. Die beiden Panzer bleiben stehen und überwachen uns. Soll der Schlitten eine Falle sein?

Auf dem Schlitten liegt Unterscharführer Krüger (Ohm), dem es trotz seiner Verwundung gelungen ist, sich auf den Schlitten zu schleppen und so den Russen zu entwischen. Von Krüger höre ich, daß noch Versprengte der 298. I.D. im Gelände liegen müssen. Eine halbe Stunde später haben wir rund zwanzig Angehörige der Division in den riesigen Schneefeldern beiderseits der Straße entdeckt und auf unsere Panzer verladen. Selten habe ich so dankbare Männer erlebt wie in diesen Minuten. Sie hatten bereits mit dem Leben abgeschlossen. Das unendliche Leichentuch hätte sie während der Nacht für immer zugedeckt.

Links und rechts der Straße erkennen wir die Schatten russischer Panzer, die sich langsam nach Westen vorarbeiten. Die Panzer meiden die Straße, sie schlängeln sich durch das stark durchschnittene Gelände und wollen so sicher versuchen, unseren Brückenkopf in die Zange zu nehmen, um ihn in den gepanzerten Klauen zu zermalmen.

Auf Grund der gemachten Beobachtung wird die Panzerabwehr gegliedert, werden die Panzerjäger bereitgestellt. Der Zusammenstoß muß in den nächsten 24 Stunden erfolgen. Werden wir dem Sturm standhalten können, oder müssen auch wir der Übermacht weichen?

Meine Grenadiere sind genauestens über die Lage orientiert und auch mit der geplanten Kampfführung vertraut gemacht. Es ist meine Absicht, die Sowjets vernichtend zu treffen, ohne selbst ein Wagnis einzugehen. Die siegestrunkenen Rotarmisten sollen sich selbst richten, sie sollen in den Tod rennen. Während die Pak beiderseits der Straße Stellung bezogen hat, stehen die schnellen Panzerjäger und Sturmgeschütze an den Flügeln der Abteilung. Mit allen Einheiten bin ich durch Sprechfunk oder Draht verbunden. Die Truppe reagiert in Bruchteilen von Sekunden und ist von ihrer Kraft überzeugt — der Russenschreck hat sie nicht gepackt.

Im Morgengrauen des nächsten Tages liegt die weiße Schneefläche glitzernd vor der Stellung und die Sonne kündet einen herrlichen Wintertag an. Das Gelände steigt ungefähr 1500 Meter an und bietet für einen Angreifer weder Deckung gegen Sicht noch gegen Beschuß. Wehe dem Angreifer, wenn er so handelt, wie ich es erwarte, und nur seine Infanterie zu beiden Seiten der Straße heranführt. In diesem Falle wird der lange Hang das Totenbett unzählbarer russischer Soldaten werden. Denn wir liegen im Schatten hoher Bäume und können erst im letzten Moment erkannt werden. Um einen vollen Erfolg zu sichern, gebe ich Feuerverbot und behalte mir die Feuereröffnung vor. So vorbereitet erwarten wir den Kampf.

Vom westlichen Ufer des Donez, hoch oben von der Beobachtungsstelle, werden bereits vorgehende Russen gemeldet. Auch die Artillerie schweigt. Die Sowjets sollen glauben, daß sie mit der 298. I.D. den letzten deutschen Kampfverband ostwärts des Donez zerschlagen haben und nur schwache Kräfte der Division an der Brücke liegen.

Gegen Mittag schieben sich die Russen links der Straße an den Brückenkopf heran. Zuerst stehen sie abwartend auf der Höhe und sehen auf den Donez und auf das bewaldete Ufer herab, doch dann setzen sie sich wieder in Bewegung und gehen in Angriffsformation vor. Am äußersten rechten Flügel der Sowjets erkenne ich zwei Panzer vom Typ Stalin II, die, wenn sie ihre Richtung nicht ändern, gegen ein ganzes Nest von Panzerabwehrwaffen rennen. Ihr Schicksal ist bereits jetzt besiegelt.

Zögernd nähern sich die Angriffsspitzen den Stellungen. Noch ist kein Schuß gefallen. Alles ist ruhig. Den Abschnitt Bremer kann ich nicht einsehen, werde aber laufend von der Kompanie orientiert. Immer mehr Russen kommen über die Höhe und stampfen den Hang hinab. Der ganze Hang wimmelt von kleinen dunklen Punkten. Mitunter bleibt die Spitze stehen und horcht in den Tag hinein. Sie hört nichts, sie entdeckt keine Bewegung und stampft weiter gegen Westen.

Und wie sieht es bei uns aus? Meine Kameraden hocken in ihren Löchern und erwarten den erlösenden Befehl: Feuer! — Sie frieren. Seit Tagen sind sie Schnee, Eis und Frost ausgesetzt und halten ihre Waffen mit klammen Fingern umfaßt, um sie in der nächsten Sekunde auf den verharschten Schnee zu werfen und den Kampf mit den Sowjets aufzunehmen.

Aus der Ohrmuschel höre ich die Entfernungsangaben vom linken Flügel. Das Telefon steht nicht still. Die Artillerie gibt ihre Werte durch. Bohr ruft durch den Draht: „Noch 500 Meter!" Einige Minuten später sind es noch 200 Meter, die die Russen von der 1. Kompanie trennen. Die Kompanie bittet um Feuererlaubnis. Ich verweigere den Feuerbefehl. Die beiden russischen Panzer stehen am Hang und rollen nun vor, um die Höhe der Angriffsspitze zu erreichen. Aus dem Hörer kommt die Stimme Bohrs, der die 1. Kompanie an Stelle Bremers führt: „Noch 100 Meter!" Die Stimme wird ängstlich, da ich auch auf 75 Meter noch nicht reagiere. Die Panzer haben sich ungefähr bis auf 150 Meter an die Stellung herangeschoben, da schlagen mit dem Wort: „Feuer!" Tod und Verderben in die sowjetischen Reihen und der eine Panzer wird von den Granaten eines Sturmgeschützes vernichtet. Die Ernte des Todes ist grauenvoll. Bald stellen auch die rückwärtigen Teile der russischen Verbände jede Bewegung ein. Sie sind in eine tödliche Falle geraten — der Hang ist ihr Untergang.

Aber was nützt unsere erfolgreiche Abwehr ostwärts Tschugujew, wenn die Front auf mehreren hundert Kilometern wankt! Am 8. Februar bahnt sich eine Krise in beiden Flanken der Abwehrfront vor Charkow an. Zwei russische Armeen umgehen die Flanken. Im Süden ist die 320. I.D. zu spät vom Oskol zurückgenommen worden und kämpft sich seit dem 5. 2. ohne jede Verbindung auf tiefverschneiten Wegen langsam zurück.

Der Russe tastet die Front der Leibstandarte ab und hat den Südflügel bei Smijew gefunden. Zwischen diesem und der 320. I.D. klafft eine 40 Kilometer breite Lücke. Dort droht der Stoß in die Südflanke der Verteidigung von Charkow bei Merefa. Eine kleine Kampfgruppe mit Panzern der Leibstandarte wird nach Merefa geworfen mit dem Auftrag, dort die Straße nach Charkow zu sperren.

Aber auch unsere Nordflanke ist bedroht. Dort kämpft ein schwaches Korps nordostwärts Belgorod und wird bereits überflügelt. Die operative Umfassung Charkows beginnt und ist mit den vorhandenen Kräften nicht zu verhindern. Gleichzeitig bereitet die Sowjetführung den Stoß in die Nordflanke des Donezbeckens vor. Außer dem Angriff auf die Linie Belgorod—Charkow ist beim Gegner der Entschluß zu erkennen, die noch haltende deutsche Front im Donezbeken zwischen dem Asowschen Meer und Slawjansk handstreichartig von ihren rückwärtigen Verbindungen zu trennen und dann zu vernichten.

Der tödliche Stoß soll über Losowaja, Pawlograd auf Dnjepropetrowsk und Saporoschje geführt werden. Fünf Panzerkorps und drei Schützenkorps stehen für diese Operation nördlich Slawjansk bereit. Die 1. sowjetische Gardearmee flutet in den (nach Aufgabe von Isjum) freien Raum nach Südwesten, ohne Widerstand zu finden; die 6. sowjetische Gardearmee auf dem rechten Flügel schließt sich nach Abschneiden der 320. I.D. dem Angriff an. Gelingt diese Operation, so ist die Heeresgruppe Süd von ihren Verbindungen abgeschnitten, der Dnjepr ungeschützt dem feindlichen Zugriff ausgesetzt und der Weg in die Westukraine frei.

Durch einen Vorstoß gelingt es, Verbindung mit den Resten der 298. I.D. herzustellen und die Überlebenden über den Donez zu schleusen. Im Brückenkopf herrscht eine düstere Stimmung unter der Truppe. Es ist offensichtlich, daß unsere Stellung bereits in den tiefen Flanken bedroht ist und die Truppe hinter den Donez zurückgenommen werden muß.

Der Feind steht vor der gesamten Front am Donez und schiebt sich zwischen den rechten Flügel der Leibstandarte und die 320. I.D. mit so starken Kräften, daß dort eine ganze Maßnahme erforderlich wird. Die Lage zwingt entweder zum sofortigen Angriff gegen die zur südlichen Umfassung der Stadt angesetzten Feindkräfte unter Aufgabe von Charkow oder zur engeren Zusammenziehung aller Kräfte um die Stadt — zur Rundumverteidigung, was der Einschließung gleichkommt.

Am 9. Februar erhält die Abteilung Befehl, sich vom Donez abzusetzen und zum Angriff südlich Charkow bei Merefa bereitzustellen.

Das Lösen vom Gegner erfolgt ohne Schwierigkeiten und ohne Verluste. Wir sind froh, wieder zu rollen und die Stimmen der Motoren zu hören. Auf mühsam geräumten Waldwegen, durch tiefen Schnee und über verfallene Brücken, schlagen wir uns nach Westen zurück und erreichen die Gegend von Merefa um Mitternacht.

Erst hier erfahre ich vom ganzen Ernst der Lage und daß sich das SS-Panzerkorps der unmittelbar bevorstehenden Einschließung gegenübersieht, wenn es den Befehl ausführt, Charkow bis zur letzten Patrone zu verteidigen. Die Ausführung des Befehls würde die Vernichtung des Korps bedeuten und darüber hinaus die Russen an den Dnjepr bringen. Hinter dem SS-Panzerkorps steht kein Verband mehr, der sich dem Ansturm der Russen entgegenwerfen könnte.

Der Kommandierende General des Korps, General Hausser, faßt den Entschluß, mit drei Kampfgruppen nach Süden anzutreten, die Bedrohung in der rechten Flanke zu zerschlagen und die Einschließung von Charkow zu verhindern.

Tiefer Schnee erschwert den Aufmarsch zum Angriff. Doch in den ersten Morgenstunden steht alles bereit. Meine Kampfgruppe befindet sich am rechten Flügel der Angriffsgruppe und hat Befehl, auf Alexejewka vorzustoßen. Dieser Auftrag bedeutet, daß wir ungefähr 70 Kilometer durch feindverseuchtes Gelände fahren müssen und in Alexejewka auf eine der Hauptvormarschstraßen der russischen Kräfte stoßen. Ich verabschiede mich vom Divisionsstab und fahre zur Spitze. Schnell ist die Truppe mit dem Auftrag vertraut gemacht. Jeder Grenadier weiß jetzt, was von uns erwartet wird und daß schwere Tage vor uns liegen. Meine Kameraden hängen an meinen Lippen, während ich ihnen die äußerst kritische Lage schildere und sie auf den gefährlichen Stoß hinweise. Ich habe ängstliche Mienen erwartet, doch niemand scheint sich über den Auftrag zu wundern. Mit roten Gesichtern, die Hände tief in den Taschen vergraben, stehen meine Jungen vor mir. Alle Offiziere, auch die der unterstellten Einheiten, kenne ich seit langer Zeit, meist schon seit Jahren. Die Unteroffiziere und Mannschaften sind mir ergeben und bilden mit den jüngeren Kameraden eine feste Gemeinschaft. Mit dieser Truppe wage ich es ohne Hemmung, den „Ritt" durch die russischen Massen anzutreten. Die Kameradschaft und die unbedingte Treue, die uns alle verbindet und sicher macht, sind unsere stärkste Waffe.

Die Kampfgruppe steht zum Angriff gegliedert auf der verschneiten Straße südlich Merefa. Vor uns fällt die Straße leicht ab und verschwindet nach einigen hundert Metern zwischen den Häusern der Siedlung. Vor der Ortschaft liegen zwei zusammengeschossene Schwimmwagen der Division „Das Reich". Wahrscheinlich handelt es sich um einen vernichteten Spähtrupp der Division.

Es ist keine Bewegung zu erkennen. Halbrechts hinter dem Dorf zieht sich ein Waldstück an der Straße entlang — auch dort ist keine Menschenseele zu sehen. Neben mir steht der Spitzenführer, Obersturmführer Schulz, der bereits den Vorstoß auf Rostow miterlebt hat. Obersturmführer v. Ribbentrop ist Führer des ersten Panzers.

Wir können es uns nicht erlauben, in geöffneter Form anzutreten. Der hohe Schnee macht jedes Manövrieren im Gelände fast unmöglich und zu einer kostspieligen Angelegenheit. Der Spritverbrauch steigt ins Uferlose. Wir müssen auf der Straße bleiben, um Tempo halten und das Moment der Überraschung ausnutzen zu können.

Schulz hat Befehl, unter dem Feuerschutz der Panzer das Dorf zu durchfahren und die Abteilung im Wäldchen zu erwarten. Auf keinen Fall soll er im Dorf halten und den Feuerkampf aufnehmen. Ich will den Gegner durch das schnelle Durchstoßen des Spitzenzuges verwirren und die Kampfgruppe in rasender Geschwindigkeit nach Süden führen.

Schulz klettert auf den Soziussitz einer Beiwagenmaschine und stößt den Arm in die Höhe. Er winkt mir zu und schreit dann dem Fahrer unser „Auf geht's!" zu. In wenigen Sekunden ist die erste Gruppe zwischen den Häusern verschwunden, und der Rest des Zuges rast hinter der Spitze her.

Max Wertinger, mein neuer Fahrer, hat von unseren früheren Einsätzen gehört und saust in die Ortschaft hinein. Unmittelbar hinter uns folgt die geschlossene Kampfgruppe. — Jetzt wird es lebendig in der Ortschaft! Die Sowjets kommen aus den Häusern herausgerannt und knallen in das Marschband hinein. Aber es sind nur wenige, die den Kampf beginnen. Die Masse der Rotarmisten versucht den Wald zu erreichen. Links steht eine Pak mit vollständiger Bedienung in Feuerstellung. Sie fällt unter dem Feuer des rollenden Marschbandes. Hinter der nächsten Kurve liegt Obersturmführer Schulz im Schnee. Er ist trotz meiner Warnung vom Krad gesprungen und hat das Feuer der Sowjets erwidert. Ein Brustschuß hat sein Leben beendet. Oberscharführer Sander fährt zurück und holt seinen gefallenen Zugführer, dem später ein Bett in die gefrorene Erde gesprengt wird.

Sturzbomber kreisen über uns und fliegen nach Westen — sie haben den Platz in Charkow geräumt. Als Zeichen ihrer Verbundenheit wackeln sie mit den Tragflächen und greifen mit Bordwaffen feindliche Kolonnen an. Durch Gefangenenaussagen erfahren wir, daß wir die Angriffsspitze des VI. Garde-Kavalleriekorps durchschnitten haben und quer durch das Korps hindurchfahren.

Wir stoßen wie ein Dolch in die nach Westen vorgehenden Kolonnen hinein. Am 11. 2. nachmittags setzt ein starker Schneesturm ein, der uns hohe Schneewehen beschert und ein Vorwärtskommen nahezu unmöglich macht.

Wir müssen uns den Weg mit Schaufel und Spaten bahnen. Der Schneesturm hält uns mit unheimlicher Gewalt fest. Fahrzeug steht hinter Fahrzeug. Ein Überholen ist unmöglich. Die „Straße“ ist ein tiefer Graben im Schnee geworden. Die Panzer schieben wie Pflüge die Schneemassen vor sich her. Meter um Meter fressen wir uns in die glitzernde weiße Wand. Den Feind sehen wir nur noch als Schatten. Beide Seiten kämpfen mit der Allmacht des Wetters.

In der Dämmerung stehen wir vor einer breiten Mulde, und ich überlege, ob wir es wagen dürfen, die Truppe in die mit hohen Schneewächten gefüllte Senke zu führen. Der Karte nach muß die Senke 1000 Meter breit sein. Der Höhenunterschied beträgt vielleicht 50 Meter. Jenseits des Hindernisses liegt ein Dorf — dort müssen wir hin, wenn wir nicht gänzlich einschneien wollen. Einige Männer auf Skiern klären auf.

Wünsche und ich sind bei der Sicherung und warten auf die Rückkehr des Spähtrupps. Dann werden wir wissen, ob wir die Fahrt durch die Schneelandschaft antreten können oder nicht.

Wir hocken hinter einer Schneewehe, da zeigt ein Posten aufgeregt nach vorn und flüstert das Wort — „Panzer!“ — Wahrhaftig, der Junge hat recht! Jetzt hören wir auch das tiefe Brummen des Motors. Der Panzer muß einige hundert Meter vor uns den Hang emporkommen. Schnell ist der Spitzenpanzer gewarnt. Feuerbereit sitzt der Richtschütze am Abzug. Still erwarten wir den Sowjetpanzer. Da, jetzt kann ich ihn erkennen! Langsam kommt er den Hang herauf. Max Wünsche flüstert: „Mensch, er dreht den Turm genau in unsere Richtung! Siehst du das Geschütz?“ — Plötzlich lacht ein Posten laut auf. Vor uns steht ein massiger sibirischer Ochse, dessen Kopf wir in einen Panzerturm verwandelt haben und in den Hörnern ein Geschützrohr zu erkennen glaubten. Das dichte Schneetreiben hat uns einen lustigen Streich gespielt. Trotz der bitteren Kälte lachen wir herzlich.

Eine Stunde später haben wir die Rotarmisten aus ihren warmen Nestern herausgejagt und das Dorf fest in unseren Besitz genommen. Es ist erst 18.00 Uhr, aber stockfinstere Nacht umgibt uns und läßt weder Freund noch Feind erkennen. Nur langsam rollen die Fahrzeuge ein. Die Dunkelheit macht eine Orientierung unmöglich. — Wir sitzen mitten im VI. russischen Garde-Kavalleriekorps. Unsere Artillerie und der Gefechtstroß sind vom Gros der Kampfgruppe abgeschnitten. Ein feindlicher Vorstoß hat das Marschband in zwei Hälften geteilt. Die Artillerie hat sich eingeigelt. Durch Funk erfahre ich, daß die feindlichen Stoßkeile schon 25 Kilometer westlich von uns stehen und sich im Angriff auf Krasnograd befinden. Krasnograd wird durch das schnell vorgeworfene Regiment „Thule" der Division „Totenkopf" gesichert. Die Masse der Division rollt noch auf der Eisenbahn zwischen Frankreich und dem Dnjepr!

Ostwärts Charkow kämpfen zwei verstärkte Regimentsgruppen einen verzweifelten Kampf. Den russischen Massenangriffen, die von starken Panzerkräften unterstützt werden, sind die Verteidiger von Smijew nicht gewachsen. Bei Rogan halten sich die dünnen eigenen Linien gegen stärkste, mit immer neuen Kräften geführte Angriffe. Der Kampf hat nichts Menschliches mehr an sich. Er wird brutal und mit wahnsinnigen Methoden geführt. Grauenhafte Roheiten haben die Sowjets an gefangenen Kameraden auf dem Flugplatz Rogan verübt. Hier werden nach einem Gegenstoß 50 ermordete Soldaten gefunden. Zehn Männern sind die Augen ausgestochen und einem der Geschlechtsteil abgeschnitten. Mit wenigen Ausnahmen weisen sie schwere Brandwunden auf. Zehn Männer sind nahezu verkohlt.

Auch im Norden Charkows stößt der Feind nach Wegnahme Belgorods mit einer Armee tief in den Raum nordwestlich Charkow vor. Bis zum Morgen des 13. 2. ist die Verteidigungsfront von Charkow an ihrem linken Flügel von Russkije Tischky — nördlich Russkoje — über Bahnhof Jemzow bis Feski verlängert.

Dem SPW-Bataillon der Leibstandarte unter Führung von Jochen Peiper gelingt es ostwärts Smijew, mit der 320. I.D. Verbindung aufzunehmen und feindliche Kräfte südlich Wodjanoje zu zerschlagen. Die Reste der 320. I.D. sind total abgekämpft und machen einen erbarmungswürdigen Eindruck. Über 1500 Verwundete haben den Elendszug durch die entsetzlichen Schneestürme überstanden und werden sofort durch die Transportmittel des Korps übernommen und versorgt. Die ausgehungerte Division wird von der Leibstandarte verpflegt.

Die sowjetische Flut stürzt weiter nach Westen vor und nähert sich Dnjepropetrowsk. Die gesamte Südfront ist in Gefahr. Auf Grund dieser Entwicklung erhalte ich Befehl, trotz der ernsten Lage um Charkow in Richtung Alexejewka vorzustoßen und die Vormarschstraße nach Westen zu sperren.

Noch immer wütet das Schneetreiben an der Charkowfront und peitscht den Schnee in die Optiken unserer Panzer, während wir weiter nach Osten vorstoßen. Russische Kräfte und meine Kampfgruppe stoßen aneinander vorbei. In der Mittagsstunde kreist ein Aufklärungsflugzeug über uns und wirft Rauchmeldungen ab. Wir sind von vorstoßenden Sowjets umgeben. 24 Stunden später erreichen wir Alexejewka und gehen zur Rundumverteidigung über. Wir sind nun die am weitesten ostwärts vorgeschobene Bastion an der Charkowfront.

Wird die Kampfgruppe ihre Aufgabe erfüllen können? Sie steht allein, ohne Artillerie, ohne Panzer und ohne Gefechtstrosse. Die Ortschaft ist groß. Auseinandergezogen liegt sie zu beiden Seiten der Straße. Bei einer Erkundung stoßen wir plötzlich mit einem russischen Spähtrupp zusammen und eröffnen das Feuer auf kaum 5 Meter Entfernung. Das Schneetreiben hat uns jede Sicht verwehrt. Obersturmführer v. Ribbentrop bricht einige Schritte rechts von mir zusammen. Ein Lungendurchschuß hat ihn in den Schnee geworfen. Über v. Ribbentrop kann ich mich am nächsten Morgen aufrichtig freuen. Er lehnt es ab, sich durch einen „Storch" in Sicherheit bringen zu lassen, solange sich noch ein verwundeter Grenadier im Kessel befindet. Wir sind fest eingeschlossen. Die Sowjets fluten beiderseits der Ortschaft an uns vorbei.

Voller Freude höre ich die Standortmeldungen von Max Wünsche. Er schlägt sich zu uns durch und bringt neben seinen Panzern auch die abgesprengte Artillerie und die Gefechtstrosse mit. Hoffentlich kommt er früh genug — wir benötigen dringend Betriebsstoff und Munition.

Am 13. 2. morgens erhält das SS-Panzerkorps durch die Armee-Abteilung den Befehl des Führers, die Stadt Charkow unbedingt zu halten. Daraufhin wird in der Nacht zum 14. 2. eine weitere Verengung der Abwehrfront Charkow durchgeführt, um Reserven aus der Front zu ziehen. Die neue Linie verläuft über Lisogubowka—Bolschaja Danilowka.

Das Korps weist aber bereits am Abend des 13. 2. darauf hin, daß auch diese Linie nur bis zum 14. 2. gehalten werden kann, da die Stadt bereits umgangen ist. Um Mitternacht befiehlt die Armee-Abteilung die Sprengung aller Lager sowie der militärischen und wehrwirtschaftlichen Anlagen.

Morgens gelingt es den Sowjets, in die dünnen, stützpunktartigen Linien nördlich Satischje einzubrechen. Auch ein feindlicher Panzerangriff von 40 Panzern bei Rogan führt zum Einbruch. Der Durchstoß zum Traktorenwerk Lossewo ist zu befürchten. Weiterhin verlieren wir Olschany, und damit halten die Russen die Versorgungsstraße Poltawa—Charkow unter Feuer.

Am südlichsten und ostwärtigsten Punkt der Abwehrfront um Charkow greifen die Sowjets unentwegt an und drohen uns in Alexejewka zu überwältigen. Bei einem Gegenstoß in Richtung Bereka vernichten wir mehrere Pak und fügen der feindlichen Infanterie erhebliche Verluste zu. Aber auch unsere Reihen werden gelichtet. Hauptsturmführer Knittel, der Führer der leichten gepanzerten Grenadierkompanie, erhält hierbei seine vierte Verwundung. Die Angriffe während der Dunkelheit sind besonders gefährlich, weil der angreifende Feind nicht zu sehen ist und wir sparsam mit der Munition umgehen müssen.

In der Nacht vom 13. auf den 14. 2. dringt der Feind in die Ortschaft ein und drängt uns in die Mitte des Dorfes zurück. Der Kampf hat seinen Höhepunkt erreicht. Die Grenadiere kämpfen mit dem Mute der Verzweiflung, aber es dauert nicht lange, und es gibt für uns keine Ausweichmöglichkeit mehr. Doch mitten in dieser ausweglosen Lage verändert sich das Geschehen in rasender Geschwindigkeit. Zusammengedrängt bilden die Panzerspähwagen eine ungeheure Feuerkraft, wie sie nun mit Sprenggranaten in die anstürmenden Sowjets hineinknallen und die mit Stroh gedeckten Häuser in Flammen aufgehen. Wir sitzen in der Mitte des Feuerkranzes und schießen aus der Dunkelheit in die hellerleuchteten Reihen der Russen hinein. Die Angriffswucht der Russen ist gebrochen. Unser sofort einsetzender Gegenstoß wirft sie vollständig aus Alexejewka hinaus und führt uns in die alten Stellungen zurück.

Das Regiment Witt versucht während dieser Zeit, von Norden her einen Durchstoß zu erzwingen und Verbindung mit der Kampfgruppe herzustellen. Nördlich Bereka stößt das Regiment jedoch auf so starke Sowjetverbände, daß es den Vorstoß in Richtung Alexejewka nicht erzwingen kann. Im Morgengrauen erkennen wir erneut Bereitstellungen der Rotarmisten ostwärts von Alexejewka und auch westlich der Ortschaft. Wenn beide Angriffe zur gleichen Zeit ausgelöst werden, ist unser Schicksal besiegelt.

Ich gehe die Stellung ab und spreche fast mit jedem Grenadier. Alle hocken stützpunktartig zusammen. Die Panzerabwehrkanonen sind von einem Kranz von Maschinengewehren umgeben. Galgenhumor empfängt mich, wie ich meine jungen Kameraden begrüße. Wir fühlen uns keineswegs unterlegen. Die russische Übermacht stört uns kaum, doch der Mangel an Betriebsstoff, unsere Unbeweglichkeit und der drohende Munitionsmangel bringen uns der Verzweiflung nahe.

Seit 48 Stunden ist der Kampfgruppe Luftversorgung zugesagt, doch bis jetzt haben wir noch kein Flugzeug gesehen. Die Wetterverhältnisse machen jede Versorgung unmöglich. Noch einmal gebe ich einen Lagebericht durch und bitte dringend um Munition. Während dieser Zeit beißt sich die Abteilung Wünsche immer näher an Alexejewka heran. Wird uns Wünsche rechtzeitig erreichen?

Erschüttert stehe ich im Schulraum zwischen meinen verwundeten Kameraden. Sie wissen über die Lage genau Bescheid und flehen mich an, sie nicht in russische Hände fallen zu lassen. Meine Augen suchen Dr. G., wir kennen das Schicksal verwundeter deutscher Soldaten, die den Sowjets in die Hände fallen. Wir erinnern uns an das grausige Ende des deutschen Kriegslazaretts Feodosia (Krim), das vorübergehend in russische Hände gefallen war, wo die Verwundeten nackt aus dem Fenster geworfen und mit Wasser übergossen worden waren. Über 300 festgefrorene Leichen wurden beim Gegenstoß auf dem Lazaretthof gefunden.

Dr. G. zieht die Schultern hoch, schüttelt den Kopf und dreht sich um. Die Stimmen meiner Kameraden reißen mir das Herz aus dem Leibe. Was soll ich tun? Erleichtert blicken mich die Jungen an, wie ich Befehl gebe, die Verwundeten mit Pistolen zu versorgen. Lieber mitten im Feuerregen stehen, als noch einmal eine solche Unterhaltung führen müssen.

Tief hängen die Wolken am Himmel. Wir hören Motorengeräusche. Aus dem Geheul der Motoren können wir entnehmen, daß wir gesucht werden. Plötzlich erkennen wir den Schatten einer He 111. Sollte das unsere Rettung sein? Nach einigen Minuten ist der Schatten wieder über uns und stößt dicht über Alexejewka herunter. Versorgungsbomben fallen vom Himmel. Doch leider bleiben nur einige intakt. Die Masse zerbirst unter der Wucht des Falles.

Jetzt gebe ich jede Hoffnung auf. Schnell ist der vorhandene Betriebsstoff auf einige Sturmgeschütze und Spähwagen verteilt — — wenn wir schon untergehen müssen, dann wollen wir noch einmal im stürmenden Panzer über die Steppe jagen und den Russen das Konzept verderben. Kampflos sollen sie uns nicht bekommen.

Mit dem Lagebericht melde ich die Kampfgruppe ab und nehme von unseren Kameraden Abschied, die jetzt mit der Karte in der Hand unser Schicksal verfolgen und auf das Ticken des Funkes hören. Erstaunt blicke ich in die Gesichter meiner Kameraden. Ihr Ausdruck scheint gelöst, fast neugierig. Nicht ein Gesicht zeigt die verzerrten Züge des Fanatismus. Ernst folgen sie meinen Worten. Ich gebe das Angriffsziel bekannt und klettere in den Panzer. Wird es unser letzter gemeinsamer Angriff werden? Langsam schieben wir uns aus der Mitte des Dorfes, an Ruinen und den Gräbern unserer Kameraden vorbei, an den Dorfrand heran. Einige hundert Meter vor uns rennen Rotarmisten hin und her. Sie können sich diese Bewegungsfreiheit erlauben, da wir ja keine Artillerie zur Verfügung haben und auch knapp an Munition sind. An die Möglichkeit eines Gegenstoßes scheinen die Sowjets nicht zu glauben. Inzwischen ist es Mittag geworden. Der Schneesturm hat nachgelassen — schüchtern gleiten einige Sonnenstrahlen über uns hinweg. Wie werden sich die Russen in unserem Rücken verhalten, wenn wir jetzt nach Osten angreifen?

Unser Panzer steht auf der Straße, die sich schnurgerade durch die Mitte der bereitgestellten Russen hinzieht. Ich will auf dieser Strecke mit Vollgas in die Sowjets hineinbrausen und die gepanzerten Teile in die Tiefe der feindlichen Bereitstellung führen.

Wir können nur dann Erfolg haben, wenn wir wie ein Blitz in die Sowjets hineinfahren und mindestens 24 Stunden Zeit gewinnen. In diesen 24 Stunden hoffe ich, mit den Russen westlich Alexejewka fertig werden zu können und glaube auch, daß bis dahin Wünsche den Durchstoß erzwingt.

Mein kleiner Kosak, der mich nun schon seit Rostow begleitet und mir treu ergeben ist, zeigt auf ein Rudel Sowjets im Hintergrund. Die dunklen Punkte sind überall zu sehen. Wir sitzen mitten in der Sch . . . .

Nur noch wenige Sekunden trennen uns vom Start in das große Unbekannte. Unser Fahrer tritt auf die Kupplung, spielt mit dem Gashebel, und die Stimme des Motors wird dunkler. Langsam setzt sich der Panzer in Bewegung. Links und rechts der Straße schieben sich die Sturmgeschütze vor, die Ruinen des Dorfes bleiben zurück.

Die Fahrt wird schneller. Halbketten-Panzer und Panzerspähwagen rasen den Sturmgeschützen vorweg. Die Geschütze geben für die leicht gepanzerten Fahrzeuge Feuerschutz. Wir sind Spitzenfahrzeug. Unser Tempo muß die Russen durcheinanderwirbeln. MG-Garben hämmern auf die Panzerung. Ich sehe nur die nichtendenwollende Straße vor mir und versuche die Geschwindigkeit zu steigern. Ketten wirbeln Schneewolken in die Luft, die wie gepeitschtes Wasser eines dahinschießenden Zerstörers aussehen. In Keilform zerschneiden wir die russischen Angriffswellen und wühlen uns tief in ihre Reihen. Schweres Granatwerferfeuer liegt vor uns auf der Straße. Durch! Nur jetzt nicht stehen bleiben! Wir müssen die Bereitstellung zerschlagen, oder wir gehen allesamt zum Teufel.

Ein besonders harter Schlag gegen die Panzerung spannt jeden Muskel an meinem Körper. Brandgeruch steigt mir in die Nase. Ein zweiter Schlag fährt mit ungeheurer Wucht in den Panzer hinein und bringt ihn zum Stehen. Unser Fahrer, Rottenführer Nebelung, stößt wilde Schreie aus. Flammen schlagen mir am Körper hoch. Ich sause aus dem Turm und liege mit Michel in der tiefen Spur des Panzers. Die Schreie aus dem Wagen machen mich kopflos. Ich arbeite mich in der Spur nach vorn und will unserem Fahrer helfen. Er muß sich mit der dicken Winterbekleidung irgendwie im Panzer verhakt haben, denn seine Einsteigluke ist geöffnet. Plötzlich werde ich am Bein festgehalten. Michel zerrt mich zurück und schreit: „Zurück! Kommandeur wichtiger für Truppe! Zurück! Ich hole Kameraden!" Der Kosak springt an den brennenden Panzer, zerrt unseren Kameraden heraus und wälzt ihn im Schnee. Granatwerfer- und MG-Feuer liegt um uns herum. Dicht an den Boden gepreßt kriechen wir in der Spur zurück. Vorstoßende Kameraden nehmen uns auf.

Erst jetzt stelle ich fest, daß wir die sowjetische Bereitstellung vollständig zerschlagen haben und die feindlichen Infanteristen in alle Himmelsrichtungen fliehen. Wir können den Erfolg leider nicht ausnutzen, denn unser Betriebsstoff geht zur Neige, und im Rücken steht eine weitere feindliche Angriffsgruppe zum Stoß bereit.

Nach Rückkehr in unsere Ausgangsstellung stellen wir fest, daß Michel eine Reihe Granatsplitter im Genick hat und unser Fahrer außer geringen Brandverletzungen keine ernste Verwundung davongetragen hat. Gefechtslärm im Rücken, also westlich von Alexejewka, versetzt uns in freudige Erregung. Dieser Lärm kann nur den gelungenen Durchstoß von Max Wünsche bedeuten. Und es stimmt. Die Panzerabteilung hat sich durch starke feindliche Kräfte hindurchgebissen und bringt uns reichlich Munition und Betriebsstoff. Wir sind wieder voll einsatzfähig und schlagen uns auf Befehl der Division am nächsten Morgen zurück.

Während des Kampfes in der Richtung nach Westen lernen wir eine neue Phase des unmenschlichen Krieges kennen. Es ist unmöglich, sowjetische Soldaten von harmlosen Zivilisten zu unterscheiden. Erstmalig werden Kameraden in Ortschaften und auch im Gelände überfallen, ohne daß feindliche Truppen festgestellt werden können. Wir werden nervös. Die Bevölkerung wagt nicht, verborgene Rotarmisten zu verraten. Die Einsatzfreudigkeit der Sowjets und die Haltung der Bevölkerung verlangen besondere Wachsamkeit von uns. Mein alter Kamerad Fritz Montag, der als Führer der Stabskompanie eingesetzt ist, fährt in eine Minensperre und verliert beide Beine oberhalb der Kniegelenke. Er wird in einer Beiwagenmaschine bei vollem Bewußtsein zu mir gebracht. Einige Tage später wird er in Poltawa an der Seite des Generals v. Briesen beigesetzt. Der Kampf hat einen hinterlistigen Charakter angenommen.

Inzwischen hat sich die Lage um Charkow katastrophal entwickelt. Entgegen aller Vernunft soll die Stadt gehalten werden. Da der wiederholte Antrag des SS-Panzerkorps, Charkow aufzugeben, unter Hinweis auf den Befehl vom 13. 2. abgelehnt wird, ist der Kommandierende General entschlossen, selbständig den Befehl zum Zurücknehmen der Truppe zu geben, um ihre Einschließung zu verhindern und sie für die notwendige Gegenoffensive freizumachen.

An der ostw. Front dringen am späten Nachmittag des 14. 2. von Südosten durchgebrochene Feindteile in den Stadtteil Ossnowa ein. Das zum Gegenstoß eingesetzte SPW-Bataillon Peiper beißt sich im Nachtgefecht fest, ohne den Ortsteil von dem sich dauernd verstärkenden Gegner säubern zu können. In der Stadt selbst beginnen Zivilisten mit bewaffneten Ausschreitungen. Durchmarschierende Kolonnen erhalten Feuer aus den Häusern.

In dieser Lage befiehlt die Armeeabteilung am 14. 2. abends, daß die Angriffsgruppe des Korps den Angriff nach Süden einstellt und das gewonnene Gelände hält. Die Gruppe soll Kräfte zur Verstärkung der Verteidigung der Stadt ausscheiden und eine gepanzerte Gruppe nach Walki schicken, um von dort das feindbesetzte Olschany wieder zu nehmen. Dieser Befehl ist undurchführbar, denn das Heranführen der für diese Aufträge notwendigen Kräfte würde bei den Wegeverhältnissen zwei Tage dauern. Der Kommandierende General schildert am Abend nochmals die Lage, um den Befehl zur Aufgabe Charkows zu erwirken. Während der Nacht zum 15. 2. ist der Gegner im Rücken unserer Truppen in den Nordwest- und Südostteil der Stadt eingedrungen. Einer Panzerabteilung der SS-Panzerdivision „Das Reich" gelingt es, im Gegenstoß dem Feind im Nordwesten schwere Verluste zuzufügen. Der feindliche Vorstoß ist vorübergehend aufgehalten. Noch einmal meldet das Korps den Ernst der Lage an die Armee. Bis zum 15. 2. mittags fällt keine Entscheidung.

In dieser letzten noch möglichen Stunde gibt der Kommandierende General am 15. 2., 12.50 Uhr, den Befehl an die Division „Das Reich", die Stellung zu räumen und sich bis zum Udy-Abschnitt durchzukämpfen, um die Einschließung von anderthalb Divisionen zu verhindern. Mit Unterstützung der Panzer gelingt es, die Truppe gerade noch rechtzeitig durch Charkow und südostwärts an der Stadt vorbei zurückzuführen.

Um 13.00 Uhr wird dieser Entschluß der Armeeabteilung gemeldet. Der Kommandierende General begibt sich zur kämpfenden Truppe. Um 16.30 Uhr geht erneut ein Armeebefehl ein, der die Verteidigung unter allen Umständen fordert. Die Antwort des Kommandierenden ist: „Es bleibt dabei — Charkow wird geräumt!"

Die Entscheidung General Haussers hat Tausenden das Leben gerettet oder jahrelange Gefangenschaft erspart. Darüber hinaus kann jetzt eine verkürzte Widerstandslinie gebildet werden, für welche die vorhandenen Kräfte wirklich ausreichen. Das weitere Vordringen des Feindes in dem bisherigen Tempo kann durch planmäßige Abwehr gestoppt werden. Am 16. 2. schlagen sich die Nachtruppen der Division „Das Reich" durch die Stadt zurück.

DER GEGENANGRIFF

Es ist schon ein Erfolg, daß durch die Aufgabe Charkows die Einschließung von anderthalb Divisionen verhindert wurde und die Abwehr an einer erheblich verkürzten Front geführt werden kann. Die entscheidende Bedeutung des Entschlusses liegt in dem Freiwerden der Masse des SS-Panzerkorps für die Fortsetzung des Angriffs nach Süden zur Vereinigung mit der Heeresgruppe Süd, der die Armeeabteilung unterstellt wird. Denn am Nordrand des Donez-Beckens hat sich die Lage folgendermaßen entwickelt: Der Feind hat mit massierten Panzer- und Schützenverbänden des Generals Popow die Heeresgruppe Süd bei Slawjansk überflügelt und befindet sich im zügigen Vorgehen über Pawlograd—Nowomoskowsk auf den Dnjepr. Seine Aufklärung dringt bereits bis auf Dnjepropetrowsk und Saporoschje vor, sein linker Flügel bis Krassnoarmeiskoje. Eigene kampfkräftige Verbände stehen am Dnjepr kaum zur Verfügung. Die aus Urlaubern und Splitterverbänden zusammengeraffte Gruppe Steinbauer wird von Dnjepropetrowsk nach Nowomoskowsk geworfen und sichert den Westteil der Stadt; der Ostteil ist bereits feindbesetzt. Die 15. I.D. befindet sich in Dnjepropetrowsk beim Ausladen und hat eine Regimentsgruppe zur Sicherung nach Sinelnikowo vorgeschoben.

Der linke Flügel der 6. sowjetischen Armee, die mit starken Teilen vor der Front der Leibstandarte steht, hat zur südlichen Umfassung des SS-Panzerkorps angesetzt und die Straße Krasnograd—Nowomoskowsk mit den Spitzen mehrerer Divisionen nach Westen überschritten und mit Teilen bereits nach Nordwesten eingedreht. Weitere Kräfte zielen auf Dnjeproserschinsk. Sofortige Gegenmaßnahmen sind eine Lebensfrage der Heeresgruppe Süd.

Nach Räumung der Stadt Charkow können die beiden SS-Divisionen wieder geordnet werden. Die Division „Das Reich" wird auf dem rechten Flügel des Korps im Raume Krasnograd versammelt und tritt am 19. 2. aus dem Raum nordostwärts Krasnograd gegen den von Osten drückenden Gegner. Die Leibstandarte bleibt unter allmählicher Zurücknahme ihres linken Flügels angelehnt an das Korps Raus in der erreichten Linie in der Abwehr stehen und unterstützt durch örtliche Gegenangriffe das Vorgehen der Division „Das Reich".

Die Truppe atmet auf. Endlich sind die Tage des Rückzuges vorbei, die Stunde des Gegenangriffs ist gekommen. Der Ernst der Lage und die Bedeutung des bevorstehenden Kampfes ist jedem Manne klar.

Meine Kampfgruppe erhält Befehl, das SPW-Bataillon Peiper in Jerémejewka abzulösen und das weitere Vorgehen der Sowjets zu stören. Wir durchstoßen die Stellungen des Bataillons Kraas, das weit auseinandergezogen eine stützpunktartige Verteidigungslinie hält. Das Bataillon hat eine Front von gut 5 Kilometer Breite zu halten. Es löst diese Aufgabe so, daß es täglich die durch die Stützpunkte durchgebrochenen Sowjets in Gegenangriffen vernichtet und abends die Stützpunkte zu feuerspeienden Igeln gestaltet.

Zehn Kilometer vor der eigentlichen Front treffe ich auf Jochen Peiper, der die Ortschaft Jeremejewka nach harten Kämpfen genommen hat und die vorgeschobene Bastion an mich übergeben muß. Mehrere vernichtete T 34 dienen unseren Gefechtsvorposten als Windschutz gegen den kalten Schneesturm, der ununterbrochen aus dem Osten heranbläst.

Jochen Peiper weist mich in die Lage ein und macht besonders auf starke Truppenbewegungen ostwärts Jeremejewka aufmerksam. Die Sowjets stellen sich augenscheinlich zum Angriff bereit.

In eisiger Kälte wird Jeremejewka zum Stützpunkt ausgebaut. Ich beabsichtige, von hier aus mit den gepanzerten Teilen der Kampfgruppe blitzartige Angriffe in die vorgehenden Sowjets zu führen. Südlich unseres Stützpunktes beobachten wir starke russische Verbände, die sich in Richtung Krasnograd bewegen und nur schwache Sicherungen gegen uns einsetzen. Von der vorgeschobenen B-Stelle können wir das Marschband haargenau beobachten und absolut sichere Feststellungen treffen. Ein verstärktes russisches Regiment stößt an uns vorbei und fühlt gegen Krasnograd vor. Das feindliche Regiment bietet die nur schwach abgesicherte Flanke dar. Es fordert unseren Angriff direkt heraus.

Beim Hellwerden am nächsten Tag rollt die Kampfgruppe ohne Artillerie nach Süden und läßt den Stützpunkt in der Obhut der Artilleristen, Troßfahrer und Panzerjäger zurück. Das Verlassen des Stützpunktes wird vom Gegner unbemerkt durchgeführt. Das diesige Wetter begünstigt unser Vorhaben. Die Artillerie schießt Störungsfeuer in erkannte Bereitstellungen ostwärts Jeremejewka, um den Gegner über unsere wahre Absicht zu täuschen.

Unser Marschband ist in den Schneemassen kaum zu erkennen. Jedes Fahrzeug ist mit weißer Tarnfarbe versehen, und die Truppe trägt Schneehemden oder weiße Winterbekleidung. Schnell schlängeln wir uns durch das wellige Gelände dahin.

Hinter einer kleinen Höhe hält die Kampfgruppe. Feindliche Kolonnen ziehen unentwegt nach Westen. Ein langgestrecktes Dorf nimmt das sowjetische Marschband auf und verbirgt es unseren Blicken. Rund 1000 Meter trennen uns noch von den Sowjets. Sollen wir es wagen und die langsam abfallende Straße hinunterstürmen? Seit nahezu 24 Stunden marschieren die Rotarmisten nach Westen. Ist die Übermacht nicht zu groß? Rennen wir nicht in einen todbringenden Pakschirm hinein? Ich stehe mit dem Kommandeur der Panzerabteilung, Wünsche, und den Kompanieführern der Aufklärungsabteilung an der Spitze der Kampfgruppe und suche die geeignete Angriffsform. Auch hier halte ich Schnelligkeit für die beste Waffe. Es ist meine Absicht, unter dem Feuerschutz einiger Panzer mit einer Kompanie der Aufklärungsabteilung mitten in die Sowjets hineinzustoßen, das Marschband zu zerschneiden und nach Westen hin aufzurollen.

Eine Gruppe auf Schwimmwagen meldet sich freiwillig als Spitze. Die Jungen wissen, womit sie rechnen müssen. Sicherlich ist die Flanke des feindlichen Marschbandes durch Minen gesichert.

In wenigen Minuten ist alles startbereit. Die Räder mahlen im Schnee und fassen langsam an. Sie werden schneller, erreichen die höchste Erhebung und brausen dann mit Volldampf auf den Dorfeingang zu. Die Überwindung des freien Geländes muß so schnell vor sich gehen, daß der Feind keine Zeit zu Gegenmaßnahmen findet. Wie ein entfesselter Sturm rasen die Fahrzeuge den Hang hinab. Panzer schieben sich links und rechts der Straße auf die Höhe und jagen ihre Granaten in die Sowjets hinein. Schweres Granatwerferfeuer verstärkt die Wirkung der Panzer. Ich befinde mich in der Spitzenkompanie und hänge seitwärts am Kübelwagen, während der erste Schwimmwagen in die Luft fliegt und meine Kameraden mit zerschmetterten Gliedern liegen bleiben. Ohne auch nur eine Sekunde zu bremsen, übernimmt der zweite Wagen die Spitze und wird im nächsten Augenblick zerrissen. Wie ein Pfeil fliegt die Kompanie über die Sprengstellen hinweg. Unsere Kameraden haben uns im wahrsten Sinne des Wortes den Weg gebahnt. Die Minensperre ist durchstoßen. Im Schnee liegen die zerrissenen Glieder der beiden Fahrer und die weniger verwundeten Schützen. Der Gruppenführer hat beide Beine verloren. Wir können nicht helfen, aber die nachfolgende Kompanie kümmert sich um die Gruppe.

Die Sowjets verlassen die Dorfstraße fluchtartig und stürzen in die Häuser oder versuchen ihr Heil in der Flucht nach Süden. Auf der weißen Schneefläche werden sie von den Maschinengewehren hingestreckt. Mitgeführte Geschütze werden von unseren Panzern überrollt, zur Seite gedrückt oder zu einem Knäuel zusammengeschoben. Die angerichtete Zerstörung ist unbeschreiblich. Einige Panzer feuern Schuß auf Schuß in das ostwärts dahinziehende Marschband und zwingen diese Einheiten zu wilder Flucht nach Osten, die durch Hineinstoßen der Panzer noch beschleunigt wird.

Wie von einer Riesenfaust wird das Marschband von den rasenden Panzern zerschmettert. Die Geschwindigkeit offenbart sich wiederum als eine fürchterliche Macht. Kaum einer der vielen russischen Pak gelingt es, abzuprotzen und in Stellung zu gehen. Sie werden meistens von den knirschenden Ketten und vom Gewicht der Panzer zermalmt. Innerhalb weniger Minuten ist das langgestreckte Dorf durchstoßen und die Vormarschstraße in eine Straße des Elends verwandelt. Zerborstener Stahl ist mit dem Fleisch sibirischer Zugochsen vermengt. Die Ochsen dienten als Zugtiere für die Pak Vom Dorfrand aus geht die Jagd nach Westen weiter. Die Sowjets sind vollständig überrascht. Sie verstehen nicht, wie der Tod sie von rückwärts ereilen kann. Fast ohne jede Gegenwehr fällt die Kolonne dem Ansturm zum Opfer. Zwischen den letzten Häusern des Dorfes steht ein beschädigter Panzer, der von einer russischen Pak, die keine 150 Meter rückwärts in einem Obstgarten steht, abgeschossen ist. Infanteristen sind gerade dabei, die Pak zu vernichten, da fährt eine MG-Garbe zwischen uns. Blitzschnell nehmen wir auf der anderen Seite des Panzers volle Deckung. Nur Franz Roth, der immer einsatzfreudige Kriegsberichter, hat es nicht mehr geschafft. Mit einem

Brustschuß zerren wir ihn in Deckung und bringen ihn in ein Häuschen, wo er sofort von Dr. Gatternig versorgt wird. Roth stirbt einige Tage später im Lazarett. Er war einer unserer besten Bildberichter.

Unter den Leuchtspurgranaten geht das nächste Dorf in Flammen auf. Auch hier rennen die Rotarmisten um ihr Leben und sterben im Feuer der Maschinengewehre. Die Jagd geht noch bis in ein weiteres Dorf hinein und treibt die Sowjets in wilder Flucht auseinander. Geräte und Waffen bleiben als Trümmer auf der Strecke zurück. Die Gefahr in unserer Südflanke ist vorläufig beseitigt. Bei Anbruch der Dunkelheit kehren wir müde in unseren Stützpunkt zurück. Die Zerschlagung des russischen Marschbandes hat uns zwei Gefallene und mehrere schwerverwundete Kameraden gekostet. Die Schnelligkeit des Handelns, die Ausnutzung der Bewegungsfreiheit sowie der Einsatz der Feuerkraft haben uns den Erfolg gebracht.

Ostwärts Jeremejewka haben sich nach der Gefechtsbeobachtung weitere feindliche Kräfte in den Bereitstellungsraum geschoben. Mit dem Angriff dieser Truppen muß in kürzester Frist gerechnet werden.

Inzwischen greift die Division „Das Reich" mit drei Angriffsgruppen nach Süden an und zerschlägt starke Feindansammlungen ostwärts Krasnograd. Der Angriff gewinnt Boden und wird in der Nacht zum 20. 2. fortgesetzt. Die Panzerspitze jagt durch die Nacht nach Süden. Schlag auf Schlag trifft in die Flanken der nach Westen die Straße kreuzenden Feindkolonnen. Eine Verfolgungsgruppe löst die andere ab, bis am 20. 2. um 14.00 Uhr die Spitze der Division Nowomoskowsk erreicht und Verbindung mit den Sicherungskräften der Gruppe Steinbauer herstellt.

Die Luftwaffe unterstützt die eigenen Angriffsspitzen durch Stuka-Einsätze auf die feindlichen Widerstandsnester und fügt den zusammengeballten Kräften schwere Verluste zu. Die Feindverbände, die schon westlich der Straße Krasnograd—Nowomoskowsk stehen, fluten zurück. Weiter südlich folgen jedoch große Feindmassen den vor Nowomoskowsk haltenden Spitzen.

Pawlograd wird als nächstes Angriffsziel der Division „Das Reich" befohlen, denn von dort stoßen starke sowjetische Verbände über Sinelnikowo auf das Dnjepr-Knie südlich Dnjepropetrowsk. Nach harten Kämpfen gewinnt die Division „Das Reich" Anschluß an das XXXXVIII. Panzerkorps ostwärts Pawlograd.

Unabhängig von den Vorgängen südlich Jeremejewka wird es Zeit, in den sowjetischen Bereitstellungsraum bei Nischnij Orel zu stoßen und dem Angriff der Russen zuvorzukommen. Ich habe Hemmungen, während ich den Einheitsführern den Entschluß bekanntgebe. Max Wünsche ist Feuer und Flamme. Ich habe die Absicht, die Panzerabteilung mit einer SPW-Kompanie und 2 Kompanien aufgesessener Infanterie weit nach Norden zu führen, dann nach Südosten einzudrehen und von rückwärts in den Bereitstellungsraum einzubrechen. Der Aufklärungszug hat den Weg bereits erkundet und markiert. Die Bewegungen sollen so durchgeführt werden, daß wir beim Hellwerden im Rücken des Feindes stehen. Um diese Zeit sollen unter der Mitwirkung der Artillerie sämtliche Troßfahrer, und was sonst noch Beine hat, einen Scheinangriff führen und so die Aufmerksamkeit der Russen nach Westen lenken.

In dunkler Nacht steht Fahrzeug hinter Fahrzeug bereit und wartet auf das Anfahren der Spitze. Langsam rollen wir in die Nacht. An den Wendemarken weisen Panzer die Richtung und schirmen gleichzeitig ab. Im hohen Schnee ist das Rummeln der Panzer kaum zu hören. Wie auf tausend Katzenpfoten schlängeln wir uns unserem Ziel entgegen. Wir sind zu schnell gefahren. Zwischen zwei Ortschaften (wir haben jede Ortschaft umfahren) warten wir auf den gewünschten Augenblick. Die Panzer fahren auf. Dicht beieinander erwarten wir den ersten Schimmer des Tages. Stehen wir richtig? Haben wir uns nicht verfahren? Hat uns der Feind auch nicht bemerkt? Viele Wenn und Aber vertreiben mir die Zeit. Endlich glaube ich die Umrisse eines hinter mir stehenden Panzers zu erkennen. Er steht vielleicht 100 Meter hinter der Spitze. Das ist genug Licht für einen Überraschungsangriff. Der Zeitpunkt ist da. Der Sprechfunk tritt in Tätigkeit. Ich gebe den Feuerbefehl für die Artillerie in Jeremejewka. Gespannt wartet alles auf die ersten Granaten. Die Einschläge werden zeigen, ob wir die richtige Stelle angefahren haben.

Es stimmt — halbrechts vor uns hämmern unsere Haubitzen auf die Stellung der Russen. Grelle Blitze leuchten zu uns herüber. Die 2-cm-Leuchtspurgeschosse der Panzerspähwagen zeigen die gewünschten Ziele. Maschinengewehr- und Gewehrfeuer rasselt an der gesamten Front. Granatwerfer plumpsen in das Dorf. Der vorgeschobene Artilleriebeobachter faßt das Feuer jetzt zusammen und leitet es auf unsere Einbruchstelle. Wir stehen seitlich von den Einschlägen und können die Wirkung genau beobachten. Am Mündungsfeuer erkennen wir die feindliche Artilleriestellung; die Batterien stehen keine 400 Meter vor uns. Die Sowjets haben uns noch nicht bemerkt.

Jetzt ist der Augenblick gekommen! Auf breiter Front preschen die Panzer in die tiefe Flanke des Gegners und eröffnen auf kürzeste Entfernung das

Feuer. Feindliche Pak kommt überhaupt nicht mehr zum Schuß. Sie steht mit Schußrichtung auf Jeremejewka und ist sehr tief gegliedert. Doch was nützt diese Gliederung? Der russische Panzerabwehroffizier hat nicht an Rücken und Flanke gedacht. Die abgesessene Infanterie springt in die Häuser und holt die überraschten Sowjets heraus. Panzervolltreffer jagen mehrere Lastwagen in die Luft, auf denen Stalin-Orgeln montiert waren. Ein gefährliches Feuerwerk steigt in den Himmel. Die Wagen lösen sich buchstäblich auf. Nur Teile prasseln auf uns herab.

Eine Panzerkompanie sichert nach Osten und stößt hierbei in eine feindliche Artillerieabteilung hinein. Pioniere sprengen die Geschütze. Der Straßen- und Häuserkampf ist kurz und schmerzlos. Die Sowjets sind wie gelähmt. Diesen Vorstoß haben sie nicht erwartet. Der russische Divisionskommandeur fällt auf der Flucht. Seine Leiche wird in einem Obstgarten gefunden. Sprungweise arbeiten wir uns von Haus zu Haus vor. Obersturmführer Bohr — Vertreter Bremers — bricht einige Meter vor mir zusammen. Ein Bauchschuß hat ihn in den Schnee geworfen. Beim Einbruch in ein größeres Gebäude warnt mich ein Grenadier vor Dachschützen, die durch die Strohdächer hindurch auf uns feuern. Mit einem Kopfschuß bricht der brave Grenadier während des Sprunges zusammen. Das Haus geht in Flammen auf. Ein Stabsoffizier läuft uns in die Arme. Es ist der 1. Generalstabsoffizier der russischen Division. Innerhalb einer Stunde gehört das Dorf uns. Unsere Artillerie leistet ihr Meisterstück. Wie eine alles zerschmetternde Faust saust sie vor uns her. Es ist aber auch kein Wunder, der V. B. sitzt ja mitten zwischen uns und damit auch mitten im Feind.

Die feindliche Stellung wird auf zwei Kilometer aufgerollt, und die Russen werden vollständig versprengt. In wilder Flucht rennen dunkle Punkte über die weiten Schneeflächen. Feindliche Pak zerbrechen unter der Last der Panzer. Sie stehen alle nach Westen in Stellung, aber der Todesstoß folgt aus ostwärtiger Richtung.

Dichter Qualm liegt über der Ortschaft, während die letzten Schüsse durch den Morgen pfeifen und den Kampf beenden. Sankas rollen nach Westen. Die gefallenen Kameraden liegen in Zeltbahnen vor mir, als wir voneinander Abschied nehmen und sie anschließend auf die Panzer verteilt werden. Es bleibt keiner zurück. Ihr Friede soll nicht gestört werden. In der Vergangenheit haben wir festgestellt, daß bei Aufgabe eines Abschnittes die Russen die Gräber plündern und zerstören.

Der russische Stabsoffizier macht einen guten Eindruck und zeigt eine vorbildliche Haltung. Das Häuschen müssen wir fluchtartig verlassen, weil das Strohdach Feuer gefangen hat und wie Zunder brennt. Bereitwillig antwortet der Oberstleutnant auf alle Fragen, die nicht mit der unmittelbaren Kampfhandlung in Zusammenhang stehen. Er ist vor einigen Tagen zur Truppe versetzt worden und hat gerade einen Lehrgang auf der „Frunseschule" in Moskau beendet. Bevor er zur Division geschickt wird, verabschieden wir uns voneinander und er sagt: „Wir werden mit der Hilfe Amerikas den Krieg gegen Deutschland gewinnen. Sie verlieren jetzt — aber doch werden wir eines Tages Freunde sein und den Kampf gemeinsam fortsetzen und auch siegreich beenden."

Gegen 15.00 Uhr ist der letzte Panzer wieder in Jeremerewka gelandet. Erschüttert nehme ich von Obersturmführer Bohr Abschied. Bereits vom Tode gezeichnet meldet er sich ab und fragt: „Darf ich zur Abteilung zurückkommen?" Auf der Fahrt zum Feldlazarett geht er für immer von uns.

Die grimmige Kälte pfercht uns in den wenigen Häusern zusammen, nur die notwendigste Sicherung muß draußen aushalten. Meine Kameraden stimmen plötzlich ein Jubelgeheul an und stürmen wie die Wilden über mich her. Meine Hand schmerzt unter dem Druck ihrer Hände. Völlig überrascht höre ich, daß der Abteilung das Eichenlaub zum Ritterkreuz verliehen worden ist.

Nach der ersten Überraschung verlasse ich die Hütte und suche meine gefallenen Kameraden auf. Kein Laut ist zu hören. Die Front schweigt. Nur in der Ferne leuchten grelle Blitze. Die Grabstelle ist kaum zu erkennen. Weder Kreuz noch Stein kennzeichnen den letzten Ruheplatz. Der Schnee ist festgetrampelt und hebt sich kaum von der Umgebung ab. Unsere Kameraden sollen nicht gestört werden. Wir wollen sie vor Grabschändern schützen. Schneeflocken fallen vom Himmel und verdecken das wie eine tiefe Wunde wirkende Grab. Die düstere Stelle verschwindet. Der Herrgott deckt die Narben zu. Ich kann mich über die Auszeichnung nicht freuen — unter mir ruht der Grenadier, der mich heute morgen vor den heimtückischen Dachschützen gewarnt hat. Ohne seine Warnung läge ich jetzt vielleicht an seiner Seite.

Ich bin ins Führerhauptquartier befohlen und fliege 24 Stunden später von Poltawa nach Winiza. Das Quartier zeichnet sich durch Einfachheit aus. Als erstes bitte ich um ein Telefongespräch mit meiner Frau in Berlin. In wenigen Minuten ist die Verbindung hergestellt, und ich erlebe die große Freude, mich mit meiner Frau und unseren Kindern unterhalten zu dürfen.

Danach werde ich zu Adolf Hitler geleitet. Er begrüßt mich herzlich, überreicht mir die Auszeichnung und fordert mich zum Platznehmen auf. Über eine Stunde lang höre ich nun von den Anstrengungen in der Heimat und an den Fronten. Die Tragödie von Stalingrad scheint schwer auf ihm zu lasten, denn immer wieder kehren seine Gedanken zur 6. Armee zurück. Es ist für mich aufschlußreich, daß er keinen Offizier wegen seines Verhaltens in Stalingrad belastet. Wegen der dauernden Luftangriffe auf die Heimat macht er sich erhebliche Sorgen, und ich habe das Gefühl, daß ihm das Leid der Bevölkerung besonders am Herzen liegt. Körperlich macht Hitler einen guten Eindruck. Seine Stimme ist ruhig und seine Ausführungen über die Verhältnisse an der Front sind absolut sachlich. Irgendwelche Prognosen stellt er nicht. Er weiß, daß der Krieg noch lange dauern wird, und sieht in Churchill seinen ärgsten Feind.

Wir sitzen eine Stunde ungestört beieinander. Ich habe Gelegenheit, ihm einen ungeschminkten Bericht von der Front zu geben und hierbei auch auf die Mängel in der Bewaffnung und Ausrüstung hinzuweisen. Adolf Hitler unterbricht mich nicht. Er hört sich alles geduldig an und macht sich zuweilen Notizen. Nach dem gemeinsamen Essen sitze ich mit General Stief und anderen Herren zusammen, und wir unterhalten uns über den Ablauf des Krieges und über seine Weiterführung. Stief fordert mich einige Wochen später auf, ihn zu besuchen, weil er mit mir einige Fragen besprechen wolle. Ich habe keine Gelegenheit, diesen Wunsch zu erfüllen, da ich zur Panzertruppenschule kommandiert bin. General Stief wird später im Zusammenhang mit dem 20. Juli erhängt.

Innerhalb von 48 Stunden bin ich wieder in Poltawa und klettere in einen „Storch", der mich zum Divisionsstab bringt. Die Kampfhandlungen haben inzwischen einen günstigen Verlauf genommen.

Durch den Stoß der Division „Das Reich" von Krasnograd nach Süden sind starke Kräfte des Feindes geschlagen, die Angriffsspitzen sind gebrochen. Aber noch stehen erhebliche Kräfte ostwärts der Straße Krasnograd—Nowomoskowsk. Zur Vernichtung dieses Feindes und zur Herstellung der Verbindung mit der Leibstandarte, nordostwärts Krasnograd, werden neue Kräfte gebraucht. Hierzu wird die dringend erwartete SS-Division „Totenkopf", welche inzwischen im Raum um Poltawa ausgeladen ist, dem SS-Korps unterstellt und um Pereschtschepino versammelt.

Am 22. 2. tritt die Division „Totenkopf" zum Angriff nach Südosten an. Sie stößt in drei Kolonnen in den Raum zwischen Ssamara- und Orelabschnitt. Die dort stehenden Feindkräfte werden vernichtet.

Die vorstoßenden Spitzen der feindlichen Massenbewegung sind abgeschlagen, aber der Feind ist trotzdem immer noch zu weiteren Angriffen fähig. Die Masse der 1. sowjetischen Gardearmee ist erst noch im Anmarsch, denn der Gegner scheint der Ansicht zu sein, daß der plötzlich offensiv werdende Verteidiger bald wieder in seinem Schwung erlahmen muß. Auch gegen die Front der Leibstandarte führen die Russen neue Kräfte heran. Teile der Gruppe Popow sind bereits durch die rechts operierende 1. deutsche Armee abgeriegelt worden. 5 feindliche Panzerkorps sind jedoch noch vor der 4. Panzerarmee im Vorgehen nach Westen.

Die etwa seit dem 20. 2. einsetzende mildere Witterung begünstigt die Angriffsoperationen. Die Straßen sind meist schon schneefrei und haben die Beweglichkeit der motorisierten Verbände erheblich erhöht. Es kommt darauf an, den nach Nordosten entweichenden Gegner nicht von der Klinge zu lassen, sondern zu stellen und zu schlagen.

Die Angriffsdivisionen haben sich in schmalen Stoßkeilen mit starken Seitendeckungen auf Nebenwegen vorwärtsgekämpft. Der sich an die Ortschaften klammernde Gegner wird in raschen Schlägen, bei guter Unterstützung durch die Luftwaffe, geworfen und seine Marschbewegungen, die immer noch nach Südwesten gerichtet sind, werden durchstoßen. Um 14.00 Uhr wird Losowaja genommen. Jedoch werden die rückwärtigen Verbindungen der Angriffsdivisionen und damit die linke Armeeflanke aus dem Raum zwischen Samara- und Orelabschnitt durch den geschlagenen und von seinem Nachschub abgeschnittenen Feind stark bedroht. Er hat Rückzugsbefehl mit Sammelpunkten um Orelka, Losowaja, Panjutina gegeben und schlägt sich in kleinen, durch Panzer verstärkten Gruppen nach Osten und Nordosten durch. Andere Feindteile, abseits der Hauptvormarschstraßen, ziehen sich an den folgenden Tagen aus der Gegend südlich Pawlograd nach Norden. Einer ihrer Verbände mit Panzern greift am 28. 2. den Korpsgefechtsstand Jurjewka, ein anderer starker Verband kurz danach den Gefechtsstand der 15. I.D. in Orelka an.

Die erste Aufgabe ist am 27. 2. erfüllt. Die feindliche Stoßgruppe Popow ist ihrer Angriffskraft beraubt, mit ihrer Masse aus dem Einbruchsraum herausgedrückt und an der Erreichung ihrer Ziele gehindert worden.

Inzwischen hat die Leibstandarte ihren Abwehrauftrag in offensiver Kampfführung gelöst. Trotz der großen Breite des Divisionsabschnitts haben Stoßgruppen durch ständige Angriffe, bald auf dem einen, bald auf dem anderen Flügel, dem Feind schwerste Verluste zugefügt und dabei den feindlichen Vorstoß auf Poltawa aufgehalten.

Seit dem 28. 2. ist vor dem rechten Flügel der Leibstandarte eine feindliche Umgruppierung im Gange. Der Gegner zieht aus dem Raum Ljubotin-Walki 2 Panzerkorps und 3 Schützendivisionen der 3. sowjetischen Panzerarmee ab, um sie dem SS-Panzerkorps entgegenzuwerfen. Der Versammlungsraum ist noch nicht zu erkennen.

Es beginnt eine neue Phase des eigenen Angriffs. Die Stoßrichtung wird nach Nordwesten eingedreht; erstes Angriffsziel soll die Linie — Höhen ostwärts Bereka — Jefremowka sein. Damit liegt vor dem SS-Panzerkorps ein von den Februarkämpfen noch gut bekanntes Gelände. Die Armee will mit dem rechten Flügel den Donez erreichen, während das SS-Panzerkorps das Höhengelände von Jefremowka nehmen soll, um sich mit der Leibstandarte am Ostflügel des Frontbogens der Armeeabteilung Kempf zu vereinigen.

Am 1. 3. stößt die Division „Das Reich“ auf der Straße Krasnograd—Oktjabrskij vor und führt am 2. 3. den Stoß weiter auf das Höhengelände nordostwärts Paraskoweja mit dem Ziel: Höhen um Starowerowka. Am 2. 3. wird Bereka durch das XXXXVIII. Panzerkorps genommen.

Im Orelgrund stößt, durch den Zustand der Wege stark behindert, die Division „Totenkopf“ nach Norden und nimmt am Abend des 1. 3. Lissowinowka. Sie wird am 2. 3. nach Nordwesten eingedreht, um den im Raum Nischnij Orel—Jeremejewka gemeldeten Feind zu vernichten. Die Kampfgruppe Baum trifft ostwärts Nischnij Orel auf harten Widerstand. Aus den Meldungen am 2. und 3. 3. geht hervor, daß der linke Flügel der Division ostwärts Jeremejewka auf die von Norden herangeführten Feindkräfte gestoßen ist. Damit wird klar, daß es dem Gegner nicht gelungen ist, unsere Stoßrichtung zu erkennen. Er ist mit den umgruppierten Verbänden genau zwischen das angreifende SS-Panzerkorps und die Abwehrfront der Leibstandarte marschiert. Daraufhin wird auch der rechte Flügel der SS-Division „Totenkopf“ eingedreht. Die Division packt den Gegner noch in der Versammlung.

Er versucht sich durch starke Gegenangriffe nach Südosten und Nordosten der Umklammerung zu entziehen. Später will er durch Zerlegung der Kräfte in kleine Gruppen seine Lage ändern. Vergeblich! Die Masse wird von der

Division „Totenkopf", dem nach Osten angreifenden Südflügel der Leibstandarte und Teilen der Division „Das Reich" in dreitägigen harten Kämpfen in konzentrischem Angriff vernichtet. Die den Angriff der Divisionen begleitenden Schlachtfliegerstaffeln erzielen gegen den eingeschlossenen Feind große Erfolge.

Einzelne fliehende Kolonnen werden in der Verfolgung zersprengt. Sie machen wieder einige Tage lang den rückwärtigen Raum unsicher, werden aber in Einzelgefechten völlig aufgerieben. Der Kommandierende General des XV. sowjetischen Garde-Panzerkorps wird wenige hundert Meter vom Gefechtsstand des SS-Panzerkorps entfernt tot aufgefunden.

Am 4. 3. abends ist nach hartem Kampf Ochotschaje in der Hand der Division „Das Reich". Die Division Leibstandarte ist aus dem Nordostbogen ihrer Stellung bei Starowerowka zum Angriff angetreten und hat wieder Verbindung mit der Division „Das Reich". Am 5. 3. vollendet die Division „Totenkopf" die Vernichtung des eingeschlossenen Feindes und erringt damit ihren größten Erfolg. Die personellen Verluste des Gegners sind hoch. Der Kessel ist angefüllt mit unübersehbaren Mengen an Waffen und Kraftfahrzeugen. Die Masse von 2 Panzerkorps und 3 Schützendivisionen kann als zerschlagen gelten. Durch die Schlacht von Jeremejewka ist die sowjetische 3. Panzerarmee entscheidend geschwächt.

Die Division Leibstandarte, dem SS-Panzerkorps wieder unterstellt, schließt nach Wegnahme von Stanitschnij in erreichter Linie auf und gliedert sich zum Angriff um. Sie steht am 5. 3. bei Karawanskoje angelehnt an die Division „Das Reich" in der Linie Stanitschnij—Winnikoff—Nikolskoje —Krut Balka. Am 5. 3. wird auch die Division „Totenkopf" frei, um dem Korps nachgeführt zu werden.

Die Wegeverhältnisse sind für einen Angriff wesentlich schwieriger geworden. Die Schneelage ist in dem erreichten nördlichen Raum noch hoch und verzögert die Bewegungen. Soll der Angriff zur Eroberung von Charkow oder zur Vernichtung der Feindkräfte vor der Armeeabteilung Kempf weitergeführt werden?

Die Entscheidung fällt nicht. Es soll zunächst der Mscha-Abschnitt erreicht werden. Aus der Linie Ochotschaje — Krut Balka tritt das SS-Panzerkorps am 6. 3. mit Division „Das Reich" rechts, Division Leibstandarte links und Division „Totenkopf" hinter linkem Flügel gegen den Mscha-Abschnitt an. Division „Das Reich" wirft in harten Kämpfen den Feind aus Nowaja-Wodalaga, die Leibstandarte durchstößt die feindliche Widerstandslinie

Moskalzowa — Ljaschowa — Gawrilowka und bildet mit einem Bataillon den ersten Brückenkopf bei Bridok. Der rechte Nachbar bleibt infolge des schwierigen Geländes zurück, liegt mit rechtem Flügel vor Taranowka fest und nimmt zunächst Borki.

In der Nacht zum 7. 3. erreicht die Division „Das Reich" den Mscha-Abschnitt, und die Leibstandarte erweitert ihren Brückenkopf. Das Wetter wird warm. Die Nachtfröste reichen nicht mehr aus, um den Frost im Boden zu halten. Der Zustand der Wege wird — zwischen Schnee und Schlamm wechselnd — immer schwieriger. Menschen und Material sind bis zum äußersten beansprucht.

Andererseits läßt der Russe deutliche Anzeichen der Schwäche erkennen. Die Schlacht zwischen Donez und Dnjepr hat ihm schwerste Verluste zugefügt. Er bemüht sich, dem SS-Panzerkorps neu herangeführte Truppen entgegenzuwerfen, die Kräfte reichen aber nicht aus.

Die Frage drängt sich auf: Angriff nach Nordwesten zum Aufrollen der Front vor der Armeeabteilung Kempf oder Angriff auf Charkow?

Noch einmal soll die Fortsetzung des Angriffs nach Norden die Klärung bringen. Am 6. 3. morgens stehe ich mit der Kampfgruppe am linken Flügel der Leibstandarte und habe Befehl, nach Nordosten anzugreifen und gleichzeitig die linke Flanke der Division zu sichern. Hoher Schnee erschwert unser Vorwärtskommen. Die Straße ist unter den Schneemassen nicht zu erkennen, wir können sie nur vermuten und uns langsam an eine kleine Höhe heranpirschen. Von dort ist eine gute Beobachtung nach Nordosten gewährleistet. Eine weite Schneefläche liegt vor uns. 500 Meter halblinks liegt ein verteidigtes Dorf, die Sowjets laufen unbekümmert in ihren Stellungen umher und haben von unserer Bereitstellung keine Ahnung. Im Hintergrund sind die flachen Häuser eines weiteren Dorfes zu erkennen. Dieses Dorf bestimme ich zum ersten Angriffsziel. Die Entfernung beträgt etwa 10 Kilometer. Zur Ausschaltung des ersten Dorfes wird eine Panzerkompanie der Abteilung Wünsche mit aufgesessener Infanterie befohlen. Die Panzer sollen unter dem Feuerschlag der Artillerie auf das Dorf zubrausen und die Flankenbedrohung für die Kampfgruppe beseitigen. Mit der Masse will ich sofort das hintere Dorf angreifen und so die Tiefenzone der Sowjets durchstoßen.

Die Einheitsführer informieren die Männer über die Lage und Absicht. Artillerie und Werferabteilung melden ihre Feuerbereitschaft. Meine Kameraden suchen den Horizont nach Feindbewegungen ab. Ich lehne am Kühler und versuche so, meine Hände am Motor zu wärmen. Langsam rückt der

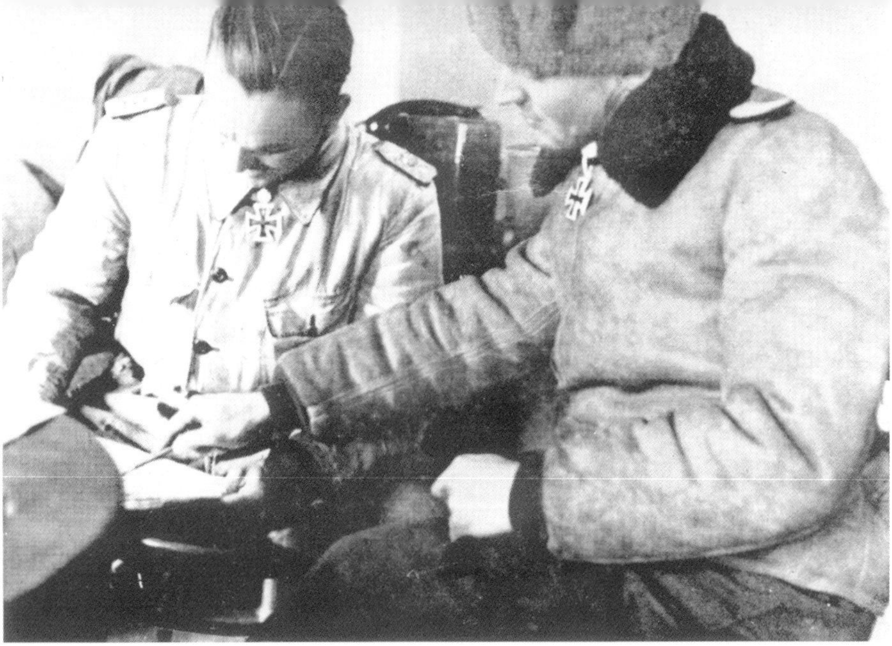

In den schweren Kämpfen im Großraum Charkow – Die Abteilungskommandeure Kurt Meyer und Max Wünsche bei einer Lagebesprechung – Februar 1943.

Ein abgeschossener T 34, damals der beste sowjetische Panzer – 6. 3. 1943, Raum Charkow.

Im Wintereinsatz 1943

Uhrzeiger vorwärts. Die Zigaretten werden ausgedrückt. Panzerluken knallen zu und Fertigmeldungen klingen an mein Ohr. Nur Sekunden trennen uns vom Paukenschlag der Artillerie. Ich hebe den Arm, blicke noch einmal über die Kompanien und lasse mit dem Abschuß der ersten Granaten den Arm fallen. Langsam, knirschend und schwerfällig stößt die Panzerkompanie auf das Dorf zu und schiebt sich unter dem Geheul der Sturzbomber an den Feind heran. Flugzeug auf Flugzeug stürzt aus niedriger Höhe auf erkannte Ziele. Mit Bomben und Bordwaffen wird der Feind an den Boden gezwungen, und mit der letzten Bombe ist unser erster Panzer bereits in der Ortschaft.

Inzwischen ist die Kampfgruppe angetreten und versucht mit Vollgas das Angriffsziel zu erreichen. Doch der Schnee erweist sich als ein weit stärkeres Hindernis als der Verteidiger. Hohe Schneemassen türmen sich vor dem Bug der Panzer und bilden im Laufe der Zeit eine feste, schwere Mauer. Langsam wuchten sich die Panzer vorwärts. Nach kurzer Zeit stelle ich fest, daß wir ohne Infanterie sind, weil die Schützenpanzer und die Schwimmkübelwagen im Schnee festsitzen. Der zusammengeschobene Schnee hebt die Fahrzeuge direkt vom Boden hoch und droht den Angriffsplan zu zerschlagen. Mein Panzer ist zwischen zwei Tiger eingekeilt und wühlt sich nur langsam vorwärts. In einer Bodensenke müssen wir etwas verhalten und die Infanterie aufschließen lassen. Die Grenadiere klettern auf die Panzer, weil die leichten Aufklärungsfahrzeuge den Schneemassen nicht gewachsen sind. Es geht weiter! Halblinks hinter uns fliehen die russischen Verteidiger aus der angegriffenen Ortschaft und werden ein Opfer unserer Waffen.

Pakfeuer schlägt der Spitze entgegen, während wir uns dem zweiten Dorf auf Schußweite nähern. Die Tiger schalten die feindliche Panzerabwehr aus. Die rechte Panzerkompanie (Jürgensen) arbeitet sich unter Ausnutzung einiger Obstgärten schnell voran und ist im Begriff, das Dorf zu umgehen.

Unser Panzer erhält Treffer aus einer 4,7-cm-Pak, ohne jedoch ernsten Schaden zu nehmen. Leider können wir die Feuerstellung nicht erkennen. Wir sind jetzt bis auf 200 Meter an das Dorf herangekommen und suchen eine Einbruchsstelle. MG-Feuer hämmert auf die Panzerung. Der Spitzentiger gerät in eine Minensperre und bleibt mit einer zerrissenen Kette liegen. T 34 tauchen auf und greifen in den Kampf ein. Wir müssen in das Dorf! Plötzlich kracht es ganz gewaltig im Panzer. Ich liege in einer Furche und sehe unseren Fahrer ohne Kopf am Steuer sitzen. Ein Volltreffer hat ein riesiges Loch in die Panzerung gerissen. Unterscharführer Albert Andres taumelt benommen in Deckung. Entsetzt sehe ich, daß Andres nur noch einen Arm hat. Zwischen Stoffresten und zersplitterten Knochen ist kein Stumpf mehr zu sehen.

Die Kompanie Bremer bricht in die Ortschaft ein und kämpft sich die Straße entlang. Unerwartet rennen wir an einem russischen Panzer vorbei — er wird durch eine Haftladung erledigt. Erst nach Minuten werde ich mir bewußt, daß ich mir die Maschinenpistole von Oberscharführer Sander angeeignet habe. Meine eigene Waffe ist im Panzer geblieben. Dankbar nimmt Sander seine Pistole zurück. Ich renne mit einer russischen Flinte weiter.

Innerhalb der nächsten Stunde gehört das Dorf uns und wird sofort igelmäßig besetzt. Die kurzen Tage lassen es ratsam erscheinen, die Nacht in der Ortschaft zu verbringen. In der Dämmerung betten wir meinen Fahrer Ernst Nebelung zur letzten Ruhe.

Verbindungsoffiziere der Division „Großdeutschland" melden den Einsatz ihrer Division im linken Nachbarabschnitt. Ich bin froh, eine bewährte Einheit nördlich von uns zu wissen.

In dieser Nacht ist Oberscharführer Bügelsack ein tolles Stück widerfahren. Der gute Fritz verspürte ein menschliches Rühren und suchte einen kleinen Schuppen auf. Zufrieden, eine windgeschützte Ecke gefunden zu haben, begann er mit dem wichtigen Geschäft. „Doch mit des Geschickes Mächten ist kein ew'ger Bund zu flechten." Fritz war nicht allein. Ihm gegenüber saß ein russischer Leutnant, der ihm, ohne ein Wort zu sagen, die Maschinenpistole auf den Leib richtete und schon seit geraumer Zeit das „Staatsgeschäft" überwachte. Plötzlich hörten wir den Schrei eines Verzweifelten. Im Kegel unserer Taschenlampe stand Fritz mit hängender Hose und deutete erregt, aber sprachlos, auf seinen Widerpart. Wir haben selten so gelacht, wie in dieser Stunde. Dem Russen hat vielleicht seit langer Zeit keine Zigarette so gut geschmeckt, wie die, die ihm Fritz Bügelsack überreichte.

Der nächste Morgen sieht uns im Angriff auf Walki, das ungefähr zehn Kilometer entfernt liegt. Russische Panzer und Pak versuchen, den Vormarsch zu verzögern, doch wir umgehen diese Widerstandsnester und räumen dann von rückwärts mit ihnen auf. Im Angriff auf die letzte Bastion von Walki erhält der Panzer von Oberscharführer Reimling einen Volltreffer. R. ist erst vor ein paar Tagen mit dem Ritterkreuz ausgezeichnet worden. Wiederum haben wir einen tapferen Kameraden verloren.

Nach harten Kämpfen erreiche ich mit der Kompanie Weiser den Mscha-Fluß in Walki. Die Brücke ist unzerstört. Doch ich traue den Russen nicht und befehle den Angriff über die Eisdecke des Flusses. Die Brücke ist sicherlich vermint. Eng an das Ufer gepreßt, hinter kleinen Häusern und Schuppen liegend, stellt sich die Kompanie zum Angriff bereit. Auf der anderen Seite sehe ich nur ab und zu einen Russenkopf. Unsere Panzer stehen im Hintergrund und sollen den Sprung übers Eis überwachen. Die Kompanie Bremer hat sich weiter rückwärts festgebissen. Krampfhaft überlege ich, wie wir am besten auf die andere Seite kommen und Walki ohne Einsatz der Artillerie und Werfer nehmen können. Panzerketten rasseln durch die Stadt. Der Russe verschiebt seine T 34.

Meine Jungens sehen mich an, als ob sie sagen wollten: Siehst du, alter Freund, in solch einen Mist hast du uns nun geführt. Jetzt sieh zu, wie du uns wieder herausbekommst! — Den Grenadieren scheint es einen Mordsspaß zu machen, daß ich wie ein Hund an der Kette liege, der den Knochen auf der anderen Seite nicht erreichen kann und sich vergeblich mit der Zunge übers Maul fährt. Doch dann hat's geschnackelt. — — Wie aus der Pistole geschossen rast die Kompanie über die Eisfläche und nimmt das jenseitige Ufer in Besitz. Ich selbst flitze mit dem Kompanietrupp los und fliege beinahe von selbst übers Eis. Die Russen feuern nicht einen Schuß ab. Wie versteinert sitzen sie hinter ihren Waffen und geben den Kampf auf. Was war das magische Wort? Nun, es hörte sich ungefähr so an: „Alles herhören! Der erste von uns, der das andere Ufer erreicht, erhält drei Wochen Urlaub. Achtung, los!" — Nie vorher und nie nachher habe ich einen so geschlossenen Sprung gesehen.

Jetzt geht alles Schlag auf Schlag. Die Panzer überqueren die inzwischen gesicherte Brücke, stoßen in die Straßen hinein und werfen mit tatkräftiger Hilfe der Infanterie die letzten Russen hinaus. Eine feindliche Artillerieabteilung wird noch in der Feuerstellung erobert und mehrere hundert Gefangene eingebracht. Einige Kilometer ostwärts Walki stoßen wir mit dem SPW-Bataillon Peiper zusammen. Jochen Peiper ist von Bridok auf Walki vorgestoßen.

Von der Gefechtsaufklärung werden vier verstümmelte Kameraden gefunden. Sie sind nebeneinandergelegt von Panzern zermalmt worden.

Während meine Abteilung nach Norden vorstößt, erreicht Jochen Peiper das Eisenbahn-Straßenkreuz Schljach, wo wir uns am 8. 3. erneut vereinen.

Am 8. 3. stößt die Leibstandarte bis zum Westrand von Charkow vor. Trotz erheblicher Panzerabwehr und feindlicher Gegenstöße ist der Angriff nicht mehr zu bremsen. Wir wollen Charkow wieder haben.

Die links von uns gestaffelte Totenkopfdivision nimmt Stary Mertschik und erreicht mit Aufklärung Olschany. Das Vorwärtskommen der Division „Das Reich“ wird durch das schwierige Gelände auf dem rechten Flügel stark verlangsamt. Außerdem ergibt die Flankenbedrohung durch den starken Feind ostwärts Rakitnoje-Ljubotin eine Bindung starker Kräfte der Division nach Osten.

Am 9. 3. ist der Udy-Abschnitt erreicht und Olschany genommen. Die Armeeabteilung Kempf ist mit dem rechten Flügel ebenfalls in zügigem Angriff. Nun ist durch die Entwicklung der Lage der Entschluß diktiert. Es kann nur noch ein Ziel geben: Charkow.

Die Leibstandarte steht am Abend des 9. 3. mit Angriffsspitzen bereits in Peressetschnaja und Polewaja.

Das SS-Panzerkorps entschließt sich zum Angriff auf die Stadt am 10. 3. Am 9. 3. abends wird der Angriff befohlen. Die Stadt soll von Norden und Nordosten durch die Leibstandarte, von Westen gleichzeitig durch „Das Reich“ auf je drei Einfallstraßen angegriffen werden. Die Sperrung der Straße nach Tschugujew fällt der Leibstandarte zu; die Abschirmung nach Nordwesten und Norden gegen den Feind vor der Armeeabteilung Kempf sowie gegen neu herangeführte Teile ist Auftrag der Division „Totenkopf“.

In Fortsetzung des Angriffs erreicht das Regiment Witt die große Straße Charkow—Belgorod und stößt am Nordeingang von Charkow, in Höhe des Flugplatzes, auf sehr starken Widerstand. Der Feind hat die Gelegenheit genutzt und mit Hilfe der Zivilbevölkerung Verteidigungsanlagen gebaut.

Ich treffe Fritz Witt auf der Straße und höre, daß er die Absicht hat, den Flugplatz anzugreifen und dann bis zum Roten Platz durchzustoßen. Rechts von Witt ist das 2. Regiment der Leibstandarte unter der Führung von Standartenführer Wisch eingesetzt. Auch dieses Regiment kommt gut voran.

Nach Rücksprache mit Witt beabsichtige ich, die Kampfgruppe durch die Wälder nördlich Charkow zu führen und die Straße Charkow—Lipzy zu sperren.

Spitzenkompanie ist wiederum die Kompanie Bremer; wir fahren einige Kilometer in Richtung Belgorod und biegen dann in den tiefverschneiten Wald nach Osten ein. Der Weg endet auf einem Kolchos, von dem gerade ein russischer Spähtrupp verschwindet und sich in ostwärtiger Richtung zurückzieht. Ein Kehrtmachen kommt nicht in Frage. Ich will den Wald überwinden und so überraschend in den Ostteil der Stadt einbrechen.

Ein Fußweg führt in den hohen Fichtenwald. An einem kleinen See vorbei verläuft er dann genau in ostwärtiger Richtung. Ein Spähtrupp entdeckt schnell eine Anzahl Schlitten mit eingespannten Zugochsen, die Pak und andere Geschütze ziehen. — Jetzt gibt es für uns überhaupt keine Bedenken mehr, dort, wo Schlittengespanne fahren können, müssen auch Panzer und andere Fahrzeuge rollen.

Bremer erhält Befehl, nach Osten anzutreten und am Waldrand auf weitere Befehle zu warten.

Die Spitzengruppe unter Führung von Unterscharführer Stoll verschwindet zwischen den hohen Fichten und läßt einen Schleier von Schneestaub hinter sich. Zwei Sturmgeschütze folgen. Es dauert nicht lange, und die Sturmgeschütze hängen an einem Hang fest. Sie rutschen seitwärts ab und drohen auf das Eis eines zugefrorenen Sees zu gleiten. Mit Hilfe der Kompanie werden die Panzer zentimeterweise über die gefährliche Stelle gebracht. Um jede weitere Gefahr auszuschalten, muß schnellstens eine Wegeverbesserung durchgeführt werden. In wenigen Minuten sind Hunderte von Kradschützen und Panzermännern dabei, eine brauchbare Umgehung zu bauen. Mit Spaten, Spitzhacken und Beilen wird die hartgefrorene Erde bearbeitet. Es geht vorwärts! Das Marschband wird in kurzer Zeit wieder in Bewegung sein.

Bremer ist der Spitzengruppe bereits gefolgt. Feindliche Reiter beobachten uns aus den verschneiten Jagen. Ich folge den Spuren der Spitze. Der Weg wird immer schmaler. Über schwache Fichten und junge Birken hinweg bahnt sich der Wagen einen Weg. Hinter uns folgt ein 8-Rad-Funkpanzer. Je tiefer wir in den Wald eindringen, desto stärker plagen mich Zweifel. — Habe ich die Kampfgruppe wieder einmal in eine aussichtslose Lage manövriert? Wir können nur nach Osten fahren. Ein Zurück ist ein Ding der Unmöglichkeit. Nicht ein einziges Fahrzeug vermag zu wenden. Links und rechts dehnen sich dichte Fichtenwälder aus. Ich denke an Griechenland und an den Übergang über den Golf von Patras, an die stürmischen Angriffe im Südabschnitt und an die harten Kämpfe, die wir in den letzten Wochen gewagt haben. Immer glaubten wir in aussichtsloser Lage zu kämpfen, um dann doch zu siegen. Und so ist es auch heute. Niemand kann ernstlich damit rechnen, daß ein motorisierter Verband den verschneiten Wald durchstößt. Im Frieden würde ein Kriegsschüler, der etwa einen solchen Entschluß faßte, sofort zur Truppe zurückgeschickt. — Der Entschluß erscheint wahnsinnig.

Und doch glaube ich an den Erfolg. Wahrscheinlich werde ich den Sowjets völlig unvorbereitet an die Gurgel springen können. Friedrich der Große sagte in solchen Fällen: „Je mehr Kniffe und Listen ihr anwendet, um so mehr Vorteile werdet ihr über den Feind haben."

Nur langsam vermag Max Wertinger unseren Kübelwagen durch den engen Schlauch voranzutreiben. Von den Zweigen rieselt der Schnee in den Wagen, sobald auch nur die leiseste Berührung mit den Stämmen erfolgt. Es ist eine unangenehme Fahrt. Vor uns wird es heller. Wir haben den Wald durchstoßen und erreichen eine abgeholzte Stelle, so daß wir den engen Gang verlassen können.

Erstaunt sehe ich, daß Bremer seine Fahrzeuge gedreht und er selbst volle Deckung genommen hat. Die Gruppe liegt in Stellung. Ich pirsche mich an Bremer heran und drücke mich unwillkürlich an die Erde, sobald ich einen Blick auf den vor uns liegenden Hang hinab tun kann. Auf der ersehnten Straße entdecke ich ein unübersehbares Marschband. Infanterie, Artillerie und einzelne Panzer bewegen sich in Richtung Belgorod. Dort marschiert keine von Panik gehetzte Truppe, sondern ein wohlgeordneter Verband, der kriegsmäßig gegliedert seine Bewegungen ausführt.

Der Happen ist zu groß für uns. Es wird noch Stunden dauern, bis unsere Kampfgruppe den Wald überwunden hat und voll eingesetzt werden kann. Wir müssen froh sein, wenn wir hier nicht entdeckt werden. Ein Angriff der Sowjets würde unsere Kampfgruppe wie in einem Sack verschwinden lassen. Unsere überlegene Stoß- und Feuerkraft könnte überhaupt nicht zum Tragen gebracht werden. Aber wie gesagt, ein Kehrtmachen ist — rein technisch gesehen — nicht möglich. Die Truppe muß aufschließen und einen günstigen Augenblick zum Einsatz abwarten. Vielleicht bietet sich morgen eine bessere Chance. In spätestens einer Stunde ist es sowieso Nacht.

Wir sind jetzt eine Gruppe von vier Schwimmwagen, einem Kübelwagen und einem Achtrad-Funkpanzer, insgesamt 23 Soldaten, die mit vier Maschinengewehren und ihren Pistolen und Gewehren bewaffnet sind. Diese Gruppe deutscher Soldaten beobachtet aus ungefähr 800 Meter Entfernung ein russisches Marschband, das von Tausenden von Sowjets gebildet wird und alle Waffen mit sich führt. Das Gelände fällt gleichmäßig bis zur Straße ab und steigt jenseits der Straße ebenso wieder an. Während der diesseitige Hang mit Baumgruppen bedeckt ist, breitet sich der jenseitige Hang frei mit einer nackten, deckungslosen Schneefläche nach Osten aus. Wir wagen uns nicht zu rühren. Warnposten sollen ankommende Fahrzeuge informieren.

Hinter uns hören wir plötzlich das aufpeitschende Brummen unserer Stuka. Wir können noch keine Flugzeuge erkennen, doch sie kommen aus dem Westen, also mit voller Bombenlast. Ob sie die vor uns marschierenden Russen angreifen werden? Halblinks liegt die Ortschaft Bolschaja Danilowka.

Das Donnern der Motoren ist jetzt über uns. Schatten huschen über die Schneefläche. Wir verlassen die schützende Deckung und stehen wie Zuschauer im Theater, denen ein besonders interessantes Schauspiel geboten wird. Die Stuka überfliegen das Marschband, beschreiben eine große Kurve, gewinnen hierbei Höhe und fliegen dann das Marschband von Süden her an. Mit Bomben und Bordwaffen tragen sie Tod und Verderben in die Sowjets hinein. Schlitten rasen den Hang hinauf und Panzer werden von Bomben zerrissen. Jede Ordnung ist in wenigen Sekunden verwischt. Die bespannten Fahrzeuge preschen wild in die offene Landschaft hinein. Der jenseitige Hang ist mit unzähligen schwarzen Punkten besät. Die Infanterie rennt um ihr Leben. Die Truppe ist im Augenblick nicht mehr in der Hand ihrer Führer.

Wie elektrisiert schaue ich auf die durcheinandergewirbelte Masse Mensch. Ich reiße eine Leuchtpistole aus dem Wagen und jage rote Signalmunition in die Luft. Bremer hat sofort begriffen. Die Gruppe Stoll springt in die Fahrzeuge und rast den Hang hinab. Der Funkwagen hämmert mit seinen Maschinenwaffen in die Sowjets. Er gibt für uns Feuerscheutz. Entgegen allen üblichen Gesetzen des Krieges stürzen wir mit viel Geheul und Getöse den Feldweg hinunter. Hupen und Sirenen verursachen einen Höllenlärm. Wir greifen die Sowjets an! Rote Leuchtkugeln steigen noch immer in die Höhe. Die Stukas haben uns erkannt, wackeln mit ihren Flügeln und stürzen erneut in die kopflose Masse hinein. Mit Bordwaffen fegen sie die Straße frei.

Wir erreichen die Straße. Sowjets reißen die Arme hoch. Stuka jagen wenige Meter über uns hinweg und fliegen wie ein nicht endenwollendes Band um uns herum. Sie geben uns Feuerschutz. Sie beschützen uns. Immer wieder heulen sie die Straße entlang und verhindern so eine Führung der Russen. Der erste unserer Panzer kommt vom Waldrand herab. Seine Granaten pfeifen nach Norden. Die Gruppe Stoll tritt mit dem Panzer an. Drei weitere Panzer und Max Wünsche erreichen die Straße. Jetzt wird in beiden Richtungen vorgestoßen. Die Russen müssen den Eindruck gewinnen, als ob es sich hier um einen geplanten und wohldurchdachten Angriff handele. Sie dürfen nicht zur Besinnung kommen. Hunderte von gefangenen Sowjets sammeln sich in einem Obstgarten.

Wir dürfen jetzt nicht stoppen, sondern müssen die Wirkung des Stuka-Angriffs noch ausnutzen und schnellstens in Richtung Charkow vorstoßen. Die Gruppe Stoll, der Funkpanzer und einige Melder brausen nach Süden ab, den sowjetischen Einheiten entgegen. Links und rechts der Straße wird das Vorgehen von zwei Panzern überwacht. Unsere Freunde, die Sturzbomber, nehmen Abschied, sie haben sich verschossen. Erst jetzt wird mir die ganze Tragweite unseres wilden Rittes klar. Die Luft ist wieder ruhig. Das nervenaufpeitschende Geheul ist nicht mehr über uns. Mit ein paar lächerlichen Wagen rasen wir durch die sowjetische Kolonne dahin. Panzergranaten kreischen über uns hinweg und krepieren weiter südlich. Russen, die sich nach dem Abflug der Bomber auf der Straße sammeln wollen, fallen im Feuer der Maschinengewehre. Erneut rennen die Sowjets um ihr Leben. Eine feindliche Funkstelle steht links der Straße — die Funker fallen unter unseren Geschossen. Offiziere rennen in ein Gehöft. Der Funkwagen wird durch Handgranaten zerstört. Feuer, Qualm zeichnen unseren Weg. Weiter! Nur weiter! Ich habe Angst zu halten. Nur in der Bewegung liegt unsere Kraft. Unsere rasende Fahrt, die hackenden Maschinengewehre, die während der Fahrt geworfenen Handgranaten und das Bellen der Panzerkanonen veranlassen die Sowjets, die Straße fluchtartig zu räumen.

Unser Vorstoß findet an einer Ziegelei hart nördlich Charkow ein Halt. Gerade noch rechtzeitig genug erkenne ich ein gutes halbes Dutzend abgestellter feindlicher Panzer in den Gärten beiderseits der Straße. Links neben uns ist eine Panzerbesatzung eifrig bemüht, die Tarnung von T 34 zu entfernen. MG-Feuer treibt sie zurück. Das Feuer zieht die übrigen Besatzungen aus den Häusern. Niemand hat hier mit einem deutschen Vorstoß gerechnet. Doch jetzt wird es für uns gefährlich. Stoll kann noch soeben in einen Wagen springen, doch sein eigener Wagen bleibt zurück. Den Fahrer sehe ich in einer Strohmiete verschwinden. Wir müssen zurück. Die ersten Panzer fahren in Feuerposition.

Ab! Nur schnell verschwinden! Oder wir fallen im Feuer der sowjetischen Panzer. Über sieben Kilometer sind wir nach Süden vorgestoßen und haben die Unsicherheit der Sowjets erhöht. Ein russischer Major sitzt mit einem Bauchschuß hinter mir. Er wollte unbedingt bei uns mitfahren. Ich bewundere den Mann; während der ganzen Fahrt höre ich nicht ein Wort des Schmerzes. Doktor Gatternig legt ihm den ersten Verband an.

Nach unserer Rückkehr finden wir in Bolschaja Danilowka eine Masse Gefangener vor, die von einigen Grenadieren bewacht werden. Sie sind mit ihrem Los zufrieden. Nicht einer versucht zu entfliehen.

Um Mitternacht fehlt noch immer ein erheblicher Teil der Kampfgruppe, der sich aber langsam durch die Dunkelheit voranarbeitet und tropfenweise bei uns eintrifft. Gegen 5.00 Uhr morgens ist alles versammelt. Die Kampfgruppe steht für einen geschlossenen Einsatz bereit.

Als das erste graue Licht des neuen Tages zu bemerken ist, stoßen wir wieder in Richtung Charkow vor. Jetzt allerdings langsam. Vorsichtig abtastend rollen wir nach Süden. Weit rechts können wir angreifende Sowjets im Vorgehen gegen den Flugplatz erkennen. Sie greifen das Regiment Witt an. Vor uns erkennen wir vorgehende sowjetische Infanterie, die im Feuer der Maschinengewehre wie am Boden festgenagelt liegenbleibt. Schnell sind wir bis zur Ziegelei vorgefahren und finden hier den Fahrer der Gruppe Stoll unverletzt vor. Grenadier Bruno Preger hat im Strohdiemen geschlafen. Hier stehen noch immer die erkannten feindlichen Panzer in Feuerstellung. Fünf T 34 fallen unseren Panzern zum Opfer und brennen lichterloh. Ein Panzer IV erhält einen Volltreffer und birst vollständig auseinander. Der gleiche feindliche Panzer, der ihn vernichtet hat, erzielt auch einen Volltreffer auf kaum 50 Meter Entfernung bei unserem Wagen und tötet meinen Fahrer Max Wertinger sofort. Auch der Führer unseres Nachrichtenzugs, Obersturmführer Heinz Westphal, fällt durch die Granate, Helmut Behlke wird verwundet, und ich liege unverwundet unter dem Körper Max Wertingers. Dem russischen Panzer gelingt es zu entkommen.

Haus für Haus kämpfen wir uns nun vorwärts. Eine feindliche Pakbesatzung wird durch einen Lichtmast erschlagen. Unsere Panzer beherrschen das Feld. Am Spätnachmittag des 11. März stehen wir im Ostteil von Charkow und haben die Straße nach Staryj erreicht.

Im Augenblick des Sieges tritt eine gefährliche Krise ein. Unsere Panzer haben nur noch wenig Betriebsstoff und können nicht mehr eingesetzt werden. Sie werden igelförmig um einen großen Friedhof in Stellung gebracht und bilden so ein festes Bollwerk im Herzen von Charkow. Von hier aus fühlen wir auf die Straße Charkow—Tschugujew vor und versuchen, die Hauptrückzugsstraße der Sowjets zu sperren.

Von der 2. Kompanie habe ich seit Stunden keine Meldung, sie ist am Charkow-Bach von feindlichen Kräften abgeschnitten. Die Kompanie Bremer kämpft um ihr Leben, und Olboetter weist feindliche Gegenangriffe aus Osten zurück. Am Friedhof müssen wir uns gegen ausbrechende Sowjets wehren. Bei Eintritt der Dunkelheit gelingt es Hauptscharführer Bruckmann, einige Wagen mit Betriebsstoff heranzubringen. Aber gleichzeitig meldet er, daß die Straße dicht sei. Feindliche Kräfte haben uns den Rückweg abgeschnitten. Sie werden einige Tage später von Einheiten der Totenkopfdivision vernichtet.

Das Regiment Witt ist überraschend von Norden in die Stadt eingebrochen und in harten Straßenkämpfen bis zum Roten Platz gestoßen und hat sich für die Nacht eingeigelt.

Am 12. März stößt die Kampfgruppe auf mehreren Straßenzügen vor und sperrt die Straße nach Tschugujew endgültig. Doch nun branden die Sowjets gegen uns an. Sie wollen uns überfluten. Wir werden auf engsten Raum zusammengedrückt. Die Kompanie Weiser ist mit zwei Zügen in einer Schule im 1. Stockwerk eingeschlossen und wehrt sich verzweifelt gegen die russischen Stoßtrupps, die in das Erdgeschoß eingedrungen sind. Unter Führung von Wünsche gelingt ein Gegenstoß, der zur Vernichtung der russischen Stoßtrupps beiträgt. Die ganze Kampfgruppe ist wieder einmal eingeschlossen und ringt im verzweifelten Abwehrkampf. Ein Kranz brennender Häuser kennzeichnet unsere Stellung im Stadtgebiet.

Bei Anbruch der Nacht habe ich nicht mehr allzuviel Hoffnung, daß wir uns bis zum nächsten Morgen halten können. Der Feind liegt uns auf Handgranatenwurfweite gegenüber. Beim Abgehen der Front entdecken wir plötzlich einen Panzer, der sich dicht an die Schule herangeschoben hat. Wir stehen keine 20 Meter seitlich von ihm, da lehnt sich der Panzerführer aus dem Turm, um Verbindung mit seinen Leuten zu suchen. Er stirbt durch einen Pistolenschuß Weisers. Mit rasselnden Ketten fährt der Panzer davon. Der tote Kommandeur hängt mit dem Oberkörper aus dem Turm.

In der Nacht zum 12. März wird eine feindliche Panzergrabenstellung am Westrand Charkows von der Division „Das Reich“ durchbrochen und damit der Weg in die Stadt geöffnet. Die Division erreicht am 12. März den Hauptbahnhof.

Massenweise versucht der Feind, sich der Umfassung zu entziehen. Er leistet hartnäckigen Widerstand und führt aus dem Raum nordostwärts der Stadt neue Kräfte zu Entlastungsangriffen heran.

Jochen Peiper schlägt sich mit zwei Schützenpanzern zu uns durch und stellt so die Verbindung her. Sein Begleitpanzer wird durch einen T 34 abgeschossen. Es gelingt, die Männer in Sicherheit zu bringen.

Bis zum 14. März kämpfen wir zäh und verbissen um jedes einzelne Haus, bis wir gegen 18.00 Uhr die letzten beiden Stadtteile im Osten und Südosten genommen haben. Das Traktorenwerk fällt am 15. März.

Am gleichen Morgen hat die Division „Totenkopf" nach erfolgreichen Panzerkämpfen nördlich Rogan die Enge bei Tschugujew erreicht und gesperrt. Die Sperrlinie muß in den nächsten Tagen gegen heftige feindliche Ausbruchsversuche sowie Gegenangriffe von Osten behauptet werden. Es gelingt, die Masse des eingeschlossenen Feindes — vor allem sein gesamtes Gerät — zu vernichten oder zu erbeuten.

Damit ist der entscheidende Gegenangriff gegen die große russische Winteroffensive abgeschlossen, die Verbindung zwischen den Abschnitten der Heeresgruppe Süd wieder fest geschlossen, ein erheblicher Teil der russischen Offensivkräfte vernichtet und der Rest schwer angeschlagen.

Im Nachstoß hinter dem nach Osten und Norden ausweichenden Feind wird in den folgenden Tagen das Donezufer erkämpft und am 18. März — als Abschluß der Erfolge des SS-Panzerkorps — Belgorod durch Jochen Peiper genommen. Dort wird die Verbindung mit der von Westen angreifenden Division „Großdeutschland" hergestellt, die in den vergangenen Tagen in einer schweren Panzerschlacht 150 sowjetische Panzer vernichten konnte.

Die Schlacht um Charkow ist unter erheblichen Verlusten siegreich beendet worden.

In der großen Schlacht zwischen Donez und Dnjepr hat der deutsche Grenadier über die Massen des Ostens gesiegt. —

Kurz vor der Sommeroffensive muß ich meine treuen Grenadiere, die ich jahrelang geführt habe, für immer verlassen. Den Abschied von meinen Kameraden werde ich nie vergessen. Ich werde zur Panzertruppenschule kommandiert und anschließend zur 12. SS-Panzerdivision versetzt.

Die 12. SS-Panzerdivision

Es bedeutet eine einmalige Erscheinung in der Kriegsgeschichte, daß eine Division, besonders ein so komplizierter Truppenkörper wie eine moderne Panzerdivision, Offiziere und rangälteste Unteroffiziere ausgenommen, ausschließlich aus Jungen von 17 bis 18 Jahren bestand.

Wer in Deutschland etwas von militärischen Dingen, von Jugenderziehung und -führung verstand, war der Meinung, daß der Einsatz einer solchen Truppe schon in den ersten Tagen zu einer Katastrophe führen müsse, da die Jungen der schweren körperlichen und seelischen Belastung einer modernen Materialschlacht nicht standhalten könnten. Noch entschiedener wurde diese Auffassung auf der Seite unserer damaligen Gegner vertreten. Und es war sicher nicht nur Kriegspropaganda, wenn in Flugblättern und Radiosendungen von der „Baby-Division" gesprochen wurde, deren Abzeichen die Milchflasche sei.

Die Taten dieser Jungen im Einsatz und die Leistungen der Division „Hitlerjugend" haben den Kritikern unrecht gegeben.

Es scheint mir daher von allgemeinem Interesse und historisch wichtig, die Entstehungsgeschichte der Division kurz darzustellen.

Als nach der Katastrophe von Stalingrad der „Totale Krieg" ausgerufen wurde, entstand der Plan, aus der wehrfähigen Jugend eine Freiwilligendivision aufzustellen. Sie sollte Sinnbild der Opferbereitschaft der deutschen Jugend und Ausdruck ihres Willens zum Durchhalten sein. Durch eine frühzeitige vormilitärische Ausbildung sollten diese Jungen bereits vom 17. bis 18. Lebensjahr an einsatzfähig sein. Bei einer Bewährung der Freiwilligendivision sollten auch anderen deutschen Divisionen Jugendliche eingegliedert werden, um so die großen Menschenverluste des Rußlandfeldzuges auszugleichen und die deutsche Wehrkraft bedeutend zu mehren.

Die Jugendführer waren der Meinung, daß die üblichen Methoden der Truppenausbildung bei den Jugendlichen nicht angewendet werden könnten. Sie wollten daher die Erprobung neuer Methoden in einer besonderen Division und unter ihrer Mitwirkung vornehmen lassen.

Nach einer Besprechung zwischen dem Reichsjugendführer Axmann und Adolf Hitler erteilte dieser im Juni 1943 die entsprechenden Befehle. Die Hitlerjugend sollte Freiwillige aufrufen und diese in Wehrertüchtigungslagern vorbereiten. Dann sollten sie an die neu aufzustellende Division der

Waffen-SS übergeben werden. Den Stamm der Division hatte die 1. SS-Panzerdivision „Leibstandarte SS Adolf Hitler" zu stellen. Die neue Division sollte als Panzer-Grenadierdivision „Hitlerjugend" mit der 1. SS-Panzerdivision zusammen das I. SS-Panzerkorps bilden. Mit der Aufstellung sollte sofort begonnen werden.

Während die Hitlerjugend mit der Werbung und Wehrertüchtigung begann, erfolgte das Herausziehen der Stämme aus der Leibstandarte. Diese hatte in den Rückzugskämpfen bei Charkow und bei der Wiedereroberung dieser Stadt empfindliche Verluste erlitten. Sie stand in den Vorbereitungen für das Unternehmen „Zitadelle", durch das der Frontvorsprung des Russen bei Kursk beseitigt werden sollte.

Mit der Führung der Division wurde der Kommandeur des 1. SS-Panzer-Grenadierregiments, der 35jährige Eichenlaubträger Standartenführer Witt beauftragt. Einige Offiziere für die neu aufzustellenden Panzer-Grenadierregimenter und einen Teil der Feldwebel und Funktionsunteroffiziere hatte er aus seinem Regiment herauszuziehen, deren Fehlstellen dann durch das 2. SS-Panzer-Grenadierregiment ersetzt werden mußten. Entsprechend wurde bei den anderen Waffengattungen verfahren.

Das so herausgezogene Stammpersonal stellte nur ein unvollkommenes Gerippe dar. Es bestand ein außerordentlicher Mangel an Kompaniechefs, Zug- und Gruppenführern. Als Kompaniechefs mußten vielfach junge Zugführer eingesetzt werden. Später wurden etwa 50 Heeresoffiziere zur Division kommandiert, die zum Teil Führer in der Hitlerjugend gewesen waren. Um die benötigten Gruppenführer zu bekommen, wurden ausgesuchte Jungen, so wie sie aus dem Wehrertüchtigungslager kamen, zur Ausbildung auf die Unterführerschule Lauenburg geschickt. Einige Wochen nach Beginn der Einzelausbildung bei der Division wurden weitere geeignete Jungen zu einem dreimonatigen Unterführerlehrgang innerhalb der Division ausgewählt.

Als die ersten 10 000 Jungen innerhalb weniger Wochen im Juli und August im Lager Beverloo/Belgien eintrafen, waren die Vorbereitungen noch nicht abgeschlossen. Sie konnten nicht sofort eingekleidet werden. Die Ausbildung begann jedoch unverzüglich. Nach und nach wurden die einzelnen Truppenteile nach der Kriegsgliederung formiert. Im September war diese Einteilung abgeschlossen. Als Ergebnis vielfacher Bemühungen wurde im Oktober die Umgliederung in eine Panzerdivision befohlen.

Zu diesem Zeitpunkt hatte das Panzerregiment, dessen Aufstellung in Mailly-le-Camp bei Reims erfolgte, 4 Panzer IV und 4 Panther für Ausbildungszwecke. Die Hälfte davon war „schwarz" aus Rußland mitgenommen worden. Das Artillerieregiment verfügte über einige leichte Feldhaubitzen. Es fehlten noch fast sämtliche Kraftfahrzeuge. Im November/Dezember erfolgte die Ausstattung mit italienischen Beutefahrzeugen bis zu 80 Prozent des Solls. Gleichzeitig trafen die ersten Zugmaschinen und gepanzerten Fahrzeuge ein.

Die Unterstellungsverhältnisse der Division waren kompliziert. Ausbildungsmäßig unterstand die Division dem General der Panzertruppen West, General der Panzertruppen Geyr v. Schweppenburg. Taktisch unterstand sie dem Oberkommando der 15. Armee.

Nachdem die Einzelausbildung in der Hauptsache abgeschlossen war, begann Anfang 1944 die Ausbildung im Verband. Nach Verlegung des Panzerregiments in den Raum um Hasselt/Belgien fanden gelegentlich größere Übungen mit Panzern statt, wobei vor allem die Zusammenarbeit in der gepanzerten Gruppe geübt wurde. Im Februar fand eine Übung des I. Bataillons SS-Panzer-Grenadierregiment 25 im scharfen Schuß, in Gegenwart des Generalinspekteurs der Panzertruppen, Generaloberst Guderian, statt. Im März war der Oberbefehlshaber West, Generalfeldmarschall v. R u n d s t e d t , bei einer Übung der gepanzerten Gruppe zugegen. Beide Male fand der Stand der Ausbildung hohe Anerkennung.

In mehreren Nachrichtenrahmenübungen wurde die Zusammenarbeit der Stäbe erprobt und verbessert. Eine dieser Übungen fand im Korpsrahmen im Raum Dieppe statt. Dabei ergaben sich immer wieder Schwierigkeiten mit den völlig ungeeigneten Beutefahrzeugen, die schließlich auf höchsten Befehl durch deutsche Wehrmachtsfahrzeuge ersetzt wurden.

Ein Teil der Jungen hatte sich zu anderen Waffengattungen und Divisionen gemeldet, einige waren zur „Freiwilligenmeldung" mehr oder minder überredet worden. Die Masse war aber mit der großen Begeisterung der Jugend zur Division gekommen und brannte darauf, sich im Einsatz bewähren zu können. Diese Begeisterung und Einsatzbereitschaft mußte als wichtigstes Fundament erhalten oder, wo sie fehlte, erweckt werden. Da die Jungen noch in der Entwicklung standen, mußten die Erziehungsgrundsätze und -formen andere sein, als normalerweise bei einer Truppe, die Rekruten älterer Jahrgänge auszubilden und zu erziehen hat. Viele überkommene Grundsätze der militärischen Erziehung wurden durch neue ersetzt, die ihren Ursprung letzten Endes in der deutschen Jugendbewegung hatten, die nach der Jahrhundertwende entstand.

Es herrschte kein ausgeprägtes Vorgesetztenverhältnis, das nur Befehlen und bedingungsloses Gehorchen kennt. Das Verhältnis zwischen Offizieren, Unteroffizieren und Mannschaften war das zwischen älteren erfahrenen und jüngeren Kameraden. Die Autorität der Offiziere bestand darin, daß sie Vorkämpfer und Vertraute ihrer jungen Soldaten waren. Es wurde ein enges Verhältnis zum Elternhaus angestrebt, soweit dies unter den Kriegsumständen möglich war.

Die Jungen wurden zu Verantwortungsbewußtsein, Gemeinschaftsgefühl, Opferbereitschaft, Entschlußfreudigkeit, Selbstbeherrschung, Kameradschaft und zum Mitdenken erzogen, bzw. diese Anlagen weiter entwickelt. Die Führung der Division war der Überzeugung, daß die Jungen mehr leisten würden, wenn sie den Sinn ihres jeweiligen Einsatzes und ihrer Tätigkeit erkennen und bejahen würden. Es wurde daher zur selbstverständlichen Übung, alle Befehle folgerichtig aus einer eingehenden Lagedarstellung zu entwickeln.

In der Ausbildung war jeder Kasernenhofdrill verpönt. Parademarsch und ähnliche Dinge wurden nicht geübt. Alles war auf die Gefechtsausbildung eingestellt und diese fand unter möglichst kriegsmäßigen Verhältnissen statt. Körperliche Abhärtung wurde durch Sport erzielt; Gepäckmärsche wurden als unnötig und schädlich abgelehnt. Auf Anregung von General v. Geyr wurde an der Entwicklung einer fortschrittlichen Schießausbildung gearbeitet. Sie fand ausschließlich im Gelände statt. Zielübungen auf dem Kasernenhof unterblieben völlig.

Auf Befehl des Generalinspekteurs der Panzertruppen arbeitete ein Kommando der Division zusammen mit Offizieren der Panzertruppenschule Bergen eine neue Schießvorschrift für Panzergrenadiere aus, die im Frühjahr 1944 erschien. Deren Übernahme wurde durch die Inspektion der Infanterie abgelehnt. Auf Anregung des Generals v. Geyr wurde besonderer Wert auf Tarnung gegen Sicht und gegen Gehör, auf Funktarnung, Geheimhaltung, Nahkampfausbildung bei Tag und Nacht im scharfen Schuß gelegt. Zur Überwachung des feindlichen Nachrichtenverkehrs erhielt die Division einen Nachrichtennahaufklärungszug, der später große Dienste leistete. In der taktischen Führerausbildung wurden auf Anweisung des Generals v. Geyr immer wieder Lagen gespielt, die den Angriff gegen luftgelandeten Feind zum Gegenstand hatten.

Da die Jungen noch im Wachsen und in der Heimat unzureichend ernährt waren, erhielten sie Zulagen zu den Verpflegungssätzen des Feldersatzheeres. Sie entwickelten sich körperlich sehr gut. Zigaretten wurden bis zum 18. Jahr nicht zugeteilt, dafür erhielten die Jungen Süßigkeiten.

Von einer Bevorzugung der Division in Bewaffnung und Ausrüstung konnte keine Rede sein, wie sich aus den vorher geschilderten Tatsachen ergibt. Um alles mußte mühsam gekämpft werden. Die Gliederung der Division unterschied sich, wie die aller Panzerdivisionen der Waffen-SS, nur insofern von denen der Panzerdivisionen des Heeres, als sie in den Panzer-Grenadierregimentern drei statt zwei Bataillone hatte. Im Gegensatz zur Panzerlehrdivision hatte sie nur ein gepanzertes Grenadierbataillon.

Auf Grund der Erziehung und Ausbildung nach den hier dargestellten Grundsätzen, die natürlich nicht überall gleich gut gehandhabt wurden, ging die Truppe beseelt von dem Gedanken in den Kampf, daß ihr Einsatz entscheidend für die Verteidigung der Heimat und einen deutschen Endsieg sei. Sie war von dem Glauben an die Sauberkeit und Gerechtigkeit der deutschen Sache durchdrungen. Die jungen Soldaten gingen hervorragend ausgebildet ins Gefecht, wie zu dieser Zeit kaum eine andere Division, so daß ihr Einsatz voll verantwortet werden konnte.

Die Invasion

In den Morgenstunden des 6. Juni 1944, etwa um 7 Uhr, erhielt die Division ihren Einsatzbefehl vom I. SS-Panzerkorps. Sie wurde der Heeresgruppe B (Rommel) unterstellt, und von dieser wurde Versammlung im Raum um Lisieux und Unterstellung unter das LXXXI. Korps in Rouen befohlen. Dieser Befehl hatte eine schockierende Wirkung. Von den vorbereiteten Aufmärschen wurde kein Gebrauch gemacht. Es sollte lediglich eine Verlegung in einen küstennahen Raum erfolgen, ohne daß klar war, wie die Division eingesetzt werden würde. Das mußte großen Zeitverlust mit sich bringen gegenüber einem Einsatz aus vorbereitetem Marsch, aus dem Unterkunftsraum unmittelbar in den Kampfraum. Einwendungen gegen den Befehl beim Korps, dem die Division nicht mehr unterstand, hatten keinen Erfolg. Zur Heeresgruppe B bestand keine fernmündliche Verbindung.

Der Befehl für Marsch und Versammlung wurde sofort ausgearbeitet und traf gegen 9.30 bis 10.00 Uhr bei den Verbänden ein. Die Marschgruppe des verstärkten SS-Panzer-Grenadierregimentes 25 trat etwa um 10 Uhr an, die des verstärkten SS-Panzer-Grenadierregimentes 26 gegen 11.00 Uhr. Das verstärkte SS-Panzer-Grenadierregiment 25 sollte mit der bei ihm befindlichen II. Abteilung SS-Panzerregiment 12 im Raum ostwärts Lisieux versammelt werden, das verstärkte SS-Panzer-Grenadierregiment 26 mit der bei ihm befindlichen I. Abteilung SS-Panzerregiment 12 im Raum ostwärts Lisieux. Der Divisionsstab blieb zunächst noch in Akon, ostwärts Tilliéres, wo er Fernsprechverbindungen hatte. In Lisieux wurde lediglich ein Meldekopf eingerichtet.

Etwa um 15.00 Uhr erhielt die Division von der Heeresgruppe B fernmündlich über das I. SS-Panzerkorps den Befehl, sich im Raum hart westlich Caen zu versammeln, um zu einem Gegenangriff zur Verfügung zu stehen. Die Division wurde zunächst dem LXXXIV. Korps in St. Lò, später dem I. SS-Panzerkorps unterstellt.

Um 16.00 Uhr, sechzehn Stunden nach der ersten Feindmeldung, erhält das verstärkte SS-Panzer-Grenadierregiment 25 den Einsatzbefehl. Das Regiment soll im Raum: Westrand Carpiquet—Verson—Louvigny versammeln, das verstärkte Panzer-Grenadierregiment 26 links daneben im Raum St. Mauvieu—Cristot—Fontenay-le-Pesnel—Cheux, das Pionierbataillon 12 im Raum um Esqay, die Aufklärungsabteilung 12 im Raum um Tilly-sur-Seulles. Die Versorgungstruppen sollen ostwärts der Orne um Foret de Grimbosq und im Foret de Cuiybis verbleiben und erst nach Einbruch der Dunkelheit dorthin abmarschieren. Das Divisions-Stabsquartier wird in den Nordzipfel des Foret de Grimbosq verlegt.

Jetzt ist es soweit! Die Grenadiere springen auf ihre Fahrzeuge. Kradmelder brausen die Straßen hinab, und die Motoren der Gefechtsfahrzeuge heulen auf. Wie oft haben wir diese Minute des Aufbruchs erlebt! In Polen, im Westen, auf dem Balkan, in Rußland und nun wieder im Westen. Wir alten Soldaten denken mit Besorgnis an die Zukunft. Wir ahnen, was uns bevorsteht. Die jungen, prachtvollen Grenadiere dagegen blicken uns lachend an. Für sie gibt es keine Befürchtungen. Sie sind zuversichtlich — sie vertrauen auf ihre Kraft und ihren Kampfeswillen. Wie mögen sich diese Jungen bewähren? Feindliche Jäger sind über uns. Sie stürzen sich auf das Marschband und zerfetzen blühendes Leben. Sprungweise rasen die Panzer über die verteufelten Straßenkreuzungen. Die Aufklärungskompanie unter v. Büttner ist weit voraus. Ich warte auf Meldungen von vorn. Wenn wir doch nur erst ein klares Feindbild hätten — bis jetzt ist alles in Nebel gehüllt.

Nach alter Gewohnheit pirscht mein bewährter Fahrer nach vorn. Dunkle Wolken steigen im Westen empor. Caen, die Stadt Wilhelm des Eroberers, von der aus er 1066 seinen Siegeszug über den Kanal antrat, ist zerstört. Über 10 000 Frauen und Männer liegen unter den rauchenden Trümmern. Die Stadt ist ein großer Friedhof geworden.

Auf der Straße Caen—Falaise stoßen wir auf fliehende Franzosen. Ein Bus brennt lichterloh. Herzzerreißende Schreie schlagen uns entgegen. Wir können nicht helfen. Die Tür ist verklemmt und versperrt den Weg in die Freiheit. Zerschnittene Körper hängen in den Glasscherben und blockieren auch hier den Weg. Welch ein Grauen! Warum diese brennenden Zivilisten? Nur keine Zusammenballung! Nur nicht halten! Immer weiter und Boden nach vorn gewinnen. Waldstücke ziehen uns wie Magnete an. Immer mehr Jäger hängen über uns — wir werden erbarmungslos gejagt und dürfen keine Deckung nehmen. Das Marschband muß rollen!

Eine Kette „Spitfire" greift den letzten Zug der 15. Kompanie an. Raketen und Bordwaffen halten eine teuflische Ernte. Der Zug durchfährt einen Hohlweg — Ausweichen ist unmöglich. Eine alte Französin kommt uns entgegen und schreit: „Mord, Mord!" Ein Grenadier liegt auf der Straße. Ein Blutstrahl schießt aus seiner Kehle — die Schlagader ist durchschossen. Er stirbt unter unseren Händen. Die Munition eines Schwimmwagens fliegt knallend in die Luft — hohe Stichflammen schießen empor — krachend fliegt der Wagen auseinander. In wenigen Minuten sind die Trümmer beiseite geschoben — nur kein Halten, immer weiter!

Die Dunkelheit bricht herein. Die Straße Caen—Villers—Bocage ist von der 15. Kompanie überschritten. Ungeduldig warte ich auf das I. Bataillon — die dauernden Luftangriffe haben das Tempo gewaltig gedrückt. Endlich! Waldmüller meldet das Bataillon, und ich höre, daß die Luftangriffe keine übermäßigen Verluste verursacht haben. Gegen 23.00 Uhr erreicht mich ein Ordonnanzoffizier der 21. Panzerdivision. Diese Division steht bei Troarn und nördlich Caen im Kampf. Der Divisionskommandeur, Gen.-Ltn. Feuchtinger, erwartet mich auf dem Gefechtsstand der 716. I.D. Ich fahre sofort los. Tieffliegende deutsche Bomber überfliegen die Straße. Ein rasendes Abwehrfeuer schlägt ihnen entgegen, sobald sie in den Bereich der Invasionsflotte kommen. Auf der Straße brennen einzelne Lkw. Es ist eine gespenstige Fahrt.

Caen ist ein Flammenmeer. Gehetzte Menschen irren durch die Trümmer. Straßen sind blockiert, und beißender Qualm wälzt sich durch die Stadt. Ehrwürdige Kirchen sind in Trümmerberge verwandelt, und die Arbeit von Generationen ist in Schutt und Asche gesunken.

Und das alles, obgleich nicht eine einzige Kampfeinheit in der Stadt gelegen hat! Hier haben alliierte Bomber französische Zivilisten getötet und wertvolles Kulturgut für immer zerstört. Vom militärischen Standpunkt gesehen ist die Vernichtung von Caen ein grenzenloser Irrtum.

Der Bunker liegt in einer Sandgrube und ist tief in die Erde getrieben. Verwundete der 716. I.D. und der 21. Panzerdivision liegen auf den Gängen und stöhnen vor Schmerzen. Ärzte und Sanitäter arbeiten fieberhaft. — Sankas suchen einen Weg nach hinten.

Um 24.00 stehe ich vor dem Kommandeur der 716. I.D., Gen.-Ltn. Richter. Diese Division hat den vollen Feuersturm des alliierten Angriffs erlebt und hat praktisch innerhalb von 24 Stunden als kämpfende Einheit aufgehört zu bestehen. Sie verteidigt sich noch immer in Stützpunkten. Es bestehen indessen keine Verbindungen mehr zwischen Regiments- und Bataillons-Gefechtsständen, so daß nichts über die Zahl der ausgehobenen Stützpunkte bekannt ist.

Der Kommandeur erklärt mir die Lage. — In die Stille hinein rasselt das Telefon. Ein Regimentskommandeur (Oberst Krug) meldet sich aus seinem Bunker und bittet um weitere Befehle. Er meldet: „Der Feind steht auf dem Bunker. Ich habe keine Mittel, um ihn zu bekämpfen, und auch keine Verbindung zu der eigenen Truppe. Was soll ich tun?" Eisiges Schweigen herrscht im Bunker und alle Blicke sind auf den Kommandeur gerichtet. Es ist erschütternd, mit welcher Haltung dieser Mann jetzt spricht: „Ich kann Ihnen keinen Befehl mehr geben — handeln Sie nach eigenem Entschluß. — Auf Wiedersehen!"

Die 716. I.D. ist im wahrsten Sinne des Wortes vernichtet — sie existiert nicht mehr. Sie hat sich tapfer geschlagen — doch die Übermacht an Menschen und Material war zu groß. Die 716. I.D. wurde in der Nacht vom 5. zum 6. Juni von 23.21 Uhr bis zum Morgengrauen von der Royal Air Force angegriffen. Anschließend wurde die gesamte US Air Force, die in England vorhanden war, auf den Abschnitt der 716. I. D. angesetzt. Allein in der letzten halben Stunde vor dem Angriff der alliierten Landtruppen griffen über 1000 amerikanische Flugzeuge die Küstenverteidigung an.

Nachdem die Royal Air Force ihre Bombenwürfe eingestellt hatte, begannen die Seestreitkräfte mit ihrem Bombardement. 5 Schlachtschiffe, 2 Monitore, 19 Kreuzer, 77 Zerstörer und 2 Kanonenboote ließen ihre Rohre speien. Als die Landkräfte die Küste erreicht hatten, setzte ihre eigene Artillerie mit ein. Zum Schluß schossen Marine-Raketenschiffe ihre Salven in diesen Höllenzauber hinein (diese Schiffseinheiten waren eigens für die Invasion gebaut).

Trotz des gewaltigen Vernichtungsfeuers der Schiffsartillerie und der Bomben kämpften die übriggebliebenen Bunker bis in den späten Nachmittag hinein. Aber gegen solche Stahlmassen ist das menschliche Herz machtlos. Hier muß der Soldat vor der Masse des Materials kapitulieren. Der Abschnitt der 716. I.D. war in eine Kraterlandschaft verwandelt. Nur hier und da waren einige Verteidiger dem Feuersturm entgangen.

Nach den dramatischen Vorgängen im Bunker der 716. I. D. gibt der Kommandeur der 21. Panzerdivision einen Überblick über deren Einsatz. Er sagt: „Vom Beginn der Invasion erfuhr ich erst durch eine Meldung, daß Fallschirmjäger und Luftlandetruppen am 6. Juni etwas nach Mitternacht in der Nähe von Troarn abgesetzt worden seien. Da ich den Befehl erhalten hatte, mich nicht zu rühren, konnte ich zunächst nichts tun, als die Division in den Bereitschaftszustand zu versetzen. Die ganze Nacht über wartete ich ungeduldig auf Befehle. Aber nicht ein einziger Befehl einer höheren Kommandostelle traf bei mir ein. Da ich mir darüber klar war, daß meine Panzerdivision dem Schauplatz der Operationen am nächsten lag, wurde es mir schließlich um 6.30 Uhr morgens zur Gewißheit, daß ich etwas unternehmen mußte. Ich gab meinen Panzern den Befehl, die englische 6. Luftlandedivision, die sich in einem Brückenkopf über der Orne eingegraben hatte, anzugreifen. Sie stellte sich mir als die unmittelbarste Bedrohung der deutschen Position dar.

Kaum hatte ich diese Entscheidung getroffen, bekam ich von der Heeresgruppe B die Nachricht, daß ich jetzt der 7. Armee unterstünde. Um 9.00 Uhr wurde mir mitgeteilt, daß ich von jetzt ab Befehle von dem 4. Infanteriekorps erhalten würde. Und endlich um 10.00 Uhr bekam ich dann auch meine ersten Operationsbefehle. Ich sollte die Bewegung meiner Panzer gegen die alliierte Luftlandedivision abbrechen und nach Westen abdrehen, um den Kräften, die Caen schützten, beizustehen.

Nachdem ich über die Orne hinüber war, fuhr ich nach Norden auf die Küste zu. Zu diesem Zeitpunkt hatte der Feind, der aus drei britischen und drei kanadischen Infanteriedivisionen bestand, gute Fortschritte gemacht und hatte sich einen Streifen festen Landes, von der See her ungefähr 10 km landeinwärts, in Besitz genommen. Von hier aus setzte das Feuer der alliierten Pak, kaum daß ich gestartet war, elf meiner Panzer außer Gefecht. Meine Kampfgruppe brachte es indessen fertig, an diesen Geschützen vorbeizukommen, und um 7.00 Uhr abends erreichte sie bei Lion sur Mer die Küste."

Die 21. Panzerdivision, die einzige sofort verfügbare Panzereinheit, die den Verlauf der Invasion hätte entscheidend bestimmen können, war ihrer Stoßkraft bereits in der Anfangsphase ihres Kampfes beraubt. Statt mit geballter Kraft blitzartig in den gelandeten Feind hineinzustoßen, war die Division dazu verdammt, päckchenweise verbrannt zu werden. Bis 6.30 Uhr stand sie untätig um Caen und griff erst dann die Luftlandedivision bei Troarn an. Der Hauptfeind stand aber nicht bei Troarn, sondern nördlich Caen. Teile der 21. Panzerdivision wurden erst in den Nachmittagsstunden nördlich Caen eingesetzt.

Die 21. Panzerdivision in der Hand eines erfahrenen Panzerführers, der, wie Rommel 1940 und wie es viele Kommandeure nach ihm getan haben, im Panzer reitend den Angriff von vorn geführt hätte, wäre in der Lage gewesen, die Alliierten in eine sehr kritische Lage zu bringen. Der bewährte Grundsatz Guderians: „Klotzen nicht kleckern!" war grob mißachtet worden.

Der Divisions-Gefechtsstand der 21. Panzerdivision befindet sich noch immer in St. Pierre sur Dives, ungefähr 30 Kilometer von der Küste entfernt. In der Nacht vom 6. zum 7. Juni hat der Kommandeur der 21. Panzerdivision keine exakten Verbindungen zu den kämpfenden Einheiten.

Kurz nach Mitternacht macht er uns darauf aufmerksam, daß die Alliierten unter Umständen den Flugplatz Carpiquet schon erreicht haben. Genaue Meldungen hat er jedoch nicht.

Gefechtsaufklärung des Regimentes 25 wird sofort angesetzt. Um 1 Uhr wird Carpiquet, Rots und Buron feindfrei gemeldet. In Buron halten sich versprengte Gruppen der 716. I.D. Les Buissons ist von alliierten Truppen besetzt. Der linke Flügel der 21. Panzerdivision steht an der Eisenbahnlinie in Höhe von Epron. Westlich von Epron steht also im Augenblick keine deutsche Einheit. Der Westteil von Caen und der Flugplatz Carpiquet sind unverteidigt.

Die Truppe, die den Flugplatz verteidigen sollte, hat ihre gut ausgebauten Stellungen bereits am 6. Juni fluchtartig geräumt. Es handelte sich um Bodenpersonal der Luftwaffe.

Das verstärkte Grenadierregiment 25 rollt auf der Straße Villers Bocage — Caen. Es wird durch Ordonnanzoffiziere über die Lage orientiert. Die Bataillonskommandeure haben Befehl, sich auf dem vorläufigen Gefechtsstand Panzer-Grenadierregiment 25 zu melden. Der Gefechtsstand liegt hart westlich von Caen am Schnittpunkt Eisenbahn—Straße.

Im Bunker herrscht eine pessimistische Stimmung. Es wird Zeit, daß ich hier verschwinde. Kurz bevor ich den Bunker verlasse, werde ich an das Telefon gerufen. Unser Divisionskommandeur, Generalmajor W i t t, befindet sich auf dem Gefechtsstand der 21. Panzerdivision in St. Pierre und wünscht einen Lagebericht. Ich schildere die Lage so, wie ich sie vom Kommandeur der 716. I.D. und vom Kommandeur der 21. Panzerdivision erhalten habe. Der Kommandeur läßt mich ohne Unterbrechung reden und sagt dann:

„Die Lage macht schnelles Handeln notwendig. Vor allem muß dem Feind Caen und der Flugplatz Carpiquet verweigert werden. Es ist anzunehmen, daß der Feind seine Verbände bereits geordnet hat und daß sie sich gründlich zur Verteidigung eingerichtet haben, soweit sie sich nicht für den weiteren Angriff bereitgestellt haben. Daher ist es falsch, die Verbände der Division in den Kampf zu werfen, wie sie eintreffen. Es kommt nur ein Angriff mit Bereitstellung zusammen mit der 21. Panzerdivision in Frage.

Also, die Division greift den gelandeten Feind zusammen mit der 21. Panzerdivision an und wirft ihn ins Meer zurück. — Angriffsbeginn ist der 7. 6. 44, 12.00 Uhr."

Ich verabschiede mich schnell von den beiden Kommandeuren und verlasse mit meiner Begleitung den Bunker. In den Gängen liegen noch einige Verwundete, die Masse ist bereits abtransportiert. Die Straßen von Caen sind menschenleer. Weder Soldaten noch Zivilisten sind zu sehen. Nur dort, wo die Straßen blockiert sind, beseitigen Pioniere die Trümmer. Außer diesen Pionieren ist kein Lebewesen mehr zu sehen. Caen ist eine tote Stadt. Der widerliche Brandgeruch lagert schwer in den Straßen. Glimmende Balken und Häuser zeigen uns den Weg. Wir schweigen, niemand sagt ein Wort — wir denken an die brennenden Feuer in der Heimat. Einzelne Flugzeuge sind über uns — ihre Blitzaufnahmen hüllen die verwaiste Stadt in ein strahlendes Licht. Wo bleibt nur unsere Luftwaffe?

Unser Gefechtsstand liegt direkt an der Hauptstraße. Es ist ein kleines Landhaus mit hohen, alten Bäumen. Deckung gegen Sicht ist also gegeben, und das ist heute unbedingt erforderlich, wenn man den nächsten Tag noch erleben will. Im Gebäude sieht es toll aus. Luftwaffensoldaten müssen es in wenigen Minuten verlassen haben — wahrscheinlich gehörten sie auch zur Flugplatzverteidigung, die sich so schnell verdrückt hat.

Der Kommandeur des I. Bataillons Regiment 25 meldet sich — schnell ist er eingewiesen und mit der Lage vertraut. Ein kurzer Händedruck sagt uns alles. Wir wissen, daß wir einen schweren Gang antreten müssen.

Das Bataillon springt von den Fahrzeugen und die Lastwagen verschwinden in der Dunkelheit. Kein Fahrzeug fährt durch die Stadt, alle biegen nach Süden ab.

Bataillon auf Bataillon kommt heran. Inzwischen ist es hell geworden. Der Himmel beginnt sich wieder zu beleben. Es ist zwecklos, Fliegerdeckung aufzusuchen. Die Flugzeuge sind ständig über uns.

Die Grenadiere winken mir zu. Ruhig, ohne Pathos, aber mit der festen Entschlossenheit sich zu bewähren, gehen sie ihrer Feuertaufe entgegen.

Pausenlose Jabo-Angriffe und Feuer der Schiffsartillerie liegen auf den Anmarschstraßen. Aber dennoch werden die Bereitstellungsräume ohne größere Verluste rechtzeitig erreicht.

Ich begebe mich zum vorgeschobenen Gefechtsstand im Kloster Ardenne. Erich — mein Fahrer — hat unser Kfz. 15 bereits gegen einen kleinen Volkswagenkübel eingetauscht, um kein auffälliges Ziel zu bieten. Aber diese Vorsichtsmaßnahme hat wenig genützt. Kaum haben wir uns in Bewegung gesetzt, da liegen wir auch schon im Graben. MG-Garben der Jabos reißen den Erdboden um uns herum auf. Rein in den Wagen — und nach ein paar hundert Metern mit einem eleganten Schwung wieder in den Graben! Es ist zum Wahnsinnigwerden — aber nach kurzer Zeit hat Erich den Bogen raus. Er haut mit einer Affenfahrt ab, und sobald ein Jabo zum Sturz ansetzt, tritt er auf die Bremse, daß sich die Kiste bald überschlägt. So bringt er mich in das Kloster. Ich bin froh, ein paar feste Mauern um mich zu haben. Das Kloster ist eine alte Ruine mit großen Obstgärten, die mit hohen Mauern aus Feldsteinen umgeben sind. Zwei hohe Kirchtürme schauen weit ins Land und gestatten eine tadellose Beobachtung.

Der eine Turm ist bereits B-Stelle der schweren Artillerieabteilung geworden. Bartling meldet mir, daß die Artillerie feuerbereit ist. Die Infanterie hat ihre Bereitstellungsplätze erreicht. Das II. Bataillon liegt unmittelbar vor mir. Gefechtsaufklärung sehe ich in den Büschen verschwinden, und die schweren Infanteriewaffen haben Feuerstellungen bezogen, während die MG und 2-cm-Flak sich mit den Jabos herumschießen. Alles ist klar. Aber wo bleiben die Panzer? Können sie die Front überhaupt erreichen? Ist es nicht Wahnsinn, bei diesem Jaboeinsatz überhaupt einen Panzer zu erwarten? Statt der so heißersehnten Panzer meldet sich der Kommandeur einer Werferabteilung. Erfreut höre ich, daß er über reichlich Munition verfügt. Die Abteilung bezieht am Nordrand von Caen Stellung.

Inzwischen ist es 10.00 Uhr geworden, und die ersten Panzer tauchen auf. Die pausenlosen Jaboangriffe haben den Anmarsch empfindlich gestört. Der Abteilungskommandeur meldet mir 50 Panzer IV einsatzbereit. Der Rest liegt auf der Strecke und dürfte im Laufe der Nacht eintreffen. Jetzt ist mir bedeutend wohler, denn ohne Panzerunterstützung wäre der Angriff zum Scheitern verurteilt.

Wenn doch das verflixte Feuer der Schiffsartillerie ausgeschaltet werden könnte. Die schweren Koffer brausen wie D-Züge über uns hinweg und wühlen sich in die Trümmer der Stadt ein. Die Jabos stören uns kaum noch; wir wissen, daß wir diese Pest jetzt dauernd über uns haben werden.

Ich klettere auf einen Turm, um einen Blick ins Gelände zu tun. Vielleicht kann ich sogar die Küste einsehen.

Welch eine Überraschung! Das Gelände bis zur Küste liegt wie ein Sandkasten vor mir. An der Küste herrscht emsiges Leben. Schiff an Schiff schaukelt auf dem Wasser, und unzählige Sperrballone schützen diese Armada gegen Luftangriffe. Aber diese Maßnahme ist unnötig, denn deutsche Flugzeuge scheint es nicht mehr zu geben.

Feindliche Panzereinheiten formieren sich westlich Douvres. Das ganze Gelände wirkt wie ein Ameisenhaufen. Und wie sieht es hinter uns aus? Rauchende Trümmer, leere Straßen und brennende Fahrzeuge. Die schnurgerade Straße Caen—Falaise ist kilometerweit einzusehen, doch rollen auf ihr keine deutschen Kampfmittel. Die warten irgendwo in Deckung, um während der Nacht den Sprung an die Front zu wagen.

Jabos greifen das Kloster an, ohne jedoch Schaden zu verursachen. Die Grenadiere fluchen über die Jabopest und wünschen sie allesamt zum Teufel.

Doch was ist das?! Sehe ich recht? Ein feindlicher Panzer schiebt sich durch die Obstgärten von Contest! Jetzt steht er. Der Kommandant öffnet die Luke und sucht das Gelände ab. Ist der Kerl blind? Hat er noch nicht gemerkt, daß er nur 200 Meter vor den Grenadieren des II. Bataillons steht und die Pak-Rohre auf ihn gerichtet sind? Scheinbar nicht. In aller Ruhe steckt er sich eine Zigarette an und blinzelt dem Rauch nach. Kein Schuß löst sich. Das Bataillon hält eine ausgezeichnete Feuerdisziplin.

Aha! Jetzt ist alles klar! Der Panzer ist zur Seitensicherung herausgeschoben. Aus Buron rollen feindliche Panzer auf Authie zu. Mein Gott! Was für eine Gelegenheit! Die Panzer fahren genau vor der Front des II. Bataillons entlang! Die Einheit bietet ungeschützt ihre Flanke dar. Ich gebe Befehl an alle Bataillone, an die Artillerie und an die bereitstehenden Panzer: „Nicht schießen! Feuereröffnung nur auf meinen Befehl!"

Der Kommandeur unseres Panzerregimentes hat seinen Befehlswagen im Klostergarten stehen. Schnell ist eine Telefonverbindung zum Panzer hergestellt, und das Feindbild wird so vom Turm über das Mikrophon an alle Panzer übertragen. Eine Kompanie steht im Klostergelände und eine andere am Hinterhang südlich Franqueville. Zögernd aber stetig rollen die Panzer nach Authie hinein. Sie durchstoßen die Ortschaft in Richtung auf Franqueville.

Der feindliche Kommandeur scheint nur noch den Flugplatz zu sehen – der Platz liegt unmittelbar vor ihm. Er beherrscht ihn bereits mit seinen Waffen. Aber er sieht nicht, daß am Hinterhang sein Verderben lauert. Sobald seine Panzer die Straße Caen—Bayeux überschreiten, rennen sie in die wartende Panzerkompanie der II. Abteilung. Nur wenige hundert Meter trennen die stählernen Ungeheuer voneinander.

Wie gebannt starren wir auf dieses Schauspiel! Wünsche — Kommandeur des Panzerregiments — gibt die Bewegungen der feindlichen Panzer leise weiter. Keiner wagt laut zu sprechen.

Ich denke an den Angriffsbefehl der Division und an den Grundsatz Guderians: Klotzen, nicht kleckern! — Aber hier muß gleich gehandelt werden. Das Regiment 26 befindet sich noch ostwärts der Orne, und die I. Abteilung Panzerregiment 12 liegt ohne Betriebsstoff 30 Kilometer ostwärts der Orne fest.

Der Betriebsstoff kann wegen der Lufttätigkeit nicht herangeführt werden. Entschluß: Sobald die feindlichen Spitzenpanzer Franqueville durchfahren haben, greift das III. Bataillon 25 mit der am Hinterhang stehenden Panzerkompanie an. Hat das Bataillon Authie erreicht, greifen auch die übrigen Bataillone in den Kampf ein. Angriffsziel: Küste.

Der Kommandeur der 21. Panzerdivision wird über die Lage orientiert und um seine Unterstützung gebeten.

Ein ungeheurer Druck lastet auf uns. Jetzt muß es gleich geschehen. Die feindliche Spitze schiebt sich an Franqueville vorbei und ist im Begriff, die Straße zu überschreiten. Ich gebe Wünsche das Angriffszeichen und höre nur noch seinen Befehl: „Achtung! Panzer marsch!" Jetzt weicht die Spannung. Es kracht und blitzt bei Franqueville. Der feindliche Spitzenpanzer qualmt, und ich sehe, wie die Besatzung ausbootet. Weitere Panzer fliegen krachend auseinander. Ein Panzer IV bleibt plötzlich brennend stehen, hohe Stichflammen schießen aus der Luke. Die kanadische Infanterie versucht, die Ortschaft Authie zu erreichen und von dort aus den Kampf weiterzuführen. Aber es ist vergebens. Die Grenadiere des III. Bataillons sind vom Ehrgeiz gepackt. Sie wollen den Panzern keinen Vortritt lassen. Sie wollen in Authie einbrechen. Kaum haben die Grenadiere Authie erreicht, beginnt der Angriff des II. und I. Bataillons. Der Feind ist jetzt in der tiefen Flanke gefaßt. Im schwungvollen Angriff ist Franqueville und Authie genommen. Jetzt muß Contest-Buron fallen. Die feindlichen Kräfte scheinen vollständig überrascht zu sein. Die beiderseitige Artillerie hat bis jetzt noch keine Granate abgefeuert.

Der Angriff schreitet schnell voran. Gefangene sammeln sich und gehen mit erhobenen Händen zurück.

Das III. Bataillon geht auf Buron vor. Das II. Bataillon hat Contest bereits durchstoßen und steht mit feindlichen Panzern im Kampf.

Ich springe auf ein Krad und fahre zum III. Bataillon. Die ersten Verwundeten kommen mir entgegen und streben dem Verbandsplatz im Kloster zu. Im Obstgarten von Cussy stehen ungefähr 50 gefangene Kanadier mit erhobenen Händen und werden von einigen Grenadieren bewacht. Ich lasse die Arme herunternehmen und befehle den sofortigen Abtransport zum Kloster. Das Dorf Cussy liegt wie ausgestorben da, aber gleich hinter dem letzten Gehöft herrscht mehr Leben, als mir lieb ist. Kaum habe ich das offene Gelände erreicht, da fliegen mir die kanadischen Grüße um die Ohren. Die Panzer vom Südrand Burons versuchen, mich abzuknallen. Aber so einfach ist es nicht — mit höchster Geschwindigkeit sause ich den Feldweg entlang.

Jetzt hat es mich erwischt! Ich weiß nicht, wie ich plötzlich neben einen kanadischen Soldaten zu liegen komme. Rings um mich herum kracht und raucht es ohne Unterlaß. Der Kanadier und ich liegen in einem Bombentrichter und schauen uns verdutzt an. Wir klemmen uns dicht an den Kraterrand und lassen uns nicht aus den Augen. Wir liegen mitten im Feuer der kanadischen Artillerie und ducken uns besonders tief, wenn die schweren Brocken der Schiffsgeschütze heranbrummen. Mein Krad liegt auf dem Feldweg und ist ein einziger Trümmerhaufen.

Wie lange ich schon in dem verfluchten Loch liege, weiß ich nicht. Ich sehe nur, daß die Grenadiere kurz vor dem Einbruch in Buron stehen. Brennende Panzer stehen auf beiden Seiten.

Ich kann nicht ewig in dem Loch liegen bleiben — also haue ich sprungweise in Richtung auf das III. Bataillon ab. Der Kanadier verschwindet in Richtung Cussy. Das Feuer liegt jetzt auf Buron. Ein Kradmelder kommt den Weg herabgesaust, erkennt mich, stoppt, und wir sausen weiter.

Milius erwische ich zwischen Buron und Authie. Er berichtet erfreut über den Kampfgeist seines Bataillons. Die Verluste des Bataillons sind bisher gering. Auf Buron liegt jetzt schwerstes Vernichtungsfeuer. Das Dorf ist nicht mehr zu erkennen. Qualm, Explosionen und züngelnde Flammen zeigen die Lage der Ortschaft an. Die feindliche Artillerie hat sich ganz auf Buron konzentriert und zermalmt es mit der Wucht ungeheurer Stahlmassen. Solch ein konzentriertes Ari-Feuer habe ich noch nie erlebt. Ich muß unwillkürlich an Verdun denken. Eine Kompanie des III. Bataillons ist mitten im Ari-Beschuß, die anderen stoßen auf Buissons vor. Milius folgt seiner Spitzenkompanie.

Mit einer anderen Maschine fahre ich zum II. Bataillon. In Contest liegt nur leichtes Feuer. Das Bataillon hat den Ari-Beschuß hinter sich gelassen und greift weiter in nördlicher Richtung an. Der Bataillonskommandeur Scapinie ist an der Spitze seiner Männer gefallen. Ein Volltreffer hat seinem Soldatenleben ein Ende gesetzt.

Beim I. Bataillon stelle ich mit Schrecken fest, daß die 21. Panzerdivision den Angriff nicht unterstützt und die Panzer bei Couvre Chef stehen. Die rechte Flanke des Regiments ist also offen und feindliche Panzer stoßen in die Flanke des I. Bataillons. In diesem Augenblick tritt eine gefährliche Krise beim I. Bataillon ein. Die Infanteristen bleiben zögernd liegen, und plötzlich sehe ich, wie zuerst einer und dann mehrere Grenadiere kehrtmachen und nach Malon zurücklaufen. Hier hilft kein Befehl mehr, hier muß anders gehandelt werden. Ich laufe den Jungen entgegen und zeige in die Richtung des Feindes. Sie stehen, sehen mich an und suchen ihre alten Stellungen wieder auf. Ein Panzer IV fährt in den eigenen Panzergraben und sitzt unbeweglich fest. Die feindlichen Panzer geraten jetzt in das Schußfeld des Pakzuges. Qualmend bleibt der erste Sherman liegen, der nächste dreht sich im Kreis herum. In wenigen Sekunden birst er auseinander. Eigene Panzer treffen ein und bereinigen die Situation.

Zurück zum Regiments-Gefechtsstand! Im Hof des Klosters stehen rund 150 Gefangene. Sie gehören zur 9. kanadischen Brigade, die eine Einheit der 3. kanadischen I.D. ist. Die Gefangenen sind entweder Infanteristen des Regiments „North Nova Scotia Highlanders“ oder Besatzungen des 27. Panzerregiments „Sherbrooks Füsiliers“. Ich unterhalte mich mit einigen Offizieren und klettere anschließend wieder auf den Kirchturm.

Die vorgeschobenen Beobachter geben laufend neue Ziele durch und leiten das Feuer ihrer Batterien. In der linken Flanke des Bataillons kann ich noch immer keine Bewegungen feststellen. Vom Regiment 26 war bis jetzt lediglich die Aufklärungskompanie im Kampfraum eingetroffen. Die Bataillone sind durch Luftangriffe noch aufgehalten, so daß mit einem Einsatz des Regiments kaum noch gerechnet werden kann.

Die Aufklärungsabteilung 12 hat in der linken Flanke der Division noch keine Feindberührung. Die Abteilung klärt in Richtung Bayeux auf.

Während mich der O I der Division, Oberstf. Meitzel, orientiert, sehen wir starke Feindbewegungen westlich des Muc. Panzerkräfte stoßen in Richtung auf Bretteville vor. Der Muc ist ein kleiner Bach mit bewaldeten Ufern; bei Rots steigen die Ufer nach beiden Seiten an und bilden so eine natürliche Panzersperre bei einem Angriff von West nach Ost oder umgekehrt. Eine 8,8-cm-Flak-Batterie überwacht den Abschnitt von der Gegend um Franqueville aus.

Mit Spannung beobachte ich die Staubwolken westlich des Muc. Panzer auf Panzer rollt über die Höhe in Richtung Bretteville vor. In dem Abschnitt befinden sich keine deutschen Truppen, die den Vormarsch der feindlichen Kräfte stoppen können. Die feindlichen Panzereinheiten rollen also direkt in den Aufmarschraum des 26. Panzer-Grenadierregiments hinein, wenn sie ihren Vormarsch über die Straße Caen—Bayeux fortsetzen. In Bretteville selbst befinden sich zur Zeit nur wenige versprengte Infanteristen der 716. I.D. Der Weg in die tiefe Flanke ist frei.

Wie später festgestellt wurde, handelte es sich bei der beobachteten Truppenbewegung um die 7. kanadische Brigade mit den Einheiten: „Regina Rifles“ und dem Regiment „Canadian Scottish“.

Unter diesen Umständen muß der Angriff des Regiments 25 sofort eingestellt werden. Es wäre verantwortungslos, den Angriff mit offenen Flanken und gegen das unerhörte Ari-Feuer der Land- und Seekräfte weiterzuführen.

Der Angriff wird eingestellt und das I. Bataillon auf die Höhe des linken Flügels der 21. Panzerdivision zurückgenommen. Die Division befiehlt die Verteidigung der gewonnenen Linie bis zum Eintreffen weiterer Kräfte.

Im Obstgarten des Klosters werden noch immer verwundete Kameraden verbunden. Die jungen Grenadiere liegen nebeneinander und sprechen sich gegenseitig Mut zu. Kanadische Soldaten liegen neben deutschen. Die Ärzte und Sanitäter sehen keine Uniformen. Hier gibt es nichts Trennendes mehr. Hier geht es nur noch um das nackte Leben von Menschen.

Der Abtransport der Verwundeten ist unmöglich geworden. Die Jabos greifen jeden Sanka an. Vom Regimentsarzt wird mir gemeldet, daß die dem Regiment zugeteilte Sanitätskompanie nicht mehr voll einsatzfähig ist. Jabos haben die Sanitätskompanie auf dem Marsch angegriffen und einen Teil der Fahrzeuge mit Sanitätsmaterial vernichtet. Leider sind auch eine Anzahl Sanitäter gefallen.

Das Rote Kreuz bedeutet also keinen Schutz mehr.

Um die Sanitätsfahrzeuge noch stärker als solche zu markieren, werden sofort alle Sankas schneeweiß gestrichen. Aber auch diese Maßnahme erweist sich als zwecklos.

Mit Hilfe von französischen Ärzten ist ein Behelfslazarett improvisiert worden. Die Franzosen kümmern sich besonders um schwerverwundete Kanadier.

Im Schutze der Dunkelheit werden Verwundete und Gefangene nach hinten gebracht.

Die Verluste des ersten Kampftages sind schmerzlich. Neben dem Kommandeur des II. Bataillons sind einige Kompaniechefs gefallen oder verwundet. Das III. Bataillon hat in Buron durch das schwere Artilleriefeuer empfindliche Ausfälle erlitten. Die Panzerabteilung hat 6 Panzer IV, davon 2 total verloren.

Die feindlichen Verluste sind weitaus größer. Nach Lt. Col. Mel Gordon hat das 27. kanadische Panzerregiment 28 Shermanpanzer verloren. Das Regiment North Nova Scotia Highlanders verlor insgesamt 245 Mann an Toten, Verwundeten oder Gefangenen.

Der Angriff des Regiments 25 hat die feindlichen Operationen gegen Caen empfindlich gestoppt. Leider war es unmöglich, den Angriff am 7. 6. fortzusetzen.

Ein planmäßiger Angriff der 21. und 12. Panzerdivision hätte am 7. 6. zum Erfolg führen und den Brückenkopf nördlich Caen eindrücken können, wenn der Einsatz der Divisionen den verantwortlichen Truppenführern überlassen worden wäre. Die Divisionen wurden jedoch festgehalten und konnten erst nach Freigabe durch das Oberkommando der Wehrmacht in das Kampfgeschehen eingreifen. Beide Divisionen, die 12. und die 21. Panzerdivision, hätten bereits am 6. 6. gemeinsam nördlich Caen operieren können.

Im Laufe der Nacht trifft das Regiment 26 in seinem Abschnitt ein. Endlich hat die Flankenbedrohung ein Ende.

Das I. Bataillon 26 ist im Angriff auf Norrey liegengeblieben und kommt nicht mehr voran. Die rechts des Muc angreifende 1. Kompanie, welche die Verbindung zum Regiment 25 herstellen sollte, blieb im Flankenfeuer von Norrey liegen.

Der Angriff des II. Bataillons 26 von Le Mesnil-Patry aus führte zur Einschließung von drei Kompanien der „Royal Winnipeg Rifles" in Putot en Bessin und zu deren Vernichtung. Durch die kanadische 9. Brigade wurde das Regiment „Canadian Scottish" zum Gegenangriff angesetzt und drückte unter hohen Verlusten das II. Bataillon 26 auf eine Stellung hart südlich Putot zurück.

Das III. Bataillon 26 stand am Bahndamm in Bronay zur Verteidigung bereit.

Die Panzerlehrdivision unter Führung des Gen.-Ltn. Bayerlein hatte die Front am 8. Juni in der Gegend von Tilly erreicht. Die Division hatte bereits auf dem Marsch empfindliche Verluste erlitten. Über 40 gepanzerte Fahrzeuge, die Benzin mitführten, und 90 andere Lastwagen waren vernichtet. Fünf Panzer und vier Zugmaschinen und Geschütze auf Selbstfahrlafetten waren erledigt. Dies waren wahrlich ernste Verluste für eine Einheit, die noch gar nicht in Aktion getreten war.

Kurz nach Mitternacht meldet sich Obersturmführer v. Ribbentrop auf dem Gefechtsstand. Ribbentrop ist einige Wochen vor der Invasion durch einen Tiefflieger verwundet worden (Schulterschuß) und steht nun mit dem Arm in der Schlinge vor mir. Er ist aus dem Lazarett ausgerückt und sucht jetzt seine Panzerkompanie. Da ich R. von früheren Einsätzen her kenne, unternehme ich nichts, ihn wieder ins Lazarett zu schicken.

Während der Nacht suche ich die Bataillone auf und gehe die Stellungen der Kompanien ab. Ich bin sprachlos über Haltung und Geist der Grenadiere.

Wir alten Soldaten sind zutiefst vom Geschehen des Tages beeindruckt. Der Artillerie-Einsatz und die feindlichen Luftangriffe haben uns alle gepackt. Nicht so die jungen Grenadiere. Für sie war es die Feuertaufe, die sie sich vorgestellt hatten. Sie wissen aber, daß schwere Tage und Wochen auf uns warten. Ihre Haltung verdient wirklich Bewunderung.

Beim Absuchen des Gefechtsfeldes bei Authie und Franqueville wurden heute morgen wertvolle Feindunterlagen gefunden. Aus dem ersten abgeschossenen Feindpanzer wurden sämtliche Funkunterlagen geborgen. Gegen Abend des 8. Juni waren kanadische Karetten von Putot her über die verminte Brücke am Ortsrand Bronay vor die Mündung einer dort stehenden Pak gefahren und waren abgeschossen worden. Das eine Fahrzeug verbrannte mit seinen Insassen, das andere blieb unversehrt. Ein Oberleutnant und sein Fahrer waren tot. In dem Fahrzeug wurde eine wertvolle Tarnkarte gefunden. Sie enthielt alle Stellungen beiderseits der Orne mit genauen Angaben über die Bewaffnung bis zu Granatwerfern und Maschinengewehren. Statt der Orts- und Geländenamen waren Tiernamen eingedruckt, die mit demselben Buchstaben anfingen. Die Orne hieß z. B. „Orinoco". Für Panzer ungangbares Gelände war besonders gekennzeichnet. Bei einem gefallenen Captain wurde ein Notizbuch mit Aufzeichnungen über die Befehlsausgabe für die Invasion gefunden, die auch Angaben über die Art der Kampfführung und die Behandlung der Zivilbevölkerung enthielt.

Die Tarnnamen und Funkunterlagen wurden vom Feind noch einige Tage benutzt und ermöglichten dem eigenen Nachrichtenaufklärungszug die Überwachung und Auswertung des feindlichen Funkverkehrs.

In den Nachmittagsstunden des 8. Juni fahre ich mit dem Divisionskommandeur den Abschnitt des Regiments ab und anschließend zum I. Bataillon 26. Tiefflieger jagen uns — ich bin froh, als ich den Kommandeur wieder heil auf dem Gefechtsstand 25 habe.

Da erhält das Regiment 25 den Befehl, mit einer inzwischen eingetroffenen Pantherkompanie der I. Abteilung Panzerregiment 12 und der Aufklärungskompanie des Regiments 25 das I. Bataillon 26 durch einen Angriff auf Bretteville-l'Orgueilleuse von Osten her zu entlasten.

Der Angriff wird für die kommende Nacht festgesetzt. Tagesangriffe sind bei der absoluten Luftherrschaft der Alliierten unmöglich geworden.

Kurz vor Anbruch der Dunkelheit rollen die Panther, von Caen kommend, auf Franqueville vor. Langsam schieben sie sich an die Front heran.

Die Panzerführer sind genauestens orientiert. Kompanie- und Zugführer haben in den Nachmittagsstunden das Gelände erkundet und kennen jede Geländefalte. Die Panzerkompanie steht jetzt in Keilform marschbereit. Die Grenadiere der Aufklärungskompanie klettern auf die Panzer. Ich fah. von Panzer zu Panzer und rufe den Jungen ein paar Worte zu.

Der Kompanieführer v. Büttner, einst mein langjähriger Adjutant, erinnert mich plötzlich an ein Versprechen, das ich der 15. Kompanie während der Gefechtsausbildung in Beverloo in Belgien gegeben habe. Damals habe ich der Kompanie zugerufen: „Jungs, die Aufklärungskompanie ist immer die Spitze des Regiments. Ihr tragt deshalb eine große Verantwortung, ich verspreche euch, daß ich eure Feuertaufe in euren Reihen miterleben werde." Ja, jetzt war es soweit, die Kompanie ging ihrer Feuertaufe entgegen, also muß ich den Angriff begleiten.

Mein langjähriger Freund und Kamerad Helmut Belke kommt mit einer Beiwagenmaschine angefahren. Seit 1939 ist er ständig an meiner Seite gewesen, als Kradmelder, Gruppenführer und Staffelführer hat er mich über alle Schlachtfelder begleitet. Im Beiwagen sitzt Dr. Stift. Ich springe auf den Soziussitz und dirigiere Helmut auf die Straße Caen—Bayeux. Rechts von uns brummen die Panzer. Die Grenadiere sind nun alle aufgesessen und ducken sich hinter den Türmen.

Die Jungen winken mir zu. Sie schlagen sich gegenseitig auf die Schultern und erinnern sich wahrscheinlich an mein Versprechen. Sie zeigen auf mein Krad und schütteln ihre Köpfe, die „Chaise" scheint ihnen doch bedenklich zu sein.

Der Kommandeur des Panzerregiments, Max Wünsche, will seine Pantherkompanie begleiten. Auch er kämpft seit 1939 an meiner Seite. Wir kennen uns, zwischen uns bedarf es keiner Erörterungen — ein Blick, ein Zeichen, und die Panzer rollen in die Dunkelheit.

Links der Straße steht eine 8,8-cm-Batterie in Feuerstellung. In wenigen Minuten haben wir die letzten Sicherungen hinter uns gelassen. Rechts der Straße rollen die Panzer mit hoher Geschwindigkeit vor. Das Gelände hat keinerlei Tücken. Die Panzerfahrer können aufdrehen. Hinter unserem Krad fährt eine Kradschützengruppe und das Fahrzeug des Artilleriebeobachters. Die Kradschützen folgen mit einigen hundert Metern Abstand.

Unsere stärkste Waffe ist der Motor — also, hinein! Das Tempo steigert sich, die Panzer sind nur noch in ihren Umrissen zu erkennen. Vor Einbruch der Dunkelheit will ich Rots durchstoßen haben — so war es auch mit

e Vereidigung der
SS.-Panzerdivision

Sepp Dietrich mit der Mehrzahl der Kommandeure Leibstandarte SS-AH im Mai 1943 nach Charkow.

Wünsche vereinbart. Die ersten Häuser von Rots tauchen auf. Die Panzer sind halbrechts hinter uns — wir sitzen wie auf einem Vulkan, aber Helmut fährt unverdrossen weiter. Jetzt hängen wir nur noch am Krad, um ja schnell genug von der Straße verschwinden zu können. Am Dorfeingang erwarten wir die Panzer. Sie sind in wenigen Minuten da. Die erste Gruppe der Aufklärungskompanie sitzt ab und geht infanteristisch vor — das Dorf ist feindfrei und bald durchstoßen.

Die Panther müssen hintereinander durch die Ortschaft fahren. Sobald sie das Dorf hinter sich haben, bilden sie wieder die Keilform. Zwei Panther brausen die Straße nach Bretteville hinab. Die übrigen stoßen rechts und links der Straße vor. In der Dunkelheit sehe ich jetzt nur noch die glühenden Auspuffrohre der Panzer.

Norrey liegt bereits halblinks hinter uns — nur noch wenige Sekunden, und wir müssen auf die kanadischen Sicherungen stoßen. Bretteville liegt ein paar hundert Meter vor uns.

Rums! Rums! Es kracht und blitzt auf der Straße. Die beiden Spitzenpanther jagen Granate auf Granate aus den Rohren. Sie schießen uns die Straße frei und rasseln mit Höchstgeschwindigkeit in die Ortschaft hinein.

So haben wir im Osten gekämpft — ob unsere Überrumpelungstaktik auch hier zum Ziel führt?

Alle Panzer knallen jetzt in die Ortschaft hinein. Feindliches MG-Feuer antwortet. Wir haben uns hinter den zweiten Panther gehängt. Auf der Straße wird es mir jetzt zu ungemütlich — wir fahren rechts ran und arbeiten uns im Straßengraben vor.

Ich stolpere über einen gefallenen Kanadier — rechts auf der Straßenböschung steht eine kleine Panzerkarette und qualmt.

Im Weitergehen höre ich jemanden stöhnen. Halblinks auf der Straße liegt ein Getroffener — MG-Garben pfeifen die Straße hinab. — Weitere Panther mit den aufgesessenen Grenadieren stoßen in die Ortschaft hinein.

Sprungweise gehen wir im Graben weiter vor. Jetzt habe ich den Verwundeten erreicht — er liegt auf dem Rücken und stöhnt vor Schmerzen. Mein Gott! Es ist v. Büttner! Der Kompaniechef der Aufklärungskompanie hat einen Bauchschuß erhalten. Ich taste ihn ab und fühle die schwere Verwundung. Büttner erkennt mich und drückt mir die Hand. Als alter Frontsoldat weiß er, daß dies sein letzter Kampf war. Langsam aber klar kommt es über seine Lippen: „Grüßen Sie meine Frau, ich habe sie sehr geliebt!" — Ich knie an seiner Seite. Der Doktor verbindet ihn inzwischen. Helmut

Belke sichert und kniet einige Meter neben uns. Von der anderen Straßenseite höre ich ein Geräusch. Ein Schatten springt über die Straße. Feind oder Freund? Helmut Belke schießt noch im Fallen und erwischt den Kanadier. Mit einem Kopfschuß fällt er auf den Grabenrand. Mein langjähriger Begleiter steht nicht wieder auf — auch er hat seinen letzten Kampf gekämpft — ein schwerer Bauchschuß hat sein Soldatenleben beendet.

Ich spreche ihm Hoffnung zu — aber er wehrt ab. „Nein, nein, ich kenne diese Art von Schüssen — das ist das Ende. Bitte grüßen Sie meine Eltern!"

Grenadiere stürmen an uns vorbei. Feldwebel Sander, der Sohn des Bürgermeisters von Dessau, drückt Helmut die Hand. Eine Stunde später ist auch Sander gefallen.

Mir laufen die Tränen übers Gesicht — die alten Kameraden werden immer weniger. Ich springe aufs Krad, um wieder Anschluß zu finden. Nach ein paar Sekunden stehe ich plötzlich in Flammen. Der Betriebsstofftank ist durchschossen und brennt wie eine Fackel. Grenadiere reißen mich zu Boden und wälzen mich im Sommerweg. Die Flammen sind durch den Dreck erstickt. — Glück im Unglück.

Im Dorf knallt es an allen Ecken. Wir haben die Dorfmitte erreicht. Der Spitzenpanzer ist abgeschossen. Der Gefechtsstand des Regiments „Regina Rifles" ist überrollt. Der Überrumpelungsangriff ist gelungen, aber wo bleibt die Infanterie vom Regiment 26? Allein können wir uns hier nicht halten — wir sind zu schwach, um Bretteville restlos zu nehmen, und auch zu schwach, um es zu verteidigen. Im Morgengrauen entschließe ich mich schweren Herzens zur Zurücknahme der Truppe auf die Höhe ostwärts von Rots.

Das Ergebnis der bisherigen Kämpfe ist, daß Montgomery sein Angriffsziel nicht erreicht hat. Laut Plan sollte die Stadt Caen am 6. Juni von den Alliierten genommen werden.

Gegen Mittag übernimmt das I. Bataillon 26 den Abschnitt Rots. Obersturmbannf. Wünsche wurde während des nächtlichen Angriffes verwundet und Obersturmf. Fuß, Zugführer in der Aufklärungskompanie, wird vermißt. Der Nachfolger v. Büttners fällt in den Nachmittagsstunden. Die Aufklärungskompanie hat innerhalb von 24 Stunden 2 Kompanieführer verloren.

Auf dem Regimentsgefechtsstand treffe ich den Ic der Division. Wir beide sind uns darüber klar, daß das deutsche Oberkommando recht schnell handeln muß, wenn der Brückenkopf der Alliierten beseitigt werden soll. Bisher wurden alle Panzerdivisionen, sobald sie in das Kampfgebiet gekommen waren, in den Kampf geworfen. Keine einzige Panzerdivision kann einen planmäßigen Angriff durchführen. Praktisch sind alle Panzerdivisionen bereits in die Verteidigung gedrängt. Es fehlen die erforderlichen Infanteriedivisionen, die untätig ostwärts der Seine stehen. Die nächsten 24 Stunden werden die Entscheidung bringen. Wir werden jeden Tag schwächer, die Alliierten von Tag zu Tag stärker.

In den Nachmittagsstunden trifft der O. B. der Panzertruppe West, General Geyr von Schweppenburg, auf dem Gefechtsstand ein. Der General kennt die Division sehr genau, weil er die Truppe in der Ausbildungszeit häufig besichtigt hat. Mängel und Stärken sind ihm nicht verborgen geblieben. Er spricht dem Regiment seine Anerkennung für das bisher Geleistete aus.

Wir klettern auf die B-Stelle im Kloster Ardenne. Der General bittet um meine Beurteilung der Lage. Mit wenigen Worten erkläre ich die eigene Lage des Regiments und gebe meiner Befürchtung Ausdruck, daß in den nächsten Tagen die Entscheidung des Krieges fallen wird. Von Schweppenburg sieht mich kurz an und sagt: „Mein lieber Herr Meyer, der Krieg kann nur noch durch politische Mittel gewonnen werden."

Von Schweppenburg informiert mich, daß er den Entschluß gefaßt hat, einen Angriff mit der 21. Panzerdivision, der 12. Panzerdivision und der Panzer-Lehrdivision durchzuführen. Mit diesen Divisionen will er zur Küste durchbrechen. Die Panzer-Lehrdivision soll den Abschnitt St. Mauvieu—Putot—Bronay übernehmen und das freiwerdende Panzer-Grenadierregiment 26 soll sich ostwärts des Muc einschieben. Für den Angriffsbeginn ist die Nacht vom 10. zum 11. vorgesehen. Ich halte einen Nachtangriff mit den genannten Kräften für durchaus erfolgversprechend. Auf jeden Fall müßte der Angriff so frühzeitig beginnen, daß wir bei Tagesanbruch tief im Gegner stehen, um so vielleicht die schwere Schiffsartillerie auszuschalten. Ein Tagesangriff erscheint mir bei der artilleristischen und Luftüberlegenheit der Alliierten aussichtslos. Die Vorbereitungen für den geplanten Angriff laufen sofort an. Die Schwierigkeiten sind jedoch unendlich groß. Nachschub an Munition und Betriebsstoff kann nur noch in der Nacht herangeführt werden. Die Munition muß z. B. aus den Wäldern nördlich von Paris herangeholt werden.

Vor der Front des Regiments 25 ist alles ruhig. Der Feind hat am 7. und 8. wohl einen zu großen Schock bekommen, um weitere Angriffe auf Caen zu unternehmen. Im linken Nachbarabschnitt wechseln jedoch Angriffs- und

Abwehrkämpfe ab. Die Panzer-Lehrdivision hat Melon genommen und verteidigt sich dort.

*

Schon bei Beginn der Invasion hatte ich gehört, daß die Alliierten es mit der Genfer Konvention nicht genau nähmen und die gelandeten Divisionen kaum Gefangene machten. Am 9. morgens fand ich an der Eisenbahnlinie südlich Rots eine Gruppe deutscher Soldaten, die offensichtlich nicht im Kampf gefallen waren. Sie lagen seitlich der Straße und waren alle durch Kopfschuß getötet. Es handelte sich um Soldaten der 21. Panzerdivision und des Stabes der 12. SS-Panzerdivision. Der Vorgang wurde sofort der Division gemeldet, die die Meldung an das Korps weiterreichte.

Der Regimentskommandeur des Panzer-Artillerieregiments 130, Panzer-Lehrdivision des Heeres, geriet mit dem Abteilungskommandeur, Major Zeißler, Hptm. Graf Clary-Aldringen und etwa sechs Unteroffizieren und Mannschaften am Morgen des 8. Juni 1944 in britische Gefangenschaft. Diese deutschen Offiziere und Mannschaften wurden von einem durch die deutschen Linien durchgebrochenen Panzerrudel des britischen Regiments „Inns of Court" gefangengenommen.

Nachdem die deutschen Offiziere sich geweigert hatten, freiwillig als Kugelfang zu dienen, wurde der schwerversehrte Oberst Luxemburger von zwei britischen Offizieren gefesselt, bewußtlos geschlagen und in blutüberströmtem Zustande auf einen britischen Panzer als Kugelfang aufgebunden.

Nach Einholung entsprechender Befehle wurden Graf Clary und Major Zeißler sowie die Mannschaften von den abrollenden britischen Panzern zusammengeschossen.

Graf Clary wurde einige Zeit später von Angehörigen des Siebkenschen Bataillons aufgefunden und zum Bataillons-Gefechtsstand transportiert. Der britische Panzer, auf dem Oberst Luxemburger als Kugelfang festgebunden war, wurde von einer deutschen Pak abgeschossen. Oberst Luxemburger starb einige Tage danach in einem Lazarett. Graf Clary erhielt die erste Hilfe durch den Sanitäter Klöden.

Am 7. Juni wurde bei einem kanadischen Captain ein Notizbuch mit Aufzeichnungen über die Befehlsausgabe vor Beginn der Invasion gefunden. Außer taktischen Anweisungen waren darin auch Anweisungen über Kampfverfahren verzeichnet. Darin hieß es: „Gefangene sind nicht zu machen."

Das Notizbuch wurde vom Ia der 12. Panzerdivision am 8. 6. 44 dem Oberbefehlshaber der 7. Armee, Generaloberst Dollmann, zur Weiterleitung übergeben.

Die bei der 12. Panzerdivision verhörten Offiziere und Soldaten der 3. kanadischen Division bestätigten, daß sie von ihren Vorgesetzten den Befehl bekommen hätten, keine Gefangenen zu machen. Ein anderer Soldat sagte aus, sie sollten dann keine Gefangenen machen, wenn sie ihnen hinderlich wären.

In dem späteren Kriegsverbrecherprozeß gegen Bernh. Siebken im November 1948 sagte der Zeuge Oberst i. Generalstab Meyer-Detering, Ic des deutschen Oberbefehlshabers West, Generalfeldmarschall v. Rundstedt, aus: „Gleich zu Beginn der Invasion habe ich zweimal Unterlagen auf dem Meldewege erhalten, die besagten, daß am Ostflügel der Invasionsfront, im Bereich der kanadischen Armee keine Gefangenen gemacht werden sollten."

Im gleichen Prozeß erklärte Oberstltn. i. G. von Zastrow, damals Ic des Befehlshabers der Panzergruppe West, General Geyr von Schweppenburg, daß ihm Übergriffe alliierter Truppen in Verletzung der Haager Landkriegsordnung und der Genfer Konvention in dieser Zeit bekannt geworden seien. Er hat dann einen Vorfall geschildert, bei welchem eine Reihe deutscher kriegsgefangener Soldaten nach ihrer Gefangennahme von kanadischen Soldaten zusammengeschossen worden seien. Des weiteren hat Oberstltn. von Zastrow über die Vernehmung eines kanadischen Hauptmannes durch ihn ausgesagt. Dieser Hauptmann kam im weiteren Verlauf der Kämpfe in der Somme-Gegend in Gefangenschaft. Da er der gleichen Einheit angehörte, bei welcher zu Beginn der Invasion die Befehle gefunden wurden und entsprechende Übergriffe geschehen waren, hielt von Zastrow ihm diese Völkerrechtsverletzungen vor. Auf die exakte Frage, ob er von Erschießungen deutscher Gefangener etwas gehört habe, antwortete der Hauptmann:

„Ich bin zu dieser Zeit noch nicht bei der Invasion gewesen, da ich als Ersatz erst seit kurzem Dienst tue. Ich habe zwar davon gehört, daß Übergriffe vorgekommen seien. Es sind jedoch dann scharfe Befehle erlassen worden, die jeden Übergriff strikt unter Strafe stellten."

Ich muß diese Vorgänge hier kurz skizzieren, weil sie die Kampfführung der Alliierten schlagartig beleuchten und mein persönliches Schicksal entscheidend beeinflußt haben. Doch will ich das üble Problem der „Kriegsverbrecher" später so kurz wie möglich streifen.

*

Die Vorbereitungen für den geplanten Angriff laufen auf vollen Touren. Es stehen ja nur noch wenige Stunden zur Verfügung, um den einzigen Hammerschlag gegen den Brückenkopf zu führen. Gelingt dieser Schlag nicht, gibt es keine Möglichkeiten mehr, die Alliierten vom Festland zu vertreiben. Nach Beendigung des Angriffes werden die drei genannten Panzerdivisionen nur noch ausgebrannte Einheiten sein. Eine Wiederholung des Unternehmens wird es nicht mehr geben.

Nachdem die Befehle der Panzergruppe in Gegenwart des Oberbefehlshabers der Heeresgruppe, Generalfeldmarschall Rommel, gegeben waren, meldete die Panzer-Lehrdivision einen Feinddurchbruch von Westen her. Kurz nach dieser Meldung wurde der Gefechtsstab der Panzergruppe West durch Bombenteppiche nahezu vernichtet. Die Panzergruppe verlor ihren Chef des Generalstabes, General Ritter und Edler von Dawans und den Ia neben anderen Offizieren. Wir verloren hierbei unseren Verbindungsoffizier Hauptstf. Wilh. Beck, der seit 1939 jeden Kampf mitgemacht hatte und Chef einer Panzerkompanie war. Das Ritterkreuz hatte er sich bei der Wiedereroberung Charkows erkämpft. Die Panzer-Nachrichtenabteilung wurde außer Gefecht gesetzt. Nur der leichtverwundete Oberbefehlshaber entkam mit wenigen Männern. Er konnte erst am 26. Juni wieder eingesetzt werden. So kam es in den nächsten Tagen nicht zum geschlossenen Gegenangriff, da alle Panzerdivisionen infolge des täglich sich steigernden Druckes der englischen Panzerdivisionen in die Verteidigung fallen mußten.

Am 11. Juni dröhnt die Front in der linken Flanke des Regiments 25 auf. Ich fahre sofort zum I. Bataillon 26 und finde Bernhard Krause auf der B-Stelle seines Bataillons. Gemeinsam beobachten wir einen Angriff auf die Stellungen des Pionierbataillons auf die Höhe nördlich von Cheux. Die Höhe wird mit allen Kalibern bepflastert und ist binnen weniger Minuten in einen dampfenden, brodelnden Berg verwandelt. Wir blicken durch das Scherenfernrohr und können trotz aller Anstrengungen keine Bewegungen erkennen. Jetzt liegt das Feuer auf dem Rücken des Höhenzuges und wandert langsam auf die Ortschaft Cheux zu. Kanadische Infanteristen springen aus den Büschen und Gräben und greifen, von Panzern unterstützt, die Stellungen der Pioniere an. Bernhard Krause reagiert sofort. Im Augenblick hat er seine schweren Infanteriewaffen auf die erkannten Ziele dirigiert, und das Feuer schlägt mitten in die Angreifer hinein. Die Wirkung dieses Flankenfeuers bleibt nicht aus. Die feindliche Infanterie bleibt am Vorderhang liegen und erleidet dort erhebliche Verluste. Die angreifenden Panzer sind

z. T. in die Minensperren des Bataillons geraten und liegen nun bewegungsunfähig im Gelände. Das kanadische Infanterieregiment „Queen's Own" und das Panzerregiment „1st Hussars" müssen sich auf ihre Ausgangsstellung zurückziehen. Sie wiederholen ihren Angriff nicht.

Den Rückweg zum Regimentsgefechtsstand 25 nehme ich über Le Bourg/Rots, um einen Blick auf Bretteville und Norrey zu werfen und um Hauptstf. Pfeiffer zu treffen. Pfeiffer war lange Zeit Adjutant bei Adolf Hitler und ist jetzt Chef einer Pantherkompanie. Sein Nachfolger im Führerhauptquartier ist Hptstf. Günsche, der bis vor kurzem Chef im III./25 war.

Zwischen St. Mauvieu und Rots erhalte ich Feuer aus Richtung Norrey. MG und Pak versuchen, mich abzuknallen, doch meine gute BMW bietet ein schlechtes Ziel. In rasanter Fahrt erreiche ich Rots. Doch, was ist das? Träume ich — oder sind das nicht feindliche Panzer, die 50 Meter vor mir rollen? Tatsächlich, es ist schon so. Zwei Sherman rollen langsam aus und halten auf der linken Straßenseite. Die Rohre sind auf mein Krad gerichtet! Umkehren wäre zwecklos. Das schaffe ich nicht mehr. Also durchfahren! Ich drehe auf, um an den beiden Panzern vorbeizukommen; vielleicht kann ich mich dann rechts im Waldstück verkrümeln.

Plötzlich kracht's halbrechts hinter mir — ich sehe, wie der erste Panzer in seinen Ketten hin- und herschaukelt und ein Mann der Besatzung, wie von der Tarantel gestochen, aus dem Turm fährt. Ganz instinktiv rolle ich rechts in den Graben und nehme volle Deckung. Bevor ich weiß, was weiter gespielt wird, fliegt der zweite Panzer in die Luft. Im Handumdrehen hauen mein Begleiter und ich nach hinten ab und nehmen wieder volle Deckung. Hier wird uns erst klar, was eigentlich geschehen ist. Wir sind über die vorderste Sicherung hinausgerast, während diese gerade im Begriff war, die beiden Panzer abzuschießen und deshalb nicht dazu kam, uns zu warnen. Der gute Pfeiffer steht mit seinem Panther kaum 100 Meter vom ersten Feindpanzer entfernt und hat beide ins Jenseits befördert. Hauptstf. Pfeiffer stirbt 24 Stunden später den Soldatentod — ein Granatsplitter hat ihn tödlich verwundet.

Auf dem Verbandsplatz des 25. Panzer-Grenadierregiments finde ich wieder eine ganze Reihe Verwundeter vor. Der laufende Anfall von Verwundeten, ohne daß Kampfhandlungen durchgeführt werden, gibt uns allen zu denken. Bei dieser Kampfführung werden die Panzerdivisionen vom Feuer der Schiffsartillerie und durch die Tieffliegerangriffe dezimiert, ohne daß sie selbst dazu kommen, einen Angriff zu fahren. So kann und darf es nicht mehr weitergehen! Die Panzerdivisionen müssen ihre Bewegungsfreiheit zurückerhalten.

Am 11. Juni wird das II. Bataillon 26 vom kanadischen Infanterieregiment „Queen's Own Rifles“, verstärkt durch das kanadische Panzerregiment „First Hussars“, mit starker Artillerieunterstützung angegriffen. Der Angriff wird abgewehrt. Das II./26 steht fest in seinen Stellungen. Der Feind verliert bei diesen Kämpfen 12 Panzer, während wir 3 Panzer einbüßen.

Einheiten der 8. kanadischen Brigade, unterstützt vom 46. britischen Royal-Marine-Commando und von Panzern, greifen Rots an. Mehrere Feindpanzer werden vernichtet. Unter dem Druck des überlegenen Gegners wird die Ortschaft geräumt.

Am rechten Flügel der Panzer-Lehrdivision, bei Tilly-sur-Seulles, ist eine bedrohliche Lage eingetreten. Auf Befehl des I. SS-Panzerkorps wird die letzte Reserve der 12. SS-Panzerdivision, die Divisions-Begleitkompanie, der Panzer-Lehrdivision unterstellt und an ihrem rechten Flügel eingesetzt, wo sie die Lage festigen kann.

Die Lage an der Caenfront wird von Tag zu Tag bedrohlicher. Der Schwerpunkt der Kämpfe hat sich zum linken Nachbarn, der Panzer-Lehrdivision, verlagert. Bei Balleroy ist dem Feind der Durchbruch nach Caumont gelungen. Er zieht die 7. Armoured Division nach Livry vor. Die Umfassung des I. Panzerkorps zeichnet sich klar ab.

Ich werde zur Division befohlen und treffe dort den Kommandierenden General des I. SS-Panzerkorps, Generaloberst Sepp Dietrich. Dietrich gibt einen Überblick über die Gesamtlage an der Invasionsfront und erklärt uns ganz offen, daß keine Reserven mehr vorhanden sind und er an keinen geschlossenen Angriff mehr glaube. Er wettert: „Die woll'n all's verteidigen — — — aber womit denn? Wer alles verteidigen will, verteidigt nichts.“

Diese Binsenwahrheit hat Friedrich der Große in die Worte gefaßt: „Kleine Geister wollen alles verteidigen, vernünftige Leute sehen auf die Hauptsache.“

Mit Anbruch der Dunkelheit suche ich die Bataillone des Regiments auf. Waldmüller hat sich in Höhe des Panzergrabens eingenistet und freut sich diebisch, daß der ganze Segen der Briten in die hinter seinem Gefechtsstand liegende Ortschaft geht. Die Ortschaft ist von unseren Truppen geräumt. Die Grenadiere grinsen, wenn ich durch die Stellungen stolpere. In abgeschossenen Feindpanzern haben sich die Gefechtsvorposten eingerichtet — die armen

Kerle können nur in der Dunkelheit abgelöst werden. Spähtrupptätigkeit wird von beiden Seiten erfolgreich durchgeführt. Vor dem I./25 liegt der linke Flügel der 3. britischen Division, anschließend folgt die 3. kanadische Division.

Die Vorausabteilung der 7. Armoured Division erreicht am 13. Juli in den Morgenstunden die Höhe 213, zwei Kilometer ostwärts Villers-Bocage.

Der Chef der 1. Tigerkompanie, Oberstf. Michel Wittmann, der in Rußland bereits 119 Panzer abgeschossen hat und mit dem Eichenlaub ausgezeichnet ist, hat sich von seiner Kompanie abgesetzt, um das Gelände zu erkunden. Ganz unvermutet stößt er plötzlich auf die feindliche Panzerkolonne bei der Höhe 213. Er stutzt und ringt einen Augenblick mit dem Entschluß, sich zurückzuziehen oder den überlegenen Feind anzugreifen. Seine Einheit hat in den letzten Tagen schwere Verluste durch einen Bombenangriff gehabt. Er weiß, daß es auf jeden einzelnen Panzer ankommt und er nicht leichtfertig handeln darf. Er muß angreifen oder die Vorausabteilung der 7. britischen Panzerdivision rollt in den Rücken der Panzer-Lehrdivision. Der Durchbruch durch die deutsche Front wäre dann gelungen, die Verteidigung von Caen aus ihren Angeln gehoben.

Er steht allein, als die an der Spitze der 7. britischen Panzerdivision marschierende 22. Panzerbrigade unter ihrem Kommandeur, Brigadegeneral Hinde, ohne auf Widerstand zu stoßen, in Villers-Bocage einrückt. Übermütig, infolge des unerwarteten Erfolges rollt die führende Panzergruppe auf der Straße nach Caen zum eigentlichen Ziel, der Höhe 213, weiter. Die nachfolgende motorisierte Infanteriekompanie macht auf der Straße Rast. Da zerreißt der Donner eines Geschützes die Morgenstille. Das vorderste Fahrzeug steht in Flammen, und in 80 Meter Entfernung dröhnt aus dem Wald ein „Tiger" hervor, schwenkt auf die Straße, rollt die Reihe der Halbkettenfahrzeuge entlang und schießt in schneller Folge eines nach dem anderen ab, dazu ein Dutzend Panzer des Regimentsstabes, der Artilleriebeobachter und eines Spähtrupps, die zufällig hinter der Fahrzeugreihe standen. Die aus kürzester Entfernung abgefeuerte 7,5-cm-Granate eines Cromwell-Panzers prallt wirkungslos an dem „Tiger" ab. Binnen weniger Minuten gleicht die Straße einem Inferno. 25 Panzerfahrzeuge stehen in Flammen, alle Opfer dieses einen Tigers.

Inzwischen werden die auf der Höhe 213 sichernden Feindpanzer von den restlichen 4 Tigern von Wittmanns Kompanie angegriffen und vernichtet. Wittmanns Panzer erhält einen Treffer an einer Kette und wird dadurch bewegungsunfähig. Die Besatzung bootet aus und schlägt sich zur Kompanie durch. Villers-Bocage wird vom Feinde geräumt. Er zieht sich nach Livry zurück. Wittmann wird mit den Schwertern zum Eichenlaub ausgezeichnet. Seine Gesamtabschußzahl beläuft sich jetzt auf 138 feindliche Panzer und 132 Pak.

Verbände der 49. britischen Division greifen die Stellungen des linken Flügels der 12. SS-Panzerdivision an. Der Angriff wird abgewiesen, die Stellung behauptet. Die Division beantragt beim Korps die Genehmigung zur Zurücknahme des Frontvorsprungs südlich Putot und Bronay auf die Linie St. Mauvieu—Fontenay—Tilly. Durch Funkaufklärung ist die Absicht des Feindes, durch einen Angriff diesen Frontvorsprung zu beseitigen, festgestellt worden. Das Korps erteilt die Genehmigung nicht.

Der alliierte Brückenkopf wird von Stunde zu Stunde stärker. Am 15. Juni sind 500 000 Soldaten mit 77 000 Fahrzeugen in Frankreich gelandet. Wir selbst warten noch immer auf Verstärkung und vor allen Dingen auf die versprochene Luftwaffenunterstützung. Aber wir warten vergebens. Unsere Panzerdivisionen verbluten in ihren Stellungen. Es werden keine großen Entschlüsse gefaßt. Der Kampf besteht in taktischer Flickarbeit

Am 16. Juni werde ich dringend auf dem Divisionsgefechtsstand verlangt. Der Ia der Division, Stubaf. Hubert Meyer, ist am Telefon und deutet auf ein ernstes Ereignis hin. Genaues kann ich von ihm nicht erfahren. Ich eile sofort zum Divisionsgefechtsstand. Zusammengeschossene hohe Bäume, die noch jetzt die Straße sperren, sowie abgedeckte Dächer beiderseits der Straße erinnern noch an den heftigen Beschuß feindlicher Schiffsartillerie, der vor etwa einer halben Stunde aufgehört hat. Ich ahne nichts Gutes. Den Stab finde ich in höchster Erregung vor. Die Gesichter der Genadiere sagen mir alles. Der I. Generalstabsoffizier kommt mir entgegen und meldet: „Unser Divisionskommandeur ist vor einer halben Stunde gefallen. Auf Befehl des Korps bist du ab sofort mit der Führung der Division beauftragt.“ Dann stehen wir uns wortlos gegenüber — im Händedruck liegt aber die Verpflichtung und das gegenseitige Versprechen: Nun erst recht! Taten sollen unseren Kameraden Fritz Witt und seine Arbeit ehren.

Ich suche den Rasenfleck, auf dem Fritz Witt seine Ruhe gefunden hat, und stehe vor dem, was einmal mein treuer Kamerad war. Ein letzter Blick in sein Gesicht ist mir verwehrt — es existiert nicht mehr.

Fritz Witt ist gefallen, weil er erst dafür gesorgt hat, daß die Grenadiere in die Deckungsgräben sprangen. Als er selbst in einen Deckungsgraben sprang, schlug unmittelbar davor eine Granate auf und tötete ihn sofort. Der Verlust hat uns alle bis ins Mark getroffen. Fritz Witt wurde von den Divisionsangehörigen aller Dienstgrade verehrt. Zu den meisten Offizieren hatte er aus Friedens- und Kriegszeiten enge kameradschaftliche Bindungen. Der Tod des Kommandeurs schweißt die Division womöglich noch mehr zu einer Schicksalsgemeinschaft zusammen und steigert die Entschlossenheit, nun erst recht dem Feind zu trotzen.

Die Führung meines Regimentes übernimmt Oberstubaf. Milius, bisher Kommandeur III./25. Das Bataillon III./25 übergebe ich an Hauptstf. Fritz Steger. Der Divisionsgefechtsstand wird nach Verson verlegt.

Der I. Generalstabsoffizier gibt mir in den späten Abendstunden einen eingehenden Lage- und Zustandsbericht der 12. SS-Panzerdivision. Die Ausfälle der Division sind erheblich und z. T. unersetzbar. Vor allen Dingen hat der hohe Ausfall an Offizieren und Unteroffizieren einen gefährlichen Punkt erreicht. Die meisten Kompanie- und Zugführer sind bereits gefallen oder verwundet. Die Grenadierbataillone haben durchschnittlich noch die Gefechtsstärke zweier Kompanien. Ersatz für die bisherigen Ausfälle ist noch nicht in Sicht.

In dieser Lage läßt sich der Tag der Vernichtung der Division vorausberechnen. Das dauernde feindliche Artilleriefeuer, verbunden mit den Jaboangriffen und den Bombereinsätzen, frißt die Division auf.

Im Abschnitt der 12. SS-Panzerdivision kämpfen die 3. britische Infanteriedivision, die 3. kanadische Infanteriedivision, die 49. britische Infanteriedivision und mehrere Panzerbrigaden.

Es bestehen im Stab der 12. SS-Panzerdivision keine Zweifel, daß der Feind bereits in den nächsten Tagen versuchen wird, den Frontvorsprung am linken Flügel der Division zu beseitigen, um sich eine günstige Ausgangsstellung für den zu erwartenden Großangriff zu verschaffen.

Im Morgengrauen suche ich die Stellungen des II./26 und III./26 und der Aufklärungsabteilung auf und lege die neue Stellung im Gelände fest.

Die Stimmung bei den Grenadieren ist gut. Bernhard Siebken, Kommandeur des II./26, hat einen Finger verloren und begleitet mich durch seinen Abschnitt. Er weigert sich, das Bataillon zu verlassen, und nimmt den Verlust des Fingers nicht weiter tragisch.

Ausgebrannte feindliche Panzer stehen bei Putot und Bronay. Die Aufklärungsabteilung unter Bremer hat einige feindliche Panzer erbeutet und in der Verteidigungslinie mit eingesetzt. Sie hat erhebliche Verluste erlitten und muß so schnell wie möglich herausgezogen werden.

Das Korps genehmigt die Zurücknahme der Front auf Stellungen südlich des Muc. Die Aufklärungsabteilung wird zur Verfügung der Division herausgezogen.

Im Abschnitt der Panzer-Lehrdivision toben schwere Angriffskämpfe der Briten. Die 50. britische Infanteriedivision und mehrere Panzerbrigaden greifen unentwegt die Stellungen nördlich Tilly an.

In den frühen Morgenstunden des 18. Juni erbebt die Erde beiderseits Christot. Die 49. britische Infanteriedivision stürzt sich auf die verlassenen Stellungen am linken Flügel des Regiments 26. Ich stehe neben dem Kommandeur des III./26, und wir beobachten, wie die Granaten das erst gestern verlassene Gelände umpflügen. Wir gratulieren uns zur frühzeitigen Zurücknahme der Front.

Christot wird recht schnell von den Kräften der 49. Division besetzt. Nach kurzer Zeit geht der Angriff auf Fontenay weiter. Die Erde zittert. Die vor uns kämpfende 10. Kompanie des III./26 wird mit Stahlmassen zugedeckt. In kurzer Zeit krepieren über 3000 Schuß Artilleriemunition in den Stellungen der 10. Kompanie. Sie liegt am Nordrand des Parc-de-Boislonde und kämpft verzweifelt. Die hohen Bäume werden entwurzelt und fliegen krachend in die Reihen der Verteidiger. Hinter der Feuerwalze folgt eine Welle Panzer. Die Kampfwagen jagen Schuß auf Schuß in den Wald hinein. Die feindliche Infanterie folgt der Panzerwelle aufrecht — die zerschlagenen Stellungen der 10. Kompanie werden überrollt. Einige Stützpunkte der Kompanie kämpfen verzweifelt, doch auch sie werden bald zum Schweigen gebracht. Unsere Artillerie ist nicht in der Lage, den Angriff zum Stehen zu bringen. Die Truppen der 49. Infanteriedivision stoßen bis zum Südrand des Wäldchens durch, hier werden sie aber von der 9. Kompanie gestoppt.

Unter der Führung des Bataillonskommandeurs greift die 9. Kompanie mit einem kurzen Feuerschlag der eigenen Artillerie die Briten an. Die 9. Kompanie stößt bis zum Nordrand des Wäldchens vor und bricht in die alten Stellungen ein. Im Nahkampf rollt sie die Stellung auf und drückt die Engländer nach Norden zurück. Das Waldstück ist wieder fest im Besitz des III. Bataillons. Aber dieser Erfolg währt nicht lange. Zusammengefaßtes Artilleriefeuer und das wohlgezielte Feuer der Panzer fügen der Kompanie schwere Verluste zu. Die Überlebenden der Kompanie werden auf den Nordrand von Fontenay zurückgenommen.

Die Front der Division steht zwar fest, aber die Verluste haben einen bedrohlichen Umfang angenommen. Eine Divisionsreserve ist so gut wie nicht vorhanden.

Aus der Funkaufklärung muß auf einen neuen Angriff starker Feindkräfte gegen den linken Flügel der Division geschlossen werden.

Nach überaus harten Kämpfen geht im Abschnitt der tapferen Panzer-Lehrdivision das tagelang wütend umkämpfte Tilly verloren.

In den frühen Morgenstunden des 21. Juni verlasse ich den Divisionsgefechtsstand und fahre in den Abschnitt des Panzer-Grenadierregiments 26. Den Regimentskommandeur, Standartenf. Mohnke, treffe ich auf dem Gefechtsstand des III./26, in einem Gehöft hart nördlich Fontenay. Die Trümmer des Gutes sind mit hohen Hecken umgeben. Verwundete liegen hinter einem Erdwall und warten auf ihren Abtransport. Gefallene Kameraden werden im Obstgarten zur letzten Ruhe gebettet. Dichter Bodennebel verhüllt die Zerstörungen. Panzer und Pak haben in den Hecken Feuerstellung bezogen, und die Bedienungen sind eifrig beim Tarnen ihrer Waffen. Feindliches Störungsfeuer liegt im gesamten Abschnitt des Regiments, besonders jedoch auf der Straße, die von Rauray nach Fontenay führt.

Nach einer kurzen Lagebesprechung pirsche ich mich an Fontenay heran. Dr. Stift begleitet mich. Die Ortseingänge sind durch Trümmer blockiert und beißender Rauch verbindet sich mit dem dichten Nebel. Plötzlich stehen zwei Grenadiere des II./26 vor uns. Sie haben Kochgeschirre und Verpflegung in den Händen und wollen die Reste ihrer Gruppe suchen. Wir überqueren die Dorfstraße und schleichen dann nach Norden. Vor uns liegt der so hart umkämpfte Wald. Über gefallene Engländer hinwegkletternd erreiche ich die Stellung der 15. Kompanie. Die Grenadiere hocken mit eingefallenen Gesichtern in Erdlöchern und Bombentrichtern. Offiziere sind nicht mehr vorhanden, sie sind gefallen oder verwundet. Der gefallene Kompanieführer wurde während der Nacht durch ein Stoßtruppunternehmen zurückgeholt. Welch eine wunderbare menschliche Bindung muß zwischen dem Kompanieführer und seinen Grenadieren geherrscht haben. Selbst der tote Leib ihres Chefs sollte nicht in Feindeshand fallen.

Die Haltung der jungen Soldaten ist für uns unbegreiflich. In kurzen Worten erzählen sie mir von den vergangenen Kämpfen und ihren Leistungen. Ihr heldenmütiger Kampf ist für sie eine Selbstverständlichkeit. Vom Gegner sprechen sie ohne Haß. Seinen hervorragenden Kampfgeist betonen sie immer wieder. Allerdings klingt auch eine tiefe Bitterkeit in ihren Schilderungen auf, wenn sie auf das überwältigende Material des Gegners zu sprechen kommen. Immer wieder muß ich hören: „Verflucht noch mal, wo wären wir jetzt, wenn wir das Material der anderen hätten. Wo bleibt nur unsere Luftwaffe?" Noch haben wir kein deutsches Flugzeug am Himmel gesehen.

Die jungen Grenadiere bitten mich zu verschwinden, denn es wird Tag, und das feindliche Artilleriefeuer wird von Minute zu Minute stärker. Mitten in der Ortschaft geraten wir in einen schweren Feuerüberfall. Ich springe hinter eine Steintreppe und warte diesen unangenehmen Morgengruß ab. Einer meiner Begleiter liegt mit zerschmetterten Gliedern auf der Straße — ein Volltreffer hat ihn zerrissen. Gehetzt jagen wir durch das Dorf. Auf Fontenay liegt schweres Artilleriefeuer, und wir sind froh, als wir die Trümmer verlassen haben. Das Feuer liegt auch im Abschnitt des III./26. Sollte das bereits die Ouvertüre zum erwarteten Großangriff sein?

Der Bataillonsgefechtsstand ist nur einige hundert Meter weit entfernt, aber mir scheint die Strecke unendlich weit zu sein. Wir springen von Deckung zu Deckung und erreichen ihn endlich doch.

Inzwischen ist es taghell geworden, und die ersten Meldungen liegen bereits vor. Fontenay wird aus Richtung Saint Pierre und aus Richtung Christot angegriffen. Feindliche Panzer schieben sich gerade über eine kleine Bodenwelle und schicken sich an, auf Fontenay vorzustoßen. Der Feuerkampf der Panzer beginnt. Unsere getarnten Panther mit ihren besseren Geschützen sind im Vorteil. Brennende Feindpanzer bleiben im Gelände liegen. Wenn wir doch mehr Munition zur Verfügung hätten! — unsere Artillerie muß sehr sparsam schießen — Nachschub ist fast unmöglich geworden.

Die Telefonverbindung zum Divisionsstab ist Gott sei Dank intakt geblieben, und so kann mich der I. Generalstabsoffizier informieren, daß auf dem rechten Flügel der Division Ruhe herrscht.

Ich bleibe bis in den späten Nachmittag beim Bataillon und erlebe so erneut den unbeschreiblichen Kampfeswillen der Truppe. Alle Angriffe auf Fontenay werden in harten Kämpfen abgewehrt. Die 49. britische Division kann den Eckpfeiler des linken Flügels der Division nicht erschüttern.

Bei anbrechender Dunkelheit fahre ich zum Divisionsgefechtsstand zurück. Die brennende Front bietet ein gespenstisches Bild. Auf der Straße Caen—Villers-Bocage glimmen die Reste einiger Lastwagen — sie sollten Munition nach vorn bringen. Jabos nahmen ihnen diese Aufgabe ab. Die Munition flog einige Kilometer hinter der Front in die Luft.

Bei der Lagebesprechung sehe ich bedenkliche Gesichter. Ohne es offen auszusprechen, wissen wir, daß wir uns einer Katastrophe nähern. Die starre Kampfführung im männermordenden Brückenkopf nördlich der Orne muß zur Vernichtung der dort eingesetzten Panzerdivision führen. Angesichts der gewaltigen Überlegenheit der feindlichen See- und Luftstreitkräfte können wir den Zusammenbruch der Abwehrfront praktisch vorausberechnen. Die taktische Flickarbeit kostet unersetzliches Blut unserer besten Soldaten und vernichtet wertvolles Material. Wir leben bereits von der Substanz — bisher haben wir weder eine Ergänzung für unsere gefallenen oder verwundeten Kameraden noch einen Panzer oder ein Geschütz als Nachschub erhalten.

Nach einigen Stunden Schlaf werden wir durch das Rumoren der Front ins Dasein zurückgerissen. Alarmrufe von Fontenay treffen beim Divisionsstab ein. Die 49. britische Division greift mit starker Artillerieunterstützung den rechten Flügel der Panzer-Lehrdivision an. Das Waldstück westlich Tessel-Bretteville ging bereits verloren, und der Angriffsschwung der 49. britischen Division konnte noch nicht gebrochen werden.

Nichts Gutes ahnend fahre ich zum III./26 in Fontenay. Der linke Flügel der 12. SS. Panzerdivision ist in Gefahr. Schweres Feuer liegt auf dem gesamten Abschnitt des Bataillons. Fontenay ist kaum zu erkennen. Fauchende Granaten zerfetzen die letzten Gebäude. Bis jetzt konnte jeder Angriff auf die Ortschaft abgewehrt werden. Die Verbindung zu den Kompanien ist abgerissen. Rauch explodierender Geschosse verwehrt die Sicht. Es ist unmöglich die HKL zu erkennen. Die Artillerie trommelt und trommelt — die Ortschaft gleicht einem brodelnden Kessel. Schwere Brocken bohren sich tief ins Erdreich und lassen dampfende Trichter zurück. Nach einer alten soldatischen Überlieferung schlägt keine Granate in einen alten Trichter, deshalb springe ich in einen Trichter hinein und beobachte feindliche Panzer im Angriff auf Fontenay. Stetig feuernd, langsam, aber sich sicher wähnend, schieben sich die Stahlkolosse an die Trümmer von Fontenay heran. Die Panzerabwehrgeschütze sind durch das wahnsinnige Artilleriefeuer zerstört. Die Grenadiere umklammern ihre Panzerfäuste fester. Panzerfaust gegen

Panzer! Was für ein Gegensatz! Und welchen Heldenmut offenbart dieser Gegensatz! Der erste Panzer bleibt qualmend liegen. Jetzt sehe ich, wie die Panzer von den Grenadieren angesprungen werden. Die feindliche Artillerie feuert über uns hinweg. Der Kommandeur der I. Panzerabteilung springt in meinen Trichter und meldet mir den Gegenstoß einer Panzerkompanie. Die Panzer stehen vielleicht 100 Meter hinter uns und fahren jetzt an. Panzergranaten fauchen über uns hinweg. Die vordersten Feindpanzer schlagen sich mit den Grenadieren in den Trümmern herum und die rückwärtigen haben unsere Panzer noch nicht bemerkt. Um besseres Schußfeld zu bekommen, muß die zum Gegenstoß ansetzende Panzerkompanie die Straße Fontenay — Cheux überschreiten. Jetzt beginnt der Kampf Panzer gegen Panzer. Auf beiden Seiten gibt es Ausfälle. Dicker schwarzer Ölqualm wälzt sich über das Schlachtfeld. Ich will zu den Grenadieren in Fontenay und springe hinter einem Kompanieführer-Panzer her.

Abgekämpfte Grenadiere winken mir zu. Mit leuchtenden Augen rufen sie Scherzworte. Es ist wahrlich ein Rätsel, wo diese jungen Burschen die Kraft hernehmen, ein solches Stahlgewitter zu überstehen. Sie versichern mir immer wieder, daß sie die Trümmer bis zum letzten Schuß verteidigen und die Stellung auf jeden Fall halten. Der Panzer des Kompanieführers hat einen Treffer erhalten. Er dreht sich ein paar Schritt nach links, die Luke fliegt auf, Rauch quillt aus dem Turm, und der Kompanieführer zwängt sich durch die Luke. Taumelnd kommt er auf uns zu — er stolpert und bleibt liegen. Grenadiere ziehen ihn hinter Mauerreste. Hier erkennen wir, daß Oberstf. Ruckdeschel einen Arm verloren hat. Der blutige Stumpf wird abgebunden und ein Sanitäter gerufen.

Auch der letzte Angriff wurde abgewiesen. Das III./26 steht unerschütterlich in seinen Stellungen und bereitet sich auf den nächsten britischen Angriff vor. Im linken Nachbarabschnitt tobt der Kampf weiter. In den Mittagsstunden steht die feindliche Angriffsspitze bereits in Juvigny und somit in der tiefen Flanke der 12. SS-Panzerdivision. Ich bin mit dem Kommandeur des Regiments 26, Standartenf. Mohnke, in Rauray, da orientiert mich der I. Generalstabsoffizier über die Lage bei der Panzer-Lehrdivision und deutet die Gefahr eines Durchbruchs der Briten an.

Gegen 14.00 Uhr befiehlt das Korps den Einsatz einer Panzerabteilung des 12. SS-Panzerregiments zur Beseitigung des Einbruchs am rechten Flügel der Panzer-Lehrdivision. Zur infanteristischen Unterstützung des

Gegenangriffs stehen lediglich die abgekämpften Reste der Aufklärungsabteilung zur Verfügung. Die „Panther“-Abteilung mit den einsatzfähigen Teilen der Aufklärungsabteilung tritt sofort zum Gegenangriff an.

Nach einer kurzen Feuervorbereitung wird der Angriff über Tessel-Bretteville gegen den Wald 1,5 Kilometer westlich der Ortschaft geführt. Bei Einbruch der Dunkelheit ist der Feind unter Verlusten mehrerer Panzer aus dem Wald geworfen. Die alte Hauptkampflinie ist jedoch nicht erreicht. Das tapfere III./26 hat im Verlauf der Kämpfe schwere Verluste erlitten. Das Bataillon wird auf Stellungen nördlich Rauray zurückgenommen.

Am Abend befiehlt das Korps den Einsatz der letzten Panzerabteilung gegen den Einbruchsraum für den nächsten Morgen, um die Lage an dieser bedrohlichen Stelle wiederherzustellen. Der Panzer-Lehrdivision soll unter allen Umständen Hilfe gegeben werden.

Vergebens bitte ich, von diesem Befehl Abstand zu nehmen. Die lebendige Schilderung des I. Generalstabsoffiziers, daß im Abschnitt des Regiments 26 die Bereitstellung starker feindlicher Kräfte, vor allem von Panzern, durch die eigene Aufklärung erkannt sei, vermag das Korps nicht zu beeindrucken. Auch mein Hinweis, daß der feindliche Panzerangriff stündlich erwartet würde und die II. Panzerabteilung in sehr günstiger Abwehrstellung bereitstünde, wird abgetan. Und so kommt es, daß sich am 26. Juni nicht ein einziger Panzer im Abschnitt der 12. SS-Panzerdivision befindet.

In der Nacht hocken die durch die schweren Abwehrkämpfe der Vortage erschöpften Grenadiere des 26. Panzer-Grenadierregiments in ihren Löchern und warten auf den nächsten Angriff. Dichter, feuchter Nebel liegt über den Hecken und Wiesen.

Schon dämmert der Morgen. Noch ist alles ruhig. Ich stehe mit Max Wünsche bei Rauray und wir lassen die letzten Panzer in die Bereitstellung rollen. Es wird heller und heller. Die erste Auster hängt bereits am Himmel. Jetzt kann es nicht mehr lange dauern — und der Totentanz nimmt seinen Fortgang.

Die deutschen Batterien trommeln. Englische Tiefflieger brausen über uns hinweg und lassen ihre Raketen nach Rauray hineinfetzen. Die Hölle der Materialschlacht ist eröffnet.

Die ersten Panzer rollen rasselnd nach vorn. Der Angriff gewinnt zunächst gut Boden, wird aber dann durch einen englischen Gegenangriff zum Stehen gebracht. Es entwickelt sich ein Kampf Panzer gegen Panzer, der mit großer

Erbitterung geführt wird. Das unübersichtliche Heckengelände gestattet unseren Panzern nicht, die größere Reichweite ihrer Kanonen auszunutzen. Vor allem macht sich der Mangel an infanteristischen Kräften nachteilig bemerkbar. Das heftige Artilleriefeuer erschwert die Zusammenarbeit außerordentlich und macht später eine wirkliche Führung nahezu unmöglich.

Ostwärts von Rauray ist nichts zu hören. Der ganze Kampf hat sich nach Westen verlagert. Im Westen haben sich die Panzer ineinander verbissen. Wiederum hängen die verräterischen Ölsäulen am Himmel. Jede Säule bedeutet ein Panzergrab. Ich bin unruhig wegen der Lage im Abschnitt des 26. Regiments. Nicht ein Granataufschlag liegt rechts von Rauray. Es fängt an zu regnen. Gott sei Dank sind wir nun gegen die Jabos gesichert. — Doch was ist das? Die Erde scheint sich zu öffnen, um uns alle zu verschlingen. Innerhalb weniger Sekunden ist die Hölle entfesselt. Rauray besteht nur noch aus Fetzen von zertrümmerten Bäumen und Gebäuden. Ich liege im Straßengraben und horche in den Kampflärm hinein. Es trommelt und trommelt ohne Unterlaß. Der Nebel vermischt sich mit den Gasen krepierender Granaten. Noch kann ich nichts erkennen — alle Leitungen sind zerstört. Die Verbindungen zum Divisionsstab und den Vorwärtseinheiten existieren nicht mehr. Ein Melder des II. Bataillons stürzt auf mich zu und schreit: „Panzer an Panzer vor dem rechten Flügel des Bataillons!" Seine Meldung wird von einschlagenden Granaten verschluckt. Mein Ohr versucht, den Kampflärm zu analysieren, aber es gelingt nicht. Ein dauerndes Fauchen, Krachen und Wummern der berstenden Geschosse, vermischt mit den knirschenden Ketten rollender Panzer, ist alles was ich höre.

Das ist der erwartete Großangriff! Jetzt geht es um den Eckpfeiler der deutschen Front in der Normandie. Caen ist das Ziel des Angriffs. Caen soll durch einen Umfassungsangriff abgewürgt werden. Caen soll eine Beute Montgomerys werden und die deutsche Front zum Einsturz bringen. Alle um mich herum starren wie gebannt in das mörderische Schauspiel. Glühender Stahl saust über uns hinweg — zischend bohrt er sich in die feuchte Erde.

Ich schreie nach Wünsche. Melder setzen über die Straße und verschwinden im Gebüsch der grünen Hecken. Es dauert nicht lange und Wünsche liegt an meiner Seite.

Diesem alten Frontsoldaten brauche ich keine großen Erklärungen zu geben. Wir haben zu oft nebeneinander gelegen — er kennt mich und weiß, was ich will.

Mit wenigen Worten ist er über meine Lagebeurteilung orientiert. Sie lautet: „Feind versucht mit starken Panzerkräften im Abschnitt des Regiments 26 durchzubrechen und so Caen zu Fall zu bringen." Ich befehle: „1. Der Angriff gegen Juvigny ist sofort einzustellen; 2. Rauray ist als Eckpfeiler der Division unter allen Umständen zu halten; 3. Du bist für Rauray verantwortlich." Ich fahre noch einmal in Richtung Fontenay und stoße bereits nach ein paar hundert Metern auf Teile des III. Bataillons. Feindliches Panzerfeuer liegt auf der Straße. Es ist unmöglich, weiter nach Norden zu fahren. Aber es ist auch nicht erforderlich, bis zur vordersten Gruppe vorzufühlen. Das Schlachtfeld liegt offen vor mir — ich kann alles überblicken und finde meine Beurteilung bestätigt. Das ist der erwartete Großangriff! Panzer und Halbkettenfahrzeuge stoßen in das Regiment 26 hinein. Das Trommelfeuer rollt wie eine mächtige Stahlwalze über die Erde und zermalmt alles Lebende. Nur selten sehe ich blitzartige Bewegungen der tapferen Grenadiere. Sie haben sich in den Boden verkrallt und kämpfen mit dem Mute der Verzweiflung. Von Rauray her zucken grelle Blitze und schlagen vernichtend in die anstürmenden Panzer ein. Britische Panzer brennen nördlich Rauray.

Vor uns liegen ein paar Tommys, die ihr Angriffsschwung etwas zu weit getrieben hat. Sie wurden soeben entwaffnet. Schnell müssen sie auf meinen Wagen klettern. Ein verwundeter Brite wird in Rauray der Verbandsstelle übergeben.

In toller Fahrt geht es in Richtung Verson ab. Jetzt gehöre ich auf den Gefechtsstand der Division! Feindliches Artilleriefeuer wandert immer stärker nach Süden. Die Einschläge liegen bereits in der Gegend von Colleville. Unsere Artillerie hämmert ohne Pause in die Angreifer hinein.

In wenigen Minuten ist der Divisionsgefechtsstand erreicht. Der I. Generalstabsoffizier hält den Hörer eines Fernsprechers noch in der Hand und meldet: „Das war das letzte Gespräch mit dem Kommandeur des Pionierbataillons." Der Kommandeur hat durchgegeben: „Trommelfeuer hat meine Panzerabwehr vernichtet. Das Bataillon wurde von britischen Panzern überrollt. Einzelne Verteidigungsnester in und um Cheux halten noch. Feindliche Panzer versuchen meinen Unterstand einzudrücken. Wo bleiben unsere Panzer? Ich erwarte Gegenangriff aus Richtung Rau . . ." Damit riß die Verbindung ab. Die Funkverbindung ist zerstört.

Auch vom I. Bataillon 26 kommt eine Alarmmeldung. Das Bataillon wird von starken Kräften angegriffen. Bis jetzt wurden alle Angriffe auf St. Mauvieu abgewehrt. In schneller Folge treffen weitere Meldungen ein. Die Front brennt auf der ganzen Linie.

Vorläufig kann weiter nichts getan werden, als das zusammengefaßte Feuer der Division auf die eingebrochenen Feindeinheiten zu konzentrieren. Als Eingreifreserve stehen nur die Divisions-Begleitkompanie und die zusammengeschlagene Aufklärungskompanie des Regiments 25 zur Verfügung.

Ich ziehe alles zusammen, um Verson zu verteidigen. Aus der Überwachung des Funkverkehrs und aus Gefangenenaussagen geht hervor, daß der Angriff in 5 Kilometer Breite von einer Panzerdivision und zwei Infanteriedivisionen, die durch je eine Panzerbrigade verstärkt sind, geführt wird. Die Einheiten waren noch nicht eingesetzt. Es handelt sich also um ausgeruhte Truppen. Diese frischen Divisionen mit rund 600 Panzern greifen im Abschnitt von drei eigenen Bataillonen mit stark geminderter Gefechtsstärke an. Die Hauptstärke des Feindes liegt in seiner ungeheuren Artillerieüberlegenheit und in der Masse seiner Panzer.

Die Gefahr eines Durchbruches ist offenbar. Verzweifelt weist der Ia auf die aussichtslose Lage hin — aber das Korps gibt nur eine Antwort: „Die Stellungen sind bis zur letzten Patrone zu verteidigen! — Wir müssen um Zeit kämpfen — das II. SS-Panzerkorps ist auf dem Wege zur Front."

Wie so oft, wurde auch hier wieder nach taktischen und nicht nach strategischen Gesichtspunkten geführt. Der große Entschluß wurde nicht gefällt. Die elastische Kampfführung wurde verworfen.

So bleibt uns nichts weiter übrig, als unser Leben so teuer wie möglich zu verkaufen.

Der Himmel scheint sich dem Geschehen auf der Erde anzupassen. Strömender Regen begleitet uns auf Schritt und Tritt.

Aus der Stellung der Divisions-Begleitkompanie, die sich nordostwärts Verson befindet, beobachte ich ungezählte britische Panzer, die in Richtung auf Grainville vorstoßen. Die Front ist durchbrochen — nur einzelne Widerstandsnester hemmen die feindliche Flut.

Herrgott! Die Division muß den Angriff aufhalten — sie muß den Stoß in die Tiefe verhindern und dem deutschen Oberkommando Zeit erkämpfen!

Ich rase noch einmal zum Gefechtsstand der Division und versuche mit Wünsche zu sprechen. Es klappt! Die tapferen Nachrichtensoldaten haben die Leitung gerade wieder geflickt. Wie oft sind diese Männer bereits durch die Hölle gerast? Welch namenloses Heldentum verbirgt sich in dem Wort „Strippenzieher"!

Max Wünsche meldet starke Panzerverbände beiderseits Rauray. Bis jetzt wurde jeder Angriff auf Rauray unter hohen feindlichen Verlusten abgewehrt. Der Eckpfeiler der Division steht unerschütterlich.

Ein paar Minuten später stehe ich in der Stellung der Divisions-Begleitkompanie. Jede Führung ist unmöglich geworden. Jetzt kann ich nur noch Kamerad unter Kameraden sein. Die Augen der Grenadiere leuchten auf, wenn sie mich erkennen und ich von Gruppe zu Gruppe springe. Diese Soldaten sind krisenfest — sie wanken und weichen nicht.

Es gibt bald keinen Platz mehr, auf dem nicht eine Granate zerbirst. Die feindlichen Panzergranaten zerspringen in unseren Reihen. Unsere Abwehrfront ist durch ein paar Panzer und Pak verstärkt. Fest halten wir die wenigen Panzerfäuste an uns gepreßt.

Ein Panzer IV fliegt in die Luft. Auch einige Sherman-Panzer liegen brennend vor uns. Die feindlichen Panzermassen jagen mir eine unbeschreibliche Furcht ein. Grenzt es nicht an Wahnsinn, diese Armee aus Stahl mit einer Handvoll Soldaten und ein paar Geschützen aufhalten zu wollen? Aber hier kommt jede Überlegung zu spät — hier gilt nur ein Gesetz: Kampf!

Im Hohlweg schieben sich zwei Sherman heran. Einige Grenadiere liegen mit ihren Panzerfäusten bereit. Sie fiebern hinter Brombeergebüsch und scheinen mit der Mutter Erde verbunden zu sein.

Mir stockt der Atem. Einschlagende Granaten haben plötzlich ihre Schrecken verloren. Gebannt blicken wir auf die sprungbereiten Grenadiere.

Immer weiter schiebt sich der Spitzenpanzer in den Hohlweg hinein. Langsam rollt sein Deckungspanzer hinterher. Jetzt rollt er vorbei — der zweite Panzer hat die Grenadiere erreicht. Die Rohre sind auf Verson gerichtet. Aber sie kommen nicht mehr zum Schuß. Wie ein Pfeil, der von einer gespannten Sehne abschnellt, fliegt ein Grenadier auf den zweiten Panzer zu. Noch im Sprung zischt die Panzerfaust in die Flanke des Sherman hinein. Der Panzer rollt noch einige Meter weiter, dann bleibt er qualmend stehen. Auch der erste Panzer hat seine letzte Fahrt gemacht. Minen haben seine Ketten zerfetzt. Zwei Überlebende geben sich gefangen.

Im Moment atmen wir erleichtert auf — es ist ein erhebendes Gefühl, diese stählernen Ungeheuer durch den Mut einzelner vernichtet zu sehen. In wenigen Sekunden ist die Phase mit den beiden Panzern vergessen.

Halbrechts kämpft die Aufklärungskompanie um ihr Leben. Ihre Stellung ist nicht mehr zu erkennen. Ein wahnsinniges Artilleriefeuer wirbelt die schlammige Erde in die Luft. Noch steht die Pak und jagt Schuß auf Schuß in eine Panzerkolonne der 11. britischen Panzerdivision hinein. Ein neuer Feuerüberfall verwandelt das Geschütz in einen Schrotthaufen. Es ist keine panzerbrechende Waffe mehr einsatzfähig. Die Kompanie wird von Panzergranaten zerfetzt. Die ersten Schützenlöcher werden überrollt. Hier und dort versuchen Grenadiere die Stahlkolosse mit Panzerfäusten zu erledigen — aber es gelingt nicht. Die begleitende Infanterie wehrt jeden Angriff auf ihre Panzer ab.

Vergeblich bemühe ich mich, artilleristische Unterstützung zu geben. Schon längst geht das Gespenst „Munitionsmangel" um. Die paar deutschen Granaten vermögen den Angriff nicht zu hemmen. Die britischen Panzer setzen ihre Vernichtung fort.

Zum ersten Male empfinde ich eine brennende Leere in meinem Herzen, und ich verfluche das jahrelange Morden. Das, was ich jetzt erlebe, ist kein Krieg mehr, sondern nackter Mord.

Ich kenne jeden einzelnen dieser jungen Grenadiere. Der älteste von ihnen ist kaum 18 Jahre alt. Die Jungen haben noch nicht leben gelernt — aber weiß Gott, sie verstehen zu sterben!

Knirschende Panzerketten beenden ihr junges Leben. Mir laufen die Tränen übers Gesicht — ich beginne den Krieg zu hassen.

Der Regen gießt ohne Unterlaß. Schwere Wolken ziehen über die gequälte Erde hinweg. Die britischen Panzer rollen jetzt auf unsere Stellung zu. Flucht ist unmöglich. Wir müssen bleiben. Die Fäuste halten die Schäfte der Panzerfäuste umklammert — wir wollen nicht wehrlos sterben.

Plötzlich mischt sich ein neuer Ton in das Höllenkonzert. Ein einsamer Tigerpanzer verschafft uns Luft. Seine 8,8-cm-Granaten gebieten den Shermanpanzern ein unmißverständliches Halt. Die Briten drehen ab — sie stellen den Angriff in Richtung Mouen ein.

Bei der Rückkehr zum Divisionsgefechtsstand in Verson stoßen wir auf zwei britische Panzer. Melder des Divisionsstabes haben sie mit Panzerfäusten vernichtet. Die Wracks stehen keine 200 Meter vom Gefechtsstand entfernt. Der Stab hat sich eingeigelt.

Der harte Kampf hat hohe, unersetzliche Verluste gefordert. Ohne neu zugeführte Einheiten kann ein Durchbruch nicht verhindert werden.

Das eigene Korps stellt eine Verstärkung durch das II. SS-Panzerkorps für morgen in Aussicht. Das Korps spricht den dringenden Wunsch aus, daß wir den Gefechtsstand zurückverlegen. Ich lehne dieses Ansinnen ab. Hubert

Meyer unterstützt mich. In dieser kritischen Lage gehört die Führung in die vorderste Kampflinie.

Vom I./26 höre ich, daß es seit den frühen Morgenstunden ununterbrochen angegriffen wird. Das Bataillon besitzt nur noch eine geringe Kampfstärke. Im Laufe der Nacht kämpfen sich die Reste des Bataillons zum Flugplatz Carpiquet durch. Noch am Abend waren zwei Panzer, die im Garten des Chateau standen, mit Haftladungen durch den jungen Unterscharf. Emil Dürr vernichtet worden. Beim zweiten Panzer war die Ladung zuerst abgefallen. Er ging den Panzer nochmals an und hielt die abgezogene Ladung fest. Sie vernichtete den Panzer und verwundete ihn selbst tödlich. Ihm wurde nachträglich das Ritterkreuz verliehen. Seine Tat öffnete den Weg für den Rest des Bataillons.

Die Briten haben den Angriff noch immer nicht eingestellt. Aus Richtung Grainville höre ich eigene Panzerabschüsse. Eine Panzer-IV-Kompanie unter Führung von Hauptstf. Siegel sichert den Stellungswechsel der 11. Artillerieabteilung. Die Briten sind bereits in eine Batteriestellung eingebrochen. Die Abteilung wird über den Salbeyabschnitt zurückgenommen. Der Kommandeur der II. Abteilung, Müller, fällt im Nahkampf.

Wir leben zeitlos. Beim Schimmer einer Kerze arbeiten wir an der Lagekarte und bereiten neue Stellungen zur Abwehr vor. Verzweifelt warte ich auf Verstärkung.

Nach Mitternacht erlebe ich eine freudige Überraschung. Michel, mein treuer Kosak, steht plötzlich vor mir und grinst übers ganze Gesicht. Ich hatte ihn ein paar Tage auf Urlaub geschickt. Jetzt überbringt er mir einen Brief meiner Frau, die mir das Werden unseres fünften Kindes ankündigt.

Michel war bei einer Frontleitstelle aufgehalten worden, weil er als Russe verdächtig erschien — aber wer kann meinen braven Michel schon aufhalten? Auf meine Frage: „Wie kommst du hierher?" antwortet er: „Getürmt."

Gleich mit dem Hellwerden greift der Feind erneut mit Panzern und Infanterie in Richtung Grainville an. Die Kompanie Siegel wehrt bis 9.00 Uhr vier Angriffe ab. Mehrere Feindpanzer liegen brennend im Gelände. Siegel selbst wurde leider auch abgeschossen und erlitt schwere Verbrennungen im Gesicht und an den Händen. Ein eigener Panzervorstoß in Richtung Cheux scheiterte an einer starken Pak-Front des Feindes. Einen Erfolg hatte der Angriff allerdings. Eine Gruppe des Pionierbataillons, unter Führung des

Stubaf. Müller, in Stärke von 20 Mann, wurde von den Spitzenpanzern aufgenommen und so vor der sicheren Gefangenschaft bewahrt. Es war der Rest des Bataillons.

Müller steht wenige Minuten später vor mir. Aus seinen tiefliegenden Augen scheint sein Erlebnis von selbst sprechen zu wollen. Er trägt keinen heilen Fetzen mehr am Körper, seine Knie sind blutig und zerrissen. Das Gesicht ist vor Dreck kaum zu erkennen, der eine Arm ruht in einer improvisierten Binde.

Mit knappen Worten schildert er das Drama seines Bataillons. Nach einem unheimlichen Artillerie-Einsatz (der Angriff auf den linken Flügel der 12. SS-Panzerdivision wurde mit 600 Geschützen eingeleitet) wurde das Bataillon von den Panzern der 2. britischen Panzerdivision überrollt. Das Bataillon kämpfte bis zur Selbstvernichtung. Nur eine Handvoll Männer überlebte den mörderischen Kampf.

Müller selbst verteidigte seinen Gefechtsstand gegen alle Infanterieangriffe des Feindes, aber gegen die massiert angreifenden Panzer war er machtlos. Gegen Mittag war er mit einigen Männern im Gefechtsstand eingeschlossen, und die Panzer feuerten in den Erdbunker hinein. Andere Panzer versuchten den Bunker zusammenzudrücken, aber es gelang ihnen nicht. Die Pioniere hatten sich ein raffiniertes Bollwerk gebaut. Es trotzte allen Zerstörungsversuchen.

Ein gefangener Pionier wurde zu guter Letzt in den Bunker hineingeschickt, um seine Kameraden zur Übergabe aufzufordern. Er zog es vor, bei seinen Kameraden zu bleiben und ihr Los zu teilen.

Nachdem durch Sprengversuche der Bunker arg durcheinandergeschüttelt war und einem Massengrab sehr ähnlich sah, rollte der Angriff über den Gefechtsstand hinweg. Erst gegen Mitternacht schlugen sich die Überlebenden zu den eigenen Linien durch. Bei Le Haut du Bosq wurden sie völlig erschöpft vorgefunden. Dort hatten sie gerade eine Ruhepause eingelegt.

Im Laufe des Tages geht Rauray verloren. Die II. Artillerieabteilung hat sich restlos verschossen. In den Nachmittagsstunden gelingt es dem Feind bei Buron, einen Brückenkopf über den Ordon zu bilden. Unsere Funkaufklärung hört die Anfrage mit: „Legen Sie noch Wert auf schnelles Unternehmen Verson?“ Anscheinend ist der Feind über die Lage des Divisionsgefechtsstandes gut informiert. Eine Antwort wird nicht mitgehört. Alle verfügbaren Männer des Divisionsstabes werden bei Fontaine eingesetzt.

Beim Betreten des Divisionsgefechtsstandes meldet sich bei mir ein eigenartiger Mann. Er stellt sich als ein Beamter aus dem Stabe des Reichsaußenministers vor und bittet mich, ihm eine genaue Lageorientierung zu geben, weil der Minister unseren ständigen Rückzug nicht mehr begreifen könne.

Bevor ich diese Überraschung verdaut habe, krachen Panzergranaten in unsere Ruine. Feindliche Panzer stehen wieder einmal vor unserem Gefechtsstand. Im Nu ist die Bude leer. Alle hocken mit Panzerfäusten in irgendeinem Loch und warten auf weitere Überraschungen.

Den angeblichen Abgesandten des Reichsaußenministers habe ich nie wiedergesehen! Was mag er seinen Auftraggebern berichtet haben?

Die Lage wird von Stunde zu Stunde kritischer.

Den Briten ist es gelungen, eine weitere Brücke bei Garrus zu nehmen. Langsam aber sicher tastet sich der Feind nach Süden vor. Gegen diese Kräfte konnten wir bisher nur Sicherungen des Panzerregiments 12 und Panzerspähtrupps der Aufklärungsabteilung 12 einsetzen. Durch eine Batterie des unterstellten Werferregiments konnten im Nahkampf zwei Panzer abgeschossen werden, die die Batteriestellung zu überrennen versuchten.

Es ist augenscheinlich, daß Montgomery die Absicht hat, die Orne bei St. André zu gewinnen und dann vielleicht auf die Straße Falaise—Caen vorzustoßen. Durch diese Bewegung würde ihm die so heißumkämpfte Stadt Caen wie eine reife Frucht in den Schoß fallen. Diese Absicht muß ihm versalzen werden. Wir müssen noch ein paar Tage halten. Das II. SS-Panzerkorps ist im Anmarsch. Es wurde aus der Ostfront herausgezogen.

Das Panzerregiment erhält den Befehl, die Höhe 112 zu besetzen und einen Durchbruch zu den Ornebrücken zu verhindern. Eine arg zerschlagene Panzerkompanie ist alles, was für diese Aufgabe zur Verfügung steht.

Einige Panzer und der Rest der Aufklärungskompanie Regiment 25 sichern bei Fontaine.

Der Divisionsgefechtsstand wird von Verson nach Caen verlegt. Am 28. Juni wird der Abschnitt Verson — Höhe 112 — Evrecy vom II. SS-Panzerkorps übernommen.

Es stehen jetzt vier SS-Panzerdivisionen zur Verfügung. Aber sie sind es nur dem Namen nach. Keine der vier Divisionen besitzt noch die Kampfkraft einer Division. Die 9. und die 10. SS-Panzerdivision standen in schweren Angriffskämpfen in Polen, als sie den Befehl für den Einsatz in der Normandie erhielten. Aus dem Schlamm Polens rollten sie in die Materialschlacht des Westens. Die 1. SS-Panzerdivision erreichte die Front am 28. Juni. Auch diese Division ist nur ein Schatten ihrer selbst. Sie war einige Wochen vorher aus Rußland herausgezogen worden und sollte in Belgien aufgefrischt werden. Sie ist weder personell noch materiell aufgefüllt. Mit diesen Divisionen soll der Kommandierende General des II. SS-Panzerkorps, General der Waffen-SS Hausser, am 29. 6. den Gegenangriff durchführen. Die Divisionen schieben sich in der Nacht in ihre Bereitstellungsräume.

Im Abschnitt der 12. SS-Panzerdivision herrscht Ruhe. Die Stellungen um Carpiquet werden von den Überlebenden des I./26 ausgebaut.

Am Morgen des 29. Juni werden wir durch das schwere Feuer der Schlachtschiffe geweckt. Caen liegt wieder einmal unter Beschuß. Jabos hängen wie Hornissen am klaren Himmel und stürzen auf jedes Fahrzeug herab. Gegen 7.00 Uhr liege ich auf der Straße in Verson. Ein Jabo hat einen Geschützwagen in Brand geschossen, und die explodierende Munition fliegt nun kreuz und quer durch die Ortschaft. Die schmale Straße gestattet kein Vorbeifahren. Wir müssen den Wagen ausbrennen lassen. Wenn wir doch erst aus dem Nest heraus wären! In den alten Gemäuern liegt man wie in einer Falle. Ein Sanitätswagen brennt lichterloh — es gelingt uns nicht, die Verwundeten zu retten — sie verbrennen vor unseren Augen.

Feindliches Artilleriefeuer tastet das ganze Gelände um Verson und die Höhe 112 ab. Kurze Zeit später schlägt massiertes Feuer auf die Höhe 112. Sollten uns die Briten zuvorkommen und Angriff auf Angriff prallen? Mit Unbehagen beobachte ich, wie die Panzer der 2. britischen Panzerdivision den Hang südlich des Odon emporklettern und die Höhe 112 in die Zange nehmen. Die Kuppe ist nicht mehr zu erkennen. Schwere Brocken wühlen Meter um Meter der normannischen Erde um. Es gibt keinen Zweifel mehr. Die Briten sind dem Angriff Haussers zuvorgekommen. Mit niederwalzendem Artilleriefeuer und rollendem Bombardement der feindlichen Luftmacht werden unsere Angriffsdivisionen in ihren Bereitstellungsräumen bekämpft.

Die Höhe 112 geht dem II. Korps verloren. Die Panzer der 11. britischen Division haben den Schlüssel für weitere Operationen gegen die Ornebrücken an sich gerissen.

Von der Höhe 112 ist das ganze Gelände einzusehen. Keine Bewegung entgeht der britischen Beobachtung. Es dauert auch gar nicht lange, und wir erkennen eine Feuerleitstelle auf der Höhe. Die schwere Haubitzabteilung Artillerieregiment 12 nimmt die vorgeprellten Briten auf der Höhe unter

Feuer. Unsere Beobachtung ist einmalig. Wir stehen nordwärts der Höhe und übersehen den ganzen ansteigenden Hang vom Ordon bis zur Kuppe.

Vor der Front der 12. SS-Panzerdivision ist es auffällig ruhig. Nur das bekannte Feuer der Schiffsartillerie hämmert auf die Straßenkreuzungen. Mein Begleitpanzer erhält einen Volltreffer. Eine zweite 38-cm-Granate tötet auch den verbindenden Arzt.

Der Spätnachmittag bringt uns Gewißheit, daß der geplante Angriff mit dem II. Korps scheitern muß. Gegen diese artilleristische Feuerüberlegenheit und angesichts der absoluten Beherrschung des Luftraumes durch die Briten, ist es einfach unmöglich, Boden nach vorn zu gewinnen. Der Angriff kann nicht gelingen, weil mit unzulänglichen Mitteln Unmögliches verlangt wird.

Während der Nacht treffen wir Vorbereitungen für die Rundumverteidigung Caens. Mit einem Durchbruch der Engländer westlich der Stadt muß gerechnet werden.

Mitten in die Vorbereitungen für die Rundumverteidigung trifft der Befehl des II. Korps, die Höhe 112 der 7. britischen Panzerdivision wieder zu schließen.

Uns kann nichts mehr erschüttern. Max Wünsche ist in wenigen Minuten bei mir und nimmt den Angriffsbefehl entgegen. Seine Panzer und die Reste der Aufklärungsabteilung müssen den Angriff durchführen. Wir beginnen unsere Panzer wie rohe Eier zu behandeln. Bis jetzt haben wir noch nicht einen Ersatzpanzer erhalten, aber täglich schmilzt unsere Panzerwaffe weiter zusammen. Die dauernde taktische Flickarbeit wütet wie eine Seuche. Wo sind die Tage der großen Panzerangriffe geblieben?

Im Morgengrauen hämmert das zusammengefaßte Feuer auf die Höhe 112. Unsere Panzer schieben sich durch den leichten Nebel an die Höhe heran und ducken sich vor dem letzten Sprung. Es kann nur noch Minuten dauern. Wünsche und ich rauchen die letzte Zigarette. Ein Händedruck — und der Tanz beginnt!

Nach alter Praxis jagen die Panzer auf die einst baumbestandene Höhe zu und feuern ihre Sprenggranaten in den Wirrwarr hinein. Die feindliche Artillerie versucht durch intensives Feuer den Angriff zu zerschlagen. Aber es gelingt ihr nicht — die Höhe muß wieder in unsere Hände fallen.

Die Kuppe ist bald erreicht. Einer englischen Kompanie auf Bren-Carriers wird der Rückzug abgeschnitten. Sie gerät in Gefangenschaft. Brennende

Panzer stehen auf beiden Seiten. Auf der Höhe gibt es kaum einen Meter Erde, der nicht von Granaten oder Bomben umgepflügt ist.

Die Wegnahme der Höhe 112 gibt dem II. Korps etwas Ruhe. Die direkte Artilleriebeobachtung ist nun ausgeschaltet.

DER ENDKAMPF UM CAEN

Das britische VIII. Korps mit der 15. schottischen Division, der 43. Division, der 49. Division und der 11. Panzerdivision hat in den vergangenen Kämpfen am Mark der 12. SS-Panzerdivision gezehrt. Das Panzer-Grenadierregiment 26 ist auf die Kampfstärke eines schwachen Bataillons zusammengeschmolzen. Auch das Panzerregiment hat empfindliche Verluste erlitten. Die Aufklärungsabteilung verfügt nur noch über eine gemischte Kompanie, und das Pionierbataillon ist so gut wie vernichtet. Durch die Schiffsartillerie und die laufenden Jaboangriffe büßte die Division eine Abteilung des Artillerieregiments ein.

Die 12. SS-Panzerdivision kann nicht mehr als eine vollwertige Division angesprochen werden. Die Reste der Division haben höchstens noch den Gefechtswert einer Kampfgruppe.

Trotz der ungeheueren Belastung, der die jungen Grenadiere in den letzten Tagen ausgesetzt waren, und trotz der großen Verluste wird der Verband als vollwertige Panzerdivision gewertet und mit der Verteidigung der Stadt Caen beauftragt.

Das VIII. britische Korps steht jetzt in der tiefen Flanke der 12. SS-Panzerdivision. Die Zangenbewegung Montgomerys zeichnet sich klar ab. Selbst der Laie kann erkennen, daß Caen das nächste Angriffsobjekt der Alliierten ist.

Um nicht in die Gefahr zu kommen, von der Division getrennt zu werden und unter Umständen außerhalb des Einschließungsringes zu sitzen, wird der Divisionsgefechtsstand mitten in die Stadt verlegt. Ich will das Schicksal meiner Grenadiere teilen.

Der I. Generalstabsoffizier und ich geben uns keinen Illusionen hin. Wir wissen, daß die Befolgung des Führerbefehls: „Caen ist bis zum letzten Schuß zu verteidigen!" das Ende der Division bedeutet. Wir wollen kämpfen. Wir sind bereit, das Letzte zu geben — aber der Kampf muß einen Sinn haben. Ich sträube mich, meine jungen Soldaten in den Trümmern der Stadt verbluten zu lassen. Die Truppe muß für eine elastische Kampfführung erhalten bleiben.

Im Abschnitt der Division herrscht nur geringe Kampftätigkeit. Auffallend ist jedoch, daß die Kanadier eine rege Gefechtsaufklärung betreiben. Carpiquet und der Westrand des Flugplatzes werden laufend durch Spähtrupps abgesucht.

Bei der Division entsteht der Eindruck, daß die Kanadier einen Angriff auf Carpiquet planen, um so die Front nördlich Caen aufzureißen.

Carpiquet ist ein altes normannisches Bauerndorf, die Häuser sind aus festen Quadersteinen erbaut. Das Dorf paßt sich der Geländeform an und bildet einen langen Schlauch, der auf der einen Seite von der Eisenbahnlinie Caen—Bayeux und auf der anderen Seite vom Flugplatz begrenzt ist. Das Dorf ist in der ganzen Länge von der Beobachtungsstelle Ardenne einzusehen.

Ich suche die Verteidiger von Carpiquet auf. Menschenleer sind Straßen und Gehöfte. Die Straßen sind noch passierbar, nur ab und zu versperren Trümmer den Weg. Das leere Dorf wirkt geisterhaft. Am Westrand finde ich die „Verteidiger" vor. Es sind 50 Grenadiere, die sich in den verlassenen Erdbunkern und auch einigen Splitterbunkern der früheren Flugplatzverteidiger eingenistet haben. Die 50 Soldaten sind die Überlebenden einer Kompanie des I./26. Der Rest des Bataillons hat die gegenüberliegende Seite des Flugplatzes besetzt. Die Gesamtstärke der Verteidigung liegt zwischen 150 und 200 Soldaten.

Panzerbrechende Waffen haben die Verteidiger von Carpiquet nicht mehr zur Verfügung. Die Pak des I./26 wurde an den Vortagen zerschlagen. Minenfelder liegen jedoch im Vorfeld. Die Grenadiere wissen um ihre Aufgabe. Der Zugführer soll sich mit seinen Jungen hinhaltend kämpfend auf den Ostrand von Carpiquet zurückziehen und so die angreifenden Kanadier in die Ortschaft locken. Hart ostwärts Carpiquet stehen 8,8-cm-Geschütze in Lauerstellung. Außerdem liegt dieser Dorfrand im Schußfeld bereitgestellter Panzer.

Eine Verstärkung der infanteristischen Kräfte in diesem Abschnitt ist nach den vorangegangenen Kämpfen nicht mehr möglich. Die einzige Abwehrmöglichkeit besteht in der Zusammenfassung aller schweren Waffen. Unsere Artillerie und die Werfer sind bereits auf die Ortschaft eingeschossen.

Nach meiner Rückkehr auf den Divisionsgefechtsstand wird ein lebhafter Funksprechverkehr der Kanadier gemeldet. Die Auswertung führt zu der Annahme, daß sich feindliche Kräfte bei Norrey und St. Mauvieu bereitstellen. Am 3. Juli verstärkt sich der Sprechverkehr zusehends.

Um die Bereitstellung der feindlichen Angriffstruppen nach Möglichkeit zu zerschlagen, mindestens aber dem vermutlich auf engem Raum versammelten Feind empfindliche Verluste zuzufügen, feuert um 6.00 Uhr die zusammengefaßte Artilleriegruppe in diesen Raum hinein. Die Bereitstellungsräume werden wirksam getroffen.

Während die Raketen heulend über den Flugplatz fegen und einen langen Feuerschweif hinter sich herziehen, springe ich durch die Trümmer der Flughallen und suche Bernhard Krause. Bernhard hat einen Splitterbunker als Gefechtsstand gewählt und kann von dort aus das Flugfeld einschließlich Carpiquet übersehen.

Im Bunker treffe ich den vorgeschobenen Beobachter der 7. Werferbrigade. Einige Grenadiere liegen vielleicht 75—100 Meter vor uns. Fünf Panzer stehen in den Trümmern der Flughallen. Sie müssen volle Deckung nehmen. Die Jabos sind in dieser Ecke recht lebhaft. Kaum hat Bernhard Krause begonnen, vom Kampf um St. Mauvieu zu berichten, da kracht und heult es heran. Im Bunkereingang pressen wir uns zusammen. Der Bunker zittert, wenn die 38- und 40-cm-Granaten der Schlachtschiffe in unmittelbarer Nähe krepieren.

Die 3. kanadische Infanteriedivision ist zum Angriff angetreten. Carpiquet und der Flugplatz sind das Angriffsziel. Was für ein Aufwand, um diese Handvoll Grenadiere zu vernichten!

Zusammengefaßtes Artilleriefeuer hämmert jede Verteidigungsabsicht zusammen. Es muß sich um einige Artillerieregimenter handeln. Die Schiffsgranaten wirbeln ganze Flughallen durch die Luft.

Von der Ortschaft ist im Augenblick nichts zu erkennen. Dicker Qualm liegt an der Westseite. Über uns suchen Typhoons ihre Opfer. Ihre Raketen sind im Krachen der schweren Granaten kaum zu hören.

Vorgeschobene Beobachter stehen ungerührt am Scherenfernrohr und fordern Sperrfeuer an.

Die 8. kanadische Brigade, verstärkt durch das Regiment „Winnipegs Rifles" und unterstützt durch das kanadische Panzerregiment „Fort Garry Horse" stürzt sich auf die Reste des Bataillons Krause.

Das Artilleriefeuer wandert weiter. Bleiche Gesichter blicken mich an. Niemand sagt ein Wort. Nur die Stimmen der Artilleristen sind zu hören. Aus Marcelet rollen feindliche Panzer vor. Der Dunst ist sehr dicht. Unsere Artillerie schlägt zwischen die angreifenden Panzer. Doch sie lassen sich kaum stören. Langsam rollen sie auf uns zu. In allen Splitterbunkern warten die Grenadiere sprungbereit, um ihre Stellungen zu besetzen. Während des Artilleriefeuers hat alles Deckung in den Bunkern genommen. Jetzt springen die ersten feindlichen Infanteristen aus dem Waldstück. Unsere Artillerie feuert auf den Waldrand und fügt den Soldaten des Regiments „Winnipegs Rifles“ empfindliche Verluste zu.

Wir selbst hocken noch immer in voller Deckung — nur unsere Panzer haben den Kampf aufgenommen. Die Panzer sind nicht zu erkennen — sie scheinen von den Trümmern der Flughallen begraben zu sein. Die Spannung ist kaum noch zu ertragen. Wir horchen in den Lärm hinein und warten auf den ersten Feuerstoß der vorderen MG. Am Westrand der Ortschaft sehe ich Flammenwerfer angreifen. Die Werfer sind in kleine Panzer eingebaut, die unter dem Feuerschutz der Sherman vorgehen. Einer dieser Werfer ist in die Minensperre geraten. Er brennt grell aufleuchtend.

Die 50 Grenadiere in Carpiquet werden von drei Bataillonen mit Panzerunterstützung angegriffen. Der Ortskampf wird erbittert geführt. Trümmer versperren den Feindpanzern den Weg. Ein Vorstoß der Panzer über den Flugplatz scheitert, da unsere gut getarnten Panzer und eine 8,8-cm-Batterie den Platz beherrschen. Es ist nur kurze Zeit vergangen. Die „Winnipegs“ gehen zögernd vor. Sie scheinen dem leeren Schlachtfeld nicht zu trauen. Langsam arbeiten sie sich an die erste Flughalle heran. Sie sind vielleicht noch 150 Meter von der Halle entfernt. Den schützenden Wald haben sie verlassen und liegen auf dem deckungslosen Flugplatz. Da ist die „Stimme“ zu vernehmen, auf die wir gewartet haben: Rrrt — Rrrrt — Rrrt — Rrrrrr —t! Das MG 42 mäht in die feindlichen Reihen hinein.

Ich fliege in eine Ecke. Die Grenadiere stürzen aus dem Bunker. Kein Wort ist zu hören — alles springt, rennt und nimmt die alten Stellungen ein. Der infanteristische Feuerkampf beherrscht den Augenblick. Mit aufgerollten Ärmeln, die Augen nach vorn gerichtet, werden die Ladebewegungen automatisch durchgeführt.

Die Angreifer müssen schwere Verluste hinnehmen. Ihr Angriffsschwung ist gebrochen, und ihre Panzer haben es vorgezogen, volle Deckung zu nehmen. Aber auch das Bataillon Krause hat Verluste. Verwundete werden in den Bunker geschleppt und versorgt. Auf der gegenüberliegenden Seite des Flugplatzes sieht es nicht gut aus. Die Kanadier gewinnen an Boden. Der Kampf spielt sich bereits in der Ortsmitte ab. Unsere Artillerie hat sich ganz auf den Westteil der Ortschaft konzentriert. Ich telefoniere mit dem I. Generalstabsoffizier und bereite ihn auf den Verlust von Carpiquet vor. Für den Südteil des Flugplatzes habe ich keine Befürchtungen. Die Reste des I./26 werden ihre Stellungen halten können. Wie so oft in der Vergangenheit, ist auch jetzt der Kommandeur des Bataillons das Rückgrat der Verteidigung. Bernhard Krause ist der Erste Grenadier seines Bataillons. Mit seiner tiefen, ruhigen Stimme spricht er wie ein Vater zu seinen Grenadieren. Im Abschnitt dieser Kampfgemeinschaft sind keine Überraschungen zu befürchten.

Ich verabschiede mich und arbeite mich durch die zertrümmerten Flughallen an den Ostrand des Platzes. Hier werde ich von Erich Holsten erwartet. In wenigen Minuten sind wir auf dem Divisionsgefechtsstand. Wir atmen auf. Es ist gerade kein Vergnügen, mit dem Volkswagen durch feindliches Artilleriefeuer zu fahren.

Unsere Funkaufklärung arbeitet vorzüglich. Die Jungen haben ein Lob verdient. Auf Grund der Funküberwachung sind wir über die Maßnahmen des Feindes genauestens orientiert. Besonders trifft dies für den Kampf in Carpiquet zu. Die Einnahme des Ortes meldet der Kommandeur des Regiments „de la Chaudiere“ mit Funkspruch an seine Brigade von der Ortsmitte aus. Er wird zurückbefohlen. Feuerüberfälle unserer Werfer und Artillerie halten ihn jedoch fest. Jedesmal, wenn er seinen Abmarsch wieder ankündigt, folgt ein neuer Feuerüberfall.

Von den 50 Grenadieren, die Carpiquet so hartnäckig verteidigt haben, sind noch ungefähr 20 Soldaten einsatzfähig. Nicht ein Unteroffizier hat den Kampf überstanden. Die Überlebenden haben die infanteristische Sicherung für die 8,8-cm-Batterie übernommen. Die Batterie steht hart ostwärts Carpiquet in Feuerstellung. In der Nacht vom 4. zum 5. Juli versucht das Bataillon Weidenhaupt einen Gegenangriff auf Carpiquet. Der Angriff führt nicht zum Erfolg. Durch mehrere Feuerüberfälle mit Spreng- und Flammölwurfgranaten werden dem Feind in Carpiquet erhebliche Verluste zugefügt. Selbst beim Großangriff auf Caen am 8. Juli bleibt der Feind in Carpiquet in der Abwehr. Der Flugplatz wird bis zum 8. Juli gehalten.

Nachdem es dem Feind nicht gelungen ist, seinen Ordonbrückenkopf zu erweitern und zur Orne durchzubrechen, ist auch der Versuch, sich durch

Angriff von Westen her in den Besitz des Flugplatzes zu setzen, vergeblich gewesen. Wir nehmen daher an, daß er nunmehr durch Frontalangriff den Eckpfeiler der deutschen Verteidigung zum Einsturz bringen will, um dann in die Tiefe des normannischen Raumes zu stoßen. Wir bereiten uns auf den Endkampf um Caen vor.

Nachdem ich in den letzten Tagen alle Einheiten in ihren Stellungen aufgesucht und mich eingehend mit den Grenadieren, Unteroffizieren und Offizieren über die weitere Verteidigung Caens unterhalten habe, ist es mir endgültig klar, daß die Stadt der Sargdeckel unserer tapferen Division werden muß. Eine Verteidigung der Stadt ist nicht mehr möglich. Das Kräfteverhältnis ist zu ungleich. Die schwachen deutschen Kräfte gestatten weder eine Tiefengliederung in der Verteidigung, noch können Reserven bereitgestellt werden.

Die Division macht das Korps eindringlich darauf aufmerksam, daß ihre verbrauchten Kräfte nicht ausreichen, einem Angriff überlegener Feindkräfte standzuhalten. Das Korps kann jedoch keine weiteren Truppen zur Verfügung stellen.

Wir treffen alle erforderlichen Vorbereitungen, um dem erwarteten Angriff so wirksam wie möglich begegnen zu können. Doch auf die Frage: Was geschieht, wenn Luftlandetruppen im Rücken der Division eingreifen und in das nichtbesetzte Stadtgebiet eindringen? wissen wir keine Antwort.

Die Division ist überzeugt, daß der Großangriff auf Caen mit einem Luftlandeunternehmen südlich der Stadt eingeleitet wird und gleichzeitig ein Vorstoß aus dem Odon-Brückenkopf über die Orne in Richtung auf die Straße Caen—Falaise erfolgt. Ein restloser Zusammenbruch der deutschen Front wäre nicht zu verhindern und der Weg nach Paris geöffnet.

Am Abend des 7. Juli wissen wir, daß die nächsten 24 Stunden über das Schicksal der Stadt Caen entscheiden werden. Rund 500 Lancaster- und Halifax-Bomber greifen am späten Abend in das Kampfgeschehen ein und werfen 2500 Tonnen Bomben auf den nördlichen Stadtrand. Die dichtfliegenden Verbände erleiden durch das Flakfeuer keine nennenswerten Verluste. Aber auch wir haben keine Ausfälle zu beklagen. Die Truppe selbst wurde durch den Angriff überhaupt nicht betroffen. Die Straßen in Caen sind allerdings blockiert, und die Zivilbevölkerung hat wieder schmerzhafte Opfer bringen müssen. Die Hospitäler sind überfüllt.

Es muß hier eindeutig festgestellt werden, daß das Verhältnis zwischen der deutschen Truppe und der französischen Bevölkerung freundlich und hilfsbereit ist. Bis jetzt ist es zu keinen Streitigkeiten oder gar Feindseligkeiten von seiten der Franzosen gekommen. Verwirrt und kopfschüttelnd blicken sie auf die Trümmer ihrer Heime. Sie können die Zerstörung ihrer Stadt nicht begreifen, denn sie wissen ja, daß Caen weder am 6. Juni noch heute deutsche militärische Verbände in seinen Mauern hatte. Während der gesamten Kampfhandlung im Raume um Caen braucht die Truppe nicht einen Soldaten für Sicherungsaufgaben abzustellen. Die Franzosen sorgen selbst für Disziplin und Ordnung.

Der Luftangriff erscheint uns als Fanal zum Großangriff. Der letzte Grenadier steht abwehrbereit. Die Artilleristen warten auf Feuerkommandos, um Sperrfeuer vor die eigene Linie zu legen. Wir warten. Die Telefone schweigen. Gespannt horchen wir in die Nacht hinein und erwarten den Angriff der feindlichen Erdtruppen. Minuten vergehen, ohne daß die Stille zerrissen wird. Es ist für uns unfaßlich, aber es ist schon so — die Alliierten nutzen den gewaltigen Bombereinsatz nicht aus.

Wiederum fahre ich zu den Kommandeuren, um mich über die Wirkung des Bombereinsatzes zu informieren. Erstaunt stelle ich fest, daß ich die moralische Wirkung überschätzt habe. Die Jaboangriffe sind der Truppe weit mehr verhaßt, als ein Massenangriff durch die schwerfälligen Brummer. In der Tat ist die Front ja auch so spärlich besetzt, daß ein Bombenteppich keinen großen Schaden anrichten kann. Ein paar umgeworfene Schützenpanzer sind der ganze Erfolg der 2500 Tonnen Bomben.

Die Truppe erwartet den Angriff und bereitet sich auf das Unvermeidliche vor. Wir machen uns über den Ausgang des Kampfes keine falschen Vorstellungen. Das Korps wird erneut über die ausweglose Lage bei der Division hingewiesen. Mit bangen Ahnungen sehe ich dem bereits beginnenden Tag entgegen. Hubert Meyer ist am Kartentisch eingeschlafen. Er hat während der vergangenen Woche kaum ein Auge zugetan. Welch tüchtigen I. Generalstabsoffizier habe ich in diesem Kameraden gefunden!

*

Schwerstes Artilleriefeuer der Land- und Seestreitkräfte liegt auf dem gesamten Frontabschnitt der 12. SS-Panzerdivision. Unser Keller zittert in allen Fugen. Kalk und Staub legen sich auf die von Talglichtern beleuchtete Karte.

Unsere Artillerie- und Werfereinheiten schießen Sperrfeuer. Wir haben seit Tagen Munition „organisiert“ und versuchen nun, der schwerkämpfenden Infanterie eine fühlbare Hilfe zu geben. Jagdbomber stürzen sich auf die Stellungen der Artillerie und greifen jedes Fahrzeug auf den Straßen an. Die Orne-Übergänge werden laufend angeflogen.

Die ersten Meldungen treffen ein. Alle Bataillone stehen im schwersten Abwehrkampf. Der Feind greift mit starker Panzerunterstützung auf der ganzen Front an.

Der rechte Nachbar der 12. SS-Panzerdivision, die 16. Luftwaffenfelddivision, ist den harten Anforderungen nicht gewachsen. Die Division ist durch einen erneuten Bombenangriff arg zerrüttet, und der Widerstandswille der improvisierten Division bricht unter der Wucht der Vernichtungsmittel des Feindes zusammen. Die 3. britische Infanteriedivision stößt in die Luftwaffenfelddivision hinein und steht bald in der tiefen Flanke unserer Division.

Der Abschnitt der 12. SS-Panzerdivision wird von vier angeschlagenen Bataillonen verteidigt, während der Feind mit der 59. britischen Infanteriedivision und der 3. kanadischen Division, durch Panzerbrigaden verstärkt, angreift.

Der Schwerpunkt des Angriffes scheint bei der 59. britischen Infanteriedivision im Abschnitt des I./25 zu liegen. Dieses Bataillon wird außerdem noch von Teilen der 3. britischen Infanteriedivision angegriffen. Das I./25 verliert in der ersten Stunde des Angriffs fast alle Kompanieoffiziere. Der Bataillonskommandeur, Stubaf. Waldmüller, steht inmitten seiner Truppe und ist die Seele des Widerstandes. Die erste Kompanie schirmt in der rechten Flanke ab. Ihr Feuer stört das relativ leichte Vorankommen der 3. britischen Infanteriedivision im Abschnitt der zerschlagenen Luftwaffenfelddivision.

Das tapfere I. Bataillon des 25. SS-Panzer-Grenadierregiments steht wie ein Wellenbrecher auf dem Schlachtfeld. Unerschüttert, trotz der gewaltigen Übermacht an Menschen und Material, wehrt es jeden Angriff ab. Dem Feind gelingt es nicht, das Bataillon im ersten Ansturm zu überrennen.

Auch das II. Bataillon leistet heroischen Widerstand. Die Panzerabwehrgeschütze sind durch das schwere Artilleriefeuer längst vernichtet. Das Bataillon hat nur noch Panzerfäuste zur Verfügung. Auch hier sind alle Kompanieführer gefallen. Hauptstuf. Dr. Tiray hat allein drei Sherman-Panzer zerstört — er fiel, als er den vierten Panzer erledigen wollte.

Das III./25 wird von der 3. kanadischen Division angegriffen. Es kämpft in den Ruinen von Buron und Authie. Hier wird besonders hart und erbittert gekämpft. Die Kanadier haben nicht vergessen, daß ihr Vormarsch am 7. Juli bei Buron und Authie gestoppt wurde und sie einen hohen Blutzoll zahlen mußten. Die Grenadiere des III./25 haben sich an die Ruinen geklammert und kämpfen erbittert um jeden Fußbreit Boden.

Es ist mir unverständlich, warum die Kanadier ihren Angriff aus Richtung Carpiquet nicht weiter fortsetzen. Gegenüber Carpiquet haben wir nur noch eine 8,8-cm-Batterie mit den ausgebluteten Resten des I./26 stehen. Ein energischer Vorstoß von dort aus auf die Orne-Brücken in Caen würde das Schicksal der 12. SS-Panzerdivision innerhalb weniger Stunden besiegeln. Eine soeben eingetroffene Panzerkompanie mit 15 Panzern V ist die einzige Eingreifreserve der Division.

Alarmrufe häufen sich. Die 16. Luftwaffenfelddivision scheint vom Erdboden hinweggefegt zu sein. Die Division setzt sofort Teile der II. Panzerabteilung und die Divisions-Begleitkompanie zur Sicherung bei Cabaret, nordostwärts Caen, ein. Die I. Abteilung SS- Panzerregiment 12 kämpft am Nordrand der Stadt.

Jagdbomber stürzen sich immer wieder auf die Ornebrücken in der Stadt und auf die Anmarschstraßen südlich Caen. Jeder Verkehr nach Caen ist unmöglich geworden. Wir können weder Verwundete abtransportieren noch Nachschub erhalten. Die Straßen sind Rennstrecken des Todes geworden. Wieder brummen die großen Bomber am Himmel. Sie kommen genau von Norden und fliegen die Stadt an. Wir können es kaum glauben, daß diese gequälte Stadt noch mehr Leid erfahren soll.

Der Aufwand, den der Feind mit Truppen und Material treibt, um die Stadt nun endlich in die Hand zu bekommen, ist kaum glaubhaft. Warum die nichtbesetzte Stadt dem Erdboden gleichgemacht wird, mögen die Götter wissen. Außer dem Stab der 12. SS-Panzerdivision, auch der erst seit einigen Tagen, befinden sich keine Truppen in der Stadt. Die erste Welle der Bomber fliegt die Brücken an und löst Brände südlich der Orne aus. Auch die Stadtmitte wird wieder mit Bomben belegt. Caen ist in Feuer, Rauch und Asche gehüllt.

Plötzlich sehen wir, wie die letzte Welle genau auf die Garnisonkirche zufliegt und die Bomben bereits ausgeklinkt sind. Ich springe in den Kellereingang unseres Gefechtsstandes und fliege in die äußerste Ecke des Kellers. Ein unheimlicher Krach erschüttert das Gewölbe. Die Talglichter sind erloschen. Ich bekomme keine Luft mehr. Durch den dicken Staub ist die Hand vor den Augen kaum zu erkennen. Hubert Meyer ruft mich. Weitere Stimmen sind zu hören. Plötzlich schreit ein Grenadier auf: „Wir sind verschüttet, wir sind verschüttet!“ Nur mit Mühe ist der Junge zu beruhigen. Der Luftdruck hat ihn durch die offene Tür in den Keller geschleudert.

Die etwa 50 Meter vom Eingang zum Divisionsgefechtsstand entfernte Garnisonkirche ist restlos zerstört. Ein großer Krater ist alles, was wir noch sehen können. Quadersteine wirbelten durch die Luft, fielen auf das Schleppdach, unter dem die Funkwagen stehen, und zerstörten damit jede Funkverbindung. Die Störung der Nachrichtenverbindung ist bald behoben. Die Zivilbevölkerung hat erneut erhebliche Verluste.

Einige Minuten nach dem Bombenangriff erscheint der Oberbefehlshaber der 5. Panzerarmee, General der Panzertruppen Eberbach, auf dem Divisionsgefechtsstand. General Eberbach ist der Nachfolger des Generals Geyr von Schweppenburg.

Während einer Pause zwischen den Bombenangriffen auf die Ornebrücken ist es ihm gelungen durchzukommen. Der Oberbefehlshaber spricht der Division seine Anerkennung für ihre Leistungen aus. Die katastrophale Lage bei der Luftwaffenfelddivision ist ihm noch unbekannt.

General Eberbach erkennt sofort den Ernst der Lage und befiehlt den Einsatz der 21. Panzerdivision im Abschnitt der 16. Luftwaffenfelddivision. Ein verstärktes Bataillon der 21. Panzerdivision ist alles, was im Laufe des Tages über die Orne kommt.

Noch während der Anwesenheit des Oberbefehlshabers treffen alarmierende Meldungen ein. Zwischen dem II./25 und dem III./25, also zwischen den Ortschaften Galmanche und Buron, ist dem Feind ein Einbruch gelungen. Er hat Contest genommen, und seine Waffen beherrschen die Anfahrt zum Kloster Ardenne.

Die II. Panzerabteilung, ohne die ostwärts der Bahnlinie im Abschnitt der 16. Luftwaffenfelddivision eingesetzten Teile, wird sofort zum Gegenangriff eingesetzt. Sie wirft den Feind zurück, kann St. Contest jedoch nicht wieder nehmen. Der Angriff wird von der feindlichen Panzerübermacht aufgehalten.

General Eberbach verabschiedet sich. Ich habe die Überzeugung gewonnen, daß der General alles tun wird, um ein weiteres Sterben in den Trümmern von Caen zu verhindern.

Die Schlacht wird noch immer mit gleicher Heftigkeit geführt. Es ist mir ein Rätsel, weshalb die Kanadier und Briten so zögernd vorgehen. Ihre gewaltige Panzerüberlegenheit kommt kaum zum Tragen. Statt mit der

Wucht und Schnelligkeit ihrer Panzerformationen in die Tiefe der Verteidigungszone hineinzustoßen und im blitzschnellen Handeln einen Brükkenkopf über die Orne zu bilden, benutzten sie ihre Panzer nur zur Unterstützung der angreifenden Infanterie.

Abgesehen von der äußerst wendig geführten Artillerie fehlt es dem Angreifer an Schwung und Initiative auf dem Schlachtfeld. Der gesamte Angriff gegen Caen wird in der Taktik des ersten Weltkrieges geführt. Eine solche Kampfführung kann man sich nur gegen eine bereits ausgeblutete Armee leisten.

Der Kommandeur der 16. Luftwaffenfelddivision, Generalleutnant Sievers, erscheint auf dem Gefechtsstand der 12. SS.-Panzerdivision und bittet um eine Orientierung über die Lage, da er seit Stunden ohne Meldung von seinen Verbänden sei. Der Bericht trifft ihn schwer. Er begibt sich sofort an den Nordostrand von Caen, um sich an Ort und Stelle ein Bild der Lage machen zu können. Er bemüht sich, die Versprengten seiner Division zu sammeln und wieder eine feste Front aufzubauen. Die Kampfmoral dieser Truppe ist dafür jedoch zu sehr erschüttert. — Die „Stahlwalze" rollt langsam aber stetig weiter. Das Schlachtfeld ist in eine Trichterlandschaft verwandelt.

In den Nachmittagsstunden nimmt der Feind nach langen blutigen Kämpfen Gruchy. Die 16./25, die es verteidigt hat, ist völlig aufgerieben. Die tapfere Pionierkompanie unter der Führung von Oberstf. Werner ist vernichtet. Von dieser Kompanie habe ich lediglich einen Melder wiedergesehen. Die Pioniere starben in ihren Stellungen.

Nach wechselvollen Kämpfen gehen Authie und Franqueville verloren. Bei einem Gegenstoß wird der Kommandeur des III. Bataillons SS-Panzer-Grenadierregiment 1, Oberstbf. Weidenhaupt, verwundet. Die Reste des Bataillons bringen den Angriff des Feindes nördlich Ardenne zum Stehen.

Die Lage der Division ist nun äußerst ernst. Die Bataillone des Regiments 25 sind, jedes für sich, nahezu eingeschlossen und kämpfen verbissen in den Ortschaften Mâlon, Galmanche und Buron. Die Drahtverbindungen sind alle zerstört. Es kann nur noch durch Sprechfunk geführt werden. Die Front der Division ist zum Zerreißen gespannt. Reserven sind nicht mehr vorhanden. Nur die 15 Pantherpanzer der Kompanie v. Ribbentrop stehen am Hinterhang hart nördlich der Stadt.

Ich halte es nicht mehr aus! Ich muß mir selbst ein Bild von der Lage machen und im Brennpunkt des Kampfes den erforderlichen Entschluß fassen. Der Führerbefehl, Caen nicht aufzugeben, kann nicht mehr länger aufrechterhalten werden. Wir können vielleicht noch einige Stunden halten, aber dann gibt es keine Überlebenden der Division mehr. Ich sträube mich, den Rest der Division nutzlos verbluten zu lassen. Hubert Meyer unterstützt meine Absicht, die zertrümmerte Stadt den Alliierten kampflos zu überlassen und die Division auf das Ostufer der Orne zurückzunehmen.

Erich Holsten hat sein schnelles „Pferd" gesattelt. Unser guter Volkswagen steht bereit. Michel, mein treuer Kosak, hockt bereits im Wagen, während ich einsteige. Wir alle wissen, daß wir eine tolle Fahrt vor uns haben, In wenigen Minuten sind wir bei der Kompanie v. Ribbentrop. Die vordersten Panzer stehen im Feuerkampf mit Sherman-Panzern, die in St. Contest in Stellung stehen.

Vor uns liegt das Kloster Ardenne. Der ganze Komplex liegt unter Artilleriefeuer. Die großen Türme existieren nicht mehr. Anklagend recken sie ihre Stümpfe in den Himmel. Noch am Hinterhang habe ich plötzlich Bedenken und setzte mich selbst hinter das Steuer. In dieser Situation darf es kein Halten und kein Kehrtmachen geben. Der Feldweg zum Kloster ist von Granateinschlägen aufgerissen, Bombentrichter überziehen das Schlachtfeld.

Kaum sind wir über die letzte Steigung hinweg, da fliegen uns die Brocken um die Ohren. Die Panzer von Contest haben uns unter Feuer genommen. Der Angstschweiß bricht mir aus allen Poren. Der Wagen fliegt nur so übers Gelände. Wenn nur das verdammte Gezwitscher des feindlichen MG-Feuers nicht wäre! Noch wenige Meter trennen uns von den Ruinen. Jetzt haben wir es geschafft. Das direkte Feuer kann uns nicht mehr erreichen.

Der große Obstgarten des Klosters gleicht einem Inferno. Granate auf Granate krepiert vor dem Eingang des Regimentsgefechtsstandes. Wir zögern einige Sekunden, bevor wir zum letzten Sprung ansetzen. Eine Feuerpause ausnutzend, fegen wir an das Gebäude heran. Gefallene Kameraden liegen zerschmettert in der Nähe des Gefechtsstandes. Im Herausspringen aus dem Wagen erkenne ich den Körper des Kompanieführers der Stabskompanie. Er ist durch Granatsplitter gefallen. —

Aufatmend stolpern wir in den Flur des alten Gebäudes. Den Regimentskommandeur des Regiments 25 finde ich im Keller des uralten Wirtschaftsgebäudes. Der Kommandeur ist verwundet und spricht gerade mit dem Kommandeur des III. Bataillons, Hauptstf. Steger — der Sprechfunk ist die einzige Verbindung zu den Bataillonen.

Die Kellerdecke scheint sich unter dem Beschuß zu bewegen, obgleich der Keller tief in die Erde gebettet ist und durch gewaltige Gewölbe gestützt wird. Ein ständiges Wummern dringt an unser Ohr.

Ich spreche mit Hauptstf. Steger in Buron. Er meldet, daß die Masse seines Bataillons gefallen sei und feindliche Panzer vor der Ortschaft stünden. Er bittet dringend um Hilfe. Alle vorhandenen Panzer werden auf Buron angesetzt, um den Einschließungsring zu sprengen. Der Angriff scheitert. Vom Kirchturm beobachte ich den hin und her wogenden Panzerkampf. Beide Seiten haben schwere Verluste.

Von Authie stoßen feindliche Panzer auf Ardenne vor. Die Kompanie v. Ribbentrop schießt diese Panzer zusammen und verteidigt den Regiments-Gefechtsstand. Die brennenden Panzer stehen 100 Meter westlich Ardenne.

Immer mehr Verwundete schleppen sich in den großen Keller des Klosters. Sanitäter leisten in der Bergung verwundeter Kameraden Übermenschliches. Mein alter Kampfgefährte Dr. Erich Gatternig arbeitet ununterbrochen, um das Leid und die Not zu bannen. Der Jammer in den alten Gewölben ist kaum zu ertragen. Der Strom der Verwundeten reißt nicht ab.

Wir dürfen den Kampf noch nicht abbrechen! Wir müssen die Nacht abwarten, um im Schutze der Dunkelheit unsere verwundeten Kameraden abzutransportieren und den vorderen Teilen eine Chance zum Durchbruch zu geben.

Ich sitze im Panther und rolle auf Cussy vor. Es wird vom Batteriechef der 1. Batterie SS-Flakabteilung 12, Hauptstf. Ritzel, verteidigt. Das Nest ist nur noch ein Trümmerhaufen. Drei Sherman-Panzer liegen brennend vor der Batteriestellung. Die Verluste der Batterie sind hoch. Ein Geschütz ist durch Artilleriebeschuß ausgefallen. Hauptstf. Ritzel steht als Richtschütze am Geschütz. Er verspricht mir alles zu tun, um seine Stellung bis zum Anbruch der Dunkelheit zu halten und damit den Abtransport der Verwundeten von Ardenne zu ermöglichen.

Kurze Zeit später bin ich wieder im Kloster. In Buron sind jetzt feindliche Infanteristen und Panzer eingebrochen. Den Bataillonsgefechtsstand von Steger kann ich vor lauter Rauch und Explosionen nicht mehr erkennen. Flammenwerferpanzer wüten in der Stellung des III./25. Brennende Grenadiere taumeln hoch und brechen zusammen. Flammenwerferpanzer sind die gefürchtetste Waffe. Da diese kleinen Bren-Carriers nur unter dem Feuerschutz ihrer großen Brüder arbeiten, sind sie kaum zu bekämpfen.

Feindliche Panzer rollen über den Gefechtsstand Steger. Der Bataillonsstab III./25 existiert nicht mehr. Nur im Westteil der Ortschaft wird noch gekämpft.

Standartenf. Milius, der Kommandeur des Regiments 25, erhält Befehl, nach Bergung der Verwundeten das Kloster zu räumen und eine Stellung am Stadtrand zu beziehen.

Es ist meine Absicht, die Reste der Division im Laufe der Nacht auf das Ostufer der Orne zurückzunehmen.

Das Scheibenschießen auf unseren Volkswagen beginnt wieder. Erich Holsten fährt und ich hänge seitlich am Wagen. Mit viel Glück gewinnen wir die Trümmer der Stadt.

Nach meiner Rückkehr von Ardenne gebe ich dem Korps einen Bericht über die kritische Lage und bitte dringend um die Erlaubnis, die Reste der Division auf das Ostufer der Orne zurücknehmen zu dürfen. Ich lasse keinen Zweifel darüber, daß Caen mit den ausgebluteten Resten der Division nicht gehalten werden kann.

Das Korps lehnt den Vorschlag ab. Es liegt ein Führerbefehl vor, daß die Stadt unter allen Umständen gehalten werden muß! Alles Protestieren und mein Hinweis auf die Sinnlosigkeit weiterer Opfer nützen nichts. Wir sollen in Caen sterben!

Eine unbändige Wut packt mich, wenn ich an die tapferen Grenadiere denke, die seit vier Wochen Tag und Nacht im Kampf stehen und die ich nun sinnlos opfern soll.

Ich wehre mich gegen die Durchführung des unhaltbaren Befehls und beginne mit der Räumung der Stadt. Die schweren Waffen machen sofort Stellungswechsel auf das Ostufer. Nach Einbruch der Dunkelheit werden die Bataillone auf den Stadtrand von Caen zurückgezogen. Durch Vorstöße kleiner Panzergruppen muß ihnen der Weg geöffnet werden. Das III./25 zählt nur noch rund 100 Grenadiere und Unteroffiziere. Sämtliche Offiziere sind gefallen, verwundet oder werden vermißt.

Das Schlachtfeld ist ruhig geworden. Wir beglückwünschen uns zu der Inaktivität der Kanadier. Würden sie den Angriff auch in der Nacht fortsetzen, so wäre das Schicksal der Division ihre totale Vernichtung. Nur ins Kloster Ardenne dringen die Kanadier ein und verhindern dadurch den weiteren Abtransport von Verwundeten. Kurz vor Mitternacht fordert Standartenf. Milius Artilleriefeuer auf Ardenne an, um sich Luft zu schaffen. Da diese Maßnahme die einzige Möglichkeit bietet, den verwundeten

Kameraden einen Weg zu bahnen, gebe ich der Werferabteilung die Erlaubnis, zwei Gruppen auf das Kloster zu feuern. Das Feuer wird durch die eigene B-Stelle in Ardenne geleitet. Der Feind zieht sich zurück. Nachdem alle Verwundeten abtransportiert sind, wird das Kloster geräumt.

Um Mitternacht meldet Standartenf. Milius die Aufgabe von Ardenne. Die Überlebenden haben neue Stellungen am Stadtrand bezogen.

Die Bedienung der 8,8-cm-Batterie starb an ihren Geschützen in Cussy. Hauptstf. Ritzel fiel im Nahkampf in der Batteriestellung. Der heldenhafte Kampf dieser Männer hat den Abtransport der verwundeten Kameraden ermöglicht.

Kurz nach Mitternacht habe ich alle Kommandeure um mich versammelt und teile ihnen den Entschluß mit, die Stadt im Laufe der Nacht zu räumen und ostwärts der Orne neue Stellungen zu beziehen. Die Kommandeure atmen auf. Geschlossen unterstützen sie die Absicht der Division, das zertrümmerte Caen kampflos zu räumen.

Um 2.00 Uhr suche ich das I./25 am Nordostrand von Caen. Die Reste des Bataillons mußten sich durch feindliche Kräfte durchschlagen und haben einen blutigen Weg hinter sich gelassen. Die Verluste des Bataillons sind erschreckend. Der Zug des Oberstf. Schünemann verteidigt sich noch immer in einer Gehöftegruppe. Es ist diesen Grenadieren nicht möglich, nach rückwärts durchzubrechen. Nach der Funkaufklärung kämpft diese verlorene Schar auch noch 48 Stunden später. Sie wird dann durch Jaboangriffe ausgelöscht.

Die Überlebenden des I./25 finde ich in einem Splitterbunker am Stadtrand. Die restlos abgekämpften Soldaten sind in tiefen Schlaf gesunken. Offiziere haben die Sicherung übernommen. Nachzügler stolpern in den Bunker und lassen sich dort fallen, wo noch ein Plätzchen frei ist. Welches Glück, daß die Kanadier und Engländer nicht nachstoßen! Die Soldaten der 12. SS-Panzerdivision sind am Ende ihrer physischen Kraft. Sie haben vier Wochen ohne Ablösung in vorderster Front gekämpft und die gewaltigen Hammerschläge der Materialschlacht ertragen.

Mit frischen blühenden Gesichtern sind sie vor Wochen in den Kampf gezogen, heute beschatten verschmierte Stahlhelme eingefallene Gesichter, deren Augen nur allzuoft ins Jenseits geschaut haben. Die Männer bieten ein Bild tiefen menschlichen Elends — aber es nutzt alles nichts, sie dürfen nicht länger ruhen, sie müssen das ostwärtige Ufer der Orne verteidigen. Waldmüller erhält den neuen Verteidigungsbefehl und reißt seine Männer aus dem bleiernen Schlaf. Jeder Grenadier muß einzeln geweckt werden. Schlaftrunken taumeln sie aus dem Bunker und hängen sich erneut ihre Munition um den Hals. Die schweren MG-Gurte reißen die halbwachen Grenadiere nach vorn. Fluchend spannen sie sich vor zwei schwere Infanterie-Geschütze und wenden sich der brennenden Stadt zu. Ein paar Panzer übernehmen die Sicherung nach Norden.

Während meiner Abwesenheit versuchte der I. Generalstabsoffizier immer wieder vergeblich, vom Korps die Genehmigung zur Räumung von Caen zu erhalten. Endlich, gegen 3.00 Uhr morgens, wurde die Aufgabe der Stadt vom Korps befohlen.

Da die Absetzbewegung bereits eingeleitet ist und die schweren Waffen die neuen Feuerstellungen ostwärts der Orne bezogen haben, kann die Räumung in aller Ruhe und vom Feinde ungestört durchgeführt werden.

Neue Stellungen werden im Abschnitt Bahnhof Caen—Orneknie bei Fleury-sur-Orne bezogen. Die Truppe ist sehr erschöpft und kann noch nicht mit dem Ausbau der Stellungen beginnen. Nach dem Überschreiten der Orne und nachdem die Einheiten ihre zugewiesenen Abschnitte erreicht haben, fallen die Grenadiere in tiefen Schlaf. Sie verlassen sich auf die sichernden Kameraden am Nordrand der Stadt.

Am Morgen räumt die am Westrand Caens (gegen Carpiquet) stehende 2. Batterie SS-Flakabteilung 12 ihre Stellung. Selbst hier, nur wenige hundert Meter ostwärts Carpiquet, besteht noch keine Feindberührung. Der Divisionsstab verläßt Caen um 4.00 Uhr und richtet seinen Gefechtsstand in Carcelles ein. Die Ablösung der Division durch die 272. Division wird erwartet. Der neue Gefechtsstand liegt zwischen uralten Buchen, Eichen und Ulmen versteckt. Ein sauberer normannischer Herrensitz liegt verträumt im Schutze des Parkes da und bietet uns Erfrischung und Ruhe an. Leider haben wir zur Ruhe keine Gelegenheit. Immerhin genieße ich einige Eimer Wasser und schrubbe mich von Kopf bis Fuß ab.

Gegen 8.00 Uhr bin ich wieder bei der Truppe im Südteil von Caen. Die Grenadiere und Offiziere liegen wie hingemäht in den Vorgärten an der Orne und sind in einen todähnlichen Schlaf gesunken. Selbst die Kommandeure sind vom Schlaf bezwungen. Die Truppe ist wahrlich am Ende ihrer Kraft angelangt.

Erst in den Nachmittagsstunden tasten sich feindliche Spähtrupps gegen die Stadt vor. Um 12.00 Uhr gehen die letzten Sicherungen der 12. SS-Panzerdivision und der 21. Panzerdivision über die Orne. Nachdem der

Kommandeur des III. Bataillons 26, Olboetter, den Fluß überschritten hat, wird die letzte Brücke gesprengt. Gegen Abend werden die ersten Schüsse über die Orne hinweg gewechselt. Drei alliierte Divisionen haben den Nordteil Caens in Besitz genommen.

Am 11. Juli wird der Abschnitt der Division von der 272. Infanteriedivision übernommen. Die Ablösung wird ohne Feindeinwirkung durchgeführt. Die feindlichen Divisionen haben im Abschnitt der Division lediglich Aufklärung vorgetrieben. Nur darum war es der völlig abgekämpften Truppe möglich, sich zur Verteidigung einzurichten.

Vom Beginn der Invasion bis zur Aufgabe Caens am 9. Juli hat die Division schwere Verluste an Menschen und Material erlitten. Über 20 Prozent der Soldaten sind gefallen, und über 40 Prozent gelten als verwundet und vermißt.

Das Soldatentum der jungen Grenadiere kann wohl kaum besser gewürdigt werden, als durch die Worte, die ein Gegner von gestern ausgesprochen hat: „Die 12. SS-Panzerdivision, die diesen Abschnitt verteidigte, kämpfte mit einer Zähigkeit und einem Ingrimm, wie sie während des ganzen Feldzuges nicht wieder angetroffen wurden."

VON DER RÄUMUNG CAENS BIS ZUM KESSEL VON FALAISE

Nach den blutigen Kämpfen um Caen wird die 12. SS-Panzerdivision in den Raum um Potigny, nördlich Falaise, zur Auffrischung verlegt. Das Artillerieregiment und die Flakabteilung sind der 272. Infanteriedivision unterstellt.

Da im frontnahen Raum an eine längere Auffrischung nicht zu denken ist, werden die Stäbe der Grenadierregimenter in den Raum um Vimouthiers verlegt mit dem Auftrag, aus dem eintreffenden Ersatz und den wieder einsatzfähigen Verwundeten Marschkompanien aufzustellen.

Die Reste der Panzer-Grenadierbataillone werden zu zwei Kampfgruppen zusammengefaßt. Einige Panzerkompanien werden zur Auffrischung in den Raum Le Neubourg verlegt. Von Ruhe ist nicht viel zu spüren. Fieberhaft wird an der Kampfbereitschaft der Einheiten gearbeitet und für die Versorgung der Truppe geplant und gehandelt.

Ich werde zur Berichterstattung zum I. SS-Panzerkorps befohlen. Erich Holsten hat mich vor ein paar Tagen verlassen, weil er sich einer Operation unterziehen muß. Irgendwie haben mir die Jungen aber einen alten Kampfgefährten als Erichs Nachfolger geben wollen, und so kamen sie auf den Gedanken, meinen alten Max Bornhöft, der mich von 1940—43 betreut hat, von unserer alten Aufklärungsabteilung der 1. Division versetzen zu lassen. Die Überraschung ist meinen braven Jungen gelungen. Unter dem Hallo meiner Melder reichen wir uns die Hände. Nach genau einjähriger Trennung sitzen wir wieder Seite an Seite.

Auf der Fahrt zum I. Korps werden wir von Jabos gejagt. Die schnurgerade Straße Falaise—Caen wird laufend von Jabos kontrolliert. Sie wird nur von einigen Meldern benutzt. Der Nachschubverkehr ruht völlig. Die Truppe kann nur in der Dunkelheit versorgt werden.

Das I. Korps hat südlich Bretteville-sur-Laize ein dichtes Hecken- und Waldgelände als Gefechtsstand bezogen. Mit über einer Stunde Verspätung melde ich mich beim Kommandierenden General des I. Korps. Vollständig überrascht stehe ich plötzlich dem Oberbefehlshaber West, Generalfeldmarschall v. Rundstedt, gegenüber. Der O. B. und Sepp Dietrich sitzen im Schatten eines Baumes und sprechen mit harten Worten über das dauernde Eingreifen des Oberkommandos der Wehrmacht. Der greise Feldmarschall spricht der 12. SS-Panzerdivision seine besondere Anerkennung aus. Mit Bedauern nimmt er von den unersetzlichen Verlusten der Division Kenntnis und drückt erneut seine Bewunderung für die einmalige Haltung der jungen Grenadiere aus. In wenigen Worten vergleicht er die Jugend von Langemarck mit der Jugend von Caen. Er sagt: „Ihre Soldaten besitzen die Begeisterung der jungen Regimenter von Langemarck, sind ihnen jedoch an Ausbildung weit überlegen und werden vor allen Dingen von fronterfahrenen Offizieren und Unteroffizieren geführt. Es ist ein Jammer, daß diese gläubige Jugend in aussichtsloser Lage geopfert wird."

Beim Mittagessen höre ich erstaunt, daß der Generalfeldmarschall und Sepp Dietrich eine sehr deutliche Sprache führen und die Art der Kriegführung in der Normandie verurteilen. Im Laufe der Tischunterhaltung tritt klar in Erscheinung, daß hinsichtlich der Unhaltbarkeit der gegenwärtigen Lage Übereinstimmung zwischen dem Oberbefehlshaber, dem Kommandierenden General und mir besteht.

Am 17. Juli wird die Division alarmiert, da der Feind die Stellungen der 272. Infanteriedivision zwischen Maltot und Vendes durchbrochen hat. Es gelingt, im Gegenangriff den Feind zurückzuwerfen und ihm den Durchbruch zur Orne zu verwehren. Bei diesen Kämpfen werden etwa 50 Gefangene eingebracht.

Überraschend werde ich am frühen Nachmittag zum I. Korps zur Berichterstattung bei Generalfeldmarschall Rommel befohlen. Der Feldmarschall spricht der Division seine Anerkennung aus und bedauert, daß er aus Zeitmangel die Truppe nicht besuchen kann. Anschließend fordert er von mir eine Beurteilung der Lage. Ich sage:

„Mit einer britischen Offensive südlich Caen muß in den nächsten Tagen gerechnet werden. Ziel dieser Offensive wird die Zerschlagung des rechten Flügels, des Angelpunktes der Normandiefront, sein, um dann in das Herz Frankreichs vorstoßen zu können. Die Truppe wird kämpfen, die Grenadiere werden auch weiterhin in ihren Stellungen sterben, aber sie werden nicht verhindern können, daß die britischen Panzer über ihre Leiber hinwegrollen und den Marsch auf Paris antreten. Die überwältigende feindliche Luftüberlegenheit macht eine taktische Führung nahezu unmöglich. Die Jabos stürzen sich selbst auf einzelne Melder. Eine Schwerpunktbildung, ja selbst die Verschiebung kleinster Verbände, kann wegen der pausenlosen Luftüberwachung nicht mehr ohne größere Verluste durchgeführt werden. Das Straßennetz steht Tag und Nacht unter Kontrolle. Ein paar Jabos genügen, um alle Bewegungen zu verzögern oder gar zu unterbinden. Feldmarschall, geben Sie uns einen Luftschirm, geben Sie uns eigene Jagdverbände! Die feindlichen Landstreitkräfte fürchten wir nicht, aber gegen den Masseneinsatz der ‚Air Force' sind wir machtlos."

Die letzte Bitte hätte ich besser unausgesprochen gelassen. Bereits beim ersten Satz merke ich, daß ich einen heiklen Punkt berührt habe. Der Marschall antwortet erregt:

„Wem sagen Sie das? Glauben Sie etwa, ich fahre mit geschlossenen Augen durch die Gegend? — — Ich habe Berichte über Berichte geschrieben. Schon von Afrika habe ich auf die vernichtende Wirkung der Jagdbomber hingewiesen — aber die Herren wissen ja alles besser — meine Berichte werden einfach nicht mehr geglaubt! — — — Es muß etwas geschehen! Der Krieg im Westen muß beendet werden! — — Aber was passiert im Osten?"

Wir gehen noch einige Minuten auf und ab, bevor sich der Marschall herzlich verabschiedet. Sepp Dietrich bittet den Marschall, doch vorsichtig zu sein und die Hauptstraße zu meiden. Er macht den Vorschlag, den großen Wagen gegen einen Volkswagenkübel auszutauschen. Der Feldmarschall winkt lächelnd ab und fährt davon. Kurze Zeit später wird er bei Foy de Montgomery verwundet.

Südlich der Orne um Caen liegen die Vorstädte Faubourg de Vaucelles und Colombelles. Dort liegen moderne Industrieanlagen, die von großen Arbeiterwohnsiedlungen umgeben sind. Unmittelbar südlich dieser Siedlungen beginnen die reichen, fruchtbaren Felder der Normandie, die sich bis zur alten Stadt Falaise, dem Geburtsort Wilhelms des Eroberers, erstrecken.

Das Gelände zwischen den beiden Städten steigt langsam aber stetig an und erreicht beiderseits Potigny eine Höhe von rund 200 Metern. Die Höhen sind bewaldet und gestatten einen weiten Blick gen Norden. Hart südlich des Höhenzuges durchschneidet der Laisonfluß die Landschaft. Caen und Falaise sind durch die Route Nationale No. 158 miteinander verbunden. Die Straße zieht sich schnurgerade durch die grünen Getreidefelder und bildet lediglich bei Potigny einen kleinen Knick. Waldstücke liegen verstreut beiderseits der Straße.

Nach der Einnahme von Caen war es die Absicht Montgomerys, aus dem Brückenkopf auszubrechen und die Höhen zwischen Caen und Falaise zu gewinnen. Um diesen Plan zu verwirklichen, wurde das VIII. britische Korps mit drei britischen Panzerdivisionen und das II. kanadische Korps mit zwei Infanteriedivisionen und einer Panzerbrigade bereitgestellt. Der Angriff der Erdtruppen sollte durch die 8. amerikanische Luftflotte und durch die Jagdbomber der 2. taktischen Luftflotte eingeleitet werden.

Diesen überlegenen Feindkräften stehen gegenüber: Die 272. Infanteriedivision ohne einen Panzer und ohne schwere Panzerabwehr, die schwer angeschlagene 21. Panzerdivision mit den Resten der 16. Luftwaffenfelddivision und Teile der 1. SS-Panzerdivision. Die beiden Kampfgruppen meiner 12. SS-Panzerdivision stehen in Reserve bei Potigny.

Die deutsche Führung erwartet für die nächsten Tage die feindliche Großoffensive südlich Caen. Der Angriff bei Maltot wird nur als Ablenkungsmanöver angesehen. Um einem feindlichen Durchbruch nach Osten entgegenzutreten, wird eine Kampfgruppe der 12. SS-Panzerdivision in die Gegend von Lisieux verlegt.

In den Abendstunden des 17. Juli besuche ich den Oberbefehlshaber der 5. Panzerarmee. General Eberbach ist überzeugt, daß der erwartete Angriff bereits in den nächsten Stunden erfolgt. Alle Einheiten im Abschnitt Caen sind in Alarmbereitschaft versetzt.

In früher Morgenstunde des 18. Juli erbebt die Erde südlich Caen. Die alliierte Luftwaffe hat den Angriff mit dem Abwurf von 7700 Tonnen Bomben eröffnet. Jagdbomber stürzen sich auf die Artilleriestellungen und auf die Straßen unmittelbar hinter der Front.

Durch die ersten Bomben wird bei der Kampfgruppe der Alarm ausgelöst. Die Grenadiere springen auf die Panzer und reiben den letzten Schlaf aus den Augen. Sie fragen nicht — eine Unterhaltung gibt es kaum. Still bereiten sie sich auf den nächsten Kampf vor.

Wir machen uns alle nichts mehr vor. Offiziere und Männer wissen von der Aussichtslosigkeit des Kampfes. Stumm, aber mit dem Willen, die Pflicht bis zum bitteren Ende zu erfüllen, wird der Einsatzbefehl erwartet.

Die Kampfgruppe wird beiderseits der Straße Cagny—Vimont im Abschnitt der tapfer kämpfenden 21. Panzerdivision eingesetzt. Die feindlichen Panzer werden bei Frenouville gestoppt und unter schweren Verlusten für den Feind jeder weitere Angriff abgewehrt. Bei diesen Kämpfen bewährt sich besonders die Tigerabteilung der 21. Panzerdivision.

Die Reste meiner 12. SS-Panzerdivision müssen in der folgenden Nacht den Abschnitt der 21. Panzerdivision beiderseits der Straße Cagny—Vimont übernehmen.

Im linken Nachbarabschnitt (Leibstandarte) hat die 11. britische Panzerdivision über 100 Panzer verloren. Jochen Peiper hat mit seinen Panthern den Tag gerettet, der großangelegte Angriff Montgomerys sein Ziel nicht erreicht. Das angestrebte Höhengelände ist noch immer im Besitz der Verteidiger.

Auch diese Schlacht glich den vorangegangenen Kämpfen aufs Haar. Einer großartigen Planung und einem gewaltigen Materialeinsatz folgte ein zögernder Panzerangriff ohne Schwung und Dynamik. Bis jetzt haben die britischen Panzereinheiten immer nur zertrommeltes Gelände besetzt. Vom Angriffsgeist der Leichten Brigade bei Balaklawa während des Krimkrieges war nichts mehr zu spüren. Die feindlichen Panzer krochen wie Schildkröten durchs Gelände — ihre geballte Kraft wurde nicht ausgenutzt.

Die Stellungen der Division wurden schnellstens ausgebaut. Der Feind setzte seine Angriffe im Abschnitt der Division nicht fort. Am 20. Juli besichtigte ich die Stellungen der Division und erkundete mit dem Kommandeur der Aufklärungsabteilung eine zweite Stellung in Höhe Vimont—St. Sylvain. Die neuerkundete Stellung wurde sofort stützpunktartig ausgebaut. Ein durchlaufendes Stellungssystem konnten wir uns nicht mehr erlauben — die noch zur Verfügung stehenden Kräfte waren einfach nicht ausreichend. Die Division hatte höchstens noch die Kampfkraft eines verstärkten Regiments.

Als ich gegen 19.00 Uhr zum Divisionsgefechtsstand zurückkehrte, erfuhr ich vom Attentat im Führerhauptquartier. (Es ist nicht zutreffend — wie später behauptet wurde —, daß die Division von einer Pariser Dienststelle alarmiert worden sei. Wir wurden weder von der einen noch von der anderen Seite informiert. Die Truppe war ausschließlich auf Rundfunkmeldungen angewiesen.)

Das Attentat hatte auf das Verhältnis zwischen den Truppen des Heeres und der Waffen-SS keinen Einfluß. In der kämpfenden Truppe gab es keine Meinungsverschiedenheiten — das Attentat wurde von allen Einheiten gleichmäßig abgelehnt. Die Truppe hatte kein Verständnis für die Anhänger des 20. Juli. Die Truppe sehnte das Ende des Krieges herbei und suchte selbst nach Mitteln und Wegen, den aussichtslosen Kampf zu beenden. Zu keiner Zeit war sie jedoch bereit, den Soldateneid zu brechen.

Am frühen Morgen des 21. Juli meldete mir der Kommandeur der Kampfgruppe Waldmüller, daß Generalfeldmarschall v. Kluge beinahe über die Front im Abschnitt der Kampfgruppe hinausgefahren sei und jetzt die Stellungen der vordersten Linie besichtige.

Generalfeldmarschall v. Kluge wollte sich selbst ein Bild vom Zustand der Truppe verschaffen und hatte hierfür die 12. SS-Panzerdivision gewählt.

Der Feldmarschall ließ sich eingehend in die Lage einweisen und stimmte meiner Beurteilung zu. Er sprach seinen Dank für die bewunderungswürdige Haltung der jungen Truppe aus und kündigte die baldige Ablösung durch eine Infanteriedivision an.

v. Kluge zeigte sich sehr aufgeschlossen und machte mir gegenüber keinen Hehl daraus, daß er die Gesamtlage in der Normandie für sehr kritisch halte. Mit scharfen Worten geißelte er das starre Festhalten an den zerbombten Feldern der Normandie.

Der Marschall verblieb einige Stunden auf dem Gefechtsstand und sprach hier den inzwischen eingetroffenen Oberbefehlshaber der 5. Panzerarmee, General Eberbach, den Kommandierenden General des I. SS-Panzerkorps, Dietrich, und den Kommandeur der 21. Panzerdivision, Feuchtinger.

Im Anschluß an die Frontbesichtigung sandte v. Kluge einen umfassenden Bericht über die tatsächliche Lage an der Invasionsfront an Hitler.

Im Laufe der letzten Woche führte der Feind Stroßtruppunternehmen im Abschnitt der Division durch. Die Funkaufklärung ließ uns einen Angriff im Zuge der Straße Vimont vermuten.

Ganz überraschend besuchte der Führer der Kampfflieger an der Westfront, Generalmajor Peltz, die Division, um eine Zusammenarbeit zwischen Luftwaffe und Erdtruppen bei Angriffen gegen die vordersten Stellungen des Feindes vorzubereiten. Die schnellen Kampfverbände mußten auf Plätzen in Holland und Belgien starten. Fliegerleitoffiziere standen nicht zur Verfügung. Die Verständigung konnte nur durch Leuchtzeichen erfolgen. Die Verbände mußten die Front im Tiefflug erreichen. Gegen die Durchführbarkeit wurden ernste Bedenken geltend gemacht.

Einige Tage nach der Erkundung erfolgte der erste Einsatz mit 20 bis 30 Maschinen. Die Truppe konnte es kaum fassen, daß fast zwei Monate nach Invasionsbeginn doch noch deutsche Flugzeuge auftauchten. Die Maschinen überflogen die Front in etwa 50 Meter Höhe. Die zweite Welle warf ihre Bomben unglücklicherweise mitten in die Stellungen des I./25. General Peltz und ich hatten das Vergnügen, im eigenen Bombenregen zu liegen. Verluste traten zum Glück nicht ein. Der Einsatz wurde nicht wiederholt.

In der Nacht vom 4. zum 5. August wurde die Division durch die 272. Infanteriedivision abgelöst und sollte im Raum südostwärts Falaise aufgefrischt werden. Auf Grund der letzten Entwicklung wurde der Befehl jedoch rückgängig gemacht und die Division nördlich Falaise bereitgehalten.

Vergebens hatten wir auf einen größeren Ersatz gewartet. Die einzige Hilfe bestand in einer Panzerjägerkompanie (mot. t.). Die Grenadiereinheiten konnten nicht um einen einzigen Mann verstärkt werden.

Beim Besuch des I. Korps stellte ich mit Erschrecken fest, daß alle Panzerdivisionen, die bisher ostwärts der Orne eingesetzt waren, jetzt westlich der Orne standen. Die 2. Panzerdivision, die 116. Panzerdivision, die 21. Panzerdivision, die 9. SS-Panzerdivision und die 1. SS-Panzerdivision waren alle westlich der Orne zusammengefaßt. Ostwärts der Orne standen jetzt nur noch die Reste meiner 12. SS-Panzerdivision mit rund 50 Kampfwagen bereit. Die beiden Kampfgruppen der 12. SS-Panzerdivision waren also die einzigen Eingreifreserven ostwärts der Orne. Diese Entblößung der deutschen Front südlich Caen bereitete uns größtes Unbehagen. Bei einem erneuten Angriff der Alliierten mußte die deutsche Front am Ostflügel zerreißen und den Weg in das Innere Frankreichs freigeben. Mit unseren noch verbliebenen 50 Kampfwagen konnten wir unmöglich hoffen, den uns gegenüberliegenden drei Panzerdivisionen und ebensolchen Infanteriedivisionen der Kanadier und Engländer ein Halt zu bieten. Wir sahen den Zusammenbruch des deutschen Ostflügels voraus und bereiteten uns zum letzten Kampf vor.

Am Abend des 6. August gelang es der 59. britischen Division, einen Brückenkopf über die Orne bei Thury-Harcourt zu bilden. Die Kampfgruppe Krause erhielt sofort Befehl, in Zusammenarbeit mit Teilen der 89. Infanteriedivision den Brückenkopf zu beseitigen.

Von St. Laurent aus antretend, gelang es der Kampfgruppe, den Forèt de Grimbosq vom Feind zu säubern. Beim Heraustreten aus dem Waldgelände auf das flach zur Orne abfallende offene Gelände wurde die Truppe von zusammengefaßtem Artilleriefeuer niedergehalten. Von den freien Höhen des Westufers hatte der Feind ausgezeichnete Beobachtungsmöglichkeiten.

In früher Morgenstunde am 7. August fuhr ich zur Kampfgruppe Krause. Den Gefechtsstand der Kampfgruppe fand ich in einem Försterhaus in dem Forèt de Grimbosq. Verwundete Kameraden der 89. Infanteriedivision und der Kampfgruppe lagen im Schatten hoher Bäume und warteten auf ihren Abtransport. Feindliches Artillerie-Feuer lag auf der Straße und am Waldrand südlich von Grimbosq. Trotz der gewaltigen Artillerieüberlegenheit des Feindes gelang es, in die Ortschaft Grimbosq einzudringen und den Brückenkopf des Feindes zusammenzudrücken. Die Verluste waren wiederum erschreckend hoch. Bei meiner Rückkehr zum Gefechtsstand Krause sah ich kaum einen unverwundeten Mann. Im Wald hatte das Artilleriefeuer eine verheerende Wirkung.

Bevor der Brückenkopf restlos beseitigt werden konnte, geschahen Dinge, die den Kampf um den Brückenkopf zum Nebenschauplatz machten und den sofortigen Abzug der Kampfgruppe Krause forderten.

Den Alliierten war es natürlich nicht unbekannt geblieben, daß die deutschen Panzerdivisionen nach Westen abgedreht und außer den 50 Panzern der ausgebrannten und abgekämpften 12. SS-Panzerdivision nur noch zwei Infanteriedivisionen südlich Caen vorhanden waren. Was lag näher, als diese schwache Front des deutschen Ostflügels zu zerschmettern, dann über Falaise nach Süden vorzustoßen und durch eine große Zangenbewegung der amerikanischen Kräfte die deutschen Armeen in der Normandie einzuschließen und zu vernichten?

Am 4. August gab Montgomery den Befehl an die 1. kanadische Armee, einen Angriff in Richtung auf Falaise zu führen und so den Zusammenbruch der deutschen Armee zu beschleunigen.

Mit der Durchführung des Angriffs wurde der Kommandierende General des II. kanadischen Korps, Generalleutnant Simonds, beauftragt. Simonds war der jüngste Kommandierende General der kanadischen Armee und ohne Zweifel ein sehr fähiger und ritterlicher Gegner. Er hatte in Italien für kurze Zeit eine Panzerdivision geführt und war ein ausgezeichneter Planer und Techniker des Krieges. Wahrscheinlich war er der hervorragendste Generalstabsoffizier der kanadischen Armee. Ob er jedoch ein ebenso guter Frontoffizier war, wage ich nicht zu beurteilen. Die Schlacht südlich Caen ließ eindeutig erkennen, daß die Kanadier über keinen mitreißenden Panzerführer verfügten. Auch dieser Kampf wurde mit einer gewaltigen Überlegenheit an Truppen und Material geschlagen. Doch zu keiner Zeit wagten die Truppenführer blitzschnelle Entschlüsse zu fassen und günstige Lagen auszunützen. Den Truppenführern fehlte die Initiative, eine gegebene Chance rücksichtslos zu nutzen und die einmal rollenden Panzer in die Tiefe des Schlachtfeldes zu führen. Zögernd, tastend — auf Befehle von „oben" wartend, boxten sich die Kanadier nach Süden.

General Simonds standen für die Operation „Totalize" folgende Kräfte zur Verfügung:

51. britische Infanteriedivision
1. polnische Panzerdivision
4. kanadische Panzerdivision
2. kanadische Infanteriedivision
33. kanadische Panzerbrigade
2. kanadische Panzerbrigade
3. kanadische Infanteriedivision (Reserve)

Mit diesen Kräften beabsichtigte General Simonds, die deutsche Verteidigung zu zerschlagen und nach dem Durchbruch durch die deutschen Stellungen die Stadt Falaise zu erreichen.

Nach den Worten des Oberbefehlshabers der 1. kanadischen Armee, General Crerar, sollte der 8. August 1944 für die deutsche Armee ein noch schwärzerer Tag werden, als es der 8. August 1918 östlich von Amiens geworden war.

Der Angriffsplan General Simonds sah vor, ohne Feuervorbereitung in der Dunkelheit anzugreifen und in sechs langen, dichten Panzerkolonnen durch die stützpunktartige Verteidigung zu brechen. Die begleitende Infanterie sollte in Spezialpanzern folgen und die angenommene zweite Verteidigungslinie angreifen. Der Nachtangriff sah den Einsatz starker britischer Nachtbomberverbände vor. Die zweite Phase des Angriffs sollte mit dem Einsatz der 8. amerikanischen Luftflotte beginnen und den Weg für die Panzerarmada öffnen. Der Einsatz der Bomber war für den frühen Nachmittag geplant. Die dritte Phase sollte am Spätnachmittag mit der Einschließung von Falaise enden.

Planmäßig versammelte sich in den späten Abendstunden des 7. August die zusammengeballte Kraft des II. kanadischen Korps. Die Panzer standen dicht bei dicht und bildeten für sich allein einen tödlichen Speer in der Hand der kanadischen Truppenführung. Eine solche geballte Panzerkraft konnte nach menschlichem Ermessen einfach nicht aufgehalten werden und mußte die Verteidiger in Grund und Boden walzen.

Der kanadische Aufmarsch schien den Sieg über den deutschen Ostflügel in der Normandie zu gewährleisten. Die Worte Crerars waren berechtigt. Der Schlachtengott hat jedoch anders entschieden. Trotz der gewaltigen Materialanhäufung siegte der Mensch. Die vorstürmenden Panzergeschwader wurden von einer todesmutigen Schar aufgehalten. Das Angriffsobjekt des II. kanadischen Korps wurde erst acht Tage später als vorgesehen erreicht. Erst am 16. August fielen die Trümmer von Falaise in kanadische Hände.

Wie sah es nun am 7. August auf der deutschen Seite aus? Den sieben alliierten Großverbänden mit mehreren hundert Panzern und Hunderten von Großbombern und Jabos stand allein die 89. Infanteriedivision gegenüber. Diese Division verfügte über keinen Panzer, über keine schwere Pak und über keine bewegliche Reserve. Ihre Artillerie war mit Pferden bespannt und konnte infolgedessen rettungslos ausmanövriert werden.

Als einzige Eingreifreserve ostwärts der Orne standen der deutschen Führung lediglich die beiden Kampfgruppen der 12. SS-Panzerdivision zur Verfügung. Die Kampfgruppe Krause stand aber am 7. August im Angriff gegen den Brückenkopf bei Thury-Harcourt und war somit rund 20 Kilometer vom Schauplatz der kanadischen Angriffsoperation entfernt. Der 12. SS-Panzerdivision, einschließlich der Tiger-Abteilung, standen fünfzig Kampfwagen zur Verfügung, sonst nichts. Allerdings befand sich die 85. Infanteriedivision auf dem Marsch und hatte mit ihrer Spitze die Gegend von Trun erreicht. Mit ihrem Eingreifen konnte nicht vor dem 10. August gerechnet werden.

Nach meiner Rückkehr vom Brückenkopf Thury-Harcourt gab die Division einen umfassenden Lagebericht an das Korps und warnte dringend vor dem Abzug der letzten Panzer südlich Caen. Mir war bekannt geworden, daß auch die beiden Kampfgruppen meiner 12. SS-Panzerdivision nach Westen abgedreht werden sollten.

*

Kurz vor Mitternacht kündet ein anhaltendes Wummern und Grollen nördlich Bretteville die erwartete Offensive der Alliierten an. Massierte Luftangriffe hämmern auf die Stellungen der 89. Infanteriedivision und überziehen den Himmel mit einer feurigen Glut. Die Front brennt!

Die ersten Bomben haben automatisch die Alarmbereitschaft ausgelöst. Aufklärung rollt nach Norden und sucht Verbindung mit den angegriffenen Regimentern der 89. Division. Stunde auf Stunde verrinnt in dumpfer Erwartung des nahenden Tages. Die gewaltigen Hammerschläge der feindlichen Bomber sagen uns mehr, als es ein Mensch tun könnte. Die trommelnden Bomben und Granaten ziehen uns an. Es hat keinen Zweck, diesem Höllenfeuer entfliehen zu wollen, sein Schlund ist für uns bereits geöffnet.

Noch vor Tagesanbruch jage ich mit einigen Meldern in Richtung Bretteville, um mir einen Überblick über die Ereignisse der letzten Nacht zu verschaffen. Bruchteile von Sekunden freue ich mich über das lebendige Grün des Waldes und denke an die Spaziergänge, die wir 1942, während der Wiederauffrischung der Division, auf dieser stillen Waldstraße gemacht haben. Die Stimme der Front reißt mich in die Wirklichkeit zurück. Tod und Vernichtung gestatten keine Erinnerung an glückliche Zeiten. Das Grollen der Schlacht klingt wie das dumpfe Dröhnen der Trommeln des Untergangs, schmetternde Siegesfanfaren sind nicht zu hören.

In Urville spreche ich mit Mohnke und erhalte die ersten Berichte über das Geschehen der Nacht. Die Stellungen der 89. Division sind überrannt und die Division ist so gut wie vernichtet. Nur einzelne Stützpunkte sind noch intakt. Diese verlorenen Gruppen stehen wie leuchtende Inseln in der Schlacht und liefern den immer wieder angreifenden Kanadiern einen heißen Kampf.

Irgendeine Verbindung zu den vorderen Einheiten besteht nicht mehr. Die überlebenden Widerstandsgruppen der 89. Infanteriedivision kämpfen ohne jeden Zusammenhang und sind nur auf ihre eigene Kraft angewiesen. Die tapferen Soldaten stehen wie Prellböcke gegen die wildanstürmende

Flut der kanadischen Panzerarmada und zwingen diese entfesselte Wucht immer wieder zu einem Halt.

Ein glücklicher Zufall will es, daß ich das Gelände genauestens kenne, weil ich mit meiner alten Aufklärungsabteilung im Herbst 1942 in diesem Raum gelegen und zahlreiche Übungen durchgeführt habe. Ich weiß also, daß die Höhen bei Potigny das Gelände beherrschen und der Laison-Abschnitt ein natürliches Panzerhindernis darstellt. Nördlich Potigny muß die kanadische Offensive ein unmißverständliches Halt finden, oder das Schicksal der 7. und 5. Armee ist besiegelt. Mit der festen Absicht, den Laison-Abschnitt zu halten, fahre ich in Richtung Bretteville-sur-Laize.

Bretteville ist unpassierbar — Bombenangriffe haben die Durchgangsstraße blockiert. Wir fahren über das freie Feld und versuchen so Cintheaux zu erreichen. Cintheaux ist ein größeres Bauerngut und liegt unmittelbar an der Straße Caen—Falaise. Auf der großen Straße sind kaum Bewegungen zu erkennen. Wer sollte sich dort auch bewegen? Die 89. Infanteriedivision lag nördlich Cintheaux. Südlich dieser Ortschaft bis Falaise herrscht eine gähnende Leere. Das so heiß ersehnte Ziel der Alliierten liegt unverteidigt und ohne irgendeine Besatzung vor ihnen.

In Cintheaux finde ich einen Zug Panzerjäger der Kampfgruppe Waldmüller vor. Waldmüller hatte diesen Zug in weiser Voraussicht bereits während der Nacht in Stellung gehen lassen. Die Ortschaft liegt unter Artilleriefeuer.

Ich traue meinen Augen nicht. Beiderseits der Straße Caen—Falaise ziehen Gruppen deutscher Soldaten in Panik nach Süden. Erstmalig während der langen, grausamen Jahre des Völkermordens sehe ich fliehende deutsche Soldaten. Sie sind nicht mehr ansprechbar — sie sind durch das Höllenfeuer der rasenden Schlacht gegangen und stolpern ausgemergelt und mit schreckerfüllten Augen an uns vorbei.

Gebannt blicke ich auf die führerlosen Soldaten. Meine Uniform klebt mir am Leibe, der Angstschweiß vor der Verantwortung bricht aus allen Poren. Plötzlich weiß ich, daß von meinem Entschluß das Schicksal der Stadt Falaise und damit die Sicherheit der beiden Armeen abhängt. Ich stehe im Volkswagen und fahre in Richtung Caen. Immer mehr fassungslose Soldaten kommen mir entgegen und fliehen nach Süden. Vergebens versuche ich, die in Bewegung geratene Front wieder zum Stehen zu bringen. Die fürchterlichen Bombenangriffe haben die Einheiten der 89. Infanteriedivision entnervt. Granatfeuer liegt auf der Straße und fegt sie leer, nur rechts und links dieser schnurgeraden Strecke geht die Flucht weiter. Ich springe aus dem Wagen und stehe allein auf der Straße. — Langsam gehe ich der Front entgegen und spreche die fliehenden Kameraden an. Sie stutzen, bleiben stehen — ungläubig betrachten sie mich, wie ich mit dem Karabiner bewaffnet auf der Straße stehe. Wahrscheinlich halten mich die Jungen für durchgedreht — sie erkennen mich, sie drehen sich um, winken ihre Kameraden heran und organisieren die Verteidigung in Höhe Cintheaux. Die Ortschaft muß auf jeden Fall gehalten werden, um Zeit für die beiden Kampfgruppen zu gewinnen. Höchste Eile ist geboten.

Den Stab Mohnkes erreiche ich nach einem Bombenangriff. Mohnke sitzt ziemlich mitgenommen auf den Trümmern eines Funkwagens und hält sich den Kopf — er kann nicht mehr hören. Die Meldestaffel hat Verluste zu beklagen.

Bei Mohnke treffe ich den Oberbefehlshaber der 5. Panzerarmee, General Eberbach. Der General will sich an Ort und Stelle von der bisherigen Wirkung des alliierten Angriffs überzeugen und frontnahe Entschlüsse fassen.

Der Oberbefehlshaber läßt mir volle Entschlußfreiheit und billigt meine Beurteilung der Lage.

Hubert Meyer hat inzwischen die Kampfgruppe Waldmüller nach Bretteville-le-Rabet dirigiert, um sie von dort aus entsprechend der Lage einsetzen zu lassen.

Ich gebe folgenden Befehl:

„1. Kampfgruppe Waldmüller, verstärkt durch I. Panzerabteilung und Reste Korps-Tigerabteilung 501 (Wittmann), setzt sich im Gegenangriff in den Besitz der Höhen südlich St. Aignan.

2. Divisions-Begleitkompanie, verstärkt durch 1. Panzerjägerkompanie (auf Selbstfahrlafette), nimmt, über Estrees vorgehend, die Höhe westlich St. Sylvain in Besitz.

3. Die Kampfgruppe Krause, verstärkt durch II. Panzerabteilung (die noch im Angriff gegen den feindlichen Brückenkopf bei Grimbosq steht), löst sich vom Feind, besetzt die Höhe westlich Potigny und verteidigt zwischen Laison und Laize.

4. Divisionsgefechtsstand Potigny, ich befinde mich bei der Gruppe Waldmüller."

Waldmüller treffe ich nördlich Bretteville-le-Rabet, und wir beide fahren nach Cintheaux, um uns über die jetzige Lage zu informieren. Die Tiger

Oben: Im Invasionsraum, Juli 1944.

Unten: Einsatzgespräch im Juli 1944 an der Invasionsfront. – Mit Kopfverband Max Wünsche, dann Bernhard Krause (†), dann „Panzermeyer“.

Essenträger an der Invasionsfront

Häuserkampf in der Normandie

von Wittmann stehen bereits ostwärts Cintheaux hinter einer Hecke, ohne bis jetzt in den Feuerkampf eingegriffen zu haben.

Cintheaux liegt unter Artilleriefeuer, während das offene Gelände ziemlich feuerfrei ist. Vom Nordrand der Ortschaft erkennen wir nördlich der Straße nach Bretteville-sur-Laize dichte Panzerkolonnen. Die Panzer stehen rudelweise zusammen. Das gleiche Bild bietet sich südlich Garcelles und am Waldrand südostwärts der Ortschaft. Beim Anblick dieser massierten Panzer bleibt uns fast die Luft weg. Wir können das Verhalten der Kanadier nicht begreifen. Weshalb setzt diese überwältigende Panzerkraft ihren Angriff nicht fort? Und warum gibt die kanadische Truppenführung uns Zeit und Gelegenheit, Gegenmaßnahmen zu ergreifen? Vor allen Dingen fehlen die gefürchteten Jagdbomber. Allein der planmäßige Einsatz der Jagdbomber würde die Reste unserer 12. SS-Panzerdivision auf der Route Nationale No. 158 verbluten lassen und könnte den Durchbruch des II. kanadischen Korps erzwingen. Niemand hätte die Kanadier davon abhalten können, am Abend des gleichen Tages die Stadt Falaise in Besitz zu nehmen. Warum das nicht geschehen ist, mögen die Götter wissen.

Waldmüller und ich sind uns darüber klar, daß wir die Panzergeschwader nicht gegen uns anrennen lassen können. Die feindlichen Panzer dürfen keinen Angriff mehr fahren. Auf jeder Straßenseite steht eine feindliche Panzerdivision zum Angriff bereit. Dieser Angriff darf nicht anrollen — wir müssen versuchen, die Initiative zu ergreifen.

Ich entschließe mich, die Ortschaft Cintheaux mit den bereits dort eingesetzten Kräften zu verteidigen, ostwärts der Straße mit allen zur Verfügung stehenden Soldaten blitzschnell anzugreifen und so das Konzept des Feindes durcheinanderzubringen. Als Angriffsziel bestimme ich den Wald südostwärts Garcelles.

Da südlich Cintheaux ein riesiger Steinbruch einen Panzerangriff unwahrscheinlich macht, hege ich dort keine Befürchtungen. Wir müssen den Angriff wagen, um Zeit für den Laison-Abschnitt zu gewinnen. Der Angriff wird auf 12.30 Uhr festgesetzt.

Bei der letzten Besprechung mit Waldmüller und Wittmann beobachten wir einen alleinfliegenden Bomber, der das Gebiet mehrere Male überfliegt und dann Leuchtzeichen setzt. Der Bomber erscheint uns als eine Art fliegender Gefechtsstand, und ich befehle den sofortigen Angriff, um die Truppe aus der Bombenzone herauszubringen. Noch einmal drücke ich Michel Wittmann die Hand und deute auf die äußerst kritische Lage hin. Der gute

Michel lacht sein jungenhaftes Lachen und klettert in seinen Tiger. Bis jetzt sind ihm 138 feindliche Panzer zum Opfer gefallen. Wird er diese Abschußzahl erhöhen oder selber Opfer werden?

Zügig rollen die Panzer nach Norden. Mit großer Geschwindigkeit überqueren sie die freien Flächen und nützen kleine Geländefalten zum Feuerkampf aus. Der Panzerangriff reißt die Grenadiere nach vorn. Weit aufgelockert streben sie dem Angriffsziel entgegen. Ich liege am Nordrand von Cintheaux, während die feindliche Artillerie Vernichtungsfeuer auf die angreifenden Panzer legt. Der Panzer von Michel Wittmann rast in das feindliche Feuer hinein. Ich kenne seine Taktik bei solchen Gelegenheiten. Sie heißt: durch! Nur nicht stehenbleiben. Hinein in den Dreck und freies Schußfeld gewinnen. Alle Panzer stürzen sich in das stählerne Inferno. Sie müssen den Feind am Angriff hindern. Sie müssen seinen Zeitplan zerstören. Waldmüller stößt mit seinen Infanteristen nach. Die braven Grenadiere folgen ihren Offizieren.

In das alles zermalmende Artilleriefeuer hinein schreit mich ein MG-Schütze an und deutet in nordwestliche Richtung. Sprachlos vor der gewaltigen Macht der Alliierten entdecke ich eine endlose Kette großer viermotoriger Bomber, die sich uns nähert. Ironisches Lachen einiger Grenadiere läßt uns für Bruchteile von Sekunden die große Gefahr vergessen. Ein typischer Berliner Junge schreit:

„Welche Ehre, für jeden von uns schickt Churchill einen Bomber!" — In der Tat, der Junge hat recht. Da kommen mehr Bomber angeflogen, als hier deutsche Grenadiere im Dreck liegen!

Jetzt gibt es nur noch eine Rettung: weg von der Ortschaft und hinein ins freie Feld! Blitzschnell springen die Verteidiger von Cintheaux in das grüne Feld nördlich der Ortschaft und warten auf das Abladen der Bomben. Wir haben richtig getippt: Ortschaft für Ortschaft wird eingeebnet. Es dauert nicht lange, und große Brände lodern zum Himmel. Mit einer gewissen Schadenfreude können wir beobachten, daß auch die Kanadier von der amerikanischen Bomberflotte bedacht werden. Durch einen Irrtum der Pfadfinder prasseln die Bomben auf die Angriffstruppen. General Keller, der Kommandeur der 3. kanadischen Infanteriedivision, wird durch den Bombenangriff ausgeschaltet. Schwerverwundet muß er seine Truppen verlassen.

Die letzten Wellen fliegen über die hart angreifende Kampfgruppe Waldmüller, ohne eine einzige Bombe auf die Panzer zu werfen. Die Bomber bekämpften die ihnen befohlenen Ziele, ohne sich um die inzwischen veränderte Lage zu kümmern. Augenscheinlich kämpften die kanadischen Panzerdivisionen ohne Fliegerleitoffiziere und hatten deshalb keinen Einfluß auf die angreifenden Bomber. Jetzt wird mir auch klar, weshalb die führenden Elemente der kanadischen Erdtruppen ihren Angriff nicht fortgesetzt haben und wir die erforderliche Zeit bekamen, Gegenmaßnahmen zu ergreifen. In restloser Verkennung der Lage sind die Angriffsdivisionen an den „Zeitplan“ des II. kanadischen Korps gebunden und werden so um den Sieg betrogen. Eine Panzerschlacht kann eben nicht vom Schreibtisch geführt werden — der verantwortliche Truppenführer gehört in die vordersten Elemente seiner Angriffsspitze, um lagegerechte Entschlüsse fassen und vernichtende Prankenhiebe austeilen zu können. Ein Panzerangriff, der in Phasen unterteilt ist, gleicht einer Kavallerieattacke mit eingelegter Futterpause.

Der Einsatz der 8. amerikanischen Luftflotte hat es nicht vermocht, den Gegenangriff zu beeinflussen. Die Kampfgruppe Waldmüller nähert sich dem Waldstück und steht bereits im Kampf mit polnischer Infanterie. Das grimmige Duell Panzer gegen Panzer wird von den Kampfwagen der 4. kanadischen Panzerdivision und den Tigern von Michel Wittmann geführt. Zeitweilig sind die Tiger kaum zu erkennen. Ein sehr wendig geleitetes Artilleriefeuer hämmert auf die Tiger und Panther. Inzwischen haben wir unsere alten Stellungen in den Trümmern von Cintheaux bezogen. Die Ortschaft wird jetzt genau von Norden angegriffen und liegt unter direktem Beschuß kanadischer Panzer. Die Flankenwirkung einiger Tiger der Gruppe Wittmann hält die Sherman-Panzer von Cintheaux fern. Einen Kilometer vor uns beobachten wir starke Feindbewegungen in Richtung auf Bretteville-sur-Laize. Angriff auf Angriff zerbricht vor unserer Front. Wir haben ein unfaßbares Glück — die Gegenseite führt nicht einen einzigen geschlossenen Angriff durch. Die Divisions-Begleitkompanie meldet sich westlich St. Sylvain. Sie steht im Kampf mit der Spitze der 1. polnischen Panzerdivision und hat mehrere Panzer vernichtet. Die Polen wagen sich nicht mehr aus dem Wald von Cramesnil. Erst später erfahren wir, daß dies der erste Einsatz der polnischen 1. Panzerdivision war.

Der Kampf dauert nun schon Stunden. Südlich Cintheaux sammeln sich Verwundete. Sie werden im Feuer des Feindes abtransportiert. Am Spätnachmittag erhalte ich die Gewißheit, daß weder das Korps noch die Armee Verstärkungen abstellen können. Ein paar Tiger-Panzer sind allerdings in

Aussicht gestellt. Wenn nur die Kampfgruppe Krause den Potigny-Abschnitt rechtzeitig erreicht und eine Aufnahmestellung vorbereitet! Noch habe ich keine Mitteilung von Krause.

Gefechtsaufklärung meldet in den späten Nachmittagsstunden den Fall von Bretteville-sur-Laize. Die 2. kanadische Infanteriedivision unter Führung von Generalmajor L. Foulkes hat die Versprengten der 89. Division in Bretteville überwältigt. Von einer planmäßigen Verteidigung der Ortschaft kann nicht gesprochen werden. Den Verteidigern standen weder Panzerabwehr noch Artillerie zur Verfügung.

Der Kampf nördlich und ostwärts Cintheaux dauert bis in die Dunkelheit hinein. Es grenzt an ein Wunder, daß uns die überwältigende Übermacht nicht schon längst überrollt hat. Unsere Panzer durchfurchen den schweren Lehmboden wie Schlachtschiffe auf hoher See. Ihre Kanonen müssen den feindlichen Angriffseinheiten einen heillosen Respekt beigebracht haben. Die 4. kanadische Panzerdivision unter der Führung von General Kitching hat die verlorene Schar deutscher Grenadiere nicht überrennen können. Cintheaux ist noch immer in den Händen einiger Dutzend namenloser Grenadiere. Nach dem Verlust von Bretteville-sur-Laize steht der Feind in der tiefen Flanke der Kampfgruppe Waldmüller und des so heldenhaft verteidigten Cintheaux. Die 12. SS-Panzerdivision entschließt sich deshalb, die Kampfgruppe im Schutze der Dunkelheit auf den Laison-Abschnitt zurückzunehmen und diese Stellung bis zum Eintreffen der 85. Infanteriedivision zu halten. Die Verteidiger von Cintheaux und die Panzer der Kampfgruppe Waldmüller lösen sich ohne Schwierigkeiten vom Feind. Die Panzer decken das Absetzen und werden im Wald bei Chateau Quesnay zur Verfügung der Division bereitgestellt.

Hart südlich Cintheaux treffe ich den Kommandeur der 89. Infanteriedivision. Der General hat vielleicht den schwersten Tag seines Soldatendaseins erlebt. Er kann es kaum fassen, daß seine Division nur noch aus einigen versprengten Grenadieren besteht. Kurz nach Mitternacht verlassen wir gemeinsam die Ortschaft Bretteville-le-Rabet und sind mit den Deckungspanzern die letzten deutschen Soldaten, die den Kampfraum des 8. August verlassen.

Auf dem Divisionsgefechtsstand meldet mir Hubert Meyer, daß sich die Kampfgruppe Krause erst am späten Nachmittag des 8. August bei Grimbosq vom Feind lösen konnte und die befohlene Stellung erst jetzt erreicht hat.

Grenadiere und Offiziere bieten ein Bild tiefen menschlichen Elends. Die seit dem 6. Juni ununterbrochen im Großkampf stehenden Soldaten sind am Ende ihrer physischen Kraft. Ausgemergelte Leiber suchen ein paar Stunden Schlaf auf harter normannischer Erde.

Oft haben wir in den letzten Wochen von der Aussichtslosigkeit des Kampfes gesprochen und den Krieg mit all seinen Schrecken für die Menschheit verflucht. Weshalb machen wir aber nicht Schluß? Warum setzen wir diesen wahnsinnigen Kampf fort? Verzweifelt suchen wir eine Antwort. Offiziere und Grenadiere sehen die Niederlage ganz klar voraus. Aber trotz dieser Erkenntnis denkt niemand daran, die Waffen zu strecken und den eigenen Leib in Sicherheit zu bringen. Die politischen Ziele der Alliierten werden noch fürchterlicher empfunden, als der grausamste Tod. Der Tod hat längst seine Schrecken verloren — wir erkennen in ihm einen Teil der Schöpfung Gottes und damit die Erlösung von aller Bedrängnis. Im gerechten Glauben, auch in dieser aussichtslosen Lage unsere Pflicht für die Heimat erfüllen zu müssen, setzen wir den Kampf fort. Im Schein einer Kerze schreibe ich meiner jüngsten Tochter einen Geburtstagsgruß — sie wird in wenigen Tagen ein Jahr alt.

Für die Verteidigung des Laison-Abschnittes befiehlt die Division:

1. Die Kampfgruppe Krause verteidigt die Höhen nördlich Maizières und Rouvres bis einschl. Höhe 132.
2. Kampfgruppe Waldmüller verteidigt den Abschnitt Höhe 140 bis 183 an der Straße Falaise—Caen.
3. III./26. (Olboetter) verteidigt Höhe 195, 2 Kilometer nordwestlich Potigny und gliedert alle ankommenden Versprengten der 89. Infanteriedivision ein.
4. Sämtliche Panzer der 12. SS-Panzerdivision und der Korps-Tigerabteilung 501 sind unter der Führung des Kommandeurs SS-Panzerregiment 12 (Wünsche) im Wald bei Quesnay bereitzustellen.
5. Die Artillerie geht südlich des Laison so in Stellung, daß sie vor dem gesamten Divisionsabschnitt wirken kann.
6. Die Divisions-Begleitkompanie bleibt zur Verfügung der Division bei Potigny.
7. Divisionsgefechtsstand 1 Kilometer ostwärts Potigny, unterhalb Tambeau de Marie Joly.

Die Gruppe Olboetter hat sich am Nachmittag des 8. August auf Höhe 195 zur Verteidigung eingerichtet. Sie hat sich durch Versprengte der 89. Infanteriedivision wesentlich verstärkt. Die Artillerie war am 8. 8. gegen 22.00 Uhr in Stellung. Etwa um 3.00 Uhr morgens meldet der Kommandeur des Panzerregiments die Versammlung der Panzer bei Quesnay. Von der Kampfgruppe Waldmüller und der Divisions-Stabskompanie ist noch keine Meldung eingegangen.

Noch vor Tagesanbruch klettere ich auf die Höhe Tambeau de Marie Joly und horche in den beginnenden Morgen hinein. Noch ist es still im Laison-Abschnitt, noch ist alles nur ruhige, schöne Landschaft. Mit dem Glas suche ich das mir gegenüberliegende Höhengelände ab. Grüne Getreidefelder liegen verschlafen am Hinterhang, auf der Kammlinie winken schlanke Fichten den ersten goldenen Sonnenstrahlen entgegen. Selbst der glitzernde Tau auf den Grashalmen leuchtet so herrlich und läßt den Krieg für Sekunden vergessen. Die Sonne bricht durch und aus tausend kleinen Kehlen der Vogelwelt steigen die ersten Grüße an den strahlenden Morgen in die Luft.

Aber diese Ruhe ist trügerisch; wenn ich auch keine Bewegung feststellen kann, so weiß ich doch, daß die Tiger und Panther im Quesnay-Wald sprungbereit stehen, um mit tödlichen Prankenhieben junge Menschenleben zu vernichten. Irgendwo in den Getreidefeldern liegen in dieser Minute die fast erschöpften Leiber meiner Kameraden und erwarten den angreifenden Feind. Halbrechts neben mir recken sich die schlanken Rohre einer 8,8-cm-Batterie auf dem Hinterhang — auch sie warten bereits auf ihre Opfer.

Vielleicht sind auf der anderen Seite die Rohre der Geschütze und Granatwerfer bereits auf die ermatteten Soldaten der Division gerichtet. Vielleicht brummen die Motoren der feindlichen Panzergeschwader in den Tag hinein, und vielleicht fällt in dieser Sekunde der erste Feuerbefehl, um unser Leben auszulöschen! Ja, diese Ruhe ist trügerisch — der Totentanz wird bald beginnen.

Ein kleiner Panzerspähwagen schiebt sich aus dem Tal heraus und fährt langsam in Richtung auf die Höhe 140 zu. Bald hat er den höchsten Punkt der Kammlinie erreicht. Es ist ein erbeuteter englischer Panzerspähwagen, der jetzt für Meldezwecke eingesetzt ist.

Ein peitschender Knall zerreißt die Morgenstille. Der Panzerspähwagen wird von einem Panzer, der in einer Baumgruppe in Feuerstellung steht, beschossen. Atemlos beobachte ich diese Begegnung. Der Spähwagen schlägt einen Haken nach Süden und rast in halsbrecherischem Tempo über die Felder. Das abfallende Gelände bringt ihn bald aus dem Schußbereich des feindlichen Panzers. Vollständig überrascht bin ich Zeuge dieser Begegnung geworden. Ich stehe vor einem Rätsel. Wie kommt nur der feindliche Panzer auf die Höhe? Nichts Gutes ahnend, springe ich ans Telefon und rufe Wünsche an.

Wünsche hat seine Panzer bereits alarmiert und wartet auf die Rückkehr von Oberstf. Meitzel, der mit dem Beutepanzer die Verbindung mit der Kampfgruppe Waldmüller herstellen sollte. Meitzel meldet: „Auf der Höhe befinden sich keine deutschen Truppen. Die Höhe ist von feindlichen Panzern besetzt."

Ein eisiger Schreck fährt mir ins Gebein. Wenn das stimmt, was Meitzel gerade meldet, ist die gesamte Kampfgruppe Waldmüller einschließlich der Divisions-Begleitkompanie verschwunden. Das kann und darf nicht wahr sein. Allerdings steht fest, daß noch immer keine Meldung eingetroffen ist.

Meitzel fährt mit seinem Spähwagen wieder zurück, um ein genaueres Feindbild zu bekommen. Sobald er sich über den Höhenrand schiebt, erhält sein Wagen einen Treffer. Er selbst fliegt aus dem offenen Turm. Im Augenblick ist er von feindlichen Infanteristen umringt und gefangengenommen.

Gefechtsaufklärung bringt schnell Klarheit. Eine feindliche Kampfgruppe hat die Höhe besetzt und beherrscht mit ihren Waffen die Laison-Niederung. Diese drohende Gefahr muß sofort beseitigt werden, wenn wir den Abschnitt für die immer näher herankommende 85. Infanteriedivision halten wollen. Der Laison-Abschnitt bietet die einzige Verteidigungsmöglichkeit nördlich Falaise. Also, schnell — die Höhe muß wieder unser werden!

Mit Ausnahme der sogenannten Kampfgruppe Krause, die noch nicht einmal Kompaniestärke erreicht und ostwärts der Höhe 140 und der Höhe 183 in Stellung geht, befindet sich kein deutscher Grenadier auf dem Höhenrücken. Auch die Hauptstraße Caen—Falaise wird nur durch ein paar Panzer in Höhe Quesnay gesichert. Wiederum liegt Falaise ohne hinreichende Verteidigung da.

Wünsche ruft seinen alten Panzerhasen ein paar Worte zu und deutet auf die Höhe 140. Es ist unsere Absicht, mit einigen Tiger-Panzern von Westen her und mit 15 Panthern aus ostwärtiger Richtung anzugreifen. Während sich die Tiger langsam aus dem Wald heraus und an den Höhenrand heranschieben, rasseln die Panther auf der Talstraße in Richtung auf den Abschnitt Krause zu, um dort einzuschwenken. Während der Marschbewegung der beiden Panzergruppen liegt die Höhe unter Granatwerfer- und Artilleriefeuer. Unsere einzige 8,8-Batterie wartet vergebens auf Beute. Die feindlichen Panzer wagen sich nicht über den Höhenrand hinaus. Zwei Tiger rollen in gleicher Höhe in Feuerstellung. Unbemerkt vom Gegner haben sie sich durch das Gestrüpp gepirscht. Sie stehen in der Flanke des Feindes. Die ersten 8,8-cm-Granaten peitschen aus den Rohren. Zwei Sherman fliegen krachend in die Luft. Die feindlichen Panzer hämmern jetzt auf die erkannten Tiger. Fünf Tiger stehen im Feuerkampf und fesseln den Gegner. Die Tiger haben die Feuertaktik gewählt. Sie nutzen ihre größere Feuerkraft aus. Immer mehr Feindpanzer bleiben brennend liegen und schicken die bekannte Rauchwolke in den Himmel.

Ich bin bei der Tigergruppe und erkenne plötzlich den ersten Panther der Abteilung Jürgensen. Jetzt liegen die Feindpanzer in der Zange. Von Osten und Westen schlägt Tod und Verderben in ihre Reihen. Die Feuertaktik muß uns den Sieg bringen! Busch auf Busch, jeder verräterische Punkt wird unter Feuer genommen und so der ganze Höhenzug systematisch abgeklotzt. Rauchwolke verbindet sich mit Rauchwolke — wir können es kaum glauben, daß jede Wolke ein Panzergrab darstellt! Die fehlenden Grenadiere gestatten kein Eindringen in den baumbestandenen Nordhang des Höhenzuges. Zwei Radfahrkompanien der 85. Infanteriedivision müssen jeden Augenblick eintreffen.

In dieser Situation erkennen wir Jabos am Himmel. Wollen sie uns auf den Leib, oder haben sie andere Ziele? Ich bange um die offen im Gelände stehenden Panzer. Sie stehen wie auf dem Präsentierteller. Blitzschnell sind die Jabos über uns. Sie fliegen eine Kurve und stürzen sich dann auf die kanadische Kampfgruppe. Nicht ein Pilot greift die Tiger oder Panther an. In wenigen Minuten ist die Höhe in den Rauch der Detonationen und den Qualm der brennenden Panzer gehüllt. Tiger und Panther nützen die Verwirrung aus und nehmen die Höhe in Besitz. Der Höhenzug gleicht einem Panzergrab.

Gegen 11.00 Uhr beobachte ich zwei Halbketten-Schützenpanzer, wie sie aus dem Waldstück ausbrechen und nach Norden rasen. Ein in meiner Nähe stehender Tiger kann wegen des Baumbestandes das Feuer erst auf größere Entfernung aufnehmen. Die beiden Fahrzeuge entkommen. Nach späteren Gefangenenaussagen brachte eines der Fahrzeuge den verwundeten Oberstleutnant A. J. Hay vom Regiment Algonquins in Sicherheit. Der Kommandeur der Kampfgruppe, Oberstleutnant D. G. Worthington, fiel am Spätnachmittag.

Mit den eingetroffenen Radfahrkompanien der 85. Infanteriedivision stoßen die Panzer auf den Schneisen vor und drücken die Kanadier immer mehr zusammen. In dieser kritischen Situation und unter Ausnutzung des Luftangriffes macht der gefangene Oberstf. Meitzel den Vorschlag, den Kampf aufzugeben. Meitzel hat sich beim Sturz aus dem Turm einen Arm gebrochen und sitzt nun mit den Kanadiern in dem Hexenkessel am Nordhang des Höhenzuges. Die Kanadier haben Meitzel verbunden und ritterlich behandelt. Sein erster Vorschlag wird dankend abgelehnt. Als die Luftangriffe und das Artilleriefeuer unter der kanadischen Infanterie jedoch immer mehr Verluste hervorrufen, wird das Angebot angenommen.

Meitzel führt 21 kanadische Soldaten und 2 Offiziere in die Stellungen der Kampfgruppe Krause. Gegen 15.00 Uhr meldet er sich mit den 23 Kanadiern bei der Division. Unter den Gefangenen befindet sich Capt. J. A. Renwick vom 28. Panzerregiment (Brit. Columbia Regiment). Ich unterhalte mich mit Renwick vielleicht eine halbe Stunde über den Wahnsinn des Krieges. Er macht einen guten Eindruck. Über die unmittelbaren Kampfereignisse macht er keine Aussagen. Aus der Vernehmung der Gefangenen und aus den Fragen, welche die Kanadier zuvor an den gefangenen Meitzel gerichtet haben, ergibt sich folgendes Bild der Lage:

Der eigene Gegenangriff am Mittag des 8. August hatte den Angriff des Feindes zum Stehen gebracht. Er hat sich dann bei St. Sylvain (1. polnische Panzerdivision) und bei Cintheaux (4. kanadische Panzerdivision) zur Verteidigung eingerichtet. Um die Initiative wieder zu ergreifen, hatte die 4. kanadische Panzerdivision das 28. Panzerregiment (Brit. Columbia Regiment) und 2 Infanteriekompanien vom Algonquin Regiment zu einem Nachtangriff auf Höhe 195, nordwestlich Potigny, angesetzt. Dadurch sollte die Enge zwischen Laison und Laize geöffnet und der schnelle Durchbruch nach Falaise ermöglicht werden. Infolge einer Fehlorientierung während der Nacht hatte die Kampfgruppe die unbesetzte Höhe 140 statt der Höhe 195 eingenommen. Meitzel wurde nach der „großen Asphaltstraße“ gefragt, die man vergeblich gesucht hatte. Die feindliche Panzergruppe hatte also in der Nacht die Gruppe Waldmüller überholt, die sich von Cintheaux abgesetzt hatte und die Höhe 140 besetzen wollte. Waldmüller war nach Osten abgedrängt worden und wartete die Dunkelheit ab, um in ihrem Schutz die eigenen Linien zu erreichen. Ähnlich ging es der Divisions-Begleitkompanie, die von den Polen überholt wurde.

In der Nacht schlagen sich die Überlebenden der kanadischen Kampfgruppe zur 1. polnischen Division durch. Das 28. Panzerregiment läßt 47 vernichtete Panzer zurück, die alle entweder durch die Kanonen der Tiger oder durch die der Panther zerstört wurden. Wir selbst haben nicht einen Panzer verloren.

Der Abwehrerfolg in den letzten 48 Stunden hat schwere Verluste gekostet, wenn sie auch weit geringer sind als die des Gegners. Erst am 9. August wird es zur Gewißheit, daß unser tapferer Kamerad Michael Wittmann seinen letzten Panzerangriff gefahren hat. Seinen Panzern vorausfahrend vernichtete er mit seiner getreuen Besatzung einige Shermans ostwärts Cintheaux und riß dann die Panzergruppe nach Norden vor. Der rücksichtslose Einsatz der Panzer hat wahrscheinlich den Angriffsschwung der 4. kanadischen Panzerdivision gedämpft und uns damit Zeit und Raum für die Organisation der Laison-Verteidigung erkämpft. Michael Wittmann starb so, wie er immer gelebt hat — tapfer, mitreißend und seinen Grenadieren ein Vorbild gebend; er kämpfte in echt preußischer Pflichterfüllung bis in den Tod. Die Flammen des brennenden Tigers zeigten den letzten Kampf und das Ende eines guten Kameraden und Soldaten an. Der Geist dieses tapferen Offiziers jedoch lebt in seinen jungen Panzermännern, die bis zum Schluß des Völkerringens mit der Bravour ihres alten Kameraden kämpfen und sterben.

Die Kampfgruppe Krause hat in den Kämpfen um die Beseitigung des Brückenkopfes Thury—Harcourt empfindliche Verluste erlitten. Sie hat nur noch die Gefechtsstärke einer schwachen Grenadierkompanie.

Im Laufe der Nacht erreichen die Kampfgruppe Waldmüller und die Divisions-Begleitkompanie die eigenen Linien und nehmen den vorgesehenen Abschnitt ein. Auch diese Gruppe stellt nur noch eine schwache Kompanie dar. Wenn doch nur erst die 85. Infanteriedivision den Abschnitt übernehmen würde! Wir Überlebenden der 12. SS-Panzerdivision können uns kaum noch auf den Beinen halten. Ein weiterer Angriff der Kanadier muß zur Katastrophe führen; wir können nicht mehr. Die letzten zehn Wochen haben uns das Mark aus den Knochen gesogen. Vollständig verbraucht sinken die Grenadiere auf die zerrissene Erde, um etwas Schlaf zu finden. Aber auch diese Nacht schenkt uns keine Ruhe. Der Feuersturm rast über die Höhe 195 und fegt durch die Reihen der Gruppe Olboetter. Leuchtspurgranaten der Sicherungspanzer schlagen in die angreifenden Infanteristen des Gegners. Der dumpfe Knall von Handgranaten vermischt mit dem Wutschrei der Verteidiger reißt uns aus dem bleiernen Schlaf. Das Infanterieregiment „Argyll and Sutherland Highlanders of Canada“ greift die Höhe 195 an.

Wie ich die Höhe erreiche, steht Olboetter mitten unter seinen Grenadieren und führt sie zum Gegenangriff an. Der Feind ist in die stützpunktartige Verteidigung eingebrochen und steht im Begriff, die ganze Höhe in Besitz zu nehmen. Stoßtruppartig greifen die Grenadiere die vorgepreschten Spitzen des Feindes an und werfen sie in die Dunkelheit zurück. Mit Hilfe der Panzergruppe gelingt es, die Höhe zu halten. Der Feind muß schwere Verluste hinnehmen; im Morgengrauen liegt er im Flankenfeuer der Panzer, die im Wald von Quesny in Feuerstellung stehen. Sein Angriff auf die beherrschende Höhe führt nicht zum Erfolg. Auch hier können sich wenige gegenüber vielen behaupten.

Der abgeschlagene Nachtangriff auf die Höhe 195 wird einige Stunden später von der 1. polnischen Panzerdivision bei Maizières fortgesetzt. Die polnische Panzerdivision versucht unter Umgehung der Kampfgruppe Krause den Laison bei Condé zu überschreiten.

Die Panzerspitze wurde am Vortage durch eine einzige Pak gestoppt — neun polnische Panzer blieben vor der deutschen Pak liegen, ihre brennenden Wracks glühten bis in den neuen Morgen hinein. Ein unglücklicher Volltreffer vernichtete leider auch die tapfere Bedienung der Pak.

Nach der Vernichtung der einen Panzerabwehrkanone stand der Weg für die polnische Division offen. Es standen einfach keine Kräfte mehr zur Verfügung, den Übergang über den Laison-Fluß zu verhindern. Aber auch den Polen fehlte der letzte Schwung. Sie zogen sich nach Norden zurück.

In aller Eile müssen die Panzer von der Höhe 195 an den rechten Flügel der Division geworfen werden, um dem polnischen Stoß in die tiefe Flanke zu fahren. Ein halbes Dutzend Panzer rasen auf der verdeckten Straße von West nach Ost. Ob sie es wohl noch schaffen?

Wir haben Glück. Eine soeben eingetroffene Panzerjägerkompanie auf Selbstfahrlafette unter Führung von Obersturmf. Hurdelbrink trifft auf die Spitze der polnischen Division. Es ist die erste Feindberührung der Panzerjäger mit der langen 7,5-cm-Kanone des Panther auf dem Fahrgestell des Panzer IV. Innerhalb kurzer Zeit werden 40 Panzer der 1. polnischen

Panzerdivision vernichtet. Oberstf. Hurdelbrink schießt selbst elf Panzer ab. Der Durchbruch wird verhindert.

Der rechte Flügel der Division wird im Laufe des 11. August von Teilen der 85. Infanteriedivision übernommen. Die Kampfgruppe Krause kann endlich aus ihren Stellungen genommen werden.

Bevor die Gruppe Waldmüller ihren Abschnitt übergeben kann, greift die 8. kanadische Infanteriebrigade die Panzergruppe im Quesnay-Wald an. Auch dieser Angriff wird unter hohen Verlusten für die Kanadier abgeschlagen.

Am 12. August kann die 12. SS-Panzerdivision den Potigny-Abschnitt an die 85. Infanteriedivision übergeben.

Einige hundert junge, total abgekämpfte und ausgepumpte Grenadiere haben einer überwältigenden Übermacht an Menschen und Material standgehalten. Zwei ausgeruhte Panzerdivisionen und eine Infanteriebrigade haben es nicht vermocht, den Widerstandswillen dieser 17- bis 18jährigen Soldaten zu brechen oder sie zu überrollen.

In der Nachkriegsliteratur wird der Mißerfolg des II. kanadischen Korps auf das Vorhandensein mehrerer durchlaufender Stellungssysteme und großer Flakverbände des 3. Flakkorps unter Generalleutnant Pickert zurückgeführt. Diese Darstellung ist unrichtig. Es war wohl eine aus Erdlöchern bestehende „Stellung" in Höhe von St. Sylvain—Bretteville-sur-Laize vorbereitet, die im Falle eines planmäßigen Rückzuges der 89. Infanteriedivision als Aufnahmestellung Verwendung finden sollte. Der Ablauf der Kämpfe am 8. August zeigt jedoch selbst dem Laien, daß eine Ausnutzung der „vorbereiteten Stellung" unmöglich war. Wer sollte diese „Stellung" wohl besetzen? Etwa die paar hundert Männer der Kampfgruppe Waldmüller? Diese sogenannte „Stellung" hat den Ablauf der Kampfhandlung nicht im geringsten beeinflußt. Es fehlte einfach an Truppen, eine solche Stellung zu besetzen. Des weiteren ist festzustellen, daß die Verbände des 3. Flakkorps auf die gesamte Front in der Normandie verteilt und dessen Geschütze in erster Linie gegen die feindlichen Bombergeschwader eingesetzt waren. Vom Beginn der Invasion bis zum Kessel von Falaise stand im Abschnitt der 12. SS-Panzerdivision kein Geschütz des 3. Flakkorps im Einsatz gegen feindliche Panzer. Am 8. August vormittags habe ich die letzte Batterie des Flakkorps südlich Bretteville-sur-Laize beobachtet. Die Batterie ging dann westlich Falaise in Stellung.

Die 8,8-cm-Geschütze hätten ohne Zweifel in der Panzerabwehr gute Dienste leisten können, aber sie unterstanden der Luftwaffenführung und nicht den Kommandeuren der Kampfdivisionen.

Der volle Erfolg blieb dem II. kanadischen Korps versagt, weil die Führung der beiden Angriffsdivisionen unerfahren war und ihre Panzer kleckerweise und unentschlossen zum Einsatz gebracht hat. Ein erfahrener Panzerkommandeur hätte die 4. kanadische Panzerdivision am 1. Angriffstag des Unternehmens „Totalize" zum Siege geführt. Die Teilangriffe am 9. und 10. August sind genau so unverständlich, wie das zögernde Vorgehen am 8. August. —

Unsere Division bezieht eine Auffangstellung zwischen Perriéres und Falaise. Der 85. Infanteriedivision werden einige Tiger der SS-Tigerabteilung 502 unterstellt und beiderseits Potigny eingesetzt.

Die Lage am Westabschnitt der Normandiefront ist mir nicht genau bekannt, es erscheint jedoch unvermeidlich, daß in Kürze die Front auf den Seine-Abschnitt zurückgenommen werden muß. Für eine hinhaltende Kampfführung verfügt der Oberbefehlshaber West weder über Truppen noch über hinreichendes Material. Mit den ausgebrannten pferdebespannten Infanteriedivisionen kann unmöglich gegen moderne Panzerdivisionen operiert werden.

Soweit es noch nicht geschehen ist, werden alle Stäbe und Stämme der abgekämpften Teile der 12. SS-Panzerdivision und sämtliche Versorgungseinheiten in die Räume um Evreux und Bernay verlegt. Vorbereitungen für die Verlegung der nichtkämpfenden Truppenteile auf das Ostufer der Seine werden getroffen.

Die Überlebenden der Kampfgruppe Waldmüller werden der Gruppe Krause zugeführt. Am 13. August beträgt die Gefechtsstärke der Division:

20 Panzer (einschließlich Panzerjäger)
1 Zug Panzergrenadiere auf Schützenpanzern
1 Panzerspähtrupp
300 Grenadiere
1 Batterie 8,8-cm-Flak mit 4 Geschützen
1 Batterie 3,7-cm-Flak auf Slf. mit 9 Geschützen
1 Kompanie 2-cm-Flak auf Slf. (14/26)
3 Batterien SFH
1 Batterie 10-cm-Kanonen

Der Stellungswechsel der Artillerie kann nur überschlagend erfolgen, da die Zugmaschinen ausgefallen sind. Seit gestern erreicht die Artillerie kein Munitionsnachschub mehr. Die Feuerkraft kann deshalb nicht ausgenutzt werden.

Die Gesamtstärke der 12. SS-Panzerdivision beträgt noch 500 Grenadiere, Unteroffiziere und Offiziere.

Wir alle wissen, daß der Kampf nur noch mit dem Tod oder mit Gefangenschaft enden kann, aber niemand ist bereit, den Kampf einzustellen. Die Formel von Casablanca mit der bedingungslosen Kapitulation Deutschlands reißt uns immer wieder vorwärts. Gewiß ist der Krieg für Deutschland verloren, aber die Front muß gehalten werden. Die Alliierten müssen zur Einsicht gebracht werden, daß sich der weltfremde Entschluß des „Unconditionel Surrender" nicht lohnt und eine andere Verhandlungsgrundlage für den Frieden gefunden werden muß.

In den Reihen meiner Kameraden gibt es keinen Fanatismus, sie wollen leben, und wenn es eben geht, gesund in die Heimat zurückkehren. Nein, nein, der so häufig von der Feindseite behauptete Fanatismus zwingt uns nicht, weiterzukämpfen! Wir werfen die Waffen nicht weg, weil wir noch immer glauben, für unsere Heimat kämpfen zu müssen.

Im Laufe des 13. August gewinnt die Division ein ungefähres Bild der gegenwärtigen Lage. Die Situation der deutschen Armeen ist unhaltbar geworden. Zwischen Argentan, Falaise und dem Höhenrücken von Trun und Chambois zeichnet sich eindeutig ein großer Kessel für die zerschlagenen deutschen Divisionen ab. Die Zange zur vollständigen Vernichtung ist klar zu erkennen. Die Klauen des Todes sind angesetzt. Die einzige noch brauchbare Ausfallstraße führt über Trun und windet sich dann in engen Kurven den Hang hinauf. Aber selbst jetzt wäre die Straße nicht geeignet, die Truppen aufzunehmen und ihren Abfluß zu gewährleisten. Die zusammengewürfelten Infanteriedivisionen mit ihren bespannten Einheiten bilden für die noch beweglichen motorisierten Panzerverbände das größte Hindernis. Die Katastrophe schreitet fort.

In der Nacht zum 14. August finden wir endlich etwas Schlaf. Für viele meiner treuen Kampfgefährten ist es die letzte ruhige Nacht im Kreise der Kameraden. Der dumpfe Wirbel der westlich von uns tobenden Schlacht hält uns lange wach, doch dann fordert die Natur ihr Recht.

Am 14. morgens fahre ich mit Wünsche, Krause und Olboetter in den Geländeabschnitt nordwestlich Falaise, um die neue Widerstandslinie festzulegen. Die Höhe 159 nördlich Falaise beherrscht den Abschnitt und wird sofort stützpunktartig besetzt. Weitere markante Punkte ostwärts der Höhe 159 bis zum Dives-Fluß bei Jort kennzeichnen unsere „Front".

Wir trauen dem „Frieden" der Kanadier nicht und beginnen sofort mit dem Ausbau der Stützpunkte. Nach der Beurteilung der Gesamtlage und auf Grund der Geländeeigenart muß der Angriff der Alliierten zwischen Jort und Falaise erfolgen. Die Kanadier bilden die nördliche Klaue der Einschließungszange, und die südliche Klaue ist von den Amerikanern bei Argentan gebildet. Sobald sich diese beiden Klauen treffen, beginnt der Todeskampf der beiden deutschen Armeen. In dieser Gewißheit bereite ich die Grenadiere und Offiziere unserer einstmals stolzen Division auf den Endkampf vor. Ich bin nicht überrascht, daß meine tapferen Kameraden meine Beurteilung als selbstverständlich hinnehmen. Sie haben eben in der Lage gelebt und sind über das Ergebnis genauestens orientiert.

Gegen 14.00 Uhr erleben wir das alte Bild. Hunderte von Halifax- und Lancaster-Bombern verwandeln die Stellungen der 85. Infanteriedivision in einen Friedhof. Immer mehr Bomber und Jabos stürzen sich auf die Soldaten der 85. Infanteriedivision und brechen das Rückgrat der Verteidigung. Artillerie und Panzerabwehr werden durch Bomben zerstört oder durch Nebel geblendet. Der Angriff gegen die 85. Infanteriedivision wird von der 1. polnischen Panzerdivision, der 4. kanadischen Panzerdivision und der 3. kanadischen Infanteriedivision geführt.

Die Panzer des II. kanadischen Korps sind in Paradeform aufgefahren. In wuchtigen Karrees steht Panzer neben Panzer. Sie warten auf die Zeichen ihrer Kommandeure. Mit dieser Dampfwalzentaktik soll dem kanadischen Korps ein Weg durch die Verteidigungszone gebrochen werden. Weshalb die Kanadier eine solche unbewegliche Kampfform wählen, ist mir schleierhaft. Statt ihre Panzer aufgelockert an den Feind heranzuführen und ihnen die Möglichkeit zu geben, ihre Kanonen wirken zu lassen und durch Feuertaktik und die Kunst des Manövrierens die Stellungen zu zerschlagen und dann in zügiger Fahrt in die Tiefe des Kampfraums zu stoßen, wälzen sich die stählernen Ungeheuer plump und schwerfällig durchs Gelände. Kostbare Zeit verlieren die Panzer beim Übergang über den Laison-Abschnitt, weil sie in ihrer schwerfälligen Kampfform das Sumpfgelände nicht überwinden können.

Die hochmodern ausgerüsteten kanadischen Divisionen stehen am Abend des ersten Angriffstages nördlich ihrer Angriffsziele. Auch in dieser Angriffsphase werden die kanadischen Panzer als Infanteriepanzer eingesetzt. Weder die gewaltige Feuerkraft noch die Schnelligkeit der Verbände kommt zum Tragen.

Die kanadische Truppenführung arbeitet ohne weitreichende Planung. Nicht ein Angriff der Kanadier zeigt den genialen Zug großer Truppenführer. Ihre Planung bleibt immer in dem Masseneinsatz großer Vernichtungsmittel stecken. Nie wird die erzielte Vernichtung der jeweiligen deutschen Stellungsdivisionen zu einem wirkungsvollen Durchbruch ausgenützt. Sobald die Angriffsspitzen auf einen außerhalb der Vernichtungszone kämpfenden Gegner stoßen, verlieren die führenden Elemente ihren Schwung und beginnen sich im kleckerweisen Einsatz zu verzetteln. Der Ablauf der Kämpfe beweist die Richtigkeit meiner Beurteilung.

In den späten Nachmittagsstunden rennen die ersten kanadischen Panzer gegen die spärlich besetzte Widerstandslinie nördlich Falaise an. Der Angriff der 4. kanadischen Panzerdivision und der 3. kanadischen Infanteriedivision bleibt vor den Resten unserer einst schlagkräftigen 12. SS-Panzerdivision liegen. Am Kampfgeist von 500 Grenadieren scheitert der Angriff zweier feindlicher Divisionen. Die Höhe 159 bleibt im Besitz einer Handvoll deutscher Soldaten.

Während der Nacht fahre ich alle Stützpunkte der Front ab und erkläre den Jungen die Lage unserer beiden Armeen. Sie wissen nun, daß sie die nördliche Flanke des großen Schlauches sichern und ihr weiteres Halten den Abmarsch erschöpfter Einheiten ermöglicht.

Im Morgengrauen erreichen 20 bis 30 Mann der 85. Infanteriedivision den Stützpunkt auf Höhe 159 und gliedern sich unaufgefordert in die Verteidigung ein. Die Gruppe hat sich während der Dunkelheit durch die feindlichen Sicherungen gemogelt. Einigen Nachzüglern, darunter einem Verwundeten, fahren wir mit dem VW-Kübel entgegen. Dankbar drücken sie uns die Hände.

Die Kanadier setzen ihren Angriff fort. Die Höhe 159 ist in kurzer Zeit ein kochender Berg. Granate auf Granate bohrt sich in die Erde und legt das Eingeweide des Berges bloß. Unsere Panzer stehen aufgelockert in Lauerstellung. Sie warten auf die dunklen Schatten, die sich gleich aus der von Rauch und Staub gebildeten dunklen Wand herausschieben müssen. Die ersten Feindpanzer liegen brennend im Gelände. Feindliche Infanterie ist durch gut gezielte MG-Garben am Boden festgenagelt. Haben wir überhaupt noch Nerven, kann man uns noch Menschen nennen? Der Blick wandert immer wieder in die von Stahl und Feuer genährte Wand hinein. Das Fauchen, Bersten, Brüllen und das widerliche Heulen der krepierenden Granaten hören wir nicht mehr. Aber jede Bewegung in der Wand läßt den Atem stocken. Schieben sich plötzlich wieder eine Masse Panzer aus der Feuerwand heraus? Wiederholt sich das Schauspiel von gestern? Liegen wir in den nächsten Minuten unter den kreischenden Ketten rasselnder Panzer? Nichts von allem geschieht. Die feindlichen Panzer wahren Distanz — sie überrennen uns nicht. Sie bleiben vor der Höhe 159 liegen.

Bei Jort und Perriéres greift der Feind immer erneut an und versucht, einen Übergang über die Dives zu erzwingen.

Die wenigen noch einsatzfähigen Panzer werden jeweils an die meistbedrohte Stelle geworfen und bringen jeden Angriff zum Erliegen.

Wesentlichen Anteil am Erfolg der Abwehr hat die III. Artillerieabteilung, die zufällig ein kleines Munitionslager bei Falaise entdeckt hat und endlich einmal nicht ängstlich zu sparen braucht. Die Stellung nördlich Falaise bleibt im Besitz deutscher Grenadiere.

Noch lange vor Sonnenaufgang erwarten wir neue Angriffe ostwärts Falaise. Wir verstehen den Feind nicht. Weshalb vergeudet er diese Unmenge an Bomben und Granaten, um diesen armseligen Rest der 12. SS-Panzerdivision zu vernichten? Die vielfach überlegenen Panzer brauchten doch nur mit Volldampf über uns hinwegzubrausen und wir wären erledigt. Aber es geschieht nichts. Bis zum Nachmittag wird jeder Angriff abgewiesen. Bei den Kämpfen um Höhe 159 fällt der Kommandeur der II. Abteilung Panzerregiment 12, Sturmbannf. Prinz. Wiederum bin ich Zeuge des letzten Kampfes eines alten Waffengefährten. Prinz hat mich seit 1940 über alle Schlachtfelder begleitet. Er wurde das Opfer eines Feuerüberfalles.

Jagdbomber stürzen sich auf das Waldstückchen Bois du Roi und jagen ihre Raketen in den schon längst zerstörten Wald. Einige Panzer erliegen den Angriffen der Typhoons ostwärts der Höhe 159. Zwischen Versainville und Höhe 159 treffe ich Max Wünsche, der mir die nunmehr unhaltbare Lage auf der Höhe schildert. Feindliche Panzer rasen auf uns zu. Ihre Granaten reißen die Straße auf. Max Wünsche ist weg. Ein brennender, heißer Schmerz durchfährt mich. Blut läuft mir übers Gesicht. Im Hechtsprung sause ich in eine kleine Hecke. Ein Granatsplitter hat mir den Schädel aufgerissen. Ganz benommen blicke ich auf die Straße — unser Volkswagenkübel ist verschwunden. Max Bornhöft ist nicht mehr zu sehen — ich bin allein. Doch keinen Augenblick habe ich das Gefühl, verlassen zu sein. Ich weiß, meine Kameraden lassen mich nicht liegen.

Die Panzer kommen näher und näher. Ich krieche im Straßengraben entlang, um aus der feindlichen Angriffsrichtung zu kommen. Die Sherman stehen jetzt im Feuerkampf mit einigen Panzern, die eine gute Stellung am Hinterhang bezogen haben. Sicher ist das bereits das Werk Max Wünsches. Panzergranaten pfeifen über mich hinweg.

Ich traue meinen Augen nicht. Max Bornhöft kommt zurück. Im Feuer der Panzer rast er die Straße hinab, um mich zu holen. Verzweifelt winke ich ihm entgegen. Die Straße ist in ihrer ganzen Länge einzusehen und verläuft quer zur feindlichen Front. Vor und hinter Max Bornhöft hauen die Granaten auf das Pflaster. Aber Max läßt sich nicht stören, das Steuerrad liegt fest in seinen Händen. Ich liege sprungbereit im Graben und stoße mich von der Grabensohle ab, als der Wagen herankommt. In toller Fahrt erreichen wir den Hinterhang. Max Wünsche empfängt uns, er hat das Feuer der Panzer geleitet. Mit halbrasiertem Schädel und ein paar Stichen in der Kopfhaut führe ich den Kampf weiter.

Die so hartnäckig verteidigte Höhe 159 fällt am Nachmittag, die Überlebenden werden auf den Aute-Abschnitt zurückgenommen.

Oberstf. Hauck (Panzerspähtruppführer) meldet Angriffe der 1. polnischen Panzerdivision bei Jort. Die Polen versuchen, den Divesübergang zu gewinnen. Bis jetzt konnten alle Angriffe abgewehrt werden. Am späten Nachmittag dringen Truppen der 2. kanadischen Infanteriedivision in Falaise ein. Die 6. Brigade, unter Führung von Brigadier H. A. Young, hat es endlich geschafft, die Stadt Wilhelms des Eroberers zu bezwingen. Der Kampf in den Ruinen der restlos zertrümmerten Stadt geht weiter.

Nach Einbruch der Dunkelheit räumt die Division die Sperrlinie und geht auf den Aute-Abschnitt zurück. Die neue Linie verläuft über Morteaux—Damlainville bis Falaise.

Der 17. August wird durch weitere Angriffe der 1. polnischen Panzerdivision auf Jort eingeleitet. Die 3. Batterie Flakabteilung 12 wird nahezu vernichtet. Der Batterieführer, Unterstf. Hartwig, wird tödlich verwundet, der Rest der Batterie nach Osten abgedrängt.

Der Feind überschreitet die Dives und dringt nach Südosten vor. Die 1. polnische Panzerdivision hat von nun ab keinen geschlossenen Truppenverband mehr vor sich. Der Weg nach Trun und Chambois ist für die Polen frei. Der Kessel von Falaise kann geschlossen werden.

Der Spähtrupp Hauck wird am Spätnachmittag vernichtet. Oberstf. Hauck gerät verwundet in Gefangenschaft, kann sich jedoch befreien und der Division über die Bedrohung in ihrer tiefen rechten Flanke Meldung machen. Der Feind marschiert mit starken Panzerkräften auf Trun.

In Falaise kämpfen noch etwa 60 Grenadiere der Division einen harten und verbissenen Kampf. Sechzig abgekämpfte, ausgemergelte und seit dem 6. Juni ununterbrochen im Kampf stehende Grenadiere sind die Gegner der 6. kanadischen Brigade. Zwei Tiger sind das Rückgrat dieser bereits vom Tode gezeichneten Soldaten. In den späten Abendstunden überbringen zwei junge Soldaten, die von ihren Kameraden ausgelost sind, weil sich niemand von ihnen trennen wollte, die letzte Meldung und den letzten Gruß der tapferen Schar. Sie sterben kurz nach Mitternacht in den Trümmern der „Ecole Supérieure".

Die Reste der Division wehren sich verzweifelt zwischen Dives und Nécy (8 Kilometer südostwärts Falaise an der Straße Falaise—Argentan). In Nécy halten zwei beschädigte Tiger die Panzerspitze der 53. britischen Infanteriedivision auf. Am 19. August, gegen 2.00 Uhr morgens, werden die beiden Tiger vernichtet. Oberstf. Meitzel gerät mit den Überlebenden in Gefangenschaft. Alle Männer der Tigerbesatzung sind verwundet.

In der Nacht vom 18. zum 19. August trennen wir uns von der letzten Funkstelle und anderen nicht unbedingt benötigten Fahrzeugen. Nur einige Kübelwagen und Schützenpanzer sowie Zugmaschinen bleiben zurück.

Kurz vor Sonnenaufgang wird der Divisionsgefechtsstand in der Nähe von Nécy von feindlichen Panzern und abgesessener Infanterie überrollt. Mein Melder bricht mit einem Bauchschuß zusammen. Wir nehmen den Jungen mit. Unter Ausnutzung der Dämmerung schlagen wir uns mit den Resten der Kampfgruppe Krause nach Süden durch und beziehen südostwärts der Bahnlinie eine neue Sicherungslinie.

Der Stab der Gruppe Wünsche fährt in der Nacht in den durchgebrochenen Feind hinein und wird nahezu restlos, meist verwundet, gefangengenommen. Max Wünsche und zwei weitere Offiziere werden erst sechs Tage später gefangen.

Abgestumpft gegen die unmenschliche Tragödie im Kessel wanken wir in das namenlose Elend hinein.

Gegen Mittag erscheint der Kommandierende General des LXXXIV. Armeekorps, General Elfeld, mit seinem Chef des Stabes, Oberstleutnant

v. Kriegern, auf dem Gefechtsstand. Unsere Division hat keine Verbindung mehr zu vorgesetzten Kommandobehörden.

Der Stab der 85. Infanteriedivision (Generalmajor Fiebig) ist auf Befehl der Armee herausgezogen, um Verkehrsaufgaben zu lösen. Der Kommandierende General hat also nur die Reste unserer 12. SS-Panzerdivision zu führen.

Die Not um uns herum schreit zum Himmel. Flüchtlinge und Soldaten der geschlagenen deutschen Armeen blicken den immer wieder anfliegenden Bombern hilflos entgegen. Es hat keinen Zweck mehr, volle Deckung gegen die berstenden Granaten und Bomben zu nehmen. Auf engstem Raum zusammengedrückt bieten wir der feindlichen Luftmacht einmalige Ziele. Die Waldstücke liegen voll zerrissener Pferde und verwundeter Soldaten. Auf Schritt und Tritt folgt der Tod. Wir liegen wie auf einem Präsentierteller. Die Geschütze der 4. kanadischen und der 1. polnischen Division können uns im direkten Beschuß erreichen. Es ist unmöglich, nichts zu treffen.

Durch Zufall entdecken wir den Gefechtsstand der 7. Armee in einem Obstgarten, einige Kilometer südwestlich Trun. Der Kommandierende General und ich begeben uns zur Armee. Die Straßen sind unpassierbar. Sie sind von motorisierten Einheiten und bespannten Trossen der Infanteriedivision blockiert. Brennende Fahrzeuge und explodierende Munition, dazwischen neue Granateinschläge, markieren den Verlauf der Straße.

Sprungweise rennen, stolpern und springen wir in die angegebene Richtung. Das Gelände liegt ununterbrochen unter Artilleriefeuer. Die Luft wimmelt von Jabos, die Ziele in Massen finden.

Den Stab der 7. Armee finden wir in einem Grabenstück hinter einer Ferme. Unser verehrter Generaloberst Hausser sitzt auf der Grabenkante und studiert die Karte. In Begleitung des Oberbefehlshabers befinden sich dessen Chef des Stabes, Oberst v. Gersdorf, Oberstleutnant i. G. v. Kluge und Major i. G. Guderian.

Ein explodierender Munitionswagen schüttet seinen „Segen“ über uns aus. Oberst v. Gersdorf wird verwundet. Die Befehlsausgabe wird fortgesetzt. Oberst v. Gersdorf verbleibt an der Seite des Oberbefehlshabers.

Generaloberst Hausser gibt den Ausbruchsbefehl für die kommende Nacht.

Durch die Panzergruppe der 1. SS-Panzerdivision soll im Hellwerden bei Chambois der Durchbruch erzwungen werden, während nach Mitternacht die 3. Fallschirmjägerdivision, ohne zunächst von Feuerwaffen Gebrauch zu machen, bei St. Lambert ausbrechen soll. Die Reste der 12. SS-

Panzerdivision sollen bis dahin den Nordwestrand des Kessels halten und sich dann der 3. Fallschirmjägerdivision anschließen.

Mit einem letzten Händedruck verabschieden wir uns vom Oberbefehlshaber. Ernst blickt er uns mit dem gesunden Auge an, das andere hat er im Kampf vor Moskau verloren.

Erneut springen wir durch den Hagel pfeifender und heulender Granaten. In einem Steinbruch nehmen wir erst mal volle Deckung. Im Schatten der steilen Wände liegen, hocken und stehen unzählige Soldaten. Zusammengedrängt erwarten sie die Nacht, um in ihrem Schutz den Sprung aus der Hölle zu wagen.

Ein Volltreffer haut neben uns in eine Gruppe Infanteristen. Mehrere Kameraden hat es tödlich getroffen. Ein Feldwebel hat sein rechtes Bein oberhalb des Knies verloren. Mit fliegenden Händen ziehen wir ihn dichter an die Wand heran. Rufe nach Sanitätern gehen im Gebrüll fauchender Granaten unter.

In einer Hütte treffen wir den Kommandierenden General des II. Fallschirmjägerkorps, Meindl, und den Kommandeur der 3. Fallschirmjägerdivision, Generalleutnant Schimpf. Die Fallschirmjäger besprechen mit uns den Ausbruch für die kommende Nacht. Zwei Tiger sollen den Ausbruch der 3. Fallschirmjägerdivision unterstützen.

Vollständig ausgepumpt erreichen wir den Gefechtsstand der 12. SS-Panzerdivision. Da eine Führung während des Ausbruches nicht mehr möglich ist, denn alle Wege sind vollkommen verstopft und Nachrichtenmittel nicht mehr vorhanden, bildet die Division zwei Gruppen.

Die noch vorhandenen motorisierten Einheiten sollen unter der Führung des Kommandeurs des Artillerieregiments, Drechsler, hinter der 1. SS-Panzerdivision über Chambois ausbrechen.

Der Divisionsstab, dem sich General Elfeld anschließt, und die Reste der Gruppe Krause sollen der 3. Fallschirmjägerdivision folgen. Ich unterteile unsere Gruppe in mehrere Abteilungen, damit sie gegebenenfalls selbständig handeln können. Diejenigen Geschütze, für welche keine Zugmaschinen mehr vorhanden sind, werden um Mitternacht gesprengt.

Um Mitternacht habe ich alle noch im Kessel stehenden Teile um eine Gehöftegruppe versammelt. Ein Verbindungsspähtrupp befindet sich bei der 3. Fallschirmjägerdivision. Da dieser Spähtrupp nicht zurückkommt, von St. Lambert auch kein Gefechtslärm zu hören ist, nehmen wir an, daß der Ausbruch der Fallschirmjäger geglückt ist und setzen uns in Marsch. General

Elfeld, Oberstleutnant v. Kriegern und Hubert Meyer folgen in der Spitzengruppe. Ich führe in Richtung Chambois. Wir müssen quer durchs Gelände marschieren, wenn wir Boden gewinnen wollen. Die wenigen Straßen und Wege machen ein Durchkommen unmöglich, sie sind hoffnungslos blokkiert. Die feindliche Artillerie schießt Störungsfeuer. In allen Himmelsrichtungen lodern Brände — Munition explodiert in grellen Farben. Abgestumpfte Soldaten ziehen hin und her. Der Wirrwarr im Kessel macht jede Orientierung unmöglich.

Beim Hellwerden treffen wir westlich Chambois auf die Panzergruppe der 1. SS-Panzerdivision, die gerade zum Angriff antritt. Wir schließen uns dem Angriff als Begleitinfanterie an. Ich springe auf das Heck eines Panzers und greife in das Koppel eines hinter dem Turm liegenden Kameraden, um mich ganz auf den Panzer zu ziehen. Erschreckt lasse ich los. Der Kamerad ist tot, ein Granatsplitter hat ihn zerschmettert. Pak-, Panzer- und Artilleriefeuer schlägt in die Reihen der Angreifer. Ich bin ohne Führungsmittel — die Panzer zögern und ziehen sich im Feuer des Feindes zurück.

Wir versammeln uns erneut hinter ein paar Weidenbüschen und am ausgewaschenen Bett der Dives. Das Bett ist vielleicht 2 Meter tief und etwa 3 bis 4 Meter breit. Wir werden Zeugen einer grauenhaften Tragödie. Galoppierende Gespanne stürzen mit Mann und Pferd in den todbringenden Graben. Pferde und Reiter wälzen sich im Schlamm des nahezu wasserlosen Baches. Über diese Trümmer hinweg klettern gehetzte Menschen, um in der nächsten Minute von dem Feuer kanadischer Panzer zerfetzt zu werden.
Mehrere hundert Gefangene liegen hilflos im Feuer ihrer eigenen Kanonen, sie konnten den Kessel nicht mehr rechtzeitig verlassen.

Nach der Überquerung der Dives versammle ich die Infanteriegruppe zwischen Chambois und Trun. Das ganze Gelände ist von toten und sterbenden deutschen Soldaten übersät. Der Feind steht auf den Hängen und schießt ununterbrochen in den Kessel hinein. Die meisten Opfer gehören zu den Versorgungseinheiten der Infanteriedivisionen, die mit ihren bespannten Einheiten im Kessel verblieben. Führerlos rennen sie um ihr Leben.

General Elfeld und v. Kriegern werden vermißt. Sie haben den Anschluß verpaßt. Um wieder Ordnung in die inzwischen größer gewordene Gruppe zu bekommen, lasse ich die Männer im Schutze eines Gehöftes antreten. Während in der Nähe Kolonnen waffenloser Soldaten zum Feind hinübermarschieren, um aus dem Hexenkessel hinauszukommen, schließen sich viele

Offiziere und waffenlose Soldaten meiner Gruppe an. Es dürfen nur solche Männer mitgehen, die sich wieder Waffen verschaffen. Die meisten folgen dieser Aufforderung.

Da mir jeder Baum und Strauch zwischen Trun und Chambois bekannt ist — in den beiden Ortschaften lagen Einheiten meines Regiments vor dem Beginn der Invasion —, übernehme ich die Spitze. Bernhard Krause führt die andere Hälfte unserer Gruppe. Insgesamt sind wir vielleicht 200 Mann stark.

Hubert Meyer, Obersturmf. Köln und mein getreuer Michel sind an meiner Seite. Wir müssen die Straße Trun—Chambois sprungweise überqueren. Feindliche Panzer rasen auf der Straße hin und her. Unsere im Kessel vorhandenen Panzer können uns nicht helfen, da sie das tiefe Bett der Dives nicht überwinden können.

In den Obstgärten, hinter Hecken und Mauern liegen ungezählte gefallene Kameraden. Sie alle sind in die wartenden Waffen der 4. kanadischen Panzerdivision gelaufen. Ob es uns gelingt, den eisernen Ring der Einschließung zu durchbrechen? Der Feind hat die Höhen besetzt und feuert in die Ebene und in den Straßeneinschnitt hinein.

Michel nimmt mir den weißen Verband vom Kopf. Der tapfere Kosak aus Dnjepropetrowsk meint: „Verband nicht gut, ich mache später neu!" Der weiße Verband erscheint ihm verräterisch.

Mit der Pistole in der Faust springe ich von Deckung zu Deckung. Einzelne Grabenstücke sind mit Gefallenen gefüllt. Sie müssen von Panzern überrollt worden sein.

Geplünderte Fahrzeuge stehen auf den Wiesen und hinter Hecken. Wir arbeiten uns immer mehr an den Hang heran. MG-Feuer pfeift über uns hinweg. Jetzt sind wir zwischen zwei Panzer geraten! Die Panzer stehen vielleicht 150 Meter auseinander und feuern in den Kessel hinein. Halbrechts vor uns fährt ein kleines Brenkarrier hin und her. Plötzlich verschwindet der kleine Infanteriepanzer. Wie aus der Rakete geschossen stürmen wir zwischen zwei Hecken nach Osten. MG-Feuer fährt in unsere Reihen. Aber wir sind nicht mehr zu halten. Kanadische Infanterie wird in wenigen Sekunden überrannt. Alles geschieht fast lautlos, nur pfeifende Geschosse und einschlagende Granaten sind zu hören. Jetzt müssen wir die Sperrlinie bald durchbrochen haben. Ich kann nicht mehr, der Schweiß brennt in den entzündeten Augen, die alte Kopfwunde hat sich geöffnet. Aber ein Halten ist unmöglich — der Ring muß gesprengt werden.

Ein Shermanpanzer steht plötzlich 30 Meter halbrechts vor uns. Hubert Meyer schreit mich an — ich wäre genau in die Waffen des Panzers gelaufen. Wie die Wiesel rennen, hüpfen und springen wir durchs Gelände. Ein Glück, daß die Hecken uns gegen Sicht schützen. Ich kann nicht mehr. Die letzten Tage haben zuviel gefordert. Hubert Meyer übernimmt die Führung und reißt unsere Kameraden weiter. Bald haben mich alle überholt. Obersturmf. Köln und Michel sind noch bei mir. Maschinengewehrfeuer zwitschert uns um die Ohren. Michel laufen die Tränen übers Gesicht, als er mich nicht schnell genug wegbekommt. Er lockt mich wie eine Mutter ihr Kind. Immer wieder höre ich: Kommandeur, komm! Kommandeur, komm! Nur noch hundert Meter, bitte, Kommandeur, komm!

Allein rennen wir über eine Wiese. Ich habe es aufgegeben, Deckung zu nehmen oder Haken zu schlagen. Schwerfällig stolpere ich nach Osten. Ich falle in einen Straßengraben. Hier liegen meine Kameraden und warten auf mich. Wir überspringen die Straße und klettern auf den von Chambois nach Nordosten verlaufenden Höhenrücken. Wortlos blicken wir in den hinter uns liegenden Kessel und verfluchen die Männer, die zwei deutsche Armeen sinnlos geopfert haben.

Seit dem Verlust von Caen haben wir von einer Frontverkürzung an der Seine gesprochen. Wir waren der Ansicht, daß eine frühzeitige Räumung Westfrankreiches durchführbar und eine Organisation der „Seinestellung" möglich sei. Hinter der Seine wäre auch der Einsatz, der so leichtfertig geopferten Infanteriedivisionen zum Tragen gekommen, und die Panzerdivisionen hätten vielleicht Zeit für eine Wiederauffrischung erhalten.

Wir marschieren auf dem Rücken entlang. Auch hier werden wir noch mit einzelnen Granaten bedacht. In völliger Unkenntnis der Lage sind wir darauf eingestellt, erst hinter der Seine wieder zur eigenen Truppe zu kommen.

In der Gegend südlich von Vimouthiers stoßen wir auf Sicherungen der Panzer-Aufklärungsabteilung der 2. SS-Panzerdivision. Auf dem Gefechtsstand des SS-Regiments „Deutschland" hören wir, daß das Regiment im Angriff gegen Chambois steht und zusammen mit anderen Kräften den Kessel öffnen will. Der zunächst nur mit geringen Kräften geführte Angriff bleibt stecken und wird am 21. August erfolgreich geführt. Er öffnet zahlreichen motorisierten und nichtmotorisierten Gruppen den Weg aus dem Kessel. Dem Regiment kann für den Angriff ein wertvoller Lagebericht gegeben werden.

Am Nachmitag des 20. August gelingt es Teilen der motorisierten Gruppe der Division, ebenfalls aus dem Kessel zu entkommen, weiteren Teilen gelingt dies am folgenden Tage. Die Artillerie verliert allerdings mehrere schwere Geschütze. Die 3,7-cm-Batterie kann sich fast vollständig durchschlagen. Der Kommandeur der Nachrichtenabteilung, Sturmbannf. Pandel, fällt bei dem Versuch, ein wertvolles Funkfahrzeug zu retten.

Der Kampf in der Normandie ist beendet.

Noch einmal hat der deutsche Soldat kämpfend Übermenschliches geleistet. Er hat die fürchterliche Niederlage im Kessel von Falaise nicht verdient. Bis zur letzten Stunde haben Offiziere, Unteroffiziere und Grenadiere ihre Pflicht erfüllt.

Die Niederlage ist nicht auf das Versagen der Frontsoldaten zurückzuführen. Dieser bittere Kelch wurde ihnen von Spielernaturen am Kartentisch verabreicht.

Die Leistungen, die der deutsche Soldat in der Normandie vollbracht hat, haben ihn für alle Zeit im Buch der Geschichte verewigt.

Für die jungen Grenadiere der 12. SS-Panzerdivision mag die Beurteilung unserer früheren Feinde sprechen:

"The only guys who really earn medals in this war", the rifleman went on, "are those SS-birds. Everyone of them deserves a V.C. They 're a bad bunch of bastards, but they are ever soldiers! They make us fellows look like amateurs."

"The fighting record of the 12. SS-Pz. Div. in Normandy was probably excelled by few divisions, either Allied nor German." („Die einzigen, die in diesem Kriege wirklich Auszeichnungen verdienen", fuhr der Schütze fort, „sind diese Burschen von der SS. Jeder einzelne von ihnen verdient mit dem Victoria-Kreuz ausgezeichnet zu werden. Sie sind zwar eine üble Rotte von Bastarden, aber Soldaten sind sie! Dagegen sind wir die reinsten Amateure!"

„Nur wenige — gleich ob alliierte oder deutsche — Divisionen werden wahrscheinlich diese Rekord-Kampfesleistungen der 12. SS-Panzerdivision in der Normandie übertreffen.")

*

Ich habe bereits des öfteren an Hand der jeweiligen Lage darauf hingewiesen, daß die kanadische Truppenführung äußerst zögernd manövrierte und nur mit stark überlegenen Kräften angriff. Das traf besonders für die kanadischen Unternehmen „Totalize“ und „Tractable“ zu. In diesen Operationen verloren die Kanadier nicht nur die Initiative auf dem Schlachtfeld, sondern verspielten die große Chance, die zerschlagenen deutschen Armeen restlos zu vernichten.

Das kanadische II. Korps kämpfte ab 4. August nur noch gegen die 12. SS-Panzerdivision, die kaum noch über Bataillonsstärke verfügte. Hier wurde wertvolle Zeit vertan. Eine einzige kanadische Division hätte genügt, die Nordflanke des Kessels zu halten und den Druck auf die zusammengedrängten Deutschen auszuüben. Die übrigen drei Divisionen, darunter zwei vorzüglich ausgerüstete Panzerdivisionen, hätten spätestens am 16. August den Kessel bei Trun und Chambois schließen müssen. Unsere Truppen wären nicht in der Lage gewesen, einen solchen Ring zu durchbrechen.

Hätte die kanadische Truppenführung so reagiert, so hätte es wahrscheinlich nie eine Ardennenschlacht gegeben. Denn alle Panzerdivisionen, die in der Ardennenschlacht die führenden Elemente waren, konnten nur deshalb in so überraschend kurzer Zeit wieder aufgefrischt werden, weil es den kampferfahrenen Stämmen gelang, den Sperriegel zwischen Trun und Falaise zu durchbrechen. Das Entweichen dieser Stämme ist m. E. nur auf die zögernde, unentschlossene Truppenführung der Kanadier zurückzuführen.

Ich glaube, die Alliierten haben aus der Kampfweise der 4. kanadischen Panzerdivision ihre Folgerung gezogen, als sie einen Kommandowechsel in der 4. Division vornahmen. Aber trifft Brigadier Kitching die alleinige Schuld? Die Kanadier kämpften nicht gegen Unbekannt — ihre Nachrichtenmittel waren gut, und die Luftaufklärung war ständig über uns.

Dem Kommandeur einer Vorausabteilung, Major D. V. Currie, wurde mit voller Berechtigung das Victoria-Kreuz verliehen. Major Currie war am 19. August bis St. Lambert-sur-Dives vorgestoßen und hatte so die eine Ausfallstraße aus dem Kessel wirksam gesperrt. Diese Abteilung hat wirklich etwas geleistet, ihren toten und lebenden Soldaten gehört unser Respekt.

*

Am Nachmittag des 20. August melde ich mich mit den durchgebrochenen Teilen der Division auf dem Gefechtsstand des I. SS-Panzerkorps zurück. Wir Totgeglaubten werden glücklich und dankbar begrüßt. Ich kann es nicht verhindern, daß mir bei der Meldung die Tränen übers Gesicht laufen. Tausende meiner Kameraden ruhen in normannischer Erde.

Die Lageeinweisung ergibt, daß westlich der Seine keine stabile Front besteht und auch ostwärts der Seine keine Verteidigungsanlagen vorhanden sind. Die Aussichten sind katastrophal. Wir hoffen nun auf den Westwall.

Erfreut höre ich, daß die früher zur Auffrischung herausgezogenen Teile der Division in der Linie Laigle—Verneuil—Dreux den Feind abgewehrt und die Bildung eines neuen Kessels westlich der Seine verhindert haben. Völlig auf sich allein gestellt haben diese Verbände gehandelt. Sturmbannf. G. Bremer wurde hierfür mit dem Eichenlaub ausgezeichnet.

Über Le Neubourg erreicht die Führungsstaffel der Division Louviers, um von dort aus die Führung der noch einsatzfähigen Kräfte der Division zu übernehmen.

Den von Dreux und Verneuil nach Norden vordringenden amerikanischen Panzerverbänden liefern die Reste der Division wendige Nachhutgefechte, während die aus dem Kessel entkommenen Truppen die Seine unterhalb Rouen überschreiten. Die Führungsstaffel kreuzt den Fluß bei Elbeuf, ohne Verluste zu erleiden.

In Rouen melde ich mich beim Oberbefehlshaber West, Feldmarschall Model. Der Feldmarschall sieht die Lage ohne Illusionen und spricht von 35 bis 40 Divisionen, wenn die Lage an der Westfront gefestigt werden soll. Da wir alle wissen, daß keine 40 Divisionen mehr vorhanden sind, kommen wir immer wieder auf den Westwall zurück.

Eine improvisierte Kampfgruppe der Division hält Elbeuf bis zum 26. August. Nach der Räumung sperrt die Kampfgruppe die Seine-Schleife südlich Rouen am Forêt de la Londe und ermöglicht dadurch das Absetzen vom Feind.

Im Forêt de la Londe kämpfen unsere Grenadiere zum letzten Male gegen kanadische Einheiten. Die 2. kanadische Infanteriedivision wird hier bis zum 29. August aufgehalten. Am Nachmittag des 29. zieht sich die Kampfgruppe unter der Führung von W. Mohnke endgültig zurück.

Nach zweitägigem Aufenthalt im Raum um Beauvais wird die Division in den Raum um Hirson verlegt, da an eine frontnahe Auffrischung nicht zu denken ist. Wir marschieren im Schutze der Dunkelheit über die blutgetränkten Felder des 1. Weltkrieges und über die gleichen Straßen, über die wir 1940 nach Westen gerast sind. Unser Marschband sieht kümmerlich aus. „Geleitzüge“ rollen durch die Nacht. Ein intaktes Fahrzeug muß mehrere andere abschleppen.

In Hirson wird die Division dem General der Panzertruppen West, General Stumpf, unterstellt, der sich persönlich über den personellen und materiellen Stand der Division unterrichtet. General Stumpf überbringt mir die Nachricht von der Verleihung der „Schwerter" zum Eichenlaub des Ritterkreuzes.

Die Division beginnt sofort mit der Neugliederung und Ausrüstung der zerschlagenen Einheiten. Material soll aus Verdun und Metz zugewiesen werden.

Die Ausfälle an Menschen und Material sind erschreckend. Die kämpfende Truppe hat vom ursprünglichen Personalbestand, mit dem sie in den Kampf gegangen war, mehr als 80 Prozent verloren. Auch die Versorgungstruppen haben ungewöhnlich hohe Verluste durch die feindliche Lufttätigkeit erlitten.

Die Division verlor mehr als 80 Prozent ihrer Panzer im Kampf und auf dem Rückzug, etwa 70 Prozent der Panzerspäh- und Schützenpanzerwagen. 60 Prozent der Geschütze und 50 Prozent der Kraftfahrzeuge gingen verloren. (Ergänzende Verlustangaben: Siehe Seite 342!)

Die ungeheuren Verluste können nicht innerhalb weniger Tage bereinigt werden. Aber wir haben keine Wahl — die Truppe muß schnellstens wieder aktionsfähig werden.

Der Raum um Hirson und die Gesamtlage gefällt uns gar nicht. Die Versorgungstruppen und alle nicht kampfbereiten Teile werden sofort ostwärts der Maas verlegt.

Am 31. August haben die Amerikaner Soissons, Laon erreicht und sind im Vorgehen nach Nordosten. Eine Kampfgruppe der Division hält die Amerikaner bis in die Nacht vom 1. zum 2. September am Thaon auf. Inzwischen trifft die Gruppe Mohnke bei der Division ein.

Da die Division im Rücken bedroht wird, weicht sie nach Nordosten aus und bezieht bei Anor eine Sperrstellung. Es muß um Zeit gekämpft werden, um den Infanterieeinheiten den Übergang über die Maas zu ermöglichen. Beim Ausweichen auf diese Stellung fährt der Kommandeur III./26, Ritterkreuzträger Erich Olboetter, auf eine Mine, welche Partisanen auf der Straße verlegt haben. Es werden ihm beide Beine abgerissen. Er stirbt in derselben Nacht im Lazarett in Charleville. Mit Erich Olboetter verliere ich wiederum einen alten Kampfgefährten, der seit 1939 ununterbrochen an meiner Seite gekämpft hat. Er war ein ausgesprochener Draufgänger und vorbildlicher Kommandeur.

In der Nacht zum 2. September halten wir eine Sperrstellung bei Beaumont gemeinsam mit den Resten der 116. Panzerdivision. Über Philippeville weicht die Division unter Feinddruck auf Florennes aus. Kurz vor Florennes fällt der Führer des II./25, Hauptsturmf. Heinz Schrott, durch einen heimtückischen Heckenschützen.

Der „glorreiche" Kampf der sogenannten Partisanen war nichts weiter als gemeiner, hinterlistiger Mord. Die geistigen Urheber des Partisanenkampfes waren die echten Kriegsverbrecher dieses Krieges. Sie haben gegen die Menschlichkeit gehandelt und an die niedrigsten Instinkte appelliert. Ich habe nie einen Partisanenkampf erlebt, habe auch nie den so häufig zitierten Haß der Franzosen oder Belgier verspürt. Im Gegenteil, ich konnte immer wieder ein gutes Verhältnis zwischen der Truppe und der Bevölkerung der besetzten Gebiete beobachten. Diese Feststellung traf besonders auf die leidgeprüfte Bevölkerung der Normandie zu.

Die sogenannten Partisanen haben nur dann ihr Haupt erhoben, wenn für sie selbst keine Gefahr für Leib und Leben zu befürchten war. Sie haben nicht gekämpft, sondern einzelne Angehörige der deutschen Armee hinterrücks ermordet. Militärisch gesehen hat die Tätigkeit der Partisanen keinen Einfluß auf die deutsche Truppenführung gehabt. Aber die geistigen Urheber dieses völkerrechtswidrigen Kampfes haben es erreicht, daß die unbeteiligte Bevölkerung durch Repressalien der deutschen Truppe tiefstes Leid erfahren hat. Der Haß zwischen den Völkern wurde planmäßig geschürt und durch den verbrecherischen Einsatz der Partisanen für lange Zeit vertieft. Es ist auch nicht zu leugnen, daß die Alliierten durch ihre „Partisanenpolitik" den Kommunismus in Westeuropa tatkräftig gefördert haben. Ohne den hinterhältigen Einsatz der so „tapferen" Partisanen hätte es in den besetzten Gebieten keinen Anlaß zu „Kriegsverbrecherprozessen" gegeben.

Am 4. September überschreiten wir die Maas bei Yvoir, um hinter diesem Abschnitt eine Verteidigungsstellung zu beziehen. Die Division übernimmt den Abschnitt Godinne—Houx, den Abschnitt beiderseits Dinant übernimmt die 2. SS-Panzerdivision.

Die Kampfkraft der Division beträgt rund 600 Grenadiere, die in zwei Kampfgruppen unterteilt sind. Panzer stehen nicht mehr zur Verfügung. Die noch vorhandenen Panzer stehen in Lüttich zur Instandsetzung. Für eine einsatzfähige Batterie schwerer Feldhaubitzen ist keine Munition vorhanden. Eine 8,8-cm-Flakbatterie wird als Flakkampftruppe am Straßenkreuz nordwestlich Spontin eingesetzt.

Die Amerikaner versuchen sofort, die Maas bei Godinne und bei Yvoir zu überschreiten. Sie werden unter schweren Verlusten abgewiesen. Dagegen gelingt es ihnen, einen Brückenkopf bei Houx zu bilden, in den Wald einzudringen und sich festzusetzen. Im Gegenangriff wird der Brückenkopf zusammengedrückt und soll noch vor Anbruch der Dunkelheit am 6. September beseitigt werden.

Ich fahre die gesamte Front ab und spreche mit Milius und Siebken über die weitere Verteidigung der Maas. In den Waldstücken werden unsere Fahrzeuge häufig von Partisanen beschossen. Verluste treten bei uns nicht ein. Aber sechs Soldaten des Sicherungsbataillons Lüttich finden wir ermordet vor. Sie sind während einer Rast erschossen worden.

Ein Spähtrupp der Aufklärungsabteilung wird zwischen Spontin und Dinant beschossen. Die Täter werden nicht entdeckt.

In der Nacht vom 5. zum 6. September ist es den Amerikanern gelungen, die Maas bei Namur zu überschreiten und die unsachgemäß gesprengte Brücke wieder instand zu setzen.

Der Ortskommandant von Namur hat sich nach Osten abgesetzt, ohne seine Nachbareinheit zu orientieren. Den Amerikanern steht der Weg in den Rücken der Maasverteidigung offen.

Gegen 11.00 Uhr stößt ein Spähtrupp der Aufklärungsabteilung auf der Straße Namur—Ciney auf eine amerikanische Vorausabteilung.

Ich komme gerade vom Gefechtsstand Siebken, als diese Hiobsbotschaft eintrifft. Sie erscheint mir unglaublich. Um 11.15 Uhr wird die Meldung jedoch durch einen anderen Spähtrupp bestätigt.

Die Einheiten werden sofort alarmiert und erhalten Befehl, sich kämpfend hinter die Ourthe zurückzuziehen. Der Rückzug kann nur bei Dunkelheit durchgeführt werden. Jetzt ist Eile geboten! Die Amerikaner müssen kurz vor Durnal stehen. Es kann sich nur noch um Minuten handeln, bis sie das Straßenkreuz in Durnal erreicht haben. Dieses Kreuz muß die Führungsstaffel aber benutzen, wenn sie den Amerikanern entwischen will.

Im Handumdrehen rast die Führungsstaffel in Richtung Durnal. Ich führe die Staffel einen steilabfallenden Wiesenweg hinab, um durch ein Waldstück Durnal zu erreichen.

Kurz vor Durnal bittet mich H. Meyer, die Spitze an Hauptsturmf. Heinzelmann abzugeben. Ich winke Heinzelmann vorbei. Der Wagen überholt uns bei den ersten Häusern von Durnal.

Die Ortschaft liegt in einer tiefausgeschnittenen Mulde. An der linken Straßenseite zieht sich eine 1,50 Meter hohe Mauer entlang, um deren Ostecke die Straße eine Kurve beschreibt.

Wie immer stehe ich im Wagen und versuche einen Blick nach „jenseits der Höhe" zu gewinnen. So blicke ich auch über die hindernde Mauer und kann die Ausfallstraße nach Namur einsehen.

Ich schreie — um Heinzelmann zu warnen, aber es ist zu spät! Ein Schuß peitscht und zerreißt den ersten Wagen. Der amerikanische Spitzenpanzer rollt feuernd in die Kurve hinein.

Rasend schnell verändert sich das Bild. Mit ein paar Volkswagen gegen eine Panzerkolonne zu fahren ist wahrhaftig kein Vergnügen.

Wir können nicht wenden. Ein Blick zum Panzer — er rollt langsam weiter. Auf Grund eigener Erlebnisse in ähnlichen Situationen nehme ich an, daß der Panzerkommandant seine einmalige Chance nutzt und die Führungsstaffel ohne jede Hemmung niederwalzt oder durch Feuer vernichtet. Also nur schnell von der Straße verschwinden!

Im Hechtsprung geht es über ein Hoftor und über einen rückwärtigen Drahtzaun, der den Hof vom Garten trennt. Doch was für eine Überraschung! Ich bin in eine eklige Falle geraten! Ein Entweichen hinter der Häuserzeile ist unmöglich, der Hof ist tief in den ansteigenden Berg hineingebaut und mit einer hohen Mauer umgeben. Noch im Anlauf wird mir klar, daß ich die Mauer nicht überwinden darf, wenn ich von den Amerikanern nicht als Zielscheibe benutzt werden will.

Ich muß erst mal volle Deckung nehmen. Ein Hühnerstall bietet die einzige Möglichkeit — also hinein! Ein Körper fliegt über den Draht. Max Bornhöft hat mich gerade noch erwischt. Jetzt sitzen wir beide in der Falle. Der Schuppen entzieht uns auf jeden Fall erst mal der Sicht des Feindes. In der Dunkelheit hoffen wir den Weg zu unseren Kameraden zu finden.

Lautes Geschrei kommt von der Straße — die Bevölkerung jubelt den Amerikanern zu. Die Panzer rollen vorbei. Im Nachbarhaus höre ich einen erregten Wortwechsel und verstehe den Namen Köln. Obersturmf. Köln habe ich nicht wiedergesehen. Er steht auf der Verlustliste.

Inzwischen ist es 14.00 Uhr geworden, und leichter Regen rieselt auf das Schuppendach. Ich halte es nicht mehr aus. Ich muß wissen, was auf der Straße vor sich geht. Platt an den Boden gedrückt krieche ich an den Drahtzaun heran. Kaum habe ich die Ecke des Schuppens erreicht, erlebe ich eine der aufregendsten Sekunden des Krieges.

Einige Partisanen kommen an den Zaun und fragen einen alten Bauern aus. Wahrscheinlich wollen sie wissen, ob der Bauer deutsche Soldaten auf dem Hof beobachtet hat. Der Bauer schüttelt den Kopf. Mit zusammengepreßten Zähnen liege ich nur einige Meter von den Partisanen entfernt. Sie legen sich an den Zaun und suchen mit den Augen den Hang ab. Sollten das meine letzten Minuten sein? Meine Hand hält den Griff der Pistole fest umschlossen. Kampflos bekommen sie mich nicht. Ein Brennesselbusch ist meine Tarnung.

Schreie und Schüsse locken die Burschen zum Nachbarhof. Das Leben eines Kameraden fand sein Ende. Wir fühlen uns etwas sicherer, denn der Hof ist ja nun durchsucht, auch hoffen wir, daß der Regen Neugierige abhält. Die Minuten werden zu Stunden. Immer stärker trommelt der Regen auf das Dach. Wir freuen uns über das Wetter. Doch plötzlich machen wir dumme Gesichter. Die Hühner drängen sich vor dem Schuppen und wollen in den Bau hinein. Aber sie wollen ihre Unterkunft nicht mit uns teilen. Wir sollen hinaus. Die Geschichte kann nicht gut enden, und so kommt, was kommen muß. Das alte Bäuerlein bleibt verwundert am Zaun stehen und versucht dann, sein Federvieh in den Schuppen zu jagen. Doch die Biester sind dickköpfig, sie wollen ihr Reich ungeteilt haben.

Neugierig steckt der Bauer seinen Kopf in den Schuppen. Das hätte er nicht tun dürfen, denn bevor er den Mund auftun kann, sitzt er bereits auf einer alten Tonne in der finstersten Ecke. Jetzt spielt er den dritten Mann im Bunde und blickt ängstlich auf unsere Pistolen. Diese Bescherung hat uns gerade noch gefehlt. Die Lage ist noch verzwickter geworden, denn wenn uns alle guten Geister verlassen, leistet uns auch die Bäuerin noch Gesellschaft. Sicher wird sie ihren Herrn und Meister bald vermissen und auf die Suche gehen.

Wir beschließen, den Alten zu entlassen. Er verspricht, den Mund zu halten und keine Verbindung mit den Partisanen zu suchen. Mit flinken Schritten schlurft er davon.

Natürlich nehmen wir sein Versprechen nicht für bare Münze. Kaum ist der Alte verschwunden, klettern wir an der Mauer hoch und landen prompt — vor dem Gefechtsstand der Partisanen!

Diese Überraschung habe ich nun wirklich nicht erwartet. Viel dicker kann es nicht mehr kommen. Die Partisanen hausen im Heizungskeller der Kirche, und ein junger Bursche steht in der Kellertür und genießt die ersten amerikanischen Zigaretten.

Schwerbewaffnete Partisanen kommen die Treppe herauf. Wie die Wiesel springen, schleichen, huschen und laufen wir über den Friedhof. Alte Gräber und Grabsteine schützen uns vor Entdeckung.

Wir landen beim Komposthaufen in einer Ecke des Friedhofs. Da an eine weitere Flucht vorläufig nicht zu denken ist, decke ich Max mit alten Kränzen zu und bitte ihn, den Aufgang zur Kirche zu überwachen. Ich selbst habe die Absicht, mich hinter ein paar Büschen zu verkriechen.

Ein Schrei gellt über den Friedhof. Die Art des Schreies deutet auf höchste Gefahr. Noch im Herumdrehen erkenne ich zwei Polizisten auf der Treppe und blicke in die Mündungen ihrer Waffen. Die Polizisten sind einen Moment verdutzt, weil sie Max noch nicht entdeckt haben. Blitzschnell reiße ich meine Pistole in ihre Richtung und deute Schüsse an. Alles spielt sich in Bruchteilen einer Sekunde ab. Die Polizisten nehmen volle Deckung. Weg, nur weg! Ich renne auf den südlichen Friedhofsrand zu und blicke wiederum in die Mündung eines Karabiners. Der Schütze steht in einer Tür und haut ab, als ich direkt auf ihn zurenne und ihn mit der Pistole bedrohe. Wir sind umstellt. Der Alte hat alles alarmiert. Ich springe über die Friedhofsmauer und lande auf der etwa 4 Meter tiefer gelegenen Dorfstraße. Max keucht hinter mir her.

Donnerwetter, wie kann man flink sein, wenn es um das liebe Leben geht! Die Straße steigt den Hang hinan. Die Lungen scheinen mir zu zerspringen. Schüsse pfeifen uns um die Ohren. Im Lauf höre ich Max aufschreien. Ich drehe mich um und jage ein paar Schüsse die Straße hinab. Max liegt am Erdboden — ihn hat es erwischt. Meine Schüsse haben die „tapferen Freiheitskämpfer" in Deckung gezwungen. Ich wende mich dem Dorfausgang zu und erkenne gerade noch rechtzeitig zwei weitere Partisanen, die den Ausgang bewachen. Wohin? Mein Blick fällt auf eine kleine Tür, die nur durch einen großen Feldstein an die Mauer gedrückt wird. Ohne daß mein Verschwinden von den Partisanen bemerkt werden kann, suche ich hinter der Tür volle Deckung.

Vollständig ausgepumpt hocke ich in einer Ecke des Stalles und blinzele durch die Ritzen der Tür. Die Partisanen sind wenige Augenblicke später da. Aufgeregt laufen sie hin und her. Jeder Busch wird abgesucht. Sie können sich mein Verschwinden nicht erklären und machen sich gegenseitig Vorwürfe.

Einer der Partisanen fordert mich laut auf, mein Versteck zu verlassen und den Kampf aufzugeben. Er verspricht gleichzeitig, das Völkerrecht zu achten und mich den Amerikanern zu übergeben. Ich reagiere nicht auf seine Aufforderung.

Meine Pistole wird mir immer schwerer in der Faust. Es gab einmal eine Stunde, in der wir uns geschworen haben, uns nie lebend in Gefangenschaft zu begeben. Die grausamen Erlebnisse in Rußland hatten uns dazu bewogen. Jetzt war es so weit! Eine Patrone steckt im Lauf, und eine weitere befindet sich noch im Magazin. Soll ich nun den Schwur einlösen? Oder galt er nur für die Ostfront? Herrschen hier nicht ganz andere Verhältnisse? Minuten vergehen. Immer wieder gleiten meine Augen über das Metall in meiner Hand. Ganz kurz denke ich an meine Familie und an unser werdendes Kind. Es ist schwer, sehr schwer, einen Entschluß zu fassen. Die Partisanen stehen nur einige Meter von meinem Versteck entfernt. Ich kann ihre Gesichter studieren. Einige tragen verbissene, brutale Züge — andere dagegen sehen aus wie harmlose Bürger, denen man vielleicht erst vor Minuten Waffen in die Hand gedrückt hat.

Der Führer der Gruppe fordert mich erneut zur Übergabe auf. Ein Junge von etwa 14 Jahren steht neben ihm. Offensichtlich handelt es sich um Vater und Sohn. Der Bengel hält einen Karabiner in seinen Händen.

Plötzlich wird der Junge aufgeregt und deutet auf meine Tür und auf den weggerollten Stein. Er hat es erfaßt. Dort, wo der Stein gelegen hat, ist der Erdboden trocken. Der Stein muß also erst vor wenigen Minuten weggeräumt sein. Der Vater fordert erneut meine Übergabe.

Ein Schuß fährt durch die Tür. Handgranaten werden angefordert. Zwei weitere Schüsse zersplittern das Holz der Tür und zwingen mich noch mehr in die Ecke.

Ich rufe den Vater an und schreie ihm zu: „Meine Waffe zeigt auf Ihren Jungen! Halten Sie Ihr Versprechen?" — Sofort reißt er seinen Jungen an sich und wiederholt sein Versprechen, mich korrekt zu behandeln.

Jetzt ist es aus. Meine einzige Hoffnung sehe ich in einem Gegenangriff meiner Kameraden. Ich werfe das Magazin in die Ecke und die Pistole in die nächste. Welch ein erbärmliches Gefühl verursacht doch die Gefangennahme!

Langsam öffne ich die Tür und gehe auf den Partisanenführer zu. Einige Burschen wollen sofort über mich herfallen. Mehrere Pistolen und Karabiner sind auf mich gerichtet. Es fällt kein Wort. Die drohenden Waffen beachte ich nicht — ich suche die Augen des Vaters. Mit einer Handbewegung zwingt er seine Genossen, die Waffen zu senken. Murrend kommen sie seiner Aufforderung nach und begleiten uns zur Kirche. Der Partisanenführer erzählt mir, daß er während des Weltkrieges als Arbeiter in Deutschland gewesen sei und dort nur Gutes erfahren habe und auch keine Veranlassung hätte, eine Mörderbande zu führen. Er gibt aber zu, daß es sehr schwer sei, die jungen Burschen von Mord und Totschlag abzuhalten.

Max Bornhöft liegt noch auf der Straße. Er hat einen unangenehmen Oberschenkelschuß erhalten. Wir tragen ihn in die Polizeistation, wo er sofort eine Tetanusspritze erhält. Der Dorfarzt zeigt ausgesprochene Hilfsbereitschaft. Er wünscht uns baldige Heimkehr in die Heimat.

Die beiden Polizisten holen jetzt zwei Handschellen aus ihrer Tasche und legen sie mir um die Handgelenke. Ich glaube vor Schmerzen in die Knie zu brechen. Die Kerle knebeln mir fast die Gelenke ab. Die Kettenglieder schneiden immer tiefer in das Fleisch. Gespannt blicken sie mir ins Gesicht. Auch die Partisanen grinsen mich an. Die Kerle müssen diese Tortur schon öfter probiert haben, denn es ist augenscheinlich, daß sie auf meine Schmerzensschreie warten. Max sieht mich an und ruft: „Oh, diese Hunde!"

Der Anführer kehrt ins Zimmer zurück und gibt Befehl, mich abzuführen. Wir stolpern über den Friedhof und landen im Heizungskeller, also im Unterschlupf der Partisanen.

Max wird auf eine Strohmatratze gelegt. Staunend beobachte ich, wie die beiden Polizisten die Ofentür öffnen und ihre Zivilklamotten aus dem Ofen ziehen. Kurze Zeit später verschwinden sie als Partisanen verkleidet. Im stillen verfluche ich die deutsche Feldgendarmerie, die ihre Wachstube dicht neben der Kirche hatte. Die Kerle müssen geschlafen haben; die Fronttruppe muß nun die Unfähigkeit der Polizei ausbaden. Max hat starke Schmerzen. Immer wieder bittet er mich, seinen Vater zu grüßen, falls ich durchkommen sollte. Er selbst hat wenig Hoffnung.

Die Stunden im Keller fließen nur langsam dahin. Der Partisanenführer hat uns etwas Brot gebracht. Er ist unsicher, denn er weiß, daß sich noch deutsche Truppen westlich der Ortschaft befinden und wahrscheinlich im Laufe der Nacht Durnal passieren.

Angestrengt horche ich auf jedes Geräusch. Aus der Unterhaltung mit den Partisanen kann ich entnehmen, daß die Amerikaner in Richtung Dinant weitergefahren sind und sich zur Zeit keine Amerikaner in Durnal befinden. Ein sehr schweigsamer Partisan bewacht uns. Wenn der Kerl nur nicht so unvorsichtig mit seiner Pistole herumfummeln würde! Jedesmal, wenn ich Max helfe, eine andere Lage einzunehmen, brüllt er mich an und richtet seine

Pistole auf mich. Der junge Mann hat eine jämmerliche Angst. Warum er so ängstlich ist, erfahre ich einige Stunden später.

Um Mitternacht verschwinden plötzlich alle Partisanen und lassen nur den uns bewachenden Burschen zurück. Zwischen unseren Bewacher und uns stellen sie vor dem Weggehen einen großen, schweren Tisch, der den Raum in zwei Hälften teilt. Die Pistole zeigt jetzt dauernd auf mich. Zeitweilig habe ich das Gefühl, daß mich der Bursche umbringen will.

Fahrzeuge fahren durch die Ortschaft. Sind es deutsche oder amerikanische Truppen? Die Antwort bleibt nicht aus. Nach einer weiteren Stunde höre ich Schüsse und später das Geräusch von explodierenden Geschossen. Patronen knattern in die Luft. Wahrscheinlich brennt ein deutsches Fahrzeug.

Beim Hellwerden knallt es an allen Ecken. Deutsches und amerikanisches MG-Feuer können wir deutlich unterscheiden. Aufgeregt verfolgen wir die Kampfgeräusche. Unser Bewacher wird immer unruhiger, seine Pistole ist ständig auf mich gerichtet. Er lehnt es sogar ab, mir etwas Wasser für Max zu geben, er hat Angst, uns den Rücken zuzukehren.

Plötzlich fliegen uns die Fensterscheiben um die Ohren, eine MG-Garbe peitscht durch das Fenster. Amerikaner fordern uns zur Übergabe auf. Na, das kann ja heiter werden. Der Bewacher steht ängstlich in einer Ecke und bedroht mich nach wie vor mit der Pistole. Ich brülle ihn an, er solle endlich die Tür öffnen und die Amerikaner von dem blödsinnigen Geschieße abhalten. Der Amerikaner feuert lustig weiter. Unser Partisan öffnet endlich die Tür und ruft die Amerikaner an. MG-Feuer prasselt gegen die Kirchenwand, und der erste Amerikaner kommt zu uns in den Keller gesaust. Staunend sehe ich, wie unser Bewacher einen nicht gerade sanften Tritt in den Hintern erhält und in die nächste Ecke fliegt. Der „Partisan" entpuppt sich als Deserteur aus Lothringen und ist verzweifelt, daß ihn der Amerikaner wie einen Lumpen behandelt. Doch das Staunen vergeht mir schnell. Die Mündung einer MP ist auf meinen Leib gerichtet. Im gleichen Augenblick schreit ein zweiter Amerikaner: „Wehren Sie sich nicht. Mein Kamerad wünscht ihre Auszeichnungen als Souvenir!" Ohnmächtig vor Wut muß ich mir mein Ritterkreuz, das mich seit April 1941 begleitet hat, stehlen lassen.

Der zweite Amerikaner spricht ein gutes Deutsch. Seine Mutter ist in Deutschland geboren. Nach kurzer Zeit sagt er mir: „Sagen Sie um Gottes willen nicht, wer Sie sind. Ihre Truppe wird hinten schlecht behandelt!" Erst 24 Stunden später erkenne ich die Bedeutung seiner Worte.

Wir klettern die Treppe hinauf und geraten auf dem Friedhof in deutsches MG-Feuer. Die Feuerstellung erkenne ich im Waldstück, kaum 150 Meter von der Kirche entfernt. Wir liegen zwischen den Gräbern und warten eine Feuerpause ab. Bevor ich weiß, was überhaupt gespielt wird, sind mir meine Uhr und meine Ringe gestohlen. Ich bin in die Hände von Gangstern geraten.

Hinter der Kirche werde ich mein Geld los, und ein anderer GI übernimmt mich. Wütend, daß er bei mir nichts mehr erbeuten kann, versetzt er mir einige Kolbenstöße ins Kreuz. Nach einigen Metern hat er die Geschichte satt. Wir haben gerade ein paar Frauen passiert, die ängstlich vor ihrer Haustür stehen, als ich erneut einen Schlag in den Rücken bekomme. Ich stolpere einige Schritte vorwärts und drehe mich langsam um. Ein mit voller Wucht geführter Kolbenschlag trifft meine linke Kopfseite und gleitet dann auf die Schulter ab. Ich breche zusammen und falle auf die Straße. Noch im Fallen höre ich die Protestschreie der belgischen Frauen.

Mit Kolbenstößen werde ich wieder hochgetrieben. Benommen taumele ich quer über die Straße. Das Schreien der Frauen gellt in meinen Ohren. Einige Schritte weiter stößt mich der Gangster in einen kleinen Garten hinein. Das Blut verklebt mir die Augen und spritzt aus dem linken Ohr. Zeit zum Denken habe ich nicht mehr. Vor mir steht ein hoher Johannisbeerstrauch, in den ich hineingepreßt werde. Das also ist der Abschluß meines Lebens! Blitzartig sehe ich meine Familie vor mir. „Vermißt“ wird die offizielle Meldung lauten — ermordet, unbekannt verscharrt ist aber mein wirkliches Ende!

Mit brennender Verachtung blicke ich den Burschen an, während er seinen Karabiner hebt. Ich sehe ihn nicht mehr — ich bin bereits im Jenseits. Erstaunt stelle ich plötzlich fest, daß er den Karabiner sinken läßt. Mit einem „Damned“ läßt er mich stehen und haut ab.

Mein Retter ist der junge Leutnant, dessen Mutter eine Deutsche ist. Er hat in letzter Sekunde eingegriffen und den Schützen an seiner Gewalttat gehindert.

Der Leutnant versucht, das Verhalten des Soldaten zu entschuldigen. Er macht die unverantwortliche Hetzpropaganda der Heimatkrieger für die Verrohung verantwortlich.

Um seinen Wagen nicht zu bekleckern, setze ich mich vorn auf einen Kotflügel. Binnen weniger Minuten ist die Windschutzscheibe rot — der Fahrtwind treibt mein Blut gegen die Scheibe.

Nach kurzer Fahrt halten wir bei einer amerikanischen Nachschubkolonne. Hier werde ich dem Führer der Kolonne mit der Anweisung übergeben, mich ins Hospital zu bringen.

Die Kolonne umfaßt ungefähr ein Dutzend Last- und einige Personenwagen. Jeder Wagen ist mit einem MG ausgerüstet und mit einem Fahrer und zwei Begleitern besetzt. Erstaunt und neidisch beobachte ich die Versorgung der Truppe. Eine gemischte Vorausabteilung, bestehend aus einer Panzerabteilung und einem Infanteriebataillon, ist wie zum Jahrmarkt aufgefahren und steht Panzer an Panzer und Fahrzeug an Fahrzeug auf einer großen freien Fläche. Ohne Erd- und Luftsicherung wird die Truppe versorgt.

Fünf aus dem Wald herausbrechende Tiger könnten die gesamte Vorausabteilung vernichten. Aber es gibt zwischen der Maas und der Reichsgrenze keine Tiger mehr. In dieser Zone irren nur abgekämpfte und vom Schicksal geschlagene Menschen umher. Ob die Amerikaner am Westwall gestoppt werden können? Ich halte es für unmöglich, denn ich weiß ja, daß es keine einsatzfähigen Divisionen mehr gibt und der Westwall nur ein brüchiges und vernachlässigtes Skelett darstellt.

Es ist schon so, das Ruhrgebiet liegt unverteidigt vor den Angriffsspitzen der Alliierten, und nichts kann Montgomery hindern, die Waffenschmiede Deutschlands zu besetzen. Ein kräftiger Stoß von 10 bis 15 alliierten Divisionen in den nordwestdeutschen Raum hinein muß das Rückgrat des deutschen Widerstandes brechen und den Krieg in wenigen Wochen beenden. Der Kampf um Europa ist verloren.

Das Stöhnen eines verwundeten Kameraden reißt mich in die Wirklichkeit zurück. Er liegt auf dem Nachbarwagen und hat einen Bauchschuß erhalten. Plötzlich erkenne ich eine winkende Hand auf dem dritten Fahrzeug. Max liegt auf einem Betriebsstoffwagen. Leere Kanister bilden sein Krankenbett.

Inzwischen sind vielleicht 60 deutsche Gefangene versammelt. Fallschirmjäger, Angehörige eines Sicherungsbataillons und etwa 15 Soldaten meiner Division werden auf die Lastwagen verteilt.

Am Spätnachmittag setzt sich die Kolonne in Richtung Namur in Bewegung. Aufmerksam betrachte ich Spuren, die durch Getreidefelder getreten worden sind. Ob mir eine Flucht gelingt? Denn selbstverständlich trage ich mich mit Fluchtgedanken. Ich stoße einen jungen Fallschirmjäger an und deute unsere Flucht an. Er nickt mit dem Kopf und schiebt sich näher an den Wagenrand heran.

Die Amerikaner sind vorsichtig. Jeder Wagen ist durch ein schußbereites MG des nachfolgenden Wagens gesichert, und außerdem sitzt ein Amerikaner mit einer MP auf dem Führerhaus. Unter diesen Umständen kommt also nur eine kurvenreiche Straße, die durch einen Wald hindurchführt, für die Flucht in Frage. Wir haben Pech. Schneller als wir dachten, landen wir in Namur. Die beste Fluchtmöglichkeit ist also schon dahin. Doch der Gedanke an Flucht verläßt uns nicht — wir wollen wieder frei sein.

In Namur herrscht reges Leben. Die Brücke über die Maas ist von amerikanischen Pionieren ohne große Schwierigkeiten instandgesetzt. Die Bevölkerung blickt uns entweder teilnahmslos an oder nimmt eine drohende Haltung ein. Unsere Kolonne fährt mitten durch die Stadt und hält vor einem großen Gebäude, das ich später als Strafanstalt kennenlerne. Das Gefängnis liegt in der Nähe des Bahnhofs. Neugierige umstehen uns. Frauen deuten auf mich, weil ich vollständig mit Blut bespritzt bin und einen erbarmungswürdigen Eindruck mache.

Nach einigen Minuten beobachte ich, wie Max Bornhöft vom Wagen gehoben und in das Gebäude getragen wird. Partisanen und Polizisten nehmen ihn am Eingang in Empfang. Die herumstehenden Zivilisten umdrängen die Gruppe. Da geschieht das Unfaßbare — ein Schuß zerreißt die Luft und verwandelt die Zivilisten in einen geifernden Mob. Die Straße brüllt, sie johlt und klatscht frenetisch Beifall. Ohne jeden Vorgang, in Bruchteilen von Sekunden, wurde mein jahrelanger Begleiter, ein tapferer Soldat und guter Kamerad, von einer feigen, erbärmlichen Kreatur ermordet. Die uns begleitenden Amerikaner schütteln die Köpfe über diese Mordgier und jagen die uns bedrängenden Halbstarken fort.

Die Kolonne setzt sich wieder in Bewegung. So sieht also die Gefangenschaft 24 Stunden nach der Gefangennahme aus! Brutaler Mord an halbverbluteten Soldaten! Ach, was sind wir doch für ahnungslose Burschen. Niemand hätte das für möglich gehalten, was eine knappe halbe Stunde später vor sich ging.

Unsere Fahrt endet auf dem Hof einer Polizeistation. Die Station liegt im Stadtkern von Namur, und ich erinnere mich deutlich an das Eingangstor. Dicht neben der Einfahrt steht eine alte gotische Kirche.

Es ist dunkel, wie wir das Tor passieren. Partisanen bewachen den Eingang. Das ist ein schlechtes Zeichen. Kaum sind die Fahrzeuge ausgerollt, werden wir schon von geifernden jungen Burschen angeschrien und aufgefordert, in Linie anzutreten. Kolbenschläge sausen auf die zuletzt absteigenden Kameraden. Ich stehe am rechten Flügel und sehe, wie ein Amerikaner auf die Partisanen einredet und hierbei auf mich deutet. Die Partisanen nicken und fordern mich auf, ihnen zu folgen. Sie bringen mich zur Wache, wo ich durch einen deutschen Feldwebel verbunden werde. Während des Verbindens höre ich Schmerzensschreie meiner Kameraden. Die Partisanen schlagen wie wild auf eine Gruppe Soldaten ein. Auf meine Frage: „Was ist denn bloß los, warum diese Prügelei?“ antwortet der Feldwebel: „Sie sortieren alle Angehörigen der Waffen-SS und der Fallschirmjäger aus und bringen sie um!“ Während der letzten Worte peitschen die ersten Schüsse über den Hof. Ungefähr 20 deutsche Soldaten werden so am 7. September 1944 in Namur ermordet. Sie sterben nicht durch die Hände belgischer Soldaten, sondern durch halbwüchsige, aufgeputschte Bengel, die ihre roten Halstüchter wie hohe Auszeichnungen zur Schau tragen.

Gegen 22.00 Uhr werde ich von zwei Partisanen in die Mitte genommen und durch die leeren Straßen geführt. Hohl klingen unsere Schritte in der schlafenden Stadt. Das Echo hallt in meinen Ohren wie dumpfer Trommelwirbel des Todes. Wiederum erwarte ich mein nahes Ende. Doch diesmal habe ich mich geirrt. Der eine Begleiter fängt plötzlich an zu erzählen. Er bietet mir eine amerikanische Zigarette an und fragt mich, ob ich große Schmerzen verspüre. „Wissen Sie“, sagt er, „es ist wirklich erstaunlich, daß Sie mit dem Schädelbruch noch gehen können. Wir haben den Auftrag, Sie zum Arzt zu bringen — in einigen Minuten haben wir es geschafft.“ So sieht die Geschichte also aus. Die Amerikaner haben den Belgiern erzählt, ich hätte einen Schädelbruch und sei auf Befehl eines amerikanischen Offiziers ärztlich zu versorgen. Der „Schädelbruch“ ist sicher auf die ständigen Blutungen aus dem linken Ohr zurückzuführen. Na, hoffentlich geht die Geschichte gut aus. Natürlich weiß ich, daß ich keinen Schädelbruch habe, aber die Blutungen kann ich mir auch nicht erklären. Erst später erfahre ich, daß mir der Amerikaner eine Ader zerschlagen hat.

Nach einigen hundert Metern werde ich in eine Art Schule oder Heim geführt. Partisanen und Novizen schreien auf mich ein: „SS, SS . . .?“ Gelassen geben meine Begleiter zurück: „Nein, nein! Er ist Oberst der 2. Panzerdivision — die Amerikaner wollen, daß wir ihn in ein Krankenhaus bringen.“ Mißtrauisch werde ich von den Novizen in einen Sanitätswagen geschoben und in ein katholisches Hospital gebracht. Unterwegs wird mir von dem angehenden Pfarrer und einem meiner Begleiter erzählt, daß SS-Männer und Fallschirmjäger sofort erschossen werden.

Nahezu teilnahmslos höre ich mir das Ungeheuerliche an. Mancher junge Kamerad fiel durch Mörderhände, ohne selbst getötet zu haben. Denn viele meiner Kameraden sind ja erst in den letzten Tagen zur Truppe versetzt worden. Mit ihren kaum 18 Jahren sind sie dem aufgehetzten Mob zum Opfer gefallen.

Und wieder sehe ich mein Ende vor mir, denn es kann ja nur noch kurze Zeit dauern, bis man mich identifiziert hat. Krampfhaft überlege ich, wo ich mein Soldbuch verschwinden lassen kann. Im Fahrzeug kann ich es nicht lassen, dort würde es spätestens in einigen Stunden gefunden.

Ich werde in einen Operationssaal gebracht und muß mich auf eine Pritsche legen. Eine sehr freundliche, deutschsprechende Nonne betreut mich. Der Novize und die Nonne sind Geschwister. Die Partisanen sehen mich zum ersten Male im vollen Kerzenlicht und betrachten mich recht mißtrauisch. Sie haben nun doch Zweifel. Der Tarnanzug scheint ihnen bekannt zu sein und mich als Angehörigen der Waffen-SS auszuweisen.

Es wird höchste Zeit, daß ich mein verräterisches Soldbuch los werde. Aber wie? Die Kerle beobachten mich mit Luchsaugen. In letzter Minute bitte ich die Schwester, mich doch austreten zu lassen. Nach kurzem Zögern gibt sie mir die Erlaubnis, und ich wanke ein paar Türen weiter. Einer der Partisanen begleitet mich. Blitzschnell lasse ich das Soldbuch verschwinden — doch zu spät bemerke ich, daß die Wasserleitung zerstört ist und meine Entdeckung wahrscheinlich nur um einige Stunden verzögert ist. Der Arzt entscheidet, daß ich erst mal in ein Bett gebracht und morgen geröntgt werde. Ziemlich weich in den Knien taumele ich in ein Krankenzimmer und werde mit Hilfe der Partisanen ins Bett gepackt. Der Blutverlust hat mich doch sehr mitgenommen — jetzt bin ich wirklich fertig.

Die verschmierte Uniform wird von den Partisanen mitgenommen. Noch während des Hinausgehens beobachte ich, wie sie die Taschen absuchen. Aha, jetzt suchen sie meine Papiere. Ob ich weiterhin Glück habe? Es dauert auch gar nicht lange, und ich werde nach dem Verbleib meines Soldbuches gefragt. Jetzt kommt es darauf an! Diese Antwort muß überzeugend wirken! Ganz langsam öffne ich meine Augen und sage mit fester Stimme ein einziges Wort: „Amerikaner.“ — Bruchteile von Sekunden wage ich nicht zu atmen, dann stelle ich fest, daß meine Bewacher mit der Antwort zufrieden sind. Sie geben mir die Hand und verschwinden. Mitten in der Nacht bekomme ich ein neues Kopfkissen; ich verliere noch immer viel Blut. Erschöpft schlafe ich ein und denke an meine Heimat. Zwei Wochen liege ich im Hospital und werde von den Ärzten ausgezeichnet behandelt. Während mir die Nonnen heimlich Zigaretten schenken, bringen mir die Mädchen manch einen guten Happen ans Bett. Von Tag zu Tag fühle ich mich wohler und ahne, daß meine Tage im Hospital gezählt sind.

Fieberhaft kreisen die Gedanken um die Flucht. Ich liege im dritten Stockwerk und kann nur durch das Fenster entwischen. Also muß ich Betttücher organisieren und versuchen, die Dinger zu einem Seil zu verbinden. Doch bevor es dazu kommt, werde ich abgeholt und in die Albert-Kaserne gebracht.

Die Albert-Kaserne liegt in der Nähe des Bahnhofs und wird von einer halbuniformierten Truppe benutzt. Es gefällt mir gar nicht, daß ich der einzige Gefangene bin und allein und verlassen in einem Eckzimmer der Kaserne hausen muß.

Für eine Flucht ist meine neue Unterkunft kaum geeignet. Hohe Mauern und starke Sicherungen versperren den Weg in die Freiheit. Nach 48 Stunden hat mein Alleinsein ein Ende. In den Nachmittagsstunden liefern die Partisanen einen Leidensgenossen ein. Leutnant Aumüller wurde nördlich von Namur erwischt, als er mit einer Gruppe deutscher Infanteristen versuchte, die deutsche Grenze zu erreichen. Die Gruppe hat sich über drei Wochen durch die Wälder und Felder Nordfrankreichs und Belgiens geschlagen. Nur auf die Hilfe der Bevölkerung angewiesen, hat sie Hunderte von Kilometern zurückgelegt, um kurz vor der Grenze gefangen zu werden.

Jetzt hocken wir gemeinsam in einem Zimmer und überlegen, wie wir unsere Verpflegung aufbessern können. Bisher werden wir jämmerlich verpflegt! Die Heizungsfrage haben wir recht schnell gelöst. Wir demontieren die Einrichtung und jagen Tische, Stühle und Schränke durch den Schornstein. Aber mit der Verpflegung will es einfach nicht klappen. Jeden Tag bekommen wir die gleiche Suppe vorgesetzt. Nach ein paar Tagen erhalten wir Zuwachs. Oberleutnant Wagner, Zugführer in einer Infanteriedivision, wird der Dritte im Bunde. Wagner war ähnlich wie Aumüller wochenlang nach Osten marschiert, um dann an der Maas in Gefangenschaft zu geraten. Wagner hat uns gerade noch gefehlt. Irgendwie ist es ihm gelungen, ein paar hundert Franken zu verstecken, die uns jetzt helfen, den Speisezettel zu verbessern. Planmäßig werden von nun ab die Posten in ein Gespräch gezogen, um sie für unsere Zwecke zu gewinnen. Dabei machen wir die erfreuliche Feststellung, daß ein ehemaliger belgischer Militärschüler, der bis 1943 in deutscher Kriegsgefangenschaft war und auf die Fürsprache des Königs vorzeitig entlassen wurde, unser bester Verbündeter wird. M. G. ist alter belgischer Soldat und verhält sich dementsprechend. Mit Abscheu bestätigt er die Ermordung deutscher Soldaten und macht dafür die roten Partisanen verantwortlich.

Ein russischer Gefangener, der 1942 in deutsche Gefangenschaft geraten ist und dem im Frühjahr 1944 die Flucht aus einem belgischen Bergwerk gelang, unterstützt den braven belgischen Soldaten in unserer Versorgung. Zu diesen Helfern gesellen sich im Laufe der Zeit noch ein paar aufrichtige Freiheitskämpfer, die aus echtem Idealismus für ihr Vaterland gekämpft und lange Zeit in Gestapo-Haft verbracht haben.

Nur mit Hilfe dieser Männer können wir uns einigermaßen bei Kräften halten. Natürlich können auch sie nur etwas Brot, Kartoffeln, Karotten und Obst besorgen. Sie haben ja selbst kaum genug Verpflegung und sind auf die Zuteilung angewiesen. Immerhin hilft uns die saubere, anständige Haltung dieser Belgier über manche schwere Stunde hinweg. In diesen Tagen wird der harte Kampf um Aachen geführt, und wir sind unseren Betreuern für jede Mitteilung von Herzen dankbar.

Der ehemalige Rotgardist fühlt sich keineswegs wohl, wenn ihm die jeweilige Lage Deutschlands und besonders der Ostfront erklärt wird. Von einem Sieg Rußlands ist er keineswegs begeistert.

Dieser einfache russische Soldat scheint mehr von den Zielen der russischen Politik zu verstehen, als die Väter des vernichtenden Gedankens von Casablanca. Auf jeden Fall hat er einen sichereren Instinkt als Sir Samuel Hoare, der auf einen warnenden Brief des spanischen Staatschefs Franco am 25. Februar 1943 antwortet: „Ich kann die Theorie, daß Rußland nach dem Kriege eine Bedrohung für Europa bilden wird, nicht akzeptieren. Ebenso weise ich den Gedanken zurück, Rußland könnte nach Abschluß der Kämpfe eine politische Kampagne gegen Westeuropa starten." — „Sie stellten fest, daß der Kommunismus die größte Gefahr für unseren Kontinent bildet und ein russischer Sieg zum Triumph über ganz Europa verhelfen würde. Wir sind ganz anderer Ansicht." — „Kann denn nach diesem Kriege eine Nation — völlig auf sich gestellt — Europa beherrschen? Rußland wird mit seinem Wiederaufbau beschäftigt sein und ist dabei größtenteils auf die Hilfe der Vereinigten Staaten und Großbritanniens angewiesen. Rußland nimmt bei dem Kampf um den Sieg keine führende Stellung ein. Die militärischen Anstrengungen sind völlig gleich, und den Sieg werden die Alliierten gemeinsam erringen. Nach Kriegsende werden große amerikanische und britische Armeen den Kontinent besetzen. Sie werden aus erstklassigen Soldaten bestehen und nicht wie die russischen Einheiten angeschlagen und erschöpft sein. Ich wage zu prophezeien, daß die Engländer die kraftvollste Militärmacht auf dem Kontinent sein werden. Der britische Einfluß auf Europa wird dann ebenso stark sein, wie in den Tagen des Sturzes Napoleons. Gestützt auf unsere militärische Stärke wird unser Einfluß in ganz Europa spürbar sein, und wir werden uns am Aufbau Europas beteiligen."

Soweit Sir Samuel Hoare, einer der führenden Politiker Großbritanniens. Ich glaube, unser russischer Betreuer hat vor dem späteren Ablauf der Geschichte recht behalten. Seine Befürchtungen haben sich bewahrheitet. Rußland ist die entscheidende Macht in Europa geworden, nicht England.

Jedes Bombengeschwader, das seine Bahnen niedrig über die Maashöhen zieht und die todbringende Bombenlast gegen die brennende Heimat fliegt, zwingt uns, an Fluchtplänen zu arbeiten. Aber es findet sich keine Möglichkeit, den Weg in die Freiheit zu wagen — wir werden zu stark bewacht.

Die Belgier bringen uns eines Tages ein paar Uniformstücke aus alten deutschen Beständen, um unsere eigene Ausrüstung zu ergänzen. Ich erhalte eine Feldbluse und einen Mantel. Jetzt sind wir wohl einigermaßen gegen die Kälte geschützt. Jedoch gleichen wir mehr einer Räuberbande als deutschen Soldaten.

Anfang Oktober erscheinen ein paar Amerikaner unter Führung eines Majors der MP, und wir werden auf Lastwagen verfrachtet. Die Bewachung ist wieder sehr stark und an eine Flucht nicht zu denken.

In den Abendstunden landen wir in der Polizeistation in Reims, die von der MP besetzt ist. Die Zellen sind mit tobenden Negern gefüllt. Sie randalieren ihre Siegesräusche aus. Am nächsten Morgen fahren wir über das Schlachtfeld von Reims immer weiter nach Westen. Bis jetzt haben wir uns nur mit Fluchtplänen befaßt und uns auf markante Geländepunkte aufmerksam gemacht. Doch nun sitzen wir ziemlich bedrückt in der Ecke des Wagens und betrachten staunend die riesigen Nachschublager der Alliierten. Auf beiden Seiten der Straße liegen unfaßbare Mengen Munition, Treibstoff und andere Güter. Kilometerweit reiht sich Lager an Lager. Dazwischen liegen Feldflugplätze und große Lager mit Reservepanzern und Artillerie. Der Verkehr auf der Straße und in den einzelnen Lagern wickelt sich friedensmäßig ab. Von Fliegerdeckung, Tarnung oder Flugabwehrbereitschaft ist nicht eine Spur zu bemerken. Hier blicken wir in das Haus eines reichen Mannes. Ob die

Amerikaner überhaupt wissen, mit welcher Übermacht an Waffen und Gerät sie an Deutschlands Grenzen stehen?

Am Spätnachmittag durchfahren wir Compiegne. Von Compiegne 1940 bis Compiegne 1944 war ein langer Weg. Jetzt führt er uns in ein großes Gefangenenlager. Wohin wird er uns weiter führen?

Das Lager macht auf uns einen gewaltigen Eindruck. Soweit wir sehen können, herrscht der Stacheldraht. Bevor wir in das Innere gelangen, müssen erst ein paar Außentore passiert werden, die von gelangweilten amerikanischen Posten bewacht sind. Wir werden sofort dem Lagerkommandanten vorgeführt, der uns einzeln ins Gebet nimmt. Ich werde als Oberst Meyer der 2. Panzerdivision eingetragen. Mein Soldbuch gilt als von den Amerikanern in Namur verlegt. Der Lagerkommandant entpuppt sich als ein alter Berliner, der auf dem Kurfürstendamm ein Rechtsanwaltsbüro unterhalten hat und in den dreißiger Jahren nach Amerika emigriert ist.

Nachdem wir uns über alle möglichen Dinge unterhalten haben, werde ich vom Kommandanten zum Gehilfen der Lagerleitung bestimmt und gebeten, das Lager der Offiziere zu beaufsichtigen. Mit Wagner und Aumüller bekomme ich ein kleines Zimmer angewiesen. Wir sind froh, daß wir eine kleine Bude für uns allein erwischt haben. Am nächsten Morgen wird erst einmal kräftig Aufklärung betrieben. Das Lager ist in drei Abteilungen eingeteilt und umfaßt mehrere tausend Mann. Als Lagergehilfe kann ich ohne Schwierigkeit von Abteilung zu Abteilung wechseln und Umschau nach Kameraden halten.

Beim ersten Gang durch das Mannschaftslager treffe ich einen Feldwebel der 1. Fallschirmjägerdivision, der mich in die Geheimnisse des Lagers einweiht. Das Lager wimmelt von Spitzeln und Verrätern. Vorsicht ist also das erste Gebot!

Es dauert nicht lange, und wir haben alle Stellen innerhalb des Lagers mit unseren Leuten durchsetzt. Verpflegung für Fluchtversuche wird planmäßig organisiert und in den verschiedenen Baracken verteilt.

Wir sind sogar glückliche Besitzer eines Kompasses. Oberleutnant Wagner hat es trotz aller Durchsuchungen verstanden, den Kompaß zu retten. Alles dreht sich nur noch um die Flucht. Selbst Verbandsmaterial ist inzwischen besorgt. Ein Arzt der Fallschirmjäger hat sich unserer Gruppe angeschlossen und will mit uns die Flucht wagen.

Eines Tages treffen einige hundert Gefangene aus dem Kampfraum Aachen im Lager ein und bringen uns die neuesten Nachrichten aus der Heimat.

Unter den Gefangenen befinden sich einige Grenadiere der Leibstandarte, die mir über den Verbleib meiner Division berichten. Erschüttert höre ich von der Ermordung meines getreuen Kameraden Waldmüller. Sturmbannf. Waldmüller wurde am 9. September in der Nähe von Basse-Bodeux, 10 Kilometer nordwestlich Vielsalm, ein Opfer der Maquis. Sie hatten ein Drahtseil über die Straße gespannt, durch welches er und sein Fahrer vom Krad gerissen wurden. Beide wurden schwer verletzt und anschließend wie Ratten im Wassergraben ertränkt. Auch der tapfere Obersturmf. Hauck war in eine aus dem Hinterhalt gezündete Mine gefahren und hatte schwere Verbrennungen erlitten.

Nach weiteren Angaben der Grenadiere befindet sich die 12. SS-Panzerdivision in Neuaufstellung im Raum um Plettenberg im Sauerland. Unsere Flucht wird nun mit Hochdruck betrieben. Wir sind uns darüber klar, daß wir nur mit dem Holzfällerkommando arbeiten dürfen, wenn unser Plan gelingen soll. Die Zeit drängt, denn wir müssen damit rechnen, daß wir bereits in den nächsten Tagen abtransportiert werden, um Platz für Neuankömmlinge zu schaffen.

Am 7. November gegen 17.00 Uhr habe ich eine äußerst interessante, allerdings auch recht unangenehme Unterhaltung mit dem Lagerkommandanten. Ich treffe ihn auf dem Flur unserer Baracke und bin höchst erstaunt, als er mich ganz kameradschaftlich in eine Ecke zieht und folgendes Gespräch einleitet:

„Herr Oberst, ich habe eine große Bitte an Sie. Ich befinde mich in einer sehr unangenehmen Lage." Vollständig überrascht verspreche ich ihm meine Hilfe, doch vorläufig wüßte ich ja gar nicht, was eigentlich passiert sei. „Ach, Herr Oberst, es ist etwas ganz Tolles! Nach den letzten Meldungen, die ich erhalten habe, muß sich im Lager ein höherer SS-Offizier befinden. Es wäre für mich sehr blamabel, wenn ich den Burschen wirklich im Lager hätte!"

Na, jetzt ist es passiert. Gott sei Dank ist die Beleuchtung schon so schlecht, daß der Neuamerikaner meine Gesichtsfarbe nicht mehr erkennen kann. Die Überraschung hat gewirkt. Meine Zunge liegt mir wie Blei im Mund. Nur nicht gleich antworten, nur erst Zeit gewinnen. Ruhe, Ruhe, Ruhe! Nach einer gehörigen Atempause verspreche ich dem Kommandanten meine Mithilfe und stelle die Frage, wie denn der SS-Offizier heiße und wie er aussehe. Die Antwort lautet ungefähr so: „Ja, wie er heißt weiß ich nicht. Ich habe auch keine Ahnung, wie er aussieht. Ich weiß nur, daß er zackig gegrüßt wird und alles schmunzelt, wenn er durchs Lager geht."

Mit einer erneuten Versicherung, der Sache auf jeden Fall nachzugehen, verabschiede ich mich in aller Ruhe und verschwinde in meiner Bude.

Hier ist das Erstaunen nicht gering, als ich Wagner und Aumüller erkläre, daß ich soeben versprochen habe, mich selbst zu suchen und mich der Lagerleitung auszuliefern.

Schnell sind wir einig, die geplante Flucht bereits morgen zu beginnen. Feldwebel Müller, Oberleutnant Wagner und Leutnant Aumüller sind mit von der Partie.

Am 8. November stehen wir als Holzfäller eingeteilt am Lagertor, um später aus dem Wald von Compiegne den langen Weg nach Deutschland zu beginnen. — — —

Wir haben Pech. Es werden kaum Holzfäller benötigt. Mit verdutzten Gesichtern schleichen wir in die Baracke zurück. Gegen 11.00 Uhr werde ich zum Lagerkommandanten gerufen. Ich rufe meinen Bekannten ein paar Abschiedsworte zu und folge den beiden MP's.

Der Kommandant sitzt mit einer grimmigen Miene hinter seinem Schreibtisch und spielt mit seinem Knüppel. Sein Gesichtsausdruck sagt mir alles. Jedoch bemerke ich sofort, daß er nicht absolut sicher ist. Also Ruhe bewahren!

Baumlange Militärpolizisten stehen rechts und links von mir. Ihre Knüppel sitzen locker in ihren Händen. Es wird ernst! Der Neuamerikaner brüllt mich an: „Ziehen Sie den Rock aus! Hemd runter!" Schon stehe ich mit entblößtem Oberkörper da. „Nehmen Sie die Arme hoch!" Mein Gott! Der Lagerkommandant wechselt die Gesichtsfarbe — er schnappt nach Luft und hält sich krampfhaft am Schreibtisch fest. Er stottert wütend ein paar englische Flüche vor sich hin, bevor er mich nach der Herkunft des Blutgruppenzeichens fragt.

Erst jetzt wird mir klar, weshalb ich mich entblößen muß. An dieses verräterische Zeichen habe ich wahrhaftig nicht gedacht. Ich muß Zeit gewinnen, um eine plausible Antwort zu finden. — Erst bei der zweiten Aufforderung, zu antworten, reagiere ich mit einer Gegenfrage und frage den Neuamerikaner ganz höflich um eine Erklärung. Das bringt den guten Mann bald um den Verstand. Immerhin schreit er mich aber an und behauptet, ich sei ein SS-Schwein und der gesuchte höhere SS-Offizier.

Jetzt ist der Zeitpunkt für mich gekommen zu handeln. Mit lächelnder Miene blicke ich den fassungslosen Lagerkommandanten an und sage: „Sie irren sich, das Blutgruppenzeichen wurde wohl von der Waffen-SS eingeführt, da es sich aber bei den Panzerdivisionen der Waffen-SS bewährt hat, ist die Panzertruppe des Heeres dazu übergegangen, die Tätowierung bei den Panzerbesatzungen einzuführen. Sie müssen sich damit abfinden, daß alle Lehrgangsteilnehmer der Panzertruppenschule mit der Tätowierung zur Truppe entlassen werden."

Diese Erklärung wirkt wie eine Bombe auf die MP, und ich darf mich in aller Ruhe wieder anziehen und den Raum verlassen. Der Lagerleiter bleibt erschöpft im Sessel sitzen.

Eine halbe Stunde später steht das ganze Lager auf dem Kopf. Die MP sucht Funkeinrichtungen, mit denen die Insassen des Lagers für den 9. November einen Ausbruch vorbereitet und für den Abend Waffenabwürfe aus der Luft angefordert hätten. Über die rege Phantasie der Amerikaner haben wir herzlich gelacht.

Plötzlich heißt es, in Marschkolonne antreten. Der Abtransport ist da. Innerhalb einer Stunde sind wir durch die Stadt marschiert und in einen wartenden Güterzug geklettert.

Wagner und Aumüller sind mit im gleichen Wagen. Wagner sitzt bereits auf dem Fußboden und versucht, ein Loch in den Boden zu schneiden. Er flucht nicht schlecht. Der Wagen ist aus Sperrholz gebaut und kann kaum beschädigt werden. Auf keinen Fall wird es uns gelingen, den Fußboden zu öffnen. Aber die beiden Unentwegten lassen sich nicht beeindrucken — sie wollen fliehen.

Kurz vor Abfahrt des Zuges höre ich meinen Namen. Ich werde aufgefordert, den Zug wieder zu verlassen und einen wartenden Jeep zu besteigen. — Jetzt ist es also doch passiert. —

In schneller Fahrt geht es in das Lager zurück. Vor dem Verwaltungsgebäude staune ich nicht schlecht, als ich einen deutschen Leutnant in Räuberzivil erkenne, der sich gerade anschickt, mit den Amerikanern einen kleinen Ausflug in die nähere Umgebung des Lagers zu unternehmen. Verschämt blickt er in die entgegengesetzte Richtung. Aber es nutzt ihm nichts — mein Zuruf: „Erbärmlicher Lump!" — erreicht ihn doch. — — Das war die erste feige Kreatur, die ich in deutscher Uniform angetroffen habe. Er ist der Spitzel des Lagers und tatsächlich junger Leutnant in einer Infanteriedivision gewesen.

Der Lagerkommandant zwingt mich nun, mich derart an eine Wand zu stellen, daß ich die Wand nur mit den Fingerspitzen berühren kann und mit den Füßen ungefähr 1,20 Meter von der Wand entfernt stehe. Bei jeder Bewegung erhalte ich einen kleinen Kolbenstoß in den Rücken verpaßt und werde in hämischen Worten aufgefordert, Disziplin zu halten.

Aber alles hat mal ein Ende. Und so dauert es auch gar nicht lange, bis ich in einen Spezialraum gebracht werde. Hier werde ich ständig von zwei Amerikanern mit gezogenen Waffen bewacht.

Am nächsten Morgen geht es in aller Herrgottsfrühe über Compiegne nach Paris und von dort auf einen Flugplatz hart westlich der Stadt.

Um 14.00 Uhr sitze ich im Flugzeug und sehe bald die alten Kampfstätten von 1940 unter mir vorbeiziehen. Bei Dünkirchen verlassen wir den Kontinent, und erst jetzt ergebe ich mich dem Schicksal und lasse jeden Fluchtgedanken fallen. Der Krieg ist für mich zu Ende. Hinter mir liegt das zerstörte und aus unzähligen Wunden blutende Europa — unter mir zieht der trennende Kanal dahin und vor mir taucht das diesige England auf, das England, das Europa befreien wollte und es in Wahrheit dem Kommunismus in den Rachen warf.

Der Einsatz der 12. SS-Panzerdivision vom Invasionsende bis zum Kriegsschluß

(dargestellt von Hubert Meyer)

Der Ausfall des Divisionskommandeurs, den die Männer nicht nur vom Hörensagen kannten, sondern den jeder irgendwann einmal während der Kampfhandlungen, vor allem in schwierigen Lagen, erlebt hatte, war für die Truppe ein schwerer Schlag. Zudem war sein Schicksal ungewiß.

Diejenigen Angehörigen des Divisionsstabes und des Panzerregimentes, die den Zusammentoß mit den Amerikanern in Spontin unversehrt überstanden hatten, verbargen sich bis nach Einbruch der Dunkelheit in einem Wäldchen am Rande der Ortschaft. Sie wurden von den Partisanen, die sie dort vermuteten, aufgefordert, sich zu ergeben. Es wagte aber niemand das Wäldchen zu durchsuchen. Die Kameraden hörten die Kolonnen der Amerikaner durch den Ort fahren, von den aus ihren Verstecken hervorgekommenen Zivilisten freudig begrüßt, und erlebten gegen Abend den Schußwechsel zwischen ihren im Ort versteckten Kameraden und den Partisanen. Sie befürchteten, daß der Divisionskommandeur dabei beteiligt wäre, wußten aber natürlich nichts Genaues. Mit den vorhandenen zwei bis drei Pistolen waren sie nicht in der Lage einzugreifen.

Die Gruppe von neun Männern suchte ohne Karte, nur mit einem Marschkompaß als einzigem Orientierungsmittel, bei Nacht zuerst querfeldein, dann auf einem Bahnkörper marschierend, in östlicher Richtung Anschluß an die eigene Truppe zu finden. Nach Mitternacht stießen sie auf eine Sicherung der Kampfgruppe Siebken, die im Schutze der Dunkelheit auf eine neue Linie ausweichen konnte. Es wurde ein Spähtrupp nach Spontin geschickt, der den Ort frei von amerikanischen Truppen fand. Ein Zivilist erzählte, daß ein hoher deutscher Offizier mit einem Halsorden verwundet auf der Straße gelegen hatte und von Gendarmen abtransportiert worden sei. Wir durften hoffen, daß der Divisionskommandeur lebte.

Der Ia-Offizier übernahm die Führung des Restes der Division mit dem Stab der Aufklärungsabteilung. Die Kampfgruppe des Regiments 25 blieb unter der Führung des Generalkommandos im Einsatz. Der Rest der Division wurde herausgezogen und zur Auffrischung ins Sauerland verlegt. Es waren nur noch Trümmer. Aus Kaiserslautern wurde das schon früher herausgelöste Feldersatzregiment unter Führung von Obersturmbannführer Krause herangeholt. Aus dem Raum Lüttich kamen die Reste des Panzerregiments. Sämtliche gepanzerten Fahrzeuge wurden an die am Westwall eingesetzten Truppen abgegeben.

Die personelle Bestandsaufnahme ergab, daß von der 12. SS-Panzerdivision bei einer Gesamtstärke von etwa 20 000 Mann (einschließlich Ersatz) etwa 10 000 Mann, darunter allein 21 Kommandeure ausgefallen waren.

Die Artillerie war nahezu ohne Geschütze. Es gab fast nur noch leichte Infanteriewaffen. Der Fahrzeugbestand war auf ein Viertel zusammengeschrumpft. Die Lage erschien wenig hoffnungsvoll, dennoch wurde sofort mit der Neugliederung und Ausbildung begonnen. Aus dem eigenen Ersatzbataillon traf Ersatz für die Panzergrenadiere und für die anderen Waffengattungen von ihren Ersatzeinheiten ein. Von der Marine, vom Bodenpersonal der Luftwaffe, ja sogar aus fliegenden Verbänden erhielten wir Männer, die kaum infanteristisch ausgebildet waren. Ihre Eingliederung war nicht ganz einfach.

An Stelle der fehlenden II. Panzerabteilung, die auf dem Übungsplatz verblieb, wurde der Division die schwere Panzerjägerabteilung 560 (Heer) unterstellt. Vorübergehend hatte Brigadeführer Kraemer die Führung der

Division übernommen. Er wurde jedoch Ende November als Chef des Stabes zur 6. Panzerarmee versetzt. Oberführer Kraas wurde an seiner Stelle mit der Führung der Division beauftragt.

Während der Luftlandung der Alliierten im Raum Arnheim mußte eine Kampfgruppe in Stärke einer Kompanie vorübergehend abgegeben werden Sie kam nach mehreren Wochen zur Division zurück. Diese war inzwischen in den Raum um Sulingen an der unteren Weser verlegt worden, wo sie im Falle einer alliierten Landung an der Küste zur Verfügung stehen sollte. Ende November erfolgte die Verlegung in den Raum westlich Köln. Es hatte den Anschein, als ob die Truppe als Eingreifreserve für den Frontabschnitt ostwärts Aachen zur Verfügung gehalten würde, während sie für die geplante Eifeloffensive bereitstand und ausgebildet wurde.

In zwei Nachtmärschen verlegte die Division bei tiefhängenden Wolken und Schneetreiben am 13./14. und 14./15. Dezember in die Eifel. Sie stellte sich in drei Verfolgungsgruppen gegliedert im Raum ostwärts Sistig bereit. Trotz unzulänglicher Ausbildung und mangelhafter Fahrzeugausstattung war die Truppe der festen Hoffnung, daß mit dem bevorstehenden Unternehmen das Schicksal doch noch gemeistert werden könnte. Sie war bereit, ihr Bestes zu geben.

Die Division hatte folgenden Auftrag erhalten:

„Nach Durchbruch der Divisionen vorderer Linie durch die amerikanische Stellung tritt die Division auf zwei Marschstrecken, in Kampfgruppen gegliedert, zur Verfolgung des Feindes an und setzt sich noch am ersten Tag in Besitz mindestens eines Maasüberganges unmittelbar südlich Lüttich. Links neben der 12. SS-Panzerdivision wird die 1. SS-Panzerdivision eingesetzt, während die rechte Flanke offen bleibt."

Über den Feind wurde uns etwa das Folgende bekanntgegeben:

Im Angriffsstreifen der Division ist in vorderer Linie in lockerer, stützpunktartiger Aufstellung die 99. amerikanische Infanteriedivision eingesetzt. Eigener Aufklärung ist es wiederholt gelungen, mehrere Kilometer tief in das feindliche Stellungssystem einzudringen. Auf dem Truppenübungsplatz Elsenborn befindet sich die 2. amerikanische Infanteriedivision, die an der Saarfront erheblich gelitten hat. Sie ist nicht voll kampfkräftig. Im Raum um Verviers liegt die 1. amerikanische Infanteriedivision in Auffrischung, die ebenfalls nicht voll kampfkräftig ist.

Am 16. Dezember 1944 begann die Offensive. Nach einem gewaltigen Feuerschlag der Artillerie traten im Abschnitt der 6. SS-Panzerarmee die

272. Volksgrenadierdivision und die 3. Fallschirmjägerdivision zum Angriff an. Infolge unzulänglicher Aufklärungsergebnisse traf der Feuerschlag nur wenige der Feindstellungen. Die 272. Volksgrenadierdivision kam größtenteils erst an den Feind, als die lähmende Wirkung des Artilleriefeuers bereits vorüber war. Der Angriff blieb daher in dem unübersichtlichen Waldgelände ostwärts Krinkelt bald stecken. Teilweise mußte sich die Truppe wieder in ihre Ausgangsstellungen zurückziehen. Um den Angriff wieder in Fluß zu bringen, wurde das I./25. Hitlerjugenddivision der 272. Volksgrenadierdivision unterstellt. Es konnten jedoch keine nennenswerten Fortschritte erzielt werden. Der Feind verstärkte seine Kräfte im Brennpunkt. Für den 17. Dezember wurden das gesamte Regiment 25 und die Panzerjägerabteilung 12 der Volksgrenadierdivision unterstellt. Sie erreichten bis zum Abend den Bachgrund, 5 Kilometer ostwärts Krinkelt. Am 18. Dezember wurde das verstärkte Regiment 25 wieder der 12. SS-Panzerdivision unterstellt. In schweren Kämpfen, bei denen etwa 200 Amerikaner der 99. amerikanischen Infanteriedivision gefangengenommen wurden, stieß das Regiment 25 bis an den Waldrand ostwärts Krinkelt durch. Die I. Abteilung SS-Panzerregiment 12 wurde zum Angriff auf Krinkelt angesetzt. Sie drang gegen Abend, trotz zähen feindlichen Widerstandes, in den Ort ein. Es wurden Gefangene von der 2. amerikanischen Infanteriedivision eingebracht. Inzwischen war es der 1. SS-Panzerdivision gelungen, in Ausnutzung eines Durchbruchs im Abschnitt der 3. Fallschirmjägerdivision, Büllingen gegen schwachen Feind zu nehmen und in Richtung Stavelot wieder nach Westen vorzudringen. Daher wurde der Angriff bei Krinkelt nicht fortgesetzt und die Division über Schmittheim, Manderfeld und Büllingen vorgezogen. Als das Regiment 26 am 20. Dezember südlich Büllingen eintraf, hatte der Feind den Ort wieder besetzt. Das I. Bataillon nahm ihn wieder in Besitz.

Am 21. Dezember traten das Regiment 26 und die schwere Panzerjägerabteilung 560 zum Angriff über Domäne Bütgenbach auf Bütgenbach an. Eine Kompanie der Panzerjägerabteilung drang in die Domäne ein. Der Angriff blieb aber wegen mörderischen Abwehrfeuers stecken und die Kompanie wurde zurückgenommen. Noch in der Nacht vom 21./22. wurde ein neuer Angriff unternommen, der nach Anfangserfolgen bei Hellerwerden wieder im Artilleriefeuer liegen blieb. Die Domäne wurde von Teilen des Regiments 26 der 1. amerikanischen Infanteriedivision verteidigt, die von Verviers herangeführt worden waren.

Am 23. Dezember wurde der Angriff auf Bütgenbach zusammen mit Teilen der 272. Volksgrenadierdivision unter deren Führung westlich an der Domäne vorbei wiederholt, während die übrigen Verbände der 12. SS-Panzerdivision im Raum um Amel versammelt wurden. Das III. (gep.) SS-Panzer-Grenadierregiment 26 drang in Bütgenbach ein. Der Erfolg konnte jedoch nicht behauptet werden. Die Truppe wurde in ihre Ausgangsstellungen zurückgenommen. Es waren schwere Verluste zu beklagen.

Die wieder vereinigte Division wurde am 26. in den Raum Samrée, 5 Kilometer nordostwärts Laroche verlegt und dem II. SS-Panzerkorps unterstellt. Sie erhielt den Auftrag, durch die feindbesetzten Wälder nördlich Samrée nach Durbuy durchzubrechen und den Übergang über die Ourthe zu erzwingen. Der Angriff begann nach Einbruch der Dunkelheit am 28. Es gelang Teilen des Regiments 25 bis Sadzot durchzustoßen, wo sie auf Einheiten der neu herangeführten 75. amerikanischen Infanteriedivision trafen. Es traten bereits feindliche Panzer auf, während die eigenen durch den Wald nicht nachgeführt werden konnten. Der von vornherein wenig aussichtsreiche Angriff, der trotz ernsthafter, von uns vorgetragener Bedenken befohlen worden war, wurde eingestellt und die Truppe zurückgenommen. Die Division hatte hier zum dritten Mal das Unglück, zu spät eingesetzt zu werden und dadurch einen neu herangeführten Feind angreifen zu müssen, jedesmal mit weniger starken eigenen Kräften.

In der Silvesternacht wurde die Division in den Raum nördlich Bastogne verlegt und der 5. Panzerarmee unterstellt. Der Feind hatte, von Bastogne aus antretend, die deutschen Stellungen nordostwärts der Stadt durchbrochen. Die 12. SS-Panzerdivision sollte im Gegenangriff die Front wiederherstellen. In der Nacht vom 1. zum 2. Januar 1945 wurden südlich Bourcy die Angriffsspitzen des Feindes durch das I./SS-Panzerregiment 12 zurückgeworfen. Am 2. Januar trat die Division, deren Kampfkraft auf ein Viertel zusammengeschmolzen war, zum Angriff in Richtung auf Bastogne an. Die Nachbarn beteiligten sich jedoch nicht dem Befehl entsprechend daran. Dennoch gelang es, nach schweren und verlustreichen Kämpfen am 3. Januar Margerite zu nehmen. Die Höhe 510 westlich Margerite wurde vom Pionierbataillon und den fünf noch einsatzbereiten Panzern des I./SS-Panzerregiment 12 am 3./4. Januar in einem schweren Nachtangriff genommen, jedoch bald wieder verloren. Der Feind (216. amerikanische I.D., 9. und 11. amerikanische Panzerdivision) wollte mit allen Mitteln verhindern, daß wir B-Stellen mit Sicht auf Bastogne gewannen. Die Kämpfe südlich Bourcy und bei Margerite und Höhe 510 dürfen als hervorragende Leistungen der ausgebluteten und erschöpften Truppe gelten. Feldmarschall Model zollte hohe Anerkennung.

Die Ardennenoffensive war endgültig gescheitert. Die Division wurde mit dem 10. Januar beginnend herausgelöst und in Etappen bis zum 6. Februar in den Raum westlich Köln verlegt.

Es soll hier nicht untersucht werden, warum der opferbereite Einsatz der Truppe nicht zu dem erhofften Erfolg führte. Sie hat zweifellos das Beste gegeben, war aber entgegen ihrem Charakter gezwungen, in festgefahrenen Situationen in frontalem Angriff zu versuchen eine Wendung herbeizuführen. Bei so ungünstiger Lage hatte sie das Unglück, jedesmal auf frischen und stärkeren Feind zu stoßen.

In den Tagen vom 2. bis 6. Februar erfolgte die Verladung der Division im Raum westlich Köln zum Eisenbahntransport nach Ungarn. An den Verladebahnhöfen wurde den Verbänden Personalersatz zugeführt. Teils waren es Verwundete, die aus den Lazaretten kamen, teils Angehörige der Kriegsmarine und der Luftwaffe, die nur eine unzureichende Ausbildung im Erdkampf hatten. Ihre endgültige Eingliederung konnte erst nach der Entladung erfolgen. Die Soldaten der Kriegsmarine und der Luftwaffe, von denen einige sich bereits Auszeichnungen im Kampfeinsatz erworben hatten, mußten später ohne jede Vorbereitung mit der Truppe ins Gefecht gehen. Man kränkt diese Männer nicht, wenn man feststellt, daß dieser Ersatz die Kampfkraft der Truppe nicht entsprechend ihrer zahlenmäßigen Auffüllung vergrößerte.

Als Ausbildungseinheiten und Baustäbe getarnt, traf die Division zwischen dem 7. und 16. Februar im Raum Raab ein. Zusammen mit den in Ungarn stehenden Verbänden sollte die 6. SS-Panzerarmee die westlich der Donau stehenden russischen und bulgarischen Verbände vernichten oder über die Donau zurückwerfen, um durch Gewinnung einer verkürzten und leichter zu verteidigenden Front Kräfte für die Front an der Oder freizumachen und das Erdölgebiet westlich des Plattensees zu sichern. Voraussetzung für die vorgesehene Angriffsoperation war die Bereinigung des russischen Brückenkopfes über den Gran an dessen Unterlauf.

Diesen Auftrag erhielt das I. SS-Panzerkorps. Es wurden eingesetzt die 12. SS-Panzerdivision, Teile des Panzerregiments der 1. SS-Panzerdivision und die Grenadierdivision „Hoch- und Deutschmeister". Die 12. SS-Panzerdivision verlegte auf eigenen Fahrzeugen und mit Hilfe von Transportkolonnen des Heeres vom 14. Februar ab über Kisber, Kmorn, in den Raum um Ersekujvar. In der Nacht vom 16. zum 17. Februar rückte die Division in den Bereitstellungsraum südwestlich und südlich Kolta. Es wurden eingesetzt: Rechts die gepanzerte Gruppe und das SS-Panzer-Grenadierregiment 25, links das SS-Panzer-Grenadierregiment 26 (ohne SPW-Bataillon). Gegen Mittag trat die Division bei diesigem Wetter zum Angriff an. Bis zum Einbruch der Dunkelheit wurde die Gegend nördlich Köbölkut erreicht, wo sich der Feind hartnäckig verteidigte. Der linke Nachbar, eine Infanteriedivision, konnte nur wenig Raum gewinnen. Sein Angriff blieb nördlich Bart liegen.

In der Nacht zum 17./18. versuchte der Feind mit Panzerunterstützung von Köbölkut aus, das Regiment 26 zurückzuwerfen, wurde jedoch unter hohen Verlusten abgewiesen. — Gegen Mittag des 18. 2. drangen die gepanzerte Gruppe und das Regiment 25 von Nordwesten her, entlang der Bahnlinie vorgehend, in Köbölkut ein und nahmen es. Inzwischen hatte auch die Kampfgruppe des SS-Panzerregiments 1 die Gegend nördlich Muszla erreicht.

Am 19. 2. wurde der Angriff entlang der Straße Köbölkut—Muzsla fortgesetzt. Muzsla wurde gegen 11.00 Uhr genommen. Bei einem Feuerüberfall auf den Ort fiel der Kommandeur des SS-Panzerregiments 26, SS-Obersturmbannführer Krause. SS-Panzer-Grenadierregiment 25 und Teile der Grenadierdivision „Hoch- und Deutschmeister" nahmen im Laufe des Mittag Parkany, das Regiment 26 Ebed an der Donau.

Am 20. 2. verlegte die Division in die Gegend nördlich Bart, um im Nachtangriff den Rest des Brückenkopfes zu zerschlagen. Der Angriff blieb im starken Abwehrfeuer von Bart und Beny liegen und konnte auch am 22. und 23. nicht mit wesentlichem Erfolg fortgesetzt werden. In der Nacht vom 23./24. wurde das Regiment 26 daher zum Angriff auf Beny angesetzt und konnte nach harten Kämpfen um den stark ausgebauten Bahndamm westlich des Ortes mit Unterstützung von Panzern und des SPW-Bataillons am 24. um 7.30 Uhr Beny nehmen und den Gran erreichen. Am 24. wurde dann auch Bart genommen. Damit war der Gran-Brückenkopf völlig beseitigt. Es war das letzte erfolgreiche große Angriffsunternehmen der Division. Einige Einheiten hatten empfindliche Verluste erlitten. Unverhältnismäßig hoch waren wieder die Ausfälle an Führern.

Über Komorn, Bankesy marschierte die Division vom 25. 2. bis 3. 3. in den Raum nördlich der Enge zwischen Platten- und Velence-See. In der

Nacht zum 5. März stellte sie sich zum Angriff bereit. Rechter Nachbar war die 1. Kavalleriedivision, linker Nachbar die 1. SS-Panzerdivision, links neben dem I. SS-Panzerkorps stellte sich das II. SS-Panzerkorps bereit. Es wurden wiederum rechts das SS-Panzer-Grenadierregiment 25, links das SS-Panzer-Grenadierregiment 26 eingesetzt, die gepanzerte Gruppe sollte hinter dem Regiment 26 folgen, sobald die Geländeverhältnisse es gestatteten. Der Boden war teilweise noch mit Schneematsch bedeckt, oberflächlich aufgetaut, in der Tiefe noch gefroren. Um 4.45 Uhr begann der Angriff des Regiments 26 auf Ödin-Puszta. Nach empfindlichen Verlusten konnte erst am Nachmittag der Untersturmführer Rechers vom II./26 mit einigen Männern in das aus 5 Gräben bestehende Verteidigungssystem einbrechen. Am 6. 3. um 5.00 Uhr konnte mit Unterstützung von Panzern und SPW Ödin-Puszta genommen werden. Gegen 11.00 Uhr wurde schließlich Major-Puszta genommen und ein Gegenangriff des Feindes abgewiesen. Am 7. 3. wurde nach Durchbrechen einer Pakfront die Gegend 4 Kilometer nördlich Deg erreicht. Der Führer des Regiments 26, Sturmbannführer Kostenbader, fiel bei einem Fliegerangriff.

In der Nacht konnte mit Unterstützung von Panzern und Panzerjägern Deg genommen werden. Mehrere Stellungen waren von Panzern und SPW in der Nacht überrannt worden. Der zurückflutende Feind wurde bis in die Nacht über Meszezilas, Igar verfolgt. Am 10. 3. versuchte der Feind vergeblich seine Stellungen wiederzugewinnen. Alle Angriffe wurden abgewiesen. Am 11. 3. trat die Division zum Angriff auf Simontornya und über den Sio an. Gleichzeitig drangen die Panzer der 12. und 1. SS-Panzerdivision in die Stadt ein; um 14.30 Uhr hatten die Panzergrenadiere den Sio-Kanal erreicht. Gegen Abend gelang es zuerst dem I./26, über den Kanal überzusetzen und am südlichen Ufer einen kleinen Brückenkopf zu bilden, der sofort heftigen Gegenangriffen ausgesetzt war. Am 12. konnte schließlich der Brückenkopf durch Inbesitznahme der Höhe 503 erweitert werden. Alle Gegenangriffe wurden am 13. und 14. abgewiesen. Am 15. 3. erfolgte Ablösung des Regiments 26 im Brückenkopf durch die 1. SS-Panzerdivision.

Inzwischen war der Russe nördlich des Velence-Sees zur Gegenoffensive angetreten. Die Division wurde aus dem Sio-Abschnitt herausgelöst und in den Raum Stuhlweißenburg verlegt. Inzwischen hatte der Russe die Front der Ungarn durchbrochen und auch bei der Totenkopfdivision tiefe Einbrüche erzielt. Die Einheiten der 12. SS-Panzerdivision wurden — wie sie eintrafen — im Abschnitt der Totenkopfdivision eingesetzt, um den Feind zum Stehen zu bringen. Es gelang mühsam, den bei Moor durchgebrochenen Feind aufzufangen. Das Heranführen der Truppe im Gebirge bei aufgeweichten Strecken und mit unzureichender Fahrzeugausstattung war äußerst schwierig. Über Dudar (21./22. 3.) wich die Truppe auf die Margarethenstellung bei Zirc aus. Widerstand war hier jedoch nicht möglich, da nördlich und südlich der Division die Stellung schon vom Feind überschritten war, ohne daß er Widerstand gefunden hatte. Immer wieder vom Feind überflügelt und in Flanken und Rücken bedroht, kämpfte sich die Division bis zum 27. auf die Raab-Stellung zurück. Am 30. war die unbesetzte „Reichsschutzstellung" erreicht, die in den Nachbarabschnitten vom Feind bereits überwunden war. Mit Mühe gelang es am 31. 3., bei Ödenburg den Einschließungsring des Feindes zu durchbrechen. Am 2. April wurde der Wiener Wald bei Hirtenberg erreicht und dort mühsam eine Sicherungslinie aufgebaut.

Die Versorgungstruppen stellten eigene Kampfeinheiten auf, mit deren Hilfe es gelang, die Front allmählich zu festigen. (Das Panzer-Grenadierregiment 25 hatte zu dieser Zeit noch etwa 60 Panzergrenadiere in der vordersten Linie.) Bis zum 21. 3. konnte die Front ostwärts Altenmarkt gehalten werden, nachdem sie aber am linken Flügel vom Feind umgangen war, mußte sie über Rohr i. Geb. in die Gegend von Tradigist zurückgenommen werden. Hier richtete sich auch der Feind zur Abwehr ein, wie Gefangene aussagten, um die Amerikaner zu erwarten.

Am 5. Mai wurde die Division aus der Ostfront herausgelöst, um bei der Kapitulation nicht der Gefahr der Auslieferung an die Russen ausgesetzt zu sein. Am 8. Mai marschierte sie in die Gefangenschaft. 2 Kilometer vor der Demarkationslinie, welche hier die Enns bildete, ließ der Divisionskommandeur, SS-Brigadeführer Hugo Kraas, die Truppe noch einmal an sich vorbeimarschieren. Diszipliniert und in männlicher Haltung fuhren die zusammengeschmolzenen Reste an ihm vorbei in ein ungewisses Schicksal, das die Waffenlosen in ungeahnter Weise zu erniedrigen suchte. Sie blieben dabei so aufrecht wie an diesem Tage, da sie den demütigenden Befehl des Amerikaners, alle Fahrzeuge mit weißen Fahnen zu versehen, ignorierten.

*

Es sollen noch einige aufklärende Worte zur Frage der Ärmelstreifen gesagt werden. Es entspricht den Tatsachen, daß durch einen Befehl Adolf Hitlers den am Plattensee eingesetzten SS-Divisionen der 6. SS-Panzerarmee die Ärmelstreifen aberkannt wurden. Der Oberbefehlshaber, SS-Oberstgruppenführer und General der Waffen-SS, Sepp Dietrich, gab diesen Befehl nicht weiter. Die Truppe trug zu dieser Zeit aus Tarnungsgründen ohnehin keine Ärmelstreifen. Der Befehl war folgendermaßen zustande gekommen:

Der Heeresgruppen-Oberbefehlshaber, Gen. d. Inf. Wöhler, hatte während der Offensive am Plattensee hinter der Front eine nach rückwärts fahrende Nebelwerferbedienung der Leibstandarte mit ihrem Geschütz getroffen und zur Rede gestellt. Der Geschützführer meldete, daß er wegen Motorschadens seine Einheit verloren hätte und suche. Anläßlich einer telefonischen Rücksprache mit dem Chef des Generalstabes rechtfertigte sich General der Inf. Wöhler wegen des Mißerfolges der Offensive damit, daß selbst die SS sich nicht halten könne und zurückginge, wie er persönlich festgestellt hätte. Bei der Lagebesprechung berichtete der Chef des Generalstabes entsprechend. Das führte zu dem Ärmelstreifenbefehl.

Oberstgruppenführer Sepp Dietrich schickte einen Führer seines Stabes ins Führerhauptquartier, um über die tatsächliche Lage, Zustand und Verhalten der Truppe zu berichten und um Aufhebung des Befehls zu bitten. Adolf Hitler bedauerte, auf Grund eines falschen Berichtes den Befehl erlassen zu haben und nahm ihn zurück.

Das ist der wirkliche Sachverhalt. Alle anderen Darstellungen gehen auf unrichtige Informationen zurück oder sind Zweckpropaganda. Diese Richtigstellung erfolgt nur um der geschichtlichen Wahrheit willen, da noch immer die Versuche fortgesetzt werden, das wirkliche Geschehen zum Nachteil der überlebenden Soldaten der ehemaligen Waffen-SS und der Hinterbliebenen ihrer Gefallenen zu verfälschen. (soweit Hubert Meyer)

Weitere ergänzende Mitteilungen von Hubert Meyer vom August 1983 zu den Verlusten der Division:

Am 1. Juni 1944 hatte die Division eine Stärke von 20 540 Führern, Unterführern und Männern. Bis Ende Oktober 1944 betrugen die Verluste 8636 Mann. Da einige Verlustlisten unvollständig sind, ist mit einer Gesamtzahl von 9000 zu rechnen. Die Division hatte also nach ihrem Einsatz im Westen eine Stärke von rund 11 500.

Anfang September 1944 war die Masse der Division zur Auffrischung ins Reichsgebiet verlegt worden. Es blieb lediglich eine Kampfgruppe im Einsatz, die aus den Resten von 3 Pz. Gren. Bataillonen zu je 150 bis 200 Mann, den Resten der Aufkl. Abt., der Div. Begleit-Kp., von 2 Pionierzügen, einer gemischten Batterie mit 200 Schuß Munition, 10 Nebelwerfern mit 251 Schuß Munition, einer 7,5 cm Pak und einer 8,8 cm Flak bestand. Alle einsatzfähigen Panzer und Jagdpanzer waren an im Einsatz verbliebene Panzerdivisionen abgegeben worden.

Gefangenschaft in England

Sicher gleitet das Flugzeug durch das diesige Wetter und überfliegt bei Dover die englische Steilküste. Bald kurven wir über einem Platz südlich von London und schweben elegant in die befohlene Landebahn ein. Das ist also England! Frierend stehe ich auf dem Rollfeld und harre der Dinge, die da kommen sollen. Die Verbindung Paris—London hat anscheinend doch nicht reibungslos geklappt. Erst einige Telefonanrufe bringen den erwarteten Wagen auf das Rollfeld und mich in das nächste Vernehmungslager. Auf der Fahrt stelle ich erstaunt fest, daß überhaupt keine Bombenschäden zu sehen sind und die Außenbezirke Londons einen absolut friedlichen Eindruck machen. Durch wohlgepflegte Straßen mit hellerleuchteten Häusern fahren wir schnell in das Lager.

Geheimnisvolle Stille liegt über dem Komplex, während ich durch die Tür begleitet und in einen isolierten Raum geschleust werde. Schwerbewaffnete Engländer halten Wache. Mir wird ein Fragebogen vorgelegt, den ich sofort ausfülle, um meine Ruhe zu haben. Aber ein hysterisch schreiender Bursche stürmt in den Raum und steht mit zuckenden Fäusten vor mir. Seine Augen hält er hinter einer großen dunklen Sonnenbrille verborgen. Wie ein Berserker schreit er auf mich ein und knallt in einem Anfall gespielter Wut meine Feldmütze in die nächste Ecke. Der junge Mann macht einen zu eifrigen Eindruck, um echt zu wirken; die ihm aufgetragene Rolle spielt er schlecht. Ich werde in eine Einzelzelle gebracht.

Am nächsten Morgen wird mir etwas Brot durch die Tür gereicht, und anschließend werde ich für zwanzig Minuten an die frische Luft geführt. Während des Spazierganges ist es unmöglich, die mitgefangenen Kameraden zu erkennen — große Zeltbahnen trennen uns voneinander und verhindern jede Sicht. Nach einigen Tagen des Alleinseins bin ich froh, daß ich erneut zur Vernehmung geholt werde.

Ein Neuamerikaner erwartet mich und beginnt ein Gespräch über die militärische Lage Deutschlands und über die Friedensaussichten Europas nach der Ausschaltung Deutschlands. Seiner Ansicht nach geht Europa rosigen Zeiten unter der Führung Englands entgegen. Als ich ihm zu erklären versuche, daß ich seine Überzeugung nicht teilen könne und die Alliierten auf dem besten Wege seien, das alte Europa für immer zu zerstören und dem Kommunismus Tür und Tor zu öffnen, bricht er unsere Unterhaltung ab. Geradezu wütend wird er über meine Beurteilung des russischen Soldaten im Gegensatz zu dem alliierten. Er verabschiedet sich und kündigt mir die Verlegung in ein sogenanntes Generalslager an.

Während ich bei den bisherigen Transporten vor der Stunde der Abfahrt niemals wußte, wohin es gehen sollte, werde ich jetzt genauestens orientiert und mir das Zusammentreffen mit meinem Oberbefehlshaber, General Eberbach, angekündigt. Erfreut über die Aussicht, endlich wieder mit Kameraden zusammenzukommen, verbringe ich die letzten Stunden im Vernehmungslager.

Am Spätnachmittag werde ich in das Generalslager Enfield gebracht, einen Herrensitz, der mit hohen Stacheldrahtzäunen umgeben ist. Dort leben bereits ein Dutzend deutscher Generale und Stabsoffiziere. General Ritter von Thoma gilt als Lagerältester. v. Thoma ist bereits in Nordafrika in Gefangenschaft geraten und erfreut sich bei den Engländern eines sehr guten Rufes. Das Verhältnis zwischen ihm und unseren Bewachern ist sehr gut.

Nachdem ich mich beim Lagerältesten gemeldet habe, werde ich auf mein Zimmer geführt und lerne hier General Eberding kennen. Er ist Kommandeur der 64. Infanteriedivision gewesen, die sich so hartnäckig auf den Scheldeinseln verteidigt hat und in Breskens den Kampf einstellen mußte. Dankbar schüttle ich meinem alten Oberbefehlshaber, General Eberbach, die Hand und begrüße die Generale v. Schlieben, Ramke, v. Choltitz und den seit Chambois vermißten Elfeld.

Unsere Unterhaltung am ersten Abend berührt nicht nur die Verhältnisse im Lager, sondern auch die politische Neuentwicklung Deutschlands. Letzteres Thema wird besonders von Oberst Wildermuth, dem späteren Bundesminister, immer erneut in die Debatte geworfen. Ich kann beobachten, daß ein Teil der Herren an die Wirklichkeit des eingetretenen Wandels nicht glaubt. Sie halten an ihren Vorstellungen fest und betrachten die Gefangenschaft mit all ihren Begleiterscheinungen als etwas Vorübergehendes. Einige wiederum haben alle Illusionen verloren. Für diese Männer ist die Welt, die sie bisher ausgefüllt hat, in Trümmer gegangen, und sie wissen nicht, was sie an ihre Stelle setzen sollen.

Am widerlichsten empfanden wir während dieser Zeit das ewige Brummen der gewaltigen Bomberströme. Hilflos mußten wir zusehen, wie der Tod über uns hinweg in die Heimat geflogen wurde.

Das Vorhandensein einiger Bücher wurde von uns dankbar begrüßt, und bei allen weckte das Schachspiel großes Interesse. Stundenlang wurde gespielt und auch Turniere wurden durchgeführt. Selbstverständlich gab es auch einige Zeitungen, die ins Lager kamen. Eine Zeitung machte sich mit ihren Hetzartikeln, üblen Lügen und Erfindungen gegen Deutschland besonders unliebsam bemerkbar. Um so mehr haben wir uns gefreut, als dieses Blatt im Dezember, während der Ardennen-Offensive, vom „Wunder" der deutschen Soldaten berichtete und den Geist der Truppe nach den ungeheueren Anstrengungen der letzten Jahre herausstellte.

Die Offensive kam für uns vollkommen überraschend, weil wir doch den Zustand der Truppe kannten und auch über die Stärke des Gegners orientiert waren. Für mich war es unverständlich, daß meine brave Division schon wieder als Divisionsverband kämpfte, nachdem sie doch über 10 000 Soldaten, darunter allein 21 Kommandeure, verloren hatte. Unter diesen Umständen war der Ausgang der Offensive vorauszusehen und konnte im Hinblick auf die große materielle Überlegenheit des Feindes nur in einem weiteren Blutbad für die deutsche Armee enden.

Im Frühjahr 1945 wurde ich nach London zu einer mehrtägigen Vernehmung gebracht. Diese fand auf Anordnung der Kanadier und unter Vorsitz von Major-General Barker statt. Neben Barker nahmen teil: Lieutnant-Colonel Boraston, Lieutnant-Colonel Page und Lieutnant-Colonel MacDonald. Außerdem war Colonel Scotland, vom London District, Prisoner of War Cage, anwesend.

Colonel Scotland hat später einen zweifelhaften Ruhm in der Behandlung deutscher Gefangener erworben. Unter anderem schämte er sich nicht, den tapferen General der Fallschirmtruppe, Ramke, mit Ohrfeigen zu traktieren. Der Propagandarummel um Scotland kannte überhaupt keine Grenzen mehr und stempelte ihn zum Helden des britischen Spionagedienstes. Noch heute wird behauptet, daß Scotland während des Krieges als deutscher Generalstabsoffizier im Stabe des Feldmarschalls Kesselring gedient und so wichtiges Material für die Alliierten beschafft hätte. Natürlich gehört diese Geschichte in das Reich der Fabel, aber sie wird in der ganzen Welt geglaubt. Übrigens hat Colonel Scotland später einmal die sogenannten Kriegsverbrecher in Werl besucht. Bei dieser Gelegenheit wurde er dann auch prompt von Feldmarschall Kesselring nach seinen Erlebnissen im Stabe Kesselring befragt. Ein bedrücktes Schweigen war die Antwort.

Im Gegensatz zu General Ramke wurde ich von Colonel Scotland gut behandelt. Auf der Rückfahrt ins Lager zeigte er mir sogar die Sehenswürdigkeiten Londons und versorgte mich mit Rauchwaren.

Meine Vernehmung drehte sich zuerst um rein militärpolitische Fragen und wandte sich dann den Ereignissen in der Normandie zu. Aus der Fragestellung konnte ich recht bald entnehmen, daß mich die Herren für alle Vorkommnisse auf dem Gefechtsfeld verantwortlich machen wollten und ich als Sündenbock herausgestellt werden sollte.

Während der Kämpfe nördlich Caen war die alliierte Propagandamaschine auf Hochtouren gelaufen und hatte meine Division als eine Bande junger, fanatischer Nazis hingestellt. Jetzt mußte nun der Beweis für die damalige Pressekampagne erbracht und Vorbereitungen zum „Fest" der Revanche getroffen werden.

Im Hinblick auf die noch andauernden Kampfhandlungen entschloß ich mich, jede Frage, die meine noch kämpfende Truppe auch nur im geringsten belasten konnte, negativ zu beantworten.

Am dritten Vernehmungstag wurde ich in mein Lager zurückgebracht und ein paar Wochen später in das Lager Windermere verlegt. Wir fuhren mit dem D-Zug viele Stunden durch die Landschaft und kamen erst am Spätnachmittag in Windermere an. Ein Wagen brachte uns dann in das idyllisch gelegene Lager Nr. 7, das rings von Bergen umgeben war und vor Ausbruch des Krieges einer großen Firma als Erholungsheim gedient hatte. Nach dem Passieren des äußeren Tores wurden wir durch zwei weitere Drahtzäune geführt und standen dann auf dem Vorhof des alten Herrensitzes. Einzeln ging es in die Registratur, wo die Personalien festgestellt und eine erneute Durchsuchung der Habseligkeiten vorgenommen wurde.

Ein Neuengländer, der früher lange Zeit in Berlin gelebt hatte, durchwühlte mein Gepäck, als ob er einem Waffenschmuggel auf die Spur gekommen wäre. Mein armseliger Besitz flog im hohen Bogen durch den Raum. Mit einer wahren Wollust löste er den Druck „Ritter, Tod und Teufel" aus dem Rahmen und knallte das nun völlig zerfetzte Bild in den Karton zurück.

Nach dieser Prozedur holte mich Oberst Bacherer auf sein Zimmer und machte mich mit den Verhältnissen im Lager vertraut. Oberst Bacherer war von den Engländern als Lagerältester eingesetzt, bis er von Oberst Wilk, dem Verteidiger von Aachen, abgelöst wurde. Hocherfreut hörte ich von Bacherer, daß Max Wünsche im Lager sei und mich bereits erwarte. Meine Ankunft war bereits tags zuvor bekannt geworden. Mit großer Freude konnte ich feststellen, daß der Geist der Offiziere ungebrochen war und sie zuversichtlich in die Zukunft blickten.

Als ich das Zimmer von Bacherer verließ, um den mir zugeteilten Raum aufzusuchen, stand ich völlig überrascht einer Menge Offiziere gegenüber. Sie hatten sich ohne Bacherers Wissen versammelt, um mich im Lager willkommen zu heißen. Max Wünsche kam mir freudestrahlend entgegen und berichtete über seine Erlebnisse südlich Falaise und seine spätere Gefangennahme.

Im Lager befanden sich Offiziere aller Truppengattungen, die ständig irgendwelche Streiche gegen unsere lieben Bewacher ausheckten. Zwei Kameraden saßen augenblicklich in Dunkelarrest, weil sie einen Ausbruchsversuch unternommen hatten. Leider konnten sie sich nur wenige Tage der Freiheit erfreuen, wurden bald wieder eingefangen und anschließend für einige Wochen in Arrest getan.

Ende April wurde ich zum Kommandanten befohlen. Die Art und Weise, in der ich beordert und begleitet wurde, konnte nichts Gutes bedeuten. Mit mir zusammen wurden die Kameraden Wünsche und Lingner vorgeführt. Zu meinem Erstaunen war der Kommandant nicht anwesend, statt dessen schrie mich ein Uniformträger an, der offensichtlich keine Ahnung hatte, wie sich ein Soldat in Uniform zu benehmen hat, um nicht zum Gespött seiner Umgebung zu werden.

Herr Dr. Otto John, späterer Präsident des Verfassungsschutzamtes, weiland Wanderer zwischen zwei Welten, gab sich die Ehre, seine Pflichten als Büttel Englands auszuüben. Mit geifernder Stimme schrie er mir zu: „Verlassen Sie dieses Lager nicht ohne Erlaubnis! Sollten Sie je einen Fluchtversuch unternehmen, so wird Ihre Leiche ins Lager zurückgebracht. Ihre Familie sehen Sie sowieso nicht wieder!“

Wenn diese erbärmliche Kreatur geahnt hätte, mit welcher Verachtung ich mir ihr haßerfülltes Geschwätz anhörte, wäre sie sicher nicht wie ein radschlagender Pfau durchs Lager stolziert, sondern vor Scham in die Erde versunken.

Gleichzeitig wurde mir mitgeteilt, daß ich nicht mehr an den gemeinsamen Spaziergängen teilnehmen, sondern mich nur noch unter Bewachung bewegen dürfte. Die gleiche Anordnung galt auch für die beiden Kameraden Wünsche und Lingner.

Diese Anordnung der Engländer berührte uns nicht, auch konnten uns die im Lager kursierenden Gerüchte nicht beunruhigen. Kapitänleutnant Eck, der als Lagergehilfe fungierte, und der Lagerarzt Dr. Weißpfennig machten mich darauf aufmerksam, daß ich bei den Engländern als Todeskandidat gelte. Beide Kameraden ahnten nicht, daß sie selbst als „Kriegsverbrecher“ vorgemerkt waren und einige Monate später in Hamburg ihr Leben lassen mußten.

Beim nächsten Spaziergang wurden wir wie drei schwarze Schafe abgesondert und wie gemeingefährliche Verbrecher in Marsch gesetzt. Zwei Tommys marschierten mit uns durch das Lagertor, und wir kletterten dann in die naheliegenden Berge. Sobald wir aus dem Blickfeld des Lagers heraus waren, hängten sich unsere Begleiter ihre Maschinenpistolen um den Hals und kümmerten sich kaum noch um unsere Bewachung.

Als wir das nächste Mal spazierengeführt wurden, erlebten wir eine freudige Überraschung. Aus der Masse unserer Kameraden trat plötzlich Admiral Hüffmeier heraus und verlangte, mit uns spazierengeführt zu werden. Er begründete seine Forderung mit den Worten: „Ich bin deutscher Offizier und wünsche genau so behandelt zu werden, wie meine Kameraden." Admiral Hüffmeier hat uns damit eine große Freude bereitet. Leider durfte er uns nur einige Male begleiten — die Tommys liebten solche Kameradschaftsbeweise nicht.

Eines Tages begegnete ich meinem alten Kommandeur, Generalleutnant Pflieger, in dessen Abteilung ich 1929 meine erste Ausbildung erhalten hatte. Es war für uns ein freudiges, aber auch ein trauriges Wiedersehen. Die meisten unserer Kameraden weilten nicht mehr unter uns.

Die Kampfhandlungen in der Heimat verfolgten wir mit blutendem Herzen. Es war uns unverständlich, daß überhaupt noch gekämpft und den Westalliierten Widerstand entgegengesetzt wurde. Irgendwie glaubten wir an die Möglichkeit eines Besinnens der europäischen Völker und damit an die Verhinderung der militärischen Besetzung Ost- und Mitteldeutschlands durch die Rote Armee. Aber wir hatten uns geirrt. Das Schicksal nahm seinen Lauf und führte die Asiaten bis an die Elbe und bis in das Herz Europas hinein.

Der restlose Zusammenbruch der Heimat traf uns bis ins Mark. Wochenlang hatten wir auf diese Mitteilung gewartet, und dennoch traf sie uns alle schwer. Die Meldungen über die grauenhaften Vorgänge in der russischen Zone machten uns nahezu wahnsinnig. Seit Monaten waren wir ohne Nachrichten von unseren Familien. Keiner von uns konnte mit Gewißheit sagen, wo sich seine Familie befand und ob sie überhaupt noch unter den Lebenden weilte.

Ob unser fünftes Kind wohl lebte? War es der langersehnte Junge, der das Licht der Welt erblickt hatte, oder hatte ich jetzt fünf Töchter? Tag und Nacht suchten die Sinne unsere gequälte Heimat. Doch alles Grübeln hatte keinen Zweck — wir fanden keine Antworten. Unser Leben wurde immer mehr eingeengt und spielte sich bald nur noch hinter Stacheldraht ab. Die Spaziergänge hörten auf — ein neues Völkerrecht — das Recht der Sieger — nahm immer deutlicher Gestalt an.

Mit einem neuen Transport kamen die Feldmarschalle v. Kleist und Sperrle in unser Lager. Erschüttert hörten wir die ersten Augenzeugenberichte aus der zerrissenen Heimat. Die Debatten über das Ende des Krieges, über die politischen Fehler, die unzulängliche Vorbereitung und die mangelnden Mittel an allen Fronten nahmen kein Ende. Mit viel Bitterkeit wurde über das Versagen der Führung gesprochen. Der Attentatsversuch vom 20. Juli 1944 wurde von den meisten Offizieren abgelehnt. Ich habe keinen getroffen, der sich zu den Tätern bekannte.

Ende Mai erlebte ich eine ganz besondere Überraschung. Mit einem neuen Transport Kameraden aus einem Lager aus Südengland kam ein Oberst, der einige Wochen mit meinem Schwager, einem Oberleutnant der Luftwaffe, zusammen gelebt und dabei die letzten Nachrichten über meine Familie gehört hatte.

Seit August hatte ich keine Verbindung mehr mit der Heimat gehabt und wußte nichts über den Verbleib meiner Lieben. Die ewigen Zweifel und die Sorgen um das Dasein unserer Frauen und Kinder waren am schwersten zu ertragen. Die eigene Not berührte uns eigentlich kaum, dazu waren wir durch das Kriegsgeschehen zu sehr abgehärtet, doch das Wissen um die Not der Angehörigen drohte uns fast zu zerbrechen. Es ist daher kaum zu beschreiben, wie sehr mich die wenigen Worte des Obersten berührten. Ein einziger Satz machte mich zum glücklichsten Insassen des Lagers. Er lautete: „Ich grüße Sie von Ihrem Schwager, und er läßt Ihnen sagen, daß Ihre Familie nach Westdeutschland geflohen ist und Ihr Sohn am 15. Februar geboren wurde.“

Im Juni wurde ich mit hundert Kameraden in das Lager Nr. 18, Featherstone, verlegt. Dieser Wechsel bedeutete eine angenehme Unterbrechung der lähmenden Gefangenschaft. Wir wurden in Busse verfrachtet und quer durch England gefahren. Das neue Lager befand sich am Thyne und diente den Amerikanern als Truppenlager. Es bestand aus unzähligen Baracken, die in Compounds eingeteilt und mit wahren Stacheldrahtwänden umgeben waren. Die ganze Anlage machte auf uns einen düsteren Eindruck. Der Empfang gefiel uns durchaus nicht. Kaum standen die Räder der Busse still, wurden wir von einer wild gestikulierenden Horde Uniformträger aufgefordert, die Busse zu verlassen und in Richtung Empfangsbaracke zu traben. Das Benehmen dieses aus Berlin stammenden Neuengländers war alles andere — nur nicht gentlemanlike. Seine Knüppelgarde umkreiste uns wie ein Rudel Wölfe, das auf ein Opfer wartete.

Wir wurden durch eine Baracke geführt, um noch einmal überprüft zu werden. Nachdem diese „Filzung“ überstanden war, hatten wir keine Gepäcksorgen mehr. Erleichtert von allen Dingen, die wir uns mühselig wieder erworben und auch mit unserem Sold bezahlt hatten, durften wir dann in unsere Baracke ziehen.

In den nächsten 24 Stunden stellten wir fest, daß wir in den Augen des Bewachungspersonals keine Kriegsgefangenen mehr waren, sondern wie Verbrecher behandelt wurden. Erstmalig wurden wir in Klassen eingeteilt und galten nun als weiße, graue und schwarze Nazis. Ich befand mich in bester Gesellschaft. Fallschirmjäger, U-Boot-Offiziere und ungefähr 20 Offiziere der Waffen-SS waren mit mir als schwarze Nazis klassifiziert. In dieser Gemeinschaft ließ sich die Gefangenschaft ertragen. Wir begannen sofort mit der Organisation von Fortbildungskursen und hatten recht schnell einen Schulbetrieb organisiert. Oberst von Viebahn erwarb sich hierbei besondere Verdienste.

Im Sommer erhielten wir einen neuen Kommandanten, der erfreuliche Maßnahmen traf. Der alte Kommandant wurde auf Grund unserer Beschwerden beim Vertreter des Roten Kreuzes abgelöst. Das Leben hinter Stacheldraht wurde nun erträglicher. Oberstleutnant Vickers räumte uns sicherlich nicht nur aus Menschlichkeit gewisse Freiheiten ein, aber er verstand es, die unruhigen Geister zu bändigen und in uns die Hoffnung auf eine baldige Heimkehr zu nähren.

Mitte September erhielt ich überraschend Befehl, mich innerhalb einer halben Stunde marschbereit zu halten. General Kroh und Max Wünsche begleiteten mich bis zum Tor. Der Kommandant eröffnete mir, daß ich vom London District, Prisoner of War Cage, angefordert sei und umgehend die Reise anzutreten habe.

An einem schönen Sommertag fuhr ich in Begleitung eines Kapitäns und zweier Unteroffiziere in einem Sonderabteil nach London. Die Fahrt war für mich sehr amüsant. Es dauerte nämlich nicht lange und meine drei Musketiere schliefen wie die Murmeltiere. Bis London verlief alles in bester Ordnung. Selbst in politischer Hinsicht vertraten wir die gleichen Meinungen. Doch das gute Verhältnis änderte sich sehr schnell, als ich der Dienststelle in London übergeben wurde. Ein Sergeant, der früher einmal in Berlin gewohnt hatte, nahm mich mit haßerfüllten Augen in Empfang und zwang mich, meine Schnürsenkel und Leibriemen abzugeben. Mit unverhohlener Freude beobachtete mich der Kerl, wie ich mit offenen Schuhen die Treppe hochkletterte. Sein "he, will soon be finished?" klingt noch heute in meinen Ohren.

Mein Weg führte zunächst in den vierten Stock, dann durch einen langen Gang bis in das letzte Zimmer. Hier fand ich bereits einen Kameraden aus Österreich vor. Der arme Mann hatte bis vor Wochen in Italien gelebt und war fast zum Skelett abgemagert. Die Behandlung in italienischen Gefangenenlagern muß vielen Kameraden das Leben gekostet haben.

Am nächsten Morgen entdeckte ich weitere Kameraden, die für zwanzig Minuten an die frische Luft geführt wurden. Meine Nachbarn waren General v. Manteuffel und General Schimpf. Nach einigen Tagen hatte Schimpf die Trennungswand zwischen unseren Zimmern so bearbeitet, daß wir uns tadellos verständigen konnten.

Eines Tages erlebte ich eine derartige Überraschung, daß ich an Halluzinationen glaubte. Bei einem flüchtigen Blick in ein offenstehendes Zimmer erkannte ich den vermißten Kameraden Meitzel und den als gefallen gemeldeten Hauptmann Steger. Es dauerte keine 24 Stunden, bis ich mit allen Kameraden Verbindung hatte und sie mir mitteilten, daß die Kanadier beabsichtigten, mich vor ein Gericht zu stellen und als Kriegsverbrecher zu verurteilen. Nachdem mich meine Kameraden so informiert hatten, wurden mir durch die Art der einsetzenden Vernehmungen die letzten Zweifel genommen, und ich bereitete mich auf den zu erwartenden Prozeß vor.

Innerhalb kürzester Zeit prasselten Hunderte von Fragen auf mich ein, die ich bereitwilligst beantwortete. Als Chefvernehmer wirkte Oberstltn. B. J. S. MacDonald, der vom C. S. Campbell unterstützt wurde. In Major J. J. Stonborough lernte ich einen tüchtigen Dolmetscher kennen, der durch eine raffinierte Fragestellung die Arbeit seines Herrn und Meisters untermauerte. Letzterer stammte angeblich aus Wien und war vielleicht gerade deshalb einer der eifrigsten Mitarbeiter MacDonalds. Von Meitzel wußte ich, daß mich Mr. Stonborough bereits zum Tode verurteilt und seine Meinung ohne Umschweife in den kanadischen POW-Camps zum besten gegeben hatte. Mein Tod war also beschlossen, bevor es zum ersten Verhandlungstag kam.

Als es für mich keine Zweifel mehr gab, daß man mich vor ein Gericht stellen würde, bat ich um die Erlaubnis, mich mit Oberst von der Heydte und meinem alten Oberbefehlshaber, General Eberbach, beraten zu dürfen. Die Erlaubnis wurde nach wenigen Tagen erteilt.

Bisher hatte ich jede Frage, die meine Truppe auch nur im geringsten belasten konnte, negativ beantwortet. Auch sah ich keinen Grund, den „Siegern" die Möglichkeit zu geben, über deutsche Soldaten zu richten. Der Sieger kann kein Recht über den Besiegten sprechen! Dieses vermag kaum ein Neutraler zu tun. Oder glaubt irgendein Mensch, der die Wirklichkeit des Schlachtfeldes kennt, daß auf der einen Seite Bestien und auf der anderen Seite Engel gekämpft haben? Menschen standen in dem Schmelztiegel der männermordenden Schlacht — und auf beiden Seiten haben Menschen unter dem Eindruck des gewaltigen Geschehens versagt.

Die Besiegten wurden nach Sondergesetzen vor Sondergerichten verurteilt — nicht, weil die ihnen zur Last gelegten Verbrechen erwiesen waren, sondern, weil sie als „erwiesen angesehen wurden". Diese Verurteilungen sind nur aus den Haß- und Rachegefühlen des Siegers entstanden. Die „Kriegsverbrecherprozesse" wurden einseitig und nur gegen uns Deutsche durchgeführt und widersprachen daher jedem gesunden Rechtsempfinden.

ZURÜCK NACH DEUTSCHLAND

In den Morgenstunden eines diesigen Novembertages wurde ich ohne vorherige Ankündigung gefesselt auf einen Flugplatz gebracht. Schweigend fuhren wir durch das kaum erwachte London und schweigend flogen wir über den Kanal nach Deutschland. Ich hatte keine Ahnung, was für ein Ziel wir ansteuerten. Doch der Charakter der Landschaft sagte mir recht schnell, wo wir uns befanden. In wenigen hundert Metern überflogen wir Ostfriesland. Schnurgerade Straßen, blanke Kanäle und einzelne Windmühlen grüßten empor. Aus dem diesigen Wetter tauchte plötzlich ein Flugplatz auf. Eine große Menge Soldaten, Reporter und Fotografen erwarteten die „Bestie" von Caen. Wenn die Geschichte nicht so blutig ernst gewesen wäre, hätte ich am liebsten herzlich gelacht. Dieses Aufgebot an Journalisten, Sicherheitsorganen und organisierten Zuschauern stellte dem Ankläger, Oberstleutnant B. J. S. MacDonald, ein brauchbares Zeugnis als Reklamechef für den geplanten „Zirkus" aus.

Unter dem Gesurr der Aufnahmegeräte verließ ich als letzter das Flugzeug. An der Treppe wurde ich von zwei Offizieren erwartet. Ich grüßte die beiden Herren mit dem internationalen Gruß aller Soldaten. Der Gruß wurde nicht erwidert. Als sich meine Hand senkte, wurde ich blitzschnell an den größeren Offizier gefesselt. Während Major Arthur Russell die Führung des „Begleitzuges“ übernahm, bestieg ich mit Captain W. H. J. Stutt ein bereitgestelltes Panzerfahrzeug. Von Panzerspähwagen und Kradmeldern begleitet ging die Fahrt über die abgesperrten und vielfach gesicherten Straßen in Richtung Aurich. Der gesamte Vorgang hatte etwas Operettenhaftes an sich. Das empfand ich vor allem, als ich entdeckte, daß Capt. Stutt seine rechte Hand ständig in der Tasche trug, wo sich die Umrisse seiner Dienstpistole abzeichneten.

Aurich war bald erreicht. Ich wurde in die ehemalige Kaserne der Marine-Nachrichtenschule gebracht und sofort einer eingehenden Leibesvisitation unterzogen. Dieser Vorgang ließ an Peinlichkeit nichts zu wünschen übrig. Die Visitation wurde im Beisein des Anklägers und einiger Offiziere durchgeführt.

Für meine Unterbringung waren besondere Maßnahmen getroffen worden. Am Ende der langen Zellenreihe waren zwei Zellen durch eine dicke Eisentür abgeteilt worden und bildeten so eine gesicherte Abteilung. Die eine Zelle war als Vernehmungszelle eingerichtet, während die andere als mein „Heim“ vorgesehen war. Die Zelle war eigens für mich „modernisiert“ worden. Das „Bett“ war aus so schweren Balken gezimmert, daß es überhaupt nicht bewegt werden konnte. Ein deutscher Zimmermeister hatte es noch gerade rechtzeitig hergestellt. Es war ohne Nägel oder Klammern gefertigt. Ein paar Decken vervollständigten die Einrichtung. In die Tür war ein großes, viereckiges Loch geschnitten, und ein Posten steckte ständig seinen Kopf durch dieses Loch, um mich auch ja gründlich überwachen zu können.

Es gab nun keinen Zweifel mehr, jetzt befand ich mich nicht nur in Gefangenschaft, sondern war obendrein noch eingesperrt. Nachdem ich mich kaum mit der Zelle vertraut gemacht hatte, wurde ich wieder an Capt. Stutt gefesselt und mit drei Mann Bewachung zum Regimentsstab der Royal Winnipegs gebracht. Der Stab war im Lehrgebäude untergebracht. Hier wurden mir nun endlich die Gründe für meine Verhaftung mitgeteilt. Vor mir stand Lieutenant-Colonel R. P. Clark, der mir die Anklagepunkte vorlas und sie durch einen Dolmetscher übersetzen ließ.

Die Anklageschrift enthielt zwei Hauptpunkte. Sie lauteten:

„Der angeklagte Generalmajor Kurt Meyer, ein Offizier der früheren Waffen-SS, welche ein Teil der Wehrmacht des Deutschen Reiches war, nun in der Obhut des 4. Bataillons Royal Winnipeg Rifles, Canadian Army, Occupation Force, Canadian Army Overseas, ist angeklagt:

1. daß M. Kriegsverbrechen begangen hat im Königreich Belgien und der Republik Frankreich, im Laufe des Jahres 1943 und vor dem 7. Juni 1944, als Kommandeur des 25. SS-Panzer-Grenadierregimentes, in Übertretung der Gesetze und Gebräuche des Krieges, indem er Truppen unter seinem Befehl aufgehetzt und beraten hat, alliierten Truppen Pardon zu verweigern.
2. daß M. ein Kriegsverbrechen in der Normandie begangen hat, indem er als Kommandeur des Panzer-Grenadierregiments 25 verantwortlich war für die Tötung von 7 Kriegsgefangenen in der Nähe seines Gefechtsstandes im Kloster Ancienne Abbaye Ardenne."

Jetzt wußte ich also, was mir vorgeworfen wurde und warum ich verurteilt werden sollte. Trotz der nicht gerade angenehmen Lage fühlte ich eine gewisse Erleichterung über die Eröffnung, denn jetzt konnte ich mich auf die Anklagepunkte vorbereiten und die Vorwürfe durch entsprechende Beweise entkräften.

Die Handschellen klickten wieder um mein Gelenk, und unsere Schritte klangen hohl von den langen Wänden des leerstehenden Gebäudes zurück. Neugierig wurde ich von den wenigen Deutschen gemustert, die für die Kanadier innerhalb der Kasernenanlage tätig waren.

In wenigen Minuten saß ich wieder in der Zelle und versuchte, mich mit dem bewachenden Soldaten zu befreunden. Es glückte. Der Junge hatte gegen meine Einheit gekämpft und benahm sich mir gegenüber ausgesprochen kameradschaftlich. Hier möchte ich überhaupt feststellen, daß mich die kanadischen Soldaten und Offiziere immer korrekt behandelt haben. Ich wurde nicht ein einziges Mal mißhandelt. Der Unterschied zwischen den Frontsoldaten und den Heimatkriegern war offensichtlich. Einer der jungen Soldaten wurde leider gleich in den ersten Tagen abgelöst, weil er mich laufend mit Zeitungen versorgt hatte.

Gegen Abend besuchten mich Cpt. F. Plourde vom Nord Shore Regiment und Cpt. Wady Lehmann, der sich mir als Dolmetscher des Verteidigers vorstellte. Cpt. F. Plourde war als stellv. Verteidiger eingeteilt. Der Chef-Verteidiger stand noch nicht fest. Colonel Peter Wright, der mich zuerst verteidigen sollte, hat diesen Auftrag abgelehnt, weil er der Ansicht war, daß das Urteil bereits feststünde und von einer fairen Verteidigung keine Rede sein könnte. Als endgültiger Verteidiger wurde später Colonel Maurice

W. Andrew vom Perth Regiment bestimmt. Die drei letztgenannten Herren haben sich sehr gewissenhaft und soldatisch für meine Belange eingesetzt.

Mit Cpt. F. Plourde und Cpt. Lehmann habe ich am ersten Abend meiner Auricher Haft die Anklagepunkte sowie das Zeugenmaterial besprochen und meine eigenen Zeugen benannt. Auf Grund des vorhandenen Materials, besonders der Zeugenaussagen, glaubte keiner der Herren an meine Verurteilung. Diese Ansicht wurde übrigens auch von meinen Bewachern geteilt. Sehr häufig hörte ich: „Wenn man Sie verurteilt, müssen auch unsere Offiziere verurteilt werden. Auf unserer Seite sind dieselben Dinge passiert — es ist nicht richtig, nur den Verlierer zur Verantwortung zu ziehen." Nun, auf die Meinung der Frontsoldaten wurde 1945 nichts gegeben; sie hatten ihre Schuldigkeit getan und hatten nun den Mund zu halten. Jetzt hatten die Schreibtischstrategen, die bezahlten Umerzieher und sonstige Parasiten das Wort.

Die enge Zelle mit der ununterbrochenen Bewachung fiel mir allmählich auf die Nerven. Selbst die intimsten Dinge mußte ich unter Aufsicht eines anderen Menschen verrichten. Die Soldaten hatten Gott sei Dank eine andere Auffassung von der Menschenwürde, als sie offenbar ihre Befehlshaber besaßen. Besonders störend empfand ich die dauernde Anstrahlung durch eine starke Lichtquelle. Aber auch hier wurde im Laufe der Zeit Abhilfe geschaffen — der Lichtstrahl wurde in eine Ecke gerichtet.

Endlich hatte ich Gelegenheit, eine Verbindung mit meiner Frau herzustellen. Ich hatte ja überhaupt noch keine Ahnung, wo meine Familie geblieben war und wovon sie ihr Leben fristete. Cpt. Lehmann bat ich um ein paar Worte an meine Frau. Er hatte meine Familie in Offleben b. Helmstedt festgestellt. Sie wohnte bei meiner Mutter.

Mit Unruhe wartete ich auf die Rückkehr Lehmanns, um endlich einen Bericht über das Ergehen meiner Lieben zu erhalten. Nach zwei Tagen stand er wieder vor mir und überbrachte mir strahlend Grüße meiner Frau und das erste Bild meines Jungen. Ein kleiner blonder Bursche lachte mich an — und mir liefen die Tränen übers Gesicht. Cpt. Lehmann hatte meine Frau und meine zweite Tochter mitgebracht und sie in einem Hotel einquartiert. Die kanadische Armee hatte diese Maßnahme befohlen. Ich war den verantwortlichen Herren für diesen Beweis aufrichtiger Menschlichkeit sehr dankbar.

Der Bericht, den mir Cpt. Lehmann über die Lebensbedingungen meiner Familie gab, war beschämend. Meine Frau hatte sich in den ersten Maitagen mit ihren fünf Kindern von Ludwigslust nach Heide durchgeschlagen. Kurz vor Lübeck war sie in mehrere Tieffliegerangriffe geraten und hatte hierbei zwei unserer Kinder aus den Augen verloren. Erst in Heide hat sich die Familie durch Zufall wieder zusammengefunden. Im überfüllten Heide haben meine Frau und meine Kinder in einem leeren Zimmer auf Stroh gehaust, bis sie im September von meiner Mutter in ihr Heim geholt werden konnten.

In O. hatte sich inzwischen Dummheit mit Herzlosigkeit vereint und „Elitedemokraten" nach oben gespielt, die sich eifrig bemühten, meine Kinder in eine andere Welt zu befördern. Als erstes verweigerten diese „Helden" meinen Kindern die Lebensmittelkarten und das sogenannte Zuzugsrecht. Nur der Hilfe von Bekannten, darunter vielen Bergarbeitern, habe ich es zu verdanken, daß mir meine Familie erhalten blieb.

Der Feind von gestern, Cpt. Lehmann, schuf erst durch sein persönliches Eingreifen klare Verhältnisse. Das Landratsamt in Helmstedt mußte die erforderlichen Anweisungen an die „Herren" von O. erteilen.

Für den kommenden Tag kündigte mir Cpt. Lehmann ein Wiedersehen mit meiner Frau an. An Schlaf war natürlich nicht mehr zu denken — verbotene Zeitungen verkürzten die Nacht.

Während des Spazierganges am nächsten Morgen konnte ich meine Kameraden begrüßen. Sie standen an den Fenstern und winkten mir zu. Auch war mir die Anwesenheit der Generale v. Schweppenburg und Eberbach bekanntgeworden. Allein die Tatsache, daß bewährte Kameraden in meiner Nähe waren, empfand ich als eine große Beruhigung.

Am Nachmittag war der große Augenblick gekommen. Nur langsam schlichen die Minuten dahin. Ich trabte in der Zelle auf und ab und erwartete Cpt. Stutt, der mich in das Besucherzimmer bringen sollte. Bei einer Kehrtwendung vor dem vergitterten Fenster entdeckte ich plötzlich einen haltenden Jeep, dem eine Frau und ein kleines Mädel entstiegen. Das Bild verschwamm vor meinen Augen — ich hatte Frau und Tochter erkannt. Sie wurden beide in das Lehrgebäude geführt.

Kurze Zeit später holte mich Captain Stutt aus der Zelle. Wiederum legte sich das kalte Metall um mein Handgelenk, und wir marschierten los. Mit fliegenden Pulsen hastete ich vorwärts. Stutt öffnete eine Tür und schob mich zuerst in das Zimmer. Aber was nutzte diese Höflichkeit — wir waren ja aneinandergekettet. Mit hilfloser Gebärde nickte ich meiner Frau zu und wartete ungeduldig auf das Lösen der Fessel. Endlich war ich frei! Stumm, ohne ein Wort zu sprechen, gingen wir aufeinander zu und wischten die wenig erfreulichen Begleitumstände beiseite. Unsere Tochter blickte mich lachend und weinend zugleich an. Die Zeit hatte ihre Macht verloren — Sehnsucht, Angst und Verzweiflung fielen von uns ab. Wir waren wieder vereint und fühlten uns stark. Unser Glaube war größer, als wir zuzugeben wagten. — Leider verging die Sprechzeit wie im Fluge. Die uns gewährten 20 Minuten waren natürlich viel zu kurz, um auch nur die notwendigsten Dinge zu besprechen. Nur das Wissen, daß wir von nun an jeden zweiten Tag eine Sprecherlaubnis bekommen würden, machte uns den Abschied leichter. Lachend sah ich zu, wie das Schloß meiner Fessel einschnappte. Der erste Besuch war zu Ende.

Colonel Andrew meldete sich endlich als mein Verteidiger. Ich war froh, wenigstens einen kanadischen Soldaten als Verteidiger an meiner Seite zu wissen, nachdem mir erklärt worden war, daß sich kein deutscher Anwalt bereit erklärt hatte, meine Verteidigung zu übernehmen. Erst später habe ich festgestellt, daß diese Information falsch war. Die deutschen Anwälte sind überhaupt nicht gefragt worden.

Colonel Andrew war Jurist und diente als Reserveoffizier in der kanadischen Armee. Sein Wollen war ohne Zweifel echt. Allerdings hat er sich nach der Urteilssprechung sehr schnell verabschiedet und mich mit Cpt. Plourde und Cpt. Lehmann allein gelassen.

Wir gingen nun Punkt für Punkt der Anklage durch und legten meine Gegenbeweise und Zeugen fest. Leider saßen wir hier am kürzeren Hebel. Meine wichtigsten Zeugen wurden erst lange nach der Urteilsverkündung „gefunden", obwohl sie sich in westlichem Gewahrsam befanden und leicht hätten erreicht werden können. Ich habe nur solche Zeugen in Aurich gesehen, deren Aufenthalt ich selbst genau angegeben habe. Die Hauptentlastungszeugen Dr. G. und Dr. St. wurden vom Ankläger erst im März 1946 vernommen. Das Ergebnis dieser Vernehmungen paßte sich den Zeit- und Rechtswirren an.

Der Prozeß

Punkt 10.30 Uhr am 10. Dezember 1945 wurde das Verfahren gegen mich in der Kaserne der früheren Marine-Nachrichtenschule eröffnet. Vor dem Gerichtssaal mußte ich wahrhaft Spießruten laufen durch die anwesenden Journalisten. Neugierig suchten sie sich ein Bild von der angeprangerten Bestie zu machen. Ob es ihnen gelungen ist, ihren Lesern das gewünschte Bild zu zeichnen, vermag ich nicht zu sagen. Die impertinente Neugier der Schreiberlinge konnte mich nicht mehr erreichen — ich stand bereits vor meinen Richtern. Mein ganzes Sein war auf den zu erwartenden Zweikampf zwischen dem Ankläger und mir eingestellt.

Die Fessel fiel kurz vor dem Gerichtssaal — meine Hände waren frei — ebenso frei wie mein Herz. Ich betrat den Raum als Soldat und nicht als ein bedrückter Angeklagter. Mit dem festen Willen, mich vor dem Tribunal zu bewähren und auch hier meinen Soldaten Vorbild zu sein, schritt ich durch die wartenden Zuschauer auf den Richtertisch zu.

Vor mir saßen meine Richter, fünf Generale. Ich suchte und fand die Augen General H. Fosters, der 1944 mein Gegner auf dem Schlachtfeld und nun als Präsident des Gerichts dazu ausersehen war, mich zu verurteilen. Was für eine seltsame Begegnung zweier Soldaten! Nachdem sie sich monatelang mit jeder Faser ihres Herzens bekämpft hatten, war der Sieger dazu ausersehen, „Recht" über den Besiegten zu sprechen. Allein die Auswahl des Präsidenten und der Beisitzer war nach internationalem Recht eine Unmöglichkeit. Sämtliche Herren hatten gegen mich gekämpft und waren somit Beteiligte. In den Augen Fosters glaubte ich Sympathie und Verstehen zu erkennen. Auf jeden Fall hatte ich das Empfinden, vor einem Soldaten und nicht vor einem Uniformträger zu stehen. Nachdem die üblichen Formalitäten erledigt waren, wurden mir die einzelnen Anklagepunkte vorgelesen und danach dem Ankläger das Wort erteilt.

Der Ankläger suchte zu beweisen, daß ich im Herbst 1943, während der Ausbildung in Belgien, schriftliche Mordbefehle erteilt hätte. Als Beweis für diese Behauptung übergab er dem Gericht eine Photokopie des anrüchigen „Befehls". Als dieses „Beweisstück" auf den Richtertisch gelegt wurde, wußte ich nicht, worüber ich mich mehr wundern sollte: War es Dummheit oder Frechheit, die den Ankläger bewog, diesen „Befehl" als „Beweis" anzusehen? Die Vorlage dieses Wisches stellte eine Beleidigung der Richter dar, die über die Echtheit des „Befehls" entscheiden sollten. Folgender Unsinn wurde dem Gericht vorgelegt:

Exhibit T 3

12. SS-Panzerdivision
Hitlerjugend

Geheime Befehle

1. Haltung gegenüber der Zivilbevölkerung im besetzten Gebiete: Falls die Bevölkerung verächtlich einen SS-Soldaten ansieht oder ihn anspuckt, kann die betreffende Person geschlagen und verhaftet werden. Falls das Kreuzverhör den Eindruck hinterläßt, daß der Verhaftete deutschfeindlich ist, soll er heimlich hingerichtet werden („terechtgesteld“).
2. Falls jemand versucht, Auskunft über Waffen oder Munition zu erhalten, soll er verhaftet und einem scharfen Kreuzverhör unterworfen werden. Falls das Kreuzverhör den Eindruck hinterläßt, daß der Verhaftete deutschfeindlich ist, soll er wegen Spionage hingerichtet werden. Soldaten, welche Auskunft über Wachen geben, sollen dieselbe Strafe bekommen.
3. Wachtposten dürfen weder ihren Posten verlassen, noch ist es ihnen gestattet zu essen, zu trinken, zu schlafen, zu rauchen, sich hinzulegen oder ihre Waffen aus der Hand zu legen, während sie auf Wache stehen. Den Posten vor vorschriftsmäßiger Ablösung zu verlassen oder das Losungswort der Bevölkerung mitzuteilen, wird mit dem Tode bestraft. Das Losungswort ist der wichtigste Punkt der Wachpflichten.
4. Haltung vor der Front: SS-Truppen sollen keine Gefangenen machen. Gefangene sollen nach dem Verhör hingerichtet werden. SS-Soldaten sollen sich nicht ergeben und müssen Selbstmord begehen, falls ihnen keine andere Wahl bleibt. Offiziere haben ausgesagt, daß die Engländer keine SS-Soldaten gefangennehmen.
5. Nachrichten über feindliche Truppenbewegungen sollen so schnell wie möglich durchgegeben werden. Schriftliche Nachrichten sollen zu gleicher Zeit auswendig gelernt werden. Sobald ein Soldat in Gefahr gerät, müssen alle Papiere verbrannt oder aufgegessen werden. Er darf nichts als seine Erkennungsmarke tragen. Strengstes Schweigen in allen Dingen muß bewahrt werden. Verräter werden hingerichtet, selbst nach dem Kriege.
6. Beobachter, die mit Informationen von der Front zurückkehren, und begleitende Offiziere sollen nicht auf demselben Wege zurückkehren, den sie zur Front genommen haben.

Woher stammte dieses ungereimte Gefasel?

Der Ankläger gab folgende Erklärung:

„Soldat F. Tobanisch war Angehöriger der 15./25 und ist von dieser Einheit im April 1944 desertiert, um sich später der belgischen Untergrundbewegung anzuschließen. T. war Tscheche. T. hat ausgesagt, daß der ‚Befehl' vor der versammelten Kompanie vorgelesen worden sei und alle Angehörigen der Kompanie das Gehörte durch ihre Unterschrift bestätigen mußten. Der ‚Spieß' hätte außerdem jeden verwarnt und die Kompanie aufgefordert, das Vorgelesene auswendig zu lernen. Der Zeuge hat den ‚Befehl' auf Grund seines Erinnerungsvermögens bei der belgischen Untergrundbewegung diktiert. Die Belgier wiederum haben ihn in der flämischen Sprache aufgenommen, und ich habe den ‚Befehl' ins Englische übersetzen lassen."

Das „Beweisstück" war also eine Photokopie der englischen Übersetzung, die von der flämischen Aufnahme des deutsch-tschechischen Diktats stammte.

Als dieses schwerwiegende „Beweisstück" vorgelegt wurde, gelang es mir nur mit Mühe, ernst zu bleiben. Wie konnte man so einen Fetzen Papier als „Beweis" bezeichnen? Aber er sah amtlich aus. Ein großer Bogen war photokopiert und machte durchaus den Eindruck eines Dokumentes.

Der „Befehl" stellte ein Gemisch von unverdauten Erinnerungen aus dem Unterricht durch Zugführer und Kompaniechefs und böswilligen Verleumdungen dar. Es ist absurd, anzunehmen, daß im Unterricht gesagt worden wäre, daß sich „SS-Soldaten" nicht gefangengeben dürften, im äußersten Falle hätten sie Selbstmord zu begehen. Solche Anweisungen hätten die Moral der Truppe untergraben. Außerdem muß festgestellt werden, daß die Truppe keine Vernehmung von Gefangenen durchführen durfte. Sie ist also auch nicht darüber unterrichtet worden, wie solche Vernehmungen durchzuführen sind.

Zu der geforderten Unterschrift ist zu sagen, daß jeder deutsche Soldat schriftlich bestätigen mußte, daß er durch seinen Kompaniechef eingehend über Fahnenflucht und Spionage belehrt wurde. Diese Unterschrift wurde auch von Tobanisch gegeben. Andere Bestätigungen wurden von der Truppe nicht gefordert. Ich hatte den Eindruck, daß der Ankläger über den wahren Charakter des Exhibit 3 keinen Zweifel hegte und recht wohl wußte, daß dieses Geschreibsel der Phantasie des Deserteurs und Mörders (T. hatte einen deutschen Offizier ermordet) entsprungen war. Aber was interessierte MacDonald die Wahrheit? Er hatte ein ganzes Jahr in Europa und Amerika Vernehmungen durchgeführt, um mich zu Fall zu bringen. Jetzt mußte ich stürzen. Der Nachweis seiner Tüchtigkeit mußte erbracht werden. Mit

Schwung legte er Exhibit 3 auf den Tisch und konnte sich hierbei nicht verkneifen, mir einen triumphierenden Blick zuzuwerfen. Der „Zeuge" Tobanisch stand dem Gericht nicht zur Verfügung, er war „unauffindbar".

Ich muß sagen, daß ich nach dem 1. Akt der „Beweisaufnahme" wenig Hoffnung auf eine gerechte Urteilsfindung hatte. Mit Spannung erwartete ich den 2. Akt.

Der nächste Zeuge für die Anklagevertretung war der Grenadier Alfred Hazel von der 15. Kompanie Regiment 25. Auch H. war in der Tschechei beheimatet und als Volksdeutscher 1943 Soldat geworden. Im Gegensatz zu Tobanisch war H. ein tapferer Soldat, der während des Angriffs auf Bretteville im Juni 1944 verwundet wurde und drei Tage später in Gefangenschaft geriet. H. war ein großer, stattlicher Bursche und während des Prozesses gerade 19 Jahre alt geworden.

Wie ich bereits angedeutet habe, ist Mr. MacDonald von Lager zu Lager gefahren oder geflogen, um Beweismaterial gegen mich zu sammeln. In Hull, Quebek, war MacDonald auf Hazel gestoßen und hatte ihn als einen interessanten Zeugen gegen mich nach Aurich dirigiert. Gleich nach der Ankunft Hazels in Aurich wurde er von MacDonald aufgesucht und noch einmal auf die Bedeutung seiner Aussagen hingewiesen. MacDonald hatte von Hazel einen solch guten Eindruck gewonnen, daß er sich entschloß, ihn als ersten Zeugen gegen mich auftreten zu lassen, um mich von vornherein in Grund und Boden zu verdammen.

In seinen Aussagen in Kanada hatte Hazel ausgeführt, daß ich im Herbst 1943 in Belgien gesagt hätte: „Von meinem Regiment gibt's keine Gefangenen!" MacDonald beschreibt das Auftreten und die Vernehmung des H. vor Gericht wie folgt:

„Als ich ihn über seine früheren Aussagen befragte, saß H. auf dem Zeugenstuhl. Er antwortete ausweichend, wechselte die Gesichtsfarbe und rutschte immer tiefer in den Sessel hinein. Er brauchte Ausflüchte, konnte sich plötzlich an nichts mehr erinnern und verneinte am Schluß, daß Meyer je solche Worte gebraucht hätte.

Ich war über das Benehmen des Zeugen völlig sprachlos, besonders deshalb, weil er in Kanada so bereitwillig ausgesagt hatte. Ich hatte die Vision, daß auch andere Zeugen ihre früheren Aussagen widerrufen würden.

Bestürzt über diesen Anfang blickte ich im Raum umher und plötzlich sah ich die Ursache, die zum Versagen des Zeugen geführt hatte. Meyer, welcher dem Zeugen diagonal gegenüber saß, fixierte H. mit so durchbohrendem Blick, wie ich ihn noch nie vorher gesehen hatte. Man konnte die Funken geradezu durch den Raum schießen sehen. Der unglückliche Zeuge saß wie ein Vogel, von dem hypnotischen Blick einer giftigen Schlange gepackt, in panischer Furcht auf dem Sessel. Die kraftvolle Gestalt bedeutete gar nichts mehr, und seine früheren Aussagen verdunsteten wie Tautropfen in der sengenden Hitze der Sonne. Es war eine erstaunliche Demonstration der gewaltigen disziplinaren Macht, die dieser Offizier noch immer über seine früheren Soldaten hatte, und der Furcht, die seine Gegenwart erweckte. Ich entschloß mich, eine alte Taktik anzuwenden, und stellte mich zwischen Meyer und Hazel. Doch auch das nützte nichts mehr — das Gericht war nicht mehr geneigt, viel Glauben in seine Aussagen zu setzen."

Am nächsten Tag erlebte ich eine Überraschung, die mich über manches aufklärte. Mein Verteidiger bat ums Wort und teilte dem Gericht mit, daß Major Stonborough gestern überrascht worden sei, als er versuchte, den Zeugen Hazel in seinen Aussagen zu beeinflussen. St. hatte über zehn Minuten auf H. eingeredet und ihn ärgerlich angefahren. — Das Gericht forderte Stonborough auf, den Gerichtsraum zu verlassen und teilte für mehrere Tage einen anderen Dolmetscher ein.

Was habe ich nun wirklich gesagt, und was hat sich zwischen mir und Hazel im Gerichtssaal abgespielt?

Während der Ausbildung auf dem Truppenübungsplatz Beverloo/Belgien haben wir Offiziere natürlich jede Möglichkeit genutzt, den uns anvertrauten Soldaten unsere Erfahrungen zu vermitteln. Die Truppe wurde für den östlichen Kriegsschauplatz vorbereitet. Es wäre ein Verbrechen gewesen, diese jungen Menschen darüber im unklaren zu lassen, was sie in den eisigen Steppen Rußlands zu erwarten hatten. Hierbei war es nur ein Akt der Kameradschaft, sie auf unsere so bitter gewonnenen Erfahrungen hinzuweisen und ihnen von den entsetzlich hingemeuchelten Kameraden zu berichten, die das Unglück hatten, in russische Gefangenschaft zu geraten. Dieses waren meine Worte, die ich den jungen Soldaten in Beverloo zugerufen habe: „Jungs, von meinem Regiment darf es keine Gefangenen geben. Glaubt es mir, es ist besser, bis zum bitteren Ende zu kämpfen!"

Die Beobachtungen MacDonalds im Gerichtssaal bedürfen keines Kommentars. Eines jedoch kann ich Mr. MacDonald sagen: Bis jetzt habe ich noch keinen ehemaligen Soldaten meiner Einheiten, die ich vor oder während des Krieges geführt habe, kennengelernt, der mich fürchtete oder der sich gar vor Angst verkrochen hätte. Nein, hier irrt Herr MacDonald! Ich war Kamerad unter Kameraden und habe nie mit Furcht erzogen oder geführt. Meine Kameraden haben mich respektiert — aber nie gefürchtet. Oberstltn. MacDonald wünsche ich die Kameradschaft, wie ich sie heute, zehn Jahre nach Kriegsende immer wieder erleben darf.

In den folgenden Tagen gaben ehemalige Gefangene Zeugnis über ihre Erlebnisse während des Kampfes und nach ihrer Gefangennahme ab. Lieutenant-Colonel Charles Petch, der Kommandeur der North Nova Scotia Highlanders, sagte u. a. aus, daß die C- und A-Kompanien vom III. Bataillon Regiment 25 überrannt worden wären und lediglich ein Offizier und 25 Mannschaften bzw. ein Offizier und 23 Mannschaften zurückgekehrt seien. Alle übrigen Soldaten seien entweder gefallen oder in Gefangenschaft geraten. Major Learmont war mit 20 Überlebenden der C-Kompanie vom III. Bataillon in Buron gefangengenommen worden. Er hatte beobachtet, daß der Soldat Mexcalfe, der zu seiner Gruppe gehörte, nach der Gefangennahme erschossen wurde, weil er noch eine Handgranate in der Tasche hatte. Auf dem Wege nach hinten gerieten die Gefangenen in kanadisches Artilleriefeuer und der Soldat Hargraves erhielt eine Beinverwundung. Er konnte nicht mehr gehen und wurde von einem deutschen Soldaten erschossen.

Alle diese Vorkommnisse spielten sich in der vordersten Front und unter dem Eindruck der ersten Kampfhandlungen der jungen Soldaten ab. Sie waren soeben durch die Hölle des Materialkampfes gegangen, schwere Schiffsgranaten hatten ihre Reihen gelichtet, und Jabos stürzten sich noch immer auf das dampfende Schlachtfeld. In diesen ersten Minuten des blutigen Ringens sind die obigen Übergriffe einzelner Soldaten geschehen. Sie wurden nicht durchgeführt, weil es die Führung so wollte oder gar befohlen hatte, sondern weil die gewaltige Belastung für diese jungen Menschen einfach zu groß war und sie deshalb nicht nach dem Gesetzbuch allein verdammt werden können. Es ist natürlich leicht, diese Täter zu verdammen, aber dieses Recht haben nur wirkliche Frontkämpfer, die aus eigenem Erleben wissen, wie lange es dauert, bis man nach dem Kampfgeschehen wieder „normal" ist. Auch die Angehörigen der A-Kompanie hatten ähnliche Erlebnisse. So wurde z. B. der Soldat Richards ganz überraschend angeschossen, danach von einem Sanitäter verbunden und nach hinten geführt. Er gab auch vor Gericht zu, daß er von den deutschen Soldaten mit Wasser versorgt worden sei.

Zum Schluß wurde mir vorgeworfen, daß ich am 7. Juni auf dem vorgeschobenen Gefechtsstand die Erschießung von sieben kanadischen Soldaten befohlen hätte. Diese Anklage stützte sich auf die Angaben des Polen Jesionek, die er im Frühjahr 1945 in Chartres gemacht hatte, um Gelegenheit zu erhalten, in die polnischen Truppenverbände in Italien eintreten zu können. Jesionek stammte aus Oberschlesien und war 1943 in die Waffen-SS eingetreten. Sein Vater war während dieser Zeit Häftling des deutschen Strafvollzugs.

Jesionek sagte folgendes aus:

„Am Morgen des 8. Juni befand ich mich in der Nähe des vorgeschobenen Gefechtsstandes des Panzer-Grenadierregiments 25, weil mein Wagen auf eine Mine geraten war. Meine Kameraden und ich waren nicht verwundet. Etwa um 10.00 Uhr führte ein deutscher Soldat sieben kanadische Gefangene auf den Klosterhof." — Jesionek folgte den Gefangenen auf den Innenhof und will gehört haben, wie ein Soldat die Gefangenen dem Regimentskommandeur meldete. — Ich soll daraufhin den Soldaten angefahren und gesagt haben: „Was sollen wir mit diesen Gefangenen machen? Sie essen uns nur unsere Portionen weg." Dann, so behauptete Jesionek, hätte ich mit einem Offizier gesprochen und hätte laut befohlen: „In Zukunft werden hier keine Gefangenen mehr hergebracht!" Später hätte er dann beobachtet, wie die Gefangenen einzeln durch einen deutschen Unteroffizier erschossen worden seien.

Die infamen Anschuldigungen des Polen trafen mich natürlich hart, weil ich ja meine Unschuld beweisen und nicht etwa das Gericht mich der Schuld überführen mußte. Ich galt also von vornherein als Schuldiger. Es lag an mir, das Gegenteil zu beweisen.

Die von mir angeforderten Hauptzeugen standen nicht zur Verfügung. Es hieß damals: „Die Zeugen sind nicht zu finden, wir wissen nicht, ob sie noch leben oder nicht." Interessant ist jedoch, daß diese Männer nach meiner Verurteilung sofort auftauchten und dem Ankläger zur Verfügung standen.

Ich will den Leser nicht mit dem Frage- und Antwortspiel langweilen. Insgesamt wurden über 4000 Fragen gestellt. Statt dessen lasse ich den Reporter einer kanadischen Zeitung sprechen, der später einen eingehenden Bericht über den Prozeß geschrieben hat.

Der Reporter schrieb u. a.:

„Obgleich in den Hauptpunkten Jesionek niemals unsicher wurde — er war unzählige Male vernommen und kannte deshalb seine Story Wort für Wort —, machte er nicht übereinstimmende Angaben in den verschiedenen Versionen seiner Geschichte. Wie er z. B. in Chartres erzählte, hatte er selber

Oben: „Panzermeyer" mit seinem 1. Generalstabsoffizier Hubert Meyer.

Rechts: Panzermeyer als SS-Standartenführer und Oberst der Waffen-SS in der Normandie.

Unten: Einige von Panzermeyers jungen Grenadieren der 12. SS-Panzerdivision „Hitlerjugend".

Das zerstörte Caen

Das ermordete Caen

Meyer direkten Befehl geben hören, die sieben Kanadier zu erschießen. In einer anderen Version versäumte Jesionek, den ausdrücklichen Befehl zu wiederholen. In vielen Einzelheiten war sein Zeugnis unvereinbar mit dem Zeugnis anderer Zeugen. Er sagte, er hätte Meyer in der Klosterkirche etwa um 10.00 Uhr morgens gesehen. Meyer versicherte, er sei um diese Zeit persönlich auf Inspektionstour gewesen, sei erst gegen Mittag zurückgekehrt und dann sofort auf den Turm gestiegen, um das Kampfgebiet zu überblicken. Zwei deutsche Offiziere konnten die Bestätigung liefern. Jesionek sagte, Meyer hätte einen langen Gummimantel in der Klosterkirche angehabt. Meyer sagte, daß er in diesen Tagen niemals etwas anderes als die übliche getarnte Uniform seiner Division getragen hätte. Jesioneks Aussagen über die Stellung seines Zuges und die Abstellung der Fahrzeuge an dem fraglichen Tage standen im Widerspruch zu den Aussagen anderer Zeugen. Eine direkte Herausforderung war der Gesamtinhalt der Geschichte Jesioneks. Sie drehte sich um das Tor, durch das er angeblich die sieben Kanadier zum Tode schreiten sah. Ein 16 Jahre alter französischer Bursche, Daniel le Chevre, der in der Abtei gewohnt hatte, sagte aus, daß das Tor von einem Luftschutzbunker versperrt gewesen sei. Dort, wo Jesionek sieben Leichen in einer Blutlache gesehen haben will, und wo die Leichen etwa zehn Monate später gefunden wurden, hatten le Chevre und zwei oder drei seiner Freunde nichts gesehen, das ihr Interesse fesseln konnte. — Jesionek hatte eine Anzahl Stufen neben dem Torweg erwähnt, aber Mr. Jean-Maris Vico, auch ein früherer Abteibewohner, sagte, diese Stufen hätte er selber im Juli 1944 gebaut, einen ganzen Monat später, als Jesionek sie gesehen haben will.“

Weiterhin behauptete Jesionek, daß er meinen treuen Kosaken bei den sieben Gefangenen gesehen hätte. Diese Behauptung konnte sofort widerlegt werden, weil sich der Russe während der fraglichen Zeit überhaupt nicht in Frankreich befunden hatte. Er verlebte seinen Urlaub in Deutschland. Auch die Aussage Jesioneks, daß mein Fahrer Bornhöft anwesend gewesen sei, war eine leicht zu beweisende Lüge. Bornhöft kam erst zur 12. Division, nachdem ich die Führung der Division übernommen hatte. Ebenso unsinnig war die Behauptung, er sei mit seiner Besatzung (Volks-Schwimmwagen) in ein eigenes Minenfeld geraten und deshalb Zeuge der Vorgänge im Kloster gewesen. Jeder Soldat weiß, daß von einem Volkswagen in einer Panzerminensperre nicht viel übriggeblieben wäre. Jesionek versuchte zu erklären, daß weder eine Verwundung der Insassen, noch eine restlose Zerstörung des Wagens erfolgt sei. Diese wilde Geschichte Jesioneks war selbst den Richtern zuviel. Seine Angaben wurden vom Gericht geprüft und verworfen.

Mit der Vernehmung Jesioneks war die Beweisaufnahme beendet, und mein Verteidiger, Oberstleutnant Andrew, erhielt das Wort. Ich entschloß mich, meine Aussagen unter Eid zu machen. Am gleichen Tage brachte die kanadische Truppenzeitung „Maple Leaf" folgenden Artikel:

For Canadian Troops — Tuisday, Dec. 18. 1945
Vol. 5 No. 32

The Maple Leaf

„Die Geschichten über die Scheußlichkeiten konnten Panzer-Meyer nicht erschüttern. Immer noch äußerlich ruhig, aber mit nervös zuckenden, kalten blauen Augen saß Panzer-Meyer, früherer SS-Generalmajor, in straffer Haltung vor Gericht, als die Anklagevertretung die Anklage gegen ihn abschloß.

Während der ersten Woche seines Prozesses folgte er aufmerksam, ohne viel Bewegung zu zeigen, den Behauptungen, die zu beweisen versuchten, daß sein früheres Regiment eine Bande junger, fanatischer Mörder war, die mit Vergnügen kanadische Kriegsgefangene erschossen. Sogar die Augenzeugenberichte über die Scheußlichkeiten, die seine Männer verübten, vermochten nicht, sein eisernes Gesicht zu verändern. Er kommt jeden Morgen, von zwei Offizieren der ‚Winnepeg Rifles' begleitet, herein, hält kurz vor Generalmajor Foster, dem Gerichtspräsidenten, verbeugt sich knapp und wird dann zum Platznehmen aufgefordert.

Dieser kurze Vorgang ist nicht ohne Dramatik, wenn man sich erinnert, daß vor nicht sehr viel mehr als einem Jahr Major-General Foster und Generalmajor Meyer sich als Kommandeure im Einsatz gegenüberstanden. Zu dieser Zeit kommandierte General Foster die 7. Infanteriebrigade der 3. Division, die Bretteville verteidigte, das von Truppen des Generalmajors Meyer angegriffen wurde.

Mit Ausnahme des Generals Foster, vor dem er Achtung hat, zeigt Meyer den anderen Mitgliedern des Gerichts wenig Beachtung.

Frau Meyer, die ihre Tochter Ursula mit nach Aurich brachte, nahm an einigen Sitzungen der letzten Woche teil. Wenn ihr Gatte morgens und nachmittags hereinkommt, schaut er gewöhnlich, ob seine Frau anwesend ist.

Obgleich Meyer die graugrüne Uniform der einfachen Soldaten trägt, ist es kaum nötig, auf seine goldenen Generalsschulterstücke zu sehen, um festzustellen, daß er ein hoher Offizier ist. Es ist fehl am Platze, ihn als arrogant oder tyrannisch zu bezeichnen, sondern er ist ein Mann, der gewöhnt ist zu befehlen, der Befehle gegeben, aber nicht empfangen hat. Es überrascht daher nicht, zu hören, daß er auf allen Kriegsschauplätzen als Draufgänger, als hart zupackender Kommandeur und als strenger Vorgesetzter bekannt war.

Dieses ist in Kürze der Mann, der angeklagt ist, die Verantwortung für die Erschießung kanadischer Kriegsgefangener zu tragen. Am Vorabend des Beginns der Verteidigung steht er den Anklagevertretern mit Kälte und augenscheinlich unerschütterlicher Zuversicht gegenüber."

Colonel Andrew eröffnete meine Verteidigung am 18. Dezember nachmittags 2.00 Uhr und bat mich, auf dem Zeugenstuhl Platz zu nehmen.

Noch einmal mußte ich die gesamten Kampfhandlungen vom 7. und 8. Juni 1944 schildern und meinen persönlichen Aufenthalt und Einsatz während der Kämpfe zeitgerecht festlegen.

Colonel Andrew gab sich die größte Mühe, das an den Haaren herbeigezogene „Beweismaterial" zu entkräften. Vieles konnte er durch anwesende Zeugen erhärten, aber er konnte die „Dokumente" nicht beseitigen. Der „Mordbefehl" lag auf dem Tisch, und was schwarz auf weiß auf dem Richtertisch lag, mußte doch wahr sein!

Im Anschluß an meine Vernehmung durch Colonel Andrew, die einen Tag dauerte, begann das Kreuzverhör durch Colonel MacDonald. Das Verhör durch den Ankläger dauerte eineinhalb Tage. Stunde um Stunde verging im ununterbrochenen Kreuzverhör. Mehrere Sergeanten mußten jede Frage und Antwort stenografieren. Ich saß allein. Hunderte Augen beobachteten jede meiner Bewegungen und jeden Gesichtsausdruck. Kein Augenblick brachte eine Entspannung. Eine Gruppe von Männern gegen einen einzigen. Männer mit allen nur erdenklichen Befugnissen, angespornt durch Auszeichnungen und beruflichen Ehrgeiz, gegen einen Entrechteten. Fragen und wieder Fragen — über die Erziehungs- und Ausbildungsgrundsätze der Truppe, über Inhalt und Bedeutung von Ansprachen, die ich vor Jahren gehalten hatte, über den Charakter von stattgefundenen Gesprächen an französischen Kaminen usw. Vernichtungsfeuer! Vernichtungsfeuer, um einen einzigen Menschen zu Fall zu bringen, seinen Geist zu verwirren und ihn zu entwurzeln! Vernichtungsfeuer hinter der Front — ohne Granaten und ohne männlichen Kampf, aber zerstörend, nur mit hämischen Worten, verdrehten Darstellungen, mit Fragen, verwirrenden Andeutungen, mit verzerrten Bildern aus vergangener Zeit — so versuchte MacDonald den Sieg über mich zu erzwingen. Aber ich weigerte mich zu kapitulieren. Der Advokatenkrieg sollte mich nicht bezwingen. MacDonald versuchte mich darauf festzunageln, daß ich bei den ersten Vernehmungen jede Kenntnis von der Auffindung toter Kanadier im Kloster verneint hatte, später jedoch die Tatsache von der Auffindung bestätigte. Mit einer wahren Wollust versuchte er, mich als Lügner hinzustellen und mich sogar als Mitwisser anzuprangern. Dieser Schreibtischstratege hatte kein Verständnis dafür, daß ich während der letzten Monate des Krieges und bis zu dem Augenblick des bevorstehenden Prozesses keine Ursache hatte, irgendeinen deutschen Soldaten zu belasten. Ich habe die selbstherrlichen alliierten Tribunale nie als legale Gerichte akzeptiert. Für mich waren und blieben sie rechtlich „Tribunale der Sieger".

Über diesen Augenblick schreibt MacDonald: „Das Benehmen Meyers war die meiste Zeit höflich und von einer aufrechten Haltung. Doch nach dem ersten Tag des Kreuzverhörs beharrte ich auf einer Erklärung über seine Aussage, in der er jede Kenntnis von der Auffindung toter Kanadier verneinte. Als ich diese Frage stellte, verlor Meyer seine Gelassenheit und starrte mich wild an. Jetzt verspürte ich den hypnotischen Einfluß, den auch der erste Zeuge empfunden haben muß. Ob Meyer diese Technik als preußischer Offizier oder als Privatmann erlernt hat, weiß ich nicht, aber ich weiß, daß ich unter dem erstaunlich wilden und fürchterlichen Feuer seines Blickes schwindlig wurde. (!) Ich hatte keine Erfahrung in diesen Dingen und mußte schnell handeln, um die peinliche Situation zu überwinden. Meyer hatte gebeten, daß ein Teil seiner früheren Aussagen wiederholt würde. Ich deutete dann darauf hin, daß er nur Zeit gewinnen wollte. Sein Blick hatte den Höhepunkt der Wildheit erreicht, als er antwortete (Antwort 3190): ‚Ich benötige keine Zeit, um Ihnen die Antwort zu geben. Hierzu antwortete ich: ‚Und Ihre wilden Blicke können mich nicht beeinflussen, diese Versicherung kann ich Ihnen geben.' Dann las ich die geforderte Aussage vor. Meyer blickte jetzt in den Gerichtssaal hinein, als ob ein Schleier über seine Augen gefallen wäre."

Nun, über die kindliche Einbildungskraft eines ausgewachsenen Mannes will ich keine Worte verlieren. Vielleicht war der gute Oberstleutnant überarbeitet. Aber eines kann ich ihm bestätigen: Ich war über seine Vorhaltungen so überrascht, daß ich wahrhaftig an seinem Geisteszustand zweifelte und deshalb fragende Blicke in den Gerichtsraum warf.

Im Anschluß an das Kreuzverhör wurden weitere Zeugen vernommen, um meine Aussagen zu unterstützen oder neue Gesichtspunkte zu ermitteln.

Mehrere Offiziere konnten die Darstellungen MacDonalds sehr ins Wanken bringen. Vor allen Dingen konnten sie bestätigen, daß ich mich meistens bei den vordersten Truppenteilen aufgehalten habe und selbstverständlich keine Zeit hatte, mich mit Vernehmungen eingebrachter Gefangener zu befassen.

Hauptmann Steger versuchte mit allen Mitteln zu beweisen, daß ich die Truppe unmöglich aufgefordert haben kann, keine Gefangenen zu machen oder gar Vergeltung an entwaffneten Soldaten zu üben. Steger war Wehrmachtsoffizier und seit Oktober 1943 Kompaniechef im Regiment 25. Um meinen Charakter zu beleuchten und die Greuelmärchen über mich zu zerstreuen, brachte er folgenden Bericht:

„Während der Ausbildungsperiode in Belgien wurde ein amerikanischer Bomber von deutschen Jägern abgeschossen. Die Besatzung konnte sich teilweise durch Fallschirmabsprung retten und landete auf dem Übungsplatz Beverloo. Der damalige Oberst Meyer gab sofort Befehl, daß die verwundeten Amerikaner umgehend ärztlich zu betreuen und dem Lazarett zu übergeben seien. Ein unverletzter Amerikaner erhielt Gelegenheit, sich im Kasino zu erwärmen und mit einigen Offizieren des Regiments eine Tasse Kaffee zu trinken. Meyer hat sich vielleicht eine Stunde mit dem Amerikaner unterhalten. Der Gefangene wurde später der Feldgendarmerie des Heeres übergeben. Die Haltung des gefangenen Amerikaners hat Meyer derart beeindruckt, daß er sofort einen Sonderbefehl diktierte und den Amerikaner als einen prachtvollen Soldaten und ein Vorbild für sein eigenes Regiment hinstellte. Der Sonderbefehl wurde vor den versammelten Kompanien des Panzer-Grenadierregiments 25 verlesen. Als Offizier habe ich von Meyer vieles gelernt und seine Führerqualitäten respektiert. Meyer war bei seinen Soldaten geachtet und beliebt. Er hat nie mehr verlangt, als er selber zu geben bereit war."

General Eberbach war der nächste Zeuge. Er sagte: „Ich betone, daß ich begangene Grausamkeiten als Soldat aufs tiefste bedaure und aufs schärfste verurteile. Wer auch die Täter sind, sie haben unsere Soldatenehre beschmutzt, und ich habe kein Mitleid mit ihnen. Ich halte aber alle Pauschalverurteilungen für falsch. Die 12. SS-Panzerdivision Hitlerjugend war in ihrer Gesamtheit nicht schlechter als irgendeine Division des Heeres. Die in ihrem Bereich begangenen Grausamkeiten gehen meiner Ansicht nach auf einige wenige Übeltäter zurück. Übrigens bestand wohl etwa ein Viertel der Offiziere der Division aus Heeresoffizieren, weil die Waffen-SS für diese Aufstellung nicht über genügend Offiziere verfügte. Diese Heeresoffiziere waren einwandfreie Leute, die Gelegenheit hatten, sich von der Division wieder wegzumelden, und die nicht bei ihr geblieben wären, wenn das Verhalten der Division unehrenhaft gewesen wäre. Ich kenne die Division Hitlerjugend durch eine Besichtigung im März 1944. Außerdem war sie mir in der Zeit vom 6. Juli bis Ende Juli 1944 in der Normandie unterstellt. Die Truppe war während dieser ganzen Zeit bezüglich ihrer Leistung überdurchschnittlich. Von den Soldaten, wie auch von den Offizieren, hatte ich einen denkbar guten Eindruck. Mein Vorgänger in der Normandie war der General der Panzertruppen Geyr von Schweppenburg, als Katholik und alter Heeresoffizier alles andere als ein Freund der SS. Auch er stellte die Division Hitlerjugend nach Leistung, Haltung und Disziplin über alle anderen Divisionen. Ihre Erfolgszahlen waren die dreifachen von denen der 21. Panzerdivision. Nach meiner Erfahrung kann eine Division, die nicht anständig ist, auf die Dauer solche Leistungen nicht vollbringen. Auch deshalb bin ich überzeugt, daß es sich bei den Überschreitungen nur um die Taten einzelner handeln kann. Die Kanadier waren tapfere Soldaten, aber rauhe Burschen. Mir wurde mehrfach berichtet, daß sie keine Gefangenen machten bzw. deutsche Gefangene nachträglich erschossen. Auch eine schriftliche Meldung hierüber lag mir vor. Übrigens habe ich auch in der Gefangenschaft in einer Broschüre von der Gegenseite ähnliche Äußerungen gelesen. Meyer gehörte von 1929—1934 der Mecklenburgischen Landespolizei an. Anschließend wurde er zur Leibstandarte versetzt. Er lebte in erster Linie seinem Soldatenberuf. Meyer ist verheiratet mit einer Frau, die charakterlich einen tadellosen Eindruck macht. Er hat vier Töchter und einen Sohn. Meyer war ein ungewöhnlich guter Soldat, sehr fürsorglich zu seinen Leuten, die ihn sehr achteten und liebten. Ebenso war Meyer ein ausgezeichneter Ausbilder und guter Taktiker. Seine persönliche Tapferkeit war über alles Lob erhaben. Haß gegen die Kanadier lag ihm durchaus fern. Das Umbringen von Gefangenen oder das Erteilen eines Befehls hierzu lag völlig außerhalb seiner Wesensart. Diese Beurteilung Meyers habe ich mit General Geyr v. Schweppenburg aufgestellt."

ZUM TATBESTAND

„Zunächst muß ich herausstellen, daß die 12. SS-Panzerdivision Hitlerjugend während der Zeit, in der sie mir unterstand, am meisten Gefangene einbrachte und ablieferte. Ich kann die Generale Geyr, Schack, Obstfelder, Schimpf und Sievers als Zeugen aufführen, daß die Division Hitlerjugend bezüglich Disziplin in gutem Ruf stand und daß auch keine Gerüchte über Grausamkeiten oder unnötige Härten über sie umliefen. Während des Kampfes kam bei der Nachrichtenabteilung der Division ein scheußlicher Fall von Vergewaltigung vor, bei dem das betroffene Mädchen starb. Meyer stellte den Täter vor ein Kriegsgericht, das den Mann zum Tode verurteilte. Das Urteil wurde in Gegenwart des Bürgermeisters und des französischen Geistlichen vollstreckt. Ich wollte, die Alliierten hätten in Deutschland in ähnlichen Fällen gegen ihre Soldaten ebenso scharf durchgegriffen. Man wird zugeben müssen, daß ein Kommandeur, der gegen einen Untergebenen in einem solchen Falle so scharf durchgreift, doch wohl nicht der Mann ist, der seinerseits bei anderer Gelegenheit zu Grausamkeiten auffordert oder sie auch nur duldet. Meyer hat auch in schweren Krisen immer verläßliche Angaben gemacht. Nach meinen Kriegserfahrungen ist dies ein guter Maßstab für einen aufrechten Charakter. Die Erschießung von Kanadiern soll in den ersten 24 Stunden der Invasion durchgeführt worden sein. Meyer war damals noch Regimentskommandeur. Das Umbringen der Gefangenen soll in der Nähe des Gefechtsstandes erfolgt sein. Meyer selbst war fast nie auf dem Gefechtsstand, sondern hielt sich vorn bei seiner Truppe auf. Als er von den Vorfällen hörte, leitete er eine Untersuchung ein und versetzte den Regimentsadjutanten — gegen den er zwar keine Beweise hatte, der aber immerhin durch die Tatsache belastet war, daß die Erschießungen in einer Zeit erfolgten, in der er, der Regimentsadjutant, doch wohl auf dem Gefechtsstand anwesend war — an die Front, wo er schon in den nächsten Tagen fiel. Auch sonst war die Durchführung der Untersuchung durch inzwischen eingetretene starke Verluste und durch die Kampfhandlungen so gehemmt, daß keine Feststellungen über den Täter sich mit Sicherheit ergaben. Kurze Zeit später wurde Meyer an Stelle des gefallenen Generals Witt Divisionsführer und war bei den dauernden schweren Kämpfen so belastet, daß er auch bei bestem Willen sich nicht genügend um eine Untersuchung kümmern konnte. Ich traue Meyer die Tat oder eine Mitwisserschaft nicht zu, weil das seinem Charakter nicht entspricht. Vor allem möchte ich hervorheben, daß Meyer ein viel zu guter Taktiker war, um eine solche Tat zu veranlassen. Als taktisch geschulter Offizier wußte Meyer genau, daß wir bei unserem völligen Mangel an Fliegern oder einem sonstigen Nachrichtendienst bezüglich unserer Kenntnisse über den Gegner ganz auf die Gefangenenaussagen angewiesen waren. Er wußte, wie ausschlaggebend wichtig es für die höhere Führung war, durch schnelles Zurücksenden von Gefangenenen die höhere Führung mit den neuesten Feindnachrichten zu versehen. Meyer war viel zu klug, als daß er sich hierüber nicht ganz klar gewesen wäre. Nachdem Meyer die Divisionsführung übernommen hatte, sind auch nach kanadischen Angaben keine weiteren Erschießungen mehr vorgekommen. Hätte er die Schuld getragen an den schon vorgefallenen Erschießungen, müßte man annehmen, daß während der Zeit, in der er die Division führte, solche Vorfälle öfter vorgekommen wären."

Durch das Weihnachtsfest wurde der Prozeß bis zum 27. Dezember unterbrochen. Gefesselt wurde ich in meine Zelle geführt, um in der trostlosen Umgebung von Gittern und Scheinwerferlicht meinen 35. Geburtstag zu erleben. Der Besuch meiner tapferen Frau, die Tag für Tag Zeuge der Verhandlung war, wurde mir für den 24. Dezember angekündigt.

Der 23. Dezember 1945 schenkte mir ein unvergeßliches Erlebnis. Kanadische Soldaten überbrachten mir die Geburtstagswünsche meiner Kameraden, soweit sie als Zeugen in Aurich waren. Selbst ein kleines Bildchen wurde mir als Geburtstagsgeschenk überreicht. Diese kleine Federzeichnung einer norddeutschen Landschaft durfte natürlich nicht in der Zelle verbleiben. Ein kanadischer Soldat übergab sie meiner Tochter.

Am Morgen des 23. Dezember akzeptierte ich die eklige Fessel an meinen Handgelenken und grüßte Gottes herrliche Welt mit tiefster Freude. Unter den hohen Bäumen und in der frischen Winterluft vergaß ich das auf mich wartende Schicksal. Ich freute mich über meine 35 Jahre und, daß ich sie als ganzer Mann erleben durfte. Jeder Posten war bemüht, mir eine kleine Freude zu bereiten. Doch die größte Überraschung erlebte ich am Abend.

Nach Anbruch der Dunkelheit rasselten ganz unprogrammäßig die Schlüssel im Zellengang. Türengeklapper hallte durch den düsteren Bau. Einige Offiziere standen plötzlich vor meiner Zelle. Mit harten Worten wurde ich aufgefordert, auf den Gang zu treten. Bevor ich ganz wach wurde, war ich bereits wieder gefesselt und trabte in die Dunkelheit hinein. Vor mir gingen zwei Unteroffiziere mit schußbereiten Maschinenpistolen, und hinter mir hatte ich das gleiche „Ehrengeleit". In Abänderung des üblichen

Weges stolperten wir quer durchs Gelände und standen plötzlich vor einer Wohnbaracke für Offiziere. Die uns begleitenden Wachmannschaften wurden auf Fenster und Türen verteilt, um diese von außen zu bewachen. Bis jetzt war noch kein Wort gefallen. Ich hatte keine Ahnung, was mir bevorstand und was der ganze Zirkus bedeutete. Nichts Gutes ahnend, ließ ich mich in ein beleuchtetes Zimmer führen. Ein Offizier trat auf uns zu, öffnete das Schloß an meinem Handgelenk und der kalte Stahl fiel auf die Fliesen. Sprachlos vor Überraschung versuchte ich das geheimnisvolle Benehmen der Offiziere zu ergründen. Es gelang mir nicht. Zwei der anwesenden Herren stellten sich namentlich vor und baten mich um mein Ehrenwort, keinen Fluchtversuch zu unternehmen. Ich erfüllte diesen Wunsch. Anschließend wurde ich aufgefordert, das Badezimmer zu benutzen und mich zu erfrischen. Nachdem diese Prozedur beendet war, führten mich die Herren an eine Tür, öffneten sie und schoben mich in den Raum hinein. Ich glaubte zu träumen. Vor mir stand ein festlich gedeckter Tisch, der den aufgebauten Reichtum an Getränken und Speisen kaum fassen konnte. Kerzenlicht gab dem Raum eine wirklich feierliche Note. Zögernd tat ich einen Schritt nach vorn. Etwa ein halbes Dutzend Offiziere stand mir gegenüber. Sie sangen mir plötzlich ein Geburtstagsständchen. Meine Feinde hatten mir eine Geburtstagsfeier arrangiert. Wortlos ließ ich das Bild auf mich wirken, und ich konnte nicht verhindern, daß mir die Tränen übers Gesicht rollten. Der Übergang vom Kerker zur Geburtstagsfeier warf mich einfach um. Besonders tief ergriff es mich, als sich die Offiziere als Einheitsführer von Truppen der 3. kanadischen Division vorstellten. Es waren also Männer, gegen die ich von Juni bis August 1944 gekämpft hatte und deren Kameraden angeblich durch meine Schuld erschossen worden sein sollten.

In dieser Nacht wurde eine offene Sprache geführt und das ganze Kriegsverbrecherproblem eingehend besprochen. Das Ergebnis der Unterhaltung war, daß mir die Herren erklärten: „Wenn Sie verurteilt werden sollten und wenn dieses Urteil vor der Welt und der Geschichte bestehen soll, hat die kanadische Armee morgen keine Generale mehr. Denn dann müssen alle Generale Ihren Weg gehen." Es war für mich interessant, die Auslassungen meines Anklägers zu hören, wenn er nach der täglichen Verhandlung die Bar besuchte, um seinen Ärger mit Whisky zu vertreiben. Die Frontoffiziere hatten von Colonel MacDonald keine gute Meinung. Um Mitternacht beschlossen wir, die „Feier" zu beenden. Kurze Zeit später fiel die Zellentür wieder ins Schloß. Ich war wieder Gefangener.

Am 24. Dezember hatte ich das große Glück, meine Frau und meine Tochter Ursula begrüßen zu dürfen. Nahezu 30 Minuten durften wir Hand in Hand sitzen und von unseren Kindern sprechen. Tränenlos nahm meine Frau von mir Abschied. Meine Tochter freute sich auf eine Weihnachtsfeier, zu der sie die Kanadier eingeladen hatten.

Am 27. Dezember nahm die Verhandlung ihren Fortgang, und um 4.15 Uhr erhoben sich die Richter, um ihr erstes Urteil zu sprechen. Nach genau dreistündiger Beratung fällte Major-General Foster folgenden Spruch: „Generalmajor Meyer, das Gericht hat Sie nicht schuldig befunden im Sinne des 2. und 3. Anklagepunktes. Bitte, nehmen Sie wieder Platz."

Das bedeutete, daß mich das Gericht nicht für das Kampfgeschehen und die damit verbundenen Erschießungen auf dem Gefechtsfeld verantwortlich machte. Weiterhin sprach es mich von der Anklage Jesionek frei. Das Gericht war überzeugt, daß ich am 7. oder 8. Juni keine Erschießungsbefehle gegeben hatte.

Der 28. Dezember wurde mit Aussagen von General Eberbach und meiner Frau eröffnet.

"The Maple Leaf" schrieb hierüber: „Am würdevollsten unter den Entlastungszeugen, die während der letzten Tage für Meyer auftraten, war seine zierliche, blonde Frau Käte. Sie kämpfte, um ihre Gefühle zu beherrschen. Ihr schmales, blasses Aussehen zeigte die angespannte Anstrengung der 14tägigen Verhandlung. Sie erzählte dem Gerichtshof von ihrer glücklichen Ehe mit dem ehemaligen General, was für ein guter Gatte und Vater er war und wie ihre fünf kleinen Kinder den Vater lieben. ‚Ich kann nicht mehr sagen, als daß wir sehr glücklich waren', sagte sie an einer Stelle und zwang sich ein nervöses Lächeln auf die Lippen. Sie hinterließ das Bild einer stolzen, tapferen Frau."

Captain I. A. Renwich vom 28. Panzerregiment, der am 9. 8. 1944 in Gefangenschaft geraten war, sagte folgendes aus: „Ich wurde von Soldaten des Angeklagten gefangen und zum Gefechtsstand geführt. Meyer hat mich verhört und zeigte mir hierbei ein Exemplar des ‚Maple Leaf', das Anschuldigungen und den Befehl General Crears enthielt, daß kanadische Kriegsgefangene erschossen worden seien. Meyer sagte, das wäre keine Art und Weise Krieg zu führen. Auch könne er nicht verstehen, warum Kanadier gegen Deutsche kämpften. Ich hatte den Eindruck von ihm, daß er ein sehr fähiger Offizier war, der wußte, wofür er kämpfte, und ich bin nicht einmal, während ich dort war, bedroht oder eingeschüchtert worden. Sein Benehmen war überaus korrekt und immer das eines Offiziers und Gentleman."

Mit der Vernehmung des Captains Renwich war die Beweisaufnahme beendet, und ich erhielt die Genehmigung, einige Abschlußworte zu sagen. Ich führte aus:

„Ich habe während der Verhandlung Dinge gehört, die mir völlig unbekannt waren. Diese Überschreitungen wurden aber auf keinen Fall von jungen Soldaten verübt. Ich bin überzeugt, daß die Täter nur unter Soldaten zu suchen sind, die unter dem Erlebnis von fünf Kriegsjahren in mancher Beziehung brutal geworden sind. Als Kommandeur habe ich mich bemüht, die jungen Soldaten zu erziehen und zu brauchbaren Menschen zu formen. Um dieses zu erreichen, habe ich mich nicht gescheut, die schwersten Strafen gegen Männer und Offiziere zu verhängen. Ich übernehme jede Verantwortung für alles, was ich befohlen, geduldet oder gefördert habe. Ob ein Kommandeur darüber hinaus für die Taten einzelner verantwortlich gemacht werden kann, mögen Sie entscheiden. Ich erwarte Ihr Urteil."

Um 11.20 Uhr zog sich das Gericht zur Beratung zurück, und ich wurde in einen Nebenraum geführt. Die mich begleitenden Offiziere erwarteten einige Jahre Freiheitsentzug, um die aufgestachelte Öffentlichkeit zu befriedigen. Mein Anwalt war der gleichen Meinung und hielt es nicht für erforderlich, meine Frau zu bitten, den Gerichtssaal zu verlassen. Er war der Ansicht, daß sie den Urteilsspruch ohne weiteres mit anhören könne. Gott sei Dank gelang es mir aber doch, meine Frau zu bewegen, den Saal zu verlassen.

Genau um 11.45 Uhr, also nur 25 Minuten später, betrat das Gericht den Saal. Es herrschte eine atemlose Stille. Der Präsident, sichtlich bemüht, seiner Bewegung Herr zu werden, sprach das Urteil:

„General Kurt Meyer, das Gericht hat Sie im Sinne des ersten, vierten und fünften Anklagepunktes für schuldig befunden. — Sie sind zum Tode durch Erschießen verurteilt. — Das Urteil wird erst nach seiner Bestätigung rechtskräftig. — Die Verhandlung ist geschlossen."

Mein Ankläger hat den Augenblick wie folgt beschrieben:

„Meyer stand aufrecht, als das Urteil gesprochen wurde. Mit aufeinandergepreßten Zähnen, mit grimmigem Blick, aber keinem anderen Gefühlsausdruck, verbeugte er sich leicht, machte kurz kehrt und marschierte aus dem Raum."

Der Prozeß war zu Ende.

Erst nachdem ich den Saal verlassen hatte, wurde mir klar, daß ich auf Grund des sogenannten „Geheimbefehls" des tschechischen Deserteurs verurteilt und für die Erschießungen im Kloster verantwortlich gemacht wurde. Mit einer ohnmächtigen Wut und beißender Verachtung gegenüber allen Pharisäern schritt ich durch die wartenden Reporter und die neugierige Menge in meine Zelle.

IN DER TODESZELLE

Das Fenstergitter wirft lange Schatten an die Zellenwand, während ich mir die Fotos meiner Kinder betrachte und mir ihr Leben ohne mich vorstelle. In diesen Minuten muß meine Frau von dem Todesurteil hören. Capt. Lehmann hat mir versprochen, diese Hiobsbotschaft selbst zu überbringen und die Mitteilung nicht dem Zufall zu überlassen.

So soll also mein Leben enden. Irgendwo in einer Sandgrube wird eine Salve krachen und mein Körper in einem namenlosen Grab verschwinden! Das Wissen um den nahen Tod bedrückt mich nicht. Ich bin nicht mehr allein, sondern stehe wiederum im Toben der Schlacht und bin von Kameraden umgeben. Ich sehe weder Gitter noch Posten, da ruft mir eine Stimme zu: "General, don't be afraid, we are fighting for your life!" *(Fürchten Sie nichts, General, wir kämpfen um Ihr Leben!)* — Welche Ironie des Schicksals — meine Feinde werden meine Freunde! In dieser Nacht stehe ich Gott am nächsten. Wir halten Zwiesprache miteinander — und gestärkt erwarte ich den strahlenden Morgen. Der Tod ist für mich nicht ohne Bedeutung, im Gegenteil, die Lebensflamme brennt sehr stark, und das Wissen, daß meine Stunden gezählt sind, ist nicht leicht zu ertragen. Aber da ist kein Abgrund zu überqueren. Ich lebe in der Gegenwart des Schöpfers und erkenne den Tod als einen Teil der Schöpfung an. Während der langen Nacht bete ich um Kraft, dem Tod als aufrechter Mann zu begegnen.

In den ersten Nachmittagsstunden des 29. Dezember schließen sich wiederum die Fesseln um meine Glieder, und ich werde in das Besucherzimmer geführt. Meine Frau wartet auf mich. Ich habe vor dieser Begegnung Angst. Wie sehr muß dieser Schicksalsschlag auf meine tapfere Frau gewirkt haben. Jahre hat sie um mich gebangt, um mich nun vom Tode gezeichnet zu begrüßen. Dankbar nehme ich die Geste des kanadischen Offiziers zur Kenntnis, daß er mir die Fessel nimmt und ich den Raum ungefesselt betreten kann.

Meine Frau kommt mir tränenlos entgegen. Doch als sich unsere Hände berühren, ist es mit der mühsam erzwungenen Haltung vorbei. Ihre Tränen fallen auf meine Auszeichnungen, die ich ihr für meinen Jungen übergebe. Unsere Tochter Ursula lächelt mir unter Tränen zu und kündet mir das Kommen meines Jungen an. Noch nie im Leben war ich so stolz auf meine Frau, wie in diesen Minuten. Trotz ihres unendlichen Kummers versteht sie es, mich gestärkt in meine Zelle gehen zu lassen.

Colonel Andrew verabschiedet sich und bittet mich, doch ein Gnadengesuch an Major-General Cris Vokes, den Kommandeur der 3. kanadischen Infanteriedivision, zu schreiben. Ich lehne diesen Vorschlag ab. Colonel Andrew und ich scheiden als Soldaten voneinander, für uns gehört der Krieg der Vergangenheit an.

Dem Drängen von Capt. Lehmann und Capt. Plourde sowie der Bitte meiner Frau folgend, reiche ich ein Gnadengesuch ein. Ich tue es, um meiner Familie gegenüber meine Pflicht zu erfüllen. Das Gesuch wird am 31. Dezember eingereicht und hat übersetzt folgenden Wortlaut:

Sir,

wenn ich diese Petition schreibe, so denke ich voll Stolz an den Ruf meiner Truppen und an meinen Ruf als Soldat. Ich denke an meine Familie, an meine Frau, die mir eine treue Gefährtin und meinen Kindern eine gute Mutter ist. Sie wird nun allein die Last der Verantwortung für die Erziehung unserer fünf Kinder zu tragen haben.

An sie denke ich vor allem, wenn ich diese letzte Gelegenheit ergreife Ihnen zu schreiben, nicht um meiner selbst willen, sondern um für das Leben meiner Kinder einzutreten, denen der Vater genommen wird. Ich trete für den Ruf meiner Truppe und für meinen Ruf als Soldat ein.

Bei diesem letzten Appell möchte ich alle Formalitäten, die sonst vor Gericht üblich sind, beiseite lassen und will zu Ihnen von Mann zu Mann und von Soldat zu Soldat sprechen.

Zwei Soldaten haben mich beschuldigt, meine Männer ermutigt zu haben, daß sie keine Gefangenen machen sollten. Diese Beschuldigung ist falsch. Die Aussagen sind von zwei Deserteuren polnischer und tschechischer Nationalität gemacht worden. Der eine erschien nicht vor Gericht, weil er inzwischen unauffindbar war. Ein anderer Zeuge, ebenfalls ein früherer Angehöriger meiner Einheit und tschechoslowakischer Staatsangehöriger, widerrief seine ursprüngliche Aussage und widersprach mit Nachdruck dem angeblichen Inhalt des sogenannten „Geheimbefehls".

Unter allen Männern meiner Einheit, die jetzt Kriegsgefangene in England, Kanada oder Amerika sind, sind drei bereit gewesen, gegen mich als Zeugen aufzutreten. Wenn man die Hunderte, die zu meiner Einheit gehörten, über das befragte, was man mir zur Last legt, so bin ich fest überzeugt, daß ihre Aussagen klar das widerlegen würden, was von den wenigen ausgesagt wurde, so daß man ihnen keinen Glauben schenken könnte.

Die Tatsachen beweisen, daß meine Einheit vom ersten Tage ihres Einsatzes an Gefangene in großer Zahl einbrachte. Ein ehemaliger gefangener Offizier, der in seine Heimat zurückgekehrt und aus der Armee entlassen worden war, kam freiwillig nach Deutschland, um zu meinen Gunsten auszusagen.

Der frühere Befehlshaber der Panzergruppe West sagte vor Gericht aus, daß meine Einheit dreimal soviel Gefangene machte als andere Truppenverbände.

Ich betone ausdrücklich, daß ich meine Soldaten im Einklang mit den internationalen Abmachungen ausgebildet und meine Pflicht als Offizier nach bestem Wissen und Gewissen erfüllt habe. Ich habe mich bemüht, meiner Aufgabe gerecht zu werden, so gut es von einem Soldaten erwartet werden kann; aber meine Aufgabe war schwer und meine Verantwortung ging über das normale Maß hinaus.

Die Invasionskämpfe in der Normandie zeigten, daß der Geist meiner Truppen gut war. Wir wurden innerhalb kurzer Zeit in die Schlacht geworfen und auf unserem Weg an die Front durch tieffliegende Jagdbomber schwer mit Bomben belegt. Wir bildeten die Spitze der Division. Unser Kampfabschnitt war ungewöhnlich ausgedehnt. Unsere linke Flanke war exponiert, und ich mußte ständig den Luftsektor über uns beobachten, aus dem wir jeden Augenblick mit Fallschirmabsprüngen und feindlichen Luftlandetruppen rechnen mußten.

Meine jungen Soldaten von 17 bis 18 Jahren kämpften drei volle Monate ohne Entlastung oder Hoffnung auf Entlastung und ohne auch nur eine Nacht zu schlafen. Nach den ersten vier Kampfwochen hatte die Division zwischen 3000 bis 4000 Mann Verluste, und der Sektor wurde größer statt kleiner.

Wenn meine Soldaten ein Vierteljahr lang solchen Boden- und Luftangriffen standhalten konnten, dann mußte die Mehrzahl aus guten und wohlgeschulten Soldaten bestehen.

Ich kann nur noch einmal wiederholen, daß ich zu keiner Zeit meine Truppen aufgefordert habe, keine Gefangenen zu machen! Es geschah dies weder während ihrer Ausbildungszeit, vor der Invasion, als wir selbst nicht wußten, an welcher Front wir eingesetzt werden würden, noch während des Kampfes, nach der Invasion. Keine mündlichen, geheimen oder anderen Befehle, noch das Beispiel meiner eigenen Haltung und Einstellung haben die Tötung von Gefangenen auch nur möglich erscheinen lassen.

Daß man mich für die Taten einiger Angehöriger meiner Truppen verantwortlich macht, kann ich nicht verstehen. Verantwortung kann unmittelbar oder mittelbar sein, woraus folgt, daß ein Kommandeur nicht in demselben Maße für die individuelle, vielleicht einem augenblicklichen Impuls folgende Handlungsweise eines seiner Soldaten verantwortlich zu machen ist, wie vielleicht für die Taten eines seiner Stabsoffiziere in seiner unmittelbaren Umgebung. Hängt diese Verantwortlichkeit nicht auch davon ab, bis zu welchem Grade die Situation und die allgemeinen Umweltsbedingungen normal oder anormal sind?

Kann ein Kommandeur junger, unerfahrener Truppen, die zum ersten Male unter unerwarteten und anormalen Bedingungen in einem viel zu großen Frontabschnitt mit exponierten Flanken, unter ständigem Artilleriebeschuß und Luftangriffen, ohne ausreichenden Nachschub und ohne Hoffnung auf Verstärkung oder Unterstützung, ständig bedroht durch Fallschirmjäger und Luftlandetruppen, eingesetzt sind, für Einzelaktionen seiner Truppen verantwortlich gemacht werden, wie ein Kommandeur erfahrener Truppen an einer normalen ruhigeren Front, unter im allgemeinen normalen Bedingungen, mit voller Kontrolle über seine Truppen und mit der Möglichkeit, sie besser beobachten, leiten und kontrollieren zu können?

Ich möchte noch einmal betonen, daß, wenn Übergriffe geschahen, sich diese in den ersten Tagen der Schlacht ereigneten, als die Bedingungen chaotisch waren und sich noch Überreste von Küsteneinheiten in meinem Sektor befanden. Sie geschahen zu einer Zeit, als ich Regimentskommandeur und nicht bevollmächtigt war, andere Truppen außer meinen eigenen zu kontrollieren.

Nach meiner Ernennung zum Divisionskommandeur, als ich die volle Befehlsgewalt über den Divisionssektor erhielt, wurden die Zustände erträglicher, und es haben sich keine Übergriffe mehr ereignet.

Ich habe mich an Sie gewandt, Sir, einen Soldaten mit beträchtlicher Kampferfahrung, in der Hoffnung, daß Sie verstehen werden, unter welchen

Bedingungen ich kämpfte und in welcher Lage ich mich nun dadurch befinde.

Obgleich ich auf Grund der genannten Belastungen für schuldig befunden worden bin, geht meine Schuld und Verantwortlichkeit doch nur bis zu einem gewissen Grad. Ich habe mich nie so verantwortlich und schuldig gefühlt, daß ich das Todesurteil gegen mich für gerechtfertigt gehalten hätte. Dieses ist auch jetzt noch meine Überzeugung.

Ich bitte daher um Revision des gegen mich gefällten Urteils, um es in Einklang mit dem Maß an Verantwortlichkeit und Schuld zu bringen, das mir heute noch zufällt.

Aurich, den 31. Dezember 1945

In später Stunde besuchen mich Capt. Lehmann und Plourde und teilen mir das Resultat meines Gesuchs mit. General Vokes hat das Gesuch mit folgender Begründung abgelehnt:

"I have considered this appeal and cannot see my way clear to mitigate the punishment awarded by the court." *(Ich habe dieses Gesuch erwogen und sehe keine Möglichkeit, die vom Gericht verhängte Strafe zu mildern.)*

Die beiden Offiziere drücken ihr Erstaunen darüber aus, daß der General die Entscheidung so überaus schnell gefällt hat. Er hat das Gesuch gelesen und die Ablehnung geschrieben. Nach menschlichem Ermessen gibt es nun keine Rettung mehr für mich. Die Exekution scheint unabwendbar zu sein.

Durch Befragen der Posten erfahre ich so nach und nach, daß ich wahrscheinlich innerhalb der nächsten acht Tage erschossen werden soll. Von anderer Seite wird mir mitgeteilt, daß mein Exekutionskommando in Oldenburg bereits fleißig übe und auf Bierdeckel schieße.

Nach ein paar Tagen wird mir eröffnet, daß die Zeit für meine endgültige Verabschiedung von meiner Familie gekommen sei und meine Angehörigen bereits auf mich warten. Trotz der ganzen Bitternis der Stunde empfinde ich tiefe Freude. Ich freue mich auf die Begegnung mit meinem Jungen. Endlich soll ich meinen Sohn kennenlernen. Ob ich ihn nach dieser ersten Begegnung je wiedersehen werde? Meine Frau hält mir unseren Sohn entgegen. Jauchzend erfaßt der kleine Bursche die goldenen Schulterstücke und hält sie umklammert. Ich bin für ihn kein Fremder, willig kommt er in meine Arme. Meine Tochter Irmtraud singt mir ein Weihnachtslied und unsere älteste Tochter Inge tröstet mich mit den Worten: „Vater, du kannst ja gar nicht sterben. Sieh, unser Junge wird einmal genau so wie du. Ich werde immer auf ihn achten."

Oh, wie glücklich bin ich über diese Kinder! Unsere Älteste ist gerade erst zehn Jahre alt geworden, aber was für eine verläßliche Freundin ist sie bereits für ihre Mutti. — Auch von meiner Mutter darf ich mich verabschieden. Sie trägt nun die ganze Last für die Erhaltung meiner Lieben. Meine Frau und meine Mutter wachsen in diesen wenigen Minuten über sich selbst hinaus. Die Zeit geht rasend schnell vorbei. Ein letztes Wort, eine kurze Umarmung und ein verzerrtes Lächeln beenden die letzte Zusammenkunft. Mein Leben hat sein Ende gefunden.

In den nächsten Tagen erwarte ich meine Exekution. Ich merke mit Verwunderung, daß der Tod für mich keine Schrecken enthält. Haben das die grauenhaften Kriegserlebnisse bewirkt? Jeden Morgen, wenn die Türen klappern und ich die Stimmen der Wachposten höre, blicke ich schnell noch einmal auf die Fotos meiner Lieben. Denn jede Stunde kann ja nun meine letzte sein.

Heute weiß ich, daß ich eigentlich schon am 7. Januar 1946 erschossen werden sollte. Die Engländer wollten mich am 6. Januar noch einmal wegen der Kämpfe um Dünkirchen im Juni 1940 vernehmen. Der englische Vernehmer begrüßt mich mit den Worten: „Nun können Sie uns doch alles erzählen, denn Sie werden ja doch erschossen!" Der gute Mann ist ganz bekümmert, daß er unverrichteter Dinge wieder heimwärts wandern muß.

In der Zeit meiner Todeserwartung setzt draußen der Kampf um mein Leben ein. Captain Lehmann hat meiner Frau den Rat gegeben, einen deutschen Rechtsanwalt zu suchen, der vielleicht auf dem Gnadenwege etwas für mich tun könne. Von diesen Bemühungen habe ich selber keine Ahnung. Meine Frau ist fremd in Aurich. Sie kennt keinen Rechtsanwalt und hat auch keinen Pfennig Geld. — Sie läuft von Anschrift zu Anschrift und steht vor verschlossenen Türen. Ratlos kommt sie zufällig auch zur Emdener Straße 11. Dieser Zufall ist unser Glück. Hier wohnt in dem gleichen Haus, in dem einst Bismarck residierte, der Rechtsanwalt Dr. Schapp. Er ist ein baumlanger Friese und wie alle seine Landsleute von einem geradezu fanatischen Gerechtigkeitssinn. Der erste Schritt Dr. Schapps ist ein persönliches Gnadengesuch an den Oberkommandierenden der kanadischen Besatzungsstreitkräfte, Generalmajor Vokes. Am 6. Januar antwortet General Vokes auf die private Petition Dr. Schapps und begründet damit einen ersten, wenn auch noch ganz schwachen Hoffnungsschimmer. Der Brief Generalmajor Vokes' hat folgenden Wortlaut:

„Dear Sir!

Ihr vom 3. Januar 1946 datierter und an den Regierungspräsidenten in Aurich gerichteter Brief, in der Angelegenheit des am 28. Dezember 1945 durch die Militärregierung verurteilten Generalmajors Kurt Meyer, ist an mich weitergeleitet worden und hat meine größte Beachtung gefunden.

Ich habe jede Einzelheit zur Kenntnis genommen, bin aber gezwungen Ihnen mitzuteilen, daß ich dafür verantwortlich bin und die Pflicht habe, dafür zu sorgen, daß die in dieser Angelegenheit maßgebenden kanadischen Gesetze beachtet und in Anwendung gebracht werden. Ich bin sicher, daß Sie für diese meine Lage das vollste Verständnis haben werden. Ich kann deshalb nichts anderes tun, als Ihnen meine Anerkennung für den maßvollen Charakter Ihrer Petition ausdrücken und Ihnen dafür danken, daß Sie mir so ausführlich in dieser Angelegenheit geschrieben haben."

Dr. Schapp macht zu diesem Antwortschreiben die folgende Aktennotiz: „Antwort höflich, Stellungnahme nicht klar ersichtlich, aber auch keine klare Ablehnung."

Der Wettlauf mit dem Tode geht weiter. Das Auricher Rote Kreuz sammelt Unterschriften. Der Konsistorialpräsident Hollweg reicht als höchste Instanz der reformierten Kirche der Provinz Hannover ebenfalls ein Gnadengesuch bei General Vokes ein und sendet außerdem eine Abschrift an den Feldgeistlichen im Hauptquartier der Besatzungsmächte, Reverend Wilson. In diesem Augenblick kommt Capt. Lehmann mit einer neuen Schreckensbotschaft. Mein Gnadengesuch ist abgelehnt worden. Er sagt es anfangs nur meiner Frau, weil er fürchtet, daß Dr. Schapp, dadurch entmutigt, alle weiteren Versuche aufgeben wird. Doch das Gegenteil ist der Fall: Jetzt holt der Gerechtigkeitsfanatiker erst aus. Er versucht den evangelischen Landesbischof Marahrens und den katholischen Bischof von Münster, Clemens August Graf Galen, dazu zu bewegen, sich für mich einzusetzen.

Meine Mutter fährt umgehend mit einem Schreiben Dr. Schapps zum Landesbischof nach Hannover. Aber der Bischof bedauert. Er sei leider nicht in der Lage, sich für einen ehemaligen SS-Offizier zu verwenden. Ein Assistent Dr. Schapps begibt sich nach Münster. Der greise Graf zeigt auf den Papierkorb, der bereits überquillt von allen möglichen Bittschriften. Aber er läßt sich meinen Fall vortragen — und zieht dann plötzlich seine

Schreibmaschine heraus. Wenige Minuten später kann Dr. Schapps Assistent nach Aurich zurückkehren. Er ist im Besitz eines wichtigen Papieres.

Graf Galen schreibt:

„Nach den mir gemachten Mitteilungen ist der General Kurt Meyer zum Tode verurteilt worden, weil ihm unterstellte Männer Verbrechen begangen haben, die er nicht veranlaßt noch gebilligt hat. Als Vertreter christlicher Rechtsauffassung, nach der jeder Mensch nur für seine eigenen Taten verantwortlich und gegebenfalls bestrafbar ist, unterstütze ich deshalb das Gnadengesuch für den Generalmajor Meyer und bitte um Erlaß der zuerkannten Strafe.

Clemens August Graf Galen"

Inzwischen entschließt sich General Vokes, nach London zu fliegen und bei seinen Kameraden Rat zu holen. Am 9. Januar spricht er mit General J. C. Murchie, Brigadier Orde, Oberstleutnant Bredin und Mr. John Reid vom Auswärtigen Amt, der zufällig in London ist. General Vokes äußert sein Mißfallen über das Todesurteil und meint, daß das Urteil geändert werden solle. Dann fliegt er in sein Hauptquartier nach Deutschland zurück und ändert am 13. Januar das Todesurteil in eine lebenslängliche Haftstrafe um.

Er begründet seinen Entschluß wie folgt: "I did not fell that the "degree of responsibility" established at the trial, warranted the extreme penalty." *(Ich hatte das Gefühl, daß der beim Verhör festgestellte Grad der Verantwortlichkeit nicht die Verhängung der härtesten Strafe rechtfertigen konnte.)*

Am 13. morgens klappern die Türen besonders laut und eine gewisse Unruhe herrscht auf dem Zellengang. Mehrere Personen bleiben vor meiner Zelle stehen. Die Tür wird geöffnet und zwei kanadische Offiziere betreten die Zelle. Jetzt gibt es für mich keine Zweifel mehr — meine letzte Stunde ist gekommen. Vollständig kalt höre ich zu, wie einer der Offiziere anfängt mir etwas vorzulesen. Ich nehme an, daß er mir das bestätigte Urteil bekanntgeben will. Mein Blick gleitet immer wieder über die Fotos meiner Familie. Das Vorgelesene interessiert mich nicht mehr. Doch plötzlich horche ich auf. Die Worte „lebenslänglich" und „Kanada" klingen in meinen Ohren. Es dauert lange, bis ich das Gehörte ganz verstanden habe und die neue Situation begreife. Die Reaktion ist durchschlagend. Kaum bin ich wieder allein, sacke ich auf die Pritsche und bin ein völlig geschlagener Mann. Diese Wendung habe ich nicht erwartet. Die Vorstellung, daß ich mein ganzes

Leben hinter Gittern verbringen soll, ist eine vernichtende Aussicht. Es vergehen Stunden, bis ich mich mit der neuen Lage auseinandergesetzt habe. Der Lebenswille beginnt sich wieder zu regen. Bereits in den Nachmittagsstunden plane ich für die Zeit nach meiner evtl. Entlassung. Ich kann mir einfach nicht vorstellen, daß ich mein Leben hinter Gittern beschließen soll. Am 14. Januar darf ich noch einmal meine Frau begrüßen. Als Abschiedsgruß bringt sie mir die ersten Frühlingsboten der heimatlichen Erde.

Am 15. Januar sitze ich gefesselt in einer „Dakota" und fliege von Bad Zwischenahn nach Odiham, Hants, in England. Mein Begleiter, Major L. M. Fourney, bringt mich vom Flugplatz direkt nach Reading. Hier betrete ich zum erstenmal die muffigen Gebäude eines Zuchthauses. Es ist die gleiche Strafanstalt, in der Jahrzehnte vorher Oskar Wilde eingesperrt war und seine berühmten Balladen geschrieben hat. Das Zuchthaus dient jetzt den Kanadiern als Militärstrafanstalt und beherbergt einige hundert Deserteure und andere Übeltäter. Die Zucht ist den Verhältnissen angepaßt. Laute Kommandos hallen den ganzen Tag durchs Gebäude. Marschtritte lassen selbst die schweren Zellentüren erzittern. Beim ersten Spaziergang hinter den roten Zuchthausmauern trabe ich in Begleitung eines Sergeanten an den Mauern auf und ab. Es dauert gar nicht lange, und ich weiß, daß ein seitlich angebautes Gebäude den Galgen enthält und wir über die Leiber der Hingerichteten spazieren. Den englischen Gesetzen gemäß werden die Hingerichteten unter den Wegen innerhalb der Strafanstalt verscharrt. Die gleiche Methode wurde ja auch in Hameln praktiziert.

Nach kurzer Zeit wird die Anstalt aufgelöst, und ich komme in ein Barackenlager in der Nähe von Aldershot. Auch hier sind Hunderte von Deserteuren untergebracht. Meine Unterbringung im Lager ist gut. Ich darf mir sogar einen kleinen Garten anlegen und mich der Sonne erfreuen. Die Wachmannschaft besteht aus bewährten Soldaten. Sie alle haben gegen meine Division gekämpft. Ihr Benehmen ist korrekt. Sie zeigen stets soldatische Haltung. Die Burschen haben sogar soviel Verständnis für meine Lage, daß sie ohne meine Veranlassung ein Telefongespräch mit Irland herstellen, um mir Gelegenheit zu geben, eine deutsche Stimme zu hören und mich mit einer jungen Dame zu unterhalten. Hier im Lager höre ich auch von der Reaktion der kanadischen Öffentlichkeit, nachdem sie von meiner Begnadigung unterrichtet worden war. Die Zeitungsberichte sind einfach toll. Die Aufforderung, mich im Hafen von Halifax zu ertränken, ist noch nicht der furchtbarste Vorschlag, mich ins Jenseits zu befördern.

Ende April 1946 kündigt man mir meine Verlegung nach Kanada an und steckt mich gleichzeitig in eine kanadische Uniform.

Bei Anbruch der Dunkelheit verlasse ich das Lager in Richtung Southampton und werde dort auf den Truppentransporter „Aquitenia“ geführt. Die „Aquitenia“ ist das Schwesterschiff der „Titanic“, die auf ihrer Jungfernfahrt mit einem Eisberg zusammenstieß und einige tausend Menschen mit in die Fluten riß.

Ich werde in den Bauch des Schiffes geführt und in eine Zelle gesperrt. Doch nicht für lange. Selbst die Schiffsoffiziere haben keine Ahnung, wer eigentlich der Gefangene ist. Ich erinnere mich noch an eine nette Begebenheit. Wir spielen im Vorraum Karten, als ein älterer Offizier auf uns zutritt und sagt: „Jungens, macht nicht solch entsetzlichen Krach, laßt doch den Deutschen etwas schlafen.“ Wunschgemäß wird alles leiser — der gute Mann hat nicht gemerkt, daß er dem German General in die Karten sieht.

Die Fahrt ist für mich sehr abwechslungsreich und interessant. Das Schiff ist ein sogenanntes „Bräuteschiff“. Es bringt eine große Menge Frauen und Kinder kanadischer Soldaten, die in England geheiratet haben, nach Kanada. Niemand merkt, daß die „Nazi-Bestie“ an Bord spazieren geht, anstatt in der dunklen Zelle zu sitzen.

Einige Meilen vor der kanadischen Küste werde ich in die Zelle gesperrt und von den Absichten der aufgeputschten Öffentlichkeit unterrichtet. Tausende von Menschen stehen am Kai, während das Schiff festmacht. Die Wiedersehensfreude der Bräute mit ihren Männern ist unbeschreiblich. Irgend jemand hält eine Begrüßungsansprache, und Musik dröhnt durch die großen Hallen.

General Foster, mein Gegenüber in der Normandie und mein Richter von Aurich, steht am Fallreep, während ich an Deck geführt werde. Um kein Aufsehen zu erregen, hat man mich gebeten, ohne Begleitung das Fallreep zu verlassen und in einen bereitstehenden Wagen zu steigen. Und so kommt es, daß ich als herrenloser kanadischer Soldat verkleidet den amerikanischen Kontinent betrete. Die Zivilisten merken nicht, daß die „Nazi-Bestie“ das Schiff verläßt, obwohl alle Augen auf das Fallreep gerichtet sind. Nach kurzer Fahrt durch die abendlichen Straßen von Halifax landen wir in einem alten Fort der früheren Festung. Hier wird schnell Marschverpflegung übernommen und die Sitzordnung festgelegt. Ich fahre mit zwei Offizieren und einem Sergeanten, während drei Sergeanten mit einem zweiten Wagen folgen. In schneller Fahrt lassen wir Halifax hinter uns. Dunkle Wälder nehmen uns auf. Erstaunt stelle ich fest, daß heftige Schneestürme über das Land gerast sind und schwere Schäden angerichtet haben. Mancher Telegraphenmast liegt geknickt am Straßenrand. Der 1. Mai zeigt sich hier wahrhaftig noch sehr frostig. Während der Fahrt wird mir erklärt, daß unser Ziel eine Strafanstalt in der Nähe von Moncton, in der Provinz Neu-Braunschweig sei. Stundenlang fahren wir durch die dunkle Nacht und überqueren die Halbinsel Neu-Schottland. Die Nacht ist so kalt, daß der Transportführer eine Marschpause einlegt und wir die Straße auf und ab traben, um uns zu erwärmen. Es wäre für mich eine Kleinigkeit, mich seitlich in die Büsche zu schlagen und zu verschwinden. Aber weshalb soll ich eine Flucht riskieren? Ich bin ja ein Mensch ohne Vaterland geworden. Wohin soll sich ein deutscher Soldat 1946 wenden? Meine Begleitung benimmt sich in jeder Beziehung korrekt. Ich werde als Offizier behandelt.

Gegen 4.00 Uhr taucht vor uns die hellerleuchtete Strafanstalt von Dorchester auf. Die Gebäude beherrschen mit ihren wuchtigen Mauern und Türmen die Bay of Funday. Die gewaltige Ansammlung von Stein und Stahl strahlt eine vernichtende Atmosphäre aus. Niemand spricht mehr ein Wort. Schweigend fahren wir die Höhe hinauf. Ich habe das Gefühl, Zuschauer bei meiner eigenen Beerdigung zu sein.

Knirschend halten die Wagen vor dem Haupttor. Eine Klingel alarmiert den Posten, der uns das äußere Tor öffnet. Zwischen dem Außentor und dem Inneren der Anstalt müssen wir noch einige weitere Tore passieren. Vor dem letzten verabschieden sich die Sergeanten. Sie tun es auf die gewohnte soldatische Art. Auch die beiden Offiziere salutieren so, wie sie es gelernt haben. Nachdem ich mich von meinen Begleitern durch Handschlag verabschiedet habe, stehe ich meinen Kerkermeistern gegenüber. Der Unterschied ist augenscheinlich. Bereits die ersten Sekunden offenbaren mir, daß ich von nun ab nur noch eine Nummer im Heer der Namenlosen bin. Weder vom Leiter der Anstalt, noch von seinen ersten beiden Trabanten höre ich ein Wort. In ihren Augen habe ich kein Recht mehr, als Mensch behandelt zu werden. Ich werde in einen besonderen Raum geführt und bekomme ein paar alte Lumpen als Bekleidung in die Hände gedrückt. Nur mit Mühe kann ich meine orthopädischen Schuhe retten.

Nach dieser Maskenparade trete ich den langen Gang durch das Zuchthaus an und bekomme zum ersten Male den niederschmetternden Eindruck von einer entwürdigenden Gefangenschaft. Zelle reiht sich an Zelle. Sie gleichen engen Raubtierkäfigen, in die man Menschen eingesperrt hat. Hier gibt es kein Privatleben mehr. Den Abschluß der Zellen bilden keine Türen, sondern Gitter. Die Gefangenen erleben niemals eine erquickende Dunkelheit — ihre Zellen sind immer erleuchtet. Ein widerlicher Geruch kommt mir entgegen. Wir passieren noch einige Gittertore, dann wird mir bedeutet, daß das vor mir liegende Loch meine Zelle sei. Mit der ironischen Bemerkung des stellvertretenden Kommandanten: „Bitte, das ist jetzt Ihr Heim!" stehe ich plötzlich hinter Gittern. Müde falle ich auf meine Pritsche. Mit dem Entschluß, auf keinen Fall die Flinte ins Korn zu werfen, strecke ich meine Glieder.

In früher Morgenstunde werde ich bereits von meinen Nachbarn geweckt. Sie sind enttäuscht, daß ich ihnen keine Nachrichten aus Montreal bringen kann. Erst später erfahre ich, daß man meinen Mitgefangenen erklärt hat, ich sei von Montreal nach Dorchester verlegt worden. Es dauert gar nicht lange, und ich werde in einen großen Wasch- und Umkleideraum gebracht. Der Raum ist von einer großen Schar Gefangener besetzt. Hier muß ich ein Brausebad nehmen und mich anschließend in einen Friseurstuhl setzen. Ahnungslos nehme ich Platz. Der Friseur, natürlich ein Sträfling, erkundigt sich eifrig nach meiner Strafzeit, ohne jedoch zu ahnen, mit wem er spricht. Die Strafdauer macht auf ihn keinen Eindruck. Er ist zu zwanzig Jahren verurteilt, weil er seinen Onkel umgebracht hat. Ich bin froh, als ich meinen Bart los bin und die Schneide des Messers nicht mehr an der Gurgel fühle. Mit geschlossenen Augen warte ich auf den Haarschnitt. Doch plötzlich bin ich wie elektrisiert. Der Kerl ist mir mit der breiten Schere quer über den Schädel gefahren und schert mir in aller Ruhe die Haare ab. Zwei Beamte grinsen mich höhnisch an, als meine Haare in den Staub fallen und ich vor Wut zittere. Nach dieser Prozedur wird mir die Nummer 2265 auf die Brust gepinselt und damit der Name durch eine Nummer ersetzt.

Mein linker Zellennachbar entpuppt sich als ein Berufsverbrecher, der mit geringen Unterbrechungen seit 1917 die Strafanstalten der USA und Kanadas „bewohnt" hat. Jetzt ist er zu einer lebenslänglichen Haftstrafe verurteilt worden, weil er sieben Menschen bei lebendigem Leibe verbrannt hat. Der rechte Zellennachbar ist ein Sittlichkeitsverbrecher. Der Kerl hat seine eigene Tochter vergewaltigt. —

Die mir angetane Schande hinter den grauen Mauern von Dorchester werde ich nie vergessen.

Mit Entsetzen muß ich feststellen, daß selbst in den hochentwickelten Ländern des Westens staatliche Verbrecherschulen unterhalten werden.

Jugendliche Übeltäter, die natürlich nie mit den hartgesottenen Verbrechern das Dach teilen dürften, werden im Zuchthaus erst zu Verbrechern erzogen.

Nach Ablauf der ersten vier Wochen werde ich als Bibliothekar in einer gutausgestatteten Bücherei eingesetzt. In dem Abteilungsleiter lerne ich einen ausgezeichneten Menschen kennen. Mr. J. E. L. Papineau ist Offizier in der „Air Force" gewesen und hat den Krieg von allen Seiten kennengelernt. Seine ritterliche Haltung ist vorbildlich. Die Zeitungshetze läuft noch immer auf Hochtouren und faselt den größten Unsinn zusammen. Die Schreier der kanadischen Kriegerverbände glauben sich zu berufenen Sprechern der kanadischen Frontsoldaten machen zu müssen. Wieder finde ich bestätigt, daß der Frontsoldat eine ganz andere Meinung vertritt, als sie von den offiziellen Sprechern propagiert wird. Je weniger die Leute von den wirklichen Vorgängen wissen, desto lauter fordern sie meinen Kopf.

Im Sommer erhalte ich den ersten Gruß aus der Heimat. Meine Familie schlägt sich recht und schlecht durchs Leben. Sie soll von 119,— RM Fürsorgeunterstützung existieren. Der Gedanke an ihre Not ist am schwersten zu ertragen. Hier muß ich wiederum dem ritterlichen Friesen, Herrn Dr. Wilhelm Schapp, meinen aufrichtig empfundenen Dank abstatten. Aus echter Nächstenliebe hat er kein Opfer gescheut, mir meine Familie zu erhalten. Unter anderem hat er die gesamten Krankenhauskosten für meine Frau übernommen. Sie ist vollkommen zusammengebrochen und hat sich einen schweren Herzfehler zugezogen. Auf den Schultern meiner Mutter ruht das Wohl meiner Familie.

Ein Tag reiht sich an den anderen, ohne meine Lage zu verändern. Mit maschineller Genauigkeit nehmen die Tage ihren Verlauf. Ich will es dem Leser ersparen, von den Qualen in der Gefangenschaft zu schreiben, denn es gibt ja kaum Deutsche meiner Generation, die nicht um dieses Elend wissen oder es am eigenen Leib erfahren haben.

Im Laufe der Jahre habe ich einige aufschlußreiche Unterhaltungen mit Kirchenvertretern. Ob Bischof oder einfacher Pastor, sie alle nehmen kein Blatt vor den Mund und versuchen, eine Lanze für mich zu brechen. Mit einigen dieser Herren stehe ich noch heute im Briefwechsel. Die Vertreter der katholischen Kirche machen den stärksten Eindruck. Furchtlos vertreten sie ihre Meinung und verstehen sich Respekt zu verschaffen.

Einen Freund gewinne ich in Major James R. Miller vom Eastern Command in Halifax. Miller war Chaplain in der Armee und im Stab Foster tätig. Er besucht mich alle vier Wochen und steht auch mit meiner Familie in Verbindung. Ich weiß nicht, was ich Mr. Miller alles zu verdanken habe, wohl aber weiß ich, daß er keine Mühe scheut, meine Lage zu verbessern. Häufig wird er nach Ottawa gerufen, um dort Bericht zu erstatten. Er handelt als echter Christ — sein Christentum besteht in der Tat. Salbungsvolle Reden liegen ihm nicht.

Inzwischen sind einige Jahre vergangen, und die Gemüter haben sich etwas beruhigt. Die Presse bringt jetzt auch die Stimmen der anderen Seite und scheut kein offenes Wort. Erstaunt kann ich daher eines Tages lesen, daß Offiziere der Armee und Luftwaffe meine Freiheit fordern und das über mich gesprochene Urteil ablehnen. General Foster läßt mich des öfteren grüßen, während andere Offiziere versuchen, meinen Kindern eine Freude zu machen.

Einen ganz wunderbaren Menschen lernte ich in Herrn Fritz Lichtenberg aus Moncton kennen. Herr Lichtenberg ist 1911 ausgewandert und hat sich in Kanada eine neue Existenz als Bauunternehmer geschaffen. Sein Wohnort liegt nur einige Kilometer von der Strafanstalt entfernt. Hartnäckig kämpft er um die Erlaubnis, mich besuchen zu dürfen. Eines Tages ist es so weit. Nach langer Wartezeit stehen wir uns gegenüber und stammeln deutsche Begrüßungsworte. Die freudige Begrüßung droht uns zu überwältigen. Herr Lichtenberg zeigt mir Bilder meiner Kinder und kann mir auch die letzten Ereignisse aus der Heimat schildern. Die Heimattreue dieses Mannes ergreift mich tief. Stolz bekennt er sich zu Deutschland, so wie wir es von Kindesbeinen an gelernt haben.

Alle vier Wochen darf ich diesen braven Mann in Begleitung von Major Miller begrüßen. Es dauert nicht lange, und er bringt mir die Nachricht, daß ein Anwaltsbüro in Halifax die Aufgabe übernommen hat, für meine Freiheit zu arbeiten. Hier muß ich hinzufügen, daß kanadische Offiziere nicht unerhebliche Geldmittel dafür zur Verfügung gestellt hatten.

Die kanadischen Rechtsanwälte geben sich die größte Mühe, die Regierungsstellen von der Unhaltbarkeit meiner Verurteilung zu überzeugen, doch die politischen Gegebenheiten sind immer noch stärker als das Recht.

Das Für und Wider in der Presse nimmt kein Ende. Alle Parteien und Organisationen beteiligen sich an dieser Auseinandersetzung. Dabei geht es nicht um das menschliche Anliegen eines Gefangenen und seiner Familie, sondern um „geheiligte Prinzipien“ der Nazi-Verfolgung.

In diesen „Pressekrieg“ greift am 1. Januar 1950 der Schriftleiter Ralph Allen, „Maclean's Magazine“ ein und veröffentlicht folgenden Artikel:

„Hat Kanada seinem einzigen Kriegsverbrecher gerechtes Gehör gegeben? Ein Kriegsberichter, der anwesend war, sagt: Nein! Aber Panzermeyer sitzt eine lebenslängliche Haft ab.

„Der Mann, der in der Mitte des Richtertisches saß, sprach sehr langsam, fast bedauernd, als wäre er dankbar für die Pausen der Mitteilung. ‚Das Urteil dieses Gerichts lautet auf Tod durch Erschießen. Das Urteil wird erst nach der Bestätigung rechtskräftig. Die Verhandlung ist hiermit geschlossen.‘

„Der Mann, der in der Mitte des Raumes stand, hielt sich unbeweglich, wie in einem Schraubstock. Er tat einen Schritt nach rückwärts, verbeugte sich knapp, wartete noch eine Sekunde auf die ihn begleitenden Offiziere und machte dann eine Wendung nach links. Als er aus dem Raum schritt, hielt er seinen Kopf um den Bruchteil von einem Zoll höher als gewöhnlich, sein gespanntes Gesicht war um den Bruchteil eines Tones bleicher als gewöhnlich. Seine Tritte hallten in die Stille, wie ein ferner geisterhafter Appell, die Aufmerksamkeit auf eine furchtbare Vergangenheit und eine unbekannte Zukunft lenkend.

„Das Todesurteil ist an Kurt Meyer nicht vollstreckt worden.

„Auch jetzt, vier Jahre nachdem das Urteil von einem kanadischen Militärgerichtshof gefällt wurde, ist weder der Umfang von K. M.'s Schuld gegenüber der Vergangenheit, noch der Umfang seiner Bedeutung für die Zukunft klargestellt worden.

„Die Unstimmigkeiten über Recht, Unrecht und Zweifel in der höchst bizarren, umstrittenen und möglicherweise bedeutsamsten Verhandlung in der Geschichte des kanadischen Gesetzes sind heute nicht ganz so laut wie sie es waren, als Generalmajor Vokes, der damalige Kommandant der kanadischen Besatzungstruppen in Deutschland, einen internationalen Sturm entfesselte, indem er die Strafe in lebenslängliche Gefangenschaft umwandelte. Aber die Unstimmigkeit ist darum nicht weniger tief verwurzelt. Es gibt Hunderttausende Kanadier, die glauben, daß Kurt Meyer nicht im Gefängnis sein dürfte.

„Ganz kurz gefaßt sind die Tatsachen des Falles folgende:

„Als Standartenführer des 25. Panzer-Grenadierregiments der 12. SS-Panzerdivision, kommandierte Meyer deutsche Soldaten, die während der ersten blutigen Tage nach der Landung alliierter Truppen in der Normandie Kriegsgefangene erschossen haben.

„Er ist der einzige feindliche Offizier, der nach der Kriegsverbrecherverordnung Kanadas vernommen worden ist. Diese Verordnung ist ein Beschluß vom August 1945, mit dem der Versuch unternommen wurde, Richtlinien festzulegen, nach denen feindliche Kriegsverbrecher für ihre Handlungen zwischen 1939 und 1945 abgeurteilt werden konnten.

„Unter Mitwirkung der Kommission der Vereinten Nationen für Kriegsverbrechen hatten alle alliierten Völker im wesentlichen ähnliche Verordnungen getroffen, bald nachdem der Krieg in Europa beendet war. Meyers Prozeß im Dezember 1945, geführt von einem Generalmajor und vier Brigadiers in Aurich, Deutschland, war der erste Prozeß eines deutschen Frontsoldaten oder Kommandeurs, der unter solche Verordnungen fiel — kanadische oder andere —, und darum wurde ihm eine Bedeutung zugemessen, die weit über das Schicksal einzelner Menschen oder Gesetze einer Nation hinausführte.

„Welches sind die Haupt- und Endtatsachen? Die eine Tatsache, auf die es vor allem ankommt, ist die Schuldfrage, lange bevor Kurt Meyer, stolzer Soldat der Leibstandarte Adolf Hitler, feuriger Kämpfer, furchtloser, tollkühner Vertreter des wenigen, das da gut war am Nationalsozialismus — endgültig mit seinen gefolterten Nazi-Göttern zusammentraf.

„War Kurt Meyer schuldig?

„Wurde er gemäß dem Verfahren schuldig befunden und gemäß einem Gesetzbuch, das als praktischer, brauchbarer Führer zukünftigen Generationen von Kanadiern dienen kann, ohne ihr Erbe angelsächsischer Gerechtigkeit herauszufordern? Hat er ein gerechtes Verhör gehabt? Wurde er nach unparteiischen Regeln verhört? Wurden diese Regeln unparteiisch von dem Gericht, das ihn verhörte, in Anwendung gebracht?

„Als ein Berichterstatter, der die Verhandlung gegen Meyer miterlebte, sage ich: Nein! Ich kam zurück nach Kanada und sagte nein zu allen diesen Fragen und zu jedermann, der es hören wollte. Vielleicht war es kein Wunder, daß in der Stimmung der Bevölkerung vor 4 Jahren, als die Erinnerungen wie offene Wunden schmerzten und die Toten noch nicht alle gerächt waren, es noch nicht viele gab, die überhaupt hören wollten.

„Eben komme ich von Ottawa, wo ich die Akten der Verhandlung überprüfte; und darum sage ich immer noch: Nein! Unter dem angesammelten Staub scheint das Protokoll noch zu sagen, was es vor 4 Jahren zu sagen schien, in dem abwechselnd stillen und tumultarischen Gerichtssaal in Nordwestdeutschland. Unter anderm scheint es zu sagen:

„Daß unter dem Deckmantel der kanadischen Gesetze Meyer nach Regeln verhört wurde, welche einigen der ersten und kostbarsten Grundsätze kanadischen Rechts widersprechen;

„daß, obgleich diese Regeln dem Wortlaut nach dem fundamentalen Dogma von der Unschuld des Angeklagten beipflichteten, sie doch eine umdrehbare Klausel enthielten, die, wenn es einmal erwiesen war, daß Verbrechen begangen wurden (durchaus nicht von ihm, auf seinen Befehl oder mit seiner Kenntnis oder Einwilligung) ihn schuldig machten, bis er seine Unschuld beweisen konnte;

„daß sich bei solchen Fragen das Gericht für berechtigt hielt, und es für zulässig ansah, im Verlauf der Verhandlung seine Richtlinien zu „machen", ohne irgendwelche Einschränkungen und häufig zum Nachteil des Angeklagten;

„daß der Hauptzeuge gegen Meyer, ohne dessen Zeugnis der Fall für die Verfolgung bis an den Rand der Einfältigkeit abgeschwächt worden wäre, seine erste Aussage gegen Meyer unter Todesandrohung beendete; daß dieser Zeuge außerhalb der Verhandlung wenigstens zu acht verschiedenen Malen befragt worden war, und daß unter den elastischen Richtlinien des Verfahrens die feindlichen Anwälte Auszüge aus jeder seiner acht Darlegungen vorlegen durften und ihn zweimal persönlich vor den Zeugentisch bringen konnten;

„daß er sich trotz vieler Monate Vorbereitung und Überprüfung häufig widersprach, sowohl in kleinen als auch in größeren Punkten der Beweisführung;

„daß in den an meisten belastenden Einzelheiten sein Zeugnis von keinem weiteren Zeugen bekräftigt wurde, aber, wenigstens teilweise, von einem halben Dutzend widerlegt werden konnte.

„Sollte jemand die Frage aufwerfen: Ist Meyer Gerechtigkeit widerfahren? so glaube ich nicht, daß die Antwort des Berichtes sein könnte: Ja.

„In dem kleinen holzgetäfelten Verhandlungssaal trat das Bild Kurt Meyers im düsteren, beschwörenden Blitzlicht wie ein Tatsachenfilm in Erscheinung, der die Geschichte des Nationalsozialismus vom Aufstieg bis zum Ruin erzählte.

„Die toten Legionen marschierten wieder, die Übermenschen schritten über das Antlitz Europas mit unverminderter Glorie, und ein alter Kamerad warnte und pries sie mit vor Stolz schneidender Stimme, manchmal den Tränen nahe um das, was hätte sein können.

„Kurt Meyer, unbekannter Polizeianwärter mit 18 Jahren, hat seinen Wagen an den Stern des Nationalsozialismus gebunden. Als er 1934 zur Leibstandarte Adolf Hitler versetzt wurde, trug er die Parteinummer 316 714 und die SS-Nummer 17 559.

„Als die Wehrmacht 1939 zuschlug, befand sich Meyer an der Spitze der Lanzenträger. Sein soldatischer Aufstieg war einmalig und fraglos wohlverdient. Es gab einen besonderen Namen für die neue Art der Kriegführung — „Blitzkrieg". Es gab einen besonderen Namen für den jungen Kommandeur, der mit seiner schneidigen Truppe ritt: „Schneller Meyer". Die Ortsnamen am Wege waren noch schwer von Erinnerungen an den „Schnellen Meyer".

„Nach Einsätzen in Polen, Holland, Belgien, Frankreich, Rumänien, Bulgarien, Griechenland und Rußland wurde der „Schnelle Meyer" Kommandeur einer Panzerdivision in der Normandie. Er erhielt seine dritte Verwundung und die elfte Auszeichnung.

„Vor Gericht sprach er gut und bereitwillig von seinen Schlachten. Wie eine einsame Stimme, die über einen weiten, brückenlosen Abgrund ruft, rief er wieder und wieder nach den verschwundenen Kameraden, für das verbotene Dogma von „Blut und Eisen" eintretend.

„Einmal beugte er sich eindringlich vor und wiederholte Teile seiner Rede, die er einmal den jungen Fanatikern der 12. SS-Panzerdivision gehalten hatte:

„‚Wir stehen hier in der Normandie, und hier in unseren Fäusten haben wir die Waffen des deutschen Volkes. Der deutsche Arbeiter hat diese Waffen im Schweiße seines Leibes geschmiedet, nicht damit wir sie feige wegwerfen, sondern damit kämpfen ... Wenn die Alliierten je den Kanal überqueren sollten, so wird die Vernichtung nicht durch die so häufig angepriesenen V-Waffen geschehen. Glaubt nicht an diese Zeitungsenten! Haltet Euch an Tatsachen! Die Vernichtung unserer Feinde kann nur durch unseren Angriff erzwungen werden.'

„Und an einer anderen Stelle:

„‚Am Ende eines Krieges sollte jeder Gefangene in der Lage sein, zu beweisen, daß er unverschuldet in die Gefangenschaft geraten ist ...'

„Die Verhandlung brachte keine dramatischere Szene, als den Augenblick, da Meyer, ergreifend und irgendwie Schrecken einflößend, plötzlich die Umgebung aus dem Bewußtsein verlor und unmittelbar seine Gattin anredete. Mit einem ihrer fünf kleinen Kinder war Frau Meyer nach

Aurich gekommen, um ihrem Manne nahe zu sein. An den meisten Tagen saß sie allein im Hintergrund des Saales. Ein stilles Wesen, umgeben von unendlichem Kummer. Es war ihr erlaubt worden, ihren Mann kurz zu besuchen, aber immer mit einer Wache dicht daneben und Instruktionen, daß Meyer nichts sagen dürfte, das als Richtlinie für die Erziehung seiner Kinder gewertet werden könnte.

„Eines Tages zeigte sich der Gefangene bereit, die Grundsätze zu erläutern, die er bei der Erziehung seiner Soldaten zur Anwendung brachte. Als er begann, blickten seine blauen Augen abwechselnd hart und liebevoll, wenn sie die Augen in der 10. Reihe suchten und festhielten.

„Jetzt sprach er stolz und gebieterisch, nun sanft und überredend, und das gequälte, hoffnunsgslose Gesicht der Frau wurde strahlend und lebendig.

„‚Die Disziplin meiner jungen Soldaten war gut', sagte er, ‚und stützte sich auf die Grundlage einer gesunden Familie. Wegen ihrer Jugend hatte die Führung neue Wege in der Erziehung dieser Truppe zu suchen. Zwischen Offizieren und Soldaten herrschte ein enges, kameradschaftliches Verhältnis. Die Eltern waren weitgehend in die Erziehung einbezogen. Für die jungen Soldaten bestand ein Rauch- und Alkoholverbot.'

„Meyer unterbrach sich, dann begann er wieder milder. ‚In sozialer Hinsicht wurde das Ideal der Mutterschaft bei meiner Truppe hochgehalten, nach dem Motto: Die Mutter kämpft, lebt, opfert und darbt für ihre Kinder — sie legt die Grundlagen für ein gerechtes Gemeinschaftsleben.

In religiöser Hinsicht hatten meine Soldaten vollkommene Freiheit. Ich rief ihnen zu: Gott kann nicht bewiesen werden, aber wir müssen an ihn glauben. Der Mensch wird nur Mensch, wenn er durch sein Gewissen sich Gott verantwortlich fühlt. Ein Soldat, der nicht an Gott glaubt, kann nicht kämpfen, ihm fehlt die letzte Kraft, die er nur aus tiefstem Glauben gewinnen kann. Als Leitspruch für den Kampf erhielten meine Soldaten den ideellen Gesichtspunkt des Soldatentums: Ich bin nichts, wir sind alles.'

„Meyer wurde vernommen durch Lt. Col. MacDonald und verteidigt von Lt. Col. Andrew, beide Juristen im Zivilberuf. Jeder einzelne führte seine Sache mit Geschick und Kraft. Jeder einzelne, gleich den Offizieren des Gerichts, fand sich wesentlich behindert, arbeitete mit Gesetzen, die seiner Erfahrung und auch der kanadischen Tradition fremd waren. Siegergesetze, frisch gemünzt und durch keinen einzigen Präzedenzfall erprobt.

„Es war unvermeidlich, daß der Kläger Vorteile gegenüber dem Verteidiger beanspruchte und auch erhielt, welche er niemals gefordert oder erwartet hätte, wenn die neuen Gesetze in Übereinstimmung mit den Grundvoraussetzungen des angelsächsischen Rechts gestanden hätten.

„Die Verordnungen besagen, daß das Gericht jede Aussage oder jedes Schriftstück in Betracht ziehen könne, das dem Anschein nach authentisch sei, vorausgesetzt, daß die Aussage oder das Schriftstück dem Gericht von Nutzen für den Beweis oder für die Entkräftung der Anklage zu sein scheine, ungeachtet dessen, daß solche Aussage oder ein Schriftstück in einem Kriegsgerichtsverfahren im Feld nicht als Beweismaterial zulässig sein würde.

„Die Verordnungen besagen, daß jegliches Schriftstück, offiziell unterzeichnet oder herausgegeben von einer alliierten oder feindlichen Macht oder von einer alliierten oder neutralen Regierung, zulässig als Beweisstück ohne Prüfung der Herausgabe oder Unterzeichnung desselben sein soll.

„Die Verordnungen besagen, daß jede Aussage eines Beklagten oder eines Zeugen, der bei der Verhandlung anwesend ist, einerlei, ob solche Aussage eidlich bekräftigt ist oder ohne vorherige Warnung gemacht wurde, als Beweismittel für alle Zwecke zulässig sein solle.

„Die Verordnungen besagen, daß, wenn es einmal erwiesen ist, daß Angehörige einer militärischen Einheit Kriegsverbrechen begangen haben, der Kommandeur dieser Einheit oder Formation als der Verantwortliche für diese Verbrechen schuldig befunden werden kann, es sei denn, er kann sich als nicht verantwortlich rechtfertigen.

„Darüber hinaus schließen diese besonderen Erweiterungen zu überlieferten kanadischen Gerichtsverfahren die Kriegsverbrecherverordnungen mit einer Klausel, die in 21 Worten sagt, das alles möglich ist.

„‚In jedem, in diesen Verordnungen nicht vorgesehenen Falle', heißt es in Abschnitt 17, ‚wird derjenige Kurs eingeschlagen, der am besten Gerechtigkeit widerfahren zu lassen scheint.'

„Während seines Kreuzverhörs machte Meyer eine Randbemerkung des Inhalts, daß er zu Beginn des Normandiefeldzuges an den Leichen von einem halben Dutzend deutscher Soldaten vorbeigekommen wäre, die am Straßenrand lagen, unter Verhältnissen, die die Überzeugung gaben, daß sie gefangengenommen und dann von den gegnerischen Truppen erschossen worden waren.

„Der kanadische Brigadekommandeur, der in dem betreffenden Gebiet zu dieser Zeit wirkte, war der Präsident des Gerichtshofes, Major-General Foster.

„Das Gericht hörte aufmerksam Meyers Zeugnis über die erwiesene Erschießung deutscher Gefangener durch kanadische Truppen unter Fosters Kommando an, aber als der Ankläger verkündete, er verlange Gegenzeugen, beschloß das Gericht, dies sei nicht nötig.

„‚Ich glaube nicht, daß das Gericht in bezug auf diesen speziellen Vorfall irgendeine Frage hat', sagte General Foster.

„Offiziell ist Kurt Meyers Fall erledigt. M. sitzt eine lebenslängliche Haftstrafe in Dorchester ab.

„Es gibt kein Verfahren, wonach die Todesstrafe von neuem auferlegt werden kann. Das einzige Verfahren, nach dem das Urteil auf lebenslängliche Gefangenschaft weiterhin gemildert werden kann, ist ein Gnadengesuch an den Thron. Warum die Sache nicht lassen, wie sie steht, erledigt und vergessen? Weil, solange Menschen nach Gesetzen leben, sie nicht frei und furchtlos leben können, es sei denn, alle Menschen sind vor dem Gesetz gleich.

„Die Gesetze, nach denen K. M. verurteilt wurde, stützen sich nicht, wie alle solchen Gesetze sich stützen müssen, auf den soliden Felsen fester Regeln und klar ausgedrückter Grundsätze, sondern auf die unerreichbare Voraussetzung menschlicher Allwissenheit.

„Wenn das Kurt-Meyer-Verfahren ungerecht war, so ging die größte Ungerechtigkeit nicht gegen Meyer selber. Es war die endgültige, alles übertreffende Ungerechtigkeit gegen eine Reihe von Geboten, die wir, wenn wir sie vor unseren Feinden verleugnen, auch bei uns selbst verleugnen können."

Dieser Artikel ist natürlich ein Stich in das Wespennest. Wochenlang tobt das Für und Wider in der kanadischen Presse. Die kanadischen Anwälte arbeiten während dieser Zeit eingehende Gutachten aus und stellen darin fest, daß ich zu Unrecht verurteilt worden sei. Der volle Inhalt dieser Gutachten ist niemals bekanntgegeben worden.

Im Frühjahr 1951 erfahre ich auf Umwegen, daß meine Freilassung bevorstehe und mein Aufenthalt in Kanada nur noch Tage dauern werde. Dieser Mitteilung kann ich einfach keinen Glauben schenken. Die Nachricht kommt zu überraschend. Erst als ich unter dem Siegel der Verschwiegenheit eingekleidet werde, wage ich an meine Entlassung oder wenigstens an eine Verlegung nach Deutschland zu glauben. Tag für Tag und Woche für Woche warte ich auf das erlösende Wort. Doch alles Warten ist vergebens. Durch Zufall bekomme ich einige Zeit später den Sonderbericht eines größeren kanadischen Blattes in die Hände. Der Bericht lautet:

In Werl

Die Urteilsverkündung

Im Durchgangslager Friedland

Heimkehr

„Umzug für Meyer geplant.

„Das Gesuch um Begnadigung des deutschen Generals Kurt Meyer, der jetzt in Dorchester gefangengehalten wird, ist wenigstens vorläufig vom Verteidigungsministerium ad acta gelegt worden, wie wir heute erfahren.

„Das Gesuch um Freilassung, Änderung des Urteils und Rücktransport nach Deutschland wurde von seinen Anwälten aufgestellt.

„Die Regierung war dem Gesuch günstig gesonnen gewesen, bis eine Lawine von Protesten Ottawa traf, von Kriegsteilnehmern und anderen Vereinen und Einzelpersonen aus allen Teilen Kanadas. Man sagte, die Regierung sei bereit gewesen, Meyer nach Deutschland zu überführen und sein Urteil zu mildern, auf Grund der Tatsache, daß Vergeltung für die Tat, derentwegen er angeklagt wurde — die Verantwortung für den Tod kanadischer Gefangener in Frankreich —, schon von den Truppen der Alliierten geübt worden sei und daß die Vereinigten Staaten ähnliche Angeklagte bereits aus ihrem Gewahrsam freigelassen hätten.

„‚Es sieht aus, als müsse er noch wenigstens eine Zeitlang in Dorchester bleiben. Der Fall ist augenscheinlich in eine Sackgasse geraten', sagte ein Regierungssprecher."

VON DORCHESTER NACH WERL

Als ich am 17. Oktober 1951 meiner Zelle zustrebte, fragte mich der Chef-Keeper ganz überraschend nach meiner Kopfgröße. Vollkommen verwirrt war ich unfähig, ihm das Größenmaß zu sagen. Kurze Zeit später wurde ich ganz offiziell zum Kommandanten geführt, der mir im Beisein mehrerer Beamter mitteilte, daß ich im Morgengrauen die Strafanstalt verlassen und mit dem Flugzeug nach Deutschland geflogen werden würde.

Mit gemischten Gefühlen verlebte ich eine schlaflose Nacht. Die Erfahrungen der Vergangenheit ließen keine Freude aufkommen. Ich konnte nicht mehr glauben. Nur langsam schlichen die Stunden dahin. Gottseidank konnte ich lesen. Unsere Zellen waren immer erleuchtet. Die Memoiren Winston Churchills, und zwar der Band, in dem er erklärt, weshalb er den Befehl erteilt hätte, deutsche Seenotflugzeuge zu vernichten, verkürzte mir die Nacht. Der Uhrzeiger zeigte die fünfte Stunde an, und ich marschierte bereits seit einer Stunde in der Zelle auf und ab. Niemand ließ sich blicken. Um 6.30 Uhr empfing ich mit den Sträflingen meinen Morgenkaffee und wurde anschließend wieder an meinen Arbeitsplatz geführt. Um eine grenzenlose Enttäuschung reicher blickte ich über die weite Bucht und träumte von donnernden Motoren. In der Ferne schimmerten weiße Segel, die in Richtung Neu-Schottland verschwanden und durch ihr majestätisches Aussehen meinen Freiheitsträumen neue Nahrung gaben.

Die Erlösung kam in der Mittagsstunde. Mit wenigen Worten wurde mir erklärt, daß dichter Nebel den geplanten Anflug in Moncton verhindert hätte und ich nun mit dem Wagen nach Neu-Schottland gefahren werden müßte, um von dort den Flug nach Deutschland antreten zu können.

Im Hinblick auf den zu erwartenden „Pressekrieg" wurde vollkommenes Stillschweigen gewahrt. Ich wurde durch eine Nebentür an den bereitstehenden Wagen geführt. Wiederum war ich in eine kanadische Uniform gesteckt worden und fuhr in Begleitung zweier Offiziere ab. Anders als bei meiner Ankunft verabschiedeten sich der Kommandant und andere Herren durch Handschlag.

Stundenlang ging die Fahrt durch das weite unerschlossene Land, bis wir gegen 20.00 Uhr den Flugplatz erreichten und kurze Zeit später über die Startbahn brausten. Die Maschine war eine North Star, die im Nachschubverkehr nach Korea eingesetzt wurde. Nach kurzer Anlaufstrecke hob sich der schwere Vogel und stürmte nach Norden davon. Strahlender Lichterglanz war der letzte Gruß Kanadas. Erst jetzt glaubte ich an meine Heimkehr. Leider hatte ich mich nicht mehr von meinen Freunden verabschieden können. Liebend gern hätte ich Fritz Lichtenberg und James Miller die Hände gedrückt. Ihre Menschenfreundlichkeit wird mir immer im Bewußtsein bleiben.

Zwei Offiziere und einige Sergeanten waren die einzigen Passagiere in der riesigen Maschine. Sobald wir das offene Meer erreicht hatten, wurde kräftig zu Abend gegessen. Diese Überraschung tat mir sehr gut. In Neufundland mußten wir wegen Vereisungsgefahr zwischenlanden. Nach ungefähr zwei Stunden nahm der Flug seinen Fortgang.

Es dauerte gar nicht lange und alles lag in tiefem Schlaf. Die Begleitmannschaft verhielt sich in jeder Beziehung korrekt. Es waren Frontsoldaten, die gegen mich gekämpft hatten. Um Mitternacht wurde mir vertraulich mitgeteilt, daß in Kanada inzwischen die Bombe geplatzt sei und die verschiedensten Sprecher meine sofortige Rückkehr forderten. Die Presse war der Sorge um Schlagzeilen enthoben.

Vom Flug war ich etwas enttäuscht. Außer Wolken und Nebel bekam ich kaum etwas zu sehen. Kurz vor England konnten wir einige Truppentransporter beobachten. Sie brachten die 27. kanadische Infanteriebrigade nach Deutschland. Als ich 1946 nach Kanada gebracht wurde, folgten die kanadischen Truppen in schneller Folge und gingen ihrer Auflösung entgegen. Jetzt will man die Freiheit der westlichen Welt in Deutschland verteidigen und deutsche Truppenverbände in die NATO eingliedern.

Glauben die Planer wirklich, daß Europa mit Waffengewalt verteidigt werden kann? Es gibt weder eine Verteidigung Deutschlands noch eine Verteidigung Resteuropas — es gibt nur noch eine Zerstörung Europas.

Nach einer kurzen Zwischenlandung in England wurde der Flug in Richtung Bückeburg fortgesetzt. Über Holland gerieten wir in eine Nebelküche und erhielten Anweisung, statt in Bückeburg in Wunstorf zu landen. Wunstorf war besser anzufliegen und technisch besser ausgerüstet. So sah ich also die Heimat wieder! Nebelfetzen, ab und zu ein paar Lichter und huschende Scheinwerfer waren die ersten Grüße der Heimat.

In vollständiger Dunkelheit setzte die Maschine zur Landung an und schwebte in die Küche hinein. Wir konnten absolut nichts erkennen. Plötzlich erhielt die Maschine einen kräftigen Stoß, bäumte sich auf und krachte dann mit voller Wucht auf das Fahrgestell. Sämtliche Gegenstände in der Maschine flogen uns um die Ohren. Die Maschine rutschte noch einige Meter und stand dann mit bedenklicher Schlagseite still. Der Vogel war über die Landebahn hinausgeraten und prompt in den nächsten Kartoffelacker hineingerutscht. Ohne Fahrgestell lag nun der stolze Vogel in den Furchen. Ich war froh, wieder Heimaterde unter meinen Füßen zu fühlen. Der herrschende Nebel hatte die ganze Organisation durcheinandergewirbelt. Die Herren, die mich in Empfang nehmen sollten, saßen noch in Bückeburg und mußten nun erst umdirigiert werden.

Die anwesenden Offiziere der Royal Air Force baten mich in ihre Messe, und es dauerte nicht lange, bis wir im Gespräch bei den Kämpfen in der Normandie angelangt waren. Alle Herren waren über Caen eingesetzt gewesen. Ihre Berichte waren für mich sehr interessant. So hörte ich zum Beispiel, daß sie vor dem Abwehrfeuer der Infanterie einen heillosen Respekt hatten und manche Maschine ausgefallen war.

Als gegen Mitternacht die englischen Beamten Wunstorf erreicht hatten, um mich nach Werl zu begleiten, standen einige Flaschen in der Ecke, die wir im Hinblick auf meine baldige Freiheit geleert hatten. Der Übergang von der Zelle in eine gepflegte Messe hatte mich doch etwas mitgenommen.

Diese Eindrücke mußten alle verarbeitet werden. Besonders wenn man, wie ich, sechs Jahre lang sein eigener Gesellschafter sein mußte, war es gar nicht so einfach, Anschluß an das Leben zu finden.

Ahnungslos trat ich auf den wartenden Wagen zu, um die letzte Etappe nach Werl so schnell wie nur möglich zu überwinden. Der Fahrer öffnete die Tür und ... ich fiel buchstäblich aus allen Wolken und war unfähig, auch nur ein Wort zu sagen: Vor mir stand ein ehemaliger Oberscharführer aus meiner alten Division, der jetzt sein Brot als Fahrer des englischen Kommandanten von Werl verdiente. Na, das konnte ja heiter werden!

Über die Autobahn ging es in langsamer Fahrt nach Werl. Von Landsberg hatte ich in Kanada vieles gelesen, doch von Werl wußte ich nichts. Nachdem sich die schweren Tore hinter uns geschlossen hatten, wurde ich sofort in das Zuchthaus geleitet und in meine Zelle im vierten Stock geführt. Neugierig überflog ich die Namen an den Zellentüren. Zuerst entdeckte ich den Namen Kesselring, dann v. Falkenhorst, v. Mackensen, Gallenkamp, Simon und v. Manstein. Erleichtert atmete ich auf, ich befand mich endlich wieder unter Soldaten.

Der Kommandant von Werl war der frühere Lagerkommandant des Camps Nr. 18 in England, der mich 1945 nach London geschickt hatte. Im Gegensatz zu seinem späteren Nachfolger, Colonel Meech, war Vickers ein verständiger Kommandant.

Den ersten Gruß erhielt ich von meinem Rechtsanwalt Dr. W. Schapp aus Aurich. Über sein Telegramm freute ich mich herzlich, ging es doch weit über den Rahmen des üblichen hinaus. Einige Tage später durfte ich meine Frau begrüßen. Seit sechs langen Jahren hatten wir uns nicht mehr gesehen und nur von kargen Mitteilungen in den zensierten Briefen gelebt. Aber die sechs Jahre waren nicht spurlos an uns vorübergegangen. Die Zeit hatte es nicht vermocht uns zu entfremden. Glücklich hörte ich von der Entwicklung unserer Kinder und daß mich eine gesunde Familie erwartete.

Colonel Vickers deutete meiner Frau an, daß er bereit sei, mir 10 Tage Urlaub auf Ehrenwort zu gewähren, sobald die üblichen Formalitäten erledigt seien.

Er hat sein Wort gehalten. Ende November durfte ich 10 Tage auf Heimaturlaub fahren. Schnell war ich in einen geliehenen Anzug gestiegen, um das unfreundliche Haus so schnell wie nur möglich zu verlassen. Es konnte ja sein, daß der erteilte Urlaub durch außergewöhnliche Umstände wieder entfallen würde. Also, hinweg! Nur keine Zeit verlieren.

Mit meiner alten Uniform unter dem Arm marschierte ich zum ersten Mal wieder ohne Ketten und ohne Begleitung auf heimatlicher Erde.

In später Abendstunde traf ich bei meiner Familie ein und stand sprachlos vor meinen großen Töchtern. Sie waren mir über den Kopf gewachsen. Die wenigen Tage gingen wie im Fluge dahin, besonders deshalb, weil mich unerwartet viele Kameraden besuchten und auch die Bevölkerung sich sehr bemühte, mir die Urlaubstage nett zu gestalten.

Unverhofft platzten eines Tages kanadische Offiziere in unsere Wohnung. Sie hatten die Zonengrenze besichtigt und wollten meiner Familie „guten Tag" sagen. Mein Urlaub wirkte auf den sie begleitenden Reporter Douglas How wie eine Bombe. Parlamentsanfragen und ein erheblicher Sturm in der kanadischen Presse waren der Erfolg seines Berichtes. Es dauerte lange, bis sich die kanadische Öffentlichkeit über den Vorfall beruhigte.

Inzwischen waren sowohl in Kanada als auch in Deutschland Bestrebungen im Gange, mir auf dem Gnadenwege die Freiheit zu verschaffen. In Kanada war es mein guter Freund Fritz Lichtenberg, der erheblich von kanadischen Offizieren unterstützt wurde. In Deutschland arbeiteten Dr. Schapp und seine Gemahlin unermüdlich an meiner Entlassung.

Im Juni 1953 nahm Dr. Adenauer an einer Schlesierwallfahrt, die zur Erinnerung an eine ähnliche Veranstaltung im oberschlesischen Annaberg stattfand, in Werl teil. Gleichzeitig hatte Dr. Adenauer die Genehmigung erhalten, die Kriegsveruteilten zu besuchen. Unerwartet stand er plötzlich in meiner Zelle und versprach mir durch Handschlag, alles nur mögliche zu tun, um meine Gefangenschaft zu beenden.

Auf Vorschlag des Brigadiers Sherwood Lett setzte die kanadische Regierung meine lebenslängliche Haftstrafe auf 14 Jahre herunter. Dieser Entschluß wurde am 15. Januar 1954 der kanadischen Bevölkerung bekanntgegeben. Offiziell erfuhr ich von dieser Maßnahme erst 14 Tage später. Die Kanadier hatten versäumt, die Engländer über den Gnadenerlaß zu informieren.

Campbell MacDonald gab über die Radiostation CFRA, Ottawa, folgende Erklärung ab:

„Der frühere General Kurt Meyer wird irgendwann in diesem Jahr, wahrscheinlich am 7. Dezember, die Haftanstalt als freier Mann verlassen können. Zur Zeit befindet er sich hinter Gittern in einer deutschen Strafanstalt, wohin er von Kanada aus geschickt worden war.

„Solange er in Kanada war, lebte er als Gefangener im Zuchthaus von Dorchester in der Provinz Neu-Braunschweig. Die Überführung von Kanada nach Westdeutschland vor zwei Jahren war der erste Schritt auf dem Wege zur möglichen Freiheit.

„Die heutige Bekanntgabe im Unterhaus war für den, der mit der Sache vertraut ist, keine wirkliche Überraschung. Generalmajor Kurt Meyer verdankt seine Freiheit den unablässigen Bemühungen eines in Deutschland geborenen kanadischen Bürgers, der vor vielen Jahren die Überzeugung gewann, daß Meyer zu Unrecht ins Gefängnis gesteckt worden war. Der Name dieses Mannes ist Fritz Lichtenberg. Er ist ein Unternehmer und lebt zurückgezogen in Moncton. Lichtenberg gab sein zurückgezogenes Leben auf, um das notwendige Kapital dafür bereitzustellen, Kurt Meyer aus Kanada heraus nach Deutschland zurück und endlich auch aus dem Gefängnis herauszubringen. Er führte einen offenen Kampf. Er begann damit, daß er bewies, daß es sich bei dem Urteil um eine Rechtsbeugung handelte — und daß Kurt Meyer ein Opfer der Umstände geworden war, eben dadurch, daß er im letzten Weltkrieg auf der Seite der Unterlegenen stand. Sie werden sich erinnern, daß Generalmajor Meyer von einem kanadischen Militärgericht verhört und als Kriegsverbrecher zum Tode verurteilt worden war.

„Warum war er zum Tode verurteilt worden?

„Weil er Kommandierender General der Truppen in der Normandie war zu dem Zeitpunkt, als kanadische Gefangene erschossen worden waren. Das war im Jahre 1944.

„Wir wollen uns diese Anklage doch einmal recht klar vor Augen führen! Er wurde nicht etwa beschuldigt, seinen Männern den Befehl gegeben zu haben, die Kanadier zu erschießen. Die Beweisaufnahme beim Verhör zeigte, daß er von dieser Erschießung gar keine Kenntnis hatte. Es wurde ihm lediglich zur Last gelegt, daß er der Kommandeur in dem Gebiet, wo die Kanadier erschossen wurden, gewesen war.

„Das Urteil lautete: Tod durch Erschießen!

„Hier in Kanada entsprach das Urteil dem Volkswillen. Noch war der Krieg frisch in der Erinnerung der Kanadier. Sie waren empört, zu erfahren, daß gefangene und wehrlose kanadische Soldaten kaltblütig niedergeschossen worden waren — und aus einem Gefühl der Rache heraus erfüllte sie dieses Urteil mit Genugtuung. Kurt Meyer diente uns als Sündenbock.

„Dann kam der Schock!

„Ein kanadischer General, der rothaarige Chris Vokes, unterzog das Beweismaterial und das Urteil einer Revision und wandelte das Todesurteil in lebenslängliches Gefängnis um.

Ein Aufschrei der Wut und Entrüstung der kanadischen Öffentlichkeit war die Antwort!

„Was die Zivilbevölkerung nicht verstand und wahrscheinlich bis jetzt noch nicht versteht, ist die Tatsache, daß Erschießungen von Kriegsgefangenen nicht ausschließlich von den Deutschen vorgenommen worden waren. Ich bin fest davon überzeugt, daß unter den Männern, die mir heute abend zuhören — kanadische Veteranen des ersten oder zweiten Weltkrieges — einige sind, die selbst an Erschießungen deutscher Gefangener teilgenommen haben, oder die genau wissen, daß ihre Kameraden einen oder eine Gruppe von Gefangenen auf dem Wege aus den Frontgebieten nach hinten erschossen haben.

„In Italien, in Frankreich, Belgien, Holland und ganz bestimmt in Deutschland — sind deutsche Gefangene während des letzten Krieges von Kanadiern erschossen worden. Sie wurden getötet, weil sie zu der Zeit lästig waren. Sie waren im Wege. Sie waren bloß mehr Münder, die essen wollten, mehr Körper, mit denen man rechnen mußte. Deshalb wurden sie getötet.

„Die Soldaten fühlten sich gerechtfertigt, weil sie irgendwie, auf irgendeine verworrene Weise des Glaubens waren, daß ihr Kampf ihnen vor Gott ein Recht zu ihren Taten gab.

„Sie glaubten, daß sie damit dem Gegner die Quittung für die Bombardierung Londons, für den Tod ihrer Kameraden auf dem Schlachtfeld präsentierten.

„Es ist weder angenehm noch leicht, über diese Dinge zu sprechen. Sie sind ein Alpdruck, jetzt, da es Tag ist und die Sonne scheint. Wir freuen uns über den Frieden. Aber ein Mann ist immer noch im Gefängnis — Generalmajor Kurt Meyer. Und sein Verbrechen war nicht größer als das irgendeines kanadischen Generals, dessen Männer ohne Erlaubnis und ohne Befehl und ganz bestimmt ohne sein Wissen Deutschen das antaten, was die Truppen Kurt Meyers taten.

„Ich versuche auch nicht zu entschuldigen, was einige kanadische Truppen taten. Aber diese Taten sind geschehen, und wir wären Heuchler, wenn wir das nicht zugeben wollten.

„General Chris Vokes, der Kommandeur der kanadischen Besatzungsdivision, wußte sehr gut, was er tat, als er Meyers Todesurteil in eine lebenslängliche Haft umwandelte. Höchstwahrscheinlich war er sich darüber klar, daß es umgekehrt hätte kommen können, wenn wir — anstelle der Deutschen — den Krieg verloren hätten.

„Und so kam Kurt Meyer nach Kanada und in die Strafanstalt Dorchester. Das Leben wurde ihm schwer gemacht. Die Wachmannschaften gaben ihm Druck. Sie ließen den stolzen General immer von neuem den Boden schrubben.

„Während dieser ganzen Zeit war Fritz Lichtenberg, der in Deutschland geborene kanadische Staatsbürger aus Moncton, dabei, für Meyer die Freiheit zu erringen. Er gab sein zurückgezogenes Leben auf und ging wieder ins Geschäftsleben zurück. Er besuchte Meyer im Gefängnis, sprach mit ihm, sammelte Beweismaterial und flog hierher nach Ottawa, um die Sache vor kanadische amtliche Stellen zu bringen.

„Dann kam vor zwei Jahren der große Erfolg!

„Die kanadische Regierung faßte den Entschluß, Meyer in die alliierte Haftanstalt in Westdeutschland zu überführen. Es war dann nur noch eine Frage der Zeit, daß Meyers Urteil zur Revision kam. Heute hat der Verteidigungsminister Mr. Claxton im Unterhaus bekanntgegeben, daß das Urteil in 14 Jahre Haft umgewandelt worden ist.

„Strafnachlaß wegen guter Führung eingerechnet, kann der General damit rechnen, im Spätsommer 1954 wieder ein freier Mann zu sein."

Dem Kommentar MacDonalds habe ich nichts hinzuzufügen — er trifft den Nagel auf den Kopf. Auf beiden Seiten haben Menschen und keine Engel gekämpft.

Die Verhältnisse in Werl hatten sich inzwischen grundlegend geändert. Colonel Meech glaubte uns wie Verbrecher behandeln zu müssen und die Erfahrungen und wohlgemeinten Hinweise seiner Mitarbeiter mißachten zu können. Seine von keiner Erfahrung zeugenden Anordnungen ließen ihn in kurzer Zeit zum bestgehaßten Mann werden. In kurzsichtiger Verkennung der Zeitverhältnisse versuchte er den Ton der ersten Nachkriegsjahre wieder einzuführen. Mehrere Selbstmordversuche waren die Folge seiner Tätigkeit. In seinen Mitarbeitern fanden wir unsere besten Verbündeten. Das englische Wachpersonal zeigte sich weitaus verständiger als seine deutschen Kollegen und deren Vorgesetzte.

Beim deutschen Personal bewährte sich der einfachste Mann, der ehemalige Grenadier und Frontsoldat, in vorbildlicher Weise. Er setzte sich mit seiner ganzen Persönlichkeit für seine eingesperrten Kameraden ein. Von den leitenden deutschen Herren, die ich nicht kenne — sie haben sich kaum um das Wohl ihrer Landsleute gekümmert —, kann ich das leider nicht sagen.

Colonel Meech, der trotz seines Dienstgrades nur Uniformträger und kein Soldat war — er hat den zweiten Weltkrieg nur als Heimatkrieger erlebt —, hatte schließlich für die sogenannten Kriegsverbrecher eine noch stärkere Isolierung geschaffen. Für uns wurde praktisch ein Zuchthaus im Zuchthaus errichtet. Ein Gebäudekomplex innerhalb der Strafanstalt wurde unser „Heim" und trennte uns vollständig von der Außenwelt ab. Auch die deutschen Bewacher waren ausgeschaltet. Die Bewachung wurde jetzt nur noch von englischen Beamten ausgeführt.

Selbstverständlich reizte es uns, Mr. Meech Streiche zu spielen und seine satanisch durchdachte Isolierung zu durchbrechen. Meinen Kameraden machte es daher viel Spaß, als sie hörten, daß ich fast unter den Augen des Mr. Meech meine Frau begrüßte und wir uns über zwei Stunden unterhielten.

Mr. Meech ist auch jetzt noch, im Sommer 1956, Gebieter und Herr in Werl. Noch immer sehnen sich Kameraden hinter den düsteren Mauern nach Freiheit. Es sind keine führenden Männer, die dort lebendig begraben sind. Gefreite, Unteroffiziere und kleine Beamte schreien nach Freiheit. Aber ihr Appell an die Vernunft und an die Gerechtigkeit verhallte bisher ungehört. Die Zeit schreitet erbarmungslos über sie hinweg.

Mein Entlassungstag ist auf den 7. September 1954 festgesetzt. Ich vermag mir die Freiheit kaum vorzustellen und erwarte die erlösende Stunde mit größter Ungeduld. Wie werde ich mich der veränderten Umwelt anpassen können? Dieser Gedanke beschäftigt mich Tag und Nacht. Am 7. September jährt sich der Tag meiner Gefangennahme zum zehnten Male. Seit 15 Jahren bin ich von der Familie getrennt.

Damals war meine älteste Tochter vier Jahre alt — jetzt erwartet mich ein 19jähriges junges Mädchen. Ob es mir wohl gelingen wird, die Herzen meiner Kinder sofort zu gewinnen? Oder muß ich erst lange Zeit um ihre Liebe ringen? Die Gedanken quälen mich in den letzten Wochen der

10jährigen Gefangenschaft. Der Hunger nach dem Leben wird von der Angst vor der Freiheit gedämpft.

Die letzten Monate hinter Stacheldraht empfinde ich besonders bitter — die Zeit kommt mir unendlich vor. Vor der Verabschiedung von meinen Mitgefangenen habe ich die größten Hemmungen. Es ist kein freudiger Anlaß, sich von Kameraden zu verabschieden, wenn man weiß, daß sie nach dem Gesetz noch jahrelang in ihren einsamen Zellen sitzen sollen.

Den Händedruck eines ehemaligen Gefreiten, der noch immer die Freiheit erwartet, werde ich nie vergessen. Die großen Augen seiner Kinder scheinen mich immer zu fragen: Weshalb bist du ohne unseren Vater gekommen?

Am Abend des 6. September ist es dann soweit. Die Zeit meiner Entlassung ist da, und mein Päckchen liegt griffbereit auf dem Tisch.

Vor dem Haupttor der Strafanstalt haben sich trotz der frühen Morgenstunde eine Anzahl Kameraden eingefunden, um mich zu begrüßen und in die Heimat zu begleiten. Den Engländern ist dieser Treuebeweis unangenehm. Sie ziehen es deshalb vor, mich heimlich durch eine Seitentür zu entlassen und in ein Werler Hotel zu führen.

Die Eindrücke, die nun auf mich einstürmen, sind so überwältigend, daß ich sie nur bruchstückweise zu schildern vermag. Auch hier erwarten Kameraden meine Ankunft. Meine Frau kommt mir freudestrahlend entgegen und führt mir meinen väterlichen Freund Fritz Lichtenberg zu. Der gute „Onkel Fritz" ist von Kanada nach Werl gekommen, um mich persönlich in den Kreis meiner wartenden Kinder zu bringen.

Ganz besonders freue ich mich über den Blumengruß der Vizepräsidentin des DRK-Landesverbandes Nordrhein-Westfalen, Frau Else Weecks. Sie hat in echter Nächstenliebe und Hilfsbereitschaft die Not der Inhaftierten und ihrer Familien gelindert. Nicht zu Unrecht wird sie von den Kriegsverurteilten die Mutter von Werl genannt.

Heinz Trapp, ein Kamerad aus der I. SS-Panzerdivision, fährt mich in schneller Fahrt nach Friedland, wo die Entlassungsformalitäten erledigt werden. Im Heimkehrerlager darf ich meine Mutter und Freunde begrüßen, bevor ich die Reise zu meinen Kindern fortsetzen kann.

Bei sinkender Dämmerung bin ich nur noch wenige Minuten von meinen Kindern entfernt und rutsche unruhig im Wagen hin und her. Kurz nach 20.00 Uhr erreichen wir die kleine Ortschaft Niederkrüchten, wo meine Familie eine Unterkunft gefunden hat. Doch was ist das? Plötzlich geht es nicht mehr weiter. Vor uns ist es schwarz von Menschen. Links und rechts der Straße stauen sich die Fahrzeuge auf den Wiesen. Ein Triumphbogen, wie er im Rheinland bei festlichen Veranstaltungen bekannt ist, grüßt mich. Polizisten versuchen mir zu erklären, was mich erwartet, doch ich kann nur wenige Worte verstehen. Trommelwirbel macht jede Verständigung unmöglich.

Ich begreife kaum, was sich vor meinen Augen und Ohren abspielt. Erst der Anblick bekannter Gesichter meiner alten Grenadiere und Offiziere bringt mich darauf, daß ich hier festlich empfangen werden soll. Die Bevölkerung aus der Umgebung hat ein langes Spalier aus Fackelträgern gebildet, um mir den Weg zu meinen Kindern zu erleuchten.

Tief ergriffen höre ich die Begrüßungsworte eines Nachbarn und eines Vertreters des Heimkehrerverbandes, nachdem ich endlich meine Mädel und meinen Jungen in die Arme geschlossen habe.

Der einzige Überlebende meines Befehlspanzers, der einarmige Albert Andres, hat selbst den weiten Weg von Saarbrücken nicht gescheut, um mir die Hand zu drücken. Den herbeigeeilten Kameraden bin ich für die Begrüßung von Herzen dankbar. Es sind Männer, mit denen ich über die eisigen Steppen Rußlands und durch das Stahlgewitter der Normandie marschiert bin. Zehn lange Jahre waren wir voneinander getrennt — und doch sind wir Kameraden geblieben. Die Not des grauenhaften Krieges hat uns für immer zusammengeschweißt. Im Kreise meiner Kameraden von damals, der Arbeiter, Schlosser, Angestellten und Bauern von heute, spreche ich es aus: „Glaubt mir, die Jahre, die hinter mir liegen, haben keinen Haß gegen unsere Feinde von gestern hinterlassen. Laßt uns nicht von gestern reden, sondern laßt uns für die Zukunft arbeiten. Wir müssen die Zukunft unserer Kinder sichern und ihnen ein starkes, lebensfähiges Europa erbauen."

Nach 15jähriger Irrfahrt bin ich endlich wieder daheim.

Nachwort

Vorliegendes Buch wurde nach dem grimmigen Erleben des Krieges geschrieben und soll weder Personen noch die Truppe glorifizieren. Die Aufzeichnungen sind gemacht, um für die toten und lebenden Soldaten der ehemaligen Waffen-SS Recht zu fordern.

Diese Männer waren Soldaten! Sie haben Seite an Seite mit allen Wehrmachtsteilen gekämpft und waren ständig an den Brennpunkten des Kampfgeschehens eingesetzt. Von den 38 Divisionen mit 900 000 Soldaten sind 300 000 gefallen und 42 000 gelten als vermißt.

Entgegen propagandistischen Zweckmeldungen bestand zwischen den Männern der Waffen-SS und des Heeres ein durchaus kameradschaftliches Verhältnis.

Die Behauptung, daß Einheiten der Divisionen der Waffen-SS mit Vernichtungsaktionen beauftragt gewesen seien, ist eine Irreführung, um die Truppe zu diffamieren.

Es soll und darf im Interesse einer wahren Geschichtsschreibung nichts beschönigt werden. Während des Krieges sind Dinge geschehen, die der deutschen Nation unwürdig sind. Die ehemaligen Soldaten der Waffen-SS sind Manns genug, wirkliche Vergehen gegen ein menschenwürdiges Verhalten als solche zu werten und zu verabscheuen.

Es wäre töricht, alle uns zur Last gelegten Vorgänge lediglich als Propagandaerfindungen unserer früheren Feinde abtun zu wollen. Selbstverständlich haben sie Propaganda damit gemacht und die Dinge grotesk und völlig unglaubhaft übertrieben; dafür waren sie die Sieger und wir die rechtlosen Verlierer. Aber Verbrechen sind geschehen. Es ist müßig, über die Höhe der Opfer zu debattieren — die Tatsache als solche ist belastend genug.

Darüber hilft auch nicht weg, wenn wir unseren ehemaligen Feinden die Gegenrechnung präsentieren. Wir wissen, daß sie eine lange Reihe von Unmenschlichkeiten begangen und allein bei der Austreibung aus unseren Ostprovinzen und bei den Bombenteppichwürfen auf unsere Städte den Tod von Millionen und ungeheures Leid verursacht haben. Mit ihren Untaten müssen die Alliierten selbst fertig werden. Es kann nicht unsere Aufgabe sein, die Schuld abzuwägen und zu urteilen. Das endgültige Urteil über das Geschehen in unserer Zeit ruht im Schoße der Wahrheit. Ob diese je erkannt wird, wissen wir nicht.

Die Waffen-SS wird heute mit den Vorgängen in den Konzentrationslagern belastet, weil führende Persönlichkeiten des Staates Sonderformationen auf den Etat der Fronttruppe setzten. Sie haben damit der Truppe einen schlechten Dienst erwiesen und Tausende hervorragender junger Menschen in unbeschreibliches Elend gestürzt.

Nach 1945 nahm die Welt Rache an den Soldaten der Waffen-SS in einer Form, die für die Sieger bestimmt kein Ruhmesblatt darstellt. Die jungen Soldaten mußten für Geschehnisse unmenschlich leiden, für die sie weder verantwortlich waren, noch die Möglichkeit hatten, sie zu verhindern.

Die Truppe hatte von den Vorgängen in der Heimat nicht mehr und nicht weniger Kenntnis, als die Masse des deutschen Volkes sie gehabt hat. Ich selbst habe zum Beispiel ein Konzentrationslager weder von innen noch von außen gesehen. Soldaten, die dauernd im Kampf stehen, und wenn sie Glück haben, im Jahr 14 Tage Urlaub erhalten, kann man unmöglich für politische Verbrechen verantwortlich machen. Besonders dann nicht, wenn man berücksichtigt, daß diese Männer zum größten Teil zwischen 18 und 22 Jahren alt waren.

Die Jugend hat sich freiwillig zur Truppe gemeldet, weil sie überzeugt war, daß in den Divisionen der Waffen-SS, die ja doch in der Masse aus Freiwilligen bestanden, ein besonders frischer Geist herrschte und daß dementsprechend auch geführt wurde. Die Freiwilligen waren Idealisten, die getreu ihrer Erziehung und der Tradition ihrer Väter bereit waren, ihre eigene Person dem Wohle des Ganzen unterzuordnen. Sie haben sich nicht zum Drückebergerdienst gemeldet, sondern zum Kampf für die Heimat.

Die Truppe unterlag einer harten Disziplin und wurde nach den Grundsätzen preußischen guten Soldatentums erzogen. Bis zum Ausbruch des Krieges waren Offiziere der alten kaiserlichen Armee, der Reichswehr oder der Landespolizei die Erzieher der Waffen-SS. Allerdings waren wir alle bemüht, überholte Begriffe auszumerzen. Das traf besonders für die Gefechtsausbildung zu. Unablässig wurden neue Gefechtsformen gesucht und auch gefunden. Die Truppe drängte nach einer revolutionären Umwälzung in der Ausbildung und auch in der Truppenführung, vor allem im Verhältnis der Offiziere zur Mannschaft! Sie folgte dabei einer Entwicklung, die sich schon in den letzten Jahren des ersten Weltkrieges unter der Wucht einer mehr und mehr totalen Kriegführung angebahnt, in den ausgesprochenen Fronttruppenteilen, später in den Freikorps Gestalt gewonnen hatte und die für zukünftige Wehrformen eindeutig wegweisend ist.

Daß Führung, Erziehung und Ausbildung richtig waren, bestätigt die neue Bundeswehr. Denn der ernst zu nehmende Teil der Neuerungen dort gehörte größtenteils zum eisernen Bestand der Erziehung und Ausbildung bei der Waffen-SS.

Die Leistungen der deutschen Wehrmacht sind doch wohl Anlaß genug, die Erziehung richtig zu beurteilen und zu erkennen, daß Kadavergehorsam und 08/15-Methoden Ausnahmen waren. Welche Armee hätte sich sechs lange Jahre gegen die geschichtlich bewiesene Übermacht der Alliierten behaupten können, wenn die Ausbildungsmethode sowie das menschliche Verhältnis zwischen Offizieren und Männern nicht das denkbar beste gewesen wären?

Die Autorität der Führer in der Waffen-SS beruhte eben nicht nur auf der selbstverständlich notwendigen und immer vorhandenen eisernen Disziplin. Sie beruhte schon gar nicht etwa nur auf dem Rückhalt der einzelnen Einheitenführer bei den nächsthöheren Vorgesetzten. Als echte Autorität wirklichen Führertums beruhte sie vielmehr darauf, daß diese Männer menschlich und soldatisch wahrhaftige Vorbilder waren, daß von ihnen etwas ausging, das ganz von selbst unbedingte Gefolgschaft schuf, daß sie ihren Soldaten in erster Linie Kameraden und auf Gedeih und Verderb verbunden waren und blieben bis in den Tod. Damit erwarben sie sich das vollkommene Vertrauen auch des letzten Grenadiers.

So war es unter anderem selbstverständlich, daß die Truppe vor jeder entscheidenden Kampfhandlung so sorgfältig, wie die Zeit es nur irgend zuließ, mit der Lage und mit der Bedeutung des eigenen Auftrages im Rahmen dieser Lage vertraut gemacht wurde. Der jüngste Soldat konnte daher ganz bewußt an der Verantwortung für das Gelingen mittragen und in seiner eigenen Leistung — wenn es sein mußte, auch in seinem eigenen Opfer — einen klaren Sinn erblicken. Und oft genug strahlte dieses ausgeprägte Verantwortungsbewußtsein der Männer auf ihren Einheitsführer zurück und half ihm über eine innere Krise hinweg. Ein erwartungsvoller oder aufmunternder Blick, ein Zuruf voller Galgenhumor und männlicher Gelassenheit bedeuteten schon eine wunderbare Hilfe.

Das ist eben das Wesen echter Kampfgemeinschaft, daß die bindende Kraft nicht nur von der Führung auf die Geführten, sondern auch umgekehrt wirksam ist. Und wenn ein Volk in einem totalen Krieg gegen die halbe Welt um seine bloße Existenz kämpfen muß, dann bildet sich diese wahrhafte Gemeinschaft von selbst.

Auch in der Waffen-SS war nicht alles Gold, was glänzte. Doch die Tatsache, daß die Truppe einen so besonders hohen Verlust an Offizieren aller Dienstgrade hatte, bestätigt die Meinung eines jungen Grenadiers, der sagte: „Unsere Führer sind keine Vorgesetzten, sondern Vorkämpfer." Der hohe Blutzoll, den die Waffen-SS im Kriege zahlen mußte, scheint jedoch auch heute noch nicht auszureichen, den Angehörigen dieser Truppe zuzuerkennen, daß sie Soldaten waren. Diese Anerkennung wird ihnen von Nichtsoldaten verweigert.

Unsere Feinde von gestern heben in ihrer Literatur den Kampfgeist und die Tapferkeit unserer Männer hervor und zollen den Divisionen der Waffen-SS hohe Anerkennung. Kein Soldat der ehemaligen Wehrmacht kann, wenn er Seite an Seite mit den Divisionen der Waffen-SS gekämpft hat, diese Truppe verdammen. Ich habe nie erlebt, daß Divisionen der Waffen-SS an der Front unerwünscht waren. Sie wurden freudig begrüßt.

Vom militärischen Standpunkt aus gesehen, war die Schaffung der Waffen-SS sowie die Aufstellung von Luftwaffen-Felddivisionen und Marine-Divisionen ein Fehler. Es kann und darf nur eine bewaffnete Staatsmacht geben. Die Existenz mehrerer Sonderarmeen bedeutet eine gefährliche Schwächung der Wehrkraft.

Es ist aber unlogisch, für die Existenz der ehemaligen Waffen-SS die Truppe selbst verantwortlich zu machen. Diese Verantwortung müssen Politiker tragen, die in den Jahren der innerpolitischen Auseinandersetzung versagt haben und heute oft die schärfste Sprache gegen ehemalige Soldaten führen. Vielleicht erinnern sich die Herren einmal daran, daß in der Zeit, in der die politischen Würfel fielen, die zukünftigen Soldaten der Waffen-SS noch nicht einmal wahlberechtigt und die jüngsten Jahrgänge der späteren Truppe erst sechs Jahre alt waren.

Die Soldaten der früheren Waffen-SS lehnen jede Restaurierung ab. Das Rad der Geschichte kann und darf nicht zurückgedreht werden. Sie sind staatsbejahend und in allen Parteien der Bundesrepublik vertreten. Es gibt keine einheitliche politische Ausrichtung unter den ehemaligen Soldaten der Waffen-SS. Doch lehnen sie die radikalen, kurzlebigen und unbeständigen Gruppen ab. Sie stehen zur Demokratie, gerade deshalb aber kämpfen sie um ihr Recht.

Wer den Krieg kennt — und wir haben ihn zur Genüge kennengelernt —, der wünscht keinen neuen Krieg! Im übrigen haben selten die Soldaten die Kriege entfacht, sondern fast immer die Politiker. Die Soldaten müssen dann nur die größten Opfer tragen. Wir wissen besser als alle anderen, daß unser Volk keine weiteren Blutopfer mehr ertragen kann, daß seine Jugend in Ruhe und Frieden zu einer starken, neuen Generation heranreifen muß! —

*

An dieser Stelle grüße ich auch die kanadischen Soldaten und Offiziere, die während meiner langen Gefangenschaft nichts unversucht gelassen haben, für meine Freiheit zu kämpfen. Ich danke meinen braven Grenadieren und Offizieren, die sich während der Notzeit um meine Familie gekümmert haben und die noch heute eine feste Gemeinschaft bilden.

Und zum Schluß, über allen unseren Sorgen, die aus der Zugehörigkeit zu unserer ehemaligen Truppe herrühren, noch ein Wort zu dem, das in unser aller Herzen brennt: Deutschland!

Wir, die wir letzten Endes nicht für eine politische Partei unser Opfer im Krieg brachten, sondern für die Heimat, wir wissen, daß unser Deutschland vor 1933 bestand und auch nach 1945 weiterlebt. Da die ärmsten Söhne des Vaterlandes, wie es einst der Arbeiterdichter Karl Bröger aussprach, in der Stunde der Gefahr auch die getreuesten sind, fühlen wir uns unserem Volk auch dann verpflichtet, wenn der Staat seine Pflichten uns gegenüber noch nicht erfüllt.

Daß dies aber geschieht, daß wir die Gleichberechtigung und die Freiheit für unsere Kriegsverurteilten erkämpfen, daß wir das Ende der Diffamierung erreichen, dafür wollen wir zusammenstehen. Die in den Gefängnissen können sich nicht wehren. Die in den zahlreichen Gräbern blieben, haben keine Stimme mehr. Aber ihre Angehörigen, vor allem ihre Kinder leben. Ihre Zukunft ist uns Verpflichtung.

Darum laßt uns immer wieder unsere Stimme erheben, maßvoll und verantwortungsbewußt. Ich bin überzeugt, daß die Stunde kommt, da man uns hören wird!

Wenn das geschieht, und wenn die Kriegsgeschichte um die geschilderten Kampfhandlungen, um Geist und Leben unserer unvergeßlichen Truppe bereichert wird, so hat dieses Buch seinen Sinn erfüllt:

Denkmal zu sein für die Grenadiere der Waffen-SS.

Kurt Meyer

In Memoriam

Von Hubert Meyer, ehemals Erster Generalstabsoffizier der 12. SS-Panzerdivision „Hitlerjugend".

Panzermeyer war eine außergewöhnliche soldatische Führerpersönlichkeit von besonderer Prägung und starker Ausstrahlung. Das empfindet jeder Leser seines Erlebnisberichtes, auch wenn er diesen Mann weder im Kriege erlebt noch sonst gekannt hat. Unwillkürlich ergibt sich die Frage, wie diese Persönlichkeit sich entwickelt hat und wie die Kameraden sie gesehen haben.

Meine Darstellung des Lebensweges von Panzermeyer bis zum Jahre 1937 stützt sich auf Informationen verschiedener Personen, von da ab vorwiegend auf meine eigenen Erlebnisse. Wir waren zusammen in Situationen, in denen jeder Mensch seinen innersten Kern offenbart. Ich weiß daher, wie Panzermeyer als soldatischer Führer und Mensch wirklich war und will es hier berichten.

Am 2. Mai 1937 trat ich nach Absolvierung der Junkerschule Tölz und des Zugführerlehrganges meinen Dienst als junger Zugführer in der 10. Kompanie der Leibstandarte an. Aus dem Regiment „Deutschland" hervorgegangen, kannte ich fast keinen der rund 80 Führer dieses aus 17 Kompanien bestehenden Regiments. Einer der ersten Führer, die mir auffielen, war der Chef der 14. Kompanie, Hauptsturmführer Kurt Meyer. Er erschien mir als ein Mann mit außerordentlicher Vitalität, der seiner Kompanie seinen besonderen Geist einflößte. Es wurde viel Sport getrieben. Die Männer sollten nicht zu Athleten gemacht, sondern wendig, geschickt, ausdauernd und unerschrocken werden. Dazu gehörte, daß die gesamte Kompanie im Schwimmbad vom 10-Meter-Turm springen mußte, voran der Kompaniechef. Der eine oder andere Zugführer stöhnte manchmal unter den Belastungen dieses anspruchsvollen Dienstes, aber zugleich waren alle stolz, zu dieser Kompanie zu gehören. Als sie aufgestellt wurde, war ihr Name noch „Panzerabwehrkompanie". Als später die Bezeichnung in „Panzerjägerkompanie" geändert wurde, war das nur eine treffendere Kennzeichnung einer längst vollzogenen Tatsache. In Meyers 14. Kompanie wurde nie abgewehrt, sondern immer gejagt. Er wäre viel lieber Chef der Kradschützen- als der Panzerjägerkompanie gewesen, da das aber nicht möglich war, machte Meyer aus den ihm anvertrauten Männern Jäger, die nach vorne drängten, die den Feind suchten und stellten und nicht auf ihn warteten.

Nach dem Polenfeldzug übernahm Meyer dann die Kradschützenkompanie und nach dem Westfeldzug durfte er in Metz die neue Aufklärungsabteilung aufstellen. Jetzt war er in seinem Element. Er schuf sich mit ausgewählten jungen Kompaniechefs und Zugführern ein Instrument, das an Beweglichkeit kaum seinesgleichen hatte und ihm mit Recht zu dem Namen „Der schnelle Meyer" verhalf.

Was war es, das ihn immer nach vorne zog, was ließ ihn immer besondere Chancen suchen und auch finden? War es ungewöhnlicher Ehrgeiz oder gar Ruhmsucht? Gewiß hatte Kurt Meyer auch einen gesunden Ehrgeiz, natürlich war er auch stolz auf die Erfolge der von ihm geführten Truppe und auf seine wohlverdienten Auszeichnungen. Das, was sein Wesen jedoch bestimmte, war eine heiße Liebe zu seinem Volk und Vaterland, war der Wunsch, ihm mit ganzer Kraft zu dienen. Er brauchte daher auch nicht erst durch Befehle in Gang gesetzt zu werden, der Antrieb zu seinen Taten kam aus ihm selbst. Wenn bei einer Befehlsausgabe vor einem Gefecht die Feindlage geschildert wurde, lief sein innerer Motor schon warm und sein Geist suchte die weichen Stellen des Gegners, spürte nach den Möglichkeiten, seine begrenzten Kräfte durch geschickten Einsatz, durch Überraschung zu vervielfachen und zum großen Erfolg zu führen. Einmal im Marsch, durchspürte er das Gelände nach jedem Anzeichen eines Gegners wie ein Radargerät, kombinierte er alle Meldungen und Beobachtungen mit unglaublicher Schnelligkeit und in größter Vielfalt. Es gab daher keinen im voraus festgelegten Weg, der unbeirrbar eingehalten wurde. Alles war im Fluß, und bereit, sich allen neuen Gegebenheiten, allen Wendungen anzupassen und sie auszunützen. Er konnte auf dem Vormarsch auch nicht im langen Band einer Marschkolonne oder im Angriff auf seinem Gefechtsstand gefunden werden, er war vorne, wo man sehen und wittern konnte, wo die Meldungen warm ankamen, wo durch unmittelbare Rückfragen das Bild zu klären war. Dort entstand auch der Entschluß und wurden die Befehle gegeben. Sein vorwärtsstürmender Geist, sein Wagemut, sein Siegeswille übertrugen sich auf seine Kompaniechefs, auf seine Spähtruppführer und wirkten in ihnen weiter. Und wenn Außergewöhnliches an persönlichem Einsatz verlangt wurde, dann gab er selbst das Beispiel und setzte sich an die Spitze seiner Männer, die ihm bedenkenlos folgten.

Hier ein Bericht von Gerd Bremer, damals Chef der 1. Kradschützenkompanie in der Aufklärungsabteilung Kurt Meyers als typisches Beispiel: „Es war zu Beginn des Rußlandfeldzuges, als wir in schnellem Vorgehen in der westlichen Ukraine waren. Ich hatte den Auftrag, mit meiner Kompanie einen vom Gegner besetzten Wald südlich Shitomir zu nehmen und in nördlicher Richtung vorzustoßen. Der Einbruch in die feindliche HKL gelang, und der Gegner zog sich kämpfend in dem riesigen, unübersichtlichen Waldgelände zurück. Mit den Methoden des Kradschützenkampfes, insbesondere mit der schnellen Kampfweise des Abteilungskommandeurs noch nicht völlig vertraut, ließ ich meine Kompanie beiderseits der Straße entwickeln und kämmte kämpfend das Gelände durch, um es von Widerstandsnestern zu säubern. Plötzlich erschien auf der Straße ein Spähwagen, in dem der Kommandeur aufrecht stand und nach mir rief. Ich machte kurze Meldung, Kurt Meyer sah mich mit seinen leuchtenden Augen lächelnd an und gab mir dann den Befehl, die Kompanie aufsitzen zu lassen und im Fahren — nach beiden Seiten schießend — den Vormarsch nach Norden fortzusetzen. Meine Männer eilten auf Grund meines Befehls nun von allen Seiten zu ihren auf der Straße stehenden Fahrzeugen. Der Kommandeur rief ihnen zu: „Jungs, wo bleibt Eure Wut auf die Bolschewisten?!“ Kaum war die Kompanie in der üblichen Aufklärungsformation zur weiteren Verfolgung des Feindes angetreten, mein Befehlswagen hinter der Spitzengruppe, als Kurt Meyer mich überholte und uns zu schnellerem Fahren anfeuerte. Es entspann sich nun fast ein Wettlauf zwischen uns beiden, da ich es mir selbstverständlich nicht nehmen lassen wollte, vor meinem Kommandeur zu fahren. Auf diese Weise gelang es uns tatsächlich, den großen Waldabschnitt trotz starker Feindbesetzung zu durchstoßen, ohne daß wir ernstliche Verluste hatten.“

Warum folgten seine Männer Kurt Meyer, obgleich es um ihr Leben ging? Vor allem war es die mitreißende Persönlichkeit dieses ganzen Mannes, nicht etwa etwas Hypnotisches oder gar Furchteinflößendes, wie der Anklagevertreter im Prozeß gegen Panzermeyer meinte. Das Bild einer solchen Persönlichkeit setzt sich aus vielen Einzelheiten zusammen. Was bei Kurt Meyer am stärksten wirkte, war wohl, daß er mitten drin war im Geschehen, daß er sich nicht scheute, selbst voranzugehen, daß er in den kritischen Augenblicken immer am Brennpunkt war. Konnten unter diesen Umständen gegebene Befehle wirklichkeitsfremd sein? Das wurde überhaupt nicht in Betracht gezogen. Konnte man hinter seinem Kommandeur zurückbleiben? Dieser Schande würde sich niemand ausgesetzt haben. Natürlich war es außerdem auch hier der Erfolg, der Vertrauen schuf. Kurt Meyer war zweifellos ein Mann mit Kriegsglück, ohne das der klügste und tapferste Führer keinen Wert hat, wie Friedrich der Große und Napoleon drastisch zum Ausdruck brachten. Aber Glück hat auf die Dauer nur der Tüchtige. So vertraute jeder in seiner Truppe darauf, daß Kurt Meyer nichts Unmögliches und nichts Unnötiges verlangen würde, daß man sich schließlich auf sein Glück verlassen könnte und daß er in kritischen Lagen niemand im Stich lassen würde, sondern mit allen denkbaren Mitteln und unter Einsatz seiner Person zu Hilfe käme.

An einem selbst erlebten Beispiel möchte ich das anschaulich machen. Auf Seite 80 im zweiten Absatz stellt Kurt Meyer kurz dar, wie er einem Spähtrupp seiner Abteilung und der 12. Kompanie, die ich führte, zu Hilfe kam. Das klingt so alltäglich und unbedeutend und war doch für viele Männer Rettung ihres Lebens. Es war unser erstes Gefecht in Rußland. Der Feind war tatsächlich überall. Der Stoß der Panzergruppe Kleist hatte ihn vollkommen durcheinandergebracht. Er bemühte sich verzweifelt, einer drohenden Einschließung zu entkommen. Meine 12. Kompanie war Vorhut des III. Bataillons. Zu den Nachbarbataillonen waren breite Zwischenräume. Wir kamen in Gefechtsberührung mit versprengter russischer Infanterie. Das Bataillon wollte sich dadurch nicht aufhalten lassen und bildete eine neue Vorhut. Die 12. Kompanie erhielt den Auftrag, die Sicherung des Trosses zu übernehmen und ihn auf die Rollbahn zu führen. Nach dem Sammeln nahmen wir den Troß auf einer festen Straße, die zur Rollbahn führte, auf und setzten den Marsch fort. Bald stießen wir auf ausgefallene russische Fahrzeuge, zerstörte Geschütze, an denen Gefallene lagen; überall waren Kampfspuren zu beobachten, aber kein Feind zu sehen. Gegen Abend holte uns Obersturmführer Bremer mit einem Spähtrupp seiner 2. Kradschützenkompanie ein. Von ihm erfuhr ich, daß Klewan und Olyka noch vom Feind besetzt waren und daß überall versprengte Russen die Gegend unsicher machten; kurz vorher hatte er noch Feindberührung. Ich beschloß, den Marsch erst am nächsten Morgen fortzusetzen und zog die Masse der Fahrzeuge neben der Straße auf einer Anhöhe zusammen. In allen Richtungen wurden Sicherungen aufgestellt. Gerd Bremer mit seinem Spähtrupp und eine 5 cm-Pak des III. Bataillons, die sich verfahren hatte, blieben bei uns. Noch vor Einbruch der Dunkelheit wurden wir von Russen, die hinter uns auf derselben Straße nach Norden im Marsch waren, angegriffen. Von der tiefer gelegenen Straße aus ging das Feuer über uns hinweg. Unsere Pak schoß einige Lastwagen in Brand. Sie sperrten glücklicherweise die Straße nach Süden. Wir hörten das Rasseln von Panzerketten auf der

Straße, konnten aber nichts erkennen. Unsere Pak ging so in Stellung, daß sie die Straße in südlicher Richtung und auch die Hochfläche überwachen konnte. Um die Sommersonnenwende ist es nur wenige Stunden dunkel. Was würde uns der Morgen bringen? Die vielen Troßfahrzeuge waren eine große Belastung für uns. Funkverbindung zum III. Bataillon war mit unserem Tornisterfunkgerät nicht zu bekommen. Zu unserem Glück bekam Gerd Bremer durch seine 30-Watt Funkstelle Verbindung mit seiner Abteilung und konnte unsere Lage melden.

Im ersten Morgengrauen beobachteten wir eine lange Kolonne motorisierter Fahrzeuge, die sich von Süden her auf unserer Straße näherte. Es war zunächst nicht auszumachen, ob es sich um eigene oder russische Truppen handelte. Als sie sich den am Vorabend abgeschossenen Russen-Lastwagen, die die Straße sperrten, näherten, eröffnete unsere Pak das Feuer. Sofort sprangen die Besatzungen von den Fahrzeugen und begannen zu schießen. Die Pak-Bedienung hatte offenbar richtig beobachtet, denn was da schoß, waren eindeutig russische MG. Die russische Infanterie entwickelte sich schnell und ging beiderseits der Straße zum Angriff über. Unerwartet griffen auch zwei russische Panzer aus südwestlicher Richtung über die Hochfläche an, glücklicherweise gerade dort, wo unsere Pak stand. Einer wurde schnell abgeschossen, der andere wurde getroffen, blieb aber fahrbereit. Es gelang ihm sogar noch, unsere Pak außer Gefecht zu setzen, dann drehte er ab und verschwand in einer Senke und tauchte nicht mehr auf. Welch ein Glück, denn damals gab es noch keine Panzerfäuste oder Hafthohlladungen. Wir hätten uns höchstens mit geballten Ladungen notdürftig gegen Panzer wehren können. Die feindliche Infanterie arbeitete sich in den Getreidefeldern immer dichter an uns heran. Wir bekamen aus allen Richtungen Feuer und hatten schon mehrere Ausfälle. Mein Fahrer, Sturmmann Wolf, der hinter seinem Wagen Deckung genommen hatte, erhielt einen Kopfschuß. Er war zwar bewußtlos, atmete aber noch und wurde im Straßengraben verbunden. Wie lange würden wir uns gegen den überlegenen Feind noch behaupten können? Durch Gerd Bremers Funkverbindung baten wir die Aufklärungsabteilung um schnellste Unterstützung, da wir von überlegenem Feind eingeschlossen seien. Bald darauf funkte die AA zurück und sagte Hilfe zu. Die Lage wurde immer kritischer. Inzwischen war es ganz hell geworden. Die hinter dem von Nordosten angreifenden Feind aufgehende Sonne blendete uns unangenehm. In den Getreidefeldern gedeckt, näherten sich die Russen schnell der Straße. Jeden Augenblick war damit zu rechnen, daß sie unsere Sicherungen durchbrechen würden. Plötzlich hörten wir von Norden entlang der Straße heftiges Gewehr- und MG-Feuer. Kam jetzt aus dieser Richtung der Hauptangriff? Dann glaubten wir aber zu erkennen, daß es deutsche MG waren, die da schossen. Ich ging im Straßengraben vor um mich zu vergewissern, da kam überraschend Kurt Meyer mit der Pistole in der Hand, ebenfalls im Straßengraben auf mich zu. Dankbar schüttelte ich ihm die Hand, denn er war wirklich in letzter Minute gekommen, um uns zu entsetzen. Ganz typisch: Er hatte nicht einen seiner Führer beauftragt, sondern hatte sich selbst an die Spitze der kleinen Kampfgruppe gesetzt, um seinen Spähtrupp und meine Kompanie und den Bataillonstroß herauszuhauen. Wir gingen nun zum Gegenangriff über und hatten in kurzer Zeit den Feind vertrieben. Er hatte eine größere Anzahl Lastwagen, Geschütze und andere Waffen zurückgelassen und offensichtlich auch erhebliche Verluste gehabt. Unsere Verwundeten wurden schleunigst zum Hauptverbandsplatz geschafft, die Gefallenen bestattet, und dann setzten wir unseren Marsch in Richtung Klewan fort.

Ähnliches haben andere Truppenteile und vor allem Kurt Meyers eigene Männer oft, ja zu manchen Zeiten täglich erlebt. Da war es kein Wunder, daß sie ihm blind vertrauten. Wie bescheiden ist aber die Darstellung, die er selbst von seinem Eingreifen gibt. Das kann als Maßstab für sein ganzes Buch genommen werden.

Die Mitarbeit am Aufbau der 12. SS Panzerdivision „Hitlerjugend" brachte für Kurt Meyer wieder neuartige Aufgaben. Zwar hätte er am liebsten das Panzerregiment übernommen, aber Sepp Dietrich zog es aus begreiflichen Gründen vor, dessen Führung Sturmbannführer Max Wünsche zu übertragen, der im Frühjahr 1943 bei Charkow mit bestem Erfolg eine Panzerabteilung in der LAH geführt hatte. Daß Kurt Meyer schließlich auch dieses Regiment hervorragend geführt hätte, ist schon daraus zu erkennen, daß er sich auch so den Namen „Panzermeyer" erwarb. Mit Feuereifer und vielen neuartigen, unkonventionellen Ideen ging Kurt Meyer an die Aufstellung seines Regimentes, das zu seinem Bedauern nicht einmal ein gepanzertes Grenadierbataillon hatte. Er verstand es ausgezeichnet, die Jungen, die aus der H. J. kamen, zu begeistern, zu interessieren und Schritt für Schritt auf ihre schweren Aufgaben bestens vorzubereiten. In seinem Panzergrenadierregiment 25 wurden dann auch die Grundlagen einer modernen Schießausbildung für Panzergrenadiere ausgearbeitet und erprobt. Ihr Hauptmerkmal war, daß es von Anfang an nur gefechtsmäßige

Anschlagsarten und nur kriegsmäßige Ziele gab. Auch die gesamte übrige Ausbildung war vollkommen kriegsmäßig und im Geiste einer schnellen Panzertruppe.

Beim ersten Einsatz während der Invasion zeigte Panzermeyer, daß er nicht nur ein verstärktes Regiment führen konnte. Die Division erhielt von höherer Kommandobehörde zunächst den für uns unbegreiflichen und bald auch dort als falsch erkannten Befehl, sich im Raume um Lysieux zu versammeln, wurde dann aber in den Raum westlich Caen befohlen. Infolgedessen war Panzermeyer mit seinem verstärkten Regiment zuerst und alleine im neuen Bereitstellungsraum und handelte hier von sich aus so im Sinne der Division, als ob der Divisionskommandeur an seiner Stelle gewesen wäre. Dem Zeitverlust infolge der Versammlung bei Lysieux ist es m. E. vor allem zuzuschreiben, daß Panzermeyer nicht noch am 6. Juni zum Angriff antreten konnte. Die Nachkriegsveröffentlichungen bestätigen unsere damalige Meinung, daß der Durchbruch zur Küste in diesem Falle gelingen konnte, und niemand hätte das besser schaffen können als Panzermeyer. Die Situation im britisch-kanadischen Invasionsstreifen wäre völlig verändert gewesen.

Innerhalb von nicht einmal 14 Tagen nach Invasionsbeginn mußte Panzermeyer die Führung der Division übernehmen, weil Brigadeführer Witt gefallen war. Es gab keine feierliche Befehlsübergabe, dennoch wird mir unser erstes Zusammentreffen in der neuen Situation unvergeßlich bleiben. Es war ein gegenseitiges Gelöbnis freundschaftlicher Zusammenarbeit. Obwohl Brigadeführer Witt eine überragende Persönlichkeit war, der Vertrauen und Liebe der ganzen Truppe gehörten, änderte sich eigentlich im Grunde nichts. Panzermeyer war für alle Angehörigen der Division ein bekannter und bewunderter Kommandeur, dem in gleicher Weise vertraut wurde wie Brigadeführer Witt. Beide Männer unterschieden sich aber bedeutend durch Temperament und Führungsstil. Als nach dem Verlust von Caen die Front auch in diesem Abschnitt in Bewegung kam, bewährte sich die Zusammenarbeit im Divisionsstab ganz besonders. Panzermeyer führte auch im Divisionsrahmen im Sinne des Gesamtplanes an den Brennpunkten persönlich, aber nie ging die Verbindung mit dem Ia verloren. So war es stets möglich, sich über die Lage im übrigen Divisionsbereich zu informieren und Gedanken auszutauschen oder Entschlüsse, Maßnahmen und Beobachtungen mitzuteilen. In allen Gefechten gab es einen festen und einen sehr beweglichen Divisionsgefechtsstand; der bewegliche war Panzermeyer mit einem

V. W. Aber beide bildeten stets ein Ganzes. Man darf das als eine außerordentliche menschliche und technische Leistung des Divisionskommandeurs ansehen.

Die Division war inzwischen zu einer kleinen Kampfgruppe zusammengeschmolzen, die nach Kämpferzahl und Waffen nicht viel mehr als ein verstärktes Bataillon war. Die ganze Meisterschaft in der Führung einer Truppe zeigte Brigadeführer Meyer, der nun schon den Namen „Panzermeyer“ hatte, in den Abwehrkämpfen des 7. bis 9. August nördlich von Falaise. Durch seine Kunst und seinen persönlichen Einsatz an den Brennpunkten der Schlacht verlieh er diesem Häuflein Ermatteter aber Unentwegter die Wirksamkeit einer zwar erheblich angeschlagenen, aber noch kampfkräftigen Panzerdivision. Wer hätte in der verzweifelten Lage am 7. August mittags bei Cintheaux angesichts einer überwältigenden Übermacht überhaupt an die Möglichkeit eines eigenen Angriffes auch nur gedacht? Panzermeyer tat es und er hatte den Mut, ihn zu befehlen. Und ihm glaubten die Männer, daß das richtig sei, was sie bei anderen für Wahnwitz gehalten hätten. Der kühne Entschluß und seine bewundernswerte Ausführung verwirrten den Gegner so sehr, daß der Angriff zweier kampfstarker Panzerdivisionen, der 4. Kan. Armd. Div. und der 1. Poln. Armd. Div., gestoppt wurde.

Die ganze Macht der Persönlichkeit Panzermeyers wurde mir noch einmal bei unserem Ausbruch aus dem Kessel von Falaise am 20. August 1944 deutlich. Die kleine Gruppe des Restes der Führungsstaffel des Divisionsstabes, mit Handfeuerwaffen ausgerüstet, war bei aufgehender Sonne im Vorgehen an Chambois vorbei in Richtung auf die Höhen ostwärts der Dives. Während große und kleine Gruppen waffenloser deutscher Soldaten mit weißen Fahnen auf die Stellungen des Feindes zumarschierten, der aus allen Rohren in den Kessel hineinfeuerte und überall Opfer fand, bewegten wir uns beobachtend und sichernd von Hecke zu Hecke vorwärts. Einzeln herumirrende, waffenlose Soldaten schlossen sich an, weil sie keinen anderen Halt mehr fanden. Ihre Zahl wurde allmählich so groß, daß wir wenigen Bewaffneten kaum noch aktionsfähig waren. Panzermeyer hielt an und rief: „Wer keine Waffen hat, ist ein Feigling, mit dem wollen wir nichts zu tun haben. Nur der darf sich uns anschließen, der eine Waffe führt und mit uns bereit ist, zu kämpfen.“ Die meisten Soldaten folgten beschämt dieser Aufforderung eines Mannes, der keine Division mehr, nicht einmal eine Gruppe hatte, den sie nicht kannten, der aber ein wirklicher Führer war. Sie verschwanden für kurze Zeit und kamen mit irgendeiner Schußwaffe wieder. Nur einige, die vielleicht zum ersten Male ein Gefecht erlebten, verdrückten sich lautlos und suchten Anschluß an die Kolonnen mit weißen Fähnchen.

Eines Tages verließ das Kriegsglück auch Panzermeyer und er kam in Gefangenschaft. Das war ein schreckliches Schicksal gerade für diesen Mann unbändiger Freiheitsliebe, ganz besonders aber deswegen, weil der Kampf nun ohne ihn weitergehen mußte, weil er nicht mehr bei seinen Männern sein konnte. Er kapitulierte aber auch in der Gefangenschaft nicht und schlug seinen Wärtern manches Schnippchen. Als er dann nach dem Zusammenbruch vor dem kanadischen Kriegsgericht stand, im vollen Bewußtsein der Gefahr trotz reinen Gewissens, gewann er die Achtung, ja die Zuneigung seiner ehemaligen unmittelbaren Gegner. Als sie wohl gegen ihre Überzeugung das Todesurteil fällen mußten, nahm es ein äußerlich unerschütterlicher Mann entgegen, der dem Tod auf dem Schlachtfeld viele tausend Male in's Auge gesehen hatte; aber in seinem stolzen Herzen entstand eine Wunde, die nie mehr heilte und ihn so bald von uns nahm. Die Not seines gequälten Vaterlandes, das er so sehr liebte und gerade in der Not, nagte an ihm. Welches unsagbare Glück war es da für ihn, als ihn im Zuchthaus in Moncton eines Tages ein unbekannter Kanadier deutscher Herkunft namens Fritz Lichtenberg besuchte, ihn in die Arme nahm und sagte: „Hier ist ein deutsches Herz, hier ist deutsche Heimat"! Dieser unendlich fleißige, tüchtige Mann, fühlte sich nach 40 Jahren und nach zwei Weltkriegen, in denen seine neue und seine alte Heimat sich gegenüberstanden, unwiderstehlich hingezogen zu dem deutschen Mann hinter den Gittern des Zuchthauses. Er brachte Opfer, um dem notleidenden Mann aus seinem Heimatland und seiner Familie ihr Schicksal zu erleichtern und ihm zur Freiheit zu verhelfen. Daß Panzermeyer die Liebe dieses edlen Mannes und die Hochachtung seiner einstigen Gegner auf dem Schlachtfeld gewann, die unbeirrt durch Propagandahetze und ohne Rücksicht auf ihre Zukunft für seine Rehabilitierung und seine Freilassung eintraten, das fiel ihm nicht zufällig in den Schoß. Seine tapfere, soldatische Haltung, seine überragende Persönlichkeit gewannen ihm diese Freunde und Helfer. Sie waren wirklich einander wert.

Panzermeyer dachte nie zuerst an sich, sondern immer zuerst an das Ganze und an die größere Gemeinschaft. Daß er Divisionskommandeur in der Waffen-SS gewesen war, noch dazu Führer eines Verbandes sehr junger

Soldaten, betrachtete er auch nach dem völligen Zusammenbruch, hinter Zuchthausmauern und auch als freier Mann im Westdeutschland des Wirtschaftswunders als eine bleibende Verpflichtung. Die empörende Diffamierung unserer Truppe mehr noch im eigenen Land als im ehemals feindlichen Ausland rief ihn auf den Plan, um zu helfen, die Wahrheit zur Geltung zu bringen. Noch während er im Zuchthaus Werl gefangen war, verfaßten wir gemeinsam einen Bericht über den Einsatz unserer Division während der Invasionskämpfe. Kaum wieder daheim und von der Einarbeitung in einen neuen Beruf sehr stark in Anspruch genommen, schrieb er in den Abend- und in vielen Nachtstunden innerhalb weniger Monate dieses Buch. Es sollte der Öffentlichkeit hier und draußen zeigen, daß die Waffen-SS keine Bande skrupelloser Fanatiker, sondern eine soldatische Elitetruppe war, daß die Männer, die in dieser Truppe gekämpft hatten, die gefallen waren oder überlebten, nicht verabscheuungswürdige Angehörige einer „verbrecherischen Organisation" waren, wie es das Nürnberger Gericht der vier Sieger verkündet hatte. Das unwahre Bild, das die „Umerziehung" geschaffen hatte und mit der großen Macht der Mittel zur Massenbeeinflussung gerade der Jugend, unseren eigenen Kindern, einzuprägen bemüht war, das sollte richtiggestellt werden.

Die Hinterbliebenen der Gefallenen und Vermißten der Waffen-SS und ihre nicht mehr arbeitsfähigen, überlebenden Angehörigen wurden vom Gesetz nicht wie ehemalige Soldaten, sondern wie Menschen minderen Rechtes behandelt. Nicht nur, daß viele dieser Menschen unverschuldet in Not kamen war unerträglich, fast noch schlimmer mußte es sich auswirken, daß der neue Staat zweierlei Recht schuf und handhabte und dadurch die Axt an seine Wurzeln legte.

Um gegen Diffamierung und Ungerechtigkeit anzugehen und um Notleidenden zu helfen und Schicksale von Vermißten klären zu helfen, war 1950 die „Hilfsgemeinschaft auf Gegenseitigkeit der Angehörigen der ehemaligen Waffen-SS"(Hiag) gegründet worden. Kaum war Panzermeyer heimgekehrt, stelltet er sich in den Dienst dieser Hilfsorganisation und wurde 1956 ihr Bundessprecher. In zahllosen Reden vor seinen alten Kameraden ermahnte er sie, sich durch Ungerechtigkeiten nicht verbittern zu lassen, sondern mitzuarbeiten am Wiederaufbau des neuen Staates, um ihn für seine schweren Aufgaben stärken zu helfen. Gleichzeitig setzte er die seit Jahren laufenden Verhandlungen mit maßgeblichen Politikern fort, um die Diffamierung zu überwinden und die Gleichberechtigung endlich zu erreichen.

Ziel und Geist seiner Arbeit in der Hiag veranschaulichen vielleicht am besten die Rede, die er im Juli 1957 in Karlburg hielt. Darin heißt es u. a.:

„... Wie keine andere Generation vor uns sind wir deshalb vom Schicksal herausgefordert und vor die Aufgabe gestellt, die richtigen Antworten auf die großen Fragen zu finden, die uns Lebenden heute gestellt sind. Wo sind diese Antworten? Wir finden sie nicht in einer Nachahmung der Vergangenheit, weder in der vor, noch in der nach 1933. Also können wir sie nur in einem Durchbruch nach vorn finden.

... Der Mensch kann aber ohne einen Marschkompaß, der zumindest die allgemeine Grundrichtung angibt, in dieser verworrenen Zeit nicht auskommen. Deshalb müssen zuerst wieder absolute Werte gesetzt und bindende Verpflichtungen eingegangen werden, und ich meine, das sei die Aufgabe, der wir uns vor allen anderen widmen sollten.

WIR — das sind alle, die glauben, Volk und Menschheit in dieser Zeit noch helfen zu können.

WIR — das sind diejenigen, die einer Sache nicht deshalb nachgehen, weil sie am Anfang Erfolg verheißt, sondern nur, weil sie als richtig erkannt ist.

WIR — damit meinen wir jene Menschen, die ihr Leben nicht nur der Befriedigung der materiellen Wünsche, sondern einem sinnvolleren Zweck gewidmet haben.

In welcher organisatorischen Form sich diese Gedanken verwirklichen lassen, — das vorzuschlagen, ist nicht unsere Aufgabe. Möglichkeiten für eine Mitarbeit gibt es aber für alle. In den Berufsorganisationen, Parteien, und überall dort, wo die Ordnung ein Betätigungsfeld für den Staatsbürger vorgesehen hat, ist es unsere Pflicht, uns mit verantwortlich zu fühlen.

Alle, gleich, aus welcher politischen Vergangenheit sie kommen, suchen heute nach dem Ziel und nach dem Weg dorthin. Wer von ihnen als erster über eine gültige Antwort verfügt, den werden auch wir unterstützen. An dieser Arbeit, meine Kameraden, müssen wir uns beteiligen, wenn wir mehr sein wollen, als ein Verein.

Der geistige Durchbruch nach vorn findet eines Tages statt, und wir werden nicht als unbeteiligte Schlachtenbummler dabei stehen. Was durchbrochen werden muß, wissen wir schon heute; das Ziel dieses Durchbruchs kennen wir zunächst nur in Umrissen. Eines Tages wird es aber als klares Bild vor unser aller Augen stehen. Damit unser Volk sich an diesem Durchbruch würdig mit beteiligen kann, muß es zuvor erst wieder ein Volk werden. Dabei mitzuhelfen, ist Aufgabe eines jeden von uns, und sei es nur auf dem Platz, auf den jeder von uns gestellt ist.

In unseren Familien, in unserer beruflichen Umgebung, im Kameradenkreis, müssen wir Burgen bauen, Burgen der Sauberkeit, der Charakterfestigkeit und der Anständigkeit ..."

Anfang 1961 glaubte Panzermeyer, das Ziel „Gleichberechtigung" erreicht zu haben. Seine Gesprächspartner im Bundestag hatten ihm zugesagt, daß sie für einen entsprechenden Beschluß des Bundestages eintreten würden und daß er bestimmt zu erwarten sei. Der Beschluß des Bundestages vom 29. Juni 1961 war eine schwere Enttäuschung. Unter Hinweis auf die außenpolitische Lage, die durch den Eichmann-Prozeß und die Berlin-Krise gekennzeichnet sei, wurde die Gleichstellung der SS-Verfügungstruppe und späteren Waffen-SS mit der früheren Wehrmacht nicht vollzogen. Es wurde lediglich vom Bundesinnenminister zugesagt, daß er bereit sei, den angesprochenen Personenkreis im Bedarfsfall zu unterstützen.

Mitten aus seinem Kampf wurde Panzermeyer am 23. Dezember 1961, an seinem 51. Geburtstag, durch den Tod abberufen. Die Nachricht traf seine Kameraden und Freunde wie ein Blitz aus heiterem Himmel, sie war für alle unfaßlich. Am 28. Dezember versammelten sich alle, die die Nachricht erreicht hatte und die es irgend möglich machen konnten, in Hagen, um von ihrem Panzermeyer Abschied zu nehmen. Mehr als 4000 Getreue waren gekommen. Man wird selten so viele Menschen, die deutlich sichtbar im Innersten ergriffen sind, an einem Grabe beieinander sehen. Diese ehemaligen Soldaten, geprüft in vielen Schlachten, die schon an vielen offenen Gräbern gestanden hatten, sie schämten sich nicht ihrer Tränen voreinander. Dies Ereignis brach alle Bande oft geübter Selbstbeherrschung, weil es alle am Herzen packte. Lassen Sie mich hierher meine kurzen Abschiedsworte am Grabe setzen:

„Lieber Kurt,

ich sehe hier um dich geschart viele liebe, treue Kameraden, die mit dir im Frieden, im Krieg und nachher zusammen waren. Wollten alle, die sich mit dir verbunden fühlen, hier stehen, es wäre eine unübersehbare Menge. Zu uns gehören Tausende Kameraden, die schon lange in der Erde ruhen, besonders viele Soldaten deiner 12. SS-Panzerdivision, die du vor einem Jahr auf den Kriegerfriedhöfen in der Normandie besuchtest. Für alle spreche ich als dein ehemaliger Ia, weil wir uns zugesagt hatten, daß der Überlebende dem anderen die letzten Worte geben würde.

Ich will dir sagen, was wir als dein Vermächtnis empfinden, damit du weißt, du lebst nicht nur in deiner Familie weiter, sondern auch in deinem Werk. Du hast dir keine steinernen Baudenkmäler geschaffen, aber in den Herzen deiner Kameraden ein fortwirkendes Vorbild errichtet. So wie du tapfer und treu warst, eigenen Nutzen oder Nachteil nicht achtend, wollen wir uns bemühen zu sein. Dein ganzer Einsatz galt dem Glück und der Freiheit unseres Vaterlandes, für das dein Herz bis zum letzten Augenblick schlug. Dieses Vaterland wollen wir immer lieben, so wie du, erst recht in der Not und im Unglück. Wie es in deinem Sinne lag, wollen wir mithelfen, eine große Gemeinschaft freier Völker zu schaffen, in der Geist und Wesen des deutschen Volkes sich in edlem, friedlichem Wettstreit weiter entfalten können.

Wo wir auch sind, daheim, am Arbeitsplatz, in der Öffentlichkeit, in der Fremde, überall soll jeder voll Achtung sagen können: Hier steht einer von Panzermeyers Kameraden! So bist du immer bei uns, so wirkst du immer fort!

Wir grüßen dich, Kurt!"

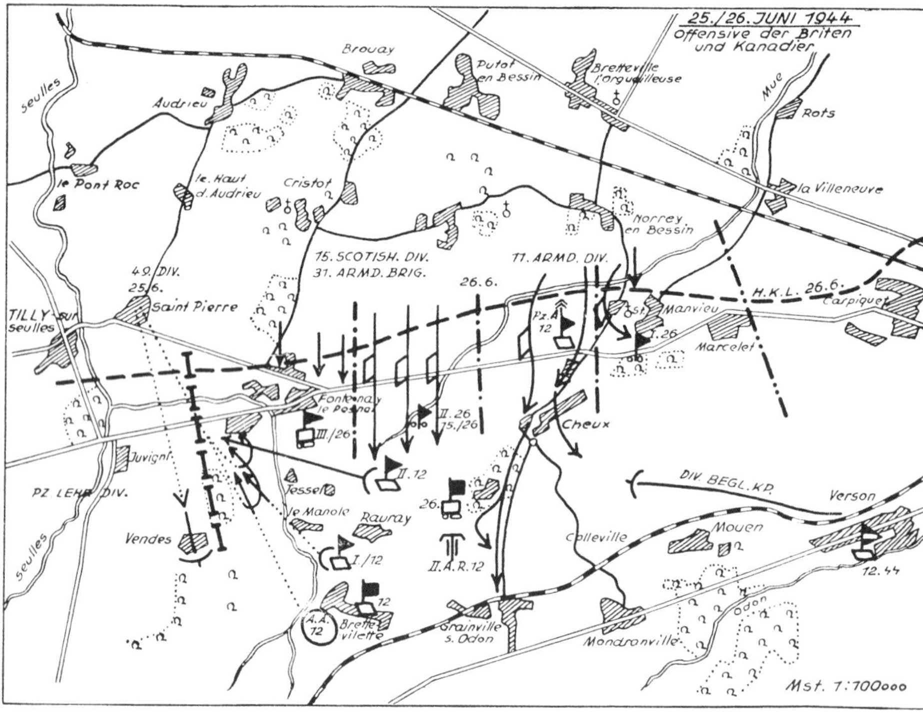
25./26. JUNI 1944
Offensive der Briten und Kanadier
Brouay
Putot en Bessin
Bretteville l'orgueilleuse
Mue
Rots
Seulles
Audrieu
le Pont Roc
le Haut d. Audrieu
Cristot
la Villeneuve
Norrey en Bessin
15. SCOTISH. DIV.
31. ARMD. BRIG.
11. ARMD. DIV.
49. DIV.
25.6.
26.6.
H.K.L. 26.6.
TILLY-sur seulles
Saint Pierre
St. Manvieu
Carpiquet
Pz.A. 12
I./26
Marcelet
Fontenay le Pesnel
III./26
II./26
15./26
Cheux
Juvigny
II./12
PZ. LEHR DIV.
Tessel
DIV. BEGL. KP.
Verson
26.
le Manoir
Rauray
Mouen
Vendes
Seulles
I./12
II. A.R. 12
Colleville
12.44
A.A. 72
12
Brettevillette
Grainville s. Odon
Mondrainville
Odon
Mst. 1:100000

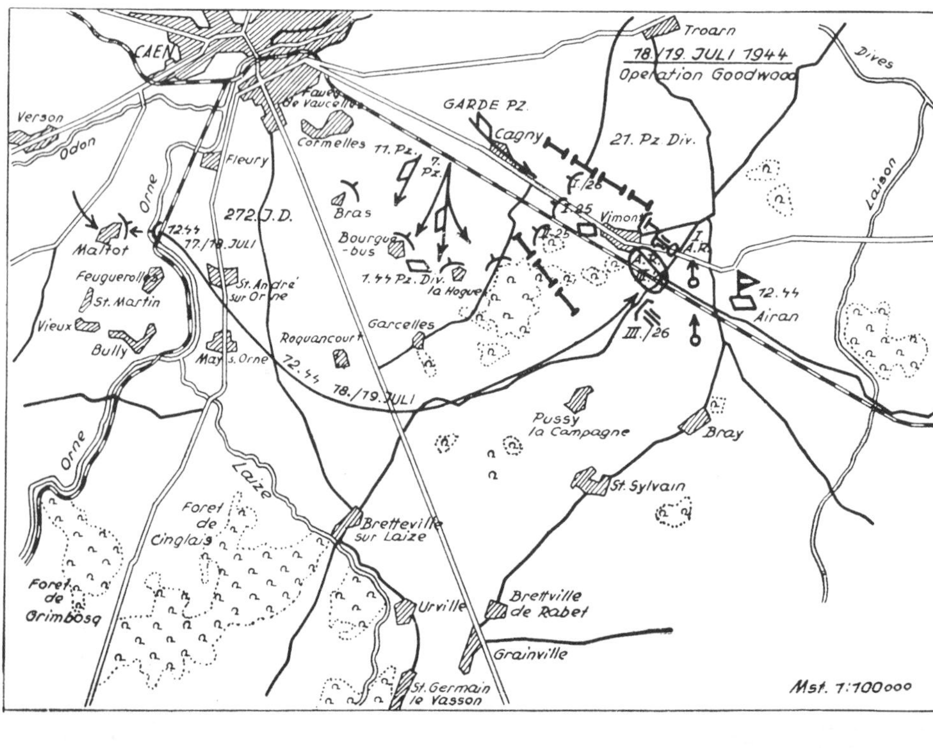
Troarn
CAEN
18./19. JULI 1944
Operation Goodwood
Dives
Faubg. de Vaucelles
Verson
Odon
GARDE PZ.
Cagny
21. Pz. Div.
Cormelles
11. Pz.
7. Pz.
Fleury
Orne
I./26
Laison
Bras
272. J.D.
II./25
Vimont
12.44
17./18. JULI
Maltot
Bourguebus
I. A.R.
II./25
Feuguerolles
7. 44 Pz. Div.
la Hogue
St. Andre' sur Orne
St. Martin
12.44
Airan
Vieux
Garcelles
III./26
Bully
Roquancourt
May s. Orne
72.44
78./19. JULI
Pussy la Campagne
Bray
Orne
St. Sylvain
Laize
Foret de Cinglais
Bretteville sur Laize
Foret de Grimbosq
Brettville de Rabet
Urville
Grainville
St. Germain le Vasson
Mst. 1:100000

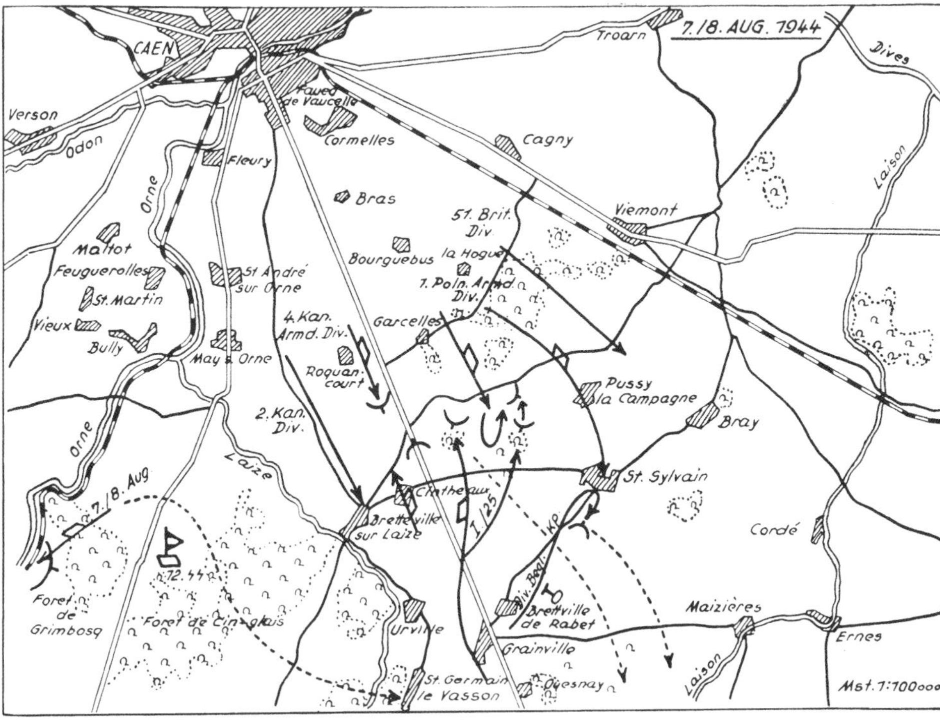

7./8. AUG. 1944
CAEN
Troarn
Dives
Verson
Odon
Faubg. de Vaucelle
Cormelles
Cagny
Fleury
Laison
Bras
Viemont
51. Brit. Div.
Orne
Maltot
Bourguebus
la Hogue
Feuguerolles
St. André sur Orne
7. Poln. Armd. Div.
St. Martin
4. Kan. Armd. Div.
Garcelles
Vieux
Bully
May s. Orne
Roquancourt
Pussy la Campagne
Bray
2. Kan. Div.
Orne
Laize
Cintheaux
St. Sylvain
7./8. Aug
Bretteville sur Laize
I./25
KP
Div. Begl.
Condé
12. SS
Foret de Grimbosq
Foret de Cinglais
Urville
Bretteville de Rabet
Maizières
Ernes
Grainville
Laison
St. Germain le Vasson
Quesnay
Mst. 1:100000

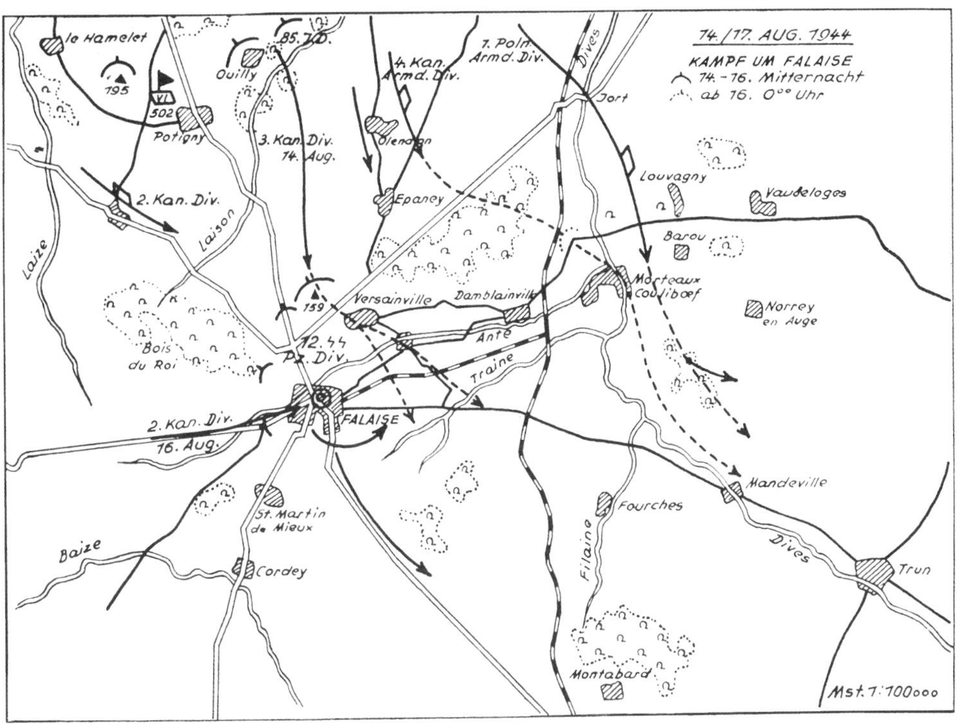

14./17. AUG. 1944
KAMPF UM FALAISE
14.-16. Mitternacht
ab 16. 0°° Uhr
le Hamelet
85. I.D.
7. Poln. Armd. Div.
4. Kan. Armd. Div.
Dives
195
Ouilly
Jort
502
Potigny
3. Kan. Div. 14. Aug.
Olendon
Louvagny
Epaney
Vaudeloges
2. Kan. Div.
Laison
Barou
Laize
Morteaux Couliboef
159
Versainville
Damblainville
Norrey en Auge
Ante
Bois du Roi
12. SS Pz. Div.
Traine
2. Kan. Div.
16. Aug.
FALAISE
Mandeville
Fourches
St. Martin de Mieux
Baize
Dives
Cordey
Trun
Filaine
Montabard
Mst. 1:100000

Verzeichnis der Abbildungen

Diese 9. Auflage wurde im Bildteil um 8 Fotos erweitert. Wir danken den Herrn Josef Charita, Belgien, Ernst-Günther Krätschmer (†), Hubert Meyer und dem Podzun-Pallas-Verlag.

Preis: 20 Pfennig
Frankreich 4 frs.
…and mit ermäß. Porto 30 Pfg.
…en 2 Lire. Schweiz 40 Rappen.
…nien Ptas. 1.25. Portugal
Esc.. Ungarn Pengö –.32.
…ien 2 blrs.. Holland 30 Cts..
…slavien 4 Dinar. Bulgarien
… Lewa. Rumänien 14 Lei.

Illustrierter Beobachter

DONNERSTAG, 8. MAI 1941
16. JAHRGANG FOLGE 19

„Das steinerne Herz Frankreichs"
Ein Tatsachenbericht über das Werk „Hochwald" der Maginotlinie, beginnt heute

VERLAG FRANZ EHER NACHF., GMBH
MÜNCHEN 22

„Schwere Artillerie nach vorn!"
Packende Bilder vom Vormarsch unserer Truppen in Griechenland im Innern dieses Heftes.
Aufnahme: PK. Roth

Unser erster Verwundeter in Rußland

Bei dem umseitigen Bild handelt es sich um die verkleinerte Titelseite des „IB" („Illustrierter Beobachter"), Folge 19 v. 8. 5. 1941. – Es zeigt Panzermeyer bei einer Befehlserteilung im Griechenland-Feldzug.

Ermordete Kameraden einer Division des III. Armeekorps bei Rowno

Gerd Bremer an der Spitze seiner Kompanie in Rußland

Vorstoß auf Cherson.

Einbruch in die Stadt Cherson.

Bubi Burose vernichtet einen sowjet. Panzerspähwagen nördlich von Cherson

Meldefahrer der Waffen-SS im Kampf mit dem Schlamm

Batterie Fendt unterstützt den Handstreich auf Mariupol

Hitler verleiht Panzermeyer das Eichenlaub.

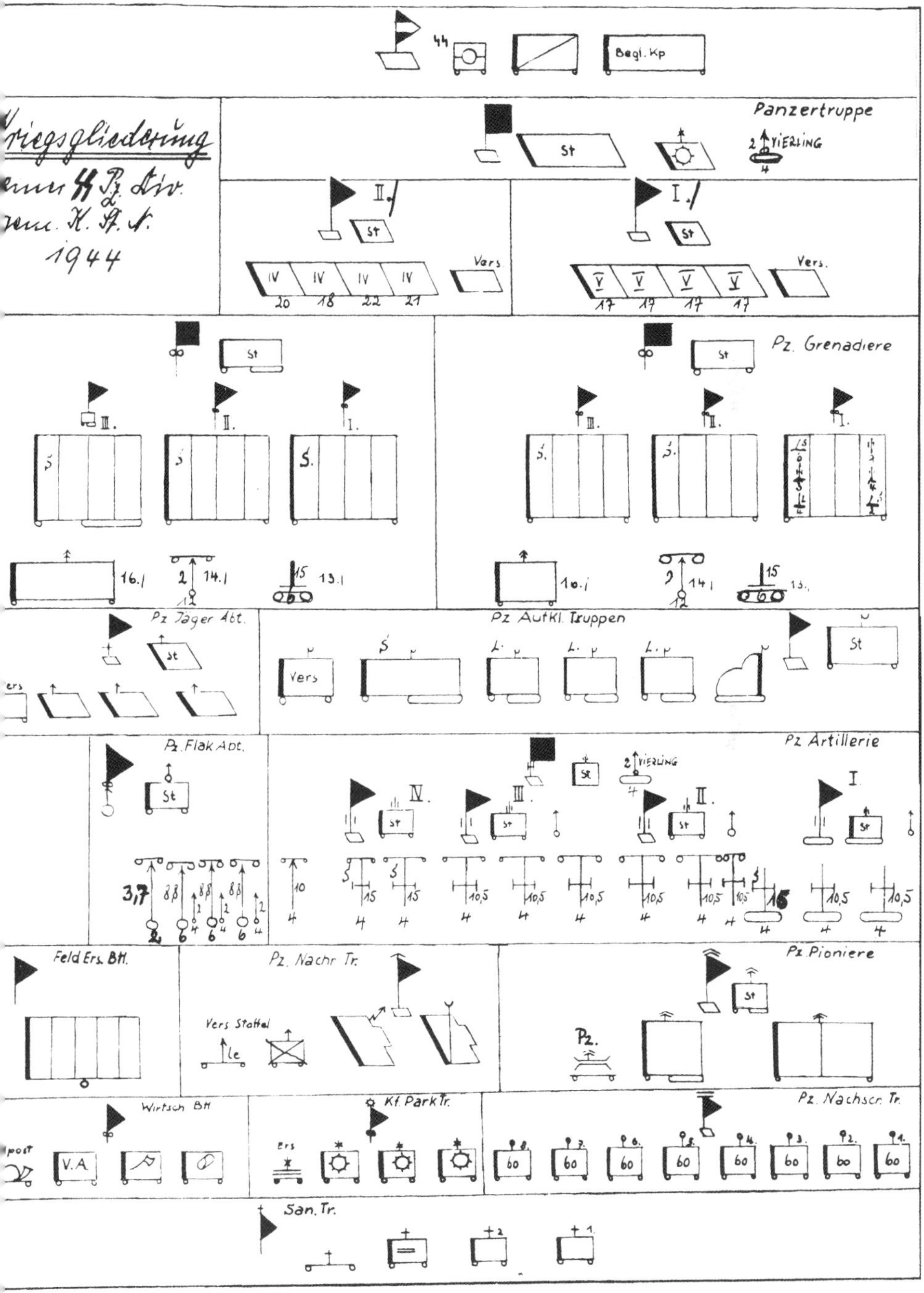
Kriegsgliederung
einer SS Pz. Div.
neue K. St. N.
1944
Begl. Kp
Panzertruppe
St
2 VIERLING 4
II./
I./
St
Vers.
Pz. Grenadiere
St
Pz Jäger Abt.
Pz Aufkl. Truppen
Vers
Pz. Flak Abt.
Pz Artillerie
3,7
8,8
10,5
15
Feld Ers. Btl.
Pz. Nachr Tr.
Vers Staffel
Pz Pioniere
Pz.
Wirtsch Btl
V.A
Kf. Park Tr.
Ers
Pz. Nachschr. Tr.
60
San. Tr.

Panzermeyer mit Max Wünsche während der Schlacht um Charkow, Februar 1943.

Sepp Dietrich mit Gerd Bremer, Heinrich Springer und Panzermeyer nach der Schlacht um Charkow, Frühjahr 1943.

Feier des 37. Geburtstages des Divisionskommandeurs am 27. Mai 1944 in Tillières – 1. Reihe 3. von li: Schürer, Wa.Mun; Springer, Adjutant; K. Meyer, Kdr.Rgt. 25; Witt; Mohnke, Kdr.Rgt. 26; Schröder, Kdr. Art.Rgt.; Rothemund, Adjutant – 2. Reihe: v. Reitzenstein; Manthey, Div.Ing.; Pandel, Kdr.Na.Abt.; Wünsche, Kdr.Pz.Rgt.; H. Meyer, 1.Gen.St.Offz.; Buchsein, 2.Gen.St.Offz.; Schuch, Kdt.St.Quart. – 3. und 4. Reihe: Weiser, Korpsadj.; Krause, Kdr.I./26; Urabl, Kdr.Feld.Ers.Btl.; Bremer, Kdr.Aufkl.Abt.; unbek.; Müller, Kdr.Pionierbtl.; Waldmüller, Kdr.I./25; Siebken, Kdr.II./26; Kolitz, Kdr.Div.Nachsch.Tr.; Hanreich, Kdr.Pz.Jg.Abt.; Ritzert, Chef 15./25.

Panzermeyer mit dem Divisionskommandeur Fritz Witt (gefallen 14.6.1944). Auf dem Sozius, Regimentsarzt Stubaf. Dr. Erich Gatternig. Anfang Juni 1944.

Wilhelm Mohnke, Max Wünsche, Panzermeyer und Gerd Bremer. Frühjahr 1944.

Die Korpsartillerieabteilung, Schwere SS-Artillerieabteilung 101, unterstützt das Regiment 25 – 3. v. li. der Abteilungskommandeur, Sturmbannführer Steineck; Sturmbannführer H. Meyer; Panzermeyer; Obersturmführer Bernhard Meitzel; Hauptsturmführer Günter Reichenbach, Divisionsintendant – Anfang Juni 1944

Standartenführer Kurt Meyer – Brigadeführer Fritz Witt – Obersturmbannführer Max Wünsche (von links) im Kloster Ardenne Anfang Juni 1944

Von einer Zugmaschine aus beobachten die Übung (v. rechts): der Feldmarschall, Sturmbannführer Hubert Meyer, Obergruppenführer Sepp Dietrich, Oberführer Fritz Witt, Standartenführer Kurt Meyer

Lagebesprechung auf dem Divisionsgefechtsstand in Caen-Venoix am 13. oder 14. Juni 1944: Obersturmbannführer Max Wünsche, Brigadeführer Fritz Witt und Standartenführer Kurt Meyer

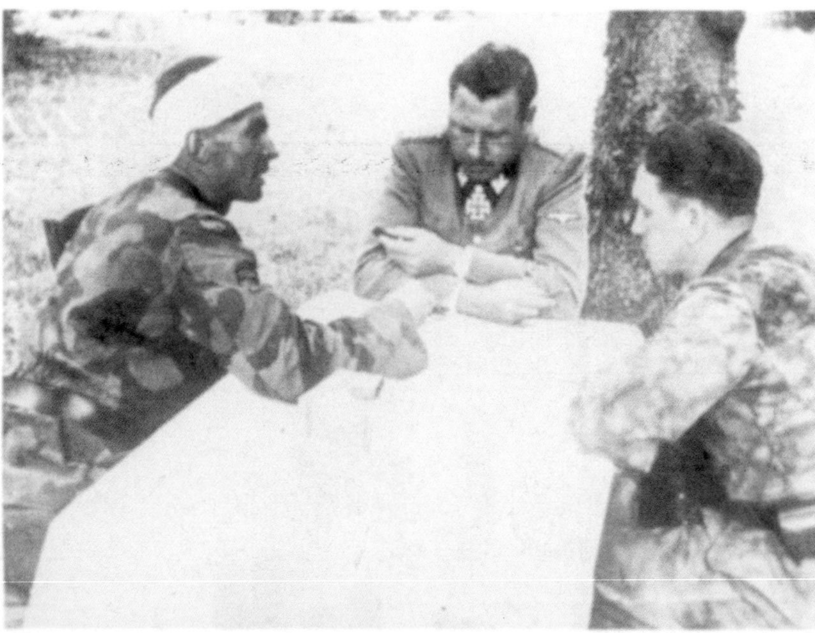

Ritterkreuzverleihung für den verwundeten Wilhelm Mohnke durch Sepp Dietrich. Mit dabei: Max Wünsche und Panzermeyer. Normandie, Juli 1944.

Der gefangene Panzermeyer ,,getarnt" als ,,Oberst der 2. Panzerdivision". September 1944.

Panzermeyer, gefesselt an Major A. Russel (4. Bataillon der „Royal Winnepeg Rifles", kanadische Armee) auf dem Weg zum Prozeß. November 1945.

Panzermeyer in Aurich – Dezember 1945

Panzermeyer, Jochen Peiper, Otto Günsche und Sepp Dietrich bei einem der ersten HIAG-Treffen.

Panzermeyer im Kreise seiner Familie

Gefallenen-Gräber der Waffen-SS.

Der Grabstein Panzermeyers in Hagen/Westf., den ihm seine Kameraden setzten.

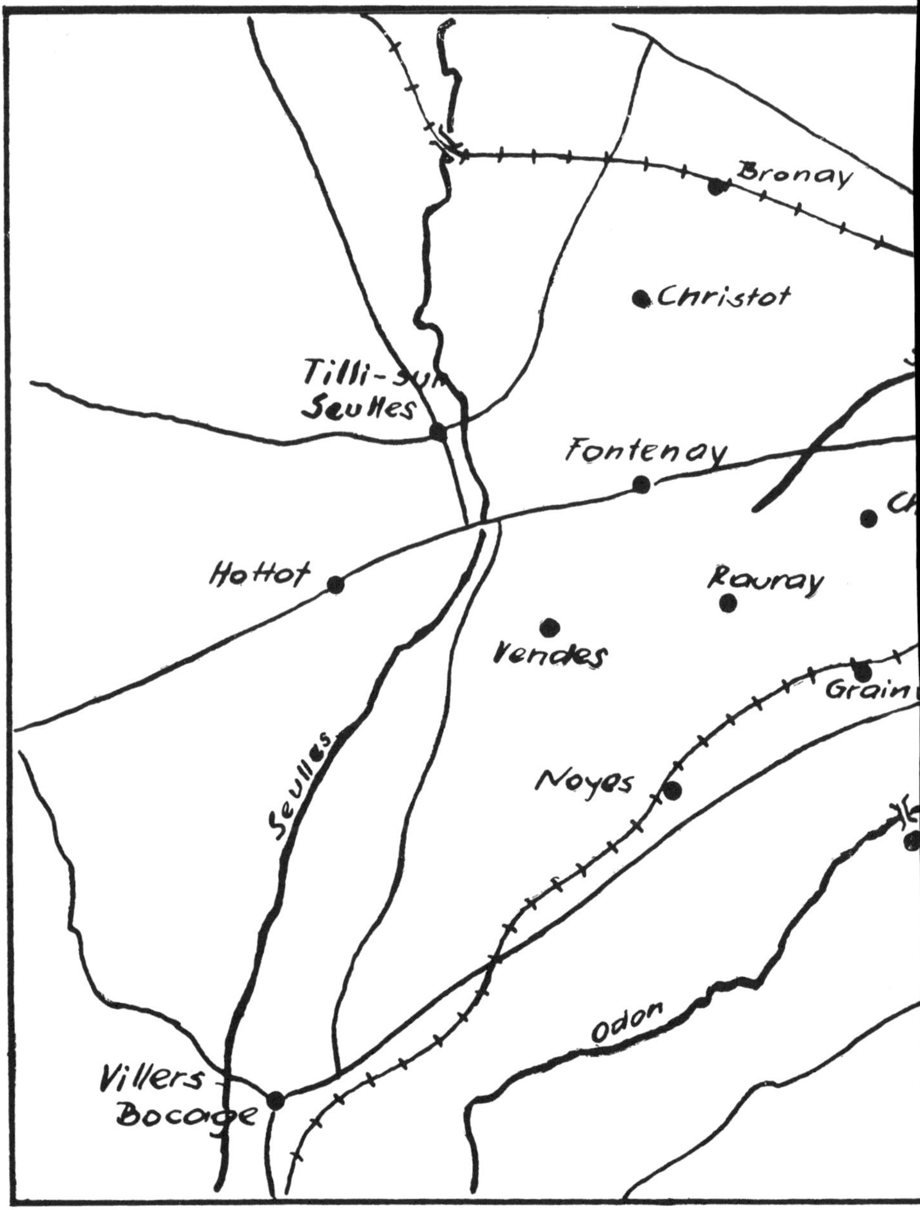

Bronay
Christot
Tilli-sur
Seulles
Fontenay
Hottot
Rauray
Vendes
Grain
Noyes
Seulles
Odon
Villers-
Bocage